Schriften zur Gleichstellung

herausgegeben von

Prof. Dr. Dr. h.c. Susanne Baer
Marion Eckertz-Höfer
Prof. Dr. Jutta Limbach †
Prof. Dr. Heide Pfarr
Prof. Dr. Ute Sacksofsky

Band 45

Ulrike Schultz/Anja Böning/Ilka Peppmeier/Silke Schröder
unter Mitarbeit von Juliane Roloff

De jure und de facto:
Professorinnen in der Rechtswissenschaft

Geschlecht und Wissenschaftskarriere im Recht

Nomos

Das Vorhaben wurde mit Mitteln des Bundesministeriums für Bildung und Forschung unter dem Förderkennzeichen 01FP1159 gefördert.

Die Verantwortung für den Inhalt dieser Veröffentlichung liegt bei den Autorinnen.

Die Deutsche Nationalbibliothek verzeichnet diese Publikation in der Deutschen Nationalbibliografie; detaillierte bibliografische Daten sind im Internet über http://dnb.d-nb.de abrufbar.

ISBN 978-3-8487-4477-0 (Print)
ISBN 978-3-8452-8722-5 (ePDF)

Vorwort

„Sie wollen promovieren? Sie wollen doch heiraten, lernen Sie lieber kochen." Diese Äußerung aus dem Jahr 1970 verbunden mit jahrzehntelanger Tätigkeit in atypischer Position im Mittelbau einer Universität war der Humus, auf dem die Idee für das Projekt „De jure und de facto: Professorinnen in der Rechtswissenschaft. Eine Untersuchung der Bedingungen von Professorinnenkarrieren zur Verbesserung der Organisationsstruktur und -kultur in der Rechtswissenschaft (JurPro)" gewachsen ist.

Die Untersuchung hat zum Ziel, die Situation von Frauen in der Rechtswissenschaft, die durch die spezifische Kultur des Faches bedingt ist, aus verschiedenen Perspektiven zu beleuchten und Möglichkeiten für den Ausgleich von Benachteiligungen auf dem Weg zur Professur aufzuzeigen.

Das Projekt basiert auf über 70 Interviews mit Rechtswissenschaftlerinnen und Rechtswissenschaftlern an rechtswissenschaftlichen Fakultäten in Deutschland und 20 Interviews mit Praktikerinnen und Expertinnen der Gleichstellung. Allen Interviewpartnerinnen und -partnern gebührt großer Dank dafür, dass sie mit großem Interesse für das Projekt und großer Offenheit tiefe Einblicke in Kultur und Praxis der Rechtswissenschaft gegeben und über die schwierige Aufgabe, Geschlechtergerechtigkeit an Universitäten und dort gerade in der Rechtswissenschaft herbeizuführen, berichtet haben.

Die Förderung im Rahmen der Förderlinie „Frauen an die Spitze" des Bundesministeriums für Bildung und Forschung (BMBF) hat das Projekt finanziell ermöglicht. Andreas Haratsch, Inhaber des Lehrstuhls für Deutsches und Europäisches Verwaltungs- und Verfassungsrecht sowie Völkerrecht, hat an der FernUniversität in Hagen den geeigneten Rahmen dafür geboten. Ihm sind wir zu großem Dank verpflichtet. Dank gebührt auch der FernUniversität in Hagen für die Bereitstellung des Druckkostenzuschusses.

Anja Böning hatte die Federführung bei Kapitel 2 zu den theoretischen Grundlagen der Studie; Ilka Peppmeier bei Kapitel 3 zu den Untersuchungsmethoden sowie Kapitel 10 zu den Steigbügeln und Stolpersteinen bei Karrieren in der Rechtswissenschaft sowie zu Teilen von Kapitel 8.7; Silke Schröder bei Kapitel 11 zu den Gleichstellungsaspekten und möglichen Maßnahmen zur Erhöhung des Frauenanteils auf Lehrstühlen der juristischen Fakultäten. Teile von Anja Böning sind auch eingeflossen in die Kapitel 1, 4, 7 und 8. Ich habe die übrigen Teile verfasst und alles zu der vorliegenden Studie zusammengebunden. Die insbesondere in Kapitel 6 enthaltenen Daten und Ausführungen zu Frauen in der Rechtswissenschaft sind mit Unterstützung von Juliane Roloff zusammengestellt und ausgewertet worden, an Kapitel 11 hat Sabine Berghahn mitgearbeitet.

Ina Schultz hat das Projekt organisatorisch an der FernUniversität betreut. Pascal Hirschberg und Pia Röpke haben als studentische Hilfskräfte Zuarbeit geleistet, Ulrike Fromm und Andrea Buczek die Interviews transkribiert. Ihnen allen gebührt Dank für die engagierte Mitarbeit.

Aus dem Projekt sind eine Reihe weiterer Veröffentlichungen hervorgegangen, auf die in der Darstellung hingewiesen wird. Ergänzend entsteht zur Zeit ein international vergleichender Sammelband zum Themenbereich „Gender and Careers in the Legal Academy", der nach den Bänden „Women in the World's Legal Professions" (Schultz/Shaw 2003) und „Gender and Judging" (Schultz/Shaw 2013) eine Trilogie zur Situation der Frauen (und Männer) in der Rechtswissenschaft in internationaler Perspektive vervollständigen wird. Damit ist nicht nur das wissenschaftliche Interesse verbunden, die Situation von Frauen in der Rechtswissenschaft weiter zu erhellen, sondern auch die gesellschaftspolitische Hoffnung, Änderungen zugunsten einer gelebten Geschlechterdemokratie voranzutreiben.

Hagen, im Mai 2017
Ulrike Schultz

Inhaltsverzeichnis

1. Einleitung

Jutta Limbach, die damalige Berliner Juraprofessorin und spätere Präsidentin des Bundesverfassungsgerichts, veröffentlichte 1986 einen Beitrag zur Situation der Frauen in den Rechtswissenschaften mit dem Titel „Wie männlich ist die Rechtswissenschaft?" (Limbach 1986, S. 87 ff.). Seinerzeit gab es unter 766 Juraprofessoren nur zehn Frauen. Die erste Juraprofessorin war 1965, mehr als 45 Jahre nach der Zulassung von Frauen zum Jurastudium, berufen worden. Bis heute gibt es nicht mehr als 15% Juraprofessorinnen. Im Verhältnis der Fächer nimmt die Rechtswissenschaft damit einen hinteren Platz ein. Da seit mehr als zehn Jahren 50% der Jurastudierenden Frauen sind, stellt sich die Frage, warum gerade in der Rechtswissenschaft die „gläserne Decke" für Frauen so schwer zu durchdringen ist.

Noch zu Beginn der 1970er Jahre war Jura mit einem geringen Studentinnenanteil von 15% eine ausgewiesene Männerdomäne und lag damit erheblich unter dem Studentinnendurchschnitt aller Fächer (30%) (Schultz 1990, S. 319 und 2002a, S. 153). Seit der Mitte der 1980er Jahre liegt der Studentinnenanteil in dem Fach über dem Durchschnitt des Studentinnenanteils aller Fächer (ebd.) und nimmt immer noch stetig zu. Untersuchungen der 1970er und 1980er Jahre geben Hinweise auf die besondere männliche Prägung der Rechtsausbildung und daraus resultierende Entfremdungsprobleme, unter denen Juristinnen gelitten haben (Schultz 1990, S. 330 ff.) und – wie sich u.a. in Gesprächen mit jungen Juristinnen gezeigt hat – auch heute noch leiden.

Diese Entwicklung von einem harten Männerfach zu einer Frauendomäne bei gleichzeitiger Beibehaltung männlich dominierter Strukturen hat kein anderes Fach in dieser Weise vollzogen. Noch immer gibt es Fakultäten mit nur einer oder zwei Juraprofessorinnen. In den Rechtswissenschaften wirken offenbar besondere Mechanismen, die wissenschaftliche Karrieren von Frauen behindern. Die Untersuchung der spezifischen Exklusionsmechanismen und Inklusionshindernisse in diesem Fach scheint damit in besonderer Weise geeignet, Aufschluss über Benachteiligungsstrukturen für Wissenschaftlerinnen insgesamt zu liefern. Die Klärung der Karrierehindernisse in der Rechtswissenschaft ist auch deshalb von besonderer Bedeutung, da die Rechtswissenschaft neben der Theologie und Medizin eine der klassischen drei Fakultäten mit langer historischer Tradition und besonderen fachlichen und fachkulturellen Bedingungen und Ausprägungen darstellt.

Historisch war die Ausgrenzung von Wissenschaftlerinnen in den Rechtswissenschaften darin begründet, dass in den juristischen Fakultäten die staatstragenden Eliten erzogen wurden (Dahrendorf 1965, S. 264; Hartmann 1990, S. 221 f.; ders. 2001, S. 182 f.; Kunze 2008). Recht und Macht im Staat waren untrennbar miteinander verknüpft (Schultz 1990, S. 327 f.). Bis weit in das 20. Jahrhundert waren die Schlüsselstellen in Staat und Wirtschaft mit Juristen besetzt[1] – mit männlichen. Auch wenn das Juristenmonopol durch die Konkurrenz anderer Fächer brüchig geworden ist, führt eine juristische Ausbildung nach wie vor in wichtige Ämter und Positionen und wirkt der männliche Schulterschluss in den Institutionen nach, wie eine Untersuchung zu Frauen in Führungspositionen der Justiz eindrucksvoll belegt (Schultz/Peppmeier/Rudek 2011; Schultz 2012a). Das heißt, Männer sind in der Disziplin unverändert Gatekeeper, was eine Reproduktion „hegemonialer Männlichkeit" (Connell 1999; Connell/Messerschmidt 2005) nahe legt.

Mittlerweile ist eine Reihe von Untersuchungen zu den Lebens- und Karrierebedingungen von Frauen in verschiedenen Fächern durchgeführt worden. Insgesamt gesehen verläuft die Integration von Frauen in den verschiedenen wissenschaftlichen Disziplinen sehr unterschiedlich – je nach Fachkultur und Kontextbedingungen ist eine Wissenschaftskarriere von Frauen leichter oder schwerer, wahrscheinlicher oder unwahrscheinlicher. Bislang gab es keine Studie zur fachspezifischen Situation von Frauen in der Rechtswissenschaft in Deutschland.[2] Das dieser Darstellung zugrunde liegende Forschungsvorhaben hat sich zum Ziel gesetzt, dieses Forschungsdefizit zu verringern. Im Mittelpunkt steht hierbei die Frage, ob und inwiefern das Geschlecht für Karrieren in der rechtswissenschaftlichen Universitätskarriere relevant ist.

Ausgehend von dem Befund einer deutlichen Unterrepräsentanz von Frauen in den höheren und höchsten Positionen der juristischen Fakultäten (GWK 2008), der weder durch einen Mangel an qualifizierten Juristinnen

---

1 Es gab z.B. auch gesetzliche Verpflichtungen, bestimmte Führungsstellen im öffentlichen Dienst, wie Stadtdirektoren, Hochschulkanzler u.ä. mit Juristen zu besetzen.

2 Die Gemeinsame Wissenschaftskonferenz (GWK) hat dies 2008 in ihrer Darstellung zu Chancengleichheit in Wissenschaft und Forschung ausdrücklich bemängelt (GWK, S. 20).

noch durch die Dauer des „Nachwachsens" qualifizierter Nachwuchswissenschaftlerinnen – phasenverschoben zum Anstieg der Studentinnenzahlen – (sog. Trickle-up-Effekt) befriedigend erklärt werden kann, werden
Karrierewege von Frauen und Männern in der Rechtswissenschaft mit Hilfe einer qualitativen Forschungsperspektive rekonstruiert. Die Untersuchung beschränkt sich dabei auf die Karrieren an rechtswissenschaftlichen
Fakultäten der Universitäten. Auf die Situation an Fachhochschulen, die
eigene Qualifikationsvoraussetzungen haben, wird nur kurz eingegangen.

In den nächsten Jahren wird aufgrund der überproportional hohen Einstellungen in den 1970ern und 1980ern über ein Drittel der Professorenschaft aus dem Amt ausscheiden. Es bietet sich die außergewöhnliche
Möglichkeit, den Anteil von Wissenschaftlerinnen durch strategische
Maßnahmen gezielt zu erhöhen. Die Untersuchung befasst sich daher auch
mit der Frage, welche Interventionen helfen können, Karrieren von
Rechtswissenschaftlerinnen zu fördern, damit das Potential an Nachwuchswissenschaftlerinnen nicht verloren geht.

Vor dem Hintergrund der laufenden Diskussionen um die Qualität der
Lehre an Hochschulen erscheint zudem bedeutsam, zu diskutieren, ob und
in welcher Weise Frauen die universitäre Lehrkultur in dem Fach beeinflussen. Weisen sie eine andere Lehrorientierung auf als Männer? Und
falls das zutreffend ist: Was hat das für Auswirkungen auf die Lehrkultur?

In einem langen und mühsamen Prozess ist zwar – im Wesentlichen erst
in den 1980er und 1990er Jahren[3] – das Recht an den Gleichberechtigungsgrundsatz angepasst worden, und immerhin gibt es mittlerweile eine
feministische Rechtswissenschaft mit entsprechendem Schrifttum (Baer
2010; Foljanty/Lembke 2006/2012; Schultz 2006). Sie wird aber nur von
einer sehr begrenzten Zahl von Rechtswissenschaftlerinnen getragen. Hier
geht es vor allem um Erkennen der Geschlechterfragen im Recht und die
Akzeptanz von Genderthemen. Auch dieses Phänomen bedarf genauerer
Betrachtung.

Das Forschungsvorhaben „De jure und de facto: Professorinnen in der
Rechtswissenschaft. Eine Untersuchung der Bedingungen von Professorinnenkarrieren zur Verbesserung der Organisationsstruktur und -kultur in
der Rechtswissenschaft (JurPro)", auf dem diese Studie basiert, war am
Lehrstuhl für Deutsches und Europäisches Verfassungs- und Verwaltungs-

---

3 Die rechtlichen Defizite, die noch in den 1980er Jahren bestanden, sind im Sammelband „Frauen im Recht" (Battis/Schultz 1990) dokumentiert.

recht sowie Völkerrecht von Prof. Dr. Andreas Haratsch an der FernUniversität in Hagen angebunden. Es wurde durch das Bundesministerium für Bildung und Forschung in der Förderlinie „Frauen an die Spitze" unter dem Förderkennzeichen 01FP1159 gefördert.[4]

Hauptziele des Vorhabens waren,

– differenzierte Einblicke in die Situation von Professorinnen in der Rechtswissenschaft zu gewinnen,
– die Faktoren zu ermitteln und zu beschreiben, die die besondere Fachkultur konstituieren,
– systematischer zu erfassen, was die spezifischen Ursachen für die Unterrepräsentanz von Frauen in höheren wissenschaftlichen Positionen im Fach Rechtswissenschaft sind,
– festzustellen, warum so viele Juristinnen nach ihrer Promotion die Hochschule verlassen,
– besondere Karrierehindernisse und -chancen herauszufiltern,
– Anhaltspunkte für die Verbesserung der Organisationskultur und -struktur in rechtswissenschaftlichen Fakultäten zu generieren und schließlich
– Handlungsempfehlungen für Maßnahmen zur Stärkung des Potentials an Wissenschaftlerinnen zu formulieren.[5]

---

4 Die Verantwortung für den Inhalt dieser Veröffentlichung liegt bei den Autorinnen. Ein interdisziplinär zusammengesetztes Team hat das Projekt bearbeitet. Es brachte Kompetenzen aus dem Bereich der Rechtswissenschaft, Soziologie, Rechtssoziologie und Bildungsforschung (Ulrike Schultz, Anja Böning, Ilka Peppmeier) sowie der Psychologie und Personalentwicklung/Human Resources (Silke Schröder) ein. Hinzu kamen langjährige Erfahrungen im Bereich der praktischen Gleichstellungsarbeit. Die Statistiken haben Ulrike Schultz und die Statistikerin Juliane Roloff aufbereitet. Für Beratungen standen uns außerdem Sabine Berghahn zum Recht der Gleichstellung und Patricia Pfeil zu Methoden der Sozialwissenschaften zur Verfügung.

5 Es sind zwei Projekttagungen durchgeführt worden. Projektdetails und der Projektablauf sind auf der Projektwebsite www.fernuni-hagen.de/jurpro dokumentiert. Von den Vorträgen sind dort Videostreams eingestellt (http://www.fernuni-hagen.de/jurpro/tagungen.shtml). Zu Beginn des Vorhabens ist zusätzlich ein Portal Recht und Gender www.fernuni-hagen.de/rechtundgender eingerichtet worden, auf dem sich 22 Interviews mit Expert/innen des Gleichstellungsrechts und Professorinnenportraits finden, die inhaltlich im Kontext des Vorhabens JurPro stehen. Finanziert wurde dieses Portal durch Zuwendungen des Wissenschaftsministeriums NRW, Mitteln der rechtswissenschaftlichen Fakultät und des Gleichstellungskonzepts der FernUniversität in Hagen. Die Portale sind miteinander verbunden (dazu auch Schultz 2011a, 2012b).

Für die Untersuchung ist die nationale und internationale Literatur zu Karriereforschung und Frauen in der Wissenschaft herangezogen worden und wird in einem Überblick im folgenden Kapitel dargestellt. Nach methodischen Hinweisen folgt eine kurze Darstellung der historischen Wurzeln des Faches, die die fachkulturellen Besonderheiten begründen. Daran schließt sich eine Darstellung der Geschichte der Frauen in der Rechtswissenschaft an – von der Exklusion über den mühsamen Weg der mit dem Geschlecht verbundenen Hürden und Hindernisse auf dem Weg zur Professur bis zur gegenwärtigen Situation. Dafür sind die verfügbaren Daten erhoben und ausgewertet worden. In einem Kapitel über die juristische Ausbildung wird beschrieben, wie der Werdegang der jungen Juristinnen und Juristen verläuft, wie sich die Situation der Jurastudentinnen entwickelt hat und welche Besonderheiten die Sozialisation im Fach aufweist, welche Prägeprozesse stattfinden. In einem Kapitel über die Fakultäten wird genauer auf die Fachkultur eingegangen, gestützt auf die Aussagen unserer Interviewpartnerinnen und -partner. Entsprechend wird der lange und unberechenbare Qualifikationsprozess für die Wissenschaft erläutert und kritisch durchleuchtet. Im Zentrum steht die Auswertung der Interviews zur Erfassung der Barrieren und Schwierigkeiten in der wissen-

---

In anderen Ländern ist die Situation der Frauen in der Rechtswissenschaft ebenfalls *terra incognita.* Das Vorhaben JurPro war daher auch international vergleichend angelegt. Auf verschiedenen internationalen Tagungen ist das Vorhaben vorgestellt worden, und auf Tagungen der internationalen Working Group for Comparative Studies of Legal Professions in den Jahren 2012 und 2014 sind erste Panels zu Gender and Careers in the Legal Academy/The First Women Law Professors abgehalten worden. Videostreams der Vorträge sind ebenfalls über die Projekt-Website abrufbar (http://www.fernuni-hagen.de/jurpro/vortraege.shtml). Eine Projekttagung in Schönburg/Oberwesel im Mai 2016 hat die Grundlage für einen international vergleichenden Sammelband gelegt, der eine Trilogie zur Situation der Juristinnen in der Welt abschließen wird. Die Women/Gender in the Legal Profession Group, eine Untergruppe der Legal Profession Group, die Ulrike Schultz leitet, hat Anfang der 2000er Jahre bereits einen umfassenden Sammelband „Women in the World's Legal Profession", der den Fokus auf Anwältinnen hat, herausgegeben (Schultz, Shaw 2003) und zehn Jahre später einen Band zu „Gender and Judging", der die Karrieren in der Justiz und die Veränderungen des Berufsfeldes durch den Zustrom von Frauen beleuchtet (Schultz, Shaw 2013). Auch von der Tagung in Schönburg sind Videostreams im Internet eingestellt worden (http://www.fernuni-hagen.de/jurpro/tagungen.shtml).
Im Kontext des Projektes sind bereits eine Reihe von Publikationen entstanden. Einzelheiten finden sich im Projektabschlussbericht (http://www.fernuni-hagen.de/jurpro/abschlussbericht.shtml).

schaftlichen Karriere. Im abschließenden Kapitel werden basierend auf Interviews mit Gleichstellungsbeauftragten und Führungspersonen Maßnahmen und Möglichkeiten der Frauenförderung und Gleichstellung für Juraprofessorinnen betrachtet.

2. Wissenschaft, Recht und Geschlecht

Eine wissenschaftliche Karriere ist als hochkomplexes Geschehen zu begreifen. In diesem Kapitel werden Befunde aus der Wissenschafts-, Geschlechter- und Rechtsforschung zusammengetragen, um der Frage nachzugehen, wie Wissenschaftskarrieren funktionieren und warum Frauen überproportional häufig die Wissenschaft verlassen. Es werden unterschiedliche Forschungsansätze und theoretische Konzepte herangezogen, um die Vielschichtigkeit des Karriereprozesses im Hinblick auf individuelle Biographien, institutionelle Voraussetzungen und strukturelle Rahmenbedingungen darzustellen.[6]

Die bisher vorliegenden Untersuchungen zu Frauen in der Wissenschaft arbeiten mit unterschiedlichen theoretischen und auch anthropologischen Grundannahmen und lassen sich als durchaus heterogen charakterisieren: Sie sind eher individualpsychologisch oder biographisch ausgerichtet, betonen die männlich geprägte Kultur in der Wissenschaft, umschreiben Rekrutierungsprozesse in der Wissenschaft als homosoziale Kooptationen oder streichen die Bedeutung von Geschlechterstereotypen im wissenschaftlichen Werdegang heraus.

2.1 Rahmenbedingungen der Wissenschaftskarriere

Wie funktioniert eine Wissenschaftskarriere? Das Hochschulwesen in Deutschland ist traditionell staatsnah organisiert. Forschung und Lehre stellen staatliche Aufgabenfelder dar. Nach Art. 33 Abs. 4 GG sind Forschung und Lehre in der Regel Angehörigen des öffentlichen Dienstes zu übertragen, die in einem öffentlich-rechtlichen Dienst- und Treueverhältnis stehen. Institutionell-organisational ist die Wissenschaftskarriere an das Laufbahnsystem des öffentlichen Dienstes angegliedert. Anders als die

---

6 Dies kann aufgrund der mittlerweile sehr umfangreichen Literatur nicht unter Einbeziehung aller
   zum Thema „Frauen in der Wissenschaft" vorliegenden Forschungsansätze und -arbeiten erfolgen. Es wird daher eine selektive Engführung der Thematik vorgenommen.

eher heterogenen Karrierewege in Politik oder Wirtschaft ist der wissenschaftliche Berufsweg wie die meisten Karrieren im öffentlichen Dienst an gesetzlich vorgegebene Zugangsvoraussetzungen geknüpft und setzt die formalen Qualifikationsstufen vom Hochschulabschluss über die Promotion bis hin zu der teils noch immer geforderten Habilitation voraus, um in einer verbeamteten Professur zu münden, die, da es neben der Professur kaum Dauerstellen gibt, den Fixpunkt der Hochschullaufbahn bildet. Die Wissenschaftskarriere ist, so könnte man sagen, als eine linear verlaufende Erfolgskarriere konzipiert, die zu einer Professur führt oder abgebrochen wird bzw. abgebrochen werden muss.

> „Erfolg zu haben, heißt, an der Spitze anzukommen, heißt, Professorin oder Professor zu werden, möglichst unbefristet, am besten an einer Universität, und möglichst vergütet nach der höchsten Besoldungsstufe C4 bzw. neuerdings W3." (Kahlert 2010, S. 70)

Durch die Bestimmungen des Hochschulrahmengesetzes (HRG) und des Wissenschaftszeitvertragsgesetzes (WissZeitVG) ist diese Entwicklung zeitlich reguliert und begrenzt: Für die Qualifikationsetappen nach dem Hochschulabschluss ist ein Zeithorizont von insgesamt 12 Jahren vorgesehen. Während die Personalwirtschaft im öffentlichen Dienst nach wie vor an den Idealen der lebenslangen Personalbindung orientiert ist (Bogumil/ Werner 2009), stellt der akademische Werdegang ein extrem unvorhersehbares und unsicherheitsbehaftetes Karriereprojekt dar. Die Diskontinuität der Beschäftigungsverhältnisse in der Wissenschaft sowie die vom wissenschaftlichen Nachwuchs erwarteten Mobilitäts- und Flexibilisierungsanforderungen werden in der arbeits- und der ungleichheitssoziologischen Diskussion bereits seit längerem kritisch diskutiert. Die Beschäftigungsbedingungen in der Wissenschaft werden als hyperflexibilisierte und hochgradig unsichere Lebenssituationen thematisiert (s. dazu nur Bultmann 2008; Dörre/Neis 2008), die mit der Lebensform Familie kollidieren, was Frauen häufig besonders trifft (vgl. Metz-Göckel/Heusgen/Möller 2012; Lind 2012). Die Bedingungen der institutionellen wissenschaftlichen Laufbahn, so Kahlert (2012), sind nach wie vor passfähiger zur männlichen als zur weiblichen „Normalbiographie".

2.2 Wo sind all die promovierten Wissenschaftlerinnen hin?
Erklärungsansätze für die Unterrepräsentanz von Frauen

Obwohl der Frauenanteil im Wissenschaftsbetrieb kontinuierlich ansteigt, sind die Geschlechterverhältnisse in der Wissenschaft noch immer nicht ausgewogen. Inzwischen liegt eine Vielzahl von Untersuchungen zum Themenbereich „Frauen in der Wissenschaft" vor, die der Frage nach der hartnäckigen Unterrepräsentanz von Frauen in wissenschaftlichen Führungspositionen nachgehen und je nach Fokus der Forschung die Sozialisation und Lebensmodelle von Frauen, die historisch bedingt männlich geprägten Strukturen und Karrierebedingungen in der Wissenschaft oder Genderimplikationen in der akademischen Wissensproduktion zum Gegenstand haben (Überblick bei Deigner 2010; Lind 2004; Majcher/Zimmer 2004; Pausitz 2012; Stender-Vorwachs 2009). Blome et al. (2013, S. 55 ff.) bieten eine verdichtete Zusammenfassung dieser Ansätze (tabellarische Übersicht ebd., S. 68), die sie in sechs Kernthesen zusammenfassen.

- Individualpsychologischer Erklärungsansatz (u.a. etwa Metz-Göckel 1996; Müller 1999; Schultz 2012a, S. 271): Frauen verfügen über eine negativere Einstellung hinsichtlich ihres Leistungsvermögens und über Verhaltensmuster, die zu ungünstigeren Karrierechancen führen.
- Biographischer Erklärungsansatz (u.a. Richter 2000): Die wissenschaftliche Karriere orientiert sich an einer männlichen Normalbiographie. Das führt zu Vereinbarkeitsproblemen von Beruf und Familie. Wissenschaft verlangt eine unbedingte Hingabe, die von Männern, die in traditionellen Rollenverhältnissen leben, eher erbracht werden kann.
- Zwei-Kulturen-Ansatz (u.a. Bock 1992; Schultz 1992): Wissenschaft weist eine männlich geprägte Dominanzkultur auf, die Frauen sozialisationsbedingt fremd ist. Frauen gehen mit Konkurrenz und Macht anders um als ihre Kollegen.
- Homosoziale Kooptation (u.a. Bochow/Joas 1987; Schultz 1990; Schultz 2012a): In den Rekrutierungs- und Selektionsprozessen in der Wissenschaft wirkt das Prinzip der Förderung nach Ähnlichkeit. Das hat zur Folge, dass Männer eher Männer fördern.
- Reproduktionsmuster in der Wissenschaft (u. a. Beaufaÿs 2003; Engler 2000; Wetterer 2000): Die soziale Verfasstheit der Wissenschaft – wie auch der anderen gesellschaftlichen Teilbereiche – führt zu einer strukturellen Benachteiligung von Frauen. Nicht Wissensproduktion und Er-

kenntnis stehen dabei im Zentrum, sondern die Angst vor einem Verlust tradierter Privilegien, Macht und Definitionshoheit.
- Geschlechterstereotype und Genderbias (u. a. Bornmann 2007; Lind/ Löther 2008; Tregenza 2002): Stereotype Wahrnehmungsmuster haben einen negativen Effekt auf die Beurteilung der wissenschaftlichen Leistung von Frauen, die durch sexistische Begutachtungs- und Auswahlpraxen schlechter beurteilt und insofern demotiviert werden, ihre wissenschaftliche Karriere weiterzuverfolgen.

Dass der Fokus der meisten dieser Untersuchungen auf dem wissenschaftlichen Aufstiegs- und Etablierungsprozess liegt, der als wünschenswert gilt und damit normativ aufgeladen ist, und dass es an analytischen Modellen mangelt, um die Komplexität der akademischen Laufbahn adäquat abbilden zu können, merkt Heike Kahlert an (2010, S. 75; 2013, S. 20). Sie schlägt ein triadisches Karrierekonzept[7] vor, in dem die Einflussdeterminanten Person, Profession und Funktion als drei wesentliche Faktoren zueinander in Beziehung gesetzt und in ihrem Zusammenwirken betrachtet und reflektiert werden können. Die Unterrepräsentanz von Wissenschaftlerinnen ist, dies ist mittlerweile Konsens in der Geschlechter- und Wissenschaftsforschung, nicht durch einzelne Argumente aufzuklären, sondern hängt sowohl mit strukturellen als auch mit individuell-psychologischen Bedingungen zusammen, die angesichts der Vielfalt subjektiver Lebenslagen divers und damit undurchsichtig ausfallen können. Auch Blome et al. (2013, S. 58) weisen auf die Komplexität von Benachteiligungsmechanismen im Wissenschaftsbetrieb hin und mahnen an, verkürzende Annahmen kritisch zu hinterfragen, die von „den" Frauen und „den" Männern als prinzipiell binären und in sich homogenen Gruppen ausgehen.[8]

---

7 Grundlegendend zu diesem Konzept, das Kahlert weiterentwickelt: Rappe-Giesecke 2008.
8 Auch die Männerforschung (für einen Überblick: Döge 1999) macht darauf aufmerksam, dass es verschiedene Männlichkeitsmodelle gibt, die Maskulinität in ihrer Heterogenität und Vielfalt beschreiben. In seinem Werk „Der gemachte Mann" geht Robert W. Connell davon aus, dass es zwei Formen der männlichen Unterdrückung gibt: Die Unterdrückung von Frauen und die Unterdrückung und Marginalisierung konkurrierender Männlichkeitskonzepte durch Männer. Unter der sog. „hegemonialen Männlichkeit" versteht Connell jene Männlichkeitsvorstellung, die in der Gesellschaft dominant ist. In westeuropäischen Gesellschaften wird diese Männlichkeitsvorstellung derzeit mit den Attributen weiß und heterosexuell versehen (Künzel 2006, S. 55).

Die wissenschaftliche „Eingemeindung" von Frauen verläuft in den einzelnen Fächern nicht einheitlich. Je nach Fachkultur, organisationalen Kontextbedingungen und wissenschaftsstrukturellen Merkmalen fallen die Relevanzen und Darstellungsmöglichkeiten des Faktors Geschlecht unterschiedlich aus und beeinflussen die soziale Durchlässigkeit der einzelnen Disziplinen (Engler 1999; Heintz/Merz/Schumacher 2004; Holzbecher/ Küllchen/Löther 2002; Kirschbaum et al. 2005; Lind/Löther 2007).

Eine systematischere und empirische Berücksichtigung der Kategorie Geschlecht in der wissenschaftskulturellen Reflexion der Rechtswissenschaft steht bisher noch aus. Zwar liegen professionsspezifische Ergebnisse über Juristinnen vor (Böge 1994; Hassels/Hommerich 1993; Schultz 1990; 2002a; 2003a-c; 2012a u.a.; Schultz/Peppmeier/Rudek 2011; Wetterer 1999); die „13. Fortschreibung des Datenmaterials (2007/2008) zu Frauen in Hochschulen und außerschulischen Forschungseinrichtungen" hat aber darauf hingewiesen, dass die fachspezifische Situation von Frauen in der deutschen Rechtswissenschaft bisher eine Leerstelle in der Forschung darstellt (GWK 2008, Fn. 20). Auch

> „bedarf [es] einer verstärkten Analyse und Auseinandersetzung mit einzelnen Fachkulturen und disziplinären Unterschieden, um passgenaue gleichstellungspolitische Maßnahmen zu entwickeln." (Lind/Löther 2007, S. 265)

In seiner Habilitationsschrift mit dem Titel „Deutsche und amerikanische Rechtslehrer: Wege zu einer Soziologie der Jurisprudenz" aus dem Jahr 1981 hat Ekkehard Klausa sich in einer vergleichenden Perspektive mit der sozialen Organisation, den fachkulturellen Besonderheiten der rechtswissenschaftlichen Professorenschaft in Deutschland und den USA und der Prestige- und Reputationsstruktur der Fakultäten in diesen Universitäts- und Rechtskulturen auseinandergesetzt. Auf Rechtslehrerinnen bezieht er sich nicht, einfach weil es zu der Zeit sowohl in Deutschland wie in den USA so gut wie keine gab. 2013 präsentierte Helmuth Schulze-Fielitz in seiner Aufsatzsammlung „Staatsrechtslehre als Mikrokosmos" bemerkenswerte Einblicke in die Wissenschaftskultur des Öffentlichen Rechts als einer Teildisziplin der Rechtswissenschaft. Der Faktor Geschlecht spielt allerdings auch in dieser Arbeit keine bedeutsame Rolle.[9] Der Wissenschaftsrat hat sich 2012 mit der Rechtswissenschaft auseinan-

---

9 In einer historischen Perspektive wird aber die Integration von Frauen in den Mikrokosmos Staatsrechtslehre dokumentiert: Die erste Assistentin nahm 1962 an der sog. Assistententagung, dem wissenschaftlichen Zusammenschluss der Nachwuchs-

dergesetzt und Ergebnisse vorgelegt, die ein facettenreiches Bild der rechtswissenschaftlichen Fachkultur zu zeichnen vermögen.[10] In ihrer soziologischen Untersuchung „Karrierewege von Habilitierten" sind Gross/Jungbauer-Gans/Kriwy (2008) der Frage nachgegangen, welche Kriterien in der Soziologie, Mathematik, im Maschinenbau und in der Rechtswissenschaft für eine erfolgreiche wissenschaftliche Karriere maßgeblich sind. Für die Leistungsmessung in der Rechtswissenschaft stellen sie fest, dass neben den formalen Qualifikationen – Noten in den Staatsexamina und der Promotion sowie Erfordernis der Habilitation – die Breite und die Tiefe von Publikationen maßgeblich sind. Die Bedeutung von Sozialkapital wird für die Wissenschaftskarriere insgesamt als sehr hoch eingeschätzt. Es seien die Unterstützung „gewisser Herren" und der „Stallgeruch" (ebd., S. 18, 23), die für die berufliche Entwicklung und Etablierung unabdingbar seien.

In der internationalen Literatur sind Geschlechterfragen in der wissenschaftssoziologischen Betrachtung der Rechtswissenschaft bereits bearbeitet worden. So haben die Arbeiten von Collier (1991; 1998a; 1998b; 2002), Cownie (1998; 1999; 2000) und Wells (2000; 2001a; 2001b; 2002), die sich mit den Law Schools in Großbritannien beschäftigen, interessante Ergebnisse zu den Zusammenhängen von Recht, Wissenschaft, professioneller Identität und Geschlecht erarbeitet. Wells (2001, S. 119) macht auf die Ähnlichkeit von wissenschaftlichem und juristischem Normensystem aufmerksam und stellt heraus, dass durch die soziale Zuschreibung, Frauen seien weniger autoritär oder kompetent, ein Karrierehindernis für Frauen erwachsen kann. Frauen seien in der Rechtswissenschaft in doppelter Hinsicht belastet und Vorurteilen ausgesetzt: Sie gelten als weniger dominant und durchsetzungsfähig als Männer, und gerade diese Fähigkeiten oder Eigenschaften würden von Professoren – und noch einmal mehr von Professoren in der Rechtswissenschaft – erwartet.

> „[T]he image of the ideal law professor may be an exaggerated version of images of the ideal professor. Law, like the academy, is associated with values of rationality, objectivity and neutrality. Since there is plenty of evidence that women are perceived as less competent and authoritative than men in work situations, and that this becomes more acute for women in professional roles,

---

wissenschaftlerinnen und -wissenschaftler des Öffentlichen Rechts, teil, 1982 referierten die ersten drei Frauen und 1985 die erste deutsche Referentin (ebd., S. 62).

10 Dieses eigentlich hochschulpolitische Papier bringt das Forschungsdefizit in diesem Bereich recht klar zum Ausdruck. (Wissenschaftsrat 2012a)

these (assumed) legal values may contribute to what might be thought a double jeopardy for women law teachers."

Thornton (2014) geht in ihrem Aufsatz davon aus, dass das Verständnis der wissenschaftlichen Leistung als geschlechtsneutralem Wert unberücksichtigt lässt, dass Leistung in sozialen Prozessen zugeschrieben wird. Sie beschreibt, wie die neoliberale Wende an den australischen

Law Schools, die mit ihrem hohen Anteil weiblicher Beschäftigter in Forschung und Lehre kurz vor einer Feminisierung standen, durch den Ausbau befristeter Beschäftigungsverhältnisse und die Ökonomisierung von Forschung zu einer Revitalisierung der alten Geschlechterordnung geführt hat. In einem Kommentar diskutiert Schultz (2014) diese Ergebnisse und kommt zu dem ersten Fazit, dass die Mechanismen der Leistungsbeurteilung und Personalrekrutierung, die Männer traditionell privilegieren, auch in Deutschland eine Rolle spielen.[11]

2.3 Wissenschaft als professorale Lebensform

Aber nicht bloß die Leistungsbeurteilung ist für den Verlauf einer Wissenschaftskarriere maßgeblich. Wissenschaft lässt sich als eine professorale Lebensform begreifen. So führte Johann Gottlieb Fichte (1845/46, S. 323) in seiner Vorlesung über die Bestimmung des Gelehrten aus:

> „Sie alle, meine Herren, oder doch die meisten unter ihnen haben die Wissenschaften zur Beschäftigung ihres Lebens gewählt, und ich – so wie Sie; Sie alle – so lässt sich annehmen – wenden Ihre ganze Kraft an, um mit Ehre zum Gelehrten-Stande gezählt werden zu können; und ich habe gethan und thue das gleiche."

Die Worte Fichtes lassen sich sowohl als eine kleine Anleitung zum Wissenschaftlersein wie auch als ein historisches Zeugnis des wissenschaftlichen Selbstbildes lesen. Wissenschaft ist mehr als ein gewöhnlicher Beruf, der klar von Freizeit abgegrenzt ist und nur einen bestimmten Lebensbereich umfasst. Wissenschaft ist eine Berufung und weist ein besonderes Arbeitsethos auf. Wissenschaft verlangt eine völlige Hingabe an die Sache, setzt ein hohes Engagement und die Bereitschaft voraus, das Leben ganz in den Dienst der Wissenschaft zu stellen. Wissenschaft ist nicht nur

---

11 Zum Zusammenhang von Geschlechterordnung und Hochschulreform vgl. auch Hofbauer 2012.

die harte und anspruchsvolle Arbeit mit dem Wissen, der kognitive Prozess der Wissenserzeugung auf der Grundlage methodischer Standards, sondern zugleich ein spezifischer Lebensstil. Das Selbst verschmilzt untrennbar mit der Wissenschaft.

Das besondere Arbeitsethos und das wissenschaftliche Selbstverständnis, die in dem Zitat transportiert werden, sind bis ins 21. Jahrhundert für die Wissenschaftskultur von Bedeutung. Wissenschaft weist, dies ist für die sozialwissenschaftliche Wissenschaftsforschung eine zentrale Prämisse, neben der epistemologischen Komponente, welche sich auf Verfahren und Vorgänge der Wissensproduktion bezieht, eine soziale und kulturelle Komponente auf, die festlegt und steuert, wie Wissenschaft als soziales Gebilde funktioniert. Sandra Beaufaÿs und Beate Krais versammeln unter dem Begriff Wissenschaftskultur

> „informelle Hierarchien, Sitten und Gebräuche der scientific community, Kommunikationsformen, Interaktionsmuster zwischen verschiedenen Akteuren, das Selbstverständnis der Wissenschaftler und Ähnliches mehr." (Beaufaÿs/Krais 2005, S. 83; Hervorh. im Original)

Angesichts der beständigen Geschlechterasymmetrie in der Wissenschaft wird deutlich, dass Wissenschaft eine soziale Struktur hat und die Teilhabe- und Karrierechancen zwischen den Geschlechtern ungleich verteilt sind. Noch immer sind Frauen proportional zu selten in Führungspositionen der Wissenschaft zu finden.

Wissenschaft gilt im Alltagsverständnis als eine „Wissensproduktionsmaschine", die von Subjektivität abstrahiert und imstande ist, universelles und objektiv gültiges Wissen zu erzeugen und nach einem rationalen Prinzip zu operieren. Aus einer wissenschaftssoziologischen Sicht stellt Wissenschaft im Gegensatz dazu eine soziale und kulturelle Praxis dar, die von den sozialisierten Wissensschaffenden selbst vollzogen, verbreitet und weitergegeben wird.[12] Wissenschaft verfügt über ein spezifisches Repertoire von Normen und Konventionen und stellt neben formalen Qualifikationskriterien informelle soziale Anforderungen und Erwartungen an die Wissenschaft Betreibenden, welche gegen Geschlechtereffekte keineswegs immun sind. Wissenschaft ist aus dieser Perspektive keine sozialfreie Zo-

---

12 Zu dieser mittlerweile etablierten Forschungsrichtung, die den Fokus auf das wissenschaftliche Alltagsleben mit seinen Gepflogenheiten und Glaubensmustern richtet und an der Schnittstelle von Hochschul-, Wissenschafts- und Geschlechterforschung angesiedelt ist: Beaufaÿs 2003; Engler 2001; Krais 2000.

ne, die nach rein rationalen Gesetzen funktioniert. Sie ist in soziale Bedingungen eingebettet, die für die Herstellung und Reproduktion von Geschlechterdifferenzen ungeachtet ihres meritokratischen Anspruchs, eine Karriere unabhängig von personalen Merkmalen wie dem Alter oder dem Geschlecht allein nach dem Leistungsgrundsatz zu ermöglichen, von Bedeutung sind.

> „[...] Zeitstrukturen, Hierarchien, Karriereverlaufsmuster, Organisationsstrukturen, Leistungskonzepte usw. Gesellschaftliche Institutionen und Organisationen sind, wie es in Übersetzung des englischen Begriffs gendered heißt, vergeschlechtlicht. Wie dies konkret aussieht, ist im Einzelfall zu untersuchen, und dies gilt auch für die Wissenschaft, die ja zu den zentralen Institutionen der Moderne gehört." (Krais 2000, S. 49)

Wissenschaftliche Normen begrenzen sich nicht auf fachliche Modi der akademischen Wissensproduktion. Sie bringen eine eigene soziale Ordnung hervor, innerhalb derer die Akteure sich bewegen und Wissen unter bestimmten sozialen Bedingungen entwickeln (vgl. Knorr-Cetina 1984; 2002). Mit anderen Worten: Wissenschaft lässt sich als eine soziale und damit unvermeidlich auch als eine geschlechtlich codierte Praxis verstehen.

Wer Wissenschaft betreibt, verschreibt sich ihr mit aller Leidenschaft, ganzer Kraft und auf Lebenszeit. Dem Wissenschaftsphilosophen Jürgen Mittelstraß (1982) zufolge ist Wissenschaft eine „Lebensform", die über ein gewöhnliches Maß an Begeisterung, Motivation und beruflichem Verpflichtungsgefühl hinausgeht. Mittelstraß geht es in seinen Überlegungen aber weniger um die Frage nach der alltäglichen Praxis einer „Lebensform Wissenschaft". Vielmehr geht es ihm um das problematische Wechselverhältnis zwischen Wissenschaft als vermeintlich objektiver und orientierungsstiftender Wissensinstanz der Gesellschaft und der Gesellschaft selbst als der sozialen Umgebung von Wissenschaft. Er vertritt die wissenschaftstheoretische Forderung, Wissenschaft habe sich von Gesellschaft zumindest insofern frei zu machen, als sie historische, soziale, politische und ökonomische Kontingenzen, die sie beeinflussen, durch Selbstreflexion zu überwinden und zu transzendieren habe (ebd., S. 23 f.). Wissenschaft kann allerdings nicht außerhalb oder an der Peripherie der Gesellschaft stattfinden. Im Gegenteil: „Forschende Geschäftigkeit" (ebd., S. 27) passiert im Zentrum der modernen arbeitsteiligen Gesellschaft mit der zwangsläufigen Folge, dass Wissenschaft durch Laufbahnregelungen und Tarifverträge reglementiert und bürokratisiert ist. „Die Lebensform des Wissenschaftlers", so fasst Mittelstraß seine Überlegungen zusammen, „ist die Lebensform der Gesellschaft, in der der Wissenschaftler lebt; schließlich ist Wissenschaft eine gesellschaftliche Veranstaltung" (ebd., S. 26). Nach Mittelstraß hat Wissenschaft eine weltliche, gesellschaftliche Seite, die sie nicht verleugnen kann, auch wenn sie der Idee von Wissenschaft eigentlich widerspricht.

Beate Krais (2000; 2008 u.a.) hat das Konzept „Wissenschaft als Lebensform" und „Wissenschaft als gesellschaftliche Veranstaltung" in ihren empirischen Arbeiten aufgegriffen und im Anschluss an die Sozialtheorie des französischen Soziologen Pierre Bourdieu in einem praxeologischen Sinne weiterentwickelt. Nach Bourdieu (1992) stellt die Wissenschaft ein soziales Feld dar, das über eine eigene soziale Logik verfügt, die in den Akteuren des Feldes eine Verkörperung oder „Vermenschlichung" findet. Die Akteure verinnerlichen die kulturbedingten Regeln des Feldes und bringen sie durch ihre mentalen Haltungen und praktischen Handlungen, die verinnerlicht sind und durch Gewohnheiten geprägt werden, in die soziale Praxis. Krais zufolge ist es eben diese soziale Dimension von Wissenschaft mit ihrer sozialen Struktur, ihren Hierarchien, ihrem Alltag mit seinen selbstverständlichen und unreflektierten Gepflogenheiten, ihren Ideologien, Ritualen und Interaktionen, die Aufschluss darüber geben kann, wie Wissenschaft tatsächlich „gemacht" wird und inwiefern das Geschlecht hierbei Wirksamkeit entfaltet.[13] Wissenschaft ist demnach nicht nur gesellschaftlich bedingt, weil sie sich in einem soziokulturellen Rahmen abspielt und in Form von Universitäten und Forschungseinrichtungen sozial organisiert ist. Sie ist ebenso ein soziales Phänomen und ein sich evolutionär entwickelndes Gesellschaftsprojekt.

Die Mitgliedschaft in diesem Projekt ist, wie Engler (2001) und Beaufaÿs (2003) nachgezeichnet haben, sozial sehr voraussetzungsreich. Wissenschaftler/innen werden nicht als solche geboren, sondern werden in einem komplexen sozialen Prozess und unter spezifischen Vorstellungen von dem, was eine „gute" Wissenschaft ausmacht, zu solchen „gemacht". Wissenschaft gilt als ein von sozialen Aspekten bereinigter Bereich, in dem ausschließlich das Leistungskriterium in Verbindung mit Werten wie Objektivität und Neutralität über den Karriereverlauf entscheidet. Dieses Prinzip findet seinen Niederschlag auch im Prinzip der Bestenauslese in Art. 33 Abs. 2 GG: „Jeder Deutsche hat nach seiner Eignung, Befähigung

---

13 Das Soziale grenzt sie eher analytisch von der epistemischen Seite von Wissenschaft ab, die die Wissensstruktur und methodischen Standards betrifft, da beide Seiten in einer kontingenten Wechselbeziehung stehen (Krais 2000, S. 34).

und fachlichen Leistung gleichen Zugang zu jedem öffentlichen Amte." Angesichts der Gesellschaftlichkeit von Wissenschaft wird diese Vorstellung brüchig. Ein Blick in die Ideengeschichte der Wissenschaft bringt Licht in das widersprüchlich wirkende Verhältnis zwischen Wissenschaft und Sozialem.

2.4 Das Drama der wissenschaftlichen Objektivität

Wie bei der Wissenschaftshistorikerin Lorraine Daston nachzulesen ist, hängt die Entstehung des Konzeptes Objektivität mit der Vorstellung eines neutralen wissenschaftlichen Standpunktes eng mit der Herausbildung der Scientific Community zusammen (ebd. 1992; vgl. im Folgenden auch Beaufaÿs 2003, S. 10 ff.). Während im Mittelalter noch die Vorstellung eines klassischen Universalgelehrten vorherrschte, kam es durch die gesellschaftlichen Veränderungsprozesse spätestens seit dem 18. Jahrhundert zu einer umfassenden Neuorganisation der europäischen Wissenschaft. Sie differenzierte sich zunehmend aus. Mit der Etablierung des Humboldt'schen Universitätsmodells im 19. Jahrhundert veränderte sich auch der deutsche Wissenschaftsapparat. Er entwickelte sich zu einem autonomen gesellschaftlichen Bereich mit sich zunehmend pluralisierenden akademischen Disziplinen (vgl. Stichweh 1994; Vinck 2010, S. 8 ff.) und wurde zu einem offiziellen Ort der Forschung, der wissenschaftlichen Ausbildung und der Sozialisation des akademischen Nachwuchses. Die Wissenschaft wurde „akademisiert" (Felt/Nowotny/Taschwer 1995, S. 40).

Die neue Universitätsorganisation führte zu einer „Verberuflichung" des wissenschaftlichen Karrieresystems (Schmeiser 1994, S. 30 ff.). Im Zuge dieser Professionalisierung des Gelehrtenstandes bildete sich ein neues wissenschaftliches Ideal heraus, das wissenschaftliche Arbeit und Erkenntnis mit Neutralität und Unpersönlichkeit verknüpft. Unpersönlichkeit ist eine Verdichtung von wissenschaftsspezifischen Normen wie Universalismus, Rationalität, Uneigennützigkeit und organisiertem Skeptizismus (Merton 1985), die sich in der modernen Wissenschaft als Leitbilder durchgesetzt haben. Die Verbreitung dieses Wissenschaftsethos war in erster Linie ein Resultat der soziohistorischen und kulturellen Weiterentwicklung der modernen westlichen Gesellschaft. Da wissenschaftliche Beschäftigung längst nicht mehr in vereinzelten Bildungsstätten und privaten Haushalten stattfand (Wobbe 2002), sondern in den öffentlichen Raum verlagert wurde, wurden einheitliche Kommunikationsformen notwendig, um Wissen und neue Erkenntnisse in der Gemeinschaft diskutieren und weiterentwickeln zu können. Auf diese Weise entstand eine vernetzte Wissensgemeinschaft, die Science Community, die auf der Grundlage des Wissenschaftsethos Objektivität erst funktionsfähig wurde (Beaufaÿs 2003, S. 11). Die Entwicklung und Etablierung der Wissenschaftsgemeinschaft ist also eine Folge der Autonomisierung der Wissenschaft („Fruit of Autonomisation", Vinck 2010, S. 8).

Die Institutionalisierung der Wissenschaftsgemeinschaft brachte auch eine neue soziale Rolle hervor, die des spezialisierten Wissenschaftlers. Er verkörpert die wissenschaftliche Arbeitsweise, indem er als Agent für abstrakte Prinzipien wie Universalität und Unparteilichkeit auftritt (vgl. Meyer/Jepperson 2005, S. 49). Diese Rolle ist ein historisches und zugleich aktuelles idealisiertes Konstrukt, das von Zuschreibungen, Vorstellungen und Mythen lebt und sich in einer sozialen Herstellungsschleife reproduziert (Daston 2003). Das o.a. Zitat Fichtes veranschaulicht einen bedeutsamen Aspekt dieses Wissenschaftsideals, indem es sich nicht zufällig an die „Herren" richtet. Die Rolle des Wissenschaftlers ist historisch bedingt eine männliche. Eine empirische Studie von Freund (2005, S. 110 ff.), die sich mit dem aktuellen Bild der Wissenschaft in der Öffentlichkeit beschäftigt, zeigt, dass dieses typische Wissenschaftsideal in den Augen der meisten Befragten noch immer Bestand hat:

> „Männlich, fortgeschrittenes Alter, Brille, genau, intelligent, stets beschäftigt", „Blauer Kittel, Brillenträger, Mitte vierzig, Laborratte, unwahrscheinlich wichtig, netter Mensch, zwei Kinder, Autofahrer, Physiker – kein Politologe" (ebd., ID: A049).[14]

Ergänzt wird dieses Bild durch Eigenschaften wie „kritisch, ernst, engagiert, eher still und nachdenklich, unabhängig" (ebd., ID: A065). Trotz der fortschreitenden Rationalisierung haben gesellschaftliche Ideale und Mythen um die Wissenschaft offenbar bis heute Bestand. Mythen funktionieren, indem sie Dinge nicht in Frage stellen, sondern verklären und ver-

---

14 Die hier stark wertende Gegenüberstellung von Physik und Politologie deutet auf die Vorstellung hin, der Physiker arbeite mit harten Fakten, wohingegen der Politologe mit weichen und relativen Wissensbeständen operiere. Snow (1959/1987) hat angesichts der unterschiedlichen Wissenschaftskulturen der Fächer die These der „zwei Kulturen" entwickelt, nach der sich die Fächer in Geisteswissenschaften und Naturwissenschaften einteilen lassen. Anzenbacher (1981) schlägt demgegenüber eine Einordnung in Realwissenschaften (Kultur- und Naturwissenschaften) und formale Wissenschaften (Mathematik) vor.

schleiern (Barthes 1964). Sie haben eine komplexitätsreduzierende und sinnstiftende Funktion, da sie sich bestimmter Kausalitätsvorstellungen bedienen, die den Anschein einer plausiblen Selbstverständlichkeit wecken. Die Annahme, Wissenschaft sei kein normaler Beruf, sondern eine „höhere" Aufgabe, die mit einem bis zum Tode nicht endenden Streben nach wissenschaftlichen Idealen verbunden ist, lässt sich vor diesem Hintergrund als ein kollektiv geteilter Mythos begreifen, der seine Wirkung entfaltet, indem er nicht skeptisch hinterfragt wird, sondern als eine Art sozialer Glaube die Wissenschaftsgemeinschaft prägt. „In diesem Licht betrachtet", merkt Beaufaÿs (2003, S. 56) an, „wird das, was gerade als Überwindung eines irrationalen Weltbildes gefeiert wird, selbst zu einem Weltbild, das auf geteiltem Glauben gründet." In seinem bekannten Vortrag „Wissenschaft als Beruf" (1919) hat Max Weber für eine säkularisierte und aufgeklärte Form der Wissenschaft plädiert. Neben der harten Arbeit als einer unverzichtbaren Bedingung für die Wissenschaftstätigkeit setzt er die Leidens- und die Aufopferungsbereitschaft des Wissenschaftlers voraus, um ernsthaft Wissenschaft betreiben zu können (ebd.). Oevermann (1996, S. 105) führt die Aspekte von Objektivität, der sozialen Rolle des Wissenschaftlers und der von ihm zu erbringenden höchstpersönlichen Hingabe an seine Tätigkeit zusammen, wenn er schreibt:

> „Der Forscher handelt auf der einen Seite unpersönlich gemäß dem Prinzip von Sachhaltigkeit und Methodisierung. In dieser Hinsicht ist er völlig austauschbar, exekutiert also eine soziale Rolle, die durch die wissenschaftliche Methodologie und die Professionsethik bestimmt und festgelegt ist. Aber er kann diese Rolle nur spielen bzw. es gehört konstitutiv zu ihr, in vollständiger, ausschließlicher Hingabe an die Sache zu handeln."

Die Mühen des Professorenberufes verleihen ihm seine besondere Aura und die gesellschaftliche Anerkennung und damit die Stilisierung zu einer Berufung.

2.5 Wissenschaft als kontextuelle Geschlechterpraxis

Mikrosoziologische Untersuchungen haben herausgearbeitet, dass in sozialen Zusammenhängen stets ein geschlechtlicher „Ausweiszwang" (Hirschhauer 1994, S. 2015) herrscht. Individuen müssen sich beispielsweise in die eine oder andere Geschlechtergruppe einpassen, diese durch körperliche Praktiken (Mimik, Gestik, Stimme usw.) und Artefakte (durch Kleidung, Schmuck usw.) symbolisch vermitteln und sich in institutionalisierte Geschlechterarrangements einfinden, um eine reibungslose Interaktion sicherzustellen (Garfinkel 1967; Goffmann 1977/2001; Hirschhauer 1989; West/Zimmermann 1991). Auch der Weg zur Professur ist ein sozialer Vorgang, in den das Wissen um die Zugehörigkeit zu einem Geschlecht und die geschlechtliche Selbstverortung eingelagert sind und mit Hilfe von sozialen Ritualen und Praktiken zum Ausdruck gebracht und reproduziert werden.

Historisch war die Wissenschaft lange Zeit ein ausschließlich männlicher Bereich. Das Immatrikulationsrecht wurde Frauen erst nach und nach zu Beginn des 20. Jahrhunderts eingeräumt, das ausdrückliche Habilitationsrecht erhielten Frauen in Preußen erst im Jahr 1920 (Hausen 1986, S. 32; Altenstrasser 2010, S. 239). Auch nach der in den 1960/1970er Jahren politisch forcierten Bildungsexpansion, der Öffnung des tertiären Bildungssektors für Frauen und der sich damit einstellenden Angleichung weiblicher und männlicher Erwerbsbiographien hielt sich die Geschlechterstratifikation in den statushöheren Positionen der Wissenschaft hartnäckig. Die seit den 1980er Jahren institutionalisierten Frauenförderungs- und Gleichstellungsmaßnahmen an den Universitäten sowie die seit Jahren vorangetriebenen hochschulpolitischen Reformen, die zum Teil im Bündnis mit Projekten zur Geschlechtergerechtigkeit und der Steuerungsstrategie Gender Mainstreaming angestrengt wurden (vgl. Roloff 2002; Roloff/Selent 2003, kritisch Wetterer 2000), konnten die Geschlechtersegregation zwar weiter abbauen, eine akademische Laufbahn ist für Frauen aber nach wie vor mit Barrieren verbunden. Ganz offensichtlich ist die Kategorie Geschlecht in der Wissenschaft, obwohl diese für sich in Anspruch nimmt, vor allem nach objektiven und neutralen Kriterien zu funktionieren, noch immer von Bedeutung.

Die andauernde Disparität zwischen den Geschlechtern gerät zunehmend in das Interesse der hochschulpolitischen Öffentlichkeit. In der aktuellen Debatte um die Unterrepräsentanz von Frauen in der Wissenschaft wird häufig der hiermit verbundene Innovations- und Kreativitätsverlust beklagt, den der Forschungsstandort Deutschland durch den Mangel an Wissenschaftlerinnen erleidet (vgl. Roloff 2003, S. 27). Neben diesem wettbewerbsorientierten Argument zur Integration von Wissenschaftlerinnen, das im Zuge einer Ökonomisierung der Wissenschaft (Becher/Trowler 2001; Münch 2011) und der Universitäten von wachsender Bedeutung zu sein scheint, steht die politische Forderung nach Chancengleichheit, die in der Wissenschaft, wie auch in anderen Gesellschaftsbereichen, noch immer nicht verwirklicht ist. Bettina Heintz (2001) weist darauf hin, dass

diese Debatte von einer sich global institutionalisierenden Gleichheits-
norm und von Gleichberechtigungsmodellen getragen ist, die die Sensibilität für Ungleichheiten verstärkt und ihre Demaskierung fördert (vgl. auch
Ramirez 2001). Das kann erklären, warum frühere Erfolge der Gleichberechtigung, wie das Habilitationsrecht von Frauen, aus heutiger Sicht all-
täglich erscheinen und die These der Geschlechterungleichheit im Gegensatz dazu nach wie vor so „bestechend" (ebd., S. 372) ist. Damit rückt die
„kontextuelle Kontingenz der Kategorie Geschlecht" in den Vordergrund,
nach der Geschlecht unter heterogenen sozialen Bedingungen relevant gemacht werden muss, um eine soziale Wirkung auszulösen (Heintz/Nadai
1998; Heintz/Merz/Schumacher 2004).

Dass auch die Kontextualität von Geschlechterdifferenzen ein soziohis-
torisches Produkt ist (Heintz/Nadai 1998, S. 77), lässt sich beispielhaft am
Fall Wissenschaft nachzeichnen. Es gilt als geschichtlich anerkannt, dass
sich im 19. Jahrhundert aus dem Bedürfnis heraus, das Geschlechterverhältnis normativ in der Gesellschaftsordnung zu verankern (Rosaldo
1980), der Geschlechterdualismus Mann-Frau mit dem bürgerlichen Ideal
der Kleinfamilie und mit ihm das Modell von öffentlicher und privater
Sphäre durchgesetzt hat. Während die öffentliche Sphäre alleinig dem
Mann zugeschrieben wurde, wurde die Frau zur Verwalterin des Privatbe-
reichs. Laut Opitz-Belakahl (2010, S. 97 ff.) ist dieses Konzept kritisch zu
sehen, da die scheinbar klare Trennung von „öffentlich" und „privat" eine
wissenschaftliche Konstruktion darstellt, die der historischen Lebenswirk-
lichkeit und seinem Alltag kaum gerecht wird. Die Situation von Frauen,
die sich wissenschaftlich betätigen wollten, verschlechterte sich faktisch
durch die sich im 19. Jahrhundert etablierende Geschlechterideologie und
den formalen, institutionalisierten und somit legitimierten Ausschluss der
Frauen aus den Universitäten. Die Präsenz von gebildeten und hochkulti-
vierten Frauen an den Fürstenhöfen war bis in das ausgehende 16. Jahrhundert noch üblich. Im späten 17. und dem frühen 18. Jahrhundert engagierten sich wissenschaftlich interessierte Frauen an der Seite ihrer männlichen Verwandten in privaten Werkstätten oder Laboren. Teilweise gelang
es ihnen, ihre wissenschaftliche Tätigkeit nach dem Tod des Vaters, des
Ehemannes oder durch andere familiäre Gegebenheiten bedingt autonom
fortsetzen, auch wenn sie zumeist über keine akademische Ausbildung
verfügten, da ihnen der Zugang zu den Akademien und Universitäten verwehrt wurde (Felt/Nowotny/Taschwer 1995, S. 89 f.). Die Stabilisierung
von Geschlechterdifferenzen beruht also vor allem auf gesellschaftlichen

Rahmenbedingungen des 19. Jahrhunderts, da sie durch diese sozial, kulturell und institutionell begründet und legitimiert werden.

Heute gilt eine universelle Inklusionsnorm, die es Frauen ermöglicht, Zugang zu allen gesellschaftlichen Bereichen, Funktionen und Positionen zu erhalten. In den letzten Jahrzehnten ist es zu einer zunehmenden De-Institutionalisierung der Geschlechterdifferenz gekommen (Nedelmann 1995 und 1997; Heintz/Nadai 1998). Aufgrund des gesetzlich verankerten Gebotes der Gleichstellung in Art. 3 Abs. 2 GG ist eine Geschlechterdifferenz, die über Position und Ressourcen entscheidet, rechtswidrig und muss heute, da sie einer formalen institutionellen Grundlage entbehrt, erst „vermehrt von den Handelnden aktiv hergestellt und symbolisch bekräftigt werden bzw. indirekt reguliert werden" (Heintz/Nadai 1998, S. 78). „Damit", folgern die Autorinnen, „wird die Geschlechterdifferenz zunehmend abhängig von spezifischen Kontextbedingungen und verliert gleichzeitig an Stabilität" (ebd.).

2.6 Rechtswissenschaft als Geschlechterkontext

Inwiefern bildet die Rechtswissenschaft eine Disziplin, in der die Kategorie Geschlecht relevant wird? Es lässt sich zunächst festhalten, dass die Rechtswissenschaft wissenschaftssoziologisch noch ein nahezu unbeackertes Feld darstellt. Bislang fehlt es an einschlägigen theoretischen Ansätzen, empirischen Untersuchungen und einer metaperspektivischen Reflexion epistemologischer und sozialer Praxen in der Rechtswissenschaft, wie sie für andere Disziplinen bereits vorliegen (für die Mathematik vgl. Heintz 2000; für die Betriebswissenschaftslehre Burren 2010).

Das Recht ist nicht nur eine akademische Disziplin, sondern auch ein politisches Herrschafts- und Steuerungsinstrument, das auf gesellschaftliche Legitimation angewiesen ist. Nicht nur Wissen, auch Recht ist Macht. Die bislang nur rudimentäre Beschäftigung mit wissenschaftssoziologischen Fragestellungen der deutschen Rechtswissenschaft hängt möglicherweise mit ihrem Selbstverständnis zusammen. Als Element des Machtfeldes (vgl. Bourdieu 1988) und der staatlichen und politischen Sphäre, die auf gesellschaftliche Legitimität angewiesen ist, ist die Rechtswissenschaft tendenziell dazu disponiert, Kritik und Selbstreflexivität abzuwehren und in Subfelder wie die Rechtstheorie, die aus der Rechtsphilosophie hervorgegangen ist, und die Rechtssoziologie auszulagern. Geschlechterstudien zum Recht sind am Rande der Rechtswissenschaft angesiedelt und etablieren sich nur allmählich.[15] Bryde (2000, S. 139 f.) meint, dass es eine disziplin- und professionspolitische Bedeutung habe, sich selbst nicht zu einem Beobachtungsgegenstand zu machen:

> „Wer immer eine Gruppe als Beobachtungsgegenstand behandelt und ein Bild zeichnet, das vom Selbstbild abweicht, darf sich auf Ablehnung einstellen."

Er (ebd.) räumt allerdings ein:

> „Ich glaube nicht, dass das eine juristische Besonderheit ist: Ärzte oder Lehrer reagieren auch nicht anders. Solche Ablehnung ist auch nicht nur gekränkte Eitelkeit. Selbstbilder können strategische und handlungsrelevante Bedeutung für eine Profession haben, deren Zerstörung nicht nur als Kränkung, sondern als Gefahr für ihre Funktion angesehen wird, aber sie können eben auch – und schon deshalb kann man auf solche Kränkung nicht verzichten – notwendige Anpassungen und Modernisierungen verhindern."

Der wohl disziplinübergreifende Konsens, sich selbst und seine Erfahrungswelt nicht zu analysieren, sondern auszublenden, stellt eine wichtige Grundlage der modernen Wissenschaft dar. Sich selbst zu de-thematisieren bedeutet, dass

> „die getroffenen Aussagen als Ergebnisse des Waltens einer überpersönlichen Instanz – der wissenschaftlichen Methode – erscheint, einer Instanz, die Objektivität verbürgen soll." (Lindner zitiert nach Dressel/Langreiter 2008, S. 2)

Die daraus resultierende Konstruktion wissenschaftlicher Objektivität lässt sich, wie bereits erläutert, als das normative Herzstück des Wissenschaftssystems begreifen. Obwohl es eine Vielzahl juristischer Beiträge zur fach- und juristischen Ideengeschichte gibt, sind Fragen nach der soziokulturellen Genese der Rechtswissenschaft, ihrer politischen und ökonomischen Einbettung, sowie den Entstehungsbedingungen und Strukturmerkmalen der juristischen Wissenskultur noch weitgehend ungeklärt.[16] Die Marginalisierung von Geschlecht als relevanter Kategorie bezieht sich auch auf die

---

15 Für einen Überblick über die Themen der juristischen Geschlechterstudien: Aichhorn 1997; Battis/Schultz 1990; Büchler/Cottier 2012; Gerhard/Limbach 1988; Floßmann 1997; Foljanti/Lembke 2012; Holzleithner 2002; Kreuzer 2001; zu Recht und Geschlecht s. auch den Überblicksbeitrag Baer 2010.

16 Eine „Wissenschaft der Rechtswissenschaft" könnte sich folgende Fragen stellen, sie aufarbeiten und systematisieren (dazu auch Böning 2014c): In welchem sozialen, kulturellen und historischen Zusammenhang ist die universitäre Rechtswissenschaft entstanden? In welcher politischen und ökonomischen Umgebung steht sie? Wie wirken sich gesellschaftliche Änderungen auf die Rechtswissenschaft aus? Welches sind die makro- und mikrosoziologischen Bedingungsfaktoren der akade-

Wissensproduktion der Rechtswissenschaft. Collier (1991, S. 429) stellt zu den Schwierigkeiten der Rechtswissenschaft, sich mit Geschlechterfragen auseinanderzusetzen, fest:

> „Whilst in sociology there has occurred a certain reflexivity about the masculinism of both sociological method and the epistemological status of the sociological enterprise, within legal scholarship men do not seem to have been keen to address the masculinism of law and legal education. It has been in the development of an explicitly feminist legal theory that the masculinity of law [...] has been a central question."

Die Vorstellung der Objektivität wissenschaftlicher Erkenntnisproduktion ist seit den 1980er Jahren verstärkt von der feministischen Wissenschaftskritik in Frage gestellt und entmystifiziert worden (Harding 1994; Singer 2008). Wissenschaftliches Wissen und die elaborierten Praktiken der Erkenntnisproduktion seien durch eine Geschlechtsblindheit und eine Kontextignoranz gekennzeichnet, da sie die Lagen der Erkenntniskollektive, der Science Community, und den Denk- oder Sprechstandort der wissenschaftlichen Akteurinnen und Akteure abstrahieren und damit zugleich verschleiern. Die Berücksichtigung der „Situiertheit von Wissen" (Harding 1994) könne diese Defizite aufarbeiten. Die Situiertheit von Wissen meint die Einbeziehung und Berücksichtigung lokaler sozialer, historischer, kultureller und ökonomischer Einflussfaktoren auf die Erkenntnissubjekte.[17] Wissen ist aus dieser Perspektive an einen Kontext gebunden, der Raum für soziale Aspekte wie das Geschlecht lässt. Die Wissenschaftshistorikerin Daston (1992) entwirft eine Genese des Objektivitätskonzepts, in der sie die Geschichte und die Veränderungen wissenschaftlicher Normen und Vorstellungen nachzeichnet (vgl. oben) und so nachweist, dass Objektivität bzw. die Auffassung von Objektivität durchaus Veränderungen und Wandel unterliegt, also kein unveränderbares, asoziales und personenunabhängiges Konzept ist. In Bezug auf die Rechtswissenschaft thematisiert Baer (2001, S. 14) die Geschlechtlichkeit eines vermeintlichen neutralen Rechtssubjekts, das im Mittelpunkt des Rechtsdenkens steht, und rekon-

---

mischen Wissensproduktion? Welche Rolle spielen soziale Faktoren und Einflüsse, und wie geht die Disziplin mit diesen um? Welche Strukturmerkmale und Parameter weist die juristische Wissenskultur auf?

17 Harding entwickelt ein Modell der „strong objectivity", das darauf angelegt ist, die Entstehungskontexte von wissenschaftlichem Wissen in den Reflexionsprozess einzubinden und ihn auf diese Weise zu „demokratisieren" (vgl. dazu Singer 2008, S. 291)

struiert traditionelle rechtswissenschaftliche Erkenntnisse aus einer differenzsensiblen Perspektive.[18] Entgegen der Vorstellung, das Rechtssubjekt habe

> „kein Geschlecht, kein besonderes Vermögen, keine körperlichen Fähigkeiten oder Unfähigkeiten, keine sexuellen Vorlieben, keine besonderen Lebensweisen, keine Herkunft, keine religiöse Überzeugung, keine Zugehörigkeiten" (ebd.),

seien es Eigenschaften wie Männlichkeit, Gesundheit, Rationalität und Zweckorientierung, die die Vorstellungen vom Rechtssubjekt prägen (dazu auch Büchler/Cottier 2012).

Die in den 1970er Jahren aufgekommene, vor allem englischsprachige Wissenschaftsforschung (scientific studies) interessiert sich neben den erkenntnistheoretischen und epistemologischen Fragestellungen vor allem für die konkrete Praxis der Wissensherstellung und hat die kulturwissenschaftlich-anthropologische Wende dieses Forschungszweigs eingeläutet. In den mikrosoziologischen Laborstudien geht es um „Wissenschaft in Aktion" und um die Frage, wie wissenschaftliches Wissen welcher funktionalen Rationalität folgend in welcher sozialen Umgebung unter welchen Bedingungen zustande kommt und konstruiert wird (vgl. Knorr-Cetina 1984; Latour 1987; Lynch 1985). Wissenschaft ist kein separierter, von gesellschaftlichen Bedingungen befreiter Raum, aus dem geschlechts- und emotionslose Genies ihre intellektuellen Produkte in die Welt entlassen, sondern eine Strategie, die eingesetzt wird, um die Geltungsansprüche der wissenschaftlichen Akteure zu legitimieren und durchzusetzen (Heintz 1993). „Science is a kind of spatial ‚marker' for cognitive authority" bringt Gieryn (1995, S. 405) es auf den Punkt.[19] Die Wissenschaftsforschung macht deutlich, dass die Vorstellung von Objektivität und Meritokratie Ideale der modernen Gesellschaft darstellen, die ein Bild von Wissenschaft entwerfen, das seine historische und soziokulturelle Prägung unthematisiert lässt und den Faktor Geschlecht als eine zu vernachlässigende

---

18 Das Rechtssubjekt ist ein Konstrukt und wird als ein Träger juristischer Rechte und Pflichten gedacht. Im Bürgerlichen Recht wird das Rechtssubjekt auch an die sog. Rechtsfähigkeit gekoppelt.
19 In diesen Punkten besteht Anschluss an Forschungslinien der Rechtstheorie, die um eine Rekonstruktion des Rechts bemüht ist und beispielsweise davon ausgeht, dass die Rechtswissenschaft über bestimmte rhetorische Muster funktioniert, die Recht und rechtliche Sachlichkeit erst konstruieren und in Artikulationsakten performativ hervorbringen (s. Sobota 1990).

Kategorie markiert. Einige Untersuchungen heben die Pluralität und Heterogenität der akademischen Disziplinen, die „disunity von science" (Galison/Stump 1996) oder ihre „Fragmentierung" (Knorr-Cetina 2002), hervor. Angesichts dessen lässt sich nur schwerlich von „einer" oder „der" Wissenschaft sprechen. Es ist fachspezifisch zu berücksichtigen, in welchem Ausmaß soziale, institutionelle und organisatorische Arrangements in den einzelnen Disziplinen vergeschlechtlicht sind und eine wissenschaftliche Karriere beeinflussen. Je nach Tradition, Struktur, Wissenschaftsleben, Kommunikations- und Forschungsgepflogenheiten erscheint eine Karriere als Professorin leichter oder schwerer.

Für die Rechtswissenschaft, in der es noch immer Fakultäten mit nur einer oder sogar keiner Professorin gibt, gilt erkennbar letzteres. Die vertikale Geschlechterstratifikation in einer Profession, der das gesellschaftliche Mandat zur Überwachung und Durchsetzung verfassungsrechtlich verbriefter Rechte wie Chancengleichheit und Gleichberechtigung übertragen ist, deutet auf einen professions- und wissenskulturell bedingten Widerspruch hin. Jutta Limbach (1986, S. 88 f.) hat zum disproportionalen Verhältnis der Geschlechter in der Rechtswissenschaft geschrieben:

> „Wir dürfen vermuten, daß verschiedene Mechanismen und Praktiken der Ausgrenzung von Frauen zusammenwirken, und zwar verstärkt in einer Wissenschaft, die sich nicht nur aufklärend, sondern anwendungsbezogen mit dem Instrumentarium sozialer Kontrolle beschäftigt. Stefan Bajohr und Kathrin Rödiger-Bajohr vertreten die Ansicht, daß sich gerade in der Abwehr der Juristinnen die vielfältigen Formen der Diskriminierung weiblicher Akademiker bündelten. Das lasse sich daraus erklären, daß der Beruf der Juristin nicht dem spezifischen weiblichen Arbeitsvermögen, d. h. den erzieherischen und pflegerischen Tätigkeiten zuzurechnen sei. Die Berufsarbeit von Frauen muß unter diesem Aspekt in der Tat in einem Fach befremdlich erscheinen, das mit Machtverhältnissen und gesellschaftlicher Ordnung zu tun hat."

Die Besonderheiten des Faches, die Limbach anspricht, spielen in dieser Untersuchung eine zentrale Rolle. Die Rechtswissenschaft gilt in den modernen westlichen Gesellschaften als legitimierte Expertin für Gerechtigkeit und Egalität und als Repräsentantin eines aufgeklärten und säkularisierten Gesellschaftssystems, das sich zur Überwindung sozialer Ungleichheiten universalen Prinzipien wie Gleichheit und Objektivität verpflichtet hat (vgl. Meyer/Jepperson 2005, S. 49; Boyle/Meyer 2005, S. 199). Die Konstituierung des Juristenstandes ist historisch eng mit dem Entstehen der Bürokratie verbunden. Trotz fortschreitender Ausdifferenzierung der Profession und der zunehmenden Deregulierung ihres Arbeitsmarktes gilt nach wie vor das Leitbild des a-personalen Verwaltungsbeamten fort, der sich, wie in Zeiten Preußens des 19. Jahrhunderts, durch „Kompetenz und Effektivität, Sachlichkeit und Objektivität, Pflichtbewußtsein und Loyalität, Verantwortlichkeit und Selbstständigkeit" auszeichnet (Nipperdey zit. nach Mai 1989, S. 110).

Die Jurisprudenz weist eine wissenschaftliche Programmatik auf, die, um gesellschaftliche Legitimität und soziale Verbindlichkeit zu erzeugen, mit Konzepten wie Objektivität, Neutralität, Unbefangenheit und Parteilosigkeit arbeitet (vgl. Limbach 1986, S. 96) und ein in dieser Hinsicht spezifisches Professionsethos aufweist, um in der Rechtspraxis funktional, verfahrenstreu und „revisionsfest" agieren zu können.[20] Das Festhalten an Idealen wie Objektivität und Neutralität ist von der feministischen Rechtswissenschaft als einem Stachel der Disziplin aber gerade in Frage gestellt worden (vgl. Lucke 1996; Baer 2010). Auch das Recht ist kein geschlechtsneutraler Bereich, in dem eine neutrale Wissenschaft betrieben wird (vgl. Battis/Schultz 1990).

Die Anwendungsbezogenheit, die Limbach anspricht, ist ein weiteres Spezifikum der Rechtswissenschaft. Anwendungsbezogenheit meint den Grad der Professionsorientierung (Heintz/Merz/Schumacher 2004, S. 14 ff.). Das heißt, es gibt Disziplinen, die stärker als andere für bestimmte Berufsfelder ausbilden und deren universitäre Ausbildungsschwerpunkte sich weniger an wissenschaftsinternen Kriterien orientieren als an externen Professions- oder Berufsrollen.

> „Mathematikerinnen und Mathematiker stehen zwar eine Vielzahl von Berufen offen, die mathematische Qualifikationen erfordern, die Abstimmung zwischen Ausbildung und Arbeitsmarkt ist aber längst nicht so perfekt wie in Disziplinen, die – teilweise in Absprache mit den Professionsverbänden – eine Berufsausbildung im eigentlichen Sinne vermitteln. Wir vermuten, dass es in professionsorientierten Disziplinen eher zu einem ‚Import' externer Selektions- und Qualitätskriterien kommt." (Ebd., S. 16)

Die Rechtswissenschaft nimmt insofern eine Sonderstellung ein, als sie nicht nur mit dem externen Arbeitsmarkt eng verflochten ist und eine aus-

---

20 Einen formal verfahrensrechtlichen Ausdruck mit einem rituellen Kern (zu Rechtsritualen: Winn 2003) findet dieses Professionsverständnis, in dem Wissenschafts- und Rechtsideale zusammenfließen, in dem sog. Befangenheitsantrag, der in den Vorschriften § 20 VwVfG (im Verwaltungsverfahren), § 24 StPO (im Strafprozess) und § 42 ZPO (im Zivilprozess) geregelt ist. Vorurteile, Parteinahme und mangelnde Neutralität sollen verhindert werden, indem befangene Richter/innen in einem formal zu stellenden Gesuch, das Distanz herstellt oder aber wahrt und das professionelle Selbstverständnis der Justiz fördert, abgelehnt werden können.

geprägte Professionsorientierung aufweist, sondern aufgrund ihres Gegenstandes Recht der staatlichen und politischen Sphäre besonders nahesteht (vgl. Baer 1997, S. 160 ff.).[21] Diese Merkmale können eine geschlechtersegregierende Wirkung haben. Durch das Ausbildungssystem, das traditionell für das Richteramt und nicht für eine wissenschaftliche Führungsposition qualifiziert, weisen Studierende der Rechtswissenschaft insgesamt bereits eine geringere wissenschaftliche Orientierung als in anderen Disziplinen auf (Bargel/Multrus/Ramm 1996, S. 10). Dies wird gegebenenfalls dadurch verstärkt, dass die juristische Ausbildung, die ohnehin lange dauert, noch durch die zweijährige praktische Referendarzeit verlängert wird. Baer (1997, S. 156) meint hierzu:

> „Ausbildung und Berufsweg dauern lange und ermöglichen kaum biographische Brüche, die für Frauen aufgrund der andauernden Primärzuständigkeit für Kinder immer wieder auftauchen. Mehrfache (Aus-)Bildung […] und Ausflüge in die Rechtspraxis, die erforderliche Reflexion derselben erst wirklich ermöglichen, werden nicht honoriert. Die Habilitation erweist sich ohnehin als innovations- und minderheitenfeindlich. Anders als in Deutschland wird beispielsweise in den USA vor einer Berufung nicht notwendig die noch dazu personenbezogene wissenschaftliche Dienstleistung und theoretische Arbeit vorausgesetzt […]. Das ermöglicht biographische Flexibilität und erfordert und fördert inhaltliche, meist eben auch interdisziplinäre Offenheit.“

Auch der Zweig der Hochschulforschung, der sich auf den Ansatz Bourdieus bezieht, geht davon aus, dass die Disziplinen eigene soziale Universen darstellen. Eine Disziplin zu studieren und in den Wissenschaftsbetrieb einzusteigen, heißt, einen fachspezifischen Habitus zu inkorporieren, eine Experten/-innenrolle in sich aufzubauen und diese harmonisch, im Einklang mit dem disziplinspezifischen Denk- und Normensystem auszufüllen (vgl. Liebau/Huber 1985, S. 323; vgl. auch Portele 1985). Das universitäre Feld ist mit einer impliziten und asymmetrischen Geschlechterstruktur unterlegt (Krais 2000). Es ist historisch bedingt eine männlich geprägte Kultursphäre, die homosoziale Strukturen aufweist und in ihren Traditionen, Regeln, Werten und Interaktionsformen noch immer als männlich zu charakterisieren ist (Schultz 1990). Der Aspekt der männlichen Dominanz wird besonders in Berufungsverfahren relevant: Professo-

---

21 Dies wird besonders augenfällig, wenn man an ihre Rolle im Nationalsozialismus denkt. Mit Hilfe der Rechtswissenschaft, verstanden als Rechtsprechung und wissenschaftliche Disziplin, wurde das bis dahin geltende Recht im Sinne der nationalsozialistischen Ideologie radikal umgebaut (vgl. Röhl/Röhl 2008, S. 81) – einem wissenschaftlichen Gebot von Objektivität und Neutralität zum Trotz.

renpositionen werden vor allem unter Männern ausgehandelt und im Wissenschaftsspiel erobert (Engler 2000; 2001; Zimmermann 2000; vgl. auch Gross/Jungbauer-Gans/Kriwy 2008, S. 13).

Es gibt einige Studien, die sich explizit oder auch weniger explizit mit dem Zusammenhang von Fachkultur und Geschlechterkultur befassen (Engler 1993 und 1999; Schaeper 1997; Holtzbecher et al. 2002; Leemann 2002; Heintz/Merz/Schumacher 2004; Vogel/Hinz 2004; Stegmann 2005; Gross/Jungbauer-Gans/Kriwy 2008). Dabei hat sich gezeigt, dass es die strukturellen, kulturellen und epistemischen Besonderheiten der Disziplinen sind, die Einfluss auf ihren Umgang mit der Meritokratie-Norm und den Umgang mit der Ordnungskategorie Geschlecht haben. Nach Heintz/ Merz/Schumacher (2004) sind es die epistemischen Praktiken, die zentral sind: Je formalisierter die Disziplin, ihre Leistungskriterien und Erkenntnisverfahren sind, desto weniger Spielraum bleibt für geschlechtsstereotype Zuschreibungen und eine geschlechtsspezifische „Kontaminierung". Während Geenen (1994) noch die These vertrat, dass in großen Fächern aufgrund der Anonymität und standardisierten Leistungsbeurteilung, die egalisierend wirken, geringere geschlechtsspezifische Effekte wirken, hat Leemann (2002) für die Schweiz keine signifikanten Unterschiede zwischen kleinen und großen Fächern feststellen können. Die Geschlechterzusammensetzung scheint in den Disziplinen von Bedeutung zu sein: In Disziplinen, die einen geringeren Frauenanteil aufweisen, werden Frauen weniger als Repräsentantinnen ihres Faches und in ihrer Expertinnenrolle, sondern stärker in ihrem persönlichen Merkmal als Frau wahrgenommen (vgl. Kanter 1977/2013; Heintz et al. 1997). Das provoziert Geschlechterstereotypisierungen und geschlechtsspezifische Rollenerwartungen, die mit dem männlich konstruierten Wissenschaftlertypus konfligieren (vgl. Leemann 2002, S. 64 f.).

In diesem Zusammenhang erscheint interessant, die disziplinspezifischen Rollen und Leitbilder nach Geschlechterimplikationen abzusuchen. In der Rechtswissenschaft ist es nicht nur der Wissenschaftler, sondern auch der Praktiker, dem in der modernen, säkularisierten Gesellschaft die „Gott-Rolle" (Fabricius 1996) zur Verfügung gestellt wird. Fabricius (ebd.) kommt zu dem Ergebnis, dass die Kategorie Geschlecht im Selbstverständnis von Strafjuristinnen und -juristen keine Rolle spielt. In einem Kapitel mit der Überschrift „Juristen sind Menschen" stellt er fest:

> „Die Aussage ,Juristen sind Menschen' schließt die Behauptung ein, es handele sich um geschlechtliche Wesen, Frauen und Männer, mit allen dem Menschen gegebenen Trieben, Affekten und Bereitschaften, d.h. auch mit der Be-

reitschaft zu Aggression, der Fähigkeit zu Sadismus und Masochismus usw., mit sexuellen Lüsten und Gefühlen, Macht und Bemächtigung. Das in den untersuchten Texten repräsentierte Selbstverständnis blendet die Geschlechtertrennung aus. Der Jurist ist danach ein desexualisierter Mann."

Hier lässt sich an Bourdieu anschließen: Wenn der juristische Habitus neutral konstruiert ist, ist er faktisch – wie der wissenschaftliche Habitus – doch männlich. Frauen haben sich, das wäre eine Folgerung, körperlich wie geschlechtshabituell umzubauen, sich in das vorgegebene Geschlechterarrangement einzufinden und eine „strategische Neutralisierungsarbeit" (Malli 2003, S. 173) zu leisten, wenn sie erfolgreich sein wollen. Das führt nicht nur zwangsläufig zu einer systematischen Tabuisierung oder Abwertung der Kategorie Geschlecht in der juristischen Science Community, sondern auch dazu, dass die Juraprofessorinnen, die sich durchgesetzt haben, „über die Komplizenschaft ihres sozialisierten Körpers an ihrem eigenen Beherrschtsein mitwirken" (Bourdieu 1996, S. 199 zitiert nach Wedgwood/Connell 2010, S. 118). Damit wird es zu einem Forschungsanliegen, Strukturen und kulturelle Gegebenheiten der Rechtswissenschaft zu identifizieren, die die Exklusion von Frauen fördern und unter dem Deckmantel von Universalismus und Geschlechtslosigkeit verborgen halten. Daher hat sich die Arbeit u.a. zum Ziel gesetzt, die juristische Fach- und Wissenschaftskultur eingehender zu betrachten.

3. Methodische Herangehensweise

Um die Strukturen, subjektiven Sichtweisen und kulturellen Einflüsse der Disziplin auf Frauen und Männer an juristischen Fakultäten möglichst differenziert erfassen zu können, ist ein qualitativer Forschungsansatz gewählt worden.

Mit „What the hell is going on here?" formuliert Clifford Geertz in einem Interview die Kernfrage des qualitativen Forschungsansatzes (Hirschauer/Amann 1997, S. 20). Die Frage danach, was in einer sozialen Situation, während einer sozialen Aktivität, in einem Lebensbereich, kurz: in einem Forschungsfeld eigentlich vor sich geht, stellt den Ausgangspunkt und den Beginn der qualitativen Forschung dar, die sich mit dem Unbekannten, dem Fremden, dem noch nicht jetzt Verständlichen auseinandersetzt. Das in der Frage mitschwingende Erstaunen, vielleicht sogar Befremden (Amann/Hirschauer 1997) spiegelt zugleich eine grundsätzliche Forschungshaltung wieder, die sich idealtypisch nicht mit konkreten, festgelegten Vorannahmen, sondern offen, explorativ und mit einer gehörigen Portion Neugier dem Forschungsgegenstand nähert (vgl. Brüsemeister 2000; Flick 2002; Strübing 2004). *„Die Ausgangsposition des Sozialwissenschaftlers [...] ist praktisch immer durch das Fehlen des Vertrautseins mit dem, was tatsächlich in dem für die Studie ausgesuchten Bereich des Lebens geschieht, gekennzeichnet,"* fasst Herbert Blumer 1973 zusammen (Blumer zitiert nach Flick 2002, S. 12) und macht damit das unvoreingenommene Herangehen an den Forschungsgegenstand zum wesentlichen Impetus für (qualitative) Forschung.[22]

---

22 Darin unterscheidet sich qualitative Forschung maßgeblich von quantitativen Untersuchungen, die mit vorab formulierten Hypothesen an ihre Daten herangehen, sich also schon im Vorhinein so intensiv mit ihrem Forschungsgegenstand auseinandergesetzt haben, dass sie Hypothesen über ihn formulieren und dann am Datenmaterial testen können. Laut Uwe Flick bewirken sozialer Wandel, Diversifikation und Pluralität von Lebenswelten jedoch, dass Vertrautheit mit dem jeweiligen Forschungsgegenstand zunehmend schwieriger wird, so dass klassisch deduktive (also quantitative) Methodologien an den Forschungsgegenständen „vorbeizielen" können. *„Soziale Phänomene sind komplex"*, formuliert Anselm Strauss (1994, S. 25). Statt von vorab formulierbaren Theorien und ihrer Überprüfung ausgehen zu kön-

Bei der Untersuchung einer Wissenschaft durch Wissenschaftlerinnen ist zumeist nicht von einer vollkommenen Unvertrautheit mit dem gewählten Forschungsfeld auszugehen. Jedoch muss und bleibt eine gewisse Distanz und ein unverstellter Blick Voraussetzung für ein qualitativ exploratives Forschungsvorgehen. Das wurde in diesem Forschungsprojekt sowohl durch die Interdisziplinarität der Forscherinnengruppe als auch die Erhebung verschiedener Datenarten und einer relativ breit angelegten Fragestellung, die möglichst viele (Arbeits-)Hypothesen und Erkenntnisse zulässt, aufgefangen. Durch eine panoramahaft angelegte Fragestellung und umfangreiches Datenmaterial, werden möglichst viele Erkenntnisse unterschiedlicher Art gewonnen, die im Forschungsprozess zusammengeführt werden.

3.1 Grounded Theory

Für dieses Vorgehen eignet sich vor allem die Grounded Theory als eine qualitativ-explorative Methode, die sowohl einen systematischen als auch differenzierten Zugang zum Forschungsgegenstand bzw. -feld zulässt. Als *„eine konzeptuell dichte Theorie [...], die sehr viele Aspekte der untersuchten Phänomene erklärt,"* beschreibt Anselm Strauss, einer der Begründer der Grounded Theory, diese Methode (1994, S. 25) und verweist damit sowohl auf ihre Anwendungsbreite als auch konzeptuelle Struktur. Grounded Theory oder *„gegenstandsbegründete oder -verankerte Theorie"*, wie der Terminus manchmal übersetzt wird (Böhm 2003, S. 476), ist eine klassisch qualitativ-explorative Methode, die zu den in den letzten Jahrzehnten am häufigsten angewandten empirischen Untersuchungsmethoden zählt (Strübing 2004, S. 7). Sie wurde in den 1970er Jahren von Anselm Strauss zusammen mit Barney Glaser in einer vergleichenden Untersuchung von US-amerikanischen Krankenhäusern entwickelt und ist seitdem kontinuierlich weiterentwickelt worden (vgl. Strauss/Glaser 1973; Strauss/Corbin 1990, dt. 1996; Charmaz 2000, 2008). Bereits früh trennten sich allerdings die forschungstheoretischen Wege von Anselm Strauss und Barney Glaser; mit der Veröffentlichung von Glasers „Theoretical Sensitivity" (1978) entstanden zwei Varianten der Grounded Theory. Die

---

nen, erfordern Forschungsfelder häufig die offene Exploration (Flick 2002, S. 12 f.) und legen ein qualitativ angelegtes Forschungsdesign nahe.

von Strauss und später die von Strauss zusammen mit Juliet Corbin (wei-
ter-)entwickelte Variante gilt gemeinhin als die pragmatischere und systematischere. Sie ist eher an Überprüfbarkeit von Daten orientiert, während
Glasers Version der Grounded Theory stärker auf eine *„rein induktive Erkenntnis"* (Strübing 2004, S. 65) setzt, darauf vertrauend, dass Theorien
sich aus den Daten generieren, wenn diese nur lange genug analysiert werden.[23] Strübing nennt die Grounded Theory nach Strauss bzw. Strauss/
Corbin die *„weiterführende, weil wissenschafts- und methodentheoretisch
gehaltvollere"* (Strübing 2004, S. 9). Da die vorliegende Untersuchung
sich methodisch an der Grounded Theory nach Strauss (1994) bzw.
Strauss/Corbin (1996) orientiert, soll diese im Folgenden näher beschrieben werden.

3.1.1 Datenmaterial

Im Gegensatz zu anderen qualitativen Methoden kann die Grounded Theory sehr viele unterschiedliche Datenarten wie zum Beispiel Dokumente,
Interviews, Beobachtungen oder auch quantitative Daten berücksichtigen
(vgl. Strauss 1994, S. 25), was sie zur präferierten Methode dieser Untersuchung macht.

Für das komplexe und umfassende Forschungsanliegen von JurPro ist
deshalb unterschiedliches Datenmaterial erhoben worden. Im Zentrum stehen leitfadengestützte, problemzentriert angelegte Interviews (dazu Witzel
1982; Hopf 2003) mit Akteuren und Akteurinnen aus dem Feld sowie
auch mit Expertinnen und Experten (dazu Meuser/Nagel 1991; 2004), die
über *„einen privilegierten Zugang zu Informationen über Personengrup-
pen oder Entscheidungsprozesse"* verfügen (Meuser/Nagel 1991, S. 443).
Expertinnen und Experten sind dabei vor allem zentrale und Fakultätsgleichstellungsbeauftragte, Hochschulleitungen und Dekaninnen und Dekane.

Alle Interviews sind nach einem Interviewleitfaden durchgeführt worden, der thematisch und schwerpunktmäßig an die jeweiligen Interview-

---

23 So plädiert Glaser für ein "just do it" als Herangehensweise der Methode: *"Trust
Grounded Theory, it works! Just do it, use it and publish!"* (zitiert nach Strübing
2002, S. 318 f.). Für einen genaueren Vergleich und eine detaillierte Herausarbei-
tung der Unterschiede und Gemeinsamkeiten beider Varianten der Grounded
Theory vgl. auch Strübing 2004, S. 63-73.

partnerinnen und -partner angepasst worden ist. Zentrale Themenbereiche waren Qualifikationswege und Karriereentwicklung, die aktuelle Lebenssituation, die berufliche Situation, Aufgabenfelder und Arbeitspraxis, strukturelle und individuelle Barrieren sowie Förderungen und Förderndes für den Aufstieg und Gleichstellungsmaßnahmen. Die in den Leitfäden zusammengestellten Fragen basierten auf den Erkenntnissen vergleichbarer empirischer Untersuchungen[24]; sie ergaben sich außerdem aus einer intensiven Literaturanalyse zu den Großthemen Wissenschaftsforschung (v.a. Rechtswissenschaftsforschung) und dem Themenbereich Gender in der Wissenschaft sowie in Teilen aus Vorwissen der Forscherinnen zum Feld der Rechtswissenschaft. Dadurch konnte der Leitfaden entlang vorab eingegrenzter Themenfelder der persönlichen Biografie, des individuellen Karriereweges, möglicher Hindernisse und Aufstiegsmechanismen sowie damit zusammenhängender struktureller oder kultureller Aspekte und der Bedeutung der Gleichstellung entwickelt werden. Auf diese Weise wurden als zentral erkannte Themenfelder und -bereiche in den Interviews angesprochen; der Interviewverlauf blieb aber auch offen für individuelle Sichtweisen und andere Themen. Ziel war es, entlang verschiedener thematischer Stichpunkte die Perspektive der Befragten zu rekonstruieren.

Die Interviews mit Gleichstellungsbeauftragten und Hochschulleitungen stellen die Gleichstellungsarbeit vor allem in Bezug auf die juristischen Fakultäten in den Vordergrund, während die Interviews mit Dekaninnen und Dekanen die Reflexion über ihre Tätigkeit im Dekanat gesondert berücksichtigen. Die Akteure und Akteurinnen aus dem Feld sind auf unterschiedlichen Stufen ihrer Karriere interviewt worden. Das heißt, es sind sowohl Professorinnen und Professoren der Rechtswissenschaft, als auch Habilitierende, Doktorandinnen und Doktoranden sowie wissenschaftliche Hilfskräfte, die sich für eine Karriere an der Universität entschieden haben, bzw. diese als Option ansehen, befragt worden. Auf diese Weise entsteht ein umfassendes und differenziertes Bild über Karrierechancen und -hindernisse, Förderungsstrukturen, Er- oder Entmutigungsstrategien, Gelegenheitsstrukturen, Arbeitszufriedenheit und -belastung an rechtswissenschaftlichen Fakultäten aus unterschiedlichen Perspektiven. Die Interviews sind schwerpunktmäßig an acht verschiedenen Universitäten geführt worden, insgesamt waren Rechtswissenschaftler/innen von 21 Universitäten, d.h. rund der Hälfte der 44 im Deutschen Juristenfakultä-

---

24 Schultz 1990, 2003, 2013; Wilz 2002; Pfeil 2007; Schultz/Peppmeier/Rudek 2011.

tentag zusammengeschlossenen Universitäten, einbezogen. Da aufgrund des Tabus der sog. Hausberufung die Professorinnen und Professoren jeweils zumindest an zwei Universitäten tätig waren, ist durch die Interviews fast das gesamte Spektrum der deutschen juristischen Fakultäten abgedeckt worden.

Im Zeitraum von September 2011 bis Oktober 2013 wurden insgesamt 64 problemzentrierte, leitfadengestützte Interviews geführt, ergänzt um insgesamt neun informatorische Gespräche, davon 44 Interviews (und sieben Gespräche) mit Frauen und 20 Interviews und zwei Gespräche mit Männern. Die Verteilung zeigt Tabelle 1:

Tab. 1: Anzahl der Interviews – September 2011 bis Oktober 2013

Rechtswissenschaftler/innen	weiblich	männlich
WHK	1	
WissMit	7 (3 auf Dauerstellen)	4
Habilitand/in	4	2
Habilitiert/LehrstV	3	2
Prof	19	9
Jun Prof	2	1
em Prof	2	2
FH Prof	3 (1 auf Zeit)	
Anwalt/Anwältin	2 (1 Habil. abgebrochen, 1 ausgeschiedene Prof.)	1
Sonstige	5 (davon 4 habilitiert, 1 ehem. Jun. Prof., 1 Forschungsprof. Ausland, 1 Titularprof.)	1
Insgesamt	48	22

Hinzu kommen 20 Interviews mit Expertinnen der Gleichstellungsarbeit.

Die Interviews sind aufgezeichnet und transkribiert, bzw. verschriftet worden. Drei Interviews und die Gespräche sind nicht oder nicht vollständig aufgezeichnet worden. Dazu sind zeitnah zur Datenerhebung Notizen angefertigt worden, die in Teilen ebenfalls in die Analyse eingegangen sind. Durch eine ebenfalls zeitnah erfolgte Transkription der aufgezeichneten Interviews konnte die Rückbindung zum Forschungsgegenstand problemlos erfolgen, und es konnten Anpassungen bzw. Erweiterungen der Themen in den folgenden Interviews vorgenommen werden, um das Forschungsfeld entsprechend dem Ansatz der Grounded Theory kontinuierlich zu erweitern.

Weiterhin wurde ein Kontingent an Nachrufen der Wissenschaftlerinnen und Wissenschaftler aus der „Vereinigung der Deutschen Staatsrechtslehrer" über einen Zeitraum von zehn Jahren im Hinblick auf medial kommunizierbare Eigenschaften des Idealbildes von Juristinnen und Juristen analysiert. Ergänzend dazu wurden sog. „Stammbäume" der öffentlich- und der strafrechtlichen Science Community einbezogen, die grafisch Schüler-Lehrer-Zusammenhänge zum Teil bis ins frühe 19. Jahrhundert zurück verfolgbar darstellen. Die Analyse dieser Darstellung von Lehrer-Schüler-Verhältnissen wurde mit der Forschungsfrage nach Karrierebedingungen in der Rechtswissenschaft in Zusammenhang gebracht und im Hinblick auf die rechtswissenschaftliche Fachkultur analysiert. Zusätzlich wurden verschiedene fachinterne Lehrmaterialien untersucht. Im Fokus stand hier die Rekonstruktion des vermittelten Frauen- und Männerbildes – und ihr Wandel. Auf diese Weise wurde sowohl der Aspekt der Fachkultur und ihres möglichen Einflusses auf Karriereverläufe beleuchtet, als auch das spezifische Männer- und Frauenbild, das Juristinnen und Juristen seit Beginn ihrer Karriere begleitet.

In die Auswertung einbezogen wurden zudem alle im Internet verfügbaren Lebensläufe der Juraprofessorinnen an rechtswissenschaftlichen Fakultäten. Ein Teilaspekt der Untersuchung setzt sich mit den „Pionierinnen" des Feldes auseinander. Hier sind Juristinnen der frühen Generationen leitfadengestützt interviewt worden. Da sie z.T. bereits emeritiert sind, fallen sie etwas aus dem allgemeinen Sample heraus, ergänzen es aber, da die Interviews den Wandel von Karrierewegen für Frauen (und Männer) in der Rechtswissenschaft verdeutlichen und so einen Bezugspunkt bzw. möglichen Maximalkontrast[25] (Brüsemeister, S. 195-198; Strübing 2004, S. 22-26) zu den anderen Interviewpartnerinnen bilden.

---

25 Der Bezug auf einen Maximalkontrast wird in der Grounded Theory systematisch eingesetzt, um zwei möglichst weit voneinander liegende Fälle miteinander zu vergleichen. Auf diese Weise soll sichergestellt werden, dass man alle Facetten des

Zur Beschreibung der Situation der Rechtswissenschaftlerinnen an Hochschulen wurden zusätzlich quantitative Daten herangezogen. Dabei handelt es sich um Daten der Hochschulstatistik des statistischen Bundesamts[26], die Justizstatistik des Bundesamtes für Justiz und Statistiken der Bundesrechtsanwaltskammer zu den Frauenanteilen in den unterschiedlichen Karrierestufen. Diese Datensätze dienen als wichtige Gradmesser der Teilhabe von Frauen an der akademischen Laufbahn. Zudem wurden in Anlehnung an eine Sonderauswertung des Kompetenzzentrums Frauen in Wissenschaft und Forschung (CEWS) „Kohortenanalyse und Übergangsquoten" (BLK 2005) weibliche und männliche Übergangsquoten für die Rechtswissenschaft errechnet. „Übergangsquoten geben an, wie viele Personen, die eine bestimmte Qualifikationsstufe erreicht haben, in die nächst höhere Qualifikationsstufe gehen" (ebd., S. 6). Des Weiteren wird anhand einer Kohortenanalyse die akademische Laufbahn eines Studienjahrgangs der Rechtswissenschaft vom Studienanfänger bis zur Berufung auf eine Professur differenziert betrachtet. „Kohortenanalysen „vermitteln [...] ob und in welchem Umfang Frauen oder Männer im Laufe der wissenschaftlichen Qualifikation aus der Wissenschaft ausscheiden." (ebd., S. 1)

Die unterschiedlichen Datenmaterialien können mit Hilfe der Grounded Theory fruchtbar miteinander kombiniert und zueinander in Beziehung gesetzt werden, so dass sowohl ein umfassendes als auch tiefgreifendes Bild über das Forschungsfeld entsteht, das Aufschlüsse und Erkenntnisse für das leitende Forschungsinteresse liefert.

Feldes erfasst. Man nennt diesen Vorgang i.d.R. „Dimensionalisieren" (vgl. Strübing 2004, S. 22 f.)

26 Statistisches Bundesamt, Fachserie 11, Reihe 4.1 bis 4.4. Dabei ist zu beachten, dass die Daten der Jahre vor 1992 nur bedingt mit denen danach vergleichbar sind. Diese Hochschulstatistik erfuhr nach der Wiedervereinigung 1992 durch das Hochschulstatistikgesetz eine Neufassung bzw. grundlegende Umgestaltung. „Zum Wintersemester 1992/1993 ist die vollständige methodische Angleichung der Studentenstatistik in den Ländern Brandenburg, Mecklenburg-Vorpommern, Sachsen, Sachsen-Anhalt und Thüringen sowie Berlin-Ost erfolgt [...]. Der gesamte Studierendenbestand wird [...] nur noch in den Wintersemestern erhoben" (Statistisches Bundesamt 2011). Seit dem Wintersemester 1992/1993 wurde damit die Umstellung des Erhebungsverfahrens von einer Primär- auf eine Sekundärerhebung von besonderer Bedeutung. Auskunftpflichtig sind nun nicht mehr die Studierenden, sondern die Hochschulen, aus deren Verwaltungsunterlagen die für die Studierendenstatistik vorgesehenen Daten bereitgestellt werden. Methodisch-technisch wird die Studierendenstatistik nun mit der Prüfungsstatistik verknüpft. Der Merkmalskatalog wurde (vor allem um verlaufsbezogene Angaben) erweitert.

3.1.2 Theoretical Sampling

Der Datenerhebungsprozess dieser Untersuchung orientiert sich am „Theoretical Sampling", einem der Grundprinzipien der Grounded Theory (Strauss/Glaser 1967; Strauss 1994; Strauss/Corbin 1996). Das Theoretical Sampling betont eine zeitliche Parallelität und ein wechselseitiges Ineinandergreifen der Prozesse der Datenerhebung, Datenanalyse und der Bildung einer Theorie über den Gegenstand mit Rückbezug auf die Fragestellung. Die Forschenden analysieren die Daten zeitnah zu ihrer Erhebung und entscheiden auf dieser Basis darüber, welche Daten als nächstes erhoben werden sollen und wo diese zu finden sind. So erweitern sie idealiter fortlaufend ihr Sample und verdichten ihre Erkenntnis über den Forschungsgegenstand bzw. das Forschungsfeld. Diese Untersuchung hat zwar im Vorfeld grob abgeklärt, welche Karrierestufen der Universitätskarrieren in die Studie einbezogen werden müssen, um das Forschungsfeld möglichst komplett abzudecken, jedoch wurden die Interviewpartnerinnen und -partner dem Theoretical Sampling gemäß erst während des Untersuchungsverlaufs identifiziert.

Da zu Beginn einer qualitativen Forschung zumeist eher geringe bzw. unsystematische Vorkenntnisse über den Forschungsgegenstand vorhanden sind (s.o.), werden Auswahlentscheidungen über die Datenerhebung mit Rückgriff auf Literatur, verfügbare Quellen oder praktische Vorkenntnisse (Strübing 2004, S. 55 ff.) vorgenommen. Wie oben angedeutet, hat auch dieses Projektteam relevante Literatur ausgewertet, um erste mögliche Themenfelder der Interviews zu entwickeln. Besonders an dieser Stelle kommt die interdisziplinäre Zusammensetzung des Teams (Juristinnen, Soziologinnen, Psychologinnen) vorteilhaft zum Tragen, da durch die Juristinnen bereits erste Kontakte zum Feld bestehen und auch gewisse Vorkenntnisse über die grundsätzliche Feldstruktur die Auswahl der ersten Interviewpartner/innen erleichtern. Gleichzeitig wird aber durch den „fachfremden Blick" der Nicht-Juristinnen die von der Methode für unverzichtbar gehaltene Distanz zum Forschungsgegenstand gewährleistet, so dass die grundsätzliche Offenheit und der explorative Charakter der Untersuchung den Fortgang bestimmt hat (vgl. Strauss 1991, 1994; Strauss/Corbin 1996) und die Kooperation die optimale Ergänzung von Vorkenntnis und Exploration gewährleistet. Das steht ganz im Einklang mit Strauss Vorstellung über den Forschungsprozess. Forschung bedeutet für Strauss nicht, jegliches möglicherweise vorhandenes Alltagswissen oder eventuelle Vorkenntnisse über den Forschungsgegenstand außer Betracht zu lassen, jedoch haben diese nur tentativen bzw. „sensibilisierenden" (Blumer 1954; Strauss/Corbin, S. 25 ff.; vgl. auch Bowen 2006) Charakter. Grundsätzlich bestimmt das offene Vorgehen den Forschungsprozess, und Erkenntnisse werden ausschließlich empirisch gewonnen (Strauss 1994; Strauss/Corbin 1996). Strauss bzw. Strauss/Corbin liefern kein Regelwerk der Datenerhebung und Analyse, das in sequentiell aufeinander folgenden Schritten abgearbeitet werden kann. Es wird vielmehr als sinnvoll betrachtet, dass die Forscher und Forscherinnen sachangemessen, also gegenstandsgeleitet vorgehen und ihre Forschungspraxis gemäß ihrer eigenen Forschungserfahrung entwickeln (Strauss 1994, S. 34 f.; Strübing 2004, S. 15 f.). Das bedeutet, Strauss spricht den Forschenden eine gewisse Autonomie und Kompetenz zu und integriert sie als Person in den Forschungsprozess. Die Forschenden sind quasi ihr eigenes Forschungsinstrument (Hirschauer/ Amann 1997, S. 25) und führen die Forschung gemäß ihrer selbst entwickelten Forschungspraxis und -erfahrung durch. Auch an dieser Stelle erwies sich die interdisziplinäre Zusammenarbeit als produktiv, da konstanter Austausch unterschiedlicher Sichtweisen und Herangehensweisen den Forschungsgegenstand differenziert beleuchteten konnten. Daraus folgt aber keinesfalls, dass der Forschungsprozess willkürlich, rein individuell und regellos verläuft. Im Gegenteil, es gibt zentrale Elemente der Grounded Theory, die durchgeführt werden müssen und die den Forschungsprozess wesentlich gestalten und leiten. (Strauss 1994, S. 33). Dazu gehören das systematische Kodieren des erhobenen Datenmaterials und das stetige Verfassen von Memos.

3.1.2.1 Kodieren

Beim Kodieren handelt es sich um ein mehrstufiges Auswertungsverfahren der erhobenen Daten, das einen interpretativen Zugang zu den gewonnenen Datenmaterialien schaffen soll. Die Daten, in der vorliegenden Untersuchung vor allem Interviews aber auch alle weiteren o.a. Datensorten, müssen zunächst „aufgebrochen" werden (Flick 2002, S. 269). Dieser Prozess ermöglicht einen ersten Zugang zu den Daten, die den Forschenden zunächst als „geschlossene Oberflächen" gegenübertreten (Strübing 2004, S. 19 f.). In der Grounded Theory ist dafür das Verfahren des Kodierens oder Kategorisierens vorgesehen. Bei Strauss bzw. Strauss/Corbin ist der

Kodierungsprozess dreistufig,[27] wobei die einzelnen Stufen weder als in einer festen Sequentialität aufeinander folgend, noch strikt distinkt voneinander zu verstehen sind (Flick, S. 258). *„Kodieren heißt, man muss sich in die Daten einfühlen, Erfahrung und Intuition einbringen. Unterschiedliche Interpreten werden zwangsläufig zu divergierenden Sichtweisen gelangen"*, schreibt Strübing (2004, S. 22) und betont nochmals die Integration des Forschenden als Person in den Forschungsprozess mit je eigenen Forschungs- und Interpretationserfahrungen, aber auch die Teamorientierung der Methode. Auch wenn in der Grounded Theory nicht jeder Schritt in Kooperation ausgeführt werden muss, ist eine Rückkopplung an andere Mitglieder eines Forschungsteams zentral wichtig. In diesem Forschungsvorhaben wurde das durch eine enge und stete Zusammenarbeit und den regelmäßigen Austausch in Teamtreffen gewährleistet. Zwar wird das Kodieren des Materials in der Regel individuell vorgenommen, jedoch findet stets ein interaktiver Austausch über das Datenmaterial und die entwickelten Hypothesen über den Forschungsgegenstand statt. Auf diese Weise werden die Ergebnisse intersubjektiv erweitert, vertieft und kommunikativ validiert (vgl. Steinke 2003). Diese Verknüpfung von Individualarbeit und interaktionellem Austausch schien dem Forschungsteam dieser Untersuchung besonders geeignet, weil so die Zusammenarbeit methodisch abgesichert und gefördert wird und die individuellen Kompetenzen aller Teammitglieder in die Analyse der Daten einfließen können. *„Arbeiten im Team mit Kollegen verhindert Einseitigkeiten und kann den Erkenntnisprozess beschleunigen"*, stellt Böhm heraus (2003, S. 477).[28]

Der erste Schritt des Kodierungsprozesses besteht im sogenannten „offenen Kodieren". Das bedeutet, zunächst werden möglichst kleinschrittig angemessene Kategorien bzw. Kodes an das Datenmaterial vergeben, die eine Textstelle beschreiben oder kennzeichnen. Auf diese Weise wird eine Vielzahl zunächst durchaus unverbundener Kategorien am Material erarbeitet. *„Dieses offene Kodieren geht so vor sich [...], daß das Beobachtungsprotokoll, ein Interview oder ein anderes Dokument sehr genau analysiert wird, und zwar Zeile für Zeile oder sogar Wort für Wort"*, beschreibt Strauss den Prozess (Strauss 1994, S. 57 f.). In diesem Auswertungsschritt haben die Forscher einen explizit breiten, noch ungeordneten Zugang zum Material und folgen der Frage *„What 'all' is involved here?"*

---

27 Bei Glaser ist der Kodierungsprozess zweistufig, vgl. Glaser 1978, Strübing 2004.
28 Das Team hat sich in den drei Jahren insgesamt zu 35 Sitzungen getroffen, hinzu kommen zahlreiche bilaterale Arbeitsgespräche.

(Schatzmann 1991, S. 30). Alle aus dem Material gewonnenen Ideen werden als Kodes (oder Kategorien) festgehalten und im weiteren Forschungsverlauf auf ihre Sinnhaftigkeit und auf das Erklärungspotential überprüft (axiales Kodieren). Die Kodes bzw. Kategorien haben in diesem Stadium also eher den Status von Hypothesen (vgl. Brüsemeister 2000, S. 198).[29]

In einem weiteren Schritt, dem „axialen Kodieren", werden Beziehungen zwischen den Kategorien mit Rückgriff auf das Material erarbeitet. Auf diese Weise werden die sich aus den Daten ergebenen Kodes komprimiert und verdichtet (Strauss 1994, S. 63; Strübing 2004, S. 21; Flick, S. 265 f.). Dabei werden stärker als beim offenen Kodieren Relevanzentscheidungen getroffen. Das heißt, nicht alle Kodes der offenen Kodierungsphase werden mit einbezogen, sondern nur diejenigen, bei denen erkennbar ist, dass sie für die Fragestellung der Untersuchung von Bedeutung sind. Auf diese Weise soll ein erstes Zusammenhangsmodell der Beziehungen der einzelnen Kodes untereinander mit Rückbezug auf die forschungsleitende Frage erstellt werden.[30] Typischerweise erweisen sich bestimmte Kategorien als besonders zentral für die Beantwortung der Forschungsfrage. In der Grounded Theory nennt man diese Kategorien Kernkategorien („core categories") bzw. „Schlüsselkategorien" (Strauss 1994, S. 65; Strauss/Corbin 1996, S. 94), deren Sinnhaftigkeit und Relevanz im abschließenden dritten Kodierungsschritt, dem „selektiven Kodieren" getestet und gleichzeitig erweitert wird.

Dieser Auswertungsschritt beginnt, wenn keine weiteren Kategorien mehr im Material gefunden werden, bzw. keine weiteren Beziehungen zwischen den Kategorien hergestellt werden können. In diesem Kodierungsschritt wird die Bedeutung der Kernkategorien in Bezug auf die Forschungsfrage überprüft, indem Bezüge zu nachgeordneten Kategorien aus-

---

29 Man unterscheidet (zumindest) zwei Arten von Kodes bzw. Codes, einmal die „In Vivo Codes" und „Socially Constructed Codes" (vgl. Brüsemeister 2000, S. 198-204). In Vivo Codes sind direkt aus dem Interview (oder anderem Datenmaterial) entnommene Kodes, während Socially Constructed Codes abstrakter sind, also i.d.R. bereits auf ein umfassenderes soziologisches Konzept verweisen.

30 An dieser Stelle sei auf das von Strauss entwickelte Kodierparadigma verwiesen, das eine Anleitung bzw. einen Vorschlag zum axialen Kodierungsprozess darstellt. Dabei werden in einer schematischen Darstellung Ursachen, Kontext, Konsequenzen, Strategien und intervenierende Bedingungen um „die Achse" eines Phänomens herum erfasst, um in diesem Kodierungsprozess isoliert betrachtete Phänomene in einen Zusammenhang zu bringen (vgl. Strübing 2004, S. 27).

gearbeitet und verdichtet werden. Während des selektiven Kodierens ist die Frage *„Steht die Kategorie X in einem Verhältnis zur angenommenen Kernkategorie A und wenn ja, in was für einem?"* zentral (Strübing 2004, S. 21). In diesem Auswertungsschritt geht es darum, die bisher erarbeiteten Kodes bzw. Zusammenhangsmodelle der Kodes zur Kernkategorie in Beziehung zu setzen, bzw. in die Kernkategorie zu integrieren. Gelegentlich muss bei diesem Forschungsschritt ein Teil des Materials erneut kodiert werden, um die Zusammenhänge einzelner Kategorien zur Kernkategorie zu präzisieren (Brüsemeister, S. 214-217; Strübing 2004, S. 20 f.). Die Analyse der Daten soll im Kategorisierungsprozess zunehmend dichter werden, um so zu einer Aussage über den Forschungsgegenstand mit Bezug auf das Forschungsthema zu kommen. Es soll sozusagen ein Hauptthema mit Rückbezug auf die Forschungsfrage gefunden werden (Strauss 1994, S. 106 ff.).

Auf diese Weise wird das Datenmaterial in unterschiedlichen, aber nicht prinzipiell sequentiell aufeinander folgenden Schritten systematisch zunächst breit, dann sukzessiv immer konzentrierter und dichter analysiert, so dass am Ende eine Aussage über den Gegenstand mit Rückbezug auf die Forschungsfrage möglich ist.

3.1.2.2 Memos

Ein weiterer unerlässlicher Bestandteil des Grounded Theory Forschungsansatzes ist das Verfassen von Memos, welches gleich mit Aufnahme der Forschungstätigkeit beginnt. Im Gegensatz zu anderen Methoden (beispielsweise der teilnehmenden Beobachtung) dient das Verfassen von Memos in der Grounded Theory nicht der Produktion von weiterem Datenmaterial, sondern soll den Vorgang der Datenanalyse unterstützen (Strauss 1994, S. 151 ff.; Strübing 2004, S. 33). Bereits zu Beginn einer Untersuchung verfassen die Forscherinnen Memos, indem sie erste Notizen über den Feldzugang bzw. den Feldeinstieg, Auffälligkeiten, eventuelle Probleme, erste tentative Hypothesen etc. schriftlich ausformulieren. Damit sollen fortlaufend Ereignisse und Ideen zur Datenanalyse festgehalten werden, die eventuell später als Anhaltspunkt für die Theorieentwicklung über das Forschungsfeld dienen können (Strübing 1994, S. 33 ff.; Strauss 1994, S. 151 ff.). Auch für die Kooperation im Forschungsteam hat das Verfassen von Memos einen wichtigen Effekt, da so Ideen, Hypothesen, erste theoretische Ansätze mit den anderen Teammitgliedern verlässlicher kommuniziert werden können (Strauss 1994, S. 175 f.; Strübing 2004, S. 33 f.; Brüsemeister, S. 211). Auf diese Weise hat das Memoverfassen auch einen Kontrolleffekt, da eigene Gedanken und Entscheidungen besser nachverfolgt werden können und im Team auf ihre Intersubjektivität überprüft werden können. Bei den Arbeitstreffen hat sich das Projektteam regelmäßig gegenseitig über Daten, Hypothesen und erste Theorieansätze und zusätzlich stetig über den jeweiligen Forschungsvorgang informiert.

3.1.3 Theoretische Sättigung

Als letzter Aspekt soll die theoretische Sättigung als eine Art Forschungsendpunkt erwähnt werden. Strauss bzw. Strauss/Corbin betrachten die Prozesse der Datenerhebung, der Datenanalyse und Theoriebildung über den Gegenstand als grundsätzlich unvollständige Prozesse, die theoretisch immer erweiterbar wären (vgl. Strübing 2004, S. 14). Die Formulierung einer Aussage bzw. Theorie über den Gegenstand hat so immer einen kontextuellen Aspekt, der demnach endlos erweitert werden könnte. Wie erwähnt, ist die Grounded Theory nach Strauss aber vor allem auch pragmatisch angelegt, d.h. dass sich der Autor wohl bewusst ist, dass Forschungstätigkeiten ein natürliches Ende haben müssen. Für Strauss ist dies der Punkt der „theoretischen Sättigung" (Strauss 1994, S. 66). Theoretische Sättigung ist erreicht, wenn die Datenprüfung und Analyse keine weiteren Eigenschaften der Kategorien mehr erbringen und wenn durch das Datenmaterial die Kategorien nicht mehr erweitert oder verdichtet werden können. Dann wird die Forschungsfrage als beantwortet betrachtet und die Forschung als beendet. In der vorliegenden Untersuchung ist der Zeitpunkt der theoretischen Sättigung durch die explizit breit angelegte Forschungsfrage und den großen Umfang des Datenmaterials vor allem pragmatisch gesetzt. Weitere Forschung wäre sowohl möglich als auch wünschenswert.

Die Grounded Theory ist damit nicht nur eine Methode, die vom Datenmaterial ausgeht und somit erlaubt, explorativ Erkenntnisse zu generieren, sie ermöglicht und fördert außerdem die Kooperation im Team und die Einbeziehung unterschiedlicher Datensorten, so dass ein komplexes und breit angelegtes Forschungsfeld systematisch untersucht werden kann.

3.2 Anonymisierung der Interviews

Da es sich bei den Befragten nicht wie in der quantitativen Forschung um willkürlich ausgewählte Repräsentanten einer großen, unüberschaubaren Masse handelt, sondern um Personen eines bestimmten Bereichs, die zu einem guten Teil auch herausgehobene Positionen innehaben, war es dem Forscherteam besonders wichtig, die Anonymität der Interviewten zu schützen und die Erkennbarkeit von Personen zu verhindern. Anders ist im historischen Teil verfahren worden, in dem anhand von Literatur und öffentlich zugänglichen Dokumenten Informationen zu Personen gegeben werden. Soweit ergänzende Einzelheiten auf Interviews und schriftlichen Kontakten beruhen, ist insoweit um Autorisierung ersucht worden.

Anonymisierung der Personen: Für die Interviewten sind in Kapitel 9 Pseudonyme verwendet worden. In den Kapiteln 5 bis 8 sind nach den Zitaten Ziffern für die Interviewten eingesetzt worden, um zu kennzeichnen aus welchem Interview die Zitate stammen, zum Beispiel: (I 12). Gleichstellungsbeauftragte sind mit ZGB für zentrale Gleichstellungsbeauftragte und FGB für Fakultätsgleichstellungsbeauftragte bezeichnet worden. Im Interview erwähnte Personen wurden ausnahmslos mit einem Pseudonym versehen oder mit A, B, C usw. bezeichnet, es sei denn, es handelte sich um Personen der Öffentlichkeit. Jedoch wurden auch diese pseudonymisiert, wenn dadurch Rückschlüsse auf die interviewten Personen möglich waren. Bei Zitaten aus den Interviews wurde die Interviewerin mit „I" bezeichnet, die Befragten mit „B".

Anonymisierung der Orte: Die in den Interviews genannten Orte wurden nach willkürlichem Muster mit Buchstaben (X, Y, Z) versehen. Auch hier sollen keine Rückschlüsse auf die interviewten Personen möglich sein, da diese eventuell durch ihren beruflichen Werdegang, ihren Universitätsort oder Wohnort identifizierbar sind.

Anonymisierung der Positionen: In einigen Ausnahmefällen wurden zusätzlich die Positionen der Interviewpartner/innen anonymisiert, soweit sie Rückschlüsse auf die Person zugelassen hätten. Wenn die Positionen für die Interpretation von Bedeutung waren, wurden hierarchisch vergleichbare Positionen angeführt.

Die Anonymisierung ist ein wesentlicher und zentraler Bestandteil wissenschaftlicher Forschungsarbeit, um den befragten Personen einen geschützten Raum zu bieten, in dem sie sich äußern können. Sie eröffnet damit den Forschenden die Möglichkeit, die Perspektiven der Befragten möglichst authentisch zu rekonstruieren, zu analysieren und auf dieser

Grundlage wissenschaftliche Erkenntnisse zu generieren. Der berufsethische Umgang mit der Erarbeitung und Verbreitung dieses Wissens ist im sog. Ethik-Kodex der Deutschen Gesellschaft für Soziologie (DGS) und des Berufsverbandes Deutscher Soziologen normiert.

4. Die historisch bedingten Spezifika der Rechtswissenschaft

In diesem Kapitel geht es zunächst darum, die historische Entwicklung der disziplinären Charakteristika, der Fachkultur der Rechtswissenschaft, herauszuarbeiten, ehe dann im anschließenden Kapitel der mühsame Kampf der Frauen um ihren Platz in der Rechtswissenschaft beschrieben wird.

Was aber meint das Konzept der Fachkultur? Nach Liebau/Huber (1985, S. 315), die die Fachkulturforschung in den 1980er Jahren aus der Hochschulsozialisationsforschung entwickelt und maßgeblich geprägt haben, stellen Fachkulturen „unterscheidbare, in sich systematisch verbundene Zusammenhänge von Wahrnehmungs-, Denk-, Wertungs- und Handlungsmustern" dar, also Realitätskonstruktionen, die aus disziplinspezifischen Sinn- und Wissensordnungen resultieren, an denen die Akteure sich orientieren.

4.1 Zur Geschichte der akademischen Rechtswissenschaft in Deutschland

Die Rechtswissenschaft weist eine lange Hochschultradition auf, die auf das Engste mit der europäischen Universitätsgeschichte selbst verknüpft ist. Die Institutionalisierung des Rechtsunterrichts in Europa setzte mit der Entstehung der Universitäten im Mittelalter ein. Ende des 11. Jahrhunderts entstand die Schule des Rechts in Bologna, die Vorläuferin der späteren Universität Bologna (Verger 1993, S. 58 ff.), die Rechtskenntnis und die Anwendung des Rechts in weiten Teilen Europas prägte. Sie unterlag keiner hoheitlichen Regulierung oder Aufsicht. Es wurde praktisches Wissen orientiert am römischen Recht des Codex Justinianus unterrichtet, einer Sammlung römischen Rechts, die im 6. Jahrhundert vom oströmischen Kaiser Justinian in Auftrag gegeben worden war. Angesichts der wachsenden Bedeutung von Schriftlichkeit und des sich verbreitenden Akten- und Urkundenwesens wurde in Bologna in erster Linie für das immer wichtiger werdende Notariat ausgebildet, so dass es hier zu einer Verflechtung von Rechtslehre und der praktischen Anwendung gelehrten Wissens kam

(Kintzinger 2003, S. 154).[31] Die Rechtswissenschaft galt als eine einträgliche Wissenschaft (ebd., S. 130 f.). Der Juristenstand verfügte aufgrund seiner Kenntnisse über ausgezeichnete Karrieremöglichkeiten und eine hohe soziale Stellung in der Gesellschaft.

Einen Gegenpol zur Juristenschule Bologneser Prägung bildete die im 12. Jahrhundert gegründete Universität Paris mit den Fakultäten der drei freien Künste, der Theologie, der Medizin und der Rechtswissenschaft (ebd., S. 149 f.).[32] Dieses Fakultätsmodell breitete sich seit dem 13. Jahrhundert, in dem Universitäten zunehmend durch formale Gründungsakte entstanden, vor allem nördlich der Alpen aus. In Paris wurde zunächst nur kanonisches (kirchliches) Recht gelehrt, da Papst Honorius II. den zivilrechtlichen Unterricht 1219 untersagt hatte (García y García 1993, S. 343 f.).[33] Im 14. Jahrhundert entstanden die ersten deutschen Universitäten: die erste in Prag 1348, es folgten Universitätsgründungen in Wien (1365), Heidelberg (1368) und Köln (1388) (Korioth 2006, S. 87). An den deutschen Universitäten wurde wie in Bologna zunächst römisches Recht gelehrt, später setzte sich das ius commune, das (all)gemeine Recht des deutschen Herrschaftsgebiets, durch (vgl. dazu Wesel 1984, S. 66 ff.). Das gemeine Recht war aus dem römischen Rechtsystem und dem kanonischen Recht abgeleitet. Es entwickelte sich, als die Rechtsabsolventen, die im Ausland im römischen Recht unterrichtet worden waren, nach ihrer Rückkehr das in ihren Heimatregionen geltende lokale Gewohnheitsrecht mit dem römischen Recht verknüpften und damit zugleich neues Recht schufen.[34] Aus der Verbindung der Lehre weltlichen und kirchlichen Rechts resultiert, dass traditionsbewusste deutsche Universitäten bei Promotionen bis in die Gegenwart den Titel Dr. iur. utr. (iuris utriusque), den Doktor beiderlei Rechte verliehen haben (so z.B. fakultativ München,

---

31 Zur Entstehung des Juristenstandes im 12. Jahrhunderts vgl. auch Fried 1974.
32 Zur Vorbereitung auf das Studium in diesen Fächern dienten die sog. Sieben Freien Künste (lateinisch „septem artes liberales", seltener auch studia liberalia), ein in der Antike entstandener Kanon von sieben Studienfächern (Grammatik, Rhetorik, Logik/Dialektik, Arithmetik, Geometrie, Musik, Astronomie) (dazu Glei 2006).
33 Die Universität Neapel, die ganz ohne kirchlichen Einfluss 1224 als eine Art Verwaltungsfachhochschule von Kaiser Friedrich II. gegründet wurde, um den Bedarf an gelehrtem Personal sicherzustellen, spielte insofern eine Sonderrolle (Kintzinger 2003, S. 116).
34 Dieser Entwicklung war zuträglich, dass das römische Recht als Recht der Deutschen Kaiser galt, die sich in der Nachfolge der römischen Kaiser sahen.

Würzburg, Heidelberg) und auch teilweise bis heute die Pluralform „Rechtswissenschaften" gebräuchlich ist.

4.2 Die Verstaatlichung der Juristenausbildung und die Ausbildung zum Einheitsjuristen

Während die Theologie als eine der drei traditionellen Fakultäten (Theologie, Jurisprudenz und Medizin) seit dem 17. Jahrhundert zunehmend an normativer Geltung und Legitimationskraft für die Regulierung und Gestaltung gesellschaftlicher Verhältnisse verlor, wurde die Jurisprudenz für die Entwicklung, Etablierung und Stabilisierung des Staates und moderner Verwaltungsstrukturen immer bedeutsamer (Schmidt-Biggemann 1996, S. 408 ff.).

Im 18. Jahrhundert wurde eine zweistufige Juristenausbildung eingeführt (Korioth 2006, S. 87; Prahl 1976, S. 80 ff.). Die theoretische Unterweisung in das Recht erfolgte an den Universitäten, wohingegen ein praktischer Ausbildungsabschnitt in den einzelnen Territorien mit ihrem fragmentierten und nicht kohärenten Recht durchgeführt wurde. Mit der Verbreitung moderner Staats- und Verwaltungsstrukturen und der Etablierung des Fachbeamtentums seit dem 18. Jahrhundert erlebte der Juristenstand eine weitere faktische und symbolische Aufwertung und begann sich weiter zu professionalisieren (dazu Ranieri 1985; Böning 2014c). Indem Juristen nun im Dienste des Staates agierten und argumentierten, gaben sie den Anspruch auf, die Legitimation des Staates philosophisch zu reflektieren: Die politische Karriere der Jurisprudenz ging mit einem Verlust von akademischer Kritikfähigkeit einher (Schmidt-Biggemann 1996, S. 412). Der Staat hatte jetzt ein unmittelbares Interesse an der Ausbildung und Überprüfung seiner Dienerschaft, die einerseits unabhängig denken sollte, sich andererseits aber durch Loyalität auszeichnen sollte.

War das Jurastudium traditionell eine Domäne des Adelsstandes gewesen, führte zunächst Preußen, in dem die Bürokratisierung am weitesten voran geschritten war, die auch Angehörigen des gebildeten Bürgerstandes offenstehende Staatsprüfung ein, um ständisch-feudale Strukturen weiter abzubauen und den politischen Einfluss des Adels zu verringern (Prahl 1976, S. 81).[35]

Diese in Preußen[36] einsetzende Vereinnahmung des universitären Rechtsgelehrtenstudiums durch eine Bildungsqualifikation, die zum Eintritt in den Staatsdienst berechtigt, setzte sich auch in den übrigen deutschen Staaten durch (ebd., S. 82).[37] 1780 war in Preußen durch königliches Edikt sogar der unabhängige Anwaltsberuf abgeschafft worden. Richterähnliche Assistenzräte, die die Richter bei der Ermittlung der Tatsachen zu unterstützen hatten, wurden für die Vertretung der Parteien vor Gericht eingesetzt. Die früheren Anwälte wurden als Justizkommissare verbeamtet und waren in dieser Funktion zuständig, Rechtsrat zu erteilen und notarielle Aufgaben zu übernehmen. 1783 bekamen zwar die Justizkommissare wieder das Recht vor Gericht aufzutreten, sie blieben aber Beamte und die Gerichte hatten die Kontrolle über die Zulassung. (Blankenburg/Schultz 1988, S. 126; Weißler 1967, S. 341 ff.; Hartstang 1986, S. 3-60)

Mit dem Aufkommen der Idee des Rechtsstaates und der Vorstellung einer unabhängigen Richterschaft erhielt die Verstaatlichung der Ausbildung auch ein ideologisches Fundament: Zum einen sollte die staatliche Kontrolle der juristischen Ausbildung ein Gegengewicht zur richterlichen Unabhängigkeit schaffen (deshalb sollte auch die Anwaltschaft eine staatliche Ausbildung durchlaufen und sich dem Staat und dem Rechtsstaat mental verpflichten), auf der anderen Seite sollte sich ein Korpsgeist im Juristenstand bilden und er sich als eine einheitliche Profession entwickeln (Korioth 2006, S. 88).

Die Universitäten hatten dagegen nahezu keinen Einfluss mehr auf die Eignungsüberprüfung und die professionspolitische Regulierung des juristischen Nachwuchses (Ranieri 1997, S. 5). Der Staat gab den juristischen Fakultäten auch die Neuerungen des Lehrplans vor und passte ihn der staatlichen Entwicklung an (Brockliss 1996, S. 484). Als 1871 das Deut-

---

35 Zur Entwicklung der juristischen Ausbildung s. auch: Bake 1971; Butz 1992; Dilcher 1972; Ebert 1995.

36 So hieß es im Preußischen Allgemeinen Landrecht von 1794 in § 70: „Es soll niemandem ein Amt aufgetragen werden, der sich dazu nicht hinlänglich qualifiziert und Proben seiner Geschicklichkeit abgelegt hat." Zur Juristenausbildung in Preußen s. auch Ebert 1995.

37 Auch in der Lehrerbildung wurde das institutionelle Zusammenspiel von Universität und Staat eingeführt (Prahl 1976, S. 82).

sche Reich gegründet wurde, wurden die Regelungen Preußens über die juristische Ausbildung nahezu unverändert übernommen. Die zweiphasige Ausbildung mit Fokus auf der Qualifikation für das Richteramt, die Voraussetzung für alle höheren juristischen Tätigkeiten (als Anwalt, Notar, Verwaltungsjurist, Richter und Staatsanwalt) wurde und damit den „Einheitsjuristen" einführte, wurde in das Gerichtsverfassungsgesetz von 1877 aufgenommen (Korioth, S. 88 f.).

Der Juristenstand wurde das „Rückgrat" des Staates, Juristen erhielten die führenden Positionen im modernen Staat, das Juristenmonopol entwickelte sich (Dahrendorf 1965, S. 276; Hartmann 2002). Nach dem Zweiten Weltkrieg wurde die juristische Profession Garantin der legalistischen Kultur des deutschen Rechtsstaats.

4.3 Die Jurisprudenz als prestigeträchtige Leitdisziplin

Da die Jurisprudenz für die Strukturierung des neuzeitlichen Staates die produktivste und effektivste Disziplin darstellte, war sie zu einer Leitwissenschaft aufgestiegen. Seitdem kirchenrechtliche Fragestellungen an gesellschaftlicher Relevanz verloren hatten und somit in den Hintergrund getreten waren, erstarkten das Öffentliche Recht und vornehmlich das Verfassungsrecht neben Zivil- und Strafrecht zu den wichtigsten Arbeitsbereichen der Rechtswissenschaft. Rechtswissenschaft, Rechtspflege und Staat verschmolzen zu einer sozialen Einheit. Die Rechtswissenschaft erhielt damit eine Aufwertung, die sie bis heute aus dem universitären Gefüge hervorhebt. Wenn, wie Alheit (2009, S. 14) betont, deutsche Universitäten von einer „Aura der Exklusivität" umgeben sind, die sich in einem „merkwürdigen Exzellenzgehabe", ausdrückt, scheint das umso mehr für die Rechtswissenschaft zu gelten. Der über die gesellschaftliche Entwicklung hinweg gewachsene Wert ihres Wissens exponiert die Disziplin als besonders bedeutsam.[38]

---

38 Auf der Website der juristischen Fakultät Heidelberg heißt es beispielsweise: *„Die Juristische Fakultät gehört historisch zu den drei Gründungsfakultäten der 1386 ins Leben gerufenen ältesten Universität der Bundesrepublik Deutschland. Sie beansprucht aktuell in Forschung und Lehre einen Platz unter den renommiertesten juristischen Fakultäten Deutschlands, zählt zur Spitzengruppe der juristischen Fakultäten in der Europäischen Union und erfreut sich weltweiter Sichtbarkeit und Nachfrage. Die Bedeutung der an der Juristischen Fakultät angesiedelten Rechtswissenschaft als Disziplin der methodisch geleiteten Entwicklung und Analyse le-*

Das akademische Selbstverständnis der Rechtswissenschaft unterscheidet sich ebenso wie das der weiteren professionsorientierten Disziplinen Medizin und Theologie von dem der Natur- oder anderen Geisteswissenschaften. Das Selbstbild ist durch die gesellschaftlich anerkannten Berufsrollen der Ärzteschaft, der Priester und Richterinnen und Richter, der Anwaltschaft und der Verwaltungsjuristinnen und -juristen geprägt. Die Disziplinen erfahren wichtige Unterstützung durch wissenschaftsexterne Institutionen wie die berufsständischen Kammern, Fachministerien und andere Verwaltungen oder die Kirche. In ihrer historischen Entwicklung hat die Gesellschaft diesen Disziplinen zentrale gesellschaftliche Aufgabenfelder und Mandate übertragen, die ihnen nun auch großen Einfluss außerhalb der Universitäten sichern. (Arnold 2004, S. 40; Schultz 2003 d)

Durch ihre außeruniversitären institutionellen Verflechtungen mit der Rechtspraxis und ihrem Auftrag, zentrale Leitideen der modernen Gesellschaft wie Gerechtigkeit, Solidarität, Menschenwürde und individuelle Freiheit (vgl. WR 2012, S. 25) zu garantieren und zu reflektieren, kommt der Rechtswissenschaft eine gesellschaftliche Sonderrolle zu. Durch ihren Gegenstand, das Recht, wird ein Geltungsanspruch transportiert, der sich in einer allgemeinen sozialen Verbindlichkeit manifestiert und durch die hoheitliche Gewalt durchgesetzt und gewährleistet wird (ebd.). Die Rechtswissenschaft hat einen macht- und herrschaftsnahen, gesellschaftliche Verhältnisse stabilisierenden Charakter (vgl. Liebau/Huber 1995, S. 330). Zentraler Bezugspunkt der Rechtswissenschaft ist die legitime institutionelle Machtausübung.[39]

Die universitäre Rechtswissenschaft kann man aufgrund ihrer Entstehungsgeschichte als Professionsfakultät bezeichnen, da sie, wie im Kapitel über die juristische Ausbildung noch näher erläutert wird, den juristischen Nachwuchs für das juristische Berufsfeld – von der Ausbildungsausrichtung her für das Richteramt und damit für den Staat – ausbildet, in ihrer Arbeit auf die Rechtspraxis ausgerichtet ist und mit dieser sowie mit ande-

---

gitimer, systemrationaler und staatlich sanktionierbarer Normen für das menschliche Zusammenleben korrespondiert mit den Herausforderungen der sich auffächernden modernen Lebenswelt." (http://www.jura.uni-heidelberg.de/fakultaet/)

39 So sind 80 von 634 Bundestagsabgeordneten in der Legislaturperiode seit 2013 Rechtsanwälte und Notare, insgesamt sitzen 136 Juristen im 18. Deutschen Bundestag. Dies ist damit mit Abstand die größte Berufs- und Qualifikationsgruppe. (Quelle: Statista/Deutscher Bundestag)

ren staatlichen Einrichtungen und gesellschaftlichen Steuerungsinstanzen wie Gerichten, Ministerien und Verwaltungen institutionell verzahnt ist.

5. Der aufhaltsame Weg der Frauen in der Rechtswissenschaft[40]

Die professionsorientierten Berufe sind gekennzeichnet durch ein striktes Gatekeeping mit enger Zugangskontrolle. Dieses betrifft die Qualifikationswege in die Berufe mit hohen Ausbildungsanforderungen und Prüfungshürden sowie auch die Aufnahme von Frauen als die „anderen", die in das traditionelle Bild der Berufe nicht passten.

5.1 Das 19. Jahrhundert

Als sich im 19. Jahrhundert die Professionen mit gesetzlich geregelten Zulassungsbedingungen, Berufsordnungen und darauf hinführenden universitären Ausbildungsgängen herausbildeten, waren Frauen zunächst davon ausgeschlossen. Der sich im 19. Jahrhundert herausbildende Nationalstaat war ein ausschließlich von Männern geführter Staat. Die Verfassung der französischen Revolution, auf der die Verfassungen der Nationalstaaten gründeten, hatte Bürgern Individualrechte gebracht. Bürger waren entsprechend der Forderung der Fraternité, Brüderlichkeit, aber Männer, so dass Egalité und Liberté auch nur für sie galten.

Die erste Verfassung des im Jahr 1871 neu gegründeten Deutschen Reiches hatte keine festgeschriebenen Grundrechte. Bürgerrechte im Sinne von politischen Teilhaberechten standen nur Männern zu. Das Wahlrecht war an Besitz geknüpft, so dass auch die Arbeiterklasse davon ausgeschlossen war. In Preußen, unter dessen Hegemonie das Deutsche Kaiserreich gegründet worden war, galt bis 1905 für Frauen ein Versammlungsverbot, die öffentliche politische Betätigung von Frauen war damit untersagt.

---

40 Dieser Titel spielt auf einen Beitrag von Jutta Limbach (1995b) über den aufhaltsamen Aufstieg der Frauen in der Wissenschaft an. Sie hat damit Bezug genommen auf den Titel des Theaterstücks „Der aufhaltsame Aufstieg des Arturo Ui" von Bert Brecht. Vgl. auch den Beitrag mit dem Titel „Der aufhaltsame Aufstieg der Juristinnen in Deutschland" (Schultz 2002a).

5.1.1 Ein patriarchales Gesellschaftskonzept und Ehebild

Im Bürgerlichen Gesetzbuch (BGB), das am 1.1.1900 in Kraft trat, war im Familienrecht ein patriarchales Ehemodell verankert, das dem Mann die Vorherrschaft in allen Dingen zusprach.

§ 1354 BGB a.F. regelte das sog. patrilokale Prinzip: „Dem Mann steht die Entscheidung in allen das gemeinschaftliche eheliche Leben betreffenden Angelegenheiten zu. Er bestimmt insbesondere Wohnort und Wohnung."

Gem. § 1355 BGB a.F. erhielt die Frau seinen Familiennamen, gem. § 1356 BGB a.F. war sie „berechtigt und verpflichtet, das gemeinsame Hauswesen zu leiten."

Der Mann konnte Arbeitsverhältnisse der Frau kündigen, wenn ihre Tätigkeit die ehelichen Interessen beeinträchtigte (§ 1368 a.F. BGB).

Das Vermögen der Frau war der Verwaltung und Nutznießung des Ehemannes unterworfen (§ 1363 a.F. BGB).

Der Vater hatte die väterliche Gewalt über die Kinder (§ 1627 BGB a.F.), die Mutter hatte das Recht und die Pflicht für die Kinder zu sorgen, zur Vertretung der Kinder war sie aber nicht berechtigt (§ 1634 BGB a.F.).[41]

Damit wurde die einem bürgerlichen Mittelschichtsmodell von Familie entsprechende Aufteilung familiärer Pflichten im Innen- und Außenraum fortgeschrieben, wie sie schon 100 Jahre vorher im Jahr 1799 Friedrich Schiller im „Lied von der Glocke" geschildert hatte:

> Der Mann muß hinaus
> Ins feindliche Leben,
> Muß wirken und streben
> Und pflanzen und schaffen,
> Erlisten, erraffen…
>
> Und drinnen waltet
> Die züchtige Hausfrau,
> Die Mutter der Kinder,
> Und herrschet weise
> Im häuslichen Kreise […]

---

41 Vgl. den Beitrag von Jutta Limbach „Die Frauenbewegung und die Entstehung des Bürgerlichen Gesetzbuches" (1990). Zitiert sind jeweils die Bestimmungen in der Fassung vom 1.1.1900.

5.1.2 Frauenbildungs- und Rechtsschutzvereine

Ende des 19. Jahrhunderts waren vermehrt Frauenbildungsvereine entstanden, mit denen das Versammlungsverbot unterlaufen werden konnte. Der erste war 1865 in Leipzig u.a. von Louise Otto-Peters ins Leben gerufen worden, die auch Mitbegründerin und Jahrzehnte Vorsitzende des Allgemeinen Deutschen Frauenvereines ADF war. Neben Bildungschancen für Frauen[42] ging es um das Recht auf Erwerbstätigkeit und das Recht auf aktives und passives politisches Handeln. Zu Beginn des 20. Jahrhunderts wurden zunehmend auch Frauenrechtschutzvereine zur Beratung und Unterweisung von Frauen in rechtlichen Fragen gegründet. (Geisel 1997 und 2000) In diesen Rechtsschutzvereinen waren u.a. bekannte Frauenrechtlerinnen wie Lily Braun, Marie Stritt und Marianne Weber[43] aktiv, die nicht Jura studiert, sich aber Rechtskenntnisse angeeignet und von Rechtsanwälten hatten schulen lassen, ehe dann auch studierte Juristinnen Beratungen übernehmen konnten. Alexandra Ortmann schreibt in ihrer Dissertation zur Kulturgeschichte der deutschen Strafjustiz 1879 – 1924 dazu:

„Die Hilfe umfasste insbesondere Fälle des Familien- und Eigentumsrechts, aber auch Fälle von männlicher Gewalt und defizitäre bzw. geschlechtsblinde Regelungen des neuen Sozialrechts. Das Ziel der Frauenrechtsschutzvereine ging dabei über Beratungen hinaus: Die Vereine strebten eine Besserstellung der Frauen an und wirkten insbesondere an großen Massenpetitionen gegen das neue Bürgerliche Gesetzbuch und später an Petitionen gegen zentrale Passagen des Strafrechts mit. Außerdem sahen sie es als ihr Ziel an, das Rechtsbewusstsein von Frauen und die Sensibilität gegenüber normativer Benachteiligung zu steigern. Sie verstanden sich somit als Dolmetscherinnen zwischen den Anliegen ihrer Klientinnen und juristischer Sprache und Logik. [...] Die häufig fehlende juristische Ausbildung führte unweigerlich zu Kritik und Spott durch männliche Juristen, die den Beraterinnen jegliche Kompetenz absprachen und um die zahlungskräftigeren Teile ihrer weiblichen Klientel fürchteten." (Ortmann 2014, S. 178)

---

42 Die Frauenbildung wurde auch maßgeblich von Helene Lange und Gertrud Bäumer gefördert, um zwei weitere wichtige Apologetinnen der Ersten Frauenbewegung zu nennen.
43 Marianne Weber, die Ehefrau des bekannten Rechtssoziologen Max Weber bekam für ihre Arbeit 1922 die Ehrendoktorwürde der juristischen Fakultät der Universität Heidelberg verliehen.

Die erste Hürde, die Frauen auf dem Weg in das Jurastudium nehmen mussten, war das Abitur. Mädchenschulen und Frauenlyzeen[44] gingen in der Regel nur bis zum Einjährigen, so dass die jungen Frauen später als Externe vor einer Prüfungskommission die Reifeprüfung ablegen mussten. Später konnten sie in die Oberstufe von Jungengymnasien wechseln. Beides war zwangsläufig mit besonderen Anforderungen verbunden. Für Jura als klassisches Studienfach brauchten sie vor allem ein Latinum, das an Lyceen nicht vermittelt wurde.[45]

5.1.3 Sind Frauen als Juristinnen ungeeignet?

Weltweit gab es Bedenken, Frauen in die Rechtswissenschaft und -praxis vordringen zu lassen. Es gab feste Vorstellungen vom weiblichen Geschlechtscharakter, der Frauen für juristisches Handeln ungeeignet mache.

Johann Heinrich Campe, der Verleger Goethes, hatte 1796 in „Väterlicher Rat für meine Tochter" ihr mitgegeben:

> „Gott selbst hat gewollt, und die ganze Verfassung der menschlichen Gesellschaft auf Erden, so weit wir sie kennen, ist darnach zugeschnitten, daß nicht das Weib, sondern der Mann das Haupt sein sollte. Dazu gab der Schöpfer dem Manne die stärkere Muskelkraft, die straffern Nerven [...], dazu den größern Muth, den kühnern Unternehmungsgeist [...] und – in der Regel meine ich – [...] mehr umfassenden Verstand. [...] Dazu ward bei allen [...] Nationen [...] die [...] Lebensart der beiden Geschlechter dergestalt eingerichtet, daß das Weib schwach, klein, zart, empfindlich, furchtsam, kleingeistisch – der Mann hingegen stark, fest, kühn, ausdauernd, groß, hehr und kraftvoll an Leib und Seele würde." (Campe 1796, S. 20)

In einer kleinen Schrift „Die vorzüglichsten Rechte der deutschen Weibsbilder. Als Jungfern, Bräute, Eheweiber, schwanger und gebährend betrachtet" (1791) schreibt ein unbenannter Verfasser in der Einleitung:

> „[...] werde ich lediglich von diesen [Rechten] sprechen, die ihnen nach deutschen Gesetzen, und Sitten vor uns Männern zustehen, und ihnen theils we-

---

44 Die Eintrittsklasse ins Lyzeum war die Septe nicht die Sexta wie bei Jungen, weil man meinte, dass die Mädchen für die höhere Bildung eine besondere Förderung brauchten.
45 Noch bis in die 1970er Jahre gab es bei Mädchengymnasien einen Lateinzweig und die Frauenoberschule, wobei das dort erworbene „Puddingabitur" nicht zum Studium an Universitäten, sondern nur z.B. an pädagogischen Hochschulen berechtigte. Für Jura war lange noch ein großes Latinum erforderlich.

gen ihrer größeren Geistes- und Leibesschwäche, theils aus besonderer Achtung vor unsern ehrwürdigen Vorvätern verliehen worden sind, welche nach Zeugniß des Tacitus gleichsam was Heiliges in dem Frauenzimmer zu finden geglaubet, und daher gegen selbes so große Ehrfurcht gehegt haben."

Natürlich gab es auch Gegenstimmen. Im 16. Jahrhundert bereits schrieb der englische Philosoph John Case:

> „Die Natur macht die Frau oft scharfsinnig, von harter Arbeit wird sie gelehrt, die Erziehung macht sie rechtschaffen, und Übung macht sie weise. Was also hindert die Frauen daran, in den öffentlichen Angelegenheiten eine vollwertige Rolle zu spielen?" (zitiert nach Foljanty/Lembke 2006, S. 193).

Olympe de Gouges, die in der Französischen Revolution für die Frauenrechte auf die Barrikaden ging, erklärte in ihrer Vorrede zur Erklärung der Rechte der Frau und Bürgerin, der Gegenerklärung zur Déclaration des Droits de l'Homme et du Citoyen" im Jahr 1791:

> „Mann, bist du überhaupt imstande, gerecht zu sein? [...] Kannst du mir sagen, wer dir die unumschränkte Macht verliehen hat, die Angehörigen unseres Geschlechts zu unterdrücken? [...] Allein der Mann [...] will in diesem Jahrhundert der Aufklärung und des klaren Verstandes in durch nichts mehr zu rechtfertigender Unwissenheit despotisch über ein Geschlecht herrschen, das über alle geistigen Fähigkeiten verfügt."[46]

1793 forderte Theodor Gottlieb von Hippel, Jurist, Staatsmann und Sozialkritiker der Aufklärung, in seiner Schrift „Über die bürgerliche Verbesserung der Weiber", dass Frauen endlich volle Mitglieder der bürgerlichen Gesellschaft werden, d.h. den Männern gleichgestellt statt von ihnen bevormundet und beherrscht zu werden. Er erwartete durch eine Beteiligung von Frauen sogar eine Verbesserung der Rechtspflege:

> „Sollte sich einst die bürgerliche Verbesserung der Weiber bis auf die Rechtspflege erstrecken und das Recht aufhören, ein Monopol einer besondern besoldeten Männer-Klasse zu sein: nur alsdann wird man anfangen einzusehen, daß Rechtspflege nicht heißt, im Orakelton unverständliche Formeln hersagen, die nur wirksam sind, weil neben der Waagschale auch das Schwert liegt, sondern daß sie sich bemühen muß, die Parteien über Recht und Unrecht zu belehren und zu überzeugen, wenn sie einen Teil der Ehre verdienen will, die sie sich jetzt so grenzenlos und machtvollkommen beilegt." (Ebd., S. 194 f.)

Der Staatswissenschaftler und preußische Politiker Heinrich von Treitschke wandte sich dagegen noch 1897 zur Jahrhundertwende in seinen Vorle-

---

46 http://olympe-de-gouges.info/frauenrechte/

sungen zur Politik vehement gegen Frauen in öffentlichen Funktionen mit dem mittlerweile häufiger in feministischer Literatur verwandten Zitat:

> „Obrigkeit ist männlich, das ist ein Satz, der sich eigentlich von selbst versteht. Von allen menschlichen Begabungen liegt keine dem Weibe so fern wie der Rechtssinn. Fast alle Frauen lernen, was Recht ist erst durch ihre Männer. [...] Im Staate gilt es verstandesmäßig und ohne Ansehen der Person zu handeln. Beides vermag nur der Mann." (Von Treitschke 1897, S. 252)

1896 hatte der Dresdner Philosophie- und Pädagogikprofessor Fritz Schultze Vorträge über das „Seelenleben des Weibes" gehalten und wurde von Frauen des 1894 von der Frauenrechtlerin Marie Stritt gegründeten Dresdner Rechtsschutzvereins deswegen angegriffen. In einer kleinen Rechtfertigungsschrift wehrte er sich dagegen:

> „Ich bin aber der Überzeugung, daß, so lange man nicht den Unterschied in körperlicher Beziehung aufheben kann, so lange man ihn auch in seelischer Hinsicht nicht wird beseitigen können, d.h. also, dass alle Bestrebungen der Höherentwicklung des Weibes doch stets an diesen, von Natur gegebenen Unterschied anknüpfen und ihn respektieren müssen, soll nicht das Weib selbst und damit unsere Gesamtkultur den Schaden davon haben. [...] Die natürliche und höchste Bestimmung es Weibes [ist und bleibt] die Ehe, durch welche das Weib erst den Gipfel seiner Vollendung erreicht, woraus sich die höchsten und idealsten Konsequenzen für Erziehung und soziale Stellung des Weibes ergeben, [...]" (S. 6 f.)

Als Problem der wissenschaftlichen Beschäftigung des Weibes sah er, dass

> „das gesetzmäßig gebundene Denken die weibliche Seele im allgemeinen nicht liebt; sie zieht das frei schweifende Vorstellen vor. An Stelle der strengen logischen Deduktionen und vorsichtig nüchternen Induktionen setzt die Frau lieber die freien Ähnlichkeits- und Wahrscheinlichkeitsschlüsse, weil sie mehr nach ihrem Gefühl als nach objektiven Normen urteilt und vor allem nur schwer imstande ist (gerade weil sie fast stets gefühlsmäßig, d.h. subjektiv urteilt), das Wesentliche vom blos Zufälligen und Nebensächlichen zu trennen."

Immerhin sprach er, wie später das Bundesverfassungsgericht in den 1950er und 1960er Jahren, von „spezifischer Verschiedenheit gleichwohl Gleichwertigkeit" (S. 15).

In ähnlicher Weise waren auch Argumente gegen das Frauenstudium in der Medizin vorgebracht worden. Glaser (1992, S. 69 f.) zitiert in ihrer Dissertation über die Anfänge des Frauenstudiums in Tübingen einen Münchner Professor der Anatomie und Physiologie von Bischoff, der sich in einer Schrift über „Das Studium und die Ausübung der Medizin durch die Frauen" 1872 quasi auf naturrechtliche Prinzipien und das beliebte Argument von der kleineren weiblichen Gehirnmasse bezog:

„Es fehlt dem weiblichen Geschlecht nach göttlicher und natürlicher Anordnung die Befähigung zur Pflege und Ausübung der Wissenschaften [...] Die Beschäftigung mit dem Studium und die Ausübung der Medicin widerstreitet und verletzt die besten und edelsten Seiten der weiblichen Natur, die Sittsamkeit, die Schamhaftigkeit, Mitgefühl und Barmherzigkeit, durch welche sich dieselbe vor der männlichen auszeichnet [...]. Unterschiede in der Schädel- und Gehirnbildung sind so charakteristisch und wichtig, daß sie namentlich zur Beurtheilung der geistigen Unterschiede zwischen beiden Geschlechtern nicht übersehen werden dürfen."

Die Auseinandersetzungen darüber, ob Frauen Recht praktizieren könnten oder sollten, zogen sich über Jahrzehnte hin. Die Auswahl von Zitaten zeigt die Ansatzpunkte der männlichen Vorbehalte. Kurz gefasst waren die Argumente[47]:

– Dass es grundsätzlich undenkbar sei, Frauen aufgrund ihrer physischen und psychischen Konstitution über Männer zu Gericht sitzen zu lassen, dass der weibliche Körper mit seinen biologischen Abläufen Frauen zur Ausübung juristischer Berufe ungeeignet mache (Bajohr/Rödiger-Bajohr 1980, S. 42 ff.; Böhm 1987b, S. 11 ff.; Deutscher Juristinnenbund 1984, S. 9 ff.; von Hasseln 1984, jeweils m.w.N.).[48]

– Andere, besondere „Frauenfreunde", meinten, dass Frauen für diese harten Tätigkeiten zu schade seien und vor ihnen bewahrt werden müssten (Bajohr/Rödiger-Bajohr 1980, S. 42).

– Nur manche Männer waren ehrlich genug zuzugeben, dass die Frauen eine unerwünschte Konkurrenz seien (Ostler 1971, S. 169 ff., 171). Schon zur Jahrhundertwende gab es Klagen über eine Juristenschwem-

---

47 Spezifische weibliche Eigenschaften wurden zu Beginn der Zweiten Frauenbewegung positiv bewertet als Argumente dafür verwandt, dass Frauen die „besseren Menschen" seien. Es ging der Zweiten Frauenbewegung darum, männliche Machtmonopole zu brechen und weibliche Gegenentwürfe zu den männlichen Lebenswelten umzusetzen. In der Wissenschaft war das Ziel, die herkömmlichen Disziplinen nach einem Frauen allseits einbeziehenden Konzept zu ergänzen und systematischer Kritik zu unterziehen, in der amerikanischen Literatur mit „Breaking the Mould" bezeichnet. (Schultz 2002 b, S. 123 f.) Es entstand in den 1980er und frühen 1990er Jahren eine Fülle von Literatur zum Thema Geschlechterdifferenz. Im Hinblick auf die Beteiligung von Frauen an den juristischen Berufen und Funktionen wurde als Forschungshypothese die Frage formuliert, ob Frauen die juristischen Berufe verändern oder ob und inwiefern die juristische Tätigkeit Frauen verändert.

48 Noch 1900 war vom Neurologen und Psychiater Paul Julius Möbius das häufig zitierte und in mehreren Auflagen aufgelegte Werk „Über den Physiologischen Schwachsinn des Weibes" erschienen.

me und insbesondere die Überfüllung des Rechtsanwaltsstandes, die nach der Jahrhundertwende und dann vor allem in den 1920er Jahren zunahmen.

5.2 Die Jahre von 1900-1933

5.2.1 Die Zulassung von Frauen zum rechtswissenschaftlichen Studium und zu den juristischen Berufen

Dennoch wurden 1900 – in Baden – die ersten Frauen zum Jurastudium zugelassen. Die meisten anderen deutschen Staaten folgten bis 1909. Zuvor hatten einige Frauen in der Schweiz Jura studieren können, z.B. Emilie Kempin-Spyri, die als „erste Juristin Europas" bezeichnet worden ist.[49] Zürich war das europäische Zentrum des Frauenstudiums gewesen, der einzige Ort Europas, an dem Frauen seit 1867 ein ordentliches Studium absolvieren und einen Studienabschluss erzielen konnten. Eine weitere dieser Juristinnen war Anna Mackenroth, die 1898 als erste Frau in der Schweiz die Anwaltsprüfung ablegen konnte. Die Deutsche Anita Augspurg studierte und promovierte 1897 in Zürich und war damit die erste Juristin des Kaiserreichs, gefolgt von Marie Raschke, die 1899 in Zürich ihre Promotion erhielt.[50]

Die Zulassung zum Studium an den Universitäten in Deutschland beinhaltete nicht die Zulassung zum Examen, da dies von der Justiz durchgeführt wurde. Die ersten Juristinnen haben ihr Studium mit der Promotion abgeschlossen. Erst 1912 konnten Frauen am ersten juristischen Staatsexamen teilnehmen.

In der Juristenausbildung ist nach dem Universitätsstudium und dem ersten Examen ein Vorbereitungsdienst, die Referendarzeit, zu absolvieren, an die sich die zweite Staatsprüfung anschließt.[51] Die Bezeichnung Referendar wurde diesen ersten Juristinnen aber noch untersagt, und sie

---

49 Mit diesem Beititel ist ihre Biographie verfilmt worden: http://www.kempinspyri-derfilm.ch/

50 Auch Marie Raschke hatte sich für Rechtsbildung eingesetzt. Ihr Ziel war es, den Beruf der Rechtskundelehrerin als neuen Frauenberuf zu etablieren. Unter anderem leitete sie eine „Zeitschrift für populäre Rechtskunde", die nur 1900–1902 erschien, gab sieben Bände einer Schriftenreihe „Rechtsbücher für das deutsche Volk" und neun Bände „Populäre Rechtskatechismen" heraus.

51 Siehe auch das Kapitel 7 über die Juristenausbildung.

wurden auch nicht zum juristischen Vorbereitungsdienst zugelassen. Sie übernahmen sehr unterschiedliche juristische Tätigkeiten, engagierten sich in den Frauenrechtsschutzvereinen und unterrichteten Recht an Mädchenschulen.

Erst 1919, nach dem Ende des Ersten Weltkriegs, konnten Frauen das Referendariat aufnehmen. Die Weimarer Reichsverfassung von 1919 hatte Frauen das Wahlrecht gegeben und damit grundsätzlich auch die Möglichkeit, öffentliche Ämter zu bekleiden. Artikel 109 Abs. 1 regelte: „Alle Deutschen sind vor dem Gesetze gleich. Männer und Frauen haben grundsätzlich dieselben staatsbürgerlichen Rechte und Pflichten." Art. 109 galt aber als Programmsatz, nicht als einklagbares Grundrecht, so dass den Juristinnen die Zulassung zu den juristischen Berufen weiter vorenthalten blieb. (Rosenbusch 1997, S. 1064) Erst ein „Gesetz über die Zulassung der Frauen zu den Ämtern und Berufen der Rechtspflege" von 1922[52] schuf die rechtliche Voraussetzung.

Gemäß Artikel 128 Abs. 1 der Weimarer Reichsverfassung waren alle Staatsbürger ohne Unterschied nach Maßgabe der Gesetze und entsprechend ihrer Befähigung und ihren Leistungen zu den öffentlichen Ämtern zuzulassen. Abs. 2 regelte: „Alle Ausnahmebestimmungen gegen weibliche Beamte werden beseitigt." Das Reichsgericht verkündete daraufhin 1921 in seiner Funktion als Verfassungshüter die Verfassungswidrigkeit der bis dahin für Beamtinnen geltenden Zölibatsklausel (Kling 1999, S. 612 m.w.N.). Nur unverheiratete Frauen hatten Beamtinnen werden und sein können. Art. 128 Abs. 2 wurde aber wenige Jahre später ausgehöhlt: Die Personalabbauverordnung vom 27.10.1923 ermächtigte die Reichsregierung, weibliche Beamte jederzeit zum Monatsende zu entlassen, wenn sie verheiratet waren oder ein uneheliches Kind bekamen.

Art. 119 Abs. 1 der Weimarer Reichsverfassung erklärte: „Die Ehe beruht auf der Gleichberechtigung der beiden Geschlechter." Die Regelungen im Bürgerlichen Gesetzbuch zur Ehe bestanden aber noch lange unverändert fort und bildeten dadurch eine rechtliche und zudem moralische Barriere für die Berufstätigkeit von Frauen.

---

52 Reichstagsdrucksache Bd. 356, S. 8217 A., abgedruckt in Deutscher Juristinnenbund 1984, Anhang Nr. 13. Bei der Reichstagsdebatte über das Gesetz erklärte der Abgeordnete Hoffmann: „Nach Ausschaltung aller oberflächlichen, aus veralteten Verhältnissen und überlieferten Vorurteilen herausgewachsenen Gründe bleibt ein sehr ernster und sehr menschlicher übrig: Die Furcht vor Konkurrenz, und man geniert sich nur, ihn auszusprechen." (Rust 2000, A. 353)

Zahlenmäßig blieb es daher bei einer Hand voll Frauen, die im Recht tätig waren. Dieses zeigt auch die Entwicklung der Anzahl an Jurastudentinnen: 1914 studierten 51 Frauen bei insgesamt 9003 Jurastudierenden. Das entsprach 0,6% der Jurastudierenden und 1,4% der Frauen an deutschen Universitäten. Im Jahr 1917 studierten 74 Frauen, 1919 dann bereits 450 bei insgesamt 17.224 Jurastudierenden (2,6%) (Plett 2009a, S. 358). 1933 lag die Anzahl von Frauen im Jurastudium ebenfalls bei rund 400 bis 500 (2-3% der Jurastudierenden und 5-6% der Frauen an deutschen Universitäten (Bajohr/Rödiger-Bajohr 1980, S. 41 f., S. 44 f.).[53]

1930 standen 74 Frauen – davon 66 als Gerichtsassessorinnen – im richterlichen Dienst bei über 10.000 Richtern insgesamt, (Deutscher Juristinnenbund 1984, S. 14 f.). 1933 lag der Anteil der Frauen an der Richterschaft mit 36 Richterinnen bei 0,3% und 252 der 18.766 zugelassenen Rechtsanwälte (= 1,3%) waren weiblich. (Röwekamp 2011, S. 459; Bajohr/Rödiger-Bajohr 1980, S. 45; Ostler 1971, S. 174)

In einer Darstellung über den weiblichen Rechtsanwalt aus dem Jahr 1929 hieß es daher: „Der Weg der Juristinnen ist vielfach als Leidensweg bezeichnet worden und das mit Recht. Kein Beruf musste von den Frauen so erkämpft werden wie dieser." (von Erffa/Richarz-Simons 1929, S. 472). Schon die kurzen im Internet zu findenden Biographien erster Juristinnen, wie die von Margarete Berent, einer der ersten Rechtsanwältinnen in Preußen, zeigen ihre vielfältigen Probleme auf, die zu häufigen Tätigkeitswechseln führten. Zu einer ganzen Reihe der ersten Juristinnen liegen inzwischen auch ausführlichere Biographien vor (siehe dazu Röwekamp 2005; 2011; 2014; Cordes 2012; 2015; Deutscher Juristinnenbund 2003).

Beispielhaft sei hier Marie Munk erwähnt, die ab 1907 Rechtswissenschaften studiert hatte, 1911 in Heidelberg promoviert hatte, danach – weil ihr der Zugang zu den juristischen Berufen noch verschlossen war – als Assistentin in einer Rechtsanwaltskanzlei sowie für eine Rechtsberatungsstelle für Frauen arbeitete und Gesetzeskunde an der Münchner Städtischen Frauenschule unterrichtete, während des Krieges für das Deutsche Rote Kreuz und den Nationalen Frauendienst tätig war, im Januar 1920 das erste juristische Examen mit der Note „gut" ablegte, danach als juristische Hilfskraft in einer Mineralölversorgungsgesellschaft tätig war, ehe sie in den hart erkämpften Vorbereitungsdienst eintreten konnte. Im Januar 1924 legte sie als erste Frau in Preußen das Assessorexamen ab. Sie wurde

---

53 Weitere Daten bei Röwekamp 2011, S. 99 ff; Plett 2009a, S. 358.

dann Referentin des Preußischen Justizministers, jedoch wenige Monate später auf Grund der desolaten Haushaltslage wieder entlassen. Als eine der ersten Frauen in Deutschland bekam sie 1924 die Anwaltszulassung und wurde 1929 als „Civilrichter" beim Amtsgericht Berlin-Charlottenburg in den Staatsdienst übernommen, 1933 wegen nicht arischer Abstammung in den Ruhestand versetzt. 1936 emigrierte sie in die USA, übernahm verschiedene Lehr- und Forschungsaufgaben, bestand 1943 wohl als erste deutsche Juristin das Bar Exam, erhielt 1944 die Zulassung zur Anwaltschaft, fand aber keine Stelle in einer Anwaltskanzlei, übernahm wieder unterschiedliche Tätigkeiten und lehrte ab 1953 in Harvard.

Erhalten ist das Zeugnis, das die ebenfalls jüdische Juristin Clara Daus[54] in ihrer Ausbildungsstation beim Amtsgericht in Hamburg und zwar sowohl beim Schöffengericht wie beim Einzelrichter in Zivilsachen erhalten hat.[55] Dieses Zeugnis ist vom Schöffengericht ausgestellt und datiert vom 27.1.1923. Darin wird ihr bestätigt:

> „Im persönlichen Umgang durch ihr bescheidenes und echt frauliches Auftreten, im dienstlichen Verkehr durch Sachlichkeit und Klarheit ausgezeichnet, hat sie alle auf den ersten weiblichen Referendar gerichteten Erwartungen in angenehmster und erfreulicher Weise erfüllt. Auffassungsfähigkeit und Sorgfalt auch im Kleinen, so bei der Protokollführung, zeichnen sie vor den meisten ihrer männlichen Vorgänger aus; dazu kommen gute Kenntnisse und ein ersichtliches Bestreben, diese und ihre Lebenserfahrungen bei jeder Gelegenheit u erweitern. Die Zeit ihrer Tätigkeit beim Schöffengericht X war daher auch für mich als ausbildenden Richter voller Anregungen."

Der Zivilrichter bescheinigte ihr darauf am 24.4.1923:

> „Referendar Fräulein [...] hat die ihr zur Erledigung übertragenen Arbeiten mit großem Eifer und Verständnis ausgeführt. Sie hat gute juristische Kenntnisse gezeigt und sich eine erhebliche Gewandtheit in der Anfertigung von Urteilen erworben. Ihr Verhalten war ohne Tadel."

---

54 Clara Daus, geb. 30.10.1899 in Hamburg, deportiert am 11.7.1942 nach Auschwitz.
Clara Daus hatte als Externe das Abitur abgelegt und anschließend von 1919-1922 an den Universitäten Hamburg, Heidelberg und München Jura studiert. 1926 bestand sie die Assessorprüfung und war in der Hamburger Verwaltung beim Wohlfahrtsamt (1926–1927), Jugendamt (1927–1931) und der Finanzdeputation (1931–1933) als Juristin tätig. Zum 12. Juni 1933 wurde Clara Daus aufgrund ihrer jüdischen Herkunft fristlos aus dem Staatsdienst entlassen. http://www.stolpersteine-hamburg.de/?MAIN_ID=7&BIO_ID=3548

55 http://www.personalbeurteilung.de/soziale_erwnschtheit.html

Die in den Jahrzehnten vorher geäußerten Zweifel an der Befähigung von Frauen zur Jurisprudenz wurden damit Lügen gestraft, waren aber nicht ausgeräumt, und Frauen stießen noch weitere Jahrzehnte auf Vorbehalte.

5.2.2 Die ersten Habilitandinnen im deutschsprachigen Bereich

In der Rechtswissenschaft gestaltete sich der berufliche Weg von Frauen noch schwieriger als in der Anwaltschaft und in der Richterschaft, wie sich exemplarisch am Beispiel des Lebens von Emilie Kempin-Spyri aufzeigen lässt. Sie war nicht nur die erste Juristin der Neuzeit im deutschsprachigen Raum und in Europa gewesen, die ihr Studium mit einer Promotion 1887 abgeschlossen hatte[56], sie hatte auch als erste im Jahr 1888 ein Habilitationsgesuch an der Universität Zürich für römisches Recht eingereicht. Eine Stelle als Privatdozentin wurde aber nicht nur von der Fakultät und dem akademischen Senat, sondern auch vom Erziehungsrat (unisono) abgelehnt. Daraufhin wanderte sie mit ihrem Mann und den drei Kindern in die USA aus und gründete in New York eine private Rechtsschule für Frauen, die Emilie Kempin-Spyri Law School, und bekam 1890 eine Anstellung an der juristischen Fakultät der Universität der Stadt New York. Da ihr Mann in den USA beruflich nicht Fuß fassen konnte, kehrte sie 1891 nach Zürich zurück, stellte ihre Habilitationsschrift fertig, reichte sie bei der Universität Bern ein und bewarb sich in Zürich erneut um die Zulassung als Privatdozentin. Obwohl die staatswissenschaftliche Fakultät in ihrem Gutachten ihre fachliche Befähigung anerkannte, lehnte der Senat ihre Zulassung erneut ab.

> „Was aus den jeweiligen Protokollen an Argumenten gegen das Gesuch publiziert ist, zeichnet ein Bild diffuser Bedenken vor der Frau als Be-Lehrenden, etwa wenn es heißt, die Zulassung sei ‚nicht opportun' oder wenn ein Mediziner für sein Fach zu bedenken gibt, dass hier doch Dinge zur Behandlung

---

56 In Frankreich trat die Rumänin Sarmiza Bilcescu-Alimanisteanu (1867-1935) 1884 an der Sorbonne das Studium der Rechtswissenschaften an und schloss es 1890 mit einer Promotion ab. Als zweite Frau Frankreichs wurde Jeanne Chauvin (1862-1926) zur Doktorin der Rechte promoviert. Die mündliche Verteidigung ihrer Dissertation „störte ein Pöbel junger Herren [...] mit dem Absingen der ‚Marseillaise'". Die Bezeichnung "Chauvi" leitet sich allerdings nicht von Jeanne Chauvin ab, sondern von einer männlichen Figur des französischen Vaudeville-Theaters. Informationen aus einem Quizz von LTO zu den Vorreiterinnen im Recht: http://www.lto.de/galerien/11-vorreiterinnen-im-recht/ (m.w.N.).

kommen, die man nicht gerade von einer Frau vorgetragen zu hören wünscht."[57]

Gegen das Votum des Senats erteilte ihr die Erziehungsdirektion im Dezember 1891 die venia legendi, allerdings nur „ausnahmsweise". Emilie Kempin-Spyri unterrichte in Zürich, eröffnete eine Rechtsschule für Laien, gab 1892 die Zeitschrift „Frauenrecht" heraus, gründete 1893 in Zürich den Frauenrechtsschutzverein, unterrichtete auch an der Höheren Töchterschule Handels- und Wechselrecht. Sie hatte weiter mit Ausgrenzung und Hindernissen zu kämpfen, ihre Vorlesungen waren zwar bei Frauen beliebt, wurden aber insgesamt schlecht besucht und das Kolleggeld[58] reichte nicht zum Lebensunterhalt. Als eine auf sie zugeschnittene Professur frei wurde und den Ruf ein jüngerer Bewerber erhielt, ließ sie sich beurlauben, beantragte eine Anwaltszulassung, die ihr aber nicht erteilt wurde. Daraufhin siedelte sie 1895 nach Berlin über und unterrichtete bis 1897 an der Humboldt-Akademie, einem privaten Institut für Erwachsenenbildung, Privatrecht und Deutsches Familienrecht. Die letzten Lebensjahre verbrachte sie nach einem Zusammenbruch in einer Heil- und Pflegeanstalt und starb 1901.[59] (Delfosse 1994; Röwekamp 2005, S. 173-176; Berneike 1995, S. 81-102)

Erst fast ein Jahrhundert später konnte 1983 eine weitere Frau in Zürich habilitieren: Beatrice Weber-Dürler. Sie wurde 1986 als erste Professorin für Öffentliches Recht in der Schweiz an die Hochschule St. Gallen berufen und lehrte von 1990-2008 an der Universität Zürich.

Die erste Frau, die in Deutschland in den Rechtswissenschaften habilitierte, war die 1887 geborene Magdalene Schoch.

Die Habilitationspflicht als Auswahlkriterium für den Hochschullehrerberuf war im 19. Jahrhundert durchgesetzt worden. Dieses Ausleseprinzip galt als „Garant der Weltgeltung der deutschen Wissenschaft" (Röwekamp 2011, S. 507 m.w.N.). Bevor Anfang des 20. Jahrhunderts die Universitäten für Frauen geöffnet wurden, befragte die preußische Regierung in

---

57 Aus der Rede von Prof. Dr. Ulrich Klöti am 19.04.2004 zur Ehrung von Emilie Kempin-Spyri anläßlich ihres 150. Geburtstags. https://web.archive.org/web/2012 0426035344/http://www.kempin-spyri.uzh.ch/ehrungen/frauenzunft/Rede_Kloeti. pdf

58 Besoldung von Hochschullehrern nach Anzahl der unterrichteten Stunden und teilnehmenden Studenten, 1978 in Deutschland abgeschafft. (Blomeyer 2007, S. 6)

59 Das Leben von Emilie Kempin-Spyri ist im übrigen Gegenstand des Romans „Die Wachsflügelfrau" von Eveline Hasler von 1991.

einem Rundschreiben die Universitäten, *„ob es mit der gegenwärtigen Verfassung und den Interessen der Universitäten überhaupt zu vereinbaren ist, Frauen zur akademischen Laufbahn zuzulassen"*. Die juristische Fakultät der Universität Göttingen meinte, *„daß die bewaffnete akademische Jugend nicht von Frauen als Lehrer und Erzieher zu Männern ausgebildet werden könne"*.

> „Alle waren sich einig, dass die Verleihung der Venia an eine Frau außer Frage stände, weil sich der rein männliche Charakter der Universität dadurch schlicht auflöse, aus Sittlichkeitsgründen, aus Disziplinargründen, weil das Wirken von Frauen in einem Kollegium angesichts der Ungleichheit der Geschlechter unerwünscht sei und natürlich vor allem, weil eine Dozentur eine Vorstufe für die Professur sei." (Röwekamp 2011, S. 508 f.)

Nach dem Inkrafttreten der Weimarer Reichsverfassung 1919 mit den neuen Gleichheitsrechten war der Ausschluss der Frauen von der wissenschaftlichen Karriere rechtlich nicht mehr haltbar. 1920 wurde durch Erlass des Wissenschaftsministeriums Frauen in Preußen die Möglichkeit zur Habilitation und damit der Zugang zur Hochschullehrerlaufbahn eröffnet. (Boedeker/Meyer-Plath 1974, S. 5; Misselwitz 2016, S. 323) Bis 1919 hatten sich bereits sechs Frauen an deutschen Universitäten außerhalb Preußens habilitieren können und zwar in Anatomie, Biologie, Physik, Germanistik, Algebra (Boedeker/Meyer-Plath 1974, S. 3).[60]

> „Die Anforderungen für Frauen, die sich habilitieren wollten, waren jedoch höher als bei den männlichen Kollegen. Voraussetzung war, dass deren Zulassung durch außerordentliche wissenschaftliche Bedeutung gerechtfertigt war. In den geisteswissenschaftlichen und juristischen Fächern war dies ein Kriterium, das eine Ablehnung immer möglich machte, denn hier ist die Leistungsbemessung stärker subjektivem Gutdünken ausgeliefert als in den strenger messbaren naturwissenschaftlichen oder medizinischen Fächern. [...] In die traditionsreichen juristischen Fakultäten vorzustoßen, wagten von Beginn an jedoch kaum Frauen, war doch abzusehen, dass die Juristen noch weniger als andere Fakultäten daran dachten, in ihre Reihen Kolleginnen aufzunehmen." (Röwekamp 2011, S. 511)

Magdalene Schoch erhielt nach ihrer Promotion nach nur sechs Semestern Studium im Jahr 1920 eine Stelle als Assistentin bei ihrem Doktorvater, dem jüdischen Wissenschaftler Albrecht Mendelssohn Bartholdy, an der Universität Hamburg. Sie war spezialisiert auf internationales, englisches

---

60 Misselwitz (2016, S. 323) gibt unter Berufung auf andere Quellen fünf habilitierte Frauen bis 1925 an, bis 1933 insgesamt 36 und bis 1945 ungefähr 100.

und amerikanisches Recht und Rechtsvergleichung und hielt seit 1929 Lehrveranstaltungen dazu ab. 1932 habilitierte sie und wurde in demselben Jahr die erste Privatdozentin an einer rechtswissenschaftlichen Fakultät in Deutschland. Der Fakultät in Hamburg gehörten 13 Juraprofessoren an bei 808 Studierenden (Repgen 2013, S. 25). Nach der Machtübernahme durch die Nationalsozialisten wurde Mendelssohn 1933 gekündigt und emigrierte nach England. Schoch, selbst Nichtjüdin, verweigerte den Hitlergruß und lehnte die Aufforderung ab, in Veröffentlichungen keine jüdischen Autoren mehr zu nennen. Als Mendelssohn 1936 starb, nahm sie als einziges Mitglied der Universität an der Beerdigung teil – ungeachtet der Drohungen des Rektors, ihre Reise nach Oxford werde eine ernste Gefährdung ihrer Stellung zur Folge haben (Nicolaysen 2011, S. 178). Als sie 1937 gedrängt wurde, in die NSDAP einzutreten, kündigte sie ihre Stellung und emigrierte in die USA, wo sie drei Jahre vorher schon einmal mit einem Rockefeller-Stipendium zu einem Forschungsaufenthalt gewesen war.

Ende 1934 war die neue Reichshabilitationsordnung in Kraft getreten, nach der nur noch jene Habilitierte Privatdozenten werden sollten, die ihre politische Zuverlässigkeit im Sinne des NS-Staats bewiesen hatten. Magdalene Schoch war sich seitdem ihrer Stellung nicht mehr sicher gewesen und hatte eine Fortsetzung ihrer Karriere in Richtung Professur als aussichtslos angesehen (Nicolaysen 2011, S. 179). In den USA wurde sie zunächst Forschungsassistentin an der Harvard Universität und dann als Expertin für deutsches und internationales und ausländisches Recht für die amerikanische Regierung und ab 1946 bis 1966 für das amerikanische Justizministerium tätig (Nicolaysen 2011, S. 180 ff.; Plett 2009b, S. 365 ff.).[61] Sie starb 1987.[62]

Magdalene Schoch war und blieb eine leuchtende Ausnahme. Die zweite Frau, die sich in Deutschland in den Rechtswissenschaften habilitiert hat, war die Rechtshistorikerin Gerda Krüger. Sie hatte zunächst 1930 um Zulassung zur Habilitation in der historischen Fakultät ersucht. Der An-

---

61 Vgl. auch Lembke 2013, Coester-Waltjen 2013, Nicolaysen 2013 und Lembke/ Valentiner 2012: Magdalene Schoch – die erste habilitierte Juristin in Deutschland http://www.legal-gender-studies.de/wp-content/uploads/2013/01/magdalene-schoc h.pdf, Nachdruck aus: Hamburger Rechtsnotizen 2012, S. 93-100.
62 Peinlich zu lesen sind die Schwierigkeiten, die ihr in ihrem Wiedergutmachungsverfahren gemacht wurden, in dem ihr unterstellt wurde, gänzlich freiwillig an der Universität Hamburg gekündigt zu haben (Nicolaysen 2011, S. 187 ff.).

trag wurde mit der Begründung abgelehnt, dass die Arbeit zu juristisch sei (Röwekamp 2011, S. 513). 1938 wurde sie zum Rücktritt vom abgeschlossenen rechtswissenschaftlichen Habilitationsverfahren aus politischen Gründen genötigt. Formal fand ihre Habilitation an der rechtswissenschaftlichen Fakultät der Universität Göttingen mit einer Habilitationsschrift über „Die Rechtsstellung der vorkonstantinischen Kirchen" erst nach dem Zweiten Weltkrieg 1946 statt.[63] Ihre weiteren Spuren haben sich verloren. Es findet sich über sie nur noch als karge Notiz in der Dokumentation „50 Jahre Habilitation von Frauen in Deutschland. Eine Dokumentation über den Zeitraum von 1920 – 1970": *„Privatdozent nach Wiedergutmachungsrecht. Keine Lehrtätigkeit, Rechtsanwalt, Bibliotheksrätin a.D."* (Boedeker/Meyer-Plath 1974, S. 191).

In den 1920er Jahren hatte es aber einige weitere Frauen gegeben, die als Wissenschaftlerinnen an Universitäten tätig wurden. Else Koffka[64] promovierte 1925 in Berlin und war zwischen 1925 und 1928 als eine der ersten Fakultätsassistentinnen in Berlin tätig. Nachdem sie 1928 ihr Assessorexamen mit der Note „gut" abgelegt hatte, bekam sie als erste Frau in Deutschland zum Sommersemester 1928 einen Lehrauftrag als Dozentin im Strafrecht an der Universität Rostock. Danach erhielt sie Hilfsrichteraufträge in Berlin. Im Sommersemester 1931 wurde sie als Vollassistentin mit einem befristeten Lehrauftrag für Strafrechtsübungen eingestellt. Dies rief Empörung hervor. Im Justizministerium ging ein anonymes Schreiben ein:

> „Feminine Justiz! Es ist doch geradezu ein Skandal, dass eine weibliche Assessorin bestellt wurde. Die Studenten müssen unwillkürlich auf den Gedanken kommen, dass alle männlichen Assessoren minderwertig sind, denn es gibt deren viele Tausend mehr als weibliche." (Röwekamp 2011, S. 513 ff.)

Ihre Lehrveranstaltungen waren aber sehr gut besucht. Die Absicht, sich zu habilitieren, musste sie wegen der politischen Verhältnisse aufgeben.

---

63 Röwekamp (2011, S. 513) meint: „Gerda Krügers Ablehnung ist ein Sonderfall, schwer zwischen den Fächern zu verorten und alles in allem wahrscheinlich auch eher dem schwierigen Charakter der Juristin als geschlechtsspezifischen Diskriminierungen zu verdanken." Schwierige Charaktere finden sich durchaus in der Wissenschaft. Es wird ihr – anders als Magdalene Schoch - eher an einem hinreichend starken Mentor gefehlt haben. Gerda Krüger ist nicht zu verwechseln mit der zehn Jahre jüngeren Gerda Krüger-Nieland, der im Jahr 1951 ernannten zweiten Richterin am Bundesgerichtshof.

64 Marion Röwekamp (2005) nennt sie in ihren Portraits Elsa.

Sie war danach in vielen unterschiedlichen juristischen Funktionen tätig. Nach dem Krieg wurde sie u.a. Lehrbeauftragte an der Humboldt-Universität für Bürgerliches Recht und Zivilprozessrecht. 1952 wurde sie als dritte Frau an den 1950 neu gegründeten Bundesgerichtshof in Berlin berufen und hatte dieses Amt bis 1967 inne.

Marion Röwekamp (2011, S. 511 ff.) dokumentiert den Werdegang weiterer erster Frauen in der Rechtswissenschaft:

Susanne Schwarzenberger war 1930 Assistentin bei Gustav Radbruch an der Universität Heidelberg geworden. Sie machte es sich zur Aufgabe, sich um die wachsende Zahl von Jurastudentinnen zu kümmern. 1933 wurde sie kurzfristig mit ihrem Ehemann, ebenfalls einem Juristen, von der Teilnahme am zweiten Staatsexamen ausgeschlossen, weil sie sich an antifaschistischen Propagandaumzügen beteiligt habe und eine Betätigung der Frau in der Rechtspflege mit den Bestrebungen des neuen Staates nicht vereinbar sei. (Röwekamp 2011, S. 516 f.) Sie hatte im Sommer noch promoviert und emigrierte dann mit ihrem jüdischen Ehemann nach England.

Eleonore Mann promovierte bei dem Strafrechtler Kohlrausch in Berlin, und wurde – wie zuvor Else Koffka Fakultätsassistentin an der juristischen Fakultät der Universität in Berlin. Ihre Lehrveranstaltungen waren ebenfalls gut besucht. Auch sie emigrierte mit ihrem Mann, dem jüdischen Juristen Frederic A. Mann, 1933 nach England.

An der juristischen Fakultät in Berlin arbeiteten 1932-1935 drei weitere Assistentinnen, darunter die Tochter von Eduard Kohlrausch. Zwei Juristinnen, Angèle Auburtin und Marguerite Wolff, waren am Kaiser Wilhelm (jetzt Max Planck) Institut für ausländisches öffentliches Recht und Völkerrecht tätig. Marion Röwekamp zählt weitere sieben Rechtswissenschaftlerinnen auf, die bis 1933 promovierten und an rechtswissenschaftlichen Instituten tätig waren. Der größere Teil davon verlor die Stellen aufgrund des Arierparagraphen im Gesetz zur Wiederherstellung des Berufsbeamtentums vom 7.3.1933. § 3 Abs. 1 regelte, dass Beamte, die nicht arischer Abstammung sind, in den Ruhestand zu versetzen sind. Andere schieden wegen Heirat aus.

Interessant an den Lebensläufen dieser ersten Frauen in der Rechtswissenschaft ist[65], dass sich darin bestimmte Muster finden, die auch später

---

65 Marion Röwekamp (2005, S. 438) weist darauf hin, dass es eine Reihe weiblicher Rechtsgelehrter, wie Marguerite Wolff, Camilla Jellinek, Else Lüders und Marianne Weber gab, die niemals ein Studium, „geschweige denn ein juristisches" absolviert hatten.

für eine Karriere in der Rechtswissenschaft von Bedeutung waren und, wie noch gezeigt wird, heute noch sind: Die Frauen waren durch gute Leistungen aufgefallen, mussten in ihren Leistungen besser als ihre männlichen Kollegen sein, ihre Arbeiten wurden besonders kritisch unter die Lupe genommen[66], hilfreich waren starke Mentoren, dies zeigt sich besonders bei den Fakultätsassistentinnen in Berlin, und familiäre Beziehungen erleichterten den Weg zu wissenschaftlichen Tätigkeiten.

5.3 Die Jahre von 1933-1945

5.3.1 Die Situation der Juristinnen in der NS-Zeit

Die ohnehin schwierige Situation der Juristinnen verschärfte sich, wie an den skizzierten Lebensläufen zu sehen ist, nach der Machtergreifung durch die Nationalsozialisten. Schon 1932 war die Zölibatsklausel[67] für Beamtinnen wieder eingeführt worden. Frauen wurden insgesamt unter dem Vorwand des „Doppelverdienertums" aus dem Arbeitsleben gedrängt. So wurden 1933 Ehestandsdarlehen an die Ehemänner ausgezahlt – mit der Bedingung, dass die zukünftige Ehefrau, die vor der Eheschließung berufstätig war, den Beruf aufgab. In das Reichsbeamtengesetz wurde 1933 eine Bestimmung aufgenommen, dass weibliche Beamte erst mit dem fünfunddreißigsten Lebensjahr zu Beamtinnen auf Lebenszeit ernannt werden konnten; für männliche Beamte war dies ab dem Alter von siebenundzwanzig möglich.[68] Ab 1934 wurde insgesamt die Einschreibung von Frauen an Universitäten auf 10% beschränkt.[69]

---

66 Röwekamp (2011, S. 514) erwähnt dies insbesondere für Else Koffka. Insgesamt finden sich im Kapitel über Frauen in der Wissenschaft (S. 507 – 520) verschiedene Anhaltspunkte für diese Aussagen. Wie wenig Marion Röwekamp insgesamt zu den Juristinnen in der Wissenschaft bei ihrem Quellen- und Archivstudium gefunden hat, lässt sich daran ablesen, dass das gesamte Kapitel über Frauen in den klassischen juristischen Berufen 108 Seiten hat (S. 413-520), die Ausführungen über die Wissenschaftlerinnen davon nur genau 13 Seiten einnehmen.

67 Vgl. 5.2.1

68 § 1a im Reichsbeamtengesetz vom 31. März 1873 in der Fassung des Gesetzes vom 30. Juni 1933.

69 Nach der Remilitarisierung und dem Beginn des 2. Weltkrieges, als die Zahl der männlichen Studierenden drastisch abnahm, stieg der Frauenanteil wieder und überschritt gegen Ende des 2. Weltkrieges sogar die 50% Marke. (Plett 2009a, S. 360 m.w.N.)

„Die Rolle der Frau im Nationalsozialismus wurde auf die Mutterschaft reduziert, die fortdauernd als ideologisches Idealbild verherrlicht wurde. In der
Propaganda des Dritten Reiches erschien der einzige Existenzgrund der Frau
der zu sein, als sorgende und liebevolle Mutter die zukünftige Generation der
deutschen, ‚arischen' Rasse zu gebären und nach nationalsozialistischer Gesinnung aufzuziehen." (Bendel 2007; Schultz 1990, S. 325)

Hitler sagte auf dem Reichsparteitag der NSDAP am 8. September 1934
in Nürnberg: *„[D]as Wort von der Frauenemanzipation ist ein nur vom jüdischen Intellekt erfundenes Wort. Wir empfinden es nicht als richtig,
wenn das Weib in die Welt des Mannes eindringt, sondern wir empfinden
es als natürlich, wenn diese beiden Welten geschieden bleiben."*[70] Die
„vorbestimmte Geschlechterordnung" sollte intakt bleiben.

Der Justizminister Kerrl ordnete durch Verfügung vom 29. Juni 1933
die Errichtung eines sog. Gemeinschaftslagers an, in dem Referendare
nach Abschluss der schriftlichen Prüfungsarbeiten per Gestellungsbefehl
zusammengefasst wurden, um dort bis zur mündlichen Prüfung kamerad-
schaftlich zusammen zu leben. Sein Staatssekretär Roland Freisler forderte, dass der deutsche Jurist der Zukunft anders als der bürgerliche oder
marxistische Jurist „heldisch" zu sein habe. Die Ausbildung der Juristen
müsse die Heranbildung deutscher Mannescharaktere berücksichtigen.

Am 22. Juli 1934 trat unter Federführung von Otto Palandt, des neu ernannten Präsidenten des Reichsjustizprüfungsamts und Abteilungsleiters
im Reichsjustizministerium, eine neue Justizausbildungsverordnung in
Kraft. Als Leitsatz wurde vorangestellt:

„Ziel der Ausbildung des Juristen ist die Heranziehung eines in seinem Fach
gründlich vorgebildeten, charakterlich untadelhaften Dieners des Rechts, der
im Volk und mit ihm lebt und ihm bei der rechtlichen Gestaltung seines Lebens ein unbestechlicher und zielsicherer Helfer und Führer sein will und
kann [...]".[71]

Frauen waren damit nicht gemeint: Am 20. Dezember 1934 folgte das Gesetz zur Änderung der Rechtsanwaltsordnung, wonach Frauen als Anwälte
nicht mehr zugelassen waren, weil das einen *„Einbruch in den altgeheilig-*

---

70 http://www.zukunft-braucht-erinnerung.de/die-deutsche-frau-und-ihre-rolle-im-nat
ionalsozialismus/#_ftn
71 Der Leitsatz fährt fort: „Um dies zu erreichen, muss die Ausbildung den ganzen
Menschen ergreifen, Körper und Geist zu gutem Zweiklang bringen, den Charakter festigen und den Willen stärken, die Volksgemeinschaft im jungen Menschen
zu unverlierbarem Erlebnis gestalten, ihm eine umfassende Bildung vermitteln und
auf dieser Grundlage ein gediegenes fachliches Können aufbauen."

ten Grundsatz der Männlichkeit des Staates" bedeutet hätte. Palandt hat auch nach der Verabschiedung der neuen Gesetze unmissverständlich formuliert, es sei *„Sache des Mannes, das Recht zu wahren".* (Wrobel 1982, S. 7)

Aufgrund eines Erlasses von 1935 sollten Frauen „künftig in der richterlichen oder staatsanwaltlichen Laufbahn nicht mehr zur Anstellung gebracht werden". 1936 wurde dem Reichsminister der Justiz vom Stellvertreter des Führers mitgeteilt: *„Er [der Führer] hat entschieden, dass Frauen weder Anwalt noch Richter werden sollen. Juristinnen können deshalb im Staatsdienst nur in der Verwaltung verwandt werden." (Juristinnenbund 1989, S. 26 und Anlage 25 und 26)*

Dass der Jurist ein Mann sein soll, wurde noch einmal betont in der „Verordnung über die Befähigung zum Richteramt, zur Staatsanwaltschaft, zum Notariat und zur Anwaltschaft" vom 4. Januar 1939. Dort heißt es in § 5, dass Jurastudenten sich „einen Überblick über das gesamte Geistesleben der Nation, verschaffen" sollen, „wie man es von einem gebildeten deutschen Mann erwarten muss." (Staff 1978, S. 118)

1939 praktizierten noch neun Anwältinnen (Bajohr/Rödiger-Bajohr 1980, S. 49), die verbliebenen Richterinnen waren von ihrer Richtertätigkeit dispensiert und in verwaltende Funktionen abgeschoben worden. Juristinnen wurden *„auf für Frauen geeigneten Stellen"* eingesetzt, im Bereich der Wohlfahrtspflege bei der Betreuung von Frauen und Kindern u.ä. (Deutscher Juristinnenbund 2003, S. 27). Während des Krieges wurden – trotz zunehmenden Juristenmangels – Frauen nur zögernd und vorsichtig als Statthalter eingesetzt. Sie konnten vereinzelt Anwaltsvertretungen übernehmen. Wenn aber der Inhaber der Praxis an der Front blieb, durften sie die Praxis nicht in eigener Regie übernehmen (Bajohr/Rödiger-Bajohr 1980, S. 49).

In der Rechtswissenschaft gab es keine weitere habilitierte Frau, von einer Professorin ganz zu schweigen. 1938 fanden sich insgesamt nur noch 12 Professorinnen und 12 Dozentinnen aller Fächer in Deutschland (Budde 2003, S. 160).

5.3.2 Maßnahmen gegen jüdische Juristinnen und Juristinnen jüdischer Herkunft[72]

Die Rechtswissenschaft hat besonders viel Potential und viele Talente durch die Rechtsänderungen und Maßnahmen der Nationalsozialisten gegen Juden, die gleich nach der Machtergreifung 1933 einsetzten, verloren. Die „Säuberungswelle" wurde mit dem Gesetz zur Wiederherstellung des Berufsbeamtentums mit seinem Arierparagraphen und den Gleichschaltungsgesetzen, die eine Reorganisation des Staates nach nationalsozialistischen Grundsätzen anstrebten, eingeleitet. Auch die Universitäten wurden „gleichgeschaltet". An der Universität Hamburg war schon Ende 1933 aufgrund des Gesetzes zur Wiederherstellung des Berufsbeamtentums ein Fünftel des Lehrkörpers meist aus „rassistischen", z.T. auch aus anderen politischen Gründen vertrieben worden (Nicolaysen 2011, S. 178 f.). Mit dem Rechtsanwaltsgesetz vom 7.4.1933 wurde Juden die Vertretung vor Gericht verboten und die Zulassung zur Rechtsanwaltschaft verschlossen. Zugelassene Juden wurden in den Jahren danach aus der Anwaltschaft entfernt. Die Anwaltschaft bot daher jüdischen Rechtswissenschaftlerinnen keine Beschäftigungsalternative. Das Gesetz zur Änderung der Rechtsanwaltsordnung von 1934 verbot auch die Bezeichnung „Rechtsanwalt a.D." zu führen, was eine Tätigkeit in der nichtanwaltlichen Rechtsberatung erschwerte.

Juden hatten schon immer häufig juristische Berufe gewählt, und gerade unter den Juristinnen befanden sich viele Jüdinnen, da jüdische Elternhäuser traditionell Wert auf eine gute Ausbildung der Töchter gelegt hatten (Deutscher Juristinnenbund 1998, S. 29, Häntzschel 1997a, S. 108 f.).

1929/30 hatten Jüdinnen einen Anteil von 7,1% an den Studentinnen, aber von 15,8% an den Studentinnen der Rechtswissenschaft. Eine Reihe der bereits erwähnten ersten Juristinnen und Rechtswissenschaftlerinnen waren Jüdinnen oder Halbjüdinnen. Durch das Gesetz gegen die Überfüllung der Schulen und Hochschulen vom 25. April 1933 in Verbindung mit einer Ausführungsverordnung wurde die Neueinschreibung von jüdischen Studenten auf 1,5% begrenzt, vorausgesetzt dass die Gesamtzahl jüdischer Studenten 5% nicht überstieg. Dadurch sank der Anteil der männlichen jüdischen Studenten von 2698 im Sommersemester 1932 auf 486 im Som-

---

72 Vgl. Ladwig-Winters 2016.

mersemester 1934, der der jüdischen Studentinnen von 1252 auf 170. (Huerkamp 1994, S. 104; Plett 2009b, S. 359 f.)

Die juristischen Bibliotheken wurden von jüdischen Veröffentlichungen „gesäubert", und aufgrund eines Zitierverbots für jüdische Autoren wurde ein wichtiger Teil der Rechtswissenschaft nicht mehr rezipiert und damit unsichtbar.

Viele jüdische Juristinnen oder Juristinnen mit jüdischen Ehemännern emigrierten in den 1930er Jahren in die USA, nach Israel, England oder in andere Staaten. Andere Kolleginnen wurden von den Nationalsozialisten ermordet.

Bedrückend ist, dass jüdische Juristinnen nach dem Krieg Probleme hatten, Wiedergutmachung zu erhalten (Deutscher Juristinnenbund 2003, S. 28). Erna Proskauer, die Anfang der 1930er Jahre Richterin werden wollte und bis 1933 als Hilfsrichterin eingesetzt worden war, prozessierte nach dem Krieg jahrelang um Wiederaufnahme in den Justizdienst. In letzter Instanz wurde entschieden, dass ihre Berufung als Richterin auch ohne ihre damalige Entlassung verweigert worden wäre, da aufgrund der Zölibatsklausel durch ihren Ehemann abgesicherte Juristinnen nicht zum Richteramt zugelassen worden wären (Proskauer 1996).[73] Auch Else Koffka bekam trotz ihrer Benachteiligung während der Zeit des Nationalsozialismus keine Chance als Richterin tätig zu werden, als nach 1946 Berliner Anwälte zur Behebung des Richtermangels zeitweise in ein Richteramt berufen wurden.

Zu erwähnen ist die 1906 in Krakau geborene Wiener Jüdin Henda Silberpfennig, die sich später Helen Silving-Ryu nannte und die als eine der wenigen frühen Juristinnen an Universitäten lehrte. Sie hatte 1936 in Wien promoviert, konnte aber den Vorbereitungsdienst nicht absolvieren, da sie polnische Staatsangehörige war. 1939 emeritierte sie in die USA, wurde in Harvard für zwei Jahre Mitarbeiterin des berühmten Staatsrechtlers Hans Kelsen, der ebenfalls emigrieren musste, studierte noch einmal amerikanisches Recht, wurde Anwältin, und erhielt 1956 einen Ruf als Visiting Professor für Strafrecht an die Universität von Puerto Rico, war dort das einzige weibliche Fakultätsmitglied, ging von 1967 bis 1968 als „Fulbright

---

73 Vgl. auch „Frauenpersönlichkeiten in Berlin Mitte" http://www.kulturring.org/kon kret/frauen-persoenlichkeiten/index.php?frauen-persoenlichkeiten=wissenschaft/bi ldung&id=86 Die Probleme, die jüdische Juristen in Wiedergutmachungsverfahren hatten, sind sehr anschaulich in dem zum Teil auf Aktenstudium basierenden Roman von Ursula Krechel (2012) „Das Landgericht" beschrieben.

Professor" nach Korea und lehrte noch bis 1977 in Puerto Rico (Röwekamp 2005, S. 401-403).

Professorin in den USA wurde auch die 1905 geborene Käte Wallach. Sie hatte in Berlin 1930 das Referendarexamen abgelegt, 1931 in Berlin promoviert, nach der Emigration in den USA ebenfalls noch einmal Jura studiert, dann zunächst als Anwältin und Bibliothekarin gearbeitet. 1947 wurde ihr eine Stelle als Assistant Professor in Santa Fe, Neu Mexico, angeboten, die sie aber nicht annahm. 1949 wurde sie Assistant Professor an der Lousiana State Universität, 1964 erhielt sie dort eine Professur, 1970 erwarb sie noch einen amerikanischen Doktorgrad (Röwekamp 2005, S. 423-426).

Auch wenn es in den USA ebenfalls nur wenige Frauen in der Wissenschaft gab, war es angesichts der durchlässigeren Strukturen dort für sie leichter, eine akademische Karriere einzuschlagen.

5.4 Die Nachkriegszeit

5.4.1 Die berufliche Situation nach dem 2. Weltkrieg

Nach dem Krieg wurden in Deutschland Juristinnen zunächst als „Lücken-büßer" für die Männer eingestellt, die im Krieg gefallen oder in Kriegsge-fangenschaft waren oder die keinen „Persilschein" erhalten hatten und we-gen ihrer nationalsozialistischen Vergangenheit nicht mehr im öffentlichen Dienst tätig sein konnten. Frauen wurden wieder als Rechtsanwältinnen zugelassen und vorwiegend aus einer historisch bedingten demographi-schen Notwendigkeit heraus in Justiz und Verwaltung aufgenommen, al-lerdings dort häufig nur auf schlechtere, geringer bezahlte Stellen als Män-ner (Schultz 1990, S. 316 m.w.N.).

1952 waren unter den männlichen Lehrpersonen an Universitäten 36% Beamte, d.h. in gesicherter Position, unter den Frauen aber nur 5,7%. *„Dabei stand [...] eine Reihe von Frauen zur Verfügung, die durch die Er-nennung zum apl. Prof. und durch das Echo ihrer Arbeiten in der Fach-presse als lehrstuhlreif anerkannt waren"* (Boedeker/Meyer-Plath 1974, S. 1). Noch 1961/62 gab es bei mehr als 3000 männlichen Lehrstuhlinha-bern nur knapp 30 Lehrstuhlinhaberinnen (ebd., S. 2 m.w.N.).

In der Rechtswissenschaft standen demgegenüber schlicht keine habili-tierten Frauen zur Verfügung. Gerda Krüger, die 1946 nach Wiedergutma-chungsrecht Privatdozentin geworden war, hat erkennbar keine Stelle bekommen, Magdalene Schoch wollte nicht aus den USA nach Deutschland zurückkehren. Ihr war wohl nach 1945 eine Lehrtätigkeit an der Universität Hamburg angeboten worden, doch hatte sie keinen Fuß mehr in diese Institution setzen wollen (Nicolaysen 2011, S. 190).

Elisabeth Selbert, als Juristin eine der vier „Mütter des Grundgesetzes", die im Parlamentarischen Rat dafür gekämpft hatte, den Gleichberechtigungsgrundsatz in das Grundgesetz zu bringen, hat zumindest den verfassungsrechtlichen Grundstein für die berufliche Gleichstellung von Frauen gelegt (Schultz 2003 f.). Bis zum Ende der in Art. 117 Abs. 1 Grundgesetz gesetzten Frist zur Anpassung des Rechts an den Gleichberechtigungsgrundsatz im Jahr 1953 galt auch noch die Zölibatsklausel im Beamtengesetz, und erst 1957 erklärte das Bundesarbeitsgericht, dass Zölibatsklauseln in Arbeitsverträgen gegen das Grundgesetz verstießen und damit nichtig seien. Bei anderen Rechtsvorschriften dauerte es noch Jahrzehnte bis sie dem Gleichberechtigungsgrundsatz entsprachen. Es bedurfte eines unermüdlichen Einsatzes, den häufig im Juristinnenbund organisierte Juristinnen erbrachten, die Verfassungswidrigkeit von gegen den Gleichberechtigungsgrundsatz verstoßenden Bestimmungen festzustellen. Auch gesellschaftspolitisch beflügelte das konservative Familien- und Frauenbild der Adenauerära den beruflichen Fortschritt von Frauen nicht. Der Mann galt weiterhin als Haupt der Familie, der Frau wurde die Zuständigkeit für den Innenbereich der Familie zugewiesen. In einer Vorlage des Bundesgerichtshofs in einem familienrechtlichen Verfahren an das Bundesverfassungsgericht vom Jahr 1953, in der es um den Rechtscharakter von Art. 3 Abs. 2 ging, finden sich Bezüge auf eine naturrechtliche Grundordnung, die dem Gesetzesrecht vorgegeben sei:

> „Was die Menschen- und Personenwürde angeht, so sind Mann und Frau völlig gleich; und das muß streng in allem Recht zum Ausdruck kommen. Streng verschieden sind sie aber nicht nur im eigentlich Biologisch-Geschlechtlichen, sondern auch in ihrer seinsmäßigen, schöpfungsmäßigen Zueinanderordnung zu sich und dem Kind in der Ordnung der Familie, die von Gott gestiftet und daher für den menschlichen Gesetzgeber undurchbrechbar ist. [...] Der Mann sichert, vorwiegend nach außen gewandt, Bestand, Entwicklung und Zukunft der Familie; er vertritt sie nach außen, in diesem Sinne ist er ihr ‚Haupt'. Die Frau widmet sich, vorwiegend nach innen gewandt, der inneren Ordnung und dem inneren Aufbau der Familie."[74]

---

74 Gutachten des 1. Zivilsenates des BGH v. 9.6.1953, in: BGHZ 11, Anhang 34, 81. Die Ausführungen erinnern sehr an das Lied von der Glocke. Vgl. auch den Nachruf auf den Präsidenten des Bundesgerichtshofs, Hermann Weinkauff, von Gerda

Dies spiegelte nicht die einhellige Meinung der BGH Richter wieder (Herbe 2008, S. 205 ff.), hat aber die Rechtsprechung über Jahre, wenn nicht Jahrzehnte beeinflusst.

5.4.2. Erste Rechtsänderungen auf dem Weg zur Gleichstellung

Es gab eine Reihe weiterer Hindernisse für die Wahrnehmung von Frauen als gleichberechtigten Partnerinnen und Akteurinnen.

Erst mit dem Inkrafttreten des 1. Gleichberechtigungsgesetzes am 1.7.1958 wurde das Kündigungsrecht des Ehemannes für Arbeitsverhältnisse der Frau aufgehoben. Da bis zur großen Eherechtsreform, die 1978 in Kraft trat, das Modell der Hausfrauenehe in § 1356 BGB festgeschrieben war, konnte eine Berufstätigkeit aber immer noch als Beeinträchtigung und Verletzung familiärer Pflichten gewertet werden.[75] Frauen bekamen die volle elterliche Gewalt, wie es damals hieß, über die Kinder erst 1959 durch Urteil des Bundesverfassungsgerichts.[76] Erst 1967 entschied das Bundesverfassungsgericht, dass Beamtinnen hinsichtlich der Versorgung ihrer nächsten Familienangehörigen gleichzustellen sind.[77] 1969 wurde die Möglichkeit zur Teilzeitarbeit und Beurlaubung aus familiären Gründen für Beamtinnen eingeführt und im Zuge der Bemühungen um Gleichstellung 1974 auf Beamte ausgedehnt. 1979 wurde der in einigen Bundesländern eingeführte Hausfrauen- oder Haushaltstag für verfassungswidrig erklärt. 1994 erfolgte die Reform des Namensrechts, die jedem Ehepartner das Recht gab, den eigenen Namen zu behalten.

Im Arbeits- und Sozialrecht setzten Rechtsanpassungen erst später ein, vor allem unter dem wachsenden Einfluss europäischen Rechts. Darauf soll später noch eingegangen werden.

Krüger-Nieland 1981, S. 2235: „Hermann Weinkauff ging im Familienrecht von einer im Naturrecht wurzelnden unverrückbaren dem Gesetzesrecht vorgegebenen ewigen Grundordnung aus." Dem liegt das klassische männliche Ernährermodell der Familie zugrunde.

75 Diederichsen in der Kommentierung von § 1356 BGB im Palandt, Kommentar zum Bürgerlichen Gesetzbuch bis 1977.

76 Vom 29. Juli 1959 - 1 BvR 205/58 - BVerfGE 10, 59

77 BVerfG, 11.04.1967 - 2 BvL 3/62

5.4.3 Die ersten Habilitandinnen und Professorinnen in Ostdeutschland

Die erste Habilitandin der Rechtswissenschaft in der Nachkriegszeit war Gertrud Schubart-Fikentscher, geboren 1896. Sie war wie viele frühe Juristinnen auf Umwegen, insbesondere über Aufgaben in der Jugendfürsorge und Jugendhilfe zum Jurastudium gekommen, hatte mit 37 Jahren 1933 über ein rechtshistorisches Thema in Berlin promoviert, arbeitete, da Frauen in der Zeit des Nationalsozialismus keine akademische Karriere verfolgen konnten, als freie Mitarbeiterin an Themen und Werken aus dem Bereich der Deutschen Rechtsgeschichte mit, erhielt 1940 einen Preis der Berliner Akademie der Wissenschaften, lehrte Rechtskunde an der Volkspflegeschule in Brandenburg, um Erfahrungen in der Lehre zu sammeln. 1946 bekam sie auf Anregung des Rechtshistorikers und Kirchenrechtlers Alfred Schultze, Mitglied der Akademie der Wissenschaften, kurz vor dessen Tod die Möglichkeit, sich an der Universität Leipzig in der sowjetischen Besatzungszone zu habilitieren, reichte dafür ein bereits veröffentlichtes Manuskript ein und wurde schließlich zur Dozentin für Rechtsgeschichte ernannt. 1948 erhielt sie einen Ruf als ordentliche Professorin für Bürgerliches Recht und Deutsche Rechtsgeschichte an die Universität Halle-Wittenberg. 1950 wurde sie Dekanin ihrer Fakultät. Sie war nach dem Krieg in die SPD eingetreten, wurde 1946 automatisch Mitglied der SED, trat aber 1951 aus der SED aus. Obwohl sie danach politisch überwacht wurde, blieb sie wissenschaftlich hoch anerkannt. 1956 wurde sie, wie es für Frauen in der DDR üblich war, mit 60 Jahren emeritiert. 1985 starb sie mit 88 Jahren.[78]

Noch untypischer ist der Lebenslauf der zweiten Professorin an einer rechtswissenschaftlichen Fakultät in der sowjetischen Besatzungszone und später der DDR[79]. Helene (gen. Lola) Zahn, geboren 1910, war eine staatenlose, russische Jüdin, Kommunistin, studierte Jura von 1929 bis 1932, wurde aber wegen Staatenlosigkeit nicht zum Referendarexamen zugelassen. Sie emigrierte 1933 aus politischen Gründen nach Frankreich, studierte Soziologie und Ökonomie und promovierte 1937 zu einem ökonomischen Thema. 1941 emigrierte sie in die USA. Sie wurde an der Universität Rostock 1946 Professorin für Politische Ökonomie, ab 1949 lehrte sie

---

78 Im Wesentlichen nach Röwekamp 2005, S. 373 – 378.
79 Die DDR wurde wenige Monate nach der Gründung der Bundesrepublik am 7. Oktober 1949 auf dem Gebiet der Sowjetischen Besatzungszone gegründet. Der 7. Oktober wurde danach als „Tag der Republik" gefeiert.

an der Humboldt-Universität in Berlin und bekam dort an der juristischen Fakultät 1951 eine Professur für politische Ökonomie. Ob sie an der Fakultät habilitiert hat, ist unklar.[80] 1957 schied sie aus der Fakultät aus, weil ihr Versöhnlertum vorgeworfen wurde (Katzenstein 1989, S. 169), arbeitete später weiter als Wissenschaftlerin an der Akademie der Wissenschaften in Berlin, emeritierte 1971 und starb 1998.[81] (Kleibert 2010, S. 143-149)[82]

Beide Lebensläufe zeigen wie die der vorher vorgestellten Juristinnen schwere, wechselvolle Lebenswege mit vielen Brüchen auf.

In der 1949 gegründeten Deutschen Demokratischen Republik trat im Zuge der zweiten Hochschulreform, die die sozialistische Umgestaltung des Hochschulwesens zum Ziel hatte, die Befähigung zum sozialistischen Hochschullehrer in den Vordergrund. Diese erfolgte in Dozentenlehrgängen mit einer Abschlussprüfung in politischer Ökonomie an der Parteihochschule der SED. Um sich für die Lehre in der Rechtswissenschaft zu qualifizieren, war ansonsten nur das erste juristische Staatsexamen erforderlich. Die juristischen Fakultäten wurden verkleinert und verloren an Bedeutung. Dissertationen wurden wie in der Nazizeit unter ideologischen Gesichtspunkten bewertet. 1967 wurden allerdings wieder „Lehrstühle" eingeführt. Zwischen 1949 und 1963 gab es z.B. an der Humboldt-Universität in Berlin keine Habilitationen. (Schröder et al. 2010, Zusammenstellung auf Datenträger)

Auch danach waren wie in allen sozialistischen Staaten die Qualifikationen formal weniger anspruchsvoll. Es wurde später unterschieden zwischen Dissertation A und Dissertation B (Habilitation).

Die Humboldt-Universität weist für die DDR-Zeit folgende Habilitationen von Rechtswissenschaftlerinnen aus, die wohl alle an der Humboldt-Universität zu Professorinnen berufen worden sind:

---

80 Robert Katzenstein (1998, S. 168) schreibt in seinem Nachruf auf Lola Stein, dass sie an der juristischen Fakultät habilitiert habe. Im Verzeichnis der Habilitationen der Humboldtuniversität wird sie aber nicht geführt. (Schröder et al. 2010, Zusammenstellung auf Datenträger)

81 Vgl. auch „Helene (gen. Lola) Zahn" im Catalogus Professorum Rostochiensium, URL: http://cpr.uni-rostock.de/metadata/cpr_person_00002815

82 Die 1907 geborene Juristin Rita Sprengel, die als Kommunistin und Mitglied einer Widerstandsgruppe im Konzentrationslager Ravensbrück interniert war, erhielt 1949 einen Ruf als Dozentin für Arbeitsökonomie an die Humboldt-Universität, wurde 1951 aus der Partei ausgeschlossen, konnte daher nicht weiter lehren, habilitierte aber 1971 noch mit 64 Jahren. Sigrid Jacobeit hat ihre Lebenserinnerungen herausgegeben (1994), vgl. auch Sprengel 1994.

- Edith Oeser 1963.
- Anita Grandke 1964, seit 1966 Professorin für Zivilrecht und Familienrecht. Nach der Wende wurde 1991 ihr Lehrstuhl aufgelöst, sie war aber bis 1994 an der HU tätig. Sie hatte 1964 mit einer Gemeinschaftsarbeit mit einem Kollegen habilitiert.
- Maria Bauer 1969.
- Wera Thiel 1978, Arbeitsrechtlerin, noch als Rechtsanwältin in Berlin tätig.
- Rosemary Will 1983, Öffentlich-Rechtlerin. Sie war erst 1989 auf einen Lehrstuhl an der Humboldt-Universität berufen worden, hatte sich nach der Wende 1994 erneut auf ihren Lehrstuhl dort beworben und ist 2014 emeritiert.[83]
- Elfie Kosewähr 1986, Strafrechtlerin, als Rechtsanwältin tätig.
- Erika Sommer 1990, Familienrechtlerin, Schülerin von Anita Grandke. (Schröder et al. 2010)[84]

Für den Zeitraum bis 1974 weisen Boedeker/Meyer-Plath (S. 333-336) noch drei weitere Habilitationen für Rechtswissenschaftlerinnen in der DDR aus: 1964 hatte in Halle Inge Hieblinger habilitiert und in Leipzig Traute Schönrath, in Potsdam Renate Wünsche (S. 362).

Carola Schulze habilitierte 1981 an der Akademie für Staats- und Rechtswissenschaft in Potsdam-Babelsberg, war dort von 1981 bis 1989 Inhaberin des Lehrstuhls Rechtstheorie und wurde 1994 als Hochschullehrerin an die neu gegründete juristische Fakultät der Universität Potsdam berufen. Auch die etwas ältere Marianne Andrae war in Potsdam auf einem Lehrstuhl für Bürgerliches Recht tätig.

Einige westdeutsche Wissenschaftlerinnen waren in der Nachkriegszeit in die DDR gegangen, weil sie sich dort bessere Chancen ausrechneten, Professorin zu werden (Budde 2003, S. 175 f.). Auch in der DDR hatten Frauen es aber schwer, Karriere in der Wissenschaft zu machen. Sie wurden auf Posten als wissenschaftliche Mitarbeiter geschoben, bzw. wählten sie, weil sie dort politisch in einer „Nische" saßen. Männer bekamen eher eine Professur. 1963 gab es 3,3% weibliche Professorinnen (Budde 2003, S. 165, 175). Bei unterschiedlichen politischen Vorzeichen hatte sich die

---

83 Zu Rosemarie Will: Gimbal 2014 und Zehnthöfer 2002.
84 Nicht habilitierte Universitätsdozentinnen an der Humboldt Universität bis 1974 waren zusätzlich Linda Ansorg, geb. Lechner ab 1968 und Annemarie Helmbrecht, und in Leipzig hat Evamaria Kost geb. Krey gelehrt. (Boedeker/Meyer-Plath 1974, S. 333-336)

Geschlechterordnung in beiden deutschen Teilstaaten in ähnlicher Weise ausgeprägt, wobei in der DDR der Frauenanteil bei den Studierenden in der Rechtswissenschaft anfangs erheblich höher als in Westdeutschland war.

Zum Zeitpunkt der Wiedervereinigung 1989 lässt sich der Frauenanteil in der Rechtswissenschaft – wie folgt – ausweisen (Tabelle 2):

Tab. 2: Frauenanteil in wissenschaftlichen Berufen in der Rechtswissenschaft, früheres Bundesgebiet und ehemalige DDR, 1989 (in %)

Beschäftigtengruppe	ehemalige DDR	früheres Bundesgebiet
Professorinnen	6	2,10
Dozentinnen	12	14,40
Wiss. Mitarbeiterinnen	27	27,40

Stein/Wetterer 1994, S. 267 ff.

Aufgrund der geringeren Bedeutung von Recht in der DDR waren 1989 nur 1,2% der Studierenden in der Rechtswissenschaft eingeschrieben im Vergleich zu 6,2% in der BRD, wobei der Frauenteil an den Studierenden zu dem Zeitpunkt mit 40% bzw. 41,5% vergleichbar war. (Stein/Wetterer 1994, S. 267 ff.)

5.4.4 Die ersten habilitierten Frauen und Professorinnen in Westdeutschland

In Westdeutschland dauerte es erheblich länger als in Ostdeutschland, bis die erste Juristin auf einen Lehrstuhl berufen wurde, obwohl 1959 die Kriminologin Anne Eva Brauneck (am 24.6.1959) und die Arbeitsrechtlerin Marie Luise Hilger (am 24.7.1959) habilitiert hatten.

Erst 1965 wurde Anne Eva Brauneck zur ersten Juraprofessorin in Westdeutschland berufen. Anne Eva Brauneck, Jahrgang 1910, hatte juristisch zunächst einen gradlinigen Lebenslauf: 1933 Referendarexamen, 1935 Promotion, 1937 Assessorexamen. Sie wurde danach wegen der Zulassungsbeschränkungen für Frauen in juristischen Berufen im mittleren und gehobenen Dienst der Polizei tätig. 1952 wurde sie wissenschaftliche Assistentin in Hamburg, *„musste sich die Möglichkeit zur Habilitation [aber] erkämpfen."* Die Fakultät eröffnete das Habilitationsverfahren zunächst nicht. Begründung: *„Man könne sich mit einer kriminologischen Arbeit nicht für Strafrecht habilitieren".* (Fabricius-Brand 2007, S. 53) Kriminologie war noch nicht als selbständiges Lehrfach „rehabilitiert". (Kreuzer 2007, S. 351). Anne-Eva Brauneck äußerte gegenüber Margarete Fabricius-Brand:

> „Es wirkte aber vermutlich doch, dass ich eine Frau war. Ich denke mir, dass auch das Fach Kriminologie mit meinem weiblichen Geschlecht in Verbindung gebracht wurde, wie es mir später oft geschah. Als eine Tatsachenwissenschaft, die die Menschen erst einmal betrachtet, wie sie sind, und neben anderem ihren Motiven nachzugehen versucht, scheint die Kriminologie weiblicher, weicher, aufweichender als die normative Rechtswissenschaft, und der Sorge der Juristen, das Strafrecht könne durch die Kriminologie aufgeweicht werden, entspricht so leicht eine geheime Sorge, eine juristische Fakultät verlöre durch das Hinzukommen einer Frau an Würde und Strenge. Dass so etwas nicht ausgesprochen, sondern sogar ausdrücklich geleugnet wird, kann nichts an der Vermutung ändern, dass es so ist, und macht die Frau besonders wehrlos". (Fabricius-Brand/Berghahn/Sudhölter 1982, S. 169)

Am 24.6.1959 habilitierte sie mit einer empirischen Arbeit zur Jugendkriminalität. Auch dass es eine empirische Arbeit war, hat die Bereitschaft der Fakultät zur Habilitation sicherlich nicht gefördert, da empirische Arbeiten in der dogmatisch orientierten Rechtswissenschaft nicht sehr anerkannt sind.[85] 1965, erst sechs Jahre nach der Habilitation, erhielt sie einen Ruf an die soeben wieder eröffnete juristische Fakultät in Gießen. Ihre Ernennung verzögerte sich um ein dreiviertel Jahr, weil ihre „polizeiliche Vergangenheit" Befremden erregt hatte. Über ihren Stand in der Fakultät äußerte sie:

> „Das Verhältnis zu meinen Kollegen war im Ganzen kameradschaftlich, und ich habe von ihnen viel Freundlichkeit erfahren. Trotzdem meine ich, mit meinen Worten in den Sitzungen weniger Gewicht gehabt zu haben als die männlichen Kollegen, nicht ganz ohne meine Schuld, denn ich habe die Gewichtigkeit, die Männer wohl schon früh für das Auftreten in solchen Rollen lernen, nicht aufgebracht und im Grunde auch nicht aufbringen wollen. Man schien mir aber auch – und das ohne Grund – keine genügende Objektivität zuzutrauen." (Fabricius-Brand/Berghahn/Sudhölter 1982, S. 169)

---

85 I 1 hat 1973 den emigrierten jüdischen Juristen Frederic A. Mann im Rahmen eines empirischen Projektes in London interviewt und bekam von ihm vorgehalten: *„Das ist doch keine Wissenschaft, was Sie da machen."* I 1 berichtete: *„Ich war zu dem Zeitpunkt schwanger und hatte in den ersten Monaten nah am Wasser gebaut. Mit Müh' und Not habe ich mich rausgerettet und vor der Tür erst mal geheult."*

Stimmte sie gegen die Professoren oder kümmerte sich um Lernende, wurde ihr das als weiblich, eine besondere Art von Gutmütigkeit, als „Mitleid" gedeutet. Bei ihren Habilitanden schienen in der Fakultät ihre Gutachten nichts zu gelten. Als Ursache für Benachteiligungen sah sie: *„Ich war keine den Männern imponierende richtige ‚Dame‘, aber auch kein um Hilfe bittendes sanftes Wesen, sondern etwas dazwischen."* (Fabricius-Brand/Berghahn/Sudhölter 1982, S. 169)

Anders lief es bei Marie Luise Hilger, die 1912 geboren wurde. Ihr Leben und Werk sind sehr umfassend recherchiert und dokumentiert worden. (Misselwitz 2016)[86] Sie war ebenfalls wie viele der frühen Juristinnen auf Umwegen zur Rechtswissenschaft gekommen. Nach einem Dolmetscherexamen ging sie 1933 für ein Jahr mit einem DAAD Stipendium nach London, studierte zunächst Volkswirtschaft, dann Jura in Heidelberg, legte 1937 das Referendarexamen ab, wurde danach für zwei Jahre Assistentin an der Universität Kiel[87], war kurzfristig als Vertreterin und zur Förderung der Studentinnen für die Arbeitsgemeinschaft Nationalsozialistischer Studenten tätig, wurde 1938 Parteimitglied, konnte noch 1939 als eine der wenigen Frauen promovieren, war dann Assistentin an der Universität Berlin, legte 1942 das Assessorexamen ab, konnte aber aufgrund der Zulassungsbeschränkungen nicht in einem der klassischen juristischen Berufe tätig werden, sondern war von 1942 bis zum Kriegsende im April 1945 Leiterin der „Vorstudienbildung für Frauen" im Reichsstudentenwerk, einer Einrichtung, die dem Reichserziehungsministerium unterstand. Sie musste daher nach dem Krieg ins Entnazifizierungsverfahren, wurde dort als Mitläuferin eingestuft.[88] Ab 1947 war sie bei juristischen Verlagen tätig und erhielt 1952 einen Lehrauftrag für Arbeitsrecht in Heidelberg. Ihr Spezialthema war die betriebliche Altersversorgung. Sie übernahm neben

---

86 Vgl. auch Schultz 2016a.

87 Kiel war eine Hochburg nationalsozialistischer Juristen (als Kieler Schule bezeichnet). Da nach der nationalsozialistischen Machtergreifung überdurchschnittlich viele jüdische und politisch unliebsame Professoren ihre Stelle verlassen mussten, hatte sich durch zielgerichtete Neubesetzung der Lehrstühle mit jungen systemkonformen Rechtswissenschaftlern die Möglichkeit geboten, aus der Fakultät eine Art nationalsozialistische Musterfakultät („Stoßtruppfakultät") zu schaffen, die der nationalsozialistischen Idee der „Rechtserneuerung" dienen sollte. (Eckert 1992)

88 Von den Gutachtern wurde ihr bescheinigt, dass sie sich für Frauenbildung habe einsetzen wollen und dem nationalsozialistischen Regime innerlich ablehnend gegenüberstand, dass sie keine Nationalsozialistin, sondern eine aktive und hilfsbereite Natur sei. (Details bei Misselwitz 2016, S. 357, 369)

der Verlagstätigkeit umfangreiche Lehrverpflichtungen, wurde schließlich 1959 in Heidelberg habilitiert. Sie war ihrem Doktorvater und späteren Habilitationsbetreuer, dem Arbeitsrechtler Siebert, der sich stark für sie eingesetzt hat, über zwei Jahrzehnte beruflich über mehrere Etappen an verschiedene Universitäten gefolgt. Sie war schon 1954 zur Richterin am Bundesarbeitsgericht gewählt worden, wurde aber erst 1959 ernannt. Parallel dazu bekam sie 1959 einen Vertretungslehrauftrag in Göttingen angeboten, entschied sich aber für das Bundesarbeitsgericht. 1962 wurde sie – obwohl habilitiert – zur Honorarprofessorin in Göttingen ernannt. Sie war damit die erste Frau, die eine Honorarprofessur in einer rechtswissenschaftlichen Fakultät verliehen bekam, wobei eine Honorarprofessur ein unbesoldetes Ehrenamt für in der Regel in der Praxis tätige Jurist/innen ist. Bis heute ist dies eine Ehre, die wenigen Frauen zu Teil wird, in diesem Fall war es erkennbar ein kompensatorischer Akt.

Es war zunächst vorgebracht worden, ihr fehle die für die Berufung auf einen Lehrstuhl erforderliche Breite. Wenige Jahre später erhielt sie einen Ruf an die Universität Kiel, 1967 an die Universität Freiburg, blieb nun aber am Bundesarbeitsgericht. (Misselwitz 2016, S. 432) Dass sie nach der Wahl zur Bundesrichterin nicht gleich ernannt worden war, wurde damit begründet, dass sie keine Praxis als Richterin habe. Da dies bei einer Reihe der männlichen Kollegen, den Präsidenten des BAG Nipperdey eingeschlossen, genauso war, drängt sich der Verdacht auf, dass das Geschlecht eine Rolle spielte (anders Misselwitz), wenn vielleicht auch nicht die alles entscheidende, ebenso wie bei den Problemen, nach der Habilitation einen Ruf zu bekommen. Ihre Qualifikation war unbestritten: Studenten haben ihr hohes fachliches Niveau, eine sehr präzise Darstellung, gut strukturierte Lehrveranstaltungen gelobt. Das wissenschaftliche Wirken habe sich durch dogmatische Tiefe, Fortschrittlichkeit und ein hohes Maß an Problembewusstsein ausgezeichnet. (Misselwitz, 2016, S. 406)

Zwei Jahre nach Anne Eva Brauneck habilitierte eine weitere Kriminologin: Hilde Kaufmann, die 1920 geboren wurde, also zehn Jahre später und damit eher der Nachkriegsgeneration zuzurechnen ist, auch wenn ihr Studium noch durch den Krieg beeinträchtigt war. Unter den frühen Juristinnen in Marion Röwekamps Lexikon zu Leben und Werk von Juristinnen ist sie daher nicht mehr aufgeführt. Diese Generation von Hochschullehrerinnen ist aber im Gedächtnis der älteren Akademikerinnen noch präsent. Hilde Kaufmann wollte zunächst Musik studieren, musste nach Beginn des Zweiten Weltkriegs zunächst die Führung des elterlichen Haushalts übernehmen (Marquardt 1986, S. 2). Unter dem Einfluss ihres ersten

Mannes, der Jurist war, entschied sie sich 1943 für das Jurastudium, musste dies wegen des Krieges unterbrechen und nahm es nach Kriegsende 1945 wieder auf. Das erste Staatsexamen erfolgte 1948, die Promotion im Jahr 1950, das zweite Staatsexamen 1952, anschließend Tätigkeit bei der Staatsanwaltschaft und für den Internationalen Gnadenausschuss für Kriegsverbrecher, 1956-1961 Wissenschaftliche Assistentin, 1961 Habilitation in Bonn. Danach vier Jahre, von 1962-1966, Privatdozentin, 1966 Ernennung zur außerplanmäßigen Professorin. Dies ist eine Titelprofessur für in der Regel Habilitierte, die keinen Ruf erhalten (oder angenommen) haben. Hilde Kaufmann hatte gezögert, Bonn zu verlassen, weil sie erst kurz vorher den Bonner Strafrechtler Armin Kaufmann geheiratet hatte (Marquardt 1986, S. 9), nachdem ihr erster Mann im Krieg gefallen war.[89] 1966 nahm Hilde Kaufmann einen Ruf nach Kiel an, wechselte 1970 von dort nach Köln. Wie alle frühen Juraprofessorinnen hat sie es nicht leicht gehabt. In der Gedächtnisschrift für Hilde Kaufmann schreibt Helmut Marquardt (1986, S. 2):

> „Vor allem die ersten Jahre ihres beruflichen Werdegangs waren durch die Erfahrung von Vorurteilen und skeptischer Distanz auf Seiten ihrer Ausbilder und Kollegen geprägt, gaben ihr das Gefühl, sich gerade als Frau durchsetzen und behaupten zu müssen."

Frauen, die sich durchsetzten, entsprachen aber nicht dem gängigen Geschlechterbild von Frauen, die sanft und nachgiebig zu sein hatten, und wurden gern als „Mannweiber" bezeichnet.

> „Das Klischee, hier sei eben eine Frau in einer typisch männlichen Berufsrolle tätig geworden und habe sich einen Gutteil von deren Attributen angeeignet, ist ihr oft begegnet und hat sie stets zornig gemacht." (Ebd.)

Gefördert worden ist sie vom Bonner Strafrechtler und Kriminologen Hellmuth von Weber (ebd., S. 3, 9).

Die dritte Professorin für Kriminologie in der Bundesrepublik wurde Lieselotte Pongratz, Jahrgang 1923. Nach dem Krieg Sozialarbeiterin, ab 1954 Studium der Soziologie, Kriminologie, des Jugendstrafrechts und der

---

89 Bei dieser Generation von Frauen gab es altersentsprechend nach dem Krieg kaum Partner. In ihrer Rede im Hauptausschuss des Parlamentarischen Rates für den Erlass des Grundgesetzes am 3.12.1948 hatte Elisabeth Selbert darauf hingewiesen, dass auf 100 Wähler 170 Wählerinnen kämen. (Böttger 1990, S. 186)

Psychologie in Hamburg[90], 1963 Promotion, 1973 Professorin für Soziologie an der Universität Hamburg, 1975 Ruf auf eine Professur für Kriminologie am Fachbereich Rechtswissenschaft II der Universität Hamburg. Sie hatte sicherlich einen atypischen Werdegang: Sie war nicht habilitiert, in der Soziologie war 1973 die Berufung als Hausberufung erfolgt. Der Fachbereich Rechtswissenschaft II, an den sie danach berufen wurde, führte die einstufige Juristenausbildung durch, in der die Grundlagenfächer einen größeren Raum einnahmen als an den traditionellen juristischen Fakultäten, Interdisziplinarität hatte einen hohen Stellenwert, und es wurden insgesamt Reformideen verfolgt.[91] Die Modelle zur einstufigen Juristenausbildung, die aufgrund einer Experimentierklausel im Juristenausbildungsgesetz eingeführt worden waren, liefen von 1971 bis 1984, in Hamburg seit 1972. 1998 wurden die beiden Hamburger Fakultäten zu einer verschmolzen, die die klassische Juristenausbildung anbietet. Auch an der Universität Hannover wurde in ähnlicher Weise im Rahmen der dortigen einstufigen Juristenausbildung 1976 mit Beatrice Caesar-Wolf eine Soziologin für die Lehre in der Kriminologie, zu soziologischen Inhalten und der Verfahrensgestaltung berufen.[92] Insgesamt gibt es in den juristischen Fakultäten aber nur sehr wenige Vertreter/innen anderer Fächer auf Lehrstühlen.[93]

Eine Hausberufung gab es ausnahmsweise auch bei der Juristin Ilse Staff, der ersten der Pionierinnen, die geregelt ihr Studium nach dem Zweiten Weltkrieg aufnehmen konnten. Geb. 1928, 1. Examen 1952, 2. Examen 1957, beide mit „ausgezeichneter Note", Promotion 1954, Anwaltsvertretungen und in der Rechtsabteilung des Hessischen Rundfunks tätig, ab Wintersemester 1964/65 Lehrtätigkeit an der Abteilung für Erziehungswissenschaften an der Universität Frankfurt, als Oberstudienrätin im

---

90 Die Universität Hamburg hat seit langem einen Schwerpunkt in Kriminologie und bietet seit vielen Jahren einen Master in Kriminologie an.

91 Die einstufige Juristenausbildung lief von 1971 bis 1984 an den Universitäten Augsburg, Bayreuth, Bielefeld, Bremen, Frankfurt, Hamburg II, Hannover, Konstanz und Trier. https://portal.dnb.de/opac.htm?method=simpleSearch&cqlMode=true&query=idn%3D861083466; vgl. auch 7.1

92 Sie ist bereits 1986 verstorben. Sie bezeichnete sich als Reformreliquie, nachdem die Sozialwissenschaften im Jurastudium in Hannover an Bedeutung eingebüßt hatten. Vgl. den Nachruf auf Beatrice Caesar-Wolf von Dorothee Eidmann (1986).

93 Umgekehrt gibt es mehr Jurist/innen auf Lehrstühlen z.B. in den Wirtschaftswissenschaften und der Erziehungswissenschaft/Pädagogik, hier vor allem soweit die Studiengänge auf Sozialarbeit ausgerichtet sind.

Hochschuldienst für die Fächer Jugendrecht, Schulrecht und bildungsphilosophische Propädeutik zuständig, 1969 Habilitation, 1971-1993 Professur für Staats- und Verwaltungsrecht an der Rechtswissenschaftlichen Fakultät. (Sacksofsky 2014, S. 186) Interessanterweise war auch für sie, wie für die ersten Rechtslehrerinnen, Rechtskunde ein wichtiges Thema. (Staff 1973) Ilse Staff war zudem eine der ersten, die sich mit der Justiz im Nationalsozialismus auseinandergesetzt hat. (Staff 1978) Ute Sacksofsky, wie Ilse Staff Hochschullehrerin in Frankfurt, schreibt dazu:

> „Dass Ilse Staff bei nicht wenigen deshalb als Nestbeschmutzerin galt, kann nicht überraschen und hat ihre Aufnahme in die Zunft sicherlich nicht erleichtert. In der Vereinigung der Deutschen Staatsrechtslehrer herrschte kurz nach ihrer Wiedergründung 1949 die (unausgesprochene) Übereinkunft, nicht über die NS-Zeit zu sprechen; die Vereinigung brauchte bis zum neuen Jahrtausend, um sich dem Thema der deutschen Staatsrechtslehre in der Zeit des Nationalsozialismus zu widmen." (Sacksofsky 2014, S. 194)

Eher hilfreich für Ilse Staffs Karriere könnte zunächst gewesen sein, dass ihr Mann Präsident des Oberlandesgerichts in Frankfurt war. Beide gehörten zum Umfeld der Frankfurter Schule und zu den Linksliberalen in Hessen, die damals die stärkste Kraft im Land waren. Allerdings war Ilse Staffs späterer Mann als Honorarprofessor der Universität Frankfurt auch ihr Doktorvater gewesen, womit sich für sie die in den 1960er Jahren sicherlich nicht einfache Frage stellte, welcher Ordinarius sie bei der Habilitation fördern könnte. Bei der Habilitation Ilse Staffs haben die nicht-habilitierten Assistenten sich ablehnend zu ihrer Habilitationsschrift, einer kumulativen Habilitation, geäußert, ein – wie Ute Sacksofsky in ihrem biografischen Beitrag zu Ilse Staff schreibt – *„drastischer Hinweis auf ein feindseliges Umfeld. Es ist normalerweise kaum vorstellbar, dass jene, die noch vor einer bestimmten Prüfung stehen, sich aus eigenem Antrieb gegen eine Person aussprechen, die sich gerade in dieser Prüfung befindet."* (Sacksofsky 2014, S. 198 f.)

Ilse Staff war die erste Habilitandin im Öffentlichen Recht. *„Es dauerte etwa anderthalb Jahrzehnte"*, resümiert Sacksofsky, *„also über eine Wissenschaftlergeneration, bis sich die nächsten beiden Frauen im öffentlichen Recht habilitierten, freilich beide in der Schweiz: Beatrice Weber-Dürler 1983 in Zürich[94] und Diemut Majer 1984 in Bern."* Erst in den neunziger Jahren des vergangenen Jahrhunderts nahm die Zahl der Staats-

---

94 Vgl. auch 5.2.2

rechtslehrerinnen allmählich zu. Erstaunlich ist, dass Ilse Staff die Professur an der Universität erhalten hat, an der sie habilitiert hat. Sie war 22 Jahre die einzige Professorin an der Fakultät, erst im Semester ihrer Emeritierung im Sommer 1993, wurde mit Lerke Osterloh, ebenfalls Öffentlich-Rechtlerin, die zweite berufen. (Ebd., S. 185) In der Vereinigung der Staatsrechtslehrer war sie 15 Jahre lang die einzige Frau.

> „Das Verhältnis zur Zunft der Staatsrechtslehrer kann nicht einfach gewesen sein. Zacher soll bei ihrer Vorstellung gesagt haben: „Sie steht auf wie ein Mann. […] Liest man die Diskussionsbeiträge der Tagungen der Vereinigung der Deutschen Staatsrechtslehrer, triefen diese von ‚verehrte gnädige Frau‘, vor allem dann, wenn man ihr widersprechen wollte." (Ebd., S. 199)

Dass es zur ersten Habilitation einer Frau im Öffentlichen Recht noch später als im Strafrecht kam, kann darin begründet liegen,

> „dass Vorbehalte gegenüber Frauen im Staatsrecht noch tiefer verwurzelt waren als in anderen Gebieten der Rechtswissenschaft, handelte das Staatsrecht doch vom ‚Öffentlichen‘, also von genau dem Bereich, der Frauen, die ins ‚Private‘ verwiesen wurden, verschlossen war." (Sacksofsky 2014, S. 197)[95]

Auch bei diesen fünf bis 1970 habilitierten Frauen zeigt sich, dass sie ihr Ziel nicht auf direktem Wege erreicht haben. Sie mussten gegen Vorurteile ankämpfen. Der Weg zur Professur ging über Hürden und hatte Unterbrechungen. Die fünf Rechtswissenschaftlerinnen haben zuvor alle wechselnde Beschäftigungen ausgeübt.

Frauen wurden zur akademischen Karriere nicht ermutigt, bekamen schlechtere Stellen angeboten. Gerade bei den frühen konnten sich die Kollegen schwer vorstellen, wie Anne Eva Brauneck hervorgehoben hat, Frauen in ihren Reihen aufzunehmen und empfanden sie als Fremdkörper, oder – um ein mit der Zweiten Frauenbewegung aufgekommenes Bild zu verwenden – als „Andere". Daher stießen sie auf Ablehnung und erfuhren Ausgrenzung. Häufig war die Zeitspanne von der Habilitation bis zum Ruf lang (bei Ilse Staff 12 Jahre). Die Qualität ihrer Leistungen wurde angezweifelt. Es gab Streit um ihre Habilitationen. Dabei waren alle – oft schon in der Schule – durch gute Leistungen aufgefallen. Sie wurden dafür aber nicht immer belohnt. Eva Maria Brauneck beklagte, dass im Referen-

---

95 Zu Beginn des neuen Jahrtausends machten Frauen etwa 4% der Staatsrechtslehrer aus, inzwischen ist die Zahl immerhin auf ca. 10% gestiegen". (Sacksofsky 2014, S. 185 Fn. 3) Ute Sacksofsky hat im Jahr 1999 habilitiert und zählt damit selbst noch zu den ersten 15 habilitierten Öffentlich-Rechtlerinnen.

dardienst und beim zweiten Staatsexamen Frauen schlechter bewertet wurden. (Fabricius-Brand/Berghahn/Sudhölter 1982, S. 167)

Die hier nur kurz skizzierten Lebensläufe mit all ihren Verwerfungen, insbesondere in der Zeit des Nationalsozialismus, zeigen spezifische Bedingungen für die Karriere von Frauen in der Wissenschaft und typische Probleme auf. Hervorzuheben ist, dass sie sich durchweg wie viele andere der frühen Akademikerinnen für die Förderung der Frauenausbildung und des Frauenstudiums einsetzten. Viele hatten bemerkenswerterweise trotz der schwierigen Zeiten durch Auslandsaufenthalte ihren Horizont erweitert, oft immerhin durch Stipendien gefördert.

Alle dieser frühen Juraprofessorinnen in Westdeutschland hatten keine Kinder. Sowohl Gertrud Schubert-Fikentscher, wie Anne Eva Brauneck, Marie Luise Hilger, Ilse Staff und Hilde Kaufmann hatten keine Kinder. Anne Eva Brauneck und Marie Luise Hilger waren auch nicht verheiratet. Häufig hatten sie aber Pflichten im Haushalt der Familie zu übernehmen. Berufstätige Frauen zu der Zeit hatten damit einen zusätzlichen Pflichtenkreis, der Männern nicht einmal ansatzweise zufiel. (Sacksofsky 2014, S. 198; Misselwitz 2016, S. 373) Von Hilde Kaufmann wird berichtet, dass sie bei vielen Einladungen in ihr stets offenes Haus eine liebenswürdige Gastgeberin war (Marquardt 1986, S. 16). *„Mit rührender Aufmerksamkeit umsorgte sie ihre zahlreichen Gäste aus dem Ausland, führte sie zu Sehenswürdigkeiten der Stadt und zeigte ihnen, meist selbst am Steuer ihres Autos, die Schönheit der Landschaft ringsum."* (Ebd.)

Es wird auch hervorgehoben, dass sie im Sinne der Frauen eher zugeschriebenen „Ethic of Care"[96] sich sehr um andere kümmerte: so das große Engagement als akademische Lehrerin,

> „in dem sie mit durchaus leidenschaftlicher Strenge ihre Hörer zu kritischem Denken herausforderte und zu persönlicher Leistungsbereitschaft anspornte. Dass sie dabei stets ein offenes Ohr für die privaten und beruflichen Sorgen ihrer Studenten hatte und dass sie vielen mit Rat und Unterstützung weiterhalf, war ihr selbstverständlich; sie hat davon kein Aufheben gemacht. Mitarbeiter, Freunde und Kollegen fanden in ihr zu jeder Zeit eine geduldig zuhörende und anregende Gesprächspartnerin." (Marquardt 1986, S. 16)

---

96 Die Entwicklungspsychologin Carol Gilligan hat in ihrem berühmten Buch „Mit anderer Stimme" (1984) eine eher bei Frauen zu findende „Ethic of Care" im Vergleich zu einer bei Männern eher zu findenden „Ethic of Justice" beschrieben.

5.5 Die Nachkriegsgeneration – die von 1970-1990 berufenen Professorinnen

Im Folgenden werden die Lebensläufe der von 1970-1990 habilitierten und berufenen Professorinnen kurz dokumentiert und Quellen, in denen weitere Informationen zu ihnen zu finden sind, festgehalten. Auf einige wird exemplarisch genauer eingegangen. Zum Teil waren die Informationen schwierig zu finden. Sobald Professor/innen emeritiert oder pensioniert sind, werden ihre Lebensläufe im Internet in der Regel aus dem Fakultätsseiten gelöscht und verlieren sich ihre Spuren erstaunlich schnell, wenn Einzelheiten zu ihrem Leben nicht in anderen über das Internet zugänglichen Quellen und in Festschriften oder Aufsätzen dokumentiert worden sind.

5.5.1 Von Jutta Limbach bis Ursula Nelles

5.5.1.1 Erste habilitierte Frauen an der Bonner Fakultät

Die erste Frau auf einem zivilrechtlichen Lehrstuhl in Westdeutschland war die 1934 geborene und bereits 1989 im Alter von 55 Jahren verstorbene Marianne Bauer, geb. Gries. Sie hatte 1958 bei Paul Bockelmann in Göttingen, wo sie auch studiert hatte, über „Die unterlassene Rettung eines Selbstmörders" zur Unterlassungslehre, also im Strafrecht, promoviert, wurde nach dem zweiten Staatsexamen Assistentin am Institut für Energierecht[97], das unter der Leitung von Kurt Ballerstedt stand, und hat 1969 im Zivilrecht über „Grundlagen der außervertraglichen Haftung für andere" in Bonn habilitiert. 1970 ist sie mit 36 Jahren zur wissenschaftlichen Rätin und Professorin für Zivilrecht nach C3 in Bonn ernannt worden, wo sie fast 20 Jahre bis zu ihrem frühen Tod gelehrt hat.

Diese Informationen stammen aus ihrer alten Personalakte in der juristischen Fakultät in Bonn. Ansonsten finden sich kaum Spuren von ihr. Sie hat erkennbar wenig veröffentlicht. Die ebenfalls zu den Pionierinnen zu zählende Strafrechtlerin Ingeborg Puppe aus Bonn kannte sie noch persönlich:

---

97 Energierecht ist zivilrechtlich, öffentlich-rechtlich und europarechtlich geprägt.

„Ich habe Frau Bauer als scharfsinnige Juristin persönlich kennen und schät-zen gelernt. Deshalb habe ich es bedauert, dass sie verhältnismäßig wenig veröffentlicht hat. Sie war sehr engagiert in der Lehre und investierte viel Zeit und Kraft in die Vorbereitung Ihrer Lehrveranstaltungen. Von guten Studenten wurde sie hoch geschätzt, was ich aus deren Zeugnissen weiß. Wegen ihrer strengen Art wurde sie allerdings von anderen Studenten auch angefeindet." (E-Mail vom 20.9.2016)

In der Genealogie der Juraprofessorinnen folgen Brigitte Knobbe-Keuk (1940-1995) und Jutta Limbach, geb. Ryneck (1934-2016), beide ebenfalls wichtige Wegbereiterinnen für Frauen in der Rechtswissenschaft, wie sie aber unterschiedlicher kaum gedacht werden können. Sie waren wie Mari-anne Bauer unter den ersten, die in ihrer Schul- und Hochschulausbildung durch den Krieg nicht oder nicht einschneidend beeinträchtigt waren.

Brigitte Knobbe-Keuk[98] hatte 1965 promoviert und habilitierte 1970 mit 29 Jahren mit einer zivilrechtlichen Arbeit in Bonn, wurde 1971 au-ßerplanmäßige Professorin, 1972 wie zuvor Marianne Bauer zur Wissen-schaftliche Rätin und Professorin für Zivilrecht[99] ernannt, bekam 1976 einen Ruf nach Göttingen und zum Wintersemester 1979/80 zurück nach Bonn. Auf Anraten ihres Lehrer Werner Flume hatte sie in ihrer Habilitati-onsschrift ein steuerrechtliches Kapitel eingebaut, bekam daher auch eine venia legendi für Steuerrecht und wurde in der Folge eine sehr bekannte Steuerrechtlerin. Auch sie war schon im Studium durch sehr gute Leistun-gen aufgefallen. Werner Flume (1997, S. 7) berichtet in seinem kurzen Nachruf: *„Für mich stand aufgrund der Übung [im Zivilrecht] fest: Das Mädchen muss man im Auge behalten."*

1975 hatte sie den Rechtsanwalt, Steuerberater und Wirtschaftsprüfer Knobbe geheiratet, bekam 1977 eine Tochter *„zeitgleich mit ihrer Darstel-lung des Bilanz- und Unternehmenssteuerrechts"*, kurz nach ihrem Ruf nach Bonn schenkte sie, wie Urs Schweizer in der Einleitung zur Gedächt-nisschrift von Brigitte Knobbe-Keuk schreibt, einem Sohn das Leben *„mehr oder weniger zeitgleich mit dem Erscheinen der 3. Auflage ihre überaus erfolgreichen Buches. Die Kraft und das Geschick, mit der sie ihre Aufgaben in Familie und Beruf verband, verdient unsere Bewunde-*

---

98 Einzelheiten zu ihrem Werdegang und ihrer wissenschaftlichen Arbeit lassen sich dem einleitenden Kapitel zur Gedächtnisschrift für Brigitte Knobbe-Keuk mit Dar-stellungen von Urs Schweizer, dem damalige Dekan der Rechts- und Staatswissen-schaftlichen Fakultät, von ihrem Lehrer Werner Flume und ihrem Co-Habilitanden Horst Heinrich Jakobs entnehmen. (Schön 1997)

99 Das entsprach dem heutigen W2/C3.

rung." (1997, S. 4). 1987/88 wurde sie „Dekan" der Rechts- und Staats-wissenschaftlichen Fakultät. Urs Schweizer (1997, S. 4) hebt hervor:

> „Ich sage ausdrücklich Dekan und nicht Dekanin, denn die weibliche Form von Amtsbezeichnungen, wie sie die eben vom Senat in dritter Lesung verab-schiedete Universitätsverfassung jetzt zwingend vorschreiben wird, lehnte sie ab."

Ihr „Habilitationsbruder" Horst Heinrich Jakobs, ebenfalls Juraprofessor in Bonn, charakterisiert sie in der Gedächtnisschrift (1997, S. 10) als *„blitzgescheite, das Lachen und die Fröhlichkeit liebende Frau – ausge-stattet mit unbändiger Energie, mit einem mütterlichen Herzen."*

> „Sie übernahm die [...] Einführung in das Recht immer wieder, um unter un-seren Studenten die besten aufzuspüren, um das noch unverbildete Talent wo-möglich auf den gleichen oder doch einen ähnlichen Weg zu leiten, wie sie ihn selbst gegangen war." (Ebd., S. 9)

Jakobs weist allerdings auch auf ihren losen Ton, die saloppe Art der Kri-tik, den Spott und die beißende Ironie, *„von denen selbst die Freunde nicht verschont geblieben sind",* hin.

> „Sie spielte „besser und rauher Fußball als ihre männlichen Mitschüler. Sie beherrschte die Technik des Steuerrechts so gut wie die besten in diesem Be-reich tätigen Männer. Sie war rauher und rücksichtsloser in der Kritik dieser Technik als jeder andere, weil sie diese Technik gelernt hat als fertige, in der Tradition unseres Fachs gebildete Juristin, weil sie darum, so sehr sie zur Mannschaft gehörte und sich in dieser wohlfühlte, doch so ganz nie dazu ge-hört hat – nicht als Mädchen, nicht als Frau, auf deren Zurechtweisungen man gehört hat wie auf diejenigen einer Mutter, und nicht durch ihre Zugehörig-keit zu einer Schule, deren Ideal die Muschelbänke des Juristenrechts, deren Traum eine reine Theorie der römischen Juristen und deren Schrecken der ,eine [...] kraftvolle Wille' des Gesetzgebers ist." (Ebd., S. 45)

Diese Ausführungen sagen fast ebenso viel über den Schreiber wie über die Beschriebene aus, zeigen aber noch einmal deutlich, mit welchen Schwierigkeiten Frauen in der Rechtswissenschaft zu kämpfen hatten und welchen Herabsetzungen sie ausgesetzt waren. Jakobs fügt hinzu: *„Es gibt Indizien zur Genüge, [...] dass sie sich der Fragwürdigkeit des Faches, auf das sich ihre Arbeit konzentriert hat, durchaus bewußt war."* (Ebd., S. 45)[100] Es ist die Frage, inwieweit dies ihre eigene oder die ihr von ande-

---

100 Steuerrecht nimmt in der Juristenausbildung eine marginale Rolle ein und wird mehr an wirtschaftswissenschaftlichen Fakultäten als an rechtswissenschaftlichen gelehrt.

ren nahegelegte Wertung war. Die Herabsetzung des Faches hatte, wie beschrieben, auch Anne Eva Brauneck deutlich erfahren. Auffallend die Einbeziehung traditioneller Geschlechterbilder. Der Beitrag endet mit: *„[...] und so habe ich über alles mit ihr [...] reden können wie mit einer Schwester."* (Ebd., S. 46)

Hier wird auch deutlich, wie die Lehrstühle in den Fakultäten mit langer Tradition geprägt waren. Werner Flume (1997, S. 8), Jahrgang 1908, schreibt:

> „In den 60er Jahren, als in der Bundesrepublik die Universität in Frage gestellt wurde, war es in dem Kreise meiner Seminare unverändert. Aus diesem Kreise entstanden vier Habilitationen [...]. Diese vier waren untereinander und auch mit mir als dem Lehrer in Freundschaft verbunden und sind es auch geblieben. Das Lehrer-Schüler-Verhältnis war geprägt durch das ständige gemeinsame Gespräch über juristische Probleme, und mit dieser Gemeinsamkeit des Gesprächs ging einher, daß ein jeder – Lehrer wie Schüler – mit seiner eigenen Arbeit ‚in Einsamkeit und Freiheit‘ beschäftigt war. Ja, das war in Bonn noch wirklich Universität. Das bewährte Lehrer-Schüler-Verhältnis der Universität im Geiste von Wilhelm von Humboldt."

Um „bei dem Männerspiel mitspielen zu können", haben viele frühe Juristinnen eine gewisse Härte entwickelt und sich dann, wie für Richterinnen beschrieben worden ist, zum Teil „männlicher als Mann" geriert. (Schultz 2003c, S. 308) Dies lässt sich als eine Strategie beschreiben, um sich in einem männlich dominierten Feld zu etablieren und zu behaupten.

Ungewöhnlich ist, dass sich in einem Nachruf solche kritischen Anmerkungen finden. Üblicherweise werden nur die positiven Seiten hervorgehoben (dazu auch Peppmeier 2016, S. 1; Schultz/Böning/Peppmeier 2018).

Ebenso wie Brigitte Knobbe-Keuk im Krieg geboren ist die Strafrechtlerin Ingeborg Puppe. Sie ist 1941 als Tochter eines Rechtsanwalts in Lodz/Polen geboren worden, habilitierte 1977 in Heidelberg und wurde im gleichen Jahr in Bonn zur Professorin ernannt, wo sie, obwohl sie bereits 2005/2006 pensioniert worden ist, immer noch lehrt. In der Festschrift zu ihrem 70. Geburtstag werden ihr Einsatz für die Lehre und ihre „stets mit Leidenschaft geführten wissenschaftlichen Auseinandersetzungen" hervorgehoben. (Paeffgen et al. 2011, S. VI ff.)[101]

---

101 Von Vorlesungen zur Methodenlehre gibt es auf eCampus und Youtube eine Serie von Videos.

5.5.1.2 Jutta Limbach, die engagierte Frauenrechtlerin

Jutta Limbach, für viele in den heutigen Juristinnengenerationen ein Vorbild, war einige Jahre vor Brigitte Knobbe-Keuk geboren worden und hat 1971, also ein Jahr nach ihr, habilitiert. 1972 wurde sie Gastprofessorin in Bremen und erhielt in demselben Jahr einen Ruf an die FU in Berlin. Dort lehrte sie bis 1989. Sie ist an der Freien Universität Berlin in einer anderen akademischen Umgebung groß geworden, als sie die konservative Fakultät in Bonn bot, geprägt durch die Gesellschaftskritik der Studentenbewegung. Geprägt war sie auch durch familiäre Vorbilder.[102] Ihre Urgroßmutter mütterlicherseits und die Großmutter väterlicherseits waren beide zu einer Zeit, als dies für Frauen alles andere als selbstverständlich war, politisch aktiv gewesen. Sie fand in Ernst Hirsch einen engagierten Mentor, durch den sie auch zur Rechtssoziologie kam, die ab Ende der 1960er Jahre die Agenda kritischer Juristen bestimmte. 1976 wurde sie Mitbegründerin der Vereinigung für Rechtssoziologie[103] und war an der Wiederbelebung der Kritischen Vierteljahresschrift für Gesetzgebung und Rechtswissenschaft (KritV) beteiligt.

Jutta Limbach hatte drei Kinder. Sie lebte ein für die 1960er und 1970er Jahre revolutionär unkonventionelles Ehemodell, ohne davon ein besonderes Aufheben zu machen. Sie war während des Semesters schwerpunktmäßig in Berlin, ihr Mann, der Ministerialbeamter war, mit den Kindern in Bonn. In einem Interview berichtete sie:

> „Er hatte die Kinder bei sich, weil er fand, er sei der Ausgeglichenere. Diese Distanz und die Freude, sich wiederzusehen und erzählen zu können, hat die notwendige Spannung erzeugt, weshalb unsere Ehe so lange währt."[104]

In der Tradition ihrer Urgroßmutter und der Großmutter übernahm sie politische Ämter und war von 1989-1994 Justizsenatorin in Berlin. 1994 wurde sie als Richterin an das Bundesverfassungsgericht berufen, nach kurzer Zeit Senatsvorsitzende und dann die erste und bisher einzige Präsi-

---

102 Erkennbar hat sie ein gewisses „Familienerbe" im Sinne bildungs- und politikaffiner habitueller Orientierungen in ihrem Selbstverständnis gestärkt und sie auf ihrem Weg unterstützt.

103 Die Vereinigung hat sich in „Vereinigung für Recht und Gesellschaft" umbenannt. In ihr sind vor allem Juristinnen und Juristen aktiv. Die Sektion Rechtssoziologie der Deutschen Gesellschaft für Soziologie ist stärker soziologisch geprägt.

104 Herlinde Koebl in ZEITmagazin N° 07/2012 9. Februar 2012.

dentin des höchsten deutschen Gerichts. Anschließend von 2002-2004 war sie Präsidentin des Goethe-Instituts. Sie war auch als Nachfolgerin von Johannes Rau als Bundespräsidentin im Gespräch.[105]

Jutta Limbach wird als die Verfechterin der Frauenrechte schlechthin in den Annalen der Frauenbewegung und der Geschichte der juristischen Fakultäten festgeschrieben bleiben. Sie hat sich auch nicht gescheut, sich Feministin zu nennen (Limbach 1994), eine Bezeichnung, die von den meisten deutschen Juristinnen und Juristen bis heute abgelehnt wird.[106] In einem Vortrag auf dem deutschen Richtertag 1995, der dem Thema „Justiz im Wandel" gewidmet war, setzte sich Jutta Limbach als Präsidentin des Bundesverfassungsgerichts mit den „Trends des Wandels in der Justiz" auseinander. Sie stellte die Frage: „Verändern die Frauen die dritte Gewalt? Kommt ein weibliches Element in Gestalt von Empathie und Nachsicht in der Rechtsprechung zum Tragen? Etwa in einer milderen Strafpraxis? – Oder ziehen das juristische Studium und die Justiz vorzugsweise solche Frauen an, die den Männern ähnlich autoritär strukturiert sind?" Eine Frage, die später im Zusammenhang mit Überlegungen, ob Juraprofessorinnen die Fakultäten verändern, wieder aufgegriffen werden soll.

In dem 1982 von Margarete Fabricius-Brand, Sabine Berghahn und Kristine Sudhölter herausgegeben Band über Juristinnen findet sich ein Selbstbild von Jutta Limbach, das sie schlicht betitelt hat: „Ein Lebenslauf" (S. 178-181). Sie beginnt selbstironisch:

> „Es mag wenig wegweisend für andere Frauen sein, wenn ich meinen beruflichen Werdegang als das Ergebnis glücklicher Lebensumstände und Zufälle darstelle. Besser präsentierte ich mich als ein andere Frauen inspirierendes Vorbild an Eigensinn und Zielstrebigkeit mit früherwachtem Gerechtigkeitssinn. Aber wenn ich aufrichtig bin, so kann ich keinen hindernisreichen Berufsweg nachzeichnen, den ich allein mit eigener Kraft, geschlechtsdiskriminierenden Widrigkeiten trotzend, die Professur stets im Auge, gemeistert hätte." (Ebd., S. 178)

---

105 Im Videoarchiv der FernUniversität gibt es von Jutta Limbach eine Aufzeichnung ihres Vortrag über „Die Frauenbewegung und das BGB" von 1986, http://www.fernuni-hagen.de/videostreaming/zmi/video/1987/87-07_76687/, eine ebenfalls 1986 in WDR 3 gesendete, von Ulrike Schultz moderierte Diskussion mit Barbelies Wiegmann und Margot von Renesse über „Ehefrau ≠ Ehemann oder Hört die Gleichberechtigung mit der Ehe auf?" http://www.fernuni-hagen.de/videostreaming/zmi/video/1986/86-22_76679/ und ein Portrait vom März 2015 auf der Seite www.fernuni-hagen.de/rechtundgender .

106 Zuletzt hat die Frage: „Sind Sie Feministin?" Angela Merkel beim Frauengipfel am 25.4.2017 in Berlin in Verlegenheit gebracht.

Diese Bewertung ist aber sicherlich auch das Ergebnis eines guten Selbstbewusstseins und einer grundsätzlich positiven Einstellung.

Eine Darstellung ihres Lebens findet sich in der Rede, die Konstanze Plett anlässlich der Verleihung der Ehrendoktorwürde des Fachbereichs Rechtswissenschaften der Universität Bremen im Jahr 2008 an Jutta Limbach gehalten hat (Plett 2009b).[107] Diese Verleihung der Ehrendoktorwürde kann – und dies ist ein Hinweis darauf, dass es auch im Lebenslauf von Jutta Limbach Hürden gegeben hat – als eine verspätete Wiedergutmachung gesehen werden. 1972, ein Jahr nach Jutta Limbachs Habilitation, hatten die zu guten Teilen nicht habilitierten Männer der als radikalen Reformfakultät geltenden Fakultät in Bremen[108] in einem Berufungsverfahren die habilitierte Jutta Limbach, die dort im Wintersemester 1971/72 auch schon eine Lehrstuhlvertretung inne gehabt hatte, nicht auf die Liste gesetzt, weil ihre Veröffentlichungsliste zu schmal sei. Das ist später, als Jutta Limbach hohe Ämter im Staat errungen hatte, als der „Bremer Sündenfall" bezeichnet worden. (I 70)

5.5.1.3 Querelen um eine Professur für Frauenfragen im Recht in Bremen

Auch in den 1980er Jahren hatte sich die Fakultät noch schwer getan, eine Frau zu berufen. Es gab, wie von mehreren Interviewpartnern berichtet wurde, ein „missglücktes" Verfahren für eine Professur für Frauenfragen im Recht. Drei später äußerst erfolgreiche Wissenschaftlerinnen (Ingeborg Schwenzer, Ute Gerhard und Ninon Colneric) waren auf eine reine Frauenliste gebracht worden, die dann aber von der Universität und/oder dem Wissenschaftssenator „ausgesessen" wurde. Die Professur verschwand in der Versenkung. Es wurde vorgebracht, die Frauen seien noch nicht fertig habilitiert, wobei dies, wie erwähnt, auf einige Männer an der Fakultät in gleicher Weise zutraf. Erst 1992 wurde die ebenfalls nicht habilitierte Ursula Rust auf einen Lehrstuhl für „Recht der Geschlechterbeziehungen" berufen, der seit 2001 mit der veränderten Denomination „Gender Law, Arbeitsrecht, Sozialrecht" geführt wird.

Ninon Colneric hat nach dreijähriger Lehrstuhlvertretung in Bremen dort kumulativ habilitiert und erhielt eine venia legendi für Arbeitsrecht,

---

107 Vgl. auch Nachruf auf der Website der FU Berlin von Wette 2016.
108 Den Studierenden wurden keine Noten erteilt, sondern nur ein „bestanden" oder „nicht bestanden".

Rechtssoziologie und Sozialrecht. Seit 1979 war Ninon Colneric Arbeitsrichterin gewesen, wurde 1989 Präsidentin des Landesarbeitsgerichts Schleswig-Holstein und 2000 Richterin am Europäischen Gerichtshof in Luxemburg und damit die zweite Frau im Kollegium der 15 Richter/innen des Gerichts.[109] Nach Ablauf ihres Mandates wurde sie 2006 Ko-Dekanin der China-EU School of Law.

Ingeborg Schwenzer hat 1987 mit einer rechtssoziologisch angelegten Arbeit zum Familienrecht in Freiburg habilitiert. 1987 nahm sie einen Ruf an die Universität Mainz an, 1989 einen Ruf an die Universität Basel, wo sie nach Beatrice Weber-Dürler die zweite (weibliche) Ordinaria an einer juristischen Fakultät in der Schweiz und die zweite Ordinaria an der Universität Basel wurde.

Ute Gerhard, Juristin und Soziologin, hat ebenfalls 1987 mit ihrer grundlegenden Schrift zur Frauenrechtsgeschichte „Verhältnisse und Verhinderungen. Frauenarbeit, Familie und Rechte der Frauen im 19. Jahrhundert", einem „Schlüsselwerk der Geschlechterforschung" (Friese 2005)[110], in Soziologie in Hannover habilitiert und hat 1987 in Frankfurt einen neu geschaffenen Lehrstuhl für Soziologie mit dem Schwerpunkt Frauen- und Geschlechterforschung am Fachbereich Gesellschaftswissenschaften bekommen. 1997 wurde sie Direktorin des von ihr gegründeten „Cornelia Goethe Centrums für Frauenstudien und die Erforschung der Geschlechterverhältnisse". (Plett 2002)

Dieses Beispiel zeigt auch, wie schwer sich juristische Fakultäten mit dem Thema der Frauenfragen im Recht getan haben.

5.5.1.4 Heide Pfarr, eine unbequeme Kämpferin für Gleichstellung

Die Arbeitsrechtlerin Heide Pfarr, Jahrgang 1944, wurde nach Promotion im Jahr 1971 und zweitem Staatsexamen 1973 im Jahr 1974 Assistenzpro-

---

109 Das ebenfalls 15-köpfige Gericht erster Instanz (EuG) war zu dem Zeitpunkt noch „frauenfrei" wie Dagmar Schiek (2000) in einem Portrait von Ninon Colneric schreibt.

110 Weitere wichtige Schriften von Ute Gerhard zur Frauen- und Geschlechterforschung waren „Auf Kosten von Frauen" (1988); „Gleichheit ohne Angleichung: Frauen im Recht" (1990); „Unerhört. Die Geschichte der deutschen Frauenbewegung" (1990); „Frauen in der Geschichte des Rechts. Von der Frühen Neuzeit bis zur Gegenwart" (1997); „Atempause. Feminismus als demokratisches Projekt" (1999).

fessorin an der FU Berlin. Nach Aussagen von Interviewpartnern waren Stellen als Assistenzprofessoren, die in den 1970er Jahren, geschaffen worden waren, als die Hochschulen ausgebaut und viele neue Professuren eingerichtet wurden, besser geeignet zu habilitieren als die 2002 einge-führte Juniorprofessur, weil sie weniger Lehrdeputat und statusbedingte Verpflichtungen durch z.B. Gremien bedingten. Heide Pfarr wurde aller-dings schon 1976 Professorin an der Fachhochschule für Wirtschaft in Berlin und erhielt als eine der wenigen nicht Habilitierten einen Ruf an eine juristische Fakultät, die Reformfakultät Hamburg II, die für die ein-stufige Juristenausbildung eingerichtet worden war. 1984-1986 war sie Vi-zepräsidentin der Universität Hamburg, als erste Frau in diesem Amt in Deutschland. Sie ist spezialisiert auf Fragen der Benachteiligung der Frau-en im Arbeitsrecht, hat an Studien zur Lohngleichheit und Entgeltdiskri-minierung mitgearbeitet und wurde in den 1980er Jahren vor allem durch ihre Arbeiten zur Quotierung bekannt (Pfarr 1988)[111], die schließlich den Weg zum 1989 erlassenen Frauenfördergesetz NRW, dem ersten Gesetz mit einer Geschlechterquote in Deutschland, bahnten. Als attraktive Frau mit scharfem Intellekt wurde sie in der SPD bald für politische Funktionen gehandelt, war zunächst in mehreren Schattenkabinetten gelistet und wur-de 1989 Senatorin für Bundesangelegenheiten in demselben rotgrünen Se-nat unter Walter Momper wie Jutta Limbach und von 1991-1993 Ministe-rin für Frauen, Arbeit und Sozialordnung in Hessen. Sie empfahl für alle Ministerien eigene „Frauenreferate" und setzte in allen Frauenfragen res-sortübergreifend ein Mitzeichnungsrecht durch. Im Landesgleichstellungs-gesetz Hessen konnte sie nach einigem Kampf verankern, dass für alle Be-hörden und öffentlichen Einrichtungen in Hessen Frauenförderpläne ver-bindlich wurden (Petersen 2008).[112] Von 1995 bis 2011 war sie – neben der Professur in Hamburg – Direktorin des Wirtschafts- und Sozialwissen-schaftlichen Instituts und Mitglied der Geschäftsführung der Hans-Böck-ler-Stiftung.

---

111 Vgl. auch Mitschnitt eines Vortrags „Quotierung – Reizwort oder sinnvolle Maß-nahme" in der Reihe „Frauen im Gespräch" an der FernUniversität im Jahr 1986: http://www.fernuni-hagen.de/videostreaming/zmi/video/1986/86-06_76667/

112 https://publik.verdi.de/2008/ausgabe_05/leben/menschen/seite_24/A1; vgl. auch die biografische Notiz, abrufbar auf: http://www.fes.de/kommunikation/recht/refe rent/pfarr.html

Inken Petersen hat Heide Pfarr in einem Portrait mit dem Titel „Die Unabhängige" in einem Artikel in der Mitgliederzeitung „publik" der Gewerkschaft ver.di im Jahr 2008, so charakterisiert:

> „Heide Pfarr gehört nicht zu den Frauen, die Beschützerinstinkte hervorrufen.
> Sie ist klein, sie ist zierlich, aber die Stimme verrät, wie energisch sie sein
> kann. Ein Gespräch mit ihr ist zuweilen wie Blitzschach. Frage, Antwort, Fra-
> ge, zackzackzack. Und wehe, man leistet sich einen Moment der Unkonzen-
> triertheit. Mittelmaß erträgt sie nicht. Wer intellektuell mit ihr mithalten kön-
> ne, das berichten ehemalige Studenten und Mitarbeiter, der dürfe sich ihrer
> geradezu militanten Förderung erfreuen. […] Weibliche Lebensentwürfe, die
> nicht ausschließlich karriereorientiert sind, finden ihr harsches Urteil." (Peter-
> sen 2008)

Auch hier fragt man sich wieder wie bei der Darstellung von Horst Heinrich Jakobs zu Brigitte Knobbe-Keuk, ob ein Mann in ähnlicher Weise in
einer öffentlichen Darstellung gekennzeichnet worden wäre. Erkennbar
haben – sowohl männliche wie weibliche Autor/innen – bestimmte Geschlechterbilder vor Augen, an denen sie diese herausragenden frühen Juraprofessorinnen messen.

5.5.1.5 Frau und NS-Thema: Der Fall Diemut Majer

Zu denen, die sich in besonderer Weise für die Gleichberechtigung engagiert haben, zählt auch Diemut Majer. Sie war erkennbar eigensinnig und
widerständig, Eigenschaften, die bei Frauen, wenn sie nicht einen starken
Mentor haben, sanktioniert werden. Sie war, abgesehen von jüdischen Juristinnen, die Restitutionsklagen erhoben hatten, wohl die erste, die gegen
ihre Brüder in der Wissenschaft mit einer Klage zu Felde gezogen ist[113],
ein Tabubruch, der zur Ausgrenzung führt. In der Einleitung zu ihrer umfangreichen Schrift „Frauen – Revolution – Recht" (2008) setzt sie sich
mit den Bedingungen von Frauen in der Wissenschaft auseinander.

> „Es gibt keine einheitlichen Berufskriterien. Wie in der Wirtschaft ist ent-
> scheidend, ob der/die Bewerber(-in) sich ‚einpasst', die formalen Kriterien
> gelten dann als erfüllt. Frauenspezifische Diskriminierung ist, so zeigt die Er-
> fahrung, daher immer dann leicht möglich, wo fachliche Leistungen nicht prä-
> zise bestimmt sind und ein Kollegium nach seinen (eingefahrenen) Gewohn-
> heiten und kollegialen Rücksichten entscheidet; in solchen Fällen haben Au-
> ßenseiter (zu denen vielfach auch Frauen gehören) es schwer, weil jede Ent-

---

113   Es hat später weitere Klagen von Frauen gegeben. Vgl. 9.8.5

scheidung mit Ermessenserwägungen begründet werden kann, die sich jeder rechtlichen Kontrolle entziehen. Sobald die Qualifikationen präzise formuliert sind und die Entscheidung einer einzelnen Stelle übertragen ist, werden die Perspektiven besser." (Ebd., S. XXIV f.)

In den Fußnoten der Einleitung sind die Hindernisse aufgeführt, die ihr in den Weg gelegt worden sind. So wurde ihre Habilitation zum Recht der NS-Zeit im Reichsgebiet und im besetzten Polen 1981 durch den Fachbereich Rechtswissenschaft der FU Berlin abgelehnt (ebd., Fn. 83). Der Erstgutachter widerrief daraufhin sein Erstgutachten (ebd., Fn. 79). Die Ablehnung der Arbeit erregte öffentliches Aufsehen, trug Diemut Majer ein Habilitationsangebot der Universität Poznan (Posen) ein, das sie unter den damaligen Umständen (kalter Krieg) jedoch nicht wahrnehmen konnte.

„Allerdings musste die Ablehnung vom Fachbereich im Zuge eines Verfahrens vor dem Verwaltungsgericht Berlin wieder aufgehoben werden und existiert rechtlich daher nicht mehr, hatte aber langjährige negative Nachwirkungen. Das Gericht stellt in seinem Beschluss [...] fest, die Ablehnung sei schon wegen zahlreicher schwerer Verfahrensmängel (z.B. sechs Jahre Verfahrensdauer, Nichteinholung vorgeschriebener Gutachten usw.) rechtswidrig, so dass es nicht darauf ankomme, ob die Gutachter die Arbeit (überhaupt) vollständig gelesen hätten. 1984 wurde d.V. von der rechts- und wirtschaftswissenschaftlichen Fakultät der Universität Bern für die Fächer Staats- und Verwaltungsrecht, insbesondere Deutschlands, sowie Verfassungsgeschichte und Rechtsvergleichung habilitiert [...]". (Ebd.)

An weiteren Diskriminierungserfahrungen führt sie auf:

„(Versuchte) Verhinderung von Lehraufträgen bei dem zuständigen Dekan durch den Rektor einer Universität, [...] die (versuchte) Verhinderung der Aufnahme in die Vereinigung der deutschen Staatsrechtslehrer, die für sie maßgebliche Berufsvertretung. [...] die ‚Anwerbung' externer Kollegen, sich in einem laufenden Berufungsverfahren nach Ablauf der Bewerbungsfrist zu bewerben, um die unerwünschte ‚Konkurrentin' von einem sicheren Listenplatz zu verdrängen, [...] die Verdrängung einer Bewerberin von Platz eins der Vorschlagsliste der Berufungskommission durch die Einholung sog. Gefälligkeitsgutachten [...]. Die geänderte Liste scheiterte dann mehrfach und endete nach langer Verfahrensdauer in einem ‚Einer-Vorschlag', dem das zuständige Ministerium dann folgte (Dauer des gesamten Verfahrens: 5-6 Jahre)." (Ebd., Fn 80)

In einem Schreiben vom Mai 2014[114] zieht sie folgendes Fazit:

„In meiner Person kamen also zwei Negativ-Dinge zusammen: Frau und NS-Thema[115]. Das war offensichtlich zu viel. Auch die Folgezeit beweist, dass es eine Geschlechterfrage gegeben haben muss, denn in den folgenden zwanzig Jahren wurde jede Bewerbung von mir an deutschen Universitäten abgelehnt, obwohl ich beste Veröffentlichungslisten hatte. […] Schließlich war mein Verfahren das Opfer interner Querelen an der FU-Berlin. Dort standen die Rechten der Fakultät gegen eine Minderheit von zwei Linken."

Als weiteren Negativfaktor führt sie an, dass zu dem Zeitpunkt, als sie ihre Habilitation eingereicht hatte, seit über zehn Jahren an der Fakultät niemand mehr habilitiert worden war.[116]

Ab 1986 hatte Diemut Majer eine Titularprofessur in Bern,[117] nahm eine Professur an der Fachhochschule für öffentliche Verwaltung wahr und arbeitete parallel als Rechtsanwältin in Karlsruhe.

5.5.1.6 Weitere Pionierinnen

In den 1960er und 1970er Jahren war also immer einmal eine Frau habilitiert worden ist, bis 1980 waren es insgesamt ganze zehn in Westdeutschland.

Dazu gehört auch die Zivil- und Sozialrechtlerin Ursula Köbl, Jahrgang 1941, die 1977 in Erlangen habilitiert wurde. Ihr akademischer Werdegang ist – wie sie selbst sagt – in fachlicher Zersplitterung verlaufen. Dem konservativ-patriarchalen Zeitgeist entsprechend wurden ihr lange Zeit überhaupt keine über die Promotion hinausreichenden wissenschaftlichen Ambitionen zugebilligt. Frauen waren vor allem als Zuarbeiterinnen willkommen. So musste sie sich auf ihrer ersten Hilfskraftstelle von ihrem Doktor-

---

114 An Ulrike Schultz.
115 Das NS Thema war in der Rechtswissenschaft und vor allem auch in der Justiz lange tabuisiert.
116 Es gibt auch Fälle von Männern, die mit der Habilitation gescheitert sind. I 1 hat von einem Fall aus dem Jahr 1972 berichtet, bei dem sowohl Qualitätsaspekte wie Streitigkeiten innerhalb der Fakultät eine Rolle gespielt hätten. Die Vermutung, dass bei Diemut Majer das Geschlecht eine nicht unmaßgebliche Rolle gespielt hat, ist aber nicht von der Hand zu weisen.
117 Die Titularprofessur ist wie in Deutschland eine Honorarprofessur. Anders als in Deutschland ist in der Schweiz dafür aber in der Regel eine Habilitation erforderlich.

vater (Professor des Staats-, Verwaltungs- und Völkerrechts) anhören: „Da sich Frauen ja nicht habilitieren, kann ich Ihnen meine jetzt frei gewordene wissenschaftliche Assistentenstelle nicht geben." Da sie aber seit jeher – *„in naivem Vertrauen auf die reale Geltung des verfassungsrechtlichen Gleichberechtigungsgrundsatzes"*, wie sie es nennt – den Traum hatte, Professorin zu werden, warf sie Hilfskraftstelle und völkerrechtliche Doktorarbeit hin, wandte sich dem bodenständigeren Zivilrecht zu, *„mit langwieriger Promotion über das dogmatisch vertrackte Eigentümer-Besitzer-Verhältnis"*. Nach einiger Zeit erhielt sie die erstrebte volle Assistentenstelle, zwar wiederum an einem öffentlich-rechtlichen Lehrstuhl, doch mit dem sie begeisternden Schwerpunkt in der Rechts- und Staatsphilosophie. Die Habilitationsschrift konnte sie rechtstheoretisch und –methodisch anlegen. Sie behandelte allgemein Ziel- und Zweckmäßigkeitserwägungen im Recht, daneben befasste sie sich mit Frauenarbeitsrecht und mit Sozialrecht[118]. Dies eröffnete unmittelbar nach der Habilitation die Möglichkeit zu einer „kleinen Hausberufung", auf eine Stelle als „Wissenschaftliche Rätin und Professorin (H2/H3)". Damit schien der spezifische Lehrbedarf der Erlanger Fakultät mit ihrem Wunsch nach Vereinbarkeit von Familie und Beruf zur Deckung gebracht zu sein. Sie hatte einen kleinen Sohn und ihr Mann war Notar. Doch das Fehlen von Ausstattung bei professorenmäßigen Lehr- und Prüfungsverpflichtungen machte das Forschen und Publizieren schwer[119]. Sie bewarb sich daher um einen Ruf an eine andere Universität. Dies führte sie zunächst zu C3-Professuren (1980 nach Köln und 1983 nach Augsburg) und schließlich zu vollwertigen C4-Lehrstühlen (in Gießen ab 1989) und in Freiburg (ab 1994), wo sie bis heute noch eingeschränkt forschend tätig ist. Sie war sowohl in Erlangen wie in Augsburg und Gießen die erste Professorin der Rechtswissenschaft, in Köln und Freiburg jeweils die zweite.

Zu den zehn ersten habilitierten Frauen gehört auch die 1938 geborene Gisela Zenz. Sie hat 1979 habilitiert und ist 1982 Professorin für Sozialpä-

---

118 Das Sozialrecht ist an den deutschen Universitäten nicht eindeutig der öffentlich-rechtlichen oder der zivilrechtlichen Fachsäule zugeordnet. Es kann als sog. Nebenfach sowohl wegen seiner öffentlich rechtlichen Struktur mit dem Öffentlichen Recht als Hauptfach verbunden werden als auch mit dem Zivilrecht wegen seiner vielfältigen inhaltlichen Verflechtungen besonders mit dem Arbeitsrecht wie auch dem Familien- und dem Haftungsrecht.

119 wie auch Marianne Bauer, die als Akademische Rätin erkennbar ebenfalls diese Probleme hatte.

dagogik und Recht am Fachbereich Erziehungswissenschaften der Universität Frankfurt geworden, erst später auch der juristischen Fakultät kooptiert worden.

1982 war das erste Jahr, in dem drei Frauen in der Rechtswissenschaft in einem Jahr habilitiert worden sind, darunter die Familienrechtlerin Dagmar Coester-Waltjen, die vor allem in München und Göttingen gelehrt hat, und die Strafrechtlerin Anna Katharina Meyer.

1983 folgte die Habilitation der Strafrechtlerin Ellen Schlüchter. Sie war zunächst als Richterin, später als Staatsanwältin mit Schwerpunkt Wirtschaftskriminalität tätig gewesen. Sie bekam einen Ruf auf eine Professur in Köln und dann in Würzburg, dem Wohnort ihrer Familie, danach in Bochum. Eine Interviewpartnerin berichtete: *„Sie hat sich von Würzburg aus bei uns auf einen Lehrstuhl beworben, kam dann nicht auf die Liste mit der Begründung: Die kommt sowieso nicht, hat Familie in Würzburg."* (I 1) Kurz darauf nahm sie den Ruf nach Bochum an. Ambitionen von Frauen wurden in Berufungsverfahren noch nicht ernst genommen. Einem männlichen Kollegen hätte man im Zweifel auch eher die Chance gegönnt, durch Platzierung auf Platz 1 der Berufungsliste durch Bleibeverhandlungen sein Gehalt oder seine Lehrstuhlausstattung zu verbessern.

1984 und 1985 wurden zwei Rechtshistorikerinnen habilitiert: Karin Nehlsen-von Stryk, die eine Professur in Köln und später in Freiburg hatte, und Regina Ogorek, die ihren ersten Ruf im Jahr 1987 in die Schweiz nach Zürich bekam und 1994 nach Frankfurt ging. Karin Nehlsen-von Stryk, geb. 1942,[120] hatte ursprünglich keine Professur angestrebt. Sie heiratete 1965 noch vor dem ersten Examen den späteren Rechtshistoriker Hermann Nehlsen, dem sie von Freiburg nach Göttingen gefolgt war. Sie blieb – wie es zu der Zeit für Frauen durchaus üblich war – nach dem Examen im Jahr 1966 erst einmal zu Hause, kam durch ihren Mann zum Quellenstudium und promovierte in mittelalterlicher Rechtsgeschichte bei Karl Kroeschell, bei dem sie von 1971-1974 auch wissenschaftliche Assistentin wurde. Durch den Münchner Rechtshistoriker Sten Gagner, einen Schweden, dem die traditionellen deutschen Familien- und Geschlechterbilder eher fremd waren und der einige Frauen gefördert hat – so hat er die Habilitationen von Monika Frommel und Maximiliane Kriechbaum betreut – wurde sie motiviert zu habilitieren. Da ihr Mann Professor in Mün-

---

120 Vgl. „Die Juristin Karin Nehlsen-von Stryk im Gespräch mit Gottfried Schramm, Birgit Studt und Günter Schnitzler, Freiburger Universitätsblätter 200, S. 67 – 83.

chen geworden war, zog sie es vor, Hans Schlosser in Augsburg als Habilitationsvater zu wählen. Ihr Thema war die venezianische Seeversicherung im 15. Jahrhundert. Sie war als Stipendiatin nach Venedig gegangen und hat dort von 1983-1986 als Direktorin des deutschen Studienzentrums gewirkt. Ihre Entscheidung dazu hat sie im Gespräch[121] so kommentiert: *„Ich wollte unabhängig sein. Ich habe den Sprung ins Ungewisse gewagt, ich hatte Lust dazu."* Sie war in Venedig durch die Veranstaltung von Vorträgen und Kongressen gut im Fach vernetzt. Ein Kollege äußerte, wie sie sagte: *„Ich kann sie mir gut unter den deutschen Professoren vorstellen."* Als Frau unter Männern fühlte sie sich unter großem Leistungsdruck, dass sie besonders gut sein müsste, und bereitete sich immer sehr gut vor. Geleitet wurde sie letztlich von der Leidenschaft für ihr Fach, und sie war ihren Studierenden sehr zugewandt: *„Mir hätte jemand ein Schloss anbieten können, ich hätte auf den Beruf nie mehr verzichtet."* 1990 hatte sie einen Ruf nach Köln angenommen, sechs Jahre später, 1986, ging sie nach Freiburg zurück.

Die 1986 in München habilitierte Monika Frommel hat als Strafrechtlerin ebenfalls einen Schwerpunkt in Frauenrechtsfragen, u.a. im Sexualstrafrecht, den Rechtsfragen um die häusliche Gewalt, Abtreibung und Reproduktion, Themen die allen Rechtsänderungen zum Trotz ihre Aktualität nicht verloren haben.

Als einzige der bis 1990 habilitierten Frauen, lehrte im Jahr 2016 noch Gertrude Lübbe-Wolff, Professorin in Bielefeld. Ihre Habilitation erfolgte im Jahr 1987. Sie ist eine der Ausnahmefrauen, die mit vier Kindern ihren beruflichen Weg gemacht hat. Bei ihr liegt eine fünfjährige Spanne zwischen Habilitation und Ruf, weil sie aus familiären Gründen einen Ortswechsel vermeiden wollte und zunächst im Umweltamt der Stadt Bielefeld tätig war. Ihr Mann hatte in Bielefeld eine Philosophieprofessur inne. Von 2002-2014 war sie Richterin am Bundesverfassungsgericht.[122]

Zu den im Jahr 2016 erst kürzlich pensionierten Professorinnen gehören Barbara Grunewald, Köln, und Christine Windbichler, Humboldt Universität Berlin.

1989 und 1990 habilitierten die Zivilrechtlerinnen Renate Käppler und Elisabeth Koch, ebenfalls 1989 die Öffentlichrechtlerin Lerke Osterloh, die von 1998-2010 Richterin am Bundesverfassungsgericht war.

---

121 Die Darstellung basiert auf einem Telefongespräch vom November 2016.
122 Vgl. im Einzelnen das Interview von Louisa Bartel mit Gertrude Lübbe-Wolff in der djbZ.

5.5.1.7 Ursula Nelles, die offensive Frauenförderin

Als letzte der kurz nach dem Krieg geborenen Juraprofessorinnen soll hier Ursula Nelles erwähnt werden, die 1994 als erste Professorin in der Rechtswissenschaft in Münster habilitiert und später als erste nach Münster berufen worden ist. Zehn Jahre lang blieb sie die einzige. Nachdem sie insgesamt zwölf Jahre in Münster gelehrt hatte, wurde sie Rektorin der Universität. Sie gehört zu den offensiven Frauenförderinnen, auf deren Einfluss zurückzuführen ist, dass sich an der Universität in Münster ein an Gleichstellung und Chancengleichheit orientiertes Klima herausbildete. Zwischendurch hatte die Fakultät sieben Frauen auf 32 Lehrstühlen, deren Anzahl im Jahr 2016 allerdings wieder auf fünf zurückgegangen ist.[123] Von 1997 bis 2001 war Ursula Nelles als erste und bisher einzige Juraprofessorin erste Vorsitzende[124] des Deutschen Juristinnenbundes. In ihre Amtszeit fiel das 50jährige Jubiläum des djb. Ursula Nelles berichtete in einem Interview[125], dass ihr Habilitationsvater *„stark skeptisch"* war, *ob „Frauen genügend Biss haben, das [die Habilitationsphase] durchzuhalten."* Er hatte ihr auch empfohlen, ihre Arbeit über Hexenprozesse, also ein Frauenthema, zu schreiben. Sie selbst hat dann ein Thema aus dem Bereich des Wirtschaftsstrafrechts gewählt. Allerdings hat sie in dem Interview geäußert: *„Es gibt eine Art genetische Kompetenz oder auch eine Art Genderverantwortung, dass Frauen bestimmte Themen, z.B. aus dem Sexualstrafrecht bearbeiten – auch wenn dies nicht ihr genuiner Themenbereich ist."* Sie hat mit viel Selbstbewusstsein *„die Steine aus dem Weg gekickt"*, auf die sie gestoßen ist. Zu ihrem Engagement in der Politik meinte sie: *„Dass ich eigentlich nur als kleiner Nebenwiderspruch gehandelt wurde, das hat mich sehr gekränkt und Gegenwehr provoziert"*. Sie empfiehlt Frauen aber auch: *„die narzistische Kränkung, eigentlich weniger wert sein zu sollen als Frau, gar nicht erst anzunehmen"*. Als weitere Leitsprüche stellt sie in den Raum: *„Weniger klagen, mehr machen."* *„Werde die, die Du bist, und lass Dich nicht davon abhalten."* Für sie war in den 1980er Jahren wichtig, wie über sie in einem Beitrag in der Emma geschrieben wurde, den männlichen Habitus des Rechtswissenschaftlers

---

123 Auch dieses ist ein Indiz, wie dünn die Decke der weiblichen habilitierten Wissenschaftlerinnen in der Rechtswissenschaft nach wie vor ist.
124 Heute heißt es „Präsidentin".
125 Vgl. Videointerview mit Ursula Nelles vom 22.01.2016, http://www.fernuni-hagen.de/rechtundgender/nelles.shtml

zu verstehen und dadurch „männisch", also männliches Verhalten zu lernen, da Männer und Frauen ihrer Einschätzung nach unterschiedliches Kommunikationsverhalten haben.

Die nach 1990 habilitierten Frauen nehmen fast alle ihre Professuren noch wahr, d.h. es ist die Generation der heute noch Lehrenden, die man kennt, über die Studierende sprechen und über die Informationen unschwer im Internet zu finden sind.

5.5.2 Gemeinsamkeiten und Unterschiede

Die Geschichte der ersten Juraprofessorinnen in Westdeutschland zeigt, mit welchen Hindernissen sie zu kämpfen hatten, welche Steine ihnen in den Weg gelegt wurden.

Nach dem Krieg bis in die 1970er Jahre war der Anteil der Frauen im Jurastudium sehr niedrig, also das Potential an qualifizierten Frauen begrenzt. Es gab keinerlei Rollenvorbilder für Juraprofessorinnen und insgesamt sehr wenige für Frauen in der Wissenschaft. Sicherlich wirkte auch die stark männlich geprägte NS-Ideologie nach und vor allem wirkte das konservative Frauen- und Familienbild der Adenauerära, das unterschwellig zu massiven Zweifeln an der Eignung von Frauen für Lehrstühle führte. Die wenigen Frauen, die es geschafft hatten, wurden kritisch beäugt, ihre Qualifikation angezweifelt, ihre Lebensumstände hinterfragt und das nicht nur von Männern, sondern auch von anderen Frauen und Juristinnen, Kolleginnen. Es stand immer die Frage im Raum: „Wieso hatten sie es geschafft und andere nicht?", eine Frage mit der Frauen bis in das erste Jahrzehnt der 2000er Jahre konfrontiert wurden. Natürlich hat es auch immer wieder Männer gegeben, die wissenschaftliche Ambitionen hatten und diese nicht verwirklichen konnten, aber es betraf nur einige von ihnen und nicht einen guten Teil der Gruppe insgesamt. An Frauen wurden auch strengere Maßstäbe angelegt. Die Akzeptanz in der Wissenschaft hing davon ab, ob und wie sie dem Bild entsprachen, das *„sich Leute von Frauen machen"*, wie eine der Pionierinnen im Gespräch sagte. *„Gaben sie sich nicht ‚weiblich', waren sie ein Mannweib, waren sie schön, konnten sie nicht klug sein. Sie wurden zunächst immer nach ihrem Äußeren taxiert."* Eine Interviewpartnerin, die in den 1990er Jahren habilitiert hat (I 28) formulierte dies so: *„Aussehen ist wichtig. Ich bin weder schön, dann nehmen sie dich nicht ernst, und ich bin nicht hässlich, dann wollen sie mit* *dir nichts zu tun haben, ich bin mittlerer Art und Güte. Dann hast du eine Chance."*

Einfacher hatten es Frauen sozialwissenschaftlicher Fächer in den Reformstudiengängen der einstufigen Juristenausbildung. Sie waren sowieso „anders" und die Kultur der Fächer war weniger streng.

Bei einigen der frühen Juraprofessorinnen lagen zwischen Habilitation und Berufung eine Reihe von Jahren, die teils dadurch bedingt waren, dass die Fakultäten sich schwer taten, Frauen zu berufen, teils auch dadurch, dass Frauen aus familiären Gründen aufgrund des Tabus der Hausberufung *„nicht von ihren Familien wegpendeln wollten"*.[126] Allerdings gab es bei den frühen Juraprofessorinnen, wie beschrieben, auch Hausberufungen.

Wenige hatten eine wissenschaftliche Karriere zu Beginn des Studiums in den Blick gefasst. Die Lebensumstände und Zufall spielten eine Rolle. Wichtig war bei einigen die Unterstützung durch ihre Ehemänner, durch starke Mentoren und die Begeisterung für ihr Fach und ihre Tätigkeit.

Die, die sich in den 1970er Jahren qualifiziert haben, stießen auf die Anfänge der zweiten Frauenbewegung. Im Gegensatz zu den ersten Juraprofessorinnen war aber nicht allen der ab den 1970er Jahren berufenen Juraprofessorinnen Frauenförderung ein wichtiges Anliegen und die, die sich für Frauenrechte und Gleichberechtigung und später Gleichstellung einsetzten, vertraten und vertreten durchaus unterschiedliche Positionen.[127]

Bei einigen stand im Vordergrund, sich an vorgegebene (männliche) Normen anzupassen, sozusagen „das Spiel der Männer zu spielen". Andere nahmen gezielt Frauen- und Gleichstellungsthemen auf die Agenda, wieder andere haben sie eher vermieden. Dem Werdegang förderlich waren sie im Zweifel nicht.

Die ersten Juraprofessorinnen hatten sehr unterschiedliche Werdegänge. Dennoch kann man fragen, ob es Eigenschaften gibt, die sie dazu prädestiniert haben, gegen alle Widerstände die lange und mühsame Qualifikationsphase in der Rechtswissenschaft durchzustehen und dann in den erlesenen Kreis der Juraprofessoren aufgenommen zu werden?

---

126 Vgl. Bartel, Interview mit Gertrude Lübbe-Wolff, S. 214.

127 Inken Petersen schreibt in dem Portrait von Heide Pfarr in der Mitgliederzeitung „publik" der Gewerkschaft ver.di, dass sie nur Lebensentwürfe die auf Karriere gerichtet waren, akzeptiert habe. https://publik.verdi.de/2008/ausgabe_05/leben/menschen/seite_24/A1

Ute Sacksofsky schreibt in ihrer Darstellung zu Ilse Staff:

„Fragt man Menschen, die Ilse Staff gut kennen, nach einer Charakterisierung, so wird sie beschrieben als liebenswürdig, kommunikativ, lebenslustig, eigenwillig, schlagfertig, aufrecht, direkt, als eine Person, die sich nicht um die Meinung der anderen kümmert. Diese Eigenschaften werden ihr sicherlich dabei geholfen haben, den schwierigen Weg in die Wissenschaft einzuschlagen und als erste deutsche Staatsrechtslehrerin Neuland zu betreten." (Sacksofsky 2014, S. 200)

Marie Luise Hilger soll, so Aussagen aus ihrem Umfeld,

„korrekt, bodenständig, diszipliniert, bürgerlich und konservativ gewesen sein und habe großen Wert auf gute Umgangsformen und Regeln gelegt. Angehörige beschreiben sie rückblickend als eine gebildete, ehrgeizige, vitale, geistig durchdrungene, aktive, hochgewachsene, aufrechte, attraktive, beliebte, vorbildhafte und prägende Respektsperson" (Misselwitz 2016, S. 679),

auch

„als hilfsbereit, ehrlich interessiert und bemüht, vielseitig, auch jüngeren Generationen zugänglich, diskussionsfreudig, beflissen, unkompliziert, genügsam, fortschrittlich, ernst, tolerant, einfühlsam, charmant, sympathisch und [dass sie] sich auch ihrer eigenen Unvollkommenheiten bewusst wahrgenommen habe." (Ebd., S. 680)

Helmut Marquardt schreibt in seiner Würdigung von Hilde Kaufmann:

„Der Versuch, die Persönlichkeit Hilde Kaufmanns zu kennzeichnen, stößt zunächst auf die Dominanz von Eigenschaften, die auf den ersten Blick eher widersprüchlich erscheinen: scharfer, analytischer Verstand, kritisch-abwägende Distanz zur Umwelt, Rationalität im Handeln, Klarheit und Festigkeit des Standpunkts, kämpferisch und unbeugsam in der Verfechtung einer als richtig erkannten Position – all dies verband sie mit nicht weniger ausgeprägten Wesenszügen wie Warmherzigkeit, Offenheit, musischer Begabung, gefühlsbetonter Hingabe an Menschen und Sachen, selbstloser Zuwendung, wo Not und Leid Hilfe forderten." (S. 1)

Sowohl bei Marie Luise Hilger wie bei Hilde Kaufmann werden also wieder Eigenschaften hervorgehoben, die üblicherweise sowohl als typisch männlich gekennzeichnet werden, wie solche, die als typisch weiblich angesehen werden.

Die Attribute „aufrecht" und kämpferisch stechen hervor. Unbestritten waren alle von scharfem Verstand und gute Juristinnen. Ansonsten wurden die ersten Juraprofessorinnen als sehr unterschiedliche Persönlichkeiten mit unterschiedlichen Eigenschaften, unterschiedlichen Lebensbedingungen beschreiben. Aus Sicht ihrer Zeitgenossen bildeten sie jedenfalls keine homogene Gruppe. Und wie bei allen beruflichen Prozessen spielen Ort, Zeit, Zufall und Glück eine Rolle.

In früheren Darstellungen zu Juristinnen ist zwischen Generationen unterschieden worden, der älteren, einer mittleren und der jüngeren Generation. *„In der älteren finden sich die Einzelkämpferinnen, die sich Pauschalisierungen entziehen. [...] Jede hat ihr Einzelschicksal."* (Schultz 1990, S. 352; vgl. auch Ludewig, Weislehner, Angehrn 2007) Dennoch haben sich anhand der Werdegänge der Pionierinnen Strukturen aufzeigen lassen, die exemplarisch erklären, warum es für Frauen so schwer war, in die männliche Bastion der Rechtswissenschaft einzudringen. In ihren Darstellungen zur Geschichte der Frauen in den juristischen Berufen haben Haentzschel und Bajohr/Rödiger-Bajohr als Fazit gezogen: „Frauen haben in keinem anderen Berufszweig, welcher derart hierarchisch geprägt, prestigeträchtig, geschlechtsspezifisch definiert und machtumworben ist" (Haentzschel 1997, S. 194), „eine solche Fülle von Herabsetzungen und Behinderungen erfahren müssen." (Bajohr/Rödiger-Bajohr 1980, S. 50)

Dies gilt uneingeschränkt für die allerersten Juraprofessorinnen, in der Nachkriegsgeneration finden sich nunmehr auch Beispiele von Frauen, deren Weg etwas einfacher verlaufen ist. Ganz einfach war er nie. Als rare Exemplare einer kleinen Gattung stießen sie auf erhöhte Aufmerksamkeit und waren damit anfällig für Kritik.

Zwischen 1970 und 1990 hatten nur weitere 19 Frauen einen Lehrstuhl an westdeutschen juristischen Fakultäten[128] erhalten, 20 waren habilitiert worden. Insgesamt lehrten 1990 nur 20 Frauen: Anne Eva Brauneck war emeritiert, Hilde Kaufmann und Marianne Bauer verstorben. Als Schwalben, die den Sommer machen, kann man diese frühen Juraprofessorinnen noch nicht bezeichnen, dafür waren es zu wenige, und die Entwicklung war danach zu zäh. Aber sie hatten eine Tür aufgestoßen, und die Rechtswissenschaft konnte nicht mehr als reines Männerfach wahrgenommen werden.

Eine Interviewpartnerin (Jahrgang 1947) schilderte, wie sie die 1960er und 1970er Jahre wahrgenommen hat:

> „Ich habe 1966 angefangen Jura zu studieren, d.h. zu einem Zeitpunkt als mit Anne Eva Brauneck gerade eine erste Professorin in der Rechtswissenschaft berufen worden war. Wir hatten alle von ihr gehört, sie war etwas Besonderes. An der Universität X gab es zu der Zeit unter 10% Jurastudentinnen. 1970 ha-

---

128 Gisela Zenz ist hier nicht mitgezählt, da sie ihren Lehrstuhl am Fachbereich Erziehungswissenschaften hatte und erst später bei den Juristen kooptiert wurde.

be ich das erste Examen gemacht. In den Referendararbeitsgemeinschaften saßen (bei 20 Referendaren) außer mir nur eine oder zwei weitere Frauen. Daraus, dass es nur männliche Professoren und Ausbilder und nur vereinzelt einmal eine weibliche Assistentin gab, habe ich nicht gefolgert, dass ich als Frau keine Karriere in der Wissenschaft machen konnte. An Karriere dachten wir Bürgerstöchter sowieso nicht. Wir hatten tendenziell ein Phasenmodell vor Augen: Ausbildung, Familie und dann vielleicht ein später Berufseinstieg – Mitarbeit beim Mann oder was auch immer und ein Beruf im petto für den Fall, dass man keinen Mann abkriegte oder der Mann einen verließ oder starb. Wie das funktionieren sollte, haben wir mit 20 nicht überlegt. Und eines Tages schauten wir uns um und stellten fest, dass wir fast alle berufstätig geworden waren - und geblieben sind. Von 16 aus meiner Klasse waren es 14. Die Wissenschaft hatte ich allerdings als Berufsfeld überhaupt nicht vor Augen. Meine Professoren waren durchweg alte Herren, wo sollte da eine Frau hinpassen. Professoren waren eine kleine Kaste Auserwählter, über die man tendenziell mit Ehrfurcht sprach – wie grottenschlecht auch immer ihre Vorlesungen sein mochten, und das war durchaus bei einigen so. Ich nahm sie auch nicht als Männer wahr, sondern als – sie waren eben meine Professoren. Außerdem machte es den Eindruck, dass man als Rechtswissenschaftler Tag und Nacht arbeiten musste oder sich dem Beruf hingeben musste. Heute nennt man das ‚total commitment'. Das war ich allerdings von meinem Vater gewohnt, der Freiberufler war, meine Mutter hielt ihm den Rücken frei. Und so konnte ich mir trotzdem vorstellen, Anwältin zu werden, gern internationale Anwältin – zu der Zeit eher ein illusorischer Berufswunsch. Dazu wie das mit Familie vereinbar sein sollte, habe ich mir keine Gedanken gemacht. Ich war begabt, jung, gut gebildet, stark, irgendwie würde das schon klappen. Ich war, wie fast alle meiner Generation, auf ein Mädchengymnasium gegangen, und dort gab es mit den Lehrerinnen reichlich berufstätige Frauen, Rollenvorbilder. 13 aus meiner Klasse sind auch Lehrerin geworden. Ich hatte keine bewussten Vorstellungen von diskriminierenden Strukturen in der Rechtswissenschaft. Schwierig fand ich eher die Anonymität an einer Massenuniversität und die z.T. zweifelhaften Komplimente, die ich als Frau bekam. [...] Dass z.B. Monika Frommel unter den ersten zwanzig habilitierten Frauen war, ist mir erst viel später bewusst geworden. [...] Dass die wenigen Frauen kritisch beäugt wurden, war klar. Männlichkeit und männliches Verhalten war der Maßstab aller Dinge. Schon eine hohe weibliche Stimme konnte den Eindruck erzeugen, dass sie weniger geeignet seien. Und wenn dann über sie hergezogen wurde, dachte ich eher, dass sie wahrscheinlich auch nicht so gut seien. Erst im Laufe der 1980er Jahre wurde mir vor allem im Rahmen politischer Tätigkeit bewusst, wie Frauen marginalisiert, übersehen und systematisch klein geredet wurden und zum Teil noch werden. [...] Vielleicht war in meiner Generation bei Frauen der bürgerlichen Mittelschicht auch durch Erziehung verankert, dass Männer tendenziell klüger und stärker sind. Wir selbst nahmen uns natürlich aus. Ich denke, das hat es später für die jüngeren Frauen, die nachrückten, schwierig gemacht. Die älteren hielten sich für Ausnahmeexemplare und konnten sich kaum vorstellen, dass die jüngeren auch in größerer Menge gut sein könnten. Im Übrigen: Dass ich an einer Universität geblieben bin, habe ich viele Jahre eher bedauert." (I 1)

5.5.3 Daten der Pionierinnen: Chronologische Liste der bis 1997 habilitierten Rechtswissenschaftlerinnen

In Tabelle 3 sind die wesentlichen Daten der Pionierinnen der Rechtswissenschaft bis zu den Habilitationen von 1997 erfasst. Bis dahin waren 47 Frauen habilitiert und hatten ebenso viele einen Lehrstuhl in der Rechtswissenschaft bekommen. In der Tabelle sind die Daten von 49 Frauen erfasst, da einige – wie beschrieben – nicht habilitiert auf einen Lehrstuhl berufen worden waren und umgekehrt einige Habilitierte keinen Lehrstuhl bekommen hatten.

Ab Anfang der 1990er Jahre war der Anteil der Habilitandinnen in der Rechtswissenschaft zwar langsam, aber sichtbar gestiegen, 1992 waren es erstmals mit sieben mehr als eine Handvoll, 1998 war der Anteil zum ersten Mal zweistellig (1998: 14 Habilitationen von Frauen), in der Hälfte der Jahre von da an bis heute lag er über 10. Daher wurde es ab 1998 zu aufwändig, die Daten zu erheben und einzustellen.[129] Die Daten beziehen sich bis 1990 auf Westdeutschland, danach Deutschland insgesamt. Erfasst sind dabei auch die, die in der DDR habilitiert haben und danach ihre Stellen behalten haben oder wieder darauf berufen worden sind.

In Interviews sagten uns auch die nach 1997 Habilitierten und Berufenen, dass sie sich als Pionierinnen in ihrem Fach fühlten, nicht verwunderlich angesichts dessen, dass es nach wie vor zwei Fakultäten ohne eine Frau gibt (s. Tabelle unter 5.5.3), mehrere mit nur einer und nur an ganz wenigen Fakultäten der Frauenanteil 1/3 erreicht. Ein Frauenanteil von 30% war von der zweiten Frauenbewegung einmal als kritische Masse für die Partizipation von Frauen bezeichnet worden. (Dahlerup 2006)

Insgesamt haben nach dem Krieg in Westdeutschland habilitiert in den
1950er Jahren 2 Frauen
1960er Jahren 3 Frauen
1970er Jahren 5 Frauen
1980er Jahren 16 Frauen (16 plus Ute Gerhard)

---

129 Dies soll aber bei Gelegenheit noch nachgeholt werden. Bis Ende des Jahres 2015 konnten insgesamt 218 Habilitationen von Frauen in der Rechtswissenschaft gezählt werden.

Es folgten dann
  von 1991 – 1997 23 Frauen
  von 1998 – 1999 25, d.h. in den 1990er Jahren insgesamt 48 Frauen
  von 2000 – 2009 94 Frauen
  von 2010 – 2015 50 Frauen
  = Insges. 218 jur. Habilitationen von Frauen

Die Daten in der folgenden Tabelle sind aus einer Umfrage bei allen juristischen Fakultäten[130], aus der Literatur über frühe Juristinnen und aus den im Jahr 2013 im Internet verfügbaren Lebensläufen von Juraprofessorinnen herausgezogen worden. Dafür sind die Webseiten aller juristischen Fakultäten durchgesehen worden. Insgesamt fanden sich so 114 Lebensläufe. Die der Juraprofessorinnen, die in anderen Fakultäten lehren, vor allem geisteswissenschaftlichen und wirtschaftswissenschaftlichen, konnten so nicht erfasst werden. Von vielen Professorinnen gibt es zusätzlich eine kurze Biografie auf Wikipedia, und beck-shop.de bietet Autorinnenprofile. Die Informationen sind durch Internet- und Literaturrecherchen, aus den geführten Interviews und durch persönliches Nachfragen ergänzt worden. Dennoch erheben sie keinen Anspruch auf Vollständigkeit, und einige Details können fehlen.

Zum Teil waren auf den persönlichen Webseiten nur die Daten der Habilitation, zum Teil nur die Daten des ersten Rufs, bzw. der ergangenen Rufe angegeben. Insofern kann die Liste in der zeitlichen Einordnung von Habilitation und Ruf kleine Unrichtigkeiten enthalten. Es können auch einige Namen fehlen.

Hellgrau markiert sind Daten von in der DDR mit einer sog. „Dissertation 2"[131] habilitierten Wissenschaftlerinnen, die nach der Wende noch an den nach westlichem Muster neu gegründeten Fakultäten gelehrt haben. Auch hier können Namen fehlen. Die anderen, die an DDR-Fakultäten gelehrt haben, sind – soweit Daten ermittelbar waren – im Text über die Pionierinnen angeführt. In der DDR blieben Habilitierte üblicherweise an der Universität, an der sie sich qualifiziert hatten. In Westdeutschland war dies aufgrund des Tabus der Hausberufung nur in wenigen Fällen der Fall. Dennoch sind die Orte der Habilitation nicht mit aufgeführt worden, da

---

130 Vgl. dazu auch die Hinweise unter 5.6.3
131 Die Dissertation 2 war in Tiefe und Umfang einer westdeutschen Habilitation nicht vergleichbar, oft waren es auch Gemeinschaftswerke mehrerer Wissenschaftler/innen.

die Möglichkeit zur Habilitation sich vor allem aus einer persönlichen Verbindung zu einem Juraprofessor und weniger aufgrund seiner Zugehörigkeit zu einer bestimmten Fakultät ergeben hat und ergibt.

Dunkelgrau markiert sind Sozialwissenschaftlerinnen, die einen Lehrstuhl an einer rechtswissenschaftlichen Fakultät erhalten haben und Ute Gerhard, die als Juristin und Soziologin an eine soziologische Fakultät berufen worden ist.

Der schwarze Balken markiert die zeitliche Grenze zwischen den ersten berufenen Frauen und der Nachkriegsgeneration, die im Text näher vorgestellt oder zumindest angeführt worden sind, zu denen, die in den 1950er Jahren geboren wurden.

An der Tabelle ist abzulesen, dass ein gewisser Wechsel von Wissenschaftlerinnen innerhalb Deutschlands, Österreichs und der deutschsprachigen Schweiz stattfindet.

In der Regel ist nur die Zugehörigkeit zur Fachgruppe, also Zivilrecht, Öffentliches Recht oder Strafrecht, angegeben worden. Dahinter verbergen sich sehr unterschiedliche Lehrstuhldenominationen und auch Spezialisierungen der Professorinnen. Nur in einigen Fällen ist eine Spezialisierung angegeben worden, wenn die Professorin wegen dieser Spezialisierung eher bekannt geworden ist.

Tab. 3: Pionierinnen der Rechtswissenschaft, Habilitationen von 1959 bis 1997

Name, Geburtsjahr	A H *	Habili- tation **	Ruf	Fach
Anne-Eva Brauneck 1910-2007		1959	1965 Gießen	Kriminologie
Marie Luise Hilger 1912-1996		1959	1962 Hon. Prof. Göttingen	Arbeitsrecht, Richterin am BArbG
		1960		
Hilde Kaufmann 1920-1981		1961	1966 Kiel 1970 Köln	Bonn, Strafrecht
		1962		
		1963		
Anita Grandke DDR 1932		1964	1966 HU Berlin	Zivilrecht, Familienrecht
		1965		
		1966		

Name, Geburtsjahr	A H *	Habilitation **	Ruf	Fach
		1967		
		1968		
Ilse Staff 1928		1969	1971 Frankfurt	Öffentliches Recht
Marianne Bauer 1934-1989		1969	1970 Bonn	Zivilrecht
Brigitte Knobbe-Keuk 1940-1995		1970	1975-79 Göttingen 1975 Köln	Zivilrecht, Steuerrecht
Jutta Limbach 1934-2016		1971	1972 FU Berlin	Zivilrecht, Rechtssoziologie 1989-1994 Justizsenatorin Berlin 1994-2002 Präs. BVerfG 2002-2008 Präs. Goethe-Institut
		1972		
		1973		
		1973		
		1975		
Lieselotte Pongratz 1923-2001		-	1975 Hamburg	Soziologin, Kriminologin
Beatrice Caesar-Wolf -1986		-	1976 Hannover	Soziologin
Ingeborg Puppe 1941		1977	1977 Bonn	Strafrecht
Ursula Köbl 1941		1977	1977 Erlangen 1980 Köln 1983 Augsburg 1989 Giessen 1994 Freiburg	Zivilrecht, Sozialrecht, Arbeitsrecht
		1978		
Gisela Zenz 1938		1979	1982 Frankfurt	Prof. Sozialpädagogik und Recht, FB Erziehungswiss., kooptiert Rechtswiss. Fakultät
Heide Pfarr 1944		-	1976 FH für Wirtschaft Berlin 1977 Hamburg II	Arbeitsrecht
Diemut Majer 1938		1981/ 1984	1985 Titularprofessur Bern	Öffentliches Recht
Carola Schulze DDR 1949		1981	1981 Potsdam 1994 Potsdam	Rechtstheorie, Rechtsgeschichte, Rechtsphilosophie, Öffentliches Recht

Name, Geburtsjahr	A H *	Habili- tation **	Ruf	Fach
Dagmar Coester-Waltjen 1945	3	1982	1983 Konstanz, Hamburg 1988 München 2008 Göttingen	Zivilrecht, Familienrecht
Maria Katharina Meyer 1941		1982	1985 Hamburg 1988 Göttingen	Strafrecht
Ellen Schlüchter 1938-2000		1983	1984 Köln 1987 Würzburg 1995 Bochum	Strafrecht
Rosemarie Will DDR 1949		1983	1989 HU Berlin 1994 HU Berlin	Öffentliches Recht
Marianne Andrae 1945			? Potsdam 1993 Potsdam	Zivilrecht
Karin Nehlsen - von Stryk 1942	1	1984	1990 Köln 1996 Freiburg	Rechtsgeschichte, Zivilrecht
Regina Ogorek 1949	3	1985	1987 Zürich 1994 Frankfurt	Zivilrecht, Rechts- und Verfassungsgeschichte
Ninon Colneric 1948		1985	1981-1984 Lehrstuhlvertretung Bremen	Arbeitsrecht 1989 Präs. LAG Schleswig-Holstein 2000-2006 Richterin am EuGH 2006 Ko-Dekanin China-EU School of Law
Martina Haedrich 1948		1985	1989 Jena 1993 Jena	Öffentliches Recht, Völkerrecht
Monika Frommel 1946	1	1986	1988 Frankfurt 1992 Kiel	Strafrecht
Gertrude Lübbe-Wolff 1953	3	1987	1992 Bielefeld	Öffentliches Recht 2002-2014 BVerfG
Barbara Grunewald 1951		1987	Mainz, 1988 Mannheim, Mainz, 1999 Köln	Zivilrecht
Ingeborg Schwenzer 1951		1987	1987 Mainz 1989 Basel	Zivilrecht
Ute Gerhard 1938		1987	1987 Frankfurt	Soziologie
Christine Windbichler 1950	3	1988	1989 Freiburg 1992 HU Berlin	Handels- und Wirtschaftsrecht
Renate Käppler 1950-2005	2	1989	1989 Osnabrück	Zivilrecht, ArbR
Lerke Osterloh 1944		1989	1990 Trier 1993 Frankfurt	Öffentliches Recht 1998-2010 Richterin am BVerfG

Name, Geburtsjahr	A H *	Habili- tation **	Ruf	Fach
Ursula Nelles 1949	1	1990	1991 Bremen 1994 Münster	Strafrecht 2006-2016 Rektorin der Univ. Münster
Elisabeth Koch 1949		1990	1993 Jena	Familienrecht, Zivilrecht
███████████████		1991		
Monika Schlachter 1957	7	1992	1993 Jena Trier	Arbeitsrecht, Zivilrecht
Juliane Kokott 1957		1992	1993 Heidelberg 1994 Düsseldorf St. Gallen	Öffentliches Recht 2003 Generalanwältin EuGH
Ulrike Wendeling-Schrö- der 1948, em.		1992	1993 Hannover	Arbeitsrecht
Dorothee Einsele 1956			1994 Heidelberg Kiel	Zivilrecht
Ursula Rust 1955		-	1992 Bremen	Gender Law, Arbeits-/Sozial- recht
Eva Graul 1952, em.			1994 Heidelberg	Strafrecht
Maximiliane Kriechbaum 1954	5	1993	1994 Bochum 1998 Hamburg	Römisches Recht
Ursula Stein 1951		1993	1993 Dresden	Zivilrecht
Astrid Stadler 1959		1993	1994 Konstanz	Zivilrecht
Edda Weßlau 1956-2014	1	1994	1995 Bremen	Strafrecht
Astrid Epinay 1965		1994	1994/1996 Freiburg/ Schweiz	Öffentliches Recht
Monika Böhm 1960	4	1995	1996 Halle 2000 Marburg	Öffentliches Recht
Inge Scherer 1962		1995	1997 Würzburg	Zivilrecht
Barbara Veit 1958		1995	1996 Göttingen	Familienrecht
Katharina von Schlieffen 1956		1995	1997 FernUniversität in Hagen	Öffentliches Recht
Monika Jachmann 1963		1996	1996 Heidelberg 1997 Jena 2001 Hamburg	Steuerrecht 2005 Richterin am BFH 2016 Vors. Richterin am BFH

Name, Geburtsjahr	A H *	Habili- tation **	Ruf	Fach
Ulrike Davy 1955		1996	1998 Bielefeld	Öffentliches Recht
Sabine von Schorlemer 1959	6	1997	2000 Dresden	Völkerrecht 2009-2014 Sächs. Staatsministe- rin für Wissenschaft und Kultur
Barbara Dauner-Lieb 1955		1997	1998 FernUniversität in Hagen 2000 Köln	Zivilrecht
Petra Pohlmann 1961		1997	1997 Düsseldorf 2004 Münster	Versicherungsrecht, Kartellrecht
Dagmar Felix 1960		1997	1998 Hamburg	Öffentliches Recht
Cordula Stumpf 1960		1997	1999 Halle - 2014	Zivilrecht

* Anzahl der Habilitationen pro Jahr nach der amtlichen Statistik, Stat. Bundesamt, ab 1980.

** Jahr der Habilitation nach den Angaben in den Lebensläufen und anderen personen- bezogenen Dokumenten. Die Daten des statistischen Bundesamts differieren hierzu teilweise um ein Jahr.[132]

5.6 Die Zeit ab 1990

In den 1990er Jahren war der Anteil der Frauen im Jurastudium enorm ge- stiegen. Waren 1970 17% der Jurastudierenden Frauen, lag ihr Anteil 1990 bei 32% und 1990 bei 41%. Dieser Anstieg hat sich aber erkennbar nicht in den Habilitationsquoten niedergeschlagen.

5.6.1 Gleichberechtigung im Arbeits- und Sozialrecht und Gleichstellungspolitik

Bei der Generation, die sich ab Mitte der 1980er Jahre qualifizierte, hatte sich zumindest die Arbeitswelt geändert, waren Frauen auf dem Arbeits-

---

132 Die Verfasserin dieses Abschnitts würde sich über ergänzende Angaben und Kor- rekturen zur weiteren Dokumentation der Geschichte der Rechtswissenschaftle- rinnen freuen: ulrike@ulrikeschultz.de

markt zunehmend willkommen und wurde ihnen die Berufstätigkeit durch Änderungen im Arbeitsrecht und Antidiskriminierungsregeln erleichtert.

Wie bereits beschrieben, fanden die großen Rechtsänderungen im Familienrecht in den 1970er und 1980er Jahren statt. Im Arbeits- und Sozialrecht setzten Rechtsanpassungen erst später ein, vor allem unter dem wachsenden Einfluss europäischen Rechts.

Schon der EWG-Vertrag von 1958 hatte die Klausel „Gleicher Lohn für gleiche Arbeit" vorgesehen, wobei der „Gender Pay Gap" bis heute nicht behoben ist. Bis 1955 hatte es für Frauen in Tarifverträgen noch Lohnabschlagsklauseln gegeben, Leichtlohngruppen waren bis Anfang der 1980er Jahre tariflich verankert. Aufgrund der europäischen Gleichbehandlungs- und Zugangsrichtlinie (76/207/EWG) wurde 1980 das arbeitsrechtliche EG-Anpassungsgesetz, auch Antidiskriminierungsgesetz genannt, erlassen, durch das die §§ 611a und b sowie § 612 Abs. 3 in das Bürgerliche Gesetzbuch eingefügt wurden, d.h. die Regelungen zu Schadensersatz bei Diskriminierung bei Einstellung und Beförderung, das Lohngleichheitsgebot und die Verpflichtung zur geschlechtsneutralen Stellenausschreibung.

1989 wurde mit dem Frauenfördergesetz Nordrhein-Westfalen die erste Quotenregelung für den öffentlichen Dienst in Deutschland erlassen. Weitere Bundesländer folgten mit unterschiedlichen Quotenregelungen, die allesamt zunächst sehr umstritten blieben. 1994 wurde im Zuge der durch die Wiedervereinigung bedingten Grundgesetzänderungen Art. 3 Abs. 2 um einen S. 2 ergänzt: „Der Staat fördert die tatsächliche Durchsetzung der Gleichberechtigung von Frauen und Männern und wirkt auf die Beseitigung bestehender Nachteile hin." Die Frage war, ob damit die verfassungsrechtliche Grundlage für Quotenregelungen geschaffen war.[133] Sie wurde spätestens in dem Moment obsolet, als der Europäische Gerichtshof in der Sache Marschall (EuGH, Rs. C-409/95) die nordrhein-westfälische Quote mit Öffnungsklausel bestätigt hatte.

In den 1990er Jahren nahm die Gleichstellungspolitik Fahrt auf. Ebenfalls 1994 wurde das Zweite Gleichberechtigungsgesetz des Bundes erlassen, ein Artikelgesetz mit dem Frauenfördergesetz des Bundes, dem Beschäftigtenschutzgesetz gegen sexuelle Belästigung am Arbeitsplatz und dem Bundesgremienbesetzungsgesetz. In den Bundesländern wurden Frauenförder- oder Gleichstellungsgesetze erlassen, die die Verpflichtung

---

133 Dogmatisch war die Frage, ob es eine reine Staatszielbestimmung ist. Ein einklagbares Individualrecht ließ sich daraus nicht ableiten (vgl. Schultz 2003 f., S. 58 f.).

zur Aufstellung von Frauenförderplänen und der NRW Quote entsprechende Quotenregelungen bei Einstellung und Beförderung einführten, Regelungen zur Arbeitszeit, zu Teilzeit und Beurlaubung sowie Verpflichtungen zu paritätischen Gremienbesetzungen enthielten und die Stellung der Gleichstellungsbeauftragten regelten. Die Aufgaben und Rechte der Hochschulgleichstellungsbeauftragten sind ergänzend in den Landeshochschulgesetzen geregelt worden.

1996 wurde der Rechtsanspruch auf einen Kindergartenplatz eingeführt. Bis heute sind im Bereich Kinderbetreuung, Elterngeld und Elternzeit eine Reihe weiterer Gesetze ergangen.

1998/1999 wurde die Entscheidung der Bundesregierung für Gender Mainstreaming getroffen, die sich seit 2009 aus dem Vertrag von Lissabon (EU-Grundlagenvertrag) und dem Vertrag über die Arbeitsweise der Europäischen Union (AEUV) ergibt. 2006 folgte das Teilzeit- und Befristungsgesetz, das ein Recht auf Teilzeitarbeit vorsieht.

2006 trat ebenfalls das Allgemeine Gleichbehandlungsgesetz AGG in Kraft, das aufgrund der vier seit der Jahrtausendwende erlassenen EU Antidiskriminierungsrichtlinien erforderlich geworden war, die in deutsches Recht umgesetzt werden mussten. Durch das AGG entfielen die §§ 611a und b sowie § 612 Abs. 3 BGB und das Beschäftigtenschutzgesetz, die im allgemeinen Benachteiligungsverbot in § 7 AGG aufgingen. (Schultz 2011c)

In den letzten Jahren sind viele Landesgleichstellungsgesetze und entsprechend die Regelungen für Frauenförderung und Gleichstellung an Hochschulen novelliert worden, u.a. sind die formalen Rechte der Gleichstellungsbeauftragten gestärkt worden.

Allen Rechtsänderungen zum Trotz sind in Deutschland in der Bevölkerung noch konservative Vorstellungen von Familie verbreitet, besteht eine Diskrepanz zwischen rechtlicher Situation und dem praktisch Gelebten. Hohe Beschäftigungszahlen von Frauen sind dadurch geschönt, dass Frauen vielfach als Zuverdienerinnen ein begrenztes Einkommen haben. Einen „Schonraum" für Frauen bietet der öffentliche Dienst mit allen Möglichkeiten von Mutterschutz, Elternzeit, Beurlaubung und Teilzeitarbeit. In unserer Justizuntersuchung äußerte eine Interviewpartnerin: „Die Justiz ist ein Mütterparadies." (Schultz, Rudek, Peppmeier 2011, S. 45) Die Mehrheit der hoch qualifizierten Frauen versucht zwar ihr Potential zu nutzen, sie sind dennoch durch Familienkrisen, wie wir in einigen Fällen festgestellt haben, eher als ihre Partner in ihrem beruflichen Fortkommen gefährdet und eher bereit, die Karriere zu unterbrechen, aufzuschieben oder andere Berufsmöglichkeiten zu wählen. Hochschulen mit ihren unsicheren Beschäftigungsverhältnissen nehmen hier sowie eine Sonderrolle ein.

5.6.2 Gleichstellung an Hochschulen

Inwieweit veränderten diese Regelungen des Arbeits-, Dienst- und Sozialrechts und die Gleichstellungspolitik an Hochschulen die Situation für die dort tätigen Wissenschaftlerinnen?

Hier soll nur ein kurzer Blick auf die „historische" Situation der Frauenförderung und Gleichstellung an den Hochschulen in den 1990er und frühen 2000er Jahren geworfen werden. (Schultz 2013a) Mit der aktuellen Situation der Gleichstellung an Hochschulen, den hochschulpolitischen Forderungen und Möglichkeiten zur Förderung von Wissenschaftlerinnen befasst sich Kapitel 11.

An den Hochschulen wurden die ersten Frauenbeauftragten ab Mitte der 1980er Jahr eingesetzt.[134] Die Einrichtung von Frauenbüros zur Herstellung von Chancengleichheit war eine Forderung der Zweiten Frauenbewegung gewesen.[135] Die Frauenbeauftragten waren Interessenvertreterinnen der weiblichen Beschäftigten und wurden gern identifiziert mit Lila-Latzhosenträgerinnen, den Aktivistinnen der Frauenbewegung.

Die Arbeit wurde den Frauenbeauftragten zunächst schwer gemacht, angesichts divergierender hochschulpolitischer Interessen der unterschiedlichen Statusgruppen (Studentinnen, nicht wissenschaftliche Mitarbeiterinnen, wissenschaftliche Mitarbeiterinnen und Professorinnen) und generell unterschiedlicher frauen- und familienpolitischer Vorstellungen von Frauen. (Schultz 2013a und b) Außerdem fehlte es an klaren Vorgaben zu den Befugnissen der Frauenbeauftragten und einer gesetzlichen Grundlage für ihr Handeln, was zu sehr unterschiedlichen Erwartungen von den Frauen einerseits sowie den Hochschulleitungen andererseits führte und dem neuen Amt in der Öffentlichkeit abwertende Kommentare einbrachte. Dieses wurde durchaus nicht besser, als 1989 mit dem Frauenfördergesetz NRW die erste rechtliche Regelung zur Quote eingeführt wurde, die von har-

---

134 Zur ersten kommunalen Frauenbeauftragten war 1982 Lie Selter in Köln ernannt worden.

135 Die „Verstaatlichung der Frauenfrage" durch Institutionalisierung der Frauenpolitik wurde durchaus kritisch hinterfragt. Es war klar, dass der Marsch in und durch die Institutionen die Frauenbeauftragten zwangsläufig von der Basis lösen würde.

scher Kritik und Häme ("Busenbonus"), aber auch einem Quentchen Rat-
losigkeit begleitet wurde.

In den 1990er Jahre ebbte die Kritik ab. Gestützt von Frauenbeiräten,
Frauen- und Gleichstellungskommissionen und in vielen Bundesländern
politischer Rückendeckung durch rote Landesregierungen und ab Mitte
der 1990er Jahre rot/grüne Landesregierungen erkämpften sich die Frauenbeauftragten eine Position in den Strukturen der Hochschulen, auch
wenn es noch lange keine Selbstverständlichkeit war, ihnen eine angemessene Ausstattung zur Verfügung zu stellen und nach wie vor Unsicherheiten im Hinblick auf ihre Kompetenzen bestanden. Ab Mitte der 1990er
Jahre wurden die meisten Frauenbeauftragten in Gleichstellungsbeauftragte umbenannt. Mit dem neuen Titel deutete sich auch ein Paradigmenwechsel an – weg von der Interessenvertretung zur Beauftragten für
Gleichstellungsfragen. In den 1990er Jahren wurden auch Frauenförderpläne entwickelt. Dafür mussten die Hochschulverwaltungen „gegenderte"
Statistiken aufstellen, mit denen Nachholbedarf und Ungleichstellungen
von Frauen klar aufgezeigt werden konnten.

Was Gleichstellung in der Gesellschaft insgesamt letztlich beinhalten
würde und wie sie im Einzelnen herbeizuführen sei, war durchaus nicht
geklärt. Juristinnen und Juristen machten sich unterstützt vom Bundesverfassungsgericht Gedanken darüber, wie das Gleichheitsgebot des Art. 3
GG im Hinblick auf die Verwirklichung gleicher Rechte für Männer und
Frauen auszulegen sei, ob es um Gleichberechtigung, Chancengleichheit
oder eben formale Gleichstellung gehe.

Mit Erlass der Landesgleichstellungsgesetze ab Ende des 1990er Jahre
gab es eine solide Rechtsgrundlage für die Arbeit der Gleichstellungsbeauftragten. Sie konnten die „Schmuddelecke" einer immer wieder in der
Daseinsberechtigung hinterfragten Störerin verlassen und wurden regulär
in die Hochschulstrukturen aufgenommen – auch wenn die meisten Landesgleichstellungsgesetze die Hochschulgleichstellungsbeauftragten nur
am Rande berücksichtigten. Es war danach klar, dass Gleichstellung eine
Aufgabe der Hochschulleitung und nicht von den Frauen an der Hochschule zu verantworten war, dass es sich bei Gleichstellung also um eine
Top-Down- und nicht eine Bottom-Up-Strategie handelt.

Es blieben aber noch viele Einzelheiten ungeregelt und viele Fragen zu
klären: Welche Gremien zur Frauenförderung oder Gleichstellung sind
einzurichten? Wie sind sie zu besetzen? Wird die Frauen- oder Gleichstellungsbeauftragte gewählt oder ernannt? Gibt es eine Stelle für sie oder
wird sie nur freigestellt? Sind zusätzlich Fakultätsgleichstellungsbeauf-

tragte einzusetzen? Gibt es eine einheitliche Frauen-/Gleichstellungsbeauftragte für alle Statusgruppen oder gesonderte, insbesondere für den wissenschaftlichen und den nichtwissenschaftlichen Bereich? Wie sind die Gleichstellungsbeauftragten organisatorisch eingebunden? Sind sie Teil der Verwaltung oder nur dem Rektor und den zu der Zeit noch kaum vorhandenen Rektorinnen unterstellte Stabsstellen. Welche Aufgaben werden der Gleichstellungsstelle zugewiesen? Welche Rechte hat die Gleichstellungsbeauftragte im Einzelnen: Hierbei ging es um Gremienbeteiligung, Teilnahmerechte, Akteneinsichtsrechte, die frühzeitige Unterrichtung über beabsichtigte Maßnahmen, Widerspruchs-, Veto- und Klagerechte. Die Frage war auch: Ist sie für Kinderbetreuung mit zuständig, oder ist dies Sache der Verwaltung?

Der Quantensprung kam erst, als Erfolge in der Gleichstellung mit massiven finanziellen Anreizen verknüpft wurden: durch entsprechende Festlegungen in den Ziel- und Leistungsvereinbarungen, die zwischen Hochschule und Wissenschaftsministerium abzuschließen waren, mit den forschungsorientierten Gleichstellungsstandards der Deutschen Forschungsgemeinschaft, dem Professorinnenprogramm des Bundes und der Länder und in NRW z.B. mit dem Landesprogramm „Geschlechtergerechte Hochschule". 2006 mahnte auch die Hochschulrektorenkonferenz in der Empfehlung „Frauen fördern" verstärkte Bemühungen um Gleichstellung an.

Die Frauen- und Gleichstellungsbüros und -stellen wurden ausgebaut und personell aufgestockt. Einige Universitäten ernannten Prorektor/innen für Gleichstellung, es wurden Diversity-Stellen eingerichtet, Berufungsbeauftragte ernannt, Familienbüros geschaffen. Das heißt, es wurde eine Equality Machinery[136] institutionalisiert und in Gang gesetzt.

Schaut man auf die aktuelle Situation der Frauen in der Wissenschaft und vor allem der Frauen in der Rechtswissenschaft scheint die Relation zwischen Aufwand und Ertrag noch mager. Nach mehr als 30 Jahren Politik zur Frauenförderung und mehr als 10 Jahren sehr engagierter Gleichstellungspolitik an Hochschulen hat ein profunder Wandel in den Verwaltungsapparaten stattgefunden. In manchen Universitäten sind sogar die Führungspositionen in den Verwaltungen geschlechterparitätisch besetzt, wobei auf den unteren und mittleren Stufen – mit Ausnahme des Gebäudemanagements und der technischen Bereiche – sehr hohe Frauenanteile zu

---

136 Zum Terminus Equality Machinery vgl. z.B. das Glossar des Europäischen Gender Instituts in Vilnius: http://eige.europa.eu/rdc/thesaurus/terms/1173

finden sind. Der Wissenschaftsbereich hinkt hinterher. Vor allem die Rechtswissenschaft hat ihre Strukturen weitgehend intakt gehalten und ist noch weit entfernt von Gleichstellung oder einer Feminisierung.

5.6.3 Juraprofessorinnen nach Fächern

Um das Bild der Juraprofessorinnen und ihrer Karriere in den Fakultäten weiter zu vervollständigen, sind in den Jahren 2012/13 alle rechtswissenschaftlichen Fakultäten mit einem Begleitschreiben einer Vertreterin des Deutschen Juristen-Fakultätentages angeschrieben worden und um Informationen gebeten worden
– zur ersten berufenen Professorin und ihrem Fach
– zu den weiteren berufenen Professorinnen und
– zur Gesamtzahl aller je berufenen Juraprofessorinnen.
Neun Fakultäten haben nicht geantwortet, andere zum Teil lückenhaft. Hierzu sind die Angaben durch Internet- und Literaturrecherchen, aus den Informationen der geführten Interviews, durch persönliches Nachfragen und den im Jahr 2013 im Internet verfügbaren Lebensläufen von Juraprofessorinnen (s. 5.5.3) ergänzt worden. 2012 gab es nach den Daten des Statistischen Bundesamts 931 Universitätsprofessor/innen in Deutschland, davon 807 Männer und 124 Frauen.[137] Außen vor gelassen haben wir die Juniorprofessuren, da bisher keine über einen Tenure track in eine Professur gekommen ist (dazu 9.5). Nicht berücksichtigt haben wir auch außerplanmäßige Professorinnen, d.h. habilitierte Wissenschaftlerinnen, die entweder nebenamtlich lehren oder solche, die keinen Ruf erhalten haben und an ihrer Heimatuniversität auf der Stelle einer wissenschaftlichen Mitarbeiterin geblieben und dort zur Professorin ernannt worden sind. Die Angaben sind in Tabelle 4 zusammengefasst.

Uns standen insgesamt 115 Lebensläufe zur Verfügung, 59 von Zivilrechtlerinnen, 44 von Öffentlich-Rechtlerinnen und 11 von Strafrechtlerinnen. Die Differenz zu den o.a. 124 Frauen kann sich durch ausländische Gastprofessorinnen, die in der Statistik mitgezählt werden, ergeben, und evtl. haben wir einige wenige übersehen. Die Spurensuche war mühsam, umso wichtiger ist es, die Befunde festzuhalten. Dennoch sind Unklarhei-

---

137 Die Fachhochschulprofessor/innen sind hier ausgeklammert, da sie einen anderen Werdegang haben und unsere Untersuchung sich auch nur auf die Universitätsprofessuren bezieht.

ten geblieben.[138] Da nur ein Teil der Fakultäten die gesamten Professorinnen mit Jahr des Rufs und dem Fach, bzw. der Lehrstuhldenomination aufgeführt haben, ist die Zusammenstellung hier verkürzt worden auf die erste berufene Professorin, die zweite berufene Professorin und die Gesamtzahl der bis 2012/13 berufenen Professorinnen - die an andere Fakultäten gewechselten, die emeritierten und die verstorbenen Professorinnen eingeschlossen.

Manche Fakultäten haben bei der Gesamtzahl der Professorinnen evtl. Juniorprofessorinnen mit angeführt, andere möglicherweise nicht. Das konnte nicht überprüft werden. Nicht alle Fakultäten haben Juniorprofessuren eingerichtet. Einige Fakultäten haben mehr Frauen habilitiert, als sie schließlich berufen konnten und Frauen auch eher habilitiert als berufen. In anderen erfolgte die erste Habilitation erst nach dem ersten Ruf an eine Professorin. So hat die Universität in Hannover die erste Juraprofessorin im Jahr 1993 berufen, die erste Habilitation fand erst 2000 statt.[139] In mehreren Antworten fand sich auch der Hinweis: Ruf erteilt, noch schwebend oder abgelehnt. In der Regel ist nur die Zugehörigkeit zur Fachgruppe, also Zivilrecht, Öffentliches Recht oder Strafrecht angegeben worden. Dahinter verbergen sich, wie erwähnt, sehr unterschiedliche Lehrstuhldenominationen und auch Spezialisierungen der Professorinnen. Nur in einigen wenigen Fällen ist eine Spezialisierung angegeben worden, wenn diese die Zugehörigkeit zu einer der drei klassischen Säulen stark überwiegt.

Bei den Ostuniversitäten sind nur die Berufungen nach Neugründung nach der Wende aufgeführt worden.

Manche Fakultäten hatten, wie Recherchen auf den Websites gezeigt haben, seit 2013 einen Zuwachs an Professorinnen, bei anderen ist die Anzahl wieder geschrumpft. Die rechtswissenschaftliche Fakultät in Bayreuth hatte bis 2014 keine Professorin, danach gleich drei, von denen eine aber zwischenzeitlich an eine andere Universität gewechselt ist.

Einige Namen tauchen mehrfach auf, da Professorinnen wie ihre männlichen Kollegen die Universität wechseln, insbesondere um eine höher eingestufte Stelle oder eine bessere Ausstattung zu bekommen oder an einen Wunschort umziehen zu können.

---

138 Die Autorin würde sich über ergänzende Hinweise und Korrekturen freuen: ulrike@ulrikeschultz.de

139 Anja Hucke, die jetzt an der Universität Rostock tätig ist, weist in ihrem Lebenslauf darauf hin, dass sie im Jahr 2000 in Hannover als erste Frau am Fachbereich Rechtswissenschaften habilitiert habe.

Erstaunlich ist, dass oft eine große Lücke zwischen der Erstberufenen und der Zweitberufenen klafft. In einigen Fällen war die erste schon emeritiert, ehe die zweite berufen wurde.

Einige der neueren Fakultäten, die erst ab den 1960er Jahren gegründet worden sind, haben mehr Professorinnen als die Fakultäten an traditionsreichen Universitäten. Das lässt sich aber nicht generalisieren. Auch die ehrwürdige alte Fakultät der Alma Mater in Köln hat wie die der erst 1969 gegründeten Reformuniversität in Bielefeld neun Professorinnen insgesamt gehabt. Die Zahl der Professorinnen ist allerdings auch in Proportion zur Größe der Fakultät zu setzen, die äußerst unterschiedlich ist. Einige kleine Fakultäten haben 15-18 Professuren, z.B. Düsseldorf, Potsdam und Konstanz, eine größere Zahl mittlerer haben 20 Lehrstühle, z.B. Augsburg, Bayreuth, Bielefeld, Hannover. Große Fakultäten, darunter die traditionsreichen Bonn, Freiburg und Göttingen haben 26 Lehrstühle. Sehr groß sind die traditionsreichen „alten" Fakultäten in Köln, Münster und Frankfurt a.M. mit 31 und 32 Lehrstühlen. Die größte Fakultät hat München mit 33, die kleinsten Fakultäten Bremen mit 13 und Greifswald mit 14 Lehrstühlen.

Nicht aufgeführt sind Honorarprofessorinnen. Stichproben in den Angaben mehrerer Fakultäten zeigen, dass es nur eine verschwindend kleine Zahl von Honorarprofessorinnen im Vergleich zu z.T. Dutzenden von Honorarprofessoren gibt. Man kann überspitzt formulieren: „Ehre ist nach wie vor Männersache", und Honorarprofessuren basieren häufig auf den berühmten Old Boys Networks. Eine der frühen Honorarprofessorinnen war Helga Einsele, wie Anne Eva Brauneck 1910 geboren, bekannt als Leiterin der hessischen Frauenvollzugsanstalt Frankfurt-Preungesheim, in der sie viele an den Bedürfnissen weiblicher Strafgefangener ausgerichtete Reformen durchgeführt hat. Nach ihrer Pensionierung wurde sie im Jahr 1975 Honorarprofessorin an der Universität Frankfurt. Dort war Ilse Staff 1971 als erste Professorin berufen worden – und erst 1988 mit Monika Frommel die zweite.

In Göttingen war Maire Luise Hilger 1962 zur Honorarprofessorin ernannt worden, wobei der erste Ruf dort an eine Frau erst im Jahr 1975 erging und der zweite wiederum viele Jahre später im Jahr 1992. Entsprechend bemerkenswert ist auch die Fakultät in Bonn: Brigitte Knobbe-Keuk war im Jahr 1972/1979 berufen worden, Ingeborg Puppe 1977 und erst im Jahr 2001 folgte Nina Dethloff als 3. Professorin. Mit einer Unterbrechung von 2003-2006, als Brigitte Judd auf einer C3-Stelle lehrte, war sie seitdem bis 2013 die einzige Juraprofessorin in Bonn.[140] An einer Reihe von Fakultäten wurde die zweite Professorin erst berufen, als die erste schon emeritiert, ausgeschieden oder verstorben war, so dass immer wieder „frauenlose" Phasen, z.T. von Jahrzehnten, eintraten. So wurde Jutta Limbach im Jahr 1972 an die FU Berlin berufen, die nächste Kollegin erst 2003. In Köln waren bis 2002 die erwähnten neun Professorinnen berufen worden, dann trat eine Pause ein und die nächste folgte erst 2013.

Erstaunlich ist, dass eine Reihe von Fakultäten schrieb, darunter auch alte, traditionsbewusste, dass ihnen keine lückenlose Liste der Professorinnen vorliege oder dass „die Historie unklar sei". Angesichts des Aufwands der mit Berufungsverfahren betrieben wird, ist dies kaum nachzuvollziehen. Immerhin ging es nur um den Zeitraum der letzten 50 Jahre.

Wir haben festgestellt, dass nach einer Emeritierung oder Pensionierung häufig die Biografie und Veröffentlichungsliste von Professoren und Professorinnen von den Fakultätswebseiten entfernt werden und sie allenfalls noch mit dem Namen unter Emeriti oder Entpflichtete aufgeführt sind. In Deutschland gibt es keine Tradition der Dokumentation der Fakultätsgeschichten. Eine Ausnahme ist der von Schröder et al. 2010 herausgegebene Band mit Datenträger „Die Berliner Juristische Fakultät und ihre Wissenschaftsgeschichte von 1810 bis 2010". Hoeren hat 2015 einen Band über Münsteraner Juraprofessoren herausgegeben.[141] Die Hamburger Universität hat eine Arbeitsstelle für Universitätsgeschichte. Ihr Leiter, Rainer Nicolaysen, hat sich der Biografie von Magdalene Schoch angenommen. Insgesamt sind hier noch erhebliche Schätze zu heben. Erfreulicherweise liegen – wie im Kapitel über die Geschichte der ersten Juraprofessorinnen zitiert – inzwischen einige (wenige) Monographien zu Rechtswissenschaftlerinnen vor, so zu Marie Luise Hilger von Frederike Misselwitz (2016), der Roman von Eveline Hasler zu Emilie Kempin-Spyri (1991) und einige biographische Aufsätze, so der von Ute Sacksofsky zu Ilse Staff, von Konstanze Plett zu Jutta Limbach und Ute Gerhard. Biografien finden sich auch in Gedächtnisschriften, so in denen für Hilde Kaufmann, Brigitte Knobbe-Keuk, Ellen Schlüchter und Edda Weßlau[142], oder in Festschriften. Wir haben Festschriften auffinden können zu Anne-Eva

---

140 Inzwischen ist eine weitere hinzugekommen.
141 Kudlich (2015) hat über die Erlanger Juraprofessoren im Dritten Reich geschrieben.
142 Herausgegeben von Felix Herzog

Brauneck[143], Lieselotte Pongratz[144], Ingeborg Puppe[145], Heide Pfarr[146], Dagmar Coester-Waltjen[147]. Moderner porträtiert sind einige Juraprofessorinnen[148] in auf Video aufgezeichneten Interviews, die Ulrike Schultz geführt hat, auf dem Webportal der FernUniversität in Hagen www.fernuni-h agen.de/rechtundgender. Im Archiv der FernUniversität gibt es auch Videos mit Vorträgen von Rechtswissenschaftlerinnen aus den Veranstaltungsreihen „Frauen im Recht" und „Frauen im Gespräch".[149]

Tab. 4: Liste der ersten und zweiten berufenen Professorinnen nach Fakultät und Gesamtzahl der Juraprofessorinnen der Fakultäten bis 2013 (in Westdeutschland und nach der Wiedervereinigung)

	Juristische Fakultät	Erste Professorin	Zweite Professorin	Insges.
1.	Augsburg	1983 Ursula Köbl ZivilR SozialR	1993 ö.R.?, 2006 Martina Benecke ZivilR	5
2.	Bayreuth	-	-	-
3.	FU Berlin	1972 Jutta Limbach ZivilR	2003 Cosima Möller ZivilR, RömR	4 plus 5 Jun-Prof

---

143 Herausgegeben von Arthur Kreuzer et al.
144 Herausgegeben von Heribert Ostendorf
145 Herausgegeben von Hans-Ullrich Paeffgen et al.
146 Herausgegeben von Christine Hohmann-Dennhardt et al.
147 Herausgegeben von Katharina Hilbig-Lugani et al.
148 Portraits mit Jutta Limbach, Ursula Nelles, Susanne Baer, Mary-Rose McGuire, Lena Rudkowski und Herta Däubler-Gmelin als Honorarprofessorin. Hinzu kommen Expertinneninterviews zu Geschlechterfragen im Recht mit Friederike Wapler, Margarete Schuler-Harms, Ute Sacksofsky, Konstanze Plett, Ulla Gläßer, der Kriminologin Susanne Karstedt, der Soziologin Uta Klein, den Fachhochschulprofessorinnen Sabine Berghahn, Sibylla Flügge und Maria Wersig; außerdem mit Anja Schmidt, Ulrike Lembke, Fatima Kastner, Doris Liebscher als wissenschaftlichem Nachwuchs; der Leiterin des Deutschen Instituts für Menschenrechte Beate Rudolf, der Präsidentin des Deutschen Juristinnenbundes Ramona Pisal, Renate Augstein und Birgit Schweikert als Vertreterinnen des Bundesfamilienministeriums, Andreas Haratsch und Ulrich Battis als männlichen Experten. Anja Böning hat Bernhard Franke von der Antidiskriminierungsstelle des Bundes und Ulrike Schultz interviewt. Vgl. Schultz 2011a; 2012b; 2015.
149 http://www.fernuni-hagen.de/videostreaming/zmi/video/#rewi ; vgl. auch die Zusammenstellung der Vorträge „Frauen im Recht" auf http://www.ulrikeschultz. de/downloads/g_vortraege_feu.pdf

	Juristische Fakultät	Erste Professorin	Zweite Professorin	Insges.
4.	HU Berlin	1992 Christine Windbichler ZivilR	1993 Rosemarie Will öR[150]	5 plus 3 Jun-Prof
5.	Bielefeld	1992 Gertrude Lübbe-Wolf öR	1997 Ulrike Davy öR	9
6.	Bochum	1994 Maximiliane Kriechbaum Rechtsgeschichte	1995 StrafR	8
7.	Bonn	1970 Marianne Bauer 1972/1979 Brigitte Knobbe-Keuk ZivilR SteuerR	Ingeborg Puppe 1977 StrafR 2001 Nina Dethloff ZivilR	4
8.	Bremen	1991 Ursula Nelles StrafR	1992 Ursula Rust Gender Law	7
9.	TU Dresden	1993 Ursula Stein ZivilR		1 und 1 Jun-Prof
10.	Düsseldorf	1994 Juliane Kokott öR	1997 Petra Pohlmann WirtschaftsR	4 plus 1 Jun-Prof
11.	Erlangen-Nürnberg	1977 Ursula Köbl ZivilR, SozialR, ArbR	-	2 HonProf., 5 Privatdozentinnen
12.	FernUniversität in Hagen	1997 Katharina Gräfin von Schlieffen öR	2004 Barbara Völzmann-Stickelbrock ZivilR	3 und 1 apl
13.	Frankfurt a.M.	1971 Ilse Staff öR	1988 Monika Frommel StrafR	7 und 1 Jun-Prof
14.	Frankfurt/Oder	2009 Eva Kocher ArbR, SozR, ZivilR	? StrafR	2 und 1 Jun-Prof
15.	Freiburg	1994 Ursula Köbl ZivilR, SozialR	1996 Katrin Nehlsen-von Stryk Rechtsgeschichte, ZivilR; 2006 Yuanshi Bu WirtschaftsR; Katharina von Koppenfels-Spies ArbR, SozialR	5?
16.	Gießen	1965 Anne Eva Brauneck Kriminologie	1989 Ursula Köbl ZivilR, SozialR	7
17.	Göttingen	1962 Marie Luise Hilger als Honorarprofessorin, ArbR 1975 Brigitte Knobbe-Keuk ZivilR SteuerR	1992 Maria-Katharina Meyer StrafR	7

150 1989 noch vor der Wende als Professorin für Staatsrecht an die HU Berlin berufen, Habilitation 1983. Neubewerbung nach der Wende. Die erste Professorin an der rechtswissenschaftlichen Fakultät der HU wurde 1951 Lola Zahn für politische Ökonomie. Anita Grandke war ab 1966 Professorin für Zivilrecht und Familienrecht an der HU, ab 1967 auf dem Lehrstuhl für Familienrecht, 1991 Auflösung des Lehrstuhls, Weiterbeschäftigung bis 1994.

	Juristische Fakultät	Erste Professorin	Zweite Professorin	Insges.
18.	Greifswald	-	-	-
19.	Halle-Wittenberg[151]	1995 Monika Böhm öR	1999 Cordula Stumpf ZivilR	4
20.	Bucerius Law School Hamburg	2000 Doris König öR	2004 Anne Röthel ZivilR	4
21.	Hamburg	1979 Heide Pfarr, ArbR	1999 Dagmar Felix öR	4 und 4 Jun-Prof.
22.	Hannover	1976 Beatrice Caesar-Wolf Soziologie 1993 Ulrike Wendeling-Schröder ArbR	2001 Petra Buck-Heeb ZivilR	4 und 1 apl
23.	Heidelberg	1993 Juliane Kokott öR	1994 Dorothee Einsele ZivilR	4
24.	Jena	1993 Monika Schlachter ZivilR Martina Haedrich öR, Elisabeth Koch ZivilR	1997 Monika Jachmann SteuerR	6
25.	Kiel	1966 Hilde Kaufmann Kriminologie	1992 Monika Frommel StrafR	4
26.	Köln	1970 Hilde Kaufmann Kriminologie	1980 Ursula Köbl SozialR, ArbR	9
27.	Konstanz	1994 Astrid Stadler ZivilR	2012 Sophie Schönberger öR	2
28.	Leipzig	2010 Katharina Beckemper	?	1?
29.	Mainz	Barbara Grunewald	2001 Dagmar Kaiser	5
30.	Mannheim	1988 Barbara Grunewald	2010 Heike Schweitzer ZivilR Mary-Rose McGuire ZivilR	3
31.	Marburg	2000 Monika Böhm öR	2002 Katja Langenbucher ZivilR	3
32.	München	1988 Dagmar Coester-Waltjen ZivilR	2009 Petra Wittig StrafR Susanne Lepsius ZivilR	5
33.	Münster	1994 Ursula Nelles StrafR	1997 Petra Pohlmann ZivilR	5
34.	Osnabrück	1989 Renate Käppler ZivilR	2006 Heike Jochum öR	4
35.	Passau	2000 Ulrike Müßig ZivilR	2011 Dörte Poelzig ZivilR	2
36.	Potsdam	1993 Marianne Andrae ZivilR	1994 Carola Schulze ö.R.	4

---

151 Zu DDR Zeiten: 1948 Gertrud Schubert-Fikentscher ZivilR.

	Juristische Fakultät	Erste Professorin	Zweite Professorin	Insges.
37.	Regensburg	2001 Sybille Hofer ZivilR	2006 Monika Schlachter ArbR, Inge Kroppenberg RömR	3
38.	Rostock	2003 Anja Hucke ZivilR	-	1 und 3 Jun-Prof
39.	Saarbrücken	2001 Tiziana Chiusi ZivilR	2006 Annette Guckelberger öR Annemarie Matusche-Beckmann ZivilR	3
40.	Siegen	2009 Nadine Klass ZivilR	-	1
41.	Trier	1989 Lerke Osterloh öR	1994 Gabriele Burmester Finanz- und Steuerrecht 2008 Monika Schlachter ZivilR	4
42.	Tübingen	2003 Barbara Remmert öR	-	1 und 1 Jun-Prof
43.	EBS Law School Wiesbaden	-	-	1?
44.	Würzburg	1987 Ellen Schlüchter StrafR	?	6

Nicht habilitierte Frauen sind nur in Ausnahmefällen berufen worden, zum einen in den Reformstudiengängen der einstufigen Juristenausbildung Sozialwissenschaftlerinnen (so Lieselotte Pongratz und Beatrice Caesar-Wolf) und als Juristinnen in Hamburg II Heide Pfarr im Arbeitsrecht und in Bremen im Recht der Geschlechterbeziehungen und Gender Law Ursula Rust und Konstanze Plett; in Kiel später Nele Matz-Lück im Seerecht[152]. Insgesamt sind es wohl unter 10, eher eine Handvoll.

Hausberufungen waren nur in der DDR üblich, in Westdeutschland scheint Ilse Staff die einzige Ausnahme zu sein. An der Humboldtuniversität hat es einen Fall gegeben, dass eine Habilitandin, zuvor Juniorprofessorin, die einen Ruf an eine andere Fakultät bekommen hatte, vor Annahme des Rufs an die eigene Universität berufen wurde und daher dort bleiben konnte. Häufig sind allerdings Frauen (und auch Männer) im Laufe der Jahre durch Bewerbungen an ihre Ausgangsuniversität zurückgekehrt. Die neuere Fakultät Augsburg hat quasi als Durchlauferhitzer für München fungiert und Düsseldorf entsprechend für Münster und Köln.

---

152 Obwohl sie der Fachgruppe Öffentliches Recht angehört, ist ihr damit die Aufnahme in die Staatsrechtslehrervereinigung verwehrt.

Viele der Frauen weisen im Lebenslauf Auslandsaufenthalte auf, zum Teil längere, mit Qualifikationen wie LL.M. (Master of Laws). Eine ganze Reihe der Jüngeren hat auch in einer der großen internationalen Anwaltskanzleien mitgearbeitet.[153]

5.6.4 Juraprofessorinnen nach Fakultäten

In der Regel ist in Fakultäten die Gruppe der Zivilrechtler/innen die größte, gefolgt von den Öffentlich-Rechtlerinnen und -Rechtlern. Die kleinste Gruppe ist die der Strafrechtler/innen, die an kleinen Fakultäten häufig nur mit drei Lehrstühlen vertreten sind. Üblich ist ein Verhältnis von etwa 3:2:1.

5.6.4.1 Zivilrechtlerinnen

Daher findet sich auch die größte Anzahl an Rechtswissenschaftlerinnen an Universitäten im Zivilrecht. Sie sind wie ihre männlichen Kollegen in der Zivilrechtslehrervereinigung organisiert. Dort sind 59 Professorinnen auf deutschen Lehrstühlen als Mitglied gelistet. Hinzu kommen vier emeritierte, eine ausgeschiedene.

Fünf Professorinnen sind an Hochschulen, die keine oder keine vollständige Juristenausbildung anbieten (Dresden, Hohenheim, Oldenburg, Siegen), tätig.

Die Zivilrechtslehrervereinigung führt seit 2005 eine Privatdozentenliste, die als Plattform für alle Juristischen Fakultäten bei der Vergabe von Lehraufträgen dienen soll. Hier waren 2014 insgesamt 84 Privatdozenten, davon 73 Männer und 11 Frauen (=13,1%) erfasst. Im Dezember 2016 fanden sich nur 47 Privatdozenten auf der Liste, davon sind neun Frauen (= 19%). Dies zeigt, dass kein genügendes Potential an habilitierten Frauen vorhanden ist, um in absehbarer Zeit die Anzahl der Professorinnen in diesem Rechtsbereich merklich zu steigern. Es sind auch nur zwei der 20 außerplanmäßigen Professoren weiblich; es gibt drei Universitätsdozenten, die alle männlich sind.

---

153 Eine Erfahrung aus Bewerbungstrainings mit Juristinnen ist, dass die jungen Juristinnen sehr bemüht sind, möglichst viel akademisches und berufliches Kapital zu sammeln.

Bei den Zivilrechtlerinnen fällt auf, dass ein erheblicher Teil in der Lehrstuhlbezeichnung Europäisches und/oder internationales Privat-, Wirtschafts-, Verfahrens-, Familienrecht, Europäisches Privatrecht, Europäisches Arbeitsrecht oder Rechtsvergleichung führt. Dies scheint bei den Frauen häufiger als bei den Männern zu sein, sie haben also ein hohes akademisches Kapital akkumuliert.

5.6.4.2 Staatsrechtslehrerinnen

Die Öffentlich-Rechtler/innen stellen die zweitgrößte Gruppe dar. Ute Sacksofsky weist folgende Habilitationen von Öffentlich-Rechtlerinnen bis zum Jahr 2000 aus:

1969: Ilse Staff (Frankfurt); 1987: Gertrude Lübbe-Wolff (Bielefeld); 1989: Lerke Osterloh (FU Berlin); 1992: Juliane Kokott (Heidelberg); 1994: Astrid Epiney (Mainz) und Regula Kägi-Diener (Basel); 1995: Monika Böhm (Gießen) und Katharina Gräfin von Schlieffen, geb. Sobota (Jena); 1996: Monika Jachmann (Regensburg) und Ulrike Davy (Wien); 1997: Dagmar Felix (Passau); 1998: Doris König (Kiel); 1999: Ute Sacksofsky (Bielefeld) und Viola Schmid (FU Berlin). (Sacksofsky 2014, S. 185)

Daten zu den Öffentlich-Rechtlerinnen findet man auch auf der Website der Vereinigung der Staatsrechtslehrer. 1969 hatte die Vereinigung der Deutschen Staatsrechtslehrer insgesamt 173 Mitglieder (Stichtag 1.3.), 2000: 482 (Stichtag: 11.4.). Im Jahr 2013 gab es 709 Mitglieder, davon 589 Professor/innen. 59 der Mitglieder waren Frauen, davon allerdings nur 48 in Deutschland tätig. Die Vereinigung nimmt auch Lehrende aus Österreich und der Schweiz auf, und es finden sich vereinzelte aus anderen Ländern (z.B. Frankreich, Italien). Auf Lehrstühlen in Deutschland sind aktiv lehrend nur 39 Frauen. Von den 48 sind abzuziehen:

Drei Richterinnen am Bundesverfassungsgericht (Susanne Baer, Humboldt Universität Berlin; Gabriele Britz, Gießen; Doris König, Bucerius Law School Hamburg); die deutsche Richterin am Europäischen Menschenrechtsgerichtshof (Angelika Nußberger, Köln), eine Generalanwältin beim EuGH (Juliane Kokott), eine Richterin am Bundesfinanzhof, eine Direktorin eines Max-Planck-Instituts. Vier sind emeritiert, davon zwei frühere Richterinnen am Bundesverfassungsgericht.

Fünf weitere der verbleibenden 39 lehren an Hochschulen, die keine Juristenausbildung oder keine „klassische", zum ersten Staatsexamen führende anbieten (TU Darmstadt, Universität Kassel, Dresden, die Hochschulen der Bundeswehr). Eine der Universitätsprofessorinnen wird nicht als Mitglied der Vereinigung geführt, weil sie nicht habilitiert ist.[154] Umgekehrt sind allerdings zwei wahrscheinlich habilitierte Fachhochschulprofessorinnen Mitglied.

5.6.4.3 Strafrechtlerinnen

Strafrechtslehrerinnen gibt es besonders wenige, da Strafrecht das kleinste der klassischen drei Fächer (Zivilrecht, Öffentliches Recht und Strafrecht) ist. Thomas Rotsch von der Universität Augsburg hat im Jahr 2010 eine Genealogie der Strafrechtslehrer auf einem großen Plakat zusammengestellt, wohl motiviert durch Stammbäume, die der Öffentlich-Rechtler Schulze-Fielitz für Staatsrechtslehrer erstellt hat. (2013, Anhang) Es weist auf der ersten Ebene bei 146 Lehrstühlen nur sechs aktiv lehrende Strafrechtslehrerinnen auf Lehrstühlen aus sowie eine außerplanmäßige Professorin, zwei inzwischen emeritierte, eine inzwischen verstorbene, eine inzwischen ausgeschiedene und Ursula Nelles als Rektorin der Universität Münster. Aus der vorhergehenden Generation sind zwei ebenfalls verstorbene aufgeführt (Anne-Eva Brauneck und Ellen Schlüchter).

Hinzugekommen sind zwischen 2010 und 2013 sechs neu berufene (HU Berlin, Bochum, Bremen, Leipzig, Münster, Regensburg), so dass es 2013 zwölf aktiv lehrende Frauen auf den insgesamt 146 Strafrechtslehrstühlen im Jurastudium an Universitäten gab (= 8,2%). Dabei ist noch nicht zwischen den Besoldungsgruppen C3/W2 und C4/W3 unterschieden. Auch wenn die Anzahl der Strafrechtlerinnen sich seit 2013 etwas verändert haben sollte, in Leipzig ist z.B. 2016 Daniela Demko berufen worden, bleibt eine auffallend niedrige Bilanz.

Strafrechtlerinnen auf Lehrstühlen 2013
Regina Harzer, Bielefeld
Britta Bannenberg, Gießen
Petra Wittig, München
Gudrun Hochmayr, Österreicherin, Frankfurt/Oder
Tatjana Hörnle, HU Berlin

---

154 Eine Ausnahme: 2016 war eine Öffentlich-Rechtlerin Mitglied, die noch nicht habilitiert war.

Katrin Höffler Göttingen
Anette Grünewald, HU, berufen 2013
Sabine Svoboda, Bochum, berufen 2013,
Ingeborg Zerbes, Bremen, früher Wien, berufen 2011
Katrin Gierhake, Regensburg, berufen 2013
Katharina Beckemper, Leipzig, berufen 2010
Bettina Weißer, Münster, berufen 2010
Vorzeitig ausgeschieden sind
Susanne Walther, von 2000-2011 in Köln
Brigitte Kelker, von 2009-2012 in Trier
Emeritiert sind
Monika Frommel, Kiel, em. 2011.
Ursula Nelles, Münster, em. 2016
Verstorben sind
Edda Weßlau, Bremen
Ellen Schlüchter, Bochum
Anne-Eva Brauneck, Gießen
Als außerplanmäßige sind aufgeführt:
Gabriele Zwiehoff, FernUniversität in Hagen
Dorothea Rzepka, Frankfurt

6. Daten zu Frauen in der Rechtswissenschaft

Im folgenden Kapitel werden die für die Entwicklung des Anteils von Frauen an der Rechtswissenschaft und die berufliche Situation von Rechtswissenschaftlerinnen relevanten Daten aus der Hochschulstatistik[155], der Justizstatistik und der Statistik der Bundesrechtsanwaltskammer zusammengestellt. Dabei wird auch ein Blick auf die Entwicklung der Zahlen in den letzten Jahrzehnten geworfen.

6.1 Rechtswissenschaftlerinnen an Universitäten

6.1.1 Frauen in der Juristenausbildung

Nachdem das Jurastudium länger als andere Fächer Frauen verschlossen war, Frauen in der Zeit des Nationalsozialismus aus den juristischen Berufen entfernt wurden und es auch in der Nachkriegszeit schwer hatten, in den juristischen Berufen Fuß zu fassen, war in den ersten Jahrzehnten nach dem Krieg zunächst auch der Anteil der Jurastudentinnen besonders gering.

Während in den frühen 1960er Jahren der Frauenanteil im Studium an Universitäten im Durchschnitt aller Fächer bei 27% lag, betrug er in juristischen Fakultäten ca. 10-15%. In München wurden 1966 in der Studierendenstatistik für Jura 7% Frauen ausgewiesen. Noch in den 1970er Jahren lag der Anteil an Studentinnen in der Rechtswissenschaft erheblich unter dem allgemeinen Schnitt aller Studentinnen. 1988 wurde dann Gleichstand erreicht, und seitdem ist der Frauenanteil im Jurastudium stärker als in anderen Fächern gestiegen und liegt inzwischen rd. 8-9% über dem Durchschnitt (vgl. Tabelle 5). Das heißt, dass Jura sich von einem Männerfach zu einem Frauenfach verändert hat.

---

155 Wir danken Brigitte Damm vom Statistischen Bundesamt für ihre Hilfe bei der Beschaffung und Auswertung der Daten aus der amtlichen Hochschulstatistik.

Tab. 5: Frauen im Studium und in der Juristenausbildung[156] (Frauenanteil in %)

Jahr	Frauen im Studium (alle Fächer)	Jurastudium	1. Examen	Referendariat	2. Examen
frühe 1960er	27	ca. 10–15			
1970	31	17		10,8	
1988	40,9	41,0	41,0	33,9	31,3
1991	41,6	41,8	42,7	41,0	37,3
2007	51,8	52,8	53,2	52,9	51,0
2010	51,6	53,7	53,0	54,3	54,1
2014	51,0	54,6	58,5	55,1	54,6

Datenquelle: Statistisches Bundesamt; Bundesamt für Justiz

Eine vergleichbare Entwicklung lässt sich in allen Ländern der westlichen Welt nachweisen (dazu Schultz/Shaw 2003 und Schultz/Shaw 2013a und b).

Abgesehen davon, dass Frauen der Zugang zum Jurastudium zunächst vereitelt und dann erschwert worden war, sahen viele Frauen in der Rechtswissenschaft lange keine Option. Recht war männlich konnotiert, der Gesetzgeber war männlich. Von den Parlamenten der Weimarer Republik ab 1920 bis 1986 (10. Deutscher Bundestag) lag der Anteil der Frauen im Bundesparlament auf etwa gleicher Höhe, zwischen 6 und 9%. Erst der im Januar 1987 gewählte 11. Deutsche Bundestag übersprang mit 15,4% Frauen die 10% Grenze, wobei die Statistik durch den hohen Frauenanteil bei den Grünen von 56,8% „geschönt" wurde. Der 18. Deutsche Bundestag hat nunmehr einen Anteil von 36,5% Frauen.[157] *„Die führenden Positionen in Politik, Wirtschaft, Finanzen, Militär, Polizei [waren] männlich*

---

156 Es konnten nicht für alle Jahre Vergleichsdaten ermittelt werden. Ulrike Schultz hat seit den 1980er Jahren Daten zu Juristinnen gesammelt und zusammengestellt. Lücken in den Daten erklären sich daraus, dass in früheren Zeiten Statistiken weniger systematisch geführt worden sind und auch nicht so einfach zugänglich waren wie heute über das Internet, sondern z.T. per Post angefordert werden mussten, und dies ist nicht jährlich, sondern nur nach Bedarf geschehen. Die Justizstatistik für den Bund wurde bis in die 1990er Jahre in handschriftlichen Tabellen erfasst.

157 Die jeweiligen Daten finden sich mit Quellenangaben in Zusammenstellungen auf Wikipedia. Im 2017 gewählten 19. Deutschen Bundestag ist er erstmals wieder - auf 31% - zurückgegangen.

besetzt, [es lag] fast jeder Zugang zu Macht und Einfluss in männlichen Händen.“ (Wiegmann 1988, S. 244) Der mühsame Weg zur Gleichberechtigung im Recht kann die Studienmotivation auch nicht beflügelt haben. In soziologischen Untersuchungen ist in den 1970er und 1980er Jahren festgestellt worden, dass Frauen ein „negatives Rechtsbewusstsein" hatten, d.h.,

– dass sie eine größere kognitive Distanz zum Recht, d.h. eine geringere Kenntnis rechtlicher Regeln als Männer hatten,

– ein distanzierteres Verhältnis zum Recht hatten; sie vertrauten nicht auf ihre Rechte, vermieden den Rechtsfall, entwickelten andere als rechtliche Strategien und Problemlösungen,

– nahmen seltener juristische Hilfe in Anspruch. (Schultz 1990, S. 329 m.w.N.)

Juristinnen berichteten auch über einen Entfremdungsprozess im Studium (Fabricius-Brand et al. 1982/86; Schultz 1990, S. 331 f.)[158], der Männer ebenfalls traf, aber nicht in vergleichbarer Intensität (Portele/Schütte 1983, S. 98). Solange Frauen im Studium extrem in der Minderheit waren, hatten sie zusätzlich typische Minderheitenprobleme zu bewältigen.

> „Frisch dem Mädchengymnasium entronnen, brauchten sie schon Selbstbewusstsein, um sich in einen allein mit Männern besetzten Hörsaal hineinzuwagen und an den musternden Blicken vorbei Spalier zu laufen. Ihre Studienmotivation wurde angezweifelt nach dem Motto: ,Wer bis zum 6. Semester noch keinen Doktor hat, muss ihn selber machen‘, und sie wurden fachlich nicht ernst genommen. Dafür bekamen sie zweifelhafte Komplimente wie: ,Donnerwetter, Ihnen sieht man nicht an, dass Sie Juristin sind.‘" (Schultz 1990, S. 332)

Seit Mitte der 1960er Jahre stieg die Anzahl der Frauen im Jurastudium langsam, in den 1970er etwas schneller, ab den 1980er Jahren rapide an.

2015 gab es an Universitäten 115.816 Studierende in der Rechtswissenschaft, davon waren 63.589 weiblich (= 54,9%).[159] Im Vergleich zum Jahr 1975, als ihr Anteil 25,2% betrug, war ihre Zahl um fast das Fünffache gestiegen. Die Zahl der männlichen Studierenden hatte sich in diesem Zeitraum nur um 26,2% erhöht. Zum Vergleich: In demselben Jahr 2015 gab

---

158 Dazu s. Kapitel 7.4.1 und 7.5.5

159 Interviewpartner hielten den Frauenanteil für höher. Ein Grund dafür könnte sein, dass Frauen möglicherweise regelmäßiger zu Lehrveranstaltungen gehen als Männer, insofern präsenter sind, aber auch, dass Frauen immer noch als „die anderen" wahrgenommen werden.

es insges. 1.791.988 Studierende an Universitäten, davon 913.863 Frauen (= 51%) (Tabelle 6).

Tab. 6: Studierende der Rechtswissenschaft und insges., 1975 und 2015

Jahr	Stud. ReWi	Männer	Frauen	Frauen-anteil	Stud. Insges.	Männer	Frauen	Frauen-anteil
	In Personen			%	In Personen			%
1975	51.566	38.566	13.000	25,2	690.600	441.834	248.766	36,0
2015	115.816	52.277	63.589	54,9	1.791.988	878.125	913.863	51,0

Daten: Statistisches Bundesamt

In Abbildung 1 ist dargestellt, wie sich die Anzahl der Jurastudenten und – studentinnen im Vergleich zu den Studierenden aller Fächer entwickelt hat. Der Anteil der Jurastudentinnen an allen studierenden Frauen ist von 5,2% auf 6,9% gestiegen; bei den Männern sank er hingegen von 8,7 auf 5,9%.

Abb. 1: Studierende Frauen und Männer insgesamt, darunter der Rechts-wissenschaften an Universitäten, 1975 bis 2015[1] (Index 1975 = 100)

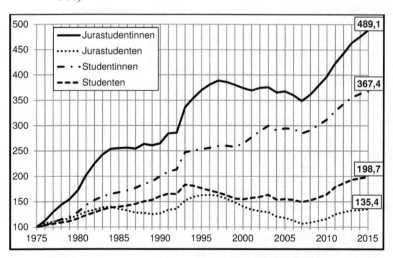

1) Bis 1992 nur früheres Bundesgebiet. Dies gilt, wenn nicht anders vermerkt, für alle folgenden Zeitreihen.

Datenquelle: Statistisches Bundesamt; J. Roloff

Jura war in den letzten zwanzig Jahren konstant eines der beliebtesten Studienfächer von Frauen, beliebter noch als bei Männern, wie die folgende Tabelle zeigt. Bei den Top-Ten-Studienfächern (hier auf alle Hochschularten bezogen) lässt sich für den Zeitraum von 1986 bis heute für die Rechtswissenschaften sowohl bei den Männern als auch Frauen im Zeitvergleich keine große Veränderung feststellen. Bei den Männern nahm Jura in der Mehrheit der hier aufgeführten Jahre entweder den 4. oder 5., bei den Frauen (außer im ersten und letzten Erfassungsjahr) entweder den 3. oder vierten Platz ein (Tabelle 7).

Tab. 7: Studierende im Wintersemester 1986/1987 bis 2014/2015 (ausgewählte Jahre) in den 10 am stärksten besetzten Studienfächern

	1986	1990	1995	2000	2005	2010	2014
	Männer*						
Elektrotechnik/Elektronik	1	3	3	6	4	4	4
Maschinenbau/-wesen	2	2	2	4	2	2	2
Betriebswirtschaftslehre	3	1	1	1	1	1	1
Rechtswissenschaften	*4*	*4*	*4*	*3*	*5*	*5*	*6*
Medizin (Allgemein-Medizin)	5	5	7	7	8	8	-11
Wirtschaftswissenschaften	6	6	5	5	6	6	5
Informatik	7	7	8	2	3	3	3
Physik	8	8	9	-13	9	-12	-10
Bauingenieurwesen/Ingenieurbau	9	10	6	8	10	10	9
Chemie	10	9	-13	-15	-14	-14	-14
Architektur	-11	-11	10	10	-15	-20	-20
Wirtschaftsingenieurwesen	-15	-14	-11	9	7	7	7

	Frauen**						
Medizin (Allgemein-Medizin)	1	3	4	4	3	4	4
Rechtswissenschaften	*2*	*4*	*3*	*3*	*4*	*3*	*2*
Germanistik/Deutsch	3	1	1	2	2	2	3
Betriebswirtschaftslehre	4	2	2	1	1	1	1
Erziehungswissenschaften (Pädagogik)	5	7	5	5	5	5	5
Biologie	6	5	8	9	8	9	9
Wirtschaftswissenschaften	7	6	7	6	7	7	7
Anglistik/Englisch	8	8	6	7	6	8	8
Psychologie	9	9	9	8	9	6	6
Architektur	10	10	10	10	-12	-14	-13

* 2010: Wirtschaftsinformatik = Platz 9

** 2005, 2010: Mathematik = 10. Platz; 2014: Soziale Arbeit = 10. Platz

Datenquelle: Statistisches Bundesamt; J. Roloff

6.1.2 Der Juristinnenboom

Es fragt sich, wie es zu diesem überproportionalen Anstieg von Frauen im Jurastudium und dann auch in den klassischen juristischen Berufen gekommen ist.

Die Bildungsexpansion, insbesondere der 1970er, 1980er und 1990er Jahren hat dazu geführt, dass die Bildungsreserve „Frau" aktiviert wurde. Erleichtert wurde dies dadurch, dass eine qualifizierte Ausbildung einen zentralen Platz in der Lebensplanung der Frauen bekam, nachdem sie über von ihnen selbst kontrollierbare Methoden der Empfängnisverhütung verfügten, und – mit Phasenverschiebung – ein gewandeltes Ehe- und Familienverständnis die traditionelle direkte Laufbahn der Frau in die Ehe hinein in Frage gestellt und weitere Wege geöffnet hatte. (Schultz 1990, S. 333)

In den letzten drei Jahrzehnten hat sich das Frauenbild fundamental gewandelt. Berufstätigkeit ist selbstverständlich geworden, die Vereinbarkeit von Familie und Beruf das beherrschende Thema – auch wenn sie in der Realität des Familienlebens noch immer anstrengend und nicht leicht zu erreichen ist – vor allem in hochqualifizierten Berufen, bei denen eine vorgegebene Arbeitszeit selten einzuhalten ist und bei denen immanent die Erwartung besteht, dass für ein höheres Einkommen auch mehr zu leisten ist und zwar nicht nur in der Qualität der Arbeit, sondern auch in der Quantität und beim eingesetzten Zeitaufwand. Vor allem in der Wissenschaft ist eine Abgrenzung von Beruf, persönlichem Interesse und Privatsphäre schwer zu erreichen.[160] Dieser gesellschaftliche Wandel allein erklärt aber noch nicht, warum Recht für Frauen ein bevorzugtes Fach geworden ist.

Jura war seit eh und je ein Ausweichstudium für Unentschlossene (Portele/Schütte 1983, S. 98) und ein Studium, bei dem man sich aufgrund des breiten beruflichen Anwendungsspektrums die Chancen offenhalten kann (Hommerich 1988, S. 41 f.). In den 1980er Jahren entschieden sich besonders viele Frauen für das Jurastudium, als die Lehramtsstudiengänge überfüllt und die Möglichkeiten, als Lehrerin eingestellt zu werden, nahe Null gesunken waren. Die Berufe in der Justiz hatten wegen der geschlechtsneutralen Bezahlung, der Arbeitsplatzsicherheit bei Familienplanung, dem Mutterschutz (heute auch Elternzeit) sowie Möglichkeiten zur Teilzeitarbeit neben der generellen Sicherheit, die der öffentliche Dienst bietet, eine ähnliche Attraktivität für Frauen wie die Lehrerberufe.

Hinzu kommt bei Richterinnen die Unabhängigkeit und zeitliche Flexibilität. Insbesondere Amtsrichterinnen können im Wesentlichen zu Hause arbeiten und müssen nur an den Sitzungstagen anwesend sein. Bei der hierarchisch strukturierten Staatsanwaltschaft ist Präsenz wichtiger, wenngleich dort inzwischen auch Homeoffice-Tage praktiziert werden, mittlerweile sogar in Führungspositionen. (Schultz 2012a; Schultz/Peppmeier/ Rudek 2011)

Ähnlich attraktiv sind für Juristinnen Positionen in weiteren Bereichen des öffentlichen Dienstes in Stadtverwaltungen, Behörden, Ministerien. Wie hoch der Frauenanteil in diesem Bereich ist, lässt sich nicht generell sagen, da dazu keine Bundesstatistiken geführt werden. Die Stellenmöglichkeiten im öffentlichen Bereich sind aber begrenzt, weshalb Frauen zunehmend in die Anwaltschaft ausgewichen sind.

In der Folge der 1968er Jahre kann auch ein gesteigertes politisches Interesse die Frauen motiviert haben, Jura zu studieren. In den USA meinte man, dass die Bürgerrechtsbewegung der 1968er Jahre diese Bedeutung hatte. Sicherlich spielt auch eine Rolle, dass sich das Image der juristischen Berufe gewandelt und sie für Frauen attraktiver gemacht hat.

---

160 Eine Interviewpartnerin (I 1) äußerte dies so: *„ Und dann sagte mein Vorgesetzter, das war Ende der 1990er Jahre: ‚Das ist doch Ihr Hobby, was Sie hier machen.‘ Ich kam dadurch unter einen ungeheuren Leistungsdruck. Hier schwang natürlich auch mit, dass er, der in einer Hausfrauenehe lebte, mich als Frau als Luxusverdienerin sah. Irgendwie hatte das auch mit Neid zu tun.“*

Wie Tabelle 8 zum Frauenanteil im Studium, zur Referendarzeit und bei den beiden juristischen Examina zeigt, sinkt der Frauenanteil in der Ausbildung nur noch unwesentlich. Früher schied ein nicht unerheblicher Teil der insgesamt wenigen Frauen durch Heirat oder Wechsel in einen anderen, häufig weniger anspruchsvollen und vor allem kürzeren Ausbildungsgang aus. Diese Zeiten sind vorbei.

Tab. 8: Anteil der Frauen in der juristischen Ausbildung – ausgewählte Jahre

Jahr	im Jura-studium	1. Staats-examen*	in der Referendarzeit	2. Staatsexamen
1988	41,0	41,0	33,9	31,3
1990	41,3	41,8	38,1	36,1
1995	43,4	41,8	42,8	43,2
2000	47,3	47,4	45,3	42,5
2005	51,2	53,0	49,6	43,9
2010*	53,6	53,7	54,3	48,3
2011	53,4	57,7	54,7	54,1
2012	53,6	57,4	54,4	54,6
2013	54,1	56,9	55,3	54,2
2014**	54,6	56,8	55,5	55,1

Daten: Statistisches Bundesamt; Bundesamt für Justiz

*Bei den Daten ab 2010 ergeben sich Verzerrungseffekte durch die Prüfungen nach altem und neuem Recht

** 2014 – Referendarzeit = 1.1. 2015

6.1.3 Weiblicher wissenschaftlicher Nachwuchs

Auch an weiblichem wissenschaftlichem Nachwuchs fehlt es nicht, wenngleich er bei den Wissenschaftlichen Mitarbeitenden mit 45% um rund 10% unter dem Frauenanteil an den Juristinnen mit dem zweiten Staatsexamen liegt. Der Frauenanteil auf den Hochschuldozenten- und Assistentenstellen, die unmittelbar als Qualifikationsstellen ausgewiesen sind, ist erheblich niedriger als bei den wissenschaftlichen Mitarbeiterstellen. Die Anzahl dieser Stellen fällt allerdings zahlenmäßig kaum ins Gewicht. 2015 gab es nur noch 112 solche Stellen. Nachdem der Frauenanteil auf beiden Stellenarten ursprünglich rd. 19 x höher als der Anteil der Professorinnen war, liegt er jetzt immer noch 9-mal so hoch (Tabelle 9). Da ab dem Jahr 2000 schon 40% der wissenschaftlichen Mitarbeitenden weiblich waren, fragt sich, warum davon nicht mehr Professorinnen geworden sind.

Tab. 9: Professorinnen und Wissenschaftliche Mitarbeiterinnen an juristischen Fakultäten (in Prozent)

Jahr	Professorinnen	Hochschul-dozentinnen, Assistentinnen		Wiss. Mitarbeiterinnen		Juristinnen 2. Examen
1980	1,4% 10	18,2	(2 v. 11)	15,1	(189 v 1251)	
1990	2,1% 16	14,4	(48 v 210)	27,4	(325 v 862,5)	37,3 (1991)
2000	7,6% 69	23,1	(107 v 463)	40,1	(719 v 1793)	45,4 (2001)
2005	10,8% 99	24,7	(73 v 296)	41,6	(903 v 2171)	48,3
2010	13,2% 124	24,0	(24 v 94)	41,7	(1218 v 2924)	53,8
2012	14,8% 144	31,9	(50 v 124)	43,9	(1368 v 3109)	54,0
2014	15,8% 155	32,1	(35 v 109)	44,7	(1472 v 3290)	54,6
2015	16,3% 165	27,7	(31 v 112)	44,6	(1485 v 3332)	55,7[161]

Anm.: Schwankungen der Zahlen bei Hochschuldozenten und Assistenten einerseits und Wissenschaftlichen Mitarbeitenden andererseits ergeben sich aus unterschiedlichen Stellendefinitionen. Die Daten sind insoweit nur begrenzt vergleichbar.

Die wissenschaftlichen Mitarbeitenden haben nicht nur die Aufgabe, den Professor/innen zuzuarbeiten und ihre wissenschaftliche Qualifikation voranzutreiben, sondern auch an der Betreuung der Studierenden mitzuwirken.

Tab. 10: Steigerungsraten Professuren, Studierende, Wissenschaftliche Mitarbeitende

	1980	2015	Steigerungsrate
Professuren	725	1.010	1,4-fach
Studierende	69.778	112.271	1,6-fach
Wissenschaftliche Mitarbeitende	1.251	3.332	2,7-fach

Die Anzahl der Professor/innen insgesamt ist von 1980 bis 2015 von 725 auf 1.010 gestiegen, d.h. um das 1,4-fache, die Zahl der wissenschaftli-

---

161 Anteil an den bestandenen Prüfungen. Der Anteil der Frauen, die am zweiten Examen teilgenommen haben, lag jeweils geringfügig (um Zehntelprozentpunkte) darüber.

chen Mitarbeitenden erheblich stärker von 1.251 auf 3.332, also um das fast 2,7 fache. Die Anzahl der Studierenden ist von 1980 bis 2015 von 69.778 auf 112.271, also um mehr als das 1,6-fache gestiegen (vgl. Tabelle 10), d.h. die Mehrarbeit ist nur begrenzt durch einen Zuwachs an Professuren, sondern mehr durch zusätzliche Mitarbeiterstellen ausgeglichen worden.

6.1.4 Promotionen

Bei den Promotionen, die der erste Meilenstein auf dem Weg zu einer Juraprofessur sind, haben Frauen in den letzten Jahrzehnten auch stark aufgeholt. Im Jahr 2015 gab es insgesamt 1.343 rechtswissenschaftliche Promotionen, davon 527 von Frauen und 816 von Männern. Der Frauenanteil betrug damit 39,2% (2014: 39,3%). Von allen Frauen mit einem universitären juristischen Abschluss haben 11,4% einen Doktortitel erlangt; von den Männern waren es dahingegen 24,2 %.

1975 lag der Frauenanteil an den Promotionen bei lediglich 8,2%. Die Abbildung 2 zeigt die Entwicklung des Frauenanteils seit 1975. Abgesehen von einigen jährlichen Schwankungen ist der Anteil von Frauen mit einem bestandenen Doktorexamen stetig gestiegen.

Auch in anderen Fächern ist der Frauenanteil an bestandenen Doktorprüfungen erheblich gestiegen, z.B. besonders bei den Erziehungswissenschaften. Dort liegt er mittlerweile (2015) bei 66,8%. In den Wirtschaftswissenschaften, einem ebenfalls von Frauen häufig gewählten Fach, liegt der Frauenanteil bei den Promotionen bei 31,4%, in der Philosophie bei 35%, um nur zwei weitere Beispiele aus den Geisteswissenschaften zu nennen. Nach wie vor niedrig, aber auch in den letzten Jahrzehnten stark angestiegen, ist er in der Physik/Astronomie mit 19,5% und im Maschinenbau mit 17,9%.

*Abb. 2: Frauenanteil der bestandenen Doktorprüfungen im Fach Rechts-
wissenschaften, 1975 bis 2014 (in Prozent)*

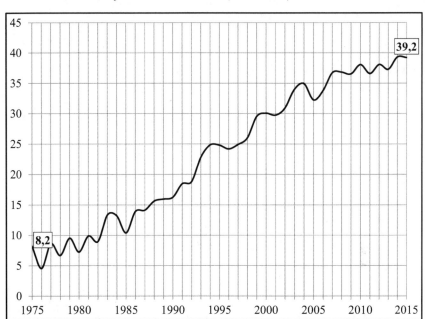

Datenquelle: Statistisches Bundesamt; J. Roloff

Interessant ist ein Blick auf die Promotionsquote. Sie misst die Anzahl der
Promotionen je Professor/in und gilt als Indikator für *„die Leistungsfähigkeit und Effektivität der Universitäten im Hinblick auf die Ausbildung des
wissenschaftlichen Nachwuchses. Da das Anfertigen einer Dissertation als
Forschungstätigkeit gesehen wird, gilt die Promotionsquote auch als Forschungsindikator"* (Brugger/Threin/Wolters 2012, 24). Hier weisen die
weiblichen Promotionsquoten in den Rechtswissenschaften im Vergleich
zu einigen anderen ausgewählten Studienbereichen mit 0,51 den höchsten
Wert auf (Tabelle 11).

Tab. 11: Promotionsquote[1] (Forschungsindikator) ausgewählter Studienbereiche, 2015

	Frauen	Männer	Differenz*
Rechtswissenschaften	0,52	0,81	-0,29
Maschinenbau/Verfahrenstechnik	0,44	2,02	-1,58
Sozialwissenschaften	0,31	0,35	-0,05
Erziehungswissenschaften	0,30	0,14	0,16
Physik, Astronomie	0,29	1,21	-0,92
Philosophie	0,21	0,38	-0,18
Wirtschaftswissenschaften	0,21	0,45	-0,24
Evangelische Theologie	0,13	0,15	-0,02
Katholische Theologie	0,08	0,21	-0,13

* Weibliche Promotionsquote – männliche Promotionsquote

1) Promotionen je hauptberufliche Professor/innen

Datenquelle: Statistisches Bundesamt; J. Roloff

Bei den Männern liegt diese Quote mit 0,79 gegenüber den Frauen noch um einiges höher, d.h. es promovieren proportional mehr Männer als Frauen, Männer nehmen jedoch im Vergleich hinter dem Maschinenbau/ Verfahrenstechnik und der Physik/Astronomie den dritten Platz ein.

Bei den Rechtswissenschaften ist allerdings zu beachten, dass eine Promotion nicht nur aus besonderem wissenschaftlichem Interesse, sondern häufig als zusätzliches Qualifikations- oder Distinktionskriterium angestrebt wird, das auf dem juristischen Arbeitsmarkt statusbildend und werterhöhend wirkt.[162] Noch stärker ausgeprägt ist dies in der Medizin, wo früher fast alle Absolventen eine Promotion anfertigten. Die Medizin ist daher nicht in den Vergleich einbezogen worden.

Auf die Promotionsnoten geht Kap. 7.5.6 näher ein.

---

162 In der Justiz hat eine Promotion allerdings kaum Bedeutung für die Karriere, wie uns in Interviews zum Forschungsprojekt „Frauen in Führungspositionen der Justiz" von Personalverantwortlichen mitgeteilt worden ist (Schultz/Peppmeier/ RudekTab2011). Dasselbe gilt generell für den öffentlichen Dienst.

6.1.5 Habilitationen

Im Jahr 2015 habilitierten sich insgesamt 31 Personen in der Rechtswissenschaft. Davon waren 7 bzw. 22,6% Frauen. Im Jahr zuvor lag die Anzahl der Habilitationen mit 53 erheblich höher, die der Frauen betrug 12 und der Frauenanteil damit ebenfalls 22,6%. Da die Fallzahlen niedrig sind, schwanken sie jährlich erheblich.

Beim Statistischen Bundesamt sind Daten zur Entwicklung der Anzahl der Habilitationen in der Rechtswissenschaft ab 1980 verfügbar. Sie sind in der folgenden Tabelle 12 erfasst:

Tab. 12: Zahl der Habilitationen in der Rechtswissenschaft sowie Frauenanteil, 1980 bis 2015

Jahr	insgesamt	Männer	Frauen	Frauenanteil
	in Personen			in %
1980	25	25	0	0,0
1981	26	26	0	0,0
1982	28	25	3	10,7
1983	35	35	0	0,0
1984	23	22	1	4,3
1985	21	18	3	14,3
1986	26	25	1	3,8
1987	27	24	3	11,1
1988	27	24	3	11,1
1989	17	15	2	11,8
1990	19	18	1	5,3
1991	21	21	0	0,0
1992	30	23	7	23,3
1993	32	27	5	15,6
1994	33	32	1	3,0
1995	26	22	4	15,4
1996	44	44	0	0,0
1997	43	37	6	14,0
1998	65	51	14	21,5
1999	55	44	11	20,0
2000	60	49	11	18,3
2001	65	56	9	13,8
2002	73	61	12	16,4
2003	67	55	12	17,9

Jahr	insgesamt	Männer	Frauen	Frauenanteil
	in Personen			in %
2004	67	55	12	17,9
2005	64	54	10	15,6
2006	53	46	7	13,2
2007	43	33	10	23,3
2008	35	30	5	14,3
2009	45	39	6	13,3
2010	43	34	9	20,9
2011	28	26	2	7,1
2012	49	36	13	26,5
2013	45	38	7	15,6
2014	53	41	12	22,6
2015	31	24	7	22,6
1980-2015	**1.444**	**1.235**	**209**	**14,5**

Datenquelle: Statistisches Bundesamt

Insgesamt sind also seit 1980 209 Frauen im Vergleich zu 1235 Männern habilitiert worden. Dies sind 14,5% aller Habilitationen, die in dem Zeitraum stattgefunden haben. Hinzu kommen bei den Frauen die 10, die zwischen 1959 und 1980 habilitiert worden sind, d.h. insgesamt haben bisher 219 Frauen eine Habilitation in Westdeutschland und seit 1990 in der Bundesrepublik abgeschlossen. Über die Jahre hat die Zahl der Habilitanden und Habilitandinnen stark geschwankt. Aus der Entwicklung der Zahlen in den letzten 20 Jahren lässt sich daher keine verlässliche lineare Erhöhung des Frauenanteils ableiten. Ab 1996 ist ein erheblicher Anstieg der Habilitationen zu verzeichnen. Seit 2006 scheinen die Zahlen tendenziell wieder etwas zurück zu gehen. Da in den zehn Jahren von 2000 bis 2009 94 Frauen habilitiert worden sind, in den sechs Jahren von 2010 bis 2015 insgesamt 50, kann der Anteil der Frauen auf Lehrstühlen kaum steigen, es sei denn, dass mehr der habilitierten Frauen als der habilitierten Männer berufen werden oder dass doch Juniorprofessorinnen ohne Habilitation berufen oder Tenure Tracks eingerichtet werden.

Je nach Fach gibt es einen Überhang an Habilitierten, die letztlich keinen Ruf erhalten. Soweit sie an Universitäten verbleiben, werden sie in der Regel nach einigen Jahren zum außerplanmäßigen (apl.) Professor ernannt. Zum Teil bekommen sie Honorarprofessuren, wie seinerzeiten Marie Luise Hilger. Zum Teil bekommen sie – neben einer Berufstätigkeit außerhalb der Universität – Lehrstühle ohne Ausstattung. Einigen wird diese

Unterstützung durch die Fakultäten nicht zuteil, so dass sie Privatdozenten bleiben, oder sie verlieren schließlich ihren Titel, wenn sie ihre Lehrverpflichtung aus der Dozentur nicht mehr wahrnehmen (können). Die habilitierten nicht Berufenen bleiben zum Teil in unterschiedlichen Funktionen der Wissenschaft, in wissenschaftlichen Instituten oder im Ausland, werden Anwältin oder Firmenjuristin, eine ist als Bürgermeisterin einer Großstadt in führender Position in einer Kommunalverwaltung tätig und einige sind an Fachhochschulen tätig.[163] Eine Handvoll der habilitierten Frauen in der Rechtswissenschaft haben ihren Lehrstuhl nach einigen Jahren aufgegeben. Zumindest zwei davon praktizieren als Anwältinnen.

6.1.6 Anzahl der Professorinnen

Die vor 1990 habilitierten Professorinnen sind zum größten Teil inzwischen emeritiert bzw. pensioniert. Die Anzahl der davon noch aktiven Professorinnen gleicht sich in etwa mit der Anzahl der nach 1990 habilitierten, die inzwischen pensioniert sind, aus. Das heißt, es gibt 209 habilitierte Rechtswissenschaftlerinnen, die Professuren haben könnten. Es sind aber nur 165 auf Lehrstühlen. Geht man davon aus, dass noch nicht alle seit 2014 habilitierten einen Ruf erhalten haben können – üblicherweise beträgt die Zeit zwischen Habilitation und Ruf ein bis zwei Jahre – und zieht die 19 in diesen beiden Jahren habilitierten ab, klafft eine Lücke von 25 habilitierten Rechtswissenschaftlerinnen, die keine Professur bekommen haben bzw. bekommen werden. Das ist etwa ein Achtel (rd. 12%) der Gesamtzahl. Männer sind seit 1990 insgesamt 996 habilitiert worden, dem stehen 845 Lehrstuhlinhaber gegenüber. Zieht man die 65 in den beiden Jahren 2014 und 2015 habilitierten ab, bleiben etwa 931, die einen Lehrstuhl haben sollten. Hier beträgt die Lücke 86, also unter 10%.

Im Durchschnitt der Jahre 2012 bis 2014 betrug die Anzahl der neu berufenen Universitätsprofessor/innen in der Rechtswissenschaft pro Jahr 67, also mehr als in den Jahren habilitiert worden waren, davon waren 14 bzw. 20,9% Frauen. Es sind damit bezogen auf die Anzahl der Habilitatio-

---

163 Für einen Ruf an eine Fachhochschule ist allerdings eine fünfjährige Berufstätigkeit außerhalb der Universität erforderlich. Darauf werden zwar die zwei Jahre der Referendarzeit angerechnet, dennoch bleiben dann drei Jahre Praxiszeit, die nachgewiesen werden müssen. s. 6.2

Tab. 13: *Anzahl Professorinnen in der Rechtswissenschaft (Universitäten), 1980 bis 2015*

Jahr	Gesamt-zahl	Index*	Anzahl Männer	Index*	Anzahl Frauen	Index*	Quote**	Frauen-anteil %
1980	725	100,0	715	100,0	10	100	71,5	1,4
1990	752	103,7	736	102,9	16	160	46,0	2,1
1995	887	122,3	846	118,3	41	410	20,6	4,6
2000	911	125,6	842	117,7	69	690	12,2	7,6
2005	917	126,4	818	114,4	99	990	8,3	10,8
2010	941	129,8	817	114,2	124	1.240	6,6	13,2
2012	973	134,2	829	115,9	144	1.440	5,8	14,8
2013	993	137,0	834	116,6	159	1.590	5,2	16,0
2014	983	135,5	828	115,8	155	1.550	5,3	15,8
2015	1.010	139,3	845	118,2	165	1.650	5,1	16,3
*2015***	*963*		*818*		*145*			*15,1*

C2/C3/C4 und W2/W3, ab 2005 einschl. Juniorprofessuren (W1). Anzahl Juniorprofessuren 2015: 47.

* Index 1980 = 100%

** 1 Professorin auf x Männer

*** Daten ohne Juniorprofessorinnen

Datenquelle: Statistisches Bundesamt; J. Roloff, U. Schultz

nen in den Jahren etwas mehr Frauen als Männer berufen worden. (Roloff/ Schultz 2016a, S. 68-71)

Die Anzahl der Professuren ist seit 1980 insgesamt um ein gutes Drittel gestiegen. Der wesentliche Zuwachs um gut 150 Stellen kam im Jahrzehnt nach der Wiedervereinigung mit der Neugründung von Fakultäten in den neuen Bundesländern. Einen weiteren Anstieg um 69 Stellen hat es in den letzten fünf Jahren gegeben, insbesondere durch die Einführung der Juniorprofessuren. Eventuell sind auch aus Maßnahmen zur Steigerung der Qualität der Lehre einige zusätzliche Stellen geschaffen worden. Von 1980 bis 2015 ist die Anzahl der Männer um 130 gestiegen, die der Frauen um 155. Gab es im Jahr 1980 eine Professorin auf 72 männliche Kollegen, war es im Jahr 2015 nur noch eine auf fünf. Die Zahl der Juraprofessorinnen ist, wie die Tabelle 13 zeigt, um mehr als das 16-fache gestiegen, die der Juraprofessoren um das 1,2-fache. Der Frauenanteil beträgt insgesamt mittlerweile 16,3% incl. Juniorprofessuren. Zieht man die Zahl der Juniorprofessuren ab, so ergibt sich ein Professorinnenanteil von 15,1%.

Tabelle 13 widerlegt das inzwischen häufig geäußerte Vorurteil, dass nur noch Frauen berufen würden. Proportional sind in den letzten Jahren allerdings, wie erwähnt, etwas, aber nur geringfügig mehr der habilitierten Frauen als der habilitierten Männer berufen worden. Das Gerücht, dass nur noch Frauen berufen würden, hält sich aber hartnäckig.[164]

6.1.7 Besoldung

Die Situation der Frauen in der Rechtswissenschaft stellt sich außerdem anders dar, wenn man nach Besoldung unterscheidet, d.h. nach C3/W2 und C4/W3. Die C-Besoldung hat bis 2005 gegolten. Danach ist die W-Besoldung eingeführt worden.[165] C4 war die Besoldung für den „Ordinarius" mit Vollausstattung, C3 die geringer ausgestattete Professur mit niedrigerer Bezahlung. Nunmehr ist W3 die höchste Stufe und W2 die darunter. Die Stufe C2 entfällt in Zukunft, Juniorprofessor/innen werden nach W1 besoldet.

Anhand Tabelle 14 ergibt sich, dass erheblich mehr Frauen als Männer in der niedrigeren Besoldungsstufe mit der geringeren Lehrstuhlausstattung C3/W2 eingestuft sind, wobei aber nach der Änderung der Besoldungsordnung im Jahr 2005 ihr Anteil in W3 gestiegen ist. Ein Grund kann sein, dass die juristischen Fakultäten versuchen, den Anteil der W3-Stellen zu stärken und weniger W2-Stellen auszuweisen.

Nicht nur in den Rechtswissenschaften, sondern auch in anderen Studienbereichen sind Frauen proportional weniger in der höheren Besoldungsgruppe W3/C4 als in der niedrigeren W2/C3 vertreten, die Durchschnittswerte liegen aber höher (Roloff/Schultz 2016a, S. 79). Der Anteil der W1-Profesorinnen an Hochschulen insgesamt liegt bei 40%, der C3/W2-Professorinnen bei 23,3% und der C4/W3-Professorinnen bei 17,9%. (GWK 2015)

---

164 Ein Interviewpartner sagte dazu: *„Häufig krieg ich das von Kollegen mit, die habilitieren, jetzt nicht in Jura sondern anderen Fächern, die sind so gut und die kriegen keinen Ruf mehr, sobald eine Frau auf der Liste ist, selbst wenn sie an eins sind. Und die sind ziemlich frustriert und die fühlen sich ungleich behandelt, weil, sie sagen: Ja, ich muss das jetzt quasi ausbaden, was meine Vorfahren oder die Herren vor mir eingebrockt haben, oder wie auch immer." (I 52)*

165 Zuvor gab es eine H-Besoldung im wissenschaftlichen Dienst.

Tab. 14: Anteil der Juraprofessor/innen in den Besoldungsgruppen, ausgewählte Jahre (in Prozent)

	1995	2000	2005	2012	2014
Besoldungs-gruppe:	Männer				
C4, W3	81,5	81,9	82,5	82,6	82,3
C3, W2	12,6	13,3	13,0	12,1	11,9
C2 auf Dauer	4,4	2,7	2,5	2,6	3,0
C2, W1 auf Zeit	1,4	2,0	2,0	2,7	2,7
Besoldungs-gruppe:	Frauen				
C4, W3	62,8	60,9	64,9	67,7	73,9
C3, W2	32,6	33,3	30,9	23,4	20,3
C2 auf Dauer	2,3	0,0	3,1	3,2	2,2
C2, W1 auf Zeit	2,3	5,8	1,0	5,6	3,6

Datenquelle: Statistisches Bundesamt; J. Roloff

Bezogen auf die Gesamtgruppe der Juraprofessoren/innen (100%) betrug der Anteil der Frauen auf W3/C4 Professuren im Jahr 2014 13,5% (102 von 758), auf C3/W2 Professuren 22,8% (28 von 123). Entsprechend betrug der Anteil der Männer auf W3/C4 Professuren im Jahr 2014 86,5% (656 von 758), auf C3/W2 77,2% (95 von 123).

6.1.8 Alter

2014 betrug das Durchschnittsalter bei der Erstberufung zum Juraprofessor 38,5 Jahre; bei den Juraprofessorinnen lag es bei 35 Jahren, bei den Juraprofessoren bei 40,4 Jahren. Ein Teil der Altersdifferenz zwischen Männern und Frauen erklärt sich daraus, dass in diesen Jahrgängen Männer noch Militärdienst oder zivilen Ersatzdienst absolviert haben. In anderen Jahren war die Differenz geringer. Sie ist wegen der geringen Fallzahlen auch relativ zu sehen. Insgesamt sind 2014 sechs Frauen und 13 Männer berufen worden. Die Frauen waren in dem Jahr eher jung: 32, 34, 35, 37, 43 und 50 Jahre alt.[166] In der Gesamtstatistik liegt das Berufungsalter für

---

166 Die Daten beruhen auf einer Sonderauszählung des Statistischen Bundesamtes. Generell werden in den Altersstatistiken Universitätsprofessoren und Fachhoch-

Männer und Frauen beim ersten Ruf über die Jahre hinweg recht konstant bei etwa 39,5.

Besonders jung bei Erstberufung sind Sozialwissenschaftlerinnen mit im Schnitt 29 Jahren, ein höheres Alter haben z.B. Maschinenbauer/innen mit 42 Jahren. (Roloff/Schultz 2016a, S. 72 ff.)[167]

Sehr jung berufen worden sind in der Rechtswissenschaft: Yuanshi Bu mit 29 Jahren[168], Johanna Hey, die in Köln lehrt, mit 31 Jahren, Nina Nestler in Bayreuth mit 32 Jahren, Dörte Pölzig in Passau mit 33 Jahren. Die Mehrzahl der Juraprofessorinnen ist zwischen dem 38. und dem 42. Lebensjahr berufen worden, die älteste in unserer Sammlung von Lebensläufen mit 46 Jahren. Das heißt, grundsätzlich ist der Alterskorridor für einen ersten Ruf sehr eng. Ausnahmen bestätigen die Regel: Im Jahr 2014 ist nach der Statistik des Statistischen Bundesamtes auch noch eine Frau mit 50 auf einen Lehrstuhl berufen worden und – ganz außergewöhnlich – ein Mann mit 57 Jahren.

6.1.9 Juniorprofessorinnen

Bei den Juniorprofessuren[169] haben Frauen einen überproportional hohen Anteil. Hier wirkt erkennbar der politische Druck, den weiblichen wissenschaftlichen Nachwuchs zu fördern. 2002 waren Juniorprofessuren in Deutschland eingeführt worden. Im Jahr 2005 gab es sieben Juniorprofessoren, d.h. sie machten 0,8% der 917 Juraprofessuren aus. Ihr Anteil blieb zunächst gering und hat sich in den letzten fünf Jahren von 23 im Jahr

---

schullehrer zusammen erfasst. FH-Professoren werden im Schnitt in etwas höherem Lebensalter berufen, und bei ihnen streut das Berufungsalter auch stärker.

167 Wobei bei Ingenieuren eine Habilitation eher unüblich ist.

168 Yuanshi Bu hat eine äußerst bemerkenswerte Biografie. Sie hat zunächst in China Germanistik und Informatik studiert, 1999 mit 23 Jahren die chinesische Anwaltsqualifikation erhalten, hat dann das Aufbaustudium „Magister des deutschen Rechts" in Göttingen absolviert, 2002 in der Schweiz promoviert, einen LL.M. in Harvard absolviert, nach Bar Examination die amerikanische Anwaltszulassung in New York 2005 erhalten und 2006 den Ruf auf den Lehrstuhl für Internationales Wirtschaftsrecht, Schwerpunkt Ostasien in Freiburg bekommen. Über diesen Magister des deutschen Rechts ist auch die Amerikanerin Mary-Rose McGuire, die in Österreich groß geworden ist und studiert hat, nach Deutschland gekommen. Sie lehrt heute in Osnabrück. Vgl. auch das Videointerview auf www.fernuni-hagen.de/rechtundgender

169 Zu Juniorprofessuren vgl. 9.5

Tab. 15: Anzahl der Juniorprofessuren insgesamt, Frauen und Männer in ausgewählten Jahren (in Pers.)

	2002	2004	2006	2008	2010	2012	2014	2015
Insges.	1	6	13	19	23	42	39	47
Männer	1	5	11	16	13	22	23	27
Frauen		1	2	3	10	20	16	20

Datenquelle: Statistisches Bundesamt

2010 auf 47 im Jahr 2015 verdoppelt (=4,7% der 1.010 Professorenstellen), davon waren 20 (=42,5%) mit Frauen besetzt. Dabei hatten von den 845 männlichen Juraprofessoren 27, bzw. 2,8% eine Juniorprofessur, von den 165 Juraprofessorinnen 20 bzw. 10,3% (vgl. Tabelle 15).[170] 1/3 aller Fakultäten hatten keine Juniorprofessuren.

Bisher ist von keiner Juniorprofessorin bekannt, dass sie über einen Tenure track in eine Professur gekommen ist. In der Rechtswissenschaft ist nach wie vor Standard, dass eine Habilitation Voraussetzung für einen Ruf ist, und Hausberufungen sind tabu.

6.1.10 Anzahl Studierende pro Juraprofessorin

Aufgrund der starken Zunahme von Studierenden in der Rechtswissenschaft in den letzten Jahrzehnten hat sich sowohl die Anzahl der Studierenden insgesamt wie auch der weiblichen Studierenden pro Professorin und Professor erheblich verändert:

Die Tabelle 16 zeigt, dass aber die Proportion Studierende zu weiblichen Lehrenden immer noch sehr hoch ist, d.h. dass es kein Einzelfall ist, wenn Studierende in ihrem Studium keine Professorin in einer Lehrveranstaltung erleben. Im Jahr 1980 kam eine Professorin auf 6.978 Studierende, davon 2.244 weibliche Studierende. Im Jahr 2015 kam eine Professorin auf 680 Studierende, davon 375 weibliche Studierende. Die Tabelle zeigt auch eindrucksvoll, dass in den frühen Jahren die wenigen Frauen im Jurastudium den männlichen Lehrenden auffallen mussten – und auffielen,

---

170 Auch in anderen Studienbereichen (außer der Katholischen Theologie) gibt es anteilig mehr Juniorprofessorinnen. So hatte beispielsweise rd. jede 4. Frau in den Wirtschaftswissenschaften eine Juniorprofessur. (Roloff/Schultz 2016a, S. 76)

Tab. 16: Ratio Studierende insges./weiblich pro Professorin/Professor

	Jurastudierende			Professorinnen			Professoren		
Jahr	insges.	Männer	Frauen	in Pers.	je Stud. insges.	je Studentinnen	in Pers.	je Stud. Insges.	je Studentinnen
1980	69.778	47.341	22.437	10	6.978	2.244	715	98	31
1990	83.182	48.790	34.392	16	5.199	2.150	736	113	47
2000	102.889	54.196	48.693	69	1.491	706	842	122	58
2010	92.577	42.570	50.007	124	747	403	817	113	61
2015	112.271	50.363	61.908	165	680	375	845	133	73

Anm.: Die Anzahl der Jurastudierenden insgesamt ist bis 1997 gestiegen bis auf 112.756, danach gefallen auf 86.210 im Jahr 2008, seitdem steigt die Zahl wieder und hatte im Jahr 2015 fast den Höchststand von 1997 wieder erreicht. Der Anstieg bis 1997 war teilweise durch die Wiedervereinigung verursacht, da bis 1989 die Statistik nur die westdeutschen Studierenden gezählt hat. Erst ab 1992 haben die Studierenden an ostdeutschen Fakultäten relevante Werte erreicht.

was uns eine Reihe von Interviewpartnerinnen bestätigt hat. 1980 kamen auf einen Professor 31 weibliche Studierende, 2015 waren es 73.

6.1.11 Die Leaky Pipeline

Um festzustellen, inwieweit der niedrige Professorinnenanteil auf die historisch begründet niedrigen Anteile von Frauen im Jurastudium und an den Promotionen und Habilitationen zurückzuführen ist, haben wir in Anlehnung an eine Sonderauswertung des Kompetenzzentrums Frauen in Wissenschaft und Forschung (CEWS) „Kohortenanalyse und Übergangsquoten" (BLK 2005) Übergangsquoten (in Stichjahren) für die Rechtswissenschaften errechnet. *„Übergangsquoten geben an, wie viele Personen, die eine bestimmte Qualifikationsstufe erreicht haben, in die nächst höhere Qualifikationsstufe gehen"* (ebd., S. 6). Außerdem haben wir eine Kohortenanalyse vorgenommen. Sie zeigt auf,

> „ob und in welchem Umfang Frauen oder Männer im Laufe der wissenschaftlichen Qualifikation aus der Wissenschaft ausscheiden. Es wird damit die ‚trickle-up'- oder Durchwachs-These widerlegt, der zufolge die gegenwärtige Unterrepräsentation von Frauen in der Wissenschaft darauf zurückzuführen sei, dass in den Jahrgängen der Wissenschaftlerinnen und Wissenschaftler, die gegenwärtig berufen werden, zu Beginn der Karriere noch nicht genügend Frauen in den einzelnen Fächergruppen ein Studium begonnen hätten. Hinter dieser These steht die Annahme, dass mit einem wachsenden Studentinnenan-

171

teil sich auch die Unterrepräsentanz in den höheren Qualifikationsstufen verringern würde." (Ebd., S. 1)

Jura hat im Vergleich der Fächer insgesamt niedrige Übergangsquoten. Das niedrige Verhältnis der Habilitationen zu den Studienabschlüssen folgt aus der in diesem Fach besonders hohen Anzahl von Studierenden pro Professorenstelle. Im Jahr 2014 waren es 114 Studierende pro Lehrstuhl, im Schnitt aller Fächer nur 66 (siehe auch Wissenschaftsrat 2012a, S. 18 f.).

Abbildung 3 gibt zusammenfassend einen Überblick über die Entwicklung der Teilhabe von Frauen an der akademischen Laufbahn, dargestellt anhand der Frauenanteile ab dem Jahr 1980:

Abb. 3: Karriereweg an Universitäten vom Studienbeginn bis zur Professur in den Rechtswissenschaften (Frauenanteile 19801) bis 2014)

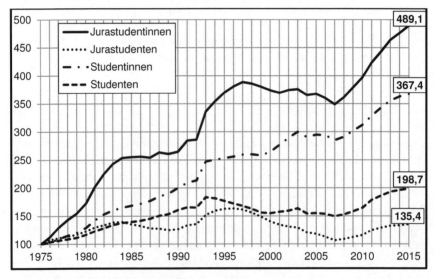

* Hier und im Folgenden = Universitärer Abschluss

1) Bis 1992 nur Früheres Bundesgebiet

Datenquelle: Statistisches Bundesamt; J. Roloff

Der Frauenanteil der Studienanfänger ist von 37,8 auf 57,7% gestiegen. D.h. es haben zunehmend mehr Frauen als Männer ein Jurastudium an einer Universität begonnen. Das gilt ebenso für den Studienabschluss: Waren es 1980 noch 28,4% sind es jetzt 58,1%. Anders als in früheren Jahrzehnten hat sich also die Drop-out-Quote der Frauen im Jurastudium der der Männer angeglichen. Über ein Drittel (39,3%) derer mit einem Doktorabschluss sind gegenwärtig Frauen; 35 Jahre zuvor waren es lediglich 7,2%. Der Frauenanteil bei den Habilitationen, bei denen 1980 keine Frau vertreten war, stieg bis 2014 auf 22,6%. Der Anteil der Juraprofessorinnen hat sich von 1,4 auf 15,8% erhöht.

Dieses vordergründig positive Bild relativiert sich, betrachtet man im Folgenden die Kohortenanalysen und die Übergangsquoten, d.h. wie sich die Anzahl der Männer und Frauen auf den einzelnen Karrierestufen zueinander verhalten. Die entsprechenden Daten und Erläuterungen zur grafischen Darstellung der Kohortenanalyse zeigt Tabelle 17. Dabei wurde der von der Bund-Länder-Kommission verwendete *„idealtypische Qualifikationsverlauf [für akademische Karrieren] von insgesamt 18 Jahren zugrunde gelegt"* (BLK 2005, S. 1). Wir gehen hypothetisch von einem Studienbeginn zwischen 1995 und 1997 aus mit einem Studienabschuss 6 Jahre später, Promotion 4 Jahre danach, der Habilitation 6 Jahre später und einem Ruf nach einem Jahr.

Tab. 17 Universitärer Karriereverlauf in den Rechtswissenschaften – Daten & Erläuterungen, 1995 bis 2014

	Insgesamt	dar. Frauen	
	in Pers.	in Pers.	in %
Studienanfänger/innen 1995-1997 (A-95/97)	108.290	53.027	49,0
Studenten/innen 1999 (S-99)	106.762	49.442	46,3
Studienabschluss 2001 2003 (D-01/03)	32.444	15.770	48,6
Promotion 2005-2007 (P-05(07)	5.414	1.846	34,1
Habilitationen 2011-2013 (H-011/013)	122	22	18,0
Neuberufungen 2012-2014 (B-12/14)	67	14	20,9

Datenquelle: Statistisches Bundesamt; J. Roloff

Anhand des Scherendiagramms in Abbildung 4, in dem die Frauenanteile den Männeranteilen gegenübergestellt werden, sieht man deutlich, dass die Schere zwischen der prozentualen Beteiligung von Frauen und Männern am Karriereverlauf nach dem Studienabschluss immer weiter auseinander klafft. Dieser Effekt wird als „Leaky Pipeline" bezeichnet.

Während beispielsweise bei den Studienabschlüssen der Unterschied zwischen Frauen- und Männeranteilen in den Jahren 2001-2003 noch relativ wenige 2,8 Prozentpunkte ausmacht, sind es bei Promotionen bereits

Abb. 4: Retrospektiver Karriereverlauf bis zur Berufung, Rechtswissenschaften 1995 bis 2014 (in %)1)

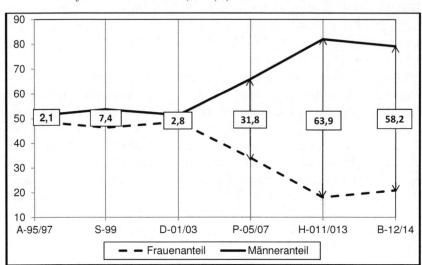

1) ↔ Differenz zwischen Frau und Mann in Prozentpunkten

Datenquelle: In Anlehnung der Sonderauswertung des CEW (BLK 2005); Statistisches Bundesamt; J. Roloff

31,8 Prozentpunkte. Die nachfolgende Karrierestufe, die Habilitation, weist den stärksten Einbruch aus: Hier beträgt der Geschlechterunterschied 63,9 Prozentpunkte. Bei den Berufungen verengt sich die Schere etwas, weil in den Jahren 2012-2014 etwas mehr der habilitierten Frauen als der habilitierten Männer berufen worden sind. Auf 22 Frauen, die in den Jahren 2011 bis 2013 habilitiert hatten, kommen 14 Berufungen zur Professorin. Die Übergangsquote beträgt insoweit 0,64. Bei den Männern lag diese Quote mit 0,53 niedriger, d.h. von ihren Habilitierten sind in diesen Jahren etwas weniger berufen worden.

Im Hinblick auf die Situation der Frauen in der Rechtswissenschaft ist damit festzustellen: Mit dem Übergang zur Promotion und insbesondere zur Habilitation gehen mehr Frauen als Männer für eine weitere wissenschaftliche Laufbahn verloren.

Von Bedeutung ist zudem, dass Frauen, wenn sie letztendlich eine Professur erhalten haben, dann in eine niedrigere Statusgruppe kommen und geringer vergütet werden als Männer. (vgl. 6.1.7)

6.1.12 Die Daten der Rechtswissenschaft im Vergleich zu anderen Fächern

2014 gab es in Deutschland insgesamt 26.773 Universitätsprofessor/innen, davon waren 6.062 bzw. 22,6% weiblich, in der Rechtswissenschaft waren es, wie bereits dargestellt, 983, davon 828 Männer und 155 bzw.15,8% Frauen.

Der Bericht der Gemeinsamen Wissenschaftskonferenz (GWK) 2015 zeigt, dass sich von 1995 auf 2014 der Anteil von Frauen erhöht hat an der Gesamtzahl

der Erstimmatrikulationen von 47,8% auf 50,1%	(Jura 57,7%)
der Studienabschlüsse von 41,4% auf 50,8%	(Jura 55,4%)
der Promotionen von 31,5% auf 45,5%	(Jura 39,4%)
der Habilitationen von 13,8% auf 27,8%	(Jura 22,6%)
der Professuren von 8,2% auf 22%	(Jura 15,8%)

In Klammern hinzugefügt sind die Werte für die Rechtswissenschaft. Sie zeigen, dass Jura bei den Erstimmatrikulationen und Studienabschlüssen erheblich über dem Durchschnitt der anderen Fächer liegt, bei den Promotionen, Habilitationen und dem Frauenanteil an Professuren darunter. Daraus folgt, dass in der Rechtswissenschaft die Ausschlussmechanismen noch stärker als in anderen Fächern wirken.

Bei der Bewerbung um Professuren haben im Schnitt aller Fächer in den letzten Jahren Frauen etwas besser abgeschnitten als Männer.[171] Für das Jahr 2015 ist festzuhalten: 26,5% der Bewerbungen waren von einer Frau, 31,5% betrug der Frauenanteil bei den Listenplätzen, 32,4% der Frauenanteil bei den Rufen (Jura 20,9%), 32% der Ernannten waren Frauen.

Im Vergleich zu ihrem Anteil an den Professuren insgesamt, der 2014 bei 22% lag, sind die Professorinnen aber überproportional häufig befristet (31,0%) und in Teilzeit beschäftigt (31,8%) (GWK 2015, S. 20).

Wie diese Werte für die Rechtswissenschaft sind, ist – bis auf den Anteil an Rufen – nicht bekannt. Bezogen auf die Anzahl der Habilitationen

---

171 Der Bericht 2015 der Gemeinsamen Wissenschaftskonferenz gibt Daten seit 2001.

sind aber ebenfalls, wie bereits gezeigt worden ist, etwas mehr Frauen als Männer berufen worden.

6.2 Fachhochschulprofessorinnen

Diese Untersuchung befasst sich mit der Situation von Juraprofessorinnen an Universitäten. Es soll hier nur kurz auf die Situation von Juraprofessor/ innen an Fachhochschulen, die eigene Qualifikationsvoraussetzungen und ein anderes Tätigkeitsspektrum haben, eingegangen werden.[172]

„Fachhochschulen [bieten] eine stärker anwendungsbezogene Ausbildung in Studiengängen für Ingenieure und für andere Berufe, vor allem in den Bereichen Wirtschaft [Wirtschaftsrecht], Sozialwesen, Gestaltung und Informatik an.“ (Statistisches Bundesamt 2013) Die meisten Fachhochschulen haben kein Promotionsrecht. Während für eine Universitätsprofessur der Schwerpunkt auf dem Nachweis der wissenschaftlichen Befähigung liegt, der durch eine Dissertation und in der Rechtswissenschaft nahezu ausnahmslos durch eine zusätzliche Habilitation erbracht wird, müssen Lehrende an Fachhochschulen neben einer Dissertation zusätzlich ihre praktische Befähigung durch fünf Praxisjahre, davon drei außerhalb einer Hochschule, belegen. (Roloff/Schultz 2016a, S. 2)

6.2.1 Studium des Rechts an Fachhochschulen[173]

Seit 1993 kann man an einigen Fachhochschulen Wirtschaftsrecht studieren. Die damalige Fachhochschule Lüneburg (jetzt Leuphania Universität) war die erste, die gegen heftigen Widerstand der juristischen Fakultäten einen solchen Studiengang mit dem Abschluss „Diplom Wirtschaftsjurist" ins Leben gerufen hat. Mit Beginn des Bologna-Prozesses im Jahr 1999 nahm die Zahl der wirtschaftsrechtlichen Studiengänge zu, seit 2007 sprunghaft, und die Abschlüsse wurden von 2005/06 an auf den Bachelor Wirtschaftsrecht umgestellt. Mittlerweile werden auch Master in Wirt-

---

172 Vgl. „Professorinnen - wo seid Ihr? Warum Professorin an einer Hochschule für angewandte Wissenschaften werden?", Webseite der Hochschule Rhein-Sieg, https://www.h-brs.de/de/professorin-werden

173 Zu Details Roloff/Schultz 2016a, S. 11-15.

schaftsrecht bzw. Weiterbildungsmaster[174] in wirtschaftsrechtlichen Spezialisierungen wie z.B. Immaterialgüter-, Medien-, Informations-, Wettbewerbs-, Steuer- und Insolvenzrecht angeboten, z.T. mit englischen Titeln, aber in deutscher Sprache[175]. Bereits 2000 hat sich ein Bundesverband der Wirtschaftsjuristen WJFH gegründet.

Im Wintersemester 2014/15 waren an den Fachhochschulen im Studiengang Wirtschaftsrecht 13.604 Frauen und Männer eingeschrieben, im Wintersemester 2003/04 studierten dieses Fach 4.319 Personen, d.h. in dem Zeitraum von zwölf Jahren hat sich die Zahl verdreifacht. Der Anteil der Frauen an den Wirtschaftsrechtsstudierenden lag 2014 ähnlich wie in der Rechtswissenschaft an Universitäten bei 54,5%.

Auch an einigen Universitäten werden Studiengänge im Wirtschaftsrecht mit Bachelor und Master angeboten.[176] Derzeit sind aber nur 28,8% aller Wirtschaftsrechtsstudent/innen an Universitäten immatrikuliert. Bezogen auf die Gesamtzahl der an Universitäten Jura Studierenden sind dies lediglich 4,8%. Absolut betrachtet sind es 5.494, davon 2.707 Frauen und 2.787 Männer. 12 Jahre zuvor waren es erst 140 Frauen und 127 Männer. Im Gegensatz zu den Fachhochschulen liegt der Frauenanteil (mit Ausnahme des Ausgangsjahres) also generell unter der 50-Prozent-Marke. So waren im letzten Wintersemester (2014/15) 49,3% aller Wirtschaftsrechtstudierenden an den Universitäten weiblich.

Recht wird auch an den Fachhochschulen für Rechtspflege unterrichtet, die der Ausbildung der Rechtspfleger/innen für die Justiz und von Vollzugspersonal dienen und bildet einen Schwerpunkt des Unterrichts an den Fachhochschulen für öffentliche Verwaltung.

6.2.2 Personal an Fachhochschulen[177]

An den Fachhochschulen besteht eine andere Personalstruktur als an Universitäten. Von den 1.314 Personen, die als wissenschaftliches Personal im

---

174 Bei Weiterbildungsmastern sind anders als bei den sog. konsekutiven Mastern kostendeckende Gebühren zu zahlen. Sie laufen auch meistens nur über ein Jahr, während konsekutive üblicherweise nach der 3 plus 2Regel nach einem dreijährigen Bachelor zwei Jahre lang dauern.

175 Eine Zusammenstellung findet sich unter http://www.mba-lounge.de/weiterbildungsmaster-recht

176 Vgl. http://www.wirtschaftsrecht-studieren.com/

177 Zu Details vgl. Roloff/Schultz 2016a, S. 64; 79-81.

Bereich Rechtswissenschaften ausgewiesen sind, waren 2014 nur 31,7% hauptamtlich beschäftigt. Davon bildeten Professor/innen die große Mehrheit. Das nebenamtlich tätige Personal setzte sich fast ausschließlich aus Lehrbeauftragten zusammen. Der Frauenanteil daran betrug 27,8%.

2014 gab es an den Fachhochschulen deutschlandweit 445 Professor/innen im Bereich Rechtswissenschaften, davon waren 101 bzw. 22,7% weiblich. Dieser Prozentsatz liegt damit über dem an Universitäten. In der Summe der Jahre 2010 bis 2014[178] sind 73 Professor/innen im Bereich Rechtswissenschaften an Fachhochschulen neu berufen worden. Davon waren 16 bzw. 21,9% Frauen. Die im Jahr 2014 an den Fachhochschulen neu berufenen Professoren im Fach Rechtswissenschaften waren im Schnitt 40,1 Jahre und die Professorinnen 42,3 Jahre alt, damit älter als Professor/innen an Universitäten[179]. Rund 2/3 der Fachhochschulprofessoren werden nach W2/C3 besoldet, 1/3 noch nach der alten Besoldungsgruppe C2.[180]

6.3 Der Frauenanteil in den juristischen Berufen im Vergleich

Zum Vergleich soll der Frauenanteil in den anderen „klassischen" juristischen Berufen aufgezeigt werden. Insgesamt gesehen liegt er dort viel höher. Hier ist aber zu berücksichtigen, dass Juraprofessorinnen eine herausgehobene Stellung haben, auch wenn es keinen stufenweisen Aufstieg wie in anderen rechtswissenschaftlichen Berufen gibt. Daher soll vor allem ein Vergleich zu Frauen in Führungspositionen in der Justiz[181] und zu Frauen in Partnerschaften der großen Wirtschaftskanzleien gezogen werden.

Tabelle 18 ist zu entnehmen, dass die Anzahl der Stellen in der Justiz mit Ausnahme einer Ausweitung nach der Wiedervereinigung weitgehend stabil geblieben ist, so dass sich die Anzahl der männlichen Juristen in der Justiz in absoluten Zahlen vermindert hat. 1997 sind die Justizstatistiken von Kopfzahlen auf Arbeitskraftanteile umgestellt worden. Da viele Frau-

---

178 Wegen der in den Jahren z.T. recht geringen Fallzahlen ist diese Gesamtzahl angegeben.

179 Weiterführende Vergleiche waren infolge der geringen Fallzahlen nicht möglich.

180 Die Bezahlung von Juraprofessor/innen an den Fachhochschulen nach W3 ist marginal, d.h. nur zwei Männer und keine Frau waren 2014 in dieser Besoldungsgruppe anzutreffen. Zu Details vgl. Roloff/Schultz 2016a, S. 80, Fn. 38.

181 Vgl. dazu im Detail Schultz/Peppmeier/Rudek 2011, S. 41 ff.

en in der Justiz Teilzeit arbeiten, liegt der Frauenanteil nach Köpfen seitdem um einiges höher als der statistisch ausgewiesene Prozentsatz. So waren in der Justiz NRW am 1.1.2014 45,89% Richterinnen und 48,14% Staatsanwältinnen tätig, während die in der Tabelle ausgewiesenen Daten nach Arbeitsanteilen niedriger sind. Die Zahl der Richterinnen und Anwältinnen auf Probe, d.h. in den ersten Jahren nach Einstellung bis zur Lebenszeitstelle, die 2015 bei 57% für Richterinnen und 53% für Staatsanwältinnen lag, zeigt, dass der Frauenanteil weiter wachsen und in absehbarer Zeit die 50% Schwelle erreichen wird.

Tab. 18: Anteil Frauen in juristischen Berufen im Vergleich (in Prozent)

Jahr	Richterschaft	Staatsanwaltschaft	Anwaltschaft	Rechtswissenschaft
1960	2,6		>2,0	-
1970	6,0	5,0	4,5	0,1
1980	13,0	11,0	8,0	1,4 (10 von 725)
1989	17,6 (3.109 von 17.627)	17,6 (661 von 3.759)	14,7 (7.960 von 4.108)	2,1 (1990) (16 von 765)
1995	26,3	28,9	19,3	4,5
2001	27,7 (5.780 von 20.880)	30,9 (1.559 von 5.044)	25,3 (27.924 von 110.367)	8 (72 von 900)
2005	31,5	34,15	28,63	10,8
2009	35,79	38,71	31,08	13,5
2011	38,45	41,03	32,04	14,9
2013	40,16 (8.185 von 20.382)	41,12 (2.203 von 5.232)	33,05 (53.175 von 160.880)	16,0 (159 von 993)
2015	42,15 (8.557 von 20.396)	43,85 (2.315 von 5.279)	33,58 (54.912 von 163.513)	16,3 (165 von 1.010)
	In der Probezeit 57	In der Probezeit 53	Anteil an Neuzulassungen 2013: 46,7	

Daten: Justizstatistik, Statistik der Bundesrechtsanwaltskammer, jeweils zum 1.1.

Anmerkung: Die Justizstatistik wird jeweils zum 31.12. eines Jahres erstellt, die Anwaltsstatistik zum 1.1. Hier ist für die Justizstatistik als Stichtag jeweils der 1.1. des Folgejahres eingesetzt worden.

In der Anwaltschaft ist die Anzahl der Männer weiterhin gestiegen, aber prozentual in geringerem Umfang als die der Frauen. Insgesamt ist die Anzahl der Anwälte über die letzten 60 Jahre gesehen exponentiell in die Höhe geschossen, während in der Rechtswissenschaft nur ein moderater Anstieg stattgefunden hat. Der Anteil der Frauen wird zwar langsamer als in der Justiz aber dennoch weiter steigen. Er lag bei den Neuzulassungen in der Anwaltschaft 2015 bei 45,6%, 2013 allerdings bei 46,7%.

Eine Männerdomäne ist das Notariat. In einigen Teilen Deutschlands werden notarielle Funktionen von Anwält/innen (Anwaltsnotar/innen), die nach Bedarf und einer Fachprüfung i.d.R. in höherem Lebensalter berufen werden, wahrgenommen. In anderen Landesteilen gibt es das Nur-Notariat als eigenen Berufszweig. Die Zahl der Frauen an den Anwaltsnotaren ist langsam aber beständig gestiegen und lag 2017 bei 15%. Bei den Nur-Notaren gibt es nur für wenige Jahre Daten zum Frauenanteil (Shaw 2003; 2012). Der Frauenanteil dürfte gegenwärtig bei etwa 22% liegen. Es war (und ist) ein von Männern dominierter Beruf, sehr traditionsbewusst mit hervorragenden Einkommenschancen. In der DDR war es ein Frauenberuf: schlecht bezahlt mit niedrigem Prestige (Shaw 2003; 2012). Nach der Wiedervereinigung stieg durch die DDR-Notarinnen der Frauenanteil an, hat danach stagniert und dann in den letzten zehn Jahren langsam zugenommen.

6.3.1 Frauen in Führungspositionen der Justiz

Auch in der Justiz gibt es bei den Führungspositionen ein Geschlechterungleichgewicht. Der Frauenanteil ist aber erheblich rascher gestiegen als in der Wissenschaft. Aufgeführt werden die Werte für den Frauenanteil insgesamt und den Frauenanteil bei den Stellen für Vorsitzende Richter/innen in Kammern und Senaten und bei Präsidentenstellen.

Zur Erläuterung: Richter bei Amts- und Landgerichten sind in der Besoldungsstufe R1, als Vorsitzende Richter bei Landgerichten und als Richter bei Oberlandesgerichten in R2, als Vorsitzende Richter bei Oberlandesgerichten in R3.

Betrachtet man nur die Anzahl der Vorsitzenden Richter, fällt auf, dass der Frauenanteil z.B. bei den Oberlandesgerichten in dieser Karrierestufe nur noch bei 21,4% liegt. Es ist die dritte Karrierestufe (R3). Der prozentuale Frauenanteil beim Bundesgerichtshof ist höher, allerdings bei geringer Zahl (siehe Tabelle 19). Bundesrichter werden gewählt, insofern spielen politische Einflussfaktoren eine Rolle.[182]

Tab. 19: Richterinnenanteil Ordentliche Gerichtsbarkeit, 1997 und 2014 (in Prozent)[183]

	1997	1997 Vors. und Präs.	2014	2014 Vors. und Präs.[184]
Amtsgerichte	28,1		46,4	
Landgerichte	26,5	11,0	40,3	27,5
Oberlandesgerichte	17,2	10,4	33,8	21,4
Bundesgerichtshof	11,4	(1 von 18)	27,1	(5 von 15 =) 33,3[185]

Datenquelle: Bundesamt für Justiz; J. Roloff

Tab. 20: Staats- und Bundesanwältinnen, 1997 und 2014 (in Prozent)

	1997	1997 LOStA	2014	2014 LOStA[186]
Bei Landgerichten	29,1	9,1	45	27,1
Bei Oberlandesgerichten	15,0	7,5	33,3	23,8
Generalstaatsanwaltschaft Beim Bundesgerichtshof		0		(4 von 26 =) 15,4[187]

Datenquelle: Bundesamt für Justiz; J. Roloff

Der Frauenanteil in der Staatsanwaltschaft ist dem bei Richter/innen vergleichbar. Ursprünglich war die Staatsanwaltschaft insbesondere in den Führungspositionen noch stärker männlich dominiert. Hier haben die Frauen in den letzten beiden Jahrzehnten aufgeholt. Nur die Bundesanwaltschaft hinkt hinterher (vgl. Tabelle 20).

---

182 Zu Karrieren in der Justiz vgl. Schultz 2012a und Schultz/Peppmeier/Rudek 2011.
183 Auch hier konnte wieder nur der Richterinnenanteil nach Arbeitsanteilen und nicht Kopfzahlen berücksichtigt werden. Allerdings arbeiten in den Führungspositionen nur wenige Richterinnen in Teilzeit.
184 Jeweils Präsidenten und Vorsitzende Richter. Seit 2014 werden diese für Landgerichte und Oberlandesgerichte nicht mehr gesondert ausgewiesen.
185 Im Jahr 2015 war der Anteil allerdings zurückgegangen auf 5 von 17 = 29,45.
186 Landgericht: Oberstaatsanwälte und Leitende Oberstaatsanwälte; Oberlandesgericht: Leitende Oberstaatsanwälte und Generalstaatsanwälte; Bundesgerichtshof: Bundesanwälte und Generalbundesanwalt.
187 2015 sind es 6 von 26 = 23,1%.

Bei den Bundesgerichten und der Bundesanwaltschaft wird seit 2011 auf Initiative des Juristinnenbundes eine Kampagne „Frauen in die Roten Roben" zur Erhöhung des Frauenanteils geführt, die zu sichtbaren Erfolgen geführt hat (Schübel 2014).[188]

6.3.2 Richterinnen am Bundesverfassungsgericht

Politischer Druck hat auch den Anteil der Frauen am Bundesverfassungsgericht erhöht und ist im November 2016 auf sieben der 16 Richter gestiegen: Im ersten Senat sind drei von acht, im zweiten vier von acht Frauen. Damit ist die Geschlechterparität fast erreicht. Sieben der bisherigen 17 Frauen am Bundesverfassungsgericht waren vorher Juraprofessorinnen, bzw. sind es noch: zunächst die frühere Präsidentin des Bundesverfassungsgerichts Jutta Limbach, die nach Ablauf ihrer Wahlperiode ausgeschiedenen Richterinnen Lerke Osterloh und Gertrude Lübbe-Wolff, die 2014 auf ihren Lehrstuhl in Bielefeld zurückgekehrt ist. Gegenwärtig sind am Bundesverfassungsgericht tätig: Doris König, die von der Bucerius Law School gekommen ist, Christine Langenfeld, die seit 2000 einen Lehrstuhl in Göttingen innehat, Susanne Baer, die eine Professur für Öffentliches Recht und Geschlechterstudien an der Humboldtuniversität hat und Gabriele Britz, die seit 2001 Professorin in Gießen war. Mit Ausnahme von Jutta Limbach sind sie alle Öffentlich-Rechtlerinnen.

6.3.3 Partnerinnen in Anwaltskanzleien

Auch in der Anwaltschaft ist auf Partnerebene der Frauenanteil niedrig. Es werden keine allgemeinen Statistiken erstellt. In kleineren und mittleren Sozietäten gibt es nur angestellte Anwälte und Partner, in den großen Wirtschaftskanzleien eine Abstufung über drei bis vier Stufen: 1. associate, 2. non equity partner/ salary partner/ counsel und 3. Partner (fixed-share/ regional/ associated/ junior oder full Partner). Der Presseverlag JUVE, der branchenspezifisch über den Markt der wirtschaftsberatenden Anwälte in Deutschland und Österreich berichtet, führt regelmäßig Umfragen zur Situation der Frauen in den Wirtschaftskanzleien durch. Nach einer aktuel-

---

188 https://www.djb.de/themen/RoteRoben/

len Erhebung im Jahr 2016 bei 78 Kanzleien, darunter 65 der 100 umsatz-
stärksten Sozietäten im deutschen Markt, liegt der Anteil weiblicher Asso-
ciates mittlerweile bei 41,5%, selbst auf Salary-Partner-Ebene sind es
25,5%. Auf Partner-Ebene stagniert der Frauenanteil seit Jahren bei unter
10%.[189] Diese Positionen sind allerdings einkommensmäßig mit Einstiegs-
gehältern, die schon auf Associate-Level, also der untersten Stufe, zwischen 70.000 und 125.000 Euro liegen, überhaupt nicht mit der Wissenschaft zu vergleichen.

6.4 Pars pro toto: Einige Daten zum Sample

Um näher zu skizzieren, wer Juraprofessorinnen und -professoren sind,
werden im Folgenden einige sozialstatistische wie biographische Daten
unseres Samples vorgestellt, die wir den Interviews entnommen haben.[190]
Berücksichtigt wurden hier nur die Statusgruppen der Professorinnen und
Professoren sowie Habilitierende und Habilitierte, die auf dem Weg zu
einer Professur sind. Es wird dabei ein spezieller Blick darauf gerichtet, ob
und inwieweit Unterschiede zwischen den Männern und Frauen bestehen.

Interviewt wurden insgesamt 32 Personen aus der Professorenschaft,
zehn Professoren und 22 Professorinnen. Unter den Habilitierenden, bzw.
frisch habilitierten unseres Samples waren fünf Männer und acht Frauen.

6.4.1 Alter und Lebensform

Die Altersstruktur der befragten Professorinnen und Professoren (Alter bei
Befragung 2012/2013) war bezogen auf das Geschlecht in etwa vergleichbar verteilt. Nur bei den über 60-jährigen haben wir mehr Männer interviewt, wovon zwei an der Grenze zur Pensionierung standen. Bei den
Frauen waren bereits drei pensioniert (Tabelle 21).

---

189 http://www.juve.de/nachrichten/namenundnachrichten/2016/03/frauenfoerderung
-was-den-erfolg-von-anwaeltinnen-verhindert
190 Die sozialstatistischen Daten der Befragten wurden nicht separat in einem Frage-
bogen erhoben.

Tab. 21: Anzahl der Interviewten Frauen/Männer im Alter unter 50, ab 50 sowie ab 60 Jahre (in Personen)

	Bis 50 Jahre	50 Jahre plus	60 Jahre plus
Männer	3	3	4 (1 pens.)
Frauen	9	9	4 (3 pens.)

Mit Blick auf Lebensform und Elternschaft lässt sich festhalten, dass alle der interviewten Professoren verheiratet sind, bei den Frauen je 11 verheiratet, bzw. ledig/geschieden. Bei den Professorinnen haben sieben keine Kinder, ebenfalls sieben ein Kind und acht zwei Kinder, bei den Männern haben zwei keine Kinder, einer ein Kind, fünf zwei Kinder, und je einer drei und vier Kinder. Auch wenn dieses statistisch nicht repräsentativ ist, zeigt es doch die bekannte, deutliche Tendenz auf, die in regelmäßig erhobenen „Generations and Gender Surveys" erfasst wird, dass Männer in gehobenen und höheren Berufen eher verheiratet sind und mehr Kinder haben als Frauen. Wissenschaftlerinnen bekommen nach deutschen und österreichischen[191] Studien entweder weniger Kinder, als sie sich gewünscht hatten, oder gar keine – oder sie wechseln irgendwann in ein anderes Berufsfeld, in dem es leichter ist, eine Familie zu gründen als in der Wissenschaft. (Metz-Göckel et al. 2014[192]; BMBF 2010) In einer älteren Studie des CEWS (Kompetenzzentrum für Frauen in Wissenschaft und Forschung) hatten unter den in die Erhebung einbezogenen Professoren 59%, unter den Professorinnen nur 16% Kinder (Lind 2008). Die Hälfte der von uns interviewten Professorinnen, die Mütter sind, hatte die Kinder erst

---

191 Die Situation ist im gesamten deutschsprachigen Raum ähnlich. Zur Zeit läuft ein Forschungsprojekt der österreichischen Akademie der Wissenschaften „Running against the clock: Realisation of family plans over the life-course (2016-2017). Vgl. auch Buber-Ennser et al. 2011. 44 Prozent der Forscherinnen in Österreich zwischen 40 und 44 Jahren haben demnach keine Kinder. Unter anderen Akademikerinnen im selben Alter sind es knapp 30 Prozent. Und unter den Frauen mit einem niedrigeren Bildungsabschluss haben überhaupt nur 16 Prozent keine Kinder. Durchschnittlich haben Wissenschaftlerinnen zwischen 40 und 45 Jahren lediglich 0,9 Kinder. In anderen europäischen Ländern, in denen die Qualifikationswege für die Wissenschaft kürzer oder gestuft sind und in denen die Tätigkeit in der Wissenschaft in der Regel auch weniger prestigeträchtig ist, verhält es sich z.T. anders.

192 Das vom BMBF in der Förderlinie „Frauen an die Spitze" geförderte Projekt hatte den bezeichnenden Titel „Wissen- oder Elternschaft".

sehr spät, nach der Qualifikationsphase, mit Ende dreißig und Anfang vierzig bekommen.

6.4.2 Examensnoten

Wir hatten in unseren Interviews auch die Examensnoten erfragt.[193]

Auch hier ist man wieder weit von Repräsentativität entfernt. Es fällt aber auf, dass mehr der befragten Professoren sehr gute Noten hatten, insbesondere im ersten Examen. Das kann Zufall sein, passt aber zu den Ergebnissen der ersten juristischen Prüfung, dass dort mehr Männer als Frauen die Topnoten erzielen. Es zeigt sich, dass der Notenschnitt im zweiten Examen schlechter ist (vgl. Tabelle 22). Das kann daran liegen, dass viele der wissenschaftlich Orientierten neben dem Referendariat ihre Promotion geschrieben haben und weniger Zeit für die Examensvorbereitung hatten oder dass sie an den praktischen Fragen weniger interessiert waren.

Tab. 22: Noten bei 1. und 2. Examen – interviewte Frauen und Männer

	1. Examen				2. Examen			
	Frauen		Männer		Frauen		Männer	
Note	Prof.	Habil.	Prof.	Habil.	Prof.	Habil.	Prof.	Habil.
1			4				1	
2	7	2	2	2	2	2	4	2
vb	10	7	3	2	9	2	3	2
3				1	4	2	1	
4					2	3		1

6.4.3 Karriere der Habilitierenden und Habilitierten

Wir haben die Karrieren der zum Zeitpunkt der Befragung 2012/2013 Habilitierenden und einer Habilitierten bis Ende 2016 verfolgt. Bei den Män-

---

193 Da in den 1970er Jahren die Notendefinition von „vollbefriedigend" erweitert wurde, bis dahin hatte – wie beschrieben – „befriedigend" noch als Staatsnote gegolten – können die Angaben der älteren zu „befriedigend" und „vollbefriedigend" Ungenauigkeiten enthalten, d.h. etwas zu gut ausfallen.

nern hat der interviewte Juniorprofessor seine Habilitation fertig gestellt und inzwischen eine Professur erhalten, ein anderer Habilitierter hat ebenfalls eine Professur erhalten, zwei weitere haben die Habilitation abgeschlossen und nehmen Lehrstuhlvertretungen wahr, einer habilitiert noch. Bei den Frauen haben zwei eine Juniorprofessur an einer anderen Universität erhalten und habilitieren weiter, eine bereits Habilitierte und eine, die zwischenzeitlich habilitiert hatte, haben einen Lehrstuhl erhalten, davon die eine an einer geisteswissenschaftlichen Fakultät, eine ist mit der Habilitation fertig, hatte zwischenzeitlich eine Lehrstuhlvertretung, eine Juniorprofessorin habilitiert noch, eine ist in Elternzeit. Eine seit vielen Jahren habilitierte Frau hat weiterhin keinen Lehrstuhl erhalten.

Zwei der drei promovierenden Männer unseres Samples haben ihre Dissertation beendet, einer ist Anwalt geworden, einer in einer Verwaltungsfunktion an seiner Universität. Einer verfolgt nach wie vor keine Promotion, hat aber eine Stelle in einer zentralen Funktion an einer Fakultät. Bei den drei promovierenden Frauen des Samples ist eine fertig, eine hat wohl die Promotion aufgegeben, eine hat mittlerweile promoviert und eine FH-Professur.

Im Groben und Ganzen gesehen kann man daraus schlussfolgern, dass sich die Karriereschritte der Frauen und Männer in dieser Nachwuchsgeneration nicht wesentlich unterschieden haben.

6.4.4 Soziale Herkunft und Schichtzugehörigkeit

Das bereits beschriebene, die Rechtswissenschaft bestimmende, traditionelle bürgerliche Familienmodell prägt auch die Herkunft der Lehrenden. Das Familienmodell findet sich besonders stark in der Mittelschicht und der gehobenen Mittelschicht. In einer explorativen Analyse zur sozialen Herkunft der Professorinnen und Professoren an den nordrhein-westfälischen Universitäten zeigte sich, dass die Professoren und (wenigen) Professorinnen der Rechtswissenschaft ebenso wie die in der Medizin fast ausschließlich aus den höchsten sozialen Herkunftsgruppen stammten, während vor allem sozialwissenschaftliche Fachgebiete sozial offener sind (Möller 2013; 2015). Die Autorin der Studie folgert: *„Damit weisen jene Disziplinen, die eine größere Nähe zu gesellschaftlicher Macht haben, eine höhere soziale Selektivität auf (Bourdieu 1992)."* (Möller 2013, S. 355) Bezogen auf die gesamte Statusgruppe stellte sie fest:

„Bei den außerplanmäßigen Professorinnen und Professoren ist ein deutlich höherer Anteil an Personen sozial niederer Herkunft zu finden. Die machtvollen [...] Professuren werden häufiger von Personen höherer Sozialgruppen dominiert. Die neu eingerichtete Juniorprofessur [...] ist den Analysen zufolge die sozial selektivste Professur." (Möller 2013, S. 355 f.)

„Erfolgreiche Wissenschaftskarrieren scheinen [...] bei Frauen stärker als bei Männern von einer herkunftsabhängigen kulturellen Passfähigkeit an das akademische Feld abzuhängen, um sich im Wettbewerb um die Professur durchsetzen zu können. (Ebd.)[194]

In unserem Sample hatten fast alle Professorinnen einen akademischen Familienhintergrund, mehr als die befragten Männer. Entsprechendes gilt auch für die Habilitandinnen.[195] Da die Gruppe begrenzt ist, sind die Ergebnisse allerdings nur bedingt generalisierbar.

Die Berufe der Väter der interviewten Professorinnen sind: je ein Juraprofessor, Philosophieprofessor, apl. Professor für Naturwissenschaften, Politikberater (in Jura habilitierend, früh verstorben), Jurist, Kirchenjurist, Anwalt, Volkswirt, Ingenieur, Physiker, Studienrat, Lehrer, bei zweien Ärzte. Zwei gaben an: Künstler (bei einer war aber der Großvater Jurist) und Musiker. Zwei gaben an aus regelrechten „Juristendynastien" zu stammen.

Bei den habilitierten Frauen/Habilitandinnen waren es: Jurist, Ingenieur, Journalist, drei Ärzte, zwei Lehrer.

Als Beruf der Mutter wurde angegeben: Ärztinnen (2x), Anwältin, Agrarökonomin, Studienrätinnen (3 x), Lehrerinnen (2 x), Bibliothekarin, Bankangestellte, technische Assistentin, Hausfrau (2x). Die Mütter hatten also, was insbesondere für die ältere Generation typisch ist, im Schnitt ein etwas niedrigeres formales Bildungsniveau als die Männer. Einige der Mütter hatten auch Familienphasen eingelegt. Zwei der Mütter hatten immerhin in den 1930er Jahren promoviert, was zu der Zeit noch ungewöhnlich war.

---

194 Vgl. auch Jungbauer-Gans/Gross 2013, S. 74: „In den Rechtswissenschaften steigt die Chance (auf einen Lehrstuhl berufen zu werden) mit dem Vorhandensein hochgebildeter Eltern und einem Mentor, bzw. einer Mentorin mit hoher Reputation."

195 Die soziale Herkunft erweist sich als Karrierebeschleuniger oder sogar als Ermöglichungsbedingung: Ausgeprägte Karriereambitionen und das selbstbewusste Verfolgen einer proaktiven Karrierestrategie weisen eher Angehörige bildungsaffiner Herkunftsgruppen auf, denen das akademische Feld mit seinen Spielregeln habituell vertraut ist und die weniger Ressourcen in Anpassungsleistungen investieren müssen (dazu auch Lange-Vester 2014).

Bei den Professoren wurden als Berufe der Väter angegeben: Juraprofessor, Jurist, Lehrer, Berufsoffizier, Handwerker, Postbeamter, kleiner
Angestellter. Für die Mütter: promovierte Germanistin, Kindergärtnerin,
Fernmeldeassistentin und Hausfrau (4x). Hier spielte sicherlich eine Rolle,
dass wir eine Reihe älterer Professoren interviewt hatten. Bei den Habilitanden wurden als Beruf des Vaters genannt: Bauingenieur, Jurist und als
Beruf der Mutter: Soziologin und Hausfrau. Dennoch zeichnet sich ab,
dass bei den Männern mehr einen sozialen Aufstieg durch die Professur
erfahren hatten als die Frauen.

Generell sind Juraprofessoren der gehobenen Mittelschicht zuzurechnen. Neben Bildung und Beruf zählen Einkommen und Lebensführung zu
zentralen Attributen. Es gibt einige Ausreißer nach oben, wie – um ein in
der Realität durchaus vorkommendes Stereotyp zu bemühen – den Porsche
fahrenden Juraprofessor mit sehr hohen Nebeneinkünften. Der Lebensstil
ist unterschiedlich, aber durchweg bildungsorientiert, wie sich im Rahmen
des Projektes gezeigt hat. Es gibt „Altachtundsechziger", die sich auch
kleidungsmäßig so eingruppieren lassen, versponnene Wissenschaftler und
forsche wirtschaftsaffine Vertreter des Faches. Es gibt eine ganze Reihe
von Doppelprofessorenpaaren zumeist beidseits in der Rechtswissenschaft, aber auch mit Partnern aus anderen Fakultäten. Wir haben von 14
dieser Paare gehört, was bezogen auf die begrenzte Zahl der Juraprofessorinnen einen Anteil von bis zu 10% bei ihrer Gruppe ausmachen wird.

Politisch ist das ganze Spektrum vertreten, wiederum mit Tendenz zur
Mitte, auch wenn Juraprofessoren nicht anders als Juristen generell eher
konservativ sind. Ein Interviewpartner definierte es für sich so:

> „Ich kenne eigentlich keine Juristen die eine Verachtung für Strukturen haben
> und Regeln. Inhaltlich haben wir alles. Also das ist ja, also ich behaupte mal,
> dass in Fragen der Gleichstellung Homosexueller auf die ganze Breite, da
> sind Juristen durchaus führend dabei gewesen, wenn es um die Durchsetzung
> ging, ja. Also in den Punkten sind die nicht konservativ. Und ich erlebe an
> mir selber, dass ich in bestimmten gesellschaftspolitischen Fragen [er bezog
> das auf Arbeits- und Wirtschaftspolitik] auch überhaupt nicht konservativ
> bin." (I 56)

Wie es sich mit der geschlechterpolitischen Einstellung unserer Interview-
partner/innen verhält, gehen wir im Kapitel 10 über die Hürden und Hindernisse der Wissenschaftskarriere in der Rechtswissenschaft nach.

7. Die juristische Ausbildung: Wie wird man Jurist/in?[196]

Die juristische Ausbildung bildet die erste Stufe im Werdegang zu einer wissenschaftlichen Karriere in der Rechtswissenschaft und gibt gleichzeitig tiefere Einsichten in die Kultur des Faches, in dem die Juraprofessor/innen als Lehrende zentrale Akteure sind. Daher soll hier ein genauerer Blick auf die aktuelle Praxis der juristischen Ausbildung geworfen werden..

7.1 Struktur der Ausbildung: Studium und Referendarzeit

Die Juristenausbildung ist in § 5a des Deutschen Richtergesetzes von 1961 und in – weitgehend deckungsgleichen – Juristenausbildungsgesetzen und -ordnungen der Bundesländer geregelt. Es ist über die Jahrzehnte bei der Ausbildung zum Einheitsjuristen mit einer zweistufigen Ausbildung und Staatsexamina geblieben.[197] In § 5 DRiG ist festgelegt, dass die Befähigung zum Richteramt erwirbt, wer ein rechtswissenschaftliches Studium an einer Universität mit der ersten Prüfung und einen anschließenden Vorbereitungsdienst mit der zweiten Staatsprüfung abschließt. Gem. § 122 Absatz 1 DRiG gilt dies auch für Staatsanwälte. § 4 der Bundesrechtsanwaltsordnung von 1959 verweist auf das Richtergesetz und normiert, dass zum Beruf des Rechtsanwalts nur zugelassen werden kann, wer die Befähigung zum Richteramt nach dem Deutschen Richtergesetz erlangt hat. Entsprechendes findet sich in § 5 der Bundesnotarordnung. Im öffentlichen Dienst ist eine zweijährige Referendarzeit für die Einstellung in den höheren Dienst erforderlich. Dieses entspricht ebenfalls der Qualifikation für das Richteramt. Das heißt, alle in juristischen Positionen Tätigen durchlaufen dieselbe bürokratiegeprägte, justizlastige Ausbildung zum „Volljuristen". Dieses Modell des Einheitsjuristen gibt es so nur in Deutschland.[198]

---

196 Vgl. hierzu insgesamt Schultz 2011b.
197 Vgl. Kapitel 4.
198 Vgl. auch die Ausführungen von Max Weber (1972, S. 126 f.) zur „legalen Herrschaft mit bureaukratischem Verwaltungsstab".

An ein rechtswissenschaftliches Universitätsstudium von vier Jahren (§ 5a Abs. 1 DRiG)[199] schließt sich eine Referendarzeit von zwei Jahren an. Beide Phasen werden mit Staatsexamina abgeschlossen, die erste Prüfung wird von den Justizprüfungsämtern bei den Oberlandesgerichten[200] organisiert, die zweite von den Justizministerien der Bundesländer. Im Durchschnitt dauert die Ausbildung mit Auslandssemestern, Warte- und Übergangszeiten sieben bis neun Jahre.[201] Die Inhalte sind im Deutschen Richtergesetz und den Juristenausbildungsgesetzen festgelegt. Gem. § 5a Abs. 2 DRiG sind *„Pflichtfächer [...] die Kernbereiche des Bürgerlichen Rechts, des Strafrechts, des Öffentlichen Rechts und des Verfahrensrechts einschließlich der europarechtlichen Bezüge, der rechtswissenschaftlichen Methoden und der philosophischen, geschichtlichen und gesellschaftlichen Grundlagen."*[202] Hinzu kommen praktische Studienzeiten während der vorlesungsfreien Zeit von mindestens drei Monaten Dauer, die den Studierenden erste Praxiseinblicke während des Studiums ermöglichen sollen, und fachspezifische Fremdsprachenkenntnisse sind nachzuweisen.[203] (§ 5a Abs. 2 und 3 DRiG)

---

199 § 5d Abs. 2 S. 1 DRiG regelt: „Der Stoff der universitären Schwerpunktbereichs-prüfung und der staatlichen Pflichtfachprüfung ist so zu bemessen, dass das Studium nach viereinhalb Studienjahren abgeschlossen werden kann. Entsprechend regelt z.B. § 1 S. 2 JAG NRW: „Die Regelstudienzeit beträgt einschließlich aller Prüfungsleistungen neun Semester." Zur Justizstatistik https://www.bundesjustiza mt.de/DE/Themen/Buergerdienste/Justizstatistik/Juristen/Ausbildung_node.html

200 D.h. von der sog. ordentlichen Gerichtsbarkeit mit den Zivil- und Strafgerichten. Daneben gibt es als besondere Gerichtsbarkeiten noch die Arbeits-, die Verwaltungs-, die Sozial- und Finanzgerichtsbarkeit und die Verfassungsgerichte der Länder und das Bundesverfassungsgericht. Vgl. Schultz 2008b.

201 Bis zur Einführung des sog. „Freischusses" lag die durchschnittliche Studiendauer bei sechs Jahren und die gesamte Ausbildung dauerte mit einem bis in die 1970er Jahre drei- bis dreieinhalbjährigen Referendariat bis zu zehn Jahren. Im Ausland sind die Ausbildungszeiten kürzer – z.T. erheblich. Um die jungen deutschen Juristinnen und Juristen international wettbewerbsfähig zu halten, wurde neben einer kürzeren Referendarzeit zur Verkürzung des Studiums der sog. „Freischuss" eingeführt, d.h. die Möglichkeit, nach 8 Semestern sanktionsfrei das Examen zu probieren. Zusätzlich sollten durch den „Freischuss" die ausufernden Studienzeiten begrenzt werden, was auch gelungen ist, die durchschnittliche Studiendauer ist dadurch auf 5 1/2 Jahre zurückgegangen.

202 Vgl. z.B. auch § 11 JAG NRW.

203 16 Fakultäten bieten eine fachspezifische Fremdsprachenausbildung (FFA) an. http://www.studieren-jura.de/69,1,fremdsprachen.html

§ 5a Abs. 4 DRiG bestimmt: *„Die Inhalte des Studiums berücksichtigen die rechtsprechende, verwaltende und rechtsberatende Praxis einschließlich der hierfür erforderlichen Schlüsselqualifikationen wie Verhandlungsmanagement, Gesprächsführung, Rhetorik, Streitschlichtung, Mediation, Vernehmungslehre und Kommunikationsfähigkeit."* Die Angebote an den Universitäten hierzu sind sehr unterschiedlich, häufig begrenzt, für die dafür erforderliche Arbeit in kleinen Gruppen fehlt es in der Regel an Personal.

§ 5b DRiG regelt die Referendarzeit, einen Vorbereitungsdienst in der Praxis, der ebenfalls von den Oberlandesgerichten organisiert wird. Die Zulassung ist allen, die das erste Examen bestanden haben, garantiert. Dienstvorgesetzte sind die Präsident/innen der Landgerichte, denen sie als Stammdienststelle zugewiesen worden sind (vgl. z.B. § 32 JAG NRW). Die Referendare/innen erhalten eine Unterhaltsbeihilfe.[204] Durch Pflichtstationen bei einem ordentlichen Gericht in Zivilsachen, einer Staatsanwaltschaft oder einem Gericht in Strafsachen, einer Verwaltungsbehörde und einem Rechtsanwalt wird die Verwendungsbreite für die Praxis vertieft. Die praktische Ausbildung wird durch wöchentlich stattfindende Arbeitsgemeinschaften, die von Praktikerinnen und Praktikern der verschiedenen Berufsfelder, insbesondere Richter/innen und Staatsanwält/innen, geleitet werden, ergänzt. Durch eine Wahlstation können individuelle Schwerpunkte gesetzt werden. Im Anschluss folgt das zweite juristische Staatsexamen.[205]

Solange es die Juristenausbildung gibt, ist sie kritisiert worden, insbesondere die Justizlastigkeit wurde seit den 1970er Jahren angeprangert. Es wurden verschiedene Studienmodelle entwickelt, diskutiert und z.T. ausprobiert: insbesondere in den 1970er Jahren im Zuge der Bildungsreform und ihrer Ausweitung der universitären Ausbildungskapazitäten, in den 1990er Jahren nach der Wiedervereinigung und im Kontext des Bologna-

---

204 Bis 1992 bekamen Rechtsreferendar/innen auch den Status als Beamte auf Widerruf. Dieses Modell wird gem. § 4 Abs. 4a) Beamtenstatusgesetz gegenwärtig nur noch in Thüringen angewandt. Es ist abgeschafft worden, als immer mehr junge Juristinnen und Juristen, die keine deutsche Staatsangehörigkeit hatten und damit nicht verbeamtet werden konnten, die Referendarzeit absolvieren wollten. Außerdem war die Einführung der Unterhaltsbeihilfe, die erheblich niedriger liegt als das vorher gezahlte Referendarsgehalt, bei den seit den späten 1980er Jahren stark anwachsenden Juristenzahlen eine willkommene Sparmaßnahme.

205 Die Bezeichnung ist geblieben, obwohl das 1. Examen jetzt offiziell erste juristische Prüfung heißt.

Prozesses im ersten Jahrzehnt des neuen Jahrtausends. So kam es immer wieder zu Änderungen, die aber letztlich marginal blieben und das alte preußische Modell mit der Fokussierung auf Aufgaben in der Justiz im Kern erhielten. Dies war im 19. Jahrhundert vertretbar: 1883 gab es im deutschen Reich in der ordentlichen Gerichtsbarkeit 7.000 Richter auf 46 Millionen Einwohner und nur 4.300 Anwälte. Im Jahr 2013 hatte sich die Zahl der Richter/innen in der ordentlichen Gerichtsbarkeit auf rd. 14.800 verdoppelt, die Bevölkerung ist nahezu entsprechend auf 82 Mio. angestiegen, d.h. die Anzahl der Richter/innen pro Kopf der Bevölkerung ist etwa gleich geblieben, die Zahl der Anwältinnen und Anwälte hat sich bis 2016 auf rd. 165.000 fast vervierzigfacht.

In den letzten Jahren sind die Reformrufe verhallt, und es werden zur Zeit keine Reformvorschläge auf den Tisch gebracht. Die letzte und umfassendste Änderung der Juristenausbildung war im Jahr 2002 erfolgt. Da sich die am Gesetzgebungsverfahren Beteiligten, insbesondere die Justiz und die juristischen Fakultäten erkennbar unsicher waren, trat sie erst nach einer vierjährigen Übergangszeit 2006 in Kraft.[206] Die Anwaltsstation ist von vier auf neun Monate verlängert worden, mit zusätzlich vier Monaten der Wahlpflichtstation können insgesamt 13 Monate anwaltlich praktiziert werden.[207]

Im Studium ist seitdem ein universitärer Schwerpunkt zu absolvieren, zu dem von Hochschullehrern angebotene Leistungsnachweise zu erbringen sind, die für 30% der Gesamtexamensnote zählen. Der von den Oberlandesgerichten organisierte Prüfungsteil heißt nunmehr staatliche Pflichtfachprüfung, und beides zusammen wird als erste juristische Prüfung bezeichnet. Die Schwerpunktbereiche dienen einer Ergänzung und Vertiefung einzelner Bereiche des Pflichtfächerstudiums und der Vermittlung interdisziplinärer und internationaler Bezüge des Rechts. Da die Pflichtfächer gesetzlich festgeschrieben sind, steht den Fakultäten im Bereich des Schwerpunktstudiums ein gewisser Freiraum zu, das Studium inhaltlich

---

206 Juristenausbildungsreformgesetz vom 11.7. 2002 http://www.gesetze-im-internet. de/jurausbrefg/BJNR259200002.html

207 Das Angebot an spezifisch anwaltsorientierten Lehrveranstaltungen wird aber von Absolvent/innen als unzureichend oder mäßig kritisiert. Vgl. Konferenz der Justizministerinnen und Justizminister, Ausschuss zur Koordinierung der Juristenausbildung: Bericht über die Auswirkungen des Gesetzes zur Reform der Juristenausbildung – Fortsetzung der Evaluation (Januar 2007 bis Oktober 2010), https://www.justiz.nrw.de/JM/schwerpunkte/juristenausbildung/evaluation/index. php, S. 66

und konzeptionell zu gestalten. Die Schwerpunkte richten sich nach Spezialisierungen der Professor/innen, es werden daher an den Fakultäten unterschiedlich viele und unterschiedliche Schwerpunkte angeboten. Sie reichen von gängigen Bereichen wie Unternehmensrecht und Strafrecht/ Kriminologie über Medien- und Kommunikationsrecht bis z.B. zu „Religion, Kultur und Recht".

Der Sinn und auch die Durchführung der universitären Schwerpunkte werden immer wieder diskutiert. Da die Notengebung sehr uneinheitlich und in keiner Weise mit den Noten der staatlichen Pflichtfachprüfung vergleichbar, im Schnitt viel besser, ist, werden z.B. bei Einstellungen in der Justiz von NRW die Noten der ersten juristischen Prüfung nicht mehr berücksichtigt, in anderen Bereichen nur die Noten des Pflichtteils.

Es gibt daher Diskussionen, den universitären Schwerpunkt wieder abzuschaffen, auch von Hochschullehrerinnen und Hochschullehrern, für die Aufwand und Ertrag des Schwerpunkts in keinem Verhältnis stehen. Sie sehen sowohl die Studierenden überfordert, bei denen der Schwerpunkt zu Lasten des Grundlagenwissens gehe, als auch die Fakultäten, die durch den organisatorischen Aufwand überlastet würden. Außerdem gehe die in den traditionellen Seminaren gepflegte Wissenschaftlichkeit verloren.[208] Die seit Anfang der 2000er Jahre eingeführte Zwischenprüfung steht wegen des organisatorischen Aufwands ebenfalls in der Kritik und die mit dem Juristenausbildungsreformgesetz 2002 postulierte Ausbildung in Schlüsselqualifikationen, den für Juristinnen und Juristen wichtigen Soft Skills, wird von den Fakultäten zunehmend halbherzig gehandhabt.[209] Es zeigt sich deutlich die Tendenz wie schon bei früheren Reformvorhaben, z.B. auch der Einführung einer einstufigen Juristenausbildung in den 1970er Jahren mit einer integrierten Theorie-/Praxisausbildung ohne fol-

---

208 Vgl. z.B. Körner, Konstantin: Professoren kritisieren Reform des Jurastudiums. „Die Schwerpunktbereiche gehören abgeschafft", Legal Tribune Online 27.06.2013. http://www.lto.de/recht/studium-referendariat/s/schwerpunktbereich-abschaffung-heidelberg/ , anders Konferenz der Justizministerinnen und Justizminister, Ausschuss zur Koordinierung der Juristenausbildung: Bericht über die Auswirkungen des Gesetzes zur Reform der Juristenausbildung – Fortsetzung der Evaluation (Januar 2007 bis Oktober 2010), https://www.justiz.nrw.de/JM/schwe rpunkte/juristenausbildung/evaluation/index.php, S. 67. Im November 2016 hat sich die Konferenz der Justizminister aber für eine Reduzierung des universitären Schwerpunkts ausgesprochen.
209 Vgl. auch hier den Evaluationsbericht der Konferenz der Justizministerinnen und Justizminister 2011, S. 67

gendes Referendariat, zum Gewohnten zurückzukehren.[210] (Schultz 2011b, S. 9 ff.)

Die Rechtswissenschaften sind neben Medizin das einzige Fach, das sich sogar dem Bologna-Prozess entzogen hat, der in den letzten 15 Jahren im Rahmen des einheitlichen europäischen Bildungsraums die generelle Umstellung der Abschlüsse an Universitäten und Fachhochschulen von Diplom und Magister auf Bachelor und Master gebracht hat. Selbst die Lehrerausbildung, bei der die Berufsqualifizierung ebenfalls über Staatsexamina stattfindet, hat sich in das neue Modell eingepasst. Die Justizministerien, die Berufsverbände (Deutscher Anwaltverein und Bundesrechtsanwaltskammer) und der Deutsche Juristen-Fakultätentag führten engagierte Diskussionen über Modalitäten und Möglichkeiten einer Umstellung der Juristenausbildung. Es ging vor allem darum, ob nach einem einheitlichen Bachelor auf Masterebene eine Spartenausbildung mit Spezialisierung auf Rechtspflege, Rechtspraxis oder Wirtschaft eingeführt und damit der Einheitsjurist abgeschafft werden sollte. Dies hätte erheblich Änderungen in der universitären Lehre zur Folge gehabt. Das Problem wurde letztlich ausgesessen, und Änderungsvorschläge „sind vom Tisch".[211] Wieder haben die Traditionen gesiegt (dazu auch Schultz 2007 und 2011b). Einige Fakultäten haben sich insofern angepasst, als sie zusätzlich zur Vorbereitung auf das erste Examen grundständige Bachelor und Master, in der Regel mit einer Spezialisierung auf Wirtschaftsrecht, anbieten. An einigen Hochschulen[212] erwirbt man den Bachelor of Laws zusätzlich zur ersten juristischen Prüfung. Seit dem Ende der 1990er Jahre bieten die Fakultäten Weiterbildungsmaster in vielfältigen Spezialisierungen an.[213] Für die Bachelor- und Masterangebote sind Akkreditierungen erforderlich, für die klassische Juristenausbildung nicht.

---

210 Die Einstufige Juristenausbildung wurde an neun Fakultäten, insbesondere Neugründungen wie Augsburg, Bayreuth, Bielefeld, Bremen, Konstanz und zusätzlich in Trier Frankfurt, Hamburg II, Hannover eingeführt.

211 Auf Belege wird hier verzichtet. Der Diskussionsprozess ist im Internet noch nachvollziehbar. Außerdem ist es letztlich nur einer von diversen Reformversuchen.

212 Zur Zeit in Mannheim, Potsdam, an der Gerd Bucerius und der EBS Law School. Dies könnte sich als allgemeinverbindliches Modell in Zukunft durchsetzen.

213 Während in Deutschland Bachelor und Master grundsätzlich der 3 plus 2 Regel folgen (drei Jahre Studium bis zum Bachelor, gefolgt von einem zweijährigen Masterprogramm), sind Weiterbildungsmaster in der Regel einjährig, und es müssen aufgrund entsprechender Regelungen in den Landeshochschulgesetzen kos-

Die meisten Fakultäten verleihen seit 2001 mit dem ersten Examen den Titel „Diplom-Jurist/in", einige den Titel Magister juris (Mag. jur.), um junge Juristinnen und Juristen insbesondere für die Verwendung im Ausland mit einem international aussagekräftigen Titel auszustatten. Dieses ändert aber nichts daran, dass in Deutschland ein Jurist nur mit dem ersten Examen (Referendarexamen) kein Volljurist ist. Nach dem zweiten Examen (Assessorexamen) kann man den Titel „Assessor" führen.

Zwischen dem staatlichen und dem universitären Teil der Ausbildung besteht eine Kluft, da die Universitäten zwar für den staatlichen Teil der Prüfung ausbilden, die Inhalte des Studiums aber in den Juristenausbildungsgesetzen staatlich vorgegeben sind und die Prüfungen, wie beschrieben, von der Justiz organisiert werden. Gem. § 5d Abs. 1 S. 1 des Deutschen Richtergesetzes (DRiG) sollen aber nicht nur die staatlichen, sondern auch die universitären Prüfungen die rechtsprechende, verwaltende und rechtsberatende Praxis einschließlich der hierfür erforderlichen Schlüsselqualifikationen berücksichtigen. Gem. § 5 Abs. 2 DRiG sind Studium und Vorbereitungsdienst inhaltlich aufeinander abzustimmen. Da die meisten Hochschullehrer/innen nur über eine begrenzte Kompetenz in der Rechtspraxis verfügen, versuchen die Fakultäten diesem Erfordernis durch Einsatz von Lehrbeauftragten aus der Praxis gerecht zu werden.[214]

---

tendeckende Gebühren bezahlt werden; das Studium in grundständigen Studiengängen ist in Deutschland dahingegen zur Zeit wieder gebührenfrei. Abgesehen von den interdisziplinären oder spezialisierten Inhalten, die Weiterbildungsmaster bieten, sind sie für Juristen attraktiv, weil sie dadurch den zusätzlichen Titel M.A. oder LL.M. erwerben.

214 So findet sich bei der juristischen Fakultät der Universität Düsseldorf auf der Website folgender Hinweis:
„Die Juristische Fakultät der Heinrich Heine-Universität Düsseldorf steht für eine praxisnahe und international orientierte Forschung und Lehre. Grundlage hierfür ist eine enge Kooperation mit der lokalen Praxis - über 70 Richter, Staatsanwälte und Rechtsanwälte unterstützen als Lehrbeauftragte und Honorarprofessoren die Ausbildung. Darüber hinaus bestehen ein reger internationaler Austausch sowie Kooperationen mit ausländischen Universitäten, […] 19 Professorinnen und Professoren lehren und forschen an der Juristischen Fakultät der Heinrich-Heine-Universität; acht Institute sind Zentren wissenschaftlicher Arbeit und Praxisverbindung. 16 Honorarprofessoren und ca. 60 Lehrbeauftragte, die als Richter und Rechtsanwälte ihre praktische Erfahrung einbringen, unterstützen die Lehre." http://www.jura.hhu.de/de/fakultaet0.html

Die Unterrichtenden sind zumeist Männer, auch in der Referendarzeit wird der Unterricht überwiegend von männlichen Praktikern erteilt.[215] Obwohl inzwischen Frauen in beträchtlicher Anzahl in den juristischen Berufen tätig sind, scheuen viele – angesichts von Doppelbelastungen – den zusätzlichen Aufwand.

Erst mit beiden Examina, also nach sieben bis neun und in einer nicht unbeträchtlichen Zahl von Fällen von zehn und mehr Jahren[216] wird der Jurist zum eigentlichen Juristen, zum Volljuristen. Nur etwa 1/10 der Juristen bricht nach dem ersten Examen die Ausbildung ab, wie die Dropout-Statistik (s.u.) zeigt. Auch fast alle Befragten in unserer Untersuchung hatten beide Examina, wobei einige die Referendarzeit erst nach der Promotion und einer Unterbrechung von mehreren Jahren absolviert haben. Bei Rechtshistorikern war es früher üblich, nach dem ersten Examen die Ausbildung abzubrechen, was heute aber eher als Mangel empfunden wird. (I 71)

7.2 Die didaktische Dimension

Im Folgenden soll ein Blick darauf geworfen werden, was in der juristischen Ausbildung wie gelernt und gelehrt wird.

Die Einzelheiten der Ausbildung sind in Studien- und Prüfungsordnungen und Studienplänen der Fakultäten geregelt. Sie orientieren sich an den gesetzlich vorgegebenen Inhalten des Studiums. Kompetenzorientierte und lehrzielorientierte Curricula, die näher auf den Ablauf des Lehr- und Lernprozesses und die Rahmenbedingungen des Lernens eingehen, gibt es nicht.[217] Manche Rechtswissenschaftlerinnen und Rechtswissenschaftler halten diese auch nicht für nötig oder sogar schädlich und befürchten dadurch eine „Verschulung" der Ausbildung und Abkehr von den Idealen der Humboldt'schen Universität. Umgekehrt führen die nicht klar definierten Anforderungen zu einer erheblichen Orientierungslosigkeit, die u.a. für die

---

215 Für Bayern vgl. Schweigler 2014, S. 55.
216 Die durchschnittliche Studiendauer bis zur ersten Prüfung beträgt 11 Semester. Hinzu kommen die zwei Jahre Referendarzeit, zwischen erster Prüfung und Referendarzeit liegt meistens noch eine Wartezeit.
217 Interessanterweise sind die BeurteilungsAVs der Justiz kompetenzorientiert und gehen genau auf Anforderungsprofile ein. Vgl. Dienstliche Beurteilungen der Richterinnen und Richter sowie der Staatsanwältinnen und Staatsanwälte AV d. JM vom 2. Mai 2005 (2000 - Z. 155) - JMBl. NRW S. 121 -

hohen Drop-Out-Quoten verantwortlich sein und zu einer starken Verunsicherung der Studierenden führen kann.

7.2.1 Das Recht: Erkenntnisgegenstand und Erkenntnispraxis

Bei der Rechtswissenschaft stehen Kenntnisse im positiven (geschriebenen) Recht, seine Anwendung im Einzelfall und rechtspolitisch seine Veränderung im Vordergrund (WR 2012, S. 28). Als Textwissenschaft arbeitet die Rechtswissenschaft hermeneutisch, d.h. sie ist auf die Auslegung und die Interpretation der Gesetzestexte spezialisiert.

Die hermeneutischen Techniken, die sich aus den Traditionen des römischen Rechts entwickelt haben, sind bereits seit dem 16. Jahrhundert durch die Rechtspraktiker am Reichskammergericht vermittelt worden. Ziel ist es, dem abstrakten und generellen Gesetzestext in einer konkreten Anwendungskonstellation eine verbindliche Auslegung zu verleihen. Die juristische Erkenntnispraxis besteht vor allem in der Systematisierung und Dogmatisierung von Rechtsbeständen und fallbezogenen Rechtsanwendungen. Hierbei operiert die Rechtswissenschaft mit einem Normauslegungsprogramm, nach dem Recht „de lege artis", also kunstgerecht, d. h. grammatikalisch, historisch, systematisch und teleologisch unter Anwendung spezifischer Argumentationsmuster ausgelegt wird.

Das Recht wird vor allem in den dogmatischen (oder exegetischen) Fächern, also dem Öffentlichen Recht, dem Strafrecht und dem Privatrecht, begrifflich-systematisch bearbeitet, wohingegen in den nichtexegetischen sogenannten Grundlagenfächern die historischen, soziologischen, philosophischen, politologischen und ökonomischen Bezüge des Rechts sowie die theoretischen Grundbegriffe der Rechtsordnung thematisiert werden. Diese Fächer bringen unterschiedliche Perspektiven und Reflexionspotentiale in die Rechtswissenschaft ein. Sie verwenden eigene Methoden und Verfahren der wissenschaftlichen Erkenntnisgewinnung, so dass auch in der Rechtswissenschaft zunehmend ein Methodenpluralismus zu beobachten ist, der aber in der juristischen Ausbildung, die auf die Rechtsanwendung zugeschnitten ist, nicht systematisch vermittelt wird.

7.2.2 Ziele, Inhalte und Methoden des Studiums

Zu den Zielen des Studiums regelt z.B. die Studien- und Prüfungsordnung der Kölner Fakultät[218] entsprechend den Vorgaben des Richtergesetzes in § 1 Abs. 1

> „Das Studium soll den Studierenden die Kompetenzen und Kenntnisse ver-
> mitteln, die für den juristischen Vorbereitungsdienst sowie für die Ausübung
> einer juristischen Tätigkeit erforderlich sind. Insofern bereitet es insbesondere
> auf Berufe vor, die die Befähigung zum Richteramt und zum höheren allge-
> meinen Verwaltungsdienst voraussetzen."

Die Lehrformen und -praktiken sind nach wie vor durch einen traditionellen Lehrstil geprägt. Frontalunterricht, häufig in Großvorlesungen, in denen die Gesetzesmaterie systematisch behandelt wird und die Lehrenden sich den „Hörerinnen und Hörern" präsentieren, sind immer noch die Regel. Arbeitsgemeinschaften dienen der Vertiefung des Wissens, Übungen und Klausurenkurse der Anwendung der Rechtskenntnisse auf Fälle, ergänzt um Examensvorbereitungskurse und sog. „Wiederholerkurse"[219]. Kolloquien und Seminare dienen der wissenschaftlichen Diskussion und Vertiefung rechtlicher Probleme und Inhalte.

Im Zentrum des Rechtsunterrichts steht also der Erwerb von Kenntnissen im positiven Recht (Gesetzesrecht, dem materiellen und Prozessrecht) und die Lösung von Fällen, bei denen zunächst der rechtlich relevante Sachverhalt herausgearbeitet werden muss, auf den dann die Gesetze angewandt werden müssen. In der universitären Ausbildung werden weitgehend konstruierte „Schulfälle" eingesetzt, in der Referendarzeit Fälle aus der Praxis, häufig in Form von Originalakten.

Die Überprüfung, ob ein Sachverhalt unter eine Norm passt, der sog. Subsumtionsprozess, erfordert häufig eine Auslegung von Gesetzestexten[220] nach einem Kanon von Auslegungsregeln im Rahmen des durch die

---

218 Studien- und Prüfungsordnung für den Studiengang Rechtswissenschaft mit Abschluss erste Prüfung der Rechtswissenschaftlichen Fakultät der Universität zu Köln vom 24. Juli 2014, geändert durch Ordnung vom 21.07.2015. http://www.ju ra.uni-koeln.de/studpro_2014.html

219 Viele Studierende treffen sich in der Examensphase auch regelmäßig in privaten Arbeitsgruppen, u.a. um miteinander das mündliche Argumentieren zu üben.

220 „Im Auslegen seid frisch und munter! Legt ihr's nicht aus, so legt was unter!" Als Aphorismus aus dem zweiten Buch von Goethes Zahme Xenien, 1821 gebräuchlich, ebenso: „Wer mag denn gleich Vortreffliches hören? Nur Mittelmäßige sollten lehren."

Verfassung vorgegebenen und in Entscheidungen des Bundesverfassungsgerichts, des Europäischen Gerichts und des Menschenrechtsgerichtshofs
konkretisierten Wertesystems und der in der rechtswissenschaftlichen Literatur gebildeten „herrschenden Meinung". Hinzugezogen werden Präju-
dizien, entschiedene Fälle, insbesondere der Obergerichte. Insofern ist die
Rechtswissenschaft keine exakte Wissenschaft, vielmehr sind die Ergebnisse auch von einstellungsbedingten subjektiven Wertungen abhängig.

Sachverhaltsanalyse und nach formalen Regeln zu erstellende schriftli-
che Rechtsgutachten sind immer noch die zentralen Elemente des juristischen Lernprozesses und dominieren das Lehrgeschehen an den Fakultäten (Ranieri 1997, S. 13 ff. m.w.N.).[221] Erst in den letzten Jahren sind – in-
spiriert durch die Lehre im anglo-amerikanischen Bereich – Simulationen
von gerichtlichen Verhandlungen und Moot Courts hinzugekommen, in
denen Studierende an fingierten oder realen Fällen Elemente mündlichen
Argumentierens üben können. Zunehmend werden auch Law oder Legal
Clinics eingerichtet, in denen Studierende pro bono Rechtsberatung geben.[222]

Die Konzentration auf die Dogmatik des Faches, die Heranbildung von
„Subsumtionsautomaten" hat immer wieder fundamentale Kritik an der juristischen Ausbildung laut werden lassen.[223] Früher war daher als wichtiger Bestandteil der juristischen Ausbildung das studium generale, das Anhören fachfremder Vorlesungen, insgesamt der Erwerb von Weltwissen,
angesehen worden. Die Ausbildungsreform in den 1970er Jahren, die in
Modelle einer einstufigen Juristenausbildung mündete, hatte diesem durch
Stärkung des Unterrichts in den Grundlagenfächern Rechnung tragen wollen. Das erklärte Ziel war, junge Juristen zur Kritikfähigkeit zu erziehen –

---

221 In der Referendarzeit werden Gutachten in der sog. Relationstechnik erstellt, bei
der die Beweislast zu berücksichtigen ist, und es wird das Urteileschreiben geübt.

222 Von 1935 bis 2008 verhinderte das damals geltende Rechtsberatungsgesetz eine
unmittelbare Beratung durch Studierende. Erst durch die Liberalisierung im Rahmen des neuen Rechtsdienstleistungsgesetzes (RDG) wurde zulässig, dass Studierende Rechtsuchende individuell beraten und außergerichtlich durch Mahn-
schreiben und Telefonanrufe u.ä. und gegenüber Behörden vertreten. Auf Inter-
vention der Anwaltschaft, die in unentgeltlicher Beratung eine unerwünschte
Konkurrenz sieht, ist in § 2 Abs. 2 RDG geregelt, dass die Rechtsdienstleistung
unter Anleitung einer Person, der die entgeltliche Erbringung dieser Rechtsdienstleistung erlaubt ist, oder einer Person mit Befähigung zum Richteramt, also
z.B. auch von Juraprofessoren, erfolgt.

223 S. die umfangreiche Bibliografie bei Ranieri 1997.

als Reaktion auf die Erfahrungen mit den „furchtbaren Juristen" der Nazizeit (Müller 1987), die in rechtstechnisch sauberer Anwendung der Nazigesetzgebung Unrechtsurteile gefällt hatten. In der Praxis soll die Fähigkeit zum „Blick über den Tellerrand"[224] die Voraussetzungen dafür schaffen, dass den gesellschaftlichen Vorstellungen und Bedingungen des demokratischen Rechtsstaats entsprechende Maßnahmen und Entscheidungen getroffen werden. Der Wissenschaftsrat hat 2012 dafür eine integrative Vermittlung der Grundlagenfächer (Rechtsgeschichte, Rechtsphilosophie, Rechtstheorie, Methodenlehre, Rechtssoziologie, Rechtsvergleichung, Recht und Ökonomie) über den gesamten Studienverlauf hinweg empfohlen. Einige Studien- und Prüfungsordnungen postulieren daher als Ziel der Ausbildung die Befähigung zum kritischen Denken.[225]

Angesichts der Gesetzgebungsflut und Fülle wichtiger Gerichtsentscheidungen fokussieren sich die meisten Jurastudierenden aber darauf, stromlinienförmig den examensrelevanten Stoff zu lernen und die Falllösungstechnik einzuüben. Als beste Examensvorbereitung gilt es, 50 und mehr Übungsklausuren zu schreiben. Aufgrund der Diskrepanz zwischen mehr theorieorientierter universitärer Lehre und den von den staatlichen Justizprüfungsämtern organisierten Examen wird Hilfe bei kommerziellen Repetitoren, „Einpaukern", gesucht, einer Institution mit langer historisch-

---

224 Bei unserer Untersuchung zu Frauen in Führungspositionen der Justiz (Schultz/ Peppmeier/Rudek 2011, S. 140) wurde von unseren Interviewpartner/innen die Bedeutung des über den Tellerrands Hinausschauen im Sinne der Verwendungsbreite immer wieder hervorgehen. Ähnliches hörten wir auch bei den Interviews mit Rechtswissenschaftler/innen: *„Gerade bei der Juristerei ist es ja nun sehr wichtig, dass man da eine große Bandbreite hat. Was man sehr zu schätzen weiß."* (I 34)

225 § 12 der Studien- und Prüfungsordnung der Rechtswissenschaftlichen Fakultät der Universität zu Köln sieht daher vor:
(2) 1Die Studierenden sollen zu vertieftem wissenschaftlichen Arbeiten und zur eigenständigen Erschließung neuer Entwicklungen ebenso befähigt werden wie zu kritischem Denken und zu verantwortlichem Handeln in einem freiheitlichen, demokratischen und sozialen Rechtsstaat. 2Dazu sollen in den Prüfungsfächern fundierte Kenntnisse vermittelt werden.
(3) Zudem soll vertieftes Verständnis für die wirtschaftlichen und politischen Bezüge, für die philosophischen, geschichtlichen und gesellschaftlichen Grundlagen und für die rechtswissenschaftlichen Methoden geschaffen werden. http://www.jura.uni-koeln.de/studpro_2014.html

er Tradition[226] (Ranieri 1997, S. 7), die, wenn man so möchte, vom Geschäft mit der Examensangst lebt (Hansen/Nitsche/Walther 1975, S. 234). Etwa 90% der jungen Juristinnen und Juristen besuchen private Repetitorien, die trotz universitärer Repetitorien, Examinatorien und Examensklausurenkursen ein florierendes Gewerbe sind (Kilian 2016). Es gibt es nicht wenige junge Juristen/innen, die nur zu Pflichtveranstaltungen, zum „Scheinemachen", in die Universität gehen und ansonsten bei Repetitoren lernen, die z.T. auch als Kontrastprogramm zu den Veranstaltungen der Massenuniversität sehr individuelle Angebote mit intensiver persönlicher Betreuung anbieten.

Es werden vermehrt Anstrengungen unternommen, die methodische Kompetenz der Lehrenden zu stärken. (Brockmann/Dietrich/Pilniok 2009; Böning 2013) In den letzten Jahren sind Gelder aus den Studiengebühren, die in den meisten Bundesländern in den Jahren zwischen 2007 und 2013/14 erhoben worden waren, in Maßnahmen zur Steigerung der Qualität der Lehre geflossen. (HRK 2014) Seit einigen Jahren gibt es Ansätze zur Institutionalisierung einer rechtswissenschaftlichen Fachdidaktik.[227] In Hamburg ist ein Zentrum für rechtswissenschaftliche Fachdidaktik eingerichtet worden, die Universität Köln betreibt seit Jahren ein Projekt „Recht aktiv" zur Weiterentwicklung der klassischen Juristenausbildung.

Für Praktikerinnen und Praktiker, die in der Referendarzeit lehren, gibt es Fortbildungen in den Justizakademien. Standard in den Referendarkursen ist es allerdings, konsequent praktische Fälle mit Lösungen zu besprechen. Das heißt im Mittelpunkt steht die Rechtsanwendung, wie sie gerichtlich praktiziert wird.

---

226 Die Geschichte der juristischen Repetitorien geht bis auf das Jahr 1794 zurück, als in Preußen das Allgemeine Landrecht eingeführt wurde. An zahlreichen Universitäten lehrten die Professoren, so z.B. auch der prominente Rechtswissenschaftler Friedrich Carl von Savigny, weiterhin das überkommene Römische Recht und den Sachsenspiegel und ignorierten weitgehend das neue Recht, das aber Gegenstand der staatlichen Prüfungen war. Diese Marktlücke füllten die privaten Repetitoren. Auch später, z.B. bei der Einführung des BGB im Jahr 1900, ergaben sich entsprechende Diskrepanzen.

227 Die Universitäten Passau und Hamburg haben fachdidaktische Tagungen abgehalten. Es gibt eine Reihe „Schriften zur rechtswissenschaftlichen Didaktik" und die „Zeitschrift für Didaktik der Rechtswissenschaft" (ZDRW), die im Nomos Verlag Baden-Baden erscheinen.

7.2.3 Medien in der Ausbildung

Für das rechtswissenschaftliche Studium gibt es eine typische Ausbildungsliteratur, die mehrheitlich von Hochschullehrer/innen, von Repetitor/innen, aber auch von Praktiker/innen geschrieben ist. Sie reicht von „Kochbüchern", wie die aus der Serie „Jura leicht gemacht. Das juristische Basiswissen"[228], Büchern mit dem Titel „Grundkurs" oder „Einführung" zu den einzelnen Rechtsgebieten oder mit dem Titel „Fälle", die Lösungsskizzen und Formulierungsvorschlägen enthalten, über Kurzlehrbücher z.B. des renommierten Beck Verlages, die systematisch alle Rechtsgebiete abdecken, bis zu den großen Lehrbüchern, die der Systematisierung und vertieften Darstellung des juristischen Wissens in den einzelnen Rechtsgebieten dienen. In den letzten zwanzig Jahren ist vermehrt „graue" Literatur hinzugekommen, also Texte zur Unterstützung der Lehrveranstaltungen, die ursprünglich als Papier vervielfältigt wurden und jetzt über das Internet zur Verfügung gestellt werden. Klassisches Arbeitswerkzeug bereits in der Ausbildung sind Kommentare, die Erläuterungen zu rechtlichen Regelungen mit einschlägiger Rechtsprechung geben. Da die Rechtswissenschaft eine bilderferne Wissenschaft ist, die sich mit abstrakten Inhalten befasst, wurden Möglichkeiten zur Visualisierung nur zögernd genutzt (Röhl/Ulbrich 2007; Schultz 2003g). Gängig waren lediglich die üblichen Pfeildiagramme zur Veranschaulichung der rechtlichen Beziehungen zwischen den an einem Fall Beteiligten. Inzwischen wird zunehmend PowerPoint zur Unterstützung der Vorlesungsinhalte eingesetzt, und die Universitätsplattformen werden für online Tutorials, Videostreams von Lehrveranstaltungen, Multiple-Choice Tests, bebilderte Fallsimulationen u.ä. genutzt.[229]

Bei der Literatur sind dezente Farben und schlichte Gestaltung dominierend. Schwarz, grau und braun, ggf. mit Goldschnitt sind in juristischen Bibliotheken die vorherrschenden Farben, Illustrationen und Titelbilder, wie etwa in den Sozialwissenschaften oder der Psychologie, findet man eher selten.

Wir haben studentische Hilfskräfte befragt, womit sie lernen. Sie haben Lehrbücher, Skripten, AG-Materialien, Mitschriften aus der Vorlesung, Karteikarten (selbstgeschrieben bzw. fertige Karteikartensätze von Repeti-

228 Schwind/Hassenpflug (Hrsg.), diverse Autoren, Berlin: Ewald von Kleist Verlag.
229 Vgl. z.B. die eLearning Angebote der juristischen Fakultät der Universität Düsseldorf. http://www.jura.hhu.de/e-learning.html

toren), Podcasts, auch Mitschnitte von Vorlesungen, Hörbücher (es wird am Anfang ein Fall vorgelesen und dann mündlich durchgeprüft) und On-line-Videos aufgeführt.

7.3 Wie wird Jura studiert? Studienorientierung und Studienbedingungen

Der 11. Studierendensurvey an Universitäten und Fachhochschulen 2010[230] beschreibt die Studiensituation in der Rechtswissenschaft wie folgt:

41% der Jurastudierenden besuchten weniger Lehrveranstaltungen als laut Studienordnung vorgesehen (Multrus/Ramm/Bargel 2010, S. 7), was auf die Diskrepanz zwischen Lehrangeboten, sowohl inhaltlich wie methodisch, und Examenserfordernissen hinweist. Die Lehrveranstaltungen bekommen von deutlich weniger Studierenden als in anderen Fächern gute Qualität bescheinigt (ebd., S. 31). Dabei weisen Jurastudierende eine sehr hohe Studienmotivation auf, die über dem universitätsweiten Durchschnitt liegt, wie eine Studieneingangsuntersuchung der Ruhr-Universität Bochum gezeigt hat.[231] Die Rechtswissenschaft wird auch, ebenso wie die Medizin, von hohen Leistungsanforderungen gekennzeichnet. 75% der Studierenden halten sie nach den Ergebnissen des 11. Studierendensurveys für charakteristisch (Multrus/Ramm/Bargel 2010, S. 12, 17). Dabei wird ein guter Studienabschluss angestrebt (ebd., S. 19). Probleme, die hervorgehoben werden, sind das Fehlen fester Arbeitsgruppen, Probleme im Umgang mit Lehrenden, vor allem wenig Kontakt zu ihnen, die Konkurrenz unter den Studierenden (von 51%), die Leistungsanforderungen und die (geringe) Beteiligung an Diskussionen. Jeder dritte Studierende sieht sich mit dem Lehrstoff überfordert, entsprechend haben Studierende der Rechtswissenschaft besonders häufig Zweifel an ihrer eigenen Studierfähigkeit (42%). Auch die Stoffmenge führt zu Belastungen. Zusammen mit ihren Kommilitonen aus den Wirtschaftswissenschaften berichten die Stu-

---

230 Multrus/Ramm/Bargel 2010, vgl. entsprechend den 12. Studierendensurvey Ramm/Multrus/Bargel/Schmidt 2014, wonach das Studium unverändert durch die Angst vor dem Scheitern (S. 378) belastet ist und die Studiensituation als desintegriert, entpersonalisiert, isoliert (s. 239 f.) zu beschreiben ist. https://www.bmbf.d e/de/der-studierendensurvey-1036.html

231 Vgl. http://www.zefir.ruhr-uni-bochum.de/mam/content/fakultaetsbericht_jura_w s_11_12.pdf, S. 9

dierenden der Rechtswissenschaft am häufigsten von Problemen mit den bevorstehenden Prüfungen, der eigenen Orientierung im Studium und den Reglementierungen im Fach. (Ebd., S. 16)

> „Insgesamt vermissen [...] vor allem die Studierenden der Rechtswissenschaft ein gutes soziales Klima. Sie erleben [...] eine Studiensituation, die durch Konkurrenz und Desinteresse gekennzeichnet ist, was die Bewältigung des Studiums nicht nur erschwert, sondern sogar aktiv behindern kann. Die Konkurrenz unter den Studierenden wurde von 51% als Problem hervorgehoben." (S. 24)

> „Die Vermittlung sozialen Verantwortungsbewusstseins ist in den Fächern der Rechts- wie der Wirtschaftswissenschaften selten." (S. 37)

> Dafür ist „der materielle Gesichtspunkt an einer beruflichen Tätigkeit" „vor allem den angehenden Juristen wie den Wirtschaftswissenschaftlern sehr wichtig. Hohes Einkommen und Aufstiegsmöglichkeiten im Beruf sind für sie relevante Faktoren bei einer Berufstätigkeit." (S. 57)

7.4 Wer oder was ist also ein/e Jurist/in?

7.4.1 Identität und Korpsgeist

In der juristischen Ausbildung findet durch Beobachten und Mitmachen eine langsame Gewöhnung an die Gepflogenheiten und Konventionen des Faches, eine Einpassung, Assimilation in die „Zunft" statt, durch die der juristische Fachhabitus aufgebaut wird. Dies wird auch als „heimlicher Lehrplan" charakterisiert (Huber et al. 1983; Schütte 1982). Es geht um „tacit knowledge", also Wissen, das nicht explizit, sondern indirekt durch kulturelle Praktiken tradiert und perpetuiert wird.[232] Auch der Lehrhabitus wird auf diese Weise weiter gegeben (Schaeper 1997, S. 221).

---

232 An der Fachhochschule Frankfurt wird im Rahmen des Studium Generale regelmäßig eine Lehrveranstaltung zu Fachkulturen im Vergleich durchgeführt: http://www.frankfurt-university.de/
In dem Lexikon „Der Campus-Knigge. Von Abschreiben bis Zweitgutachten", das die Arbeitsgruppe „Manieren und Normen in der Wissenschaft" an der Jungen Akademie der Berlin-Brandenburgischen Akademie der Wissenschaft herausgegeben hat, wird ein disziplinen- und personenbezogenes Panorama von für die Wissenschaft typischen, oft umstrittenen Verhaltensweisen gezeichnet: http://www.diejungeakademie.de/aktivitaeten/wissenschaftspolitik/abgeschlossene-ags/ag-manieren/publikationen/

Die Examina sind mit all ihren Unwägbarkeiten Initiationsrituale, Übergangsriten (rites de passage) (Schüler-Springorum 2001; Kvale 1972). Die Verunsicherungs- und die Entfremdungsprozesse in der Juristenausbildung (Portele/Schütte 1983, Schultz 1990, S. 331 f.), die Belastungen, die gemeinsam durchlitten werden, führen zusammen mit der langen Ausbildungsdauer der zweistufigen Ausbildung zu einem stark ausgeprägten Korpsgeist und einer klaren Identität als Jurist/in, die lebenslang anhält.

§ 47 JAG NRW definiert das, was einen Juristen nach dem zweiten Examen kennzeichnet, wie folgt:

> Die zweite juristische Staatsprüfung dient der Feststellung, ob die Referendarinnen und Referendare das Ziel der Ausbildung (§ 39) erreicht haben und ihnen damit nach ihren fachlichen und allgemeinen Kenntnissen und Fähigkeiten, nach ihrem praktischen Geschick[233] und nach dem Gesamtbild ihrer Persönlichkeit die Befähigung zum Richteramt und zum höheren allgemeinen Verwaltungsdienst zuerkannt werden kann.

Letztlich geht es also um einen Konformitätstest (Portele/Schütte 1983, S. 32; Schütte 1982), wobei schon die soziale Herkunft für eine eher homogene Studierendenschaft sorgt.

7.4.2 Soziale Herkunft der Jurastudierenden

Die Studierenden stammen mehrheitlich aus der Mittelschicht, wobei in der Untersuchung „Gerechtigkeit als Beruf" von Heldrich und Schmidtchen aus den späten 1970er Jahren Beamtenhaushalte überrepräsentiert waren (Heldrich/Schmidtchen 1982, S. 252). Hinzu kommen Kinder aus Familien der Oberschicht, die aus Traditionsgründen Jura studieren.[234] In den Professionsdisziplinen Medizin oder Jura ist der Anteil der Studierenden, die in der Studienfachwahl vom Beruf der Eltern beeinflusst sind, am höchsten. Dabei spielen einerseits Prestigedenken und der Wunsch nach Statuserhalt eine Rolle, andererseits vermittelt das Elternhaus den intellektuellen Zugang zum Fach, der erleichtert, sich für das

---

233 Hier fragt sich, wie die unbestimmten Rechtsbegriffe „allgemeine Kenntnisse" und „praktisches Geschick" auszulegen sind.

234 Vgl. dazu auch die Ergebnisse der Studieneingangsuntersuchung der Ruhr-Universität in Bochum, nach der Jurastudierende mehr als in anderen Fächern aus höheren und hohen sozialen Schichten stammen. http://www.zefir.ruhr-uni-bochum.de/mam/content/fakultaetsbericht_jura_ws_11_12.pdf

Studium zu entscheiden und sich darin zurechtzufinden. (Hartmann-Kopp 2001; Schölling 2005, vgl. auch Ruhr-Universität Bochum 2012, S. 18).

Die Herkunft aus bürgerlichen Familien lässt sich auch an der in der Fakultät vorherrschenden gediegenen und dezenten Kleidung ablesen. „Warum sehen Juristen eigentlich alle gleich aus?" war der Tenor von Zeitungsartikeln im Juni 2009, nachdem von einem anonymen Verfasser eine „Richtlinie zur angepassten Kleidungswahl am Juridicum" am Schwarzen Brett der juristischen Fakultät der Universität Bonn ausgehängt worden war.[235] In einem Artikel in der Legal Tribune Online im November 2014 hieß es zum Dresscode, dem „Spiel mit ungeschriebenen Regeln": *„Nenn mir deine Marke, und ich nenne dir dein Fach. Bei keiner Gruppe von Studenten und Berufsträgern funktioniert dieses Spiel so zuverlässig wie bei Juristen."* (Grau 2014)

Dazu auch ein Zitat von einem Interviewpartner, der keine juristische Ausbildung hatte, sondern fachfremd für ein interdisziplinäres Projekt in seiner Fakultät eingestellt war:

> „Alleine wenn man sich den Kleidungsstil von Juristen anschaut, man braucht nur durch die Uni zu gehen, das ist ein komplett anderer, als wenn man jetzt in irgendwelche geisteswissenschaftlichen Institute geht. […] [M]an gibt sich schon anders und das zeigt man auch durch teure Markenklamotten. Ich betone immer im Allgemeinen. Es gibt hier auch Leute mit abgerissenen Jeans." [I 52]

7.4.3 Wie werden junge Jurist/innen wahrgenommen? Ein Beispiel

Dazu wie er Jurist/innen wahrnimmt, führte er aus:

> „Man hat natürlich ein gewisses Bild und auch gewisse Vorurteile als Nichtjurist von Juristen. Was mir an den Juristen […] total gefällt, das ist die Gradlinigkeit und die Zielstrebigkeit. Also da wird in der Regel nicht drumherum geredet, sondern auf den Punkt. Da gibt es Ziele, und die gilt es zu erreichen, und das heißt, es gibt einen ganz anderen Drive. […] Diese Gradlinigkeit, diese Klarheit im Denken. Das ist, glaube ich, für das Jurastudium auch vorgegeben, dass man strukturell denkt. [Jurist/innen sind auch] konservativer vom Denken her. Das merkt man einfach auch in der Art und Weise, wie sie sich selber wahrnehmen oder wahrnehmen und repräsentiert fühlen wollen in der Öffentlichkeit. Ich hab' den Eindruck, zum Teil möchten sie als seriös wahr-

---

235 http://www.welt.de/lifestyle/article3958663/Warum-sehen-Juristen-eigentlich-alle-gleich-aus.html, vgl. auch Lindemann 2009: Body Politics - Anwälte in Anzügen; Wilke 2012: BVerfG zur Pflicht, eine Krawatte zu tragen.

genommen werden. Und ich glaube, dass diese Seriosität, dieser hohe Anspruch an diesen Beruf liegt zuletzt natürlich auch an dem hohem Gehalt, was
man verdienen kann, nicht muss. Das glaube ich, weckt den Anspruch. Gekoppelt mit diesem schweren Studium natürlich. [...] Ich merk das ja hier, das
ist eine Sache, die bewundere ich an den Studenten, wie zäh die sind. Also
wie hartnäckig die sind und sein müssen, weil sie sonst ihr Studium nicht zu
Ende bringen können." [I 52]

Als typisch oder prägend für das Selbstverständnis sei auch:

„Bei Bewerbungsmessen, da kommen die Arbeitgeber und werben quasi ihre
Studenten ein. Das ist schon bezeichnend würde ich sagen. Also dass es diese
Veranstaltung gibt für die, für das Selbstverständnis, dass die Arbeitgeber zu
den Studenten kommen und nicht andersherum." [I 52]

7.4.4 Verbindungen und Netzwerke

Traditionell ist der Korpsgeist an den Universitäten durch studentische
Verbindungen und Burschenschaften, die wegen ihrer politischen Ausrichtung gerade für Juristen attraktiv waren, gestärkt worden. Ende des 19.
Jahrhunderts gab es etwa 40 akademisch-juristische Vereine (Lönnecker
2013). Hervorgegangen aus den deutsch-nationalen Bewegungen des 19.
Jahrhunderts haben diese als Männerbünde gegründeten Vereinigungen in
den letzten Jahrzehnten an Bedeutung verloren. Optisch sind sie kaum
noch präsent, sie gelten vordergründig als unmodern, politisch konservativ
bis rechts, sind aber gerade in den alten Universitätsstädten noch recht
stark vertreten, halten sich aber nach außen eher bedeckt.[236] Bekannt ist,
dass z.B. die Deutsche Burschenschaft ein eigenes Anwaltsverzeichnis
führt. Seit einigen Jahren nehmen einige Verbindungen auch Frauen auf.
  Verbindungen haben immer als Karrierenetzwerke fungiert. Nur ein Interviewpartner (I 34) hat allerdings darauf hingewiesen. In jüngerer Zeit
scheinen nach amerikanischem Modell mit griechischen Buchstaben bezeichnete und international vernetzte Verbindungen in Mode zu kommen,

---

236 Hier sei exemplarisch auf die Website der Universität Göttingen verwiesen. https:
//www.uni-goettingen.de/de/530599.html Dort heißt es: Seit Beginn des 19.
Jahrhundert sind in Göttingen auch studentische Verbindungen aktiv, fühlen sich
der Universität zugehörig und sind Teil des studentischen Lebens. Die Seite ver-
linkt auf 29 Verbindungen. Insgesamt gibt es 1500 bis 2200, wovon 300 der
Deutschen Burschenschaft angehören.

die sich als Eliteclubs verstehen und nur das leistungsstarke obere Drittel der Jurastudierenden aufnehmen.

Junge Juristen/innen sind häufig in ELSA, der European Law Students' Association[237], die 1981 gegründet worden ist, aktiv, die laut Website 50.000 Mitglieder in 43 Ländern aufweist und an 300 Hochschulen vertreten ist. ELSA hat aber nur während der Ausbildung Bedeutung und führt – wie viele andere Vereinigungen – zu Kontakten und informellen Netzwerken, wobei die alten „klassischen" Verbindungen eine lebenslange Gemeinschaft bieten. Man rückt vom „Fux" zum „alten Herrn" auf, trifft sich regelmäßig, wie z.B. auch in den ursprünglich ebenfalls als Männerbünde gegründeten Service Clubs: Rotarier, Lions u.a. Netzwerke bieten auch die vielen bi-nationalen Juristenvereinigungen: deutsch-britische, deutsch-französische, deutsch-amerikanische, deutsch-spanische, deutsch-mexikanische, deutsch-japanische usw., Vereinigung für Rechtssoziologie, Vereinigung für Rechtsvergleichung, Europarecht usw.

Für Juristinnen ist der Deutsche Juristinnenbund das wichtigste Netzwerk, das Studentinnen, Praktikerinnen und Wissenschaftlerinnen zusammenbringt. Der djb ist 1948 als Nachfolgeorganisation des 1914 ins Leben gerufenen „Deutschen Juristinnenvereins" gegründet worden und hat rund 2.700 Mitglieder. Als Ziele hat er sich gesetzt, die Gleichberechtigung und Gleichstellung der Frau zu verwirklichen, insbesondere durch Fortentwicklung des Rechts und Vernetzung von Juristinnen in Deutschland, Europa und weltweit. In Kommissionen werden aktuelle Rechtsfragen diskutiert und Vorschläge für die Gesetzgebung erarbeitet. Treffen finden in Landesverbänden und Regionalgruppen und zu thematischen Tagungen statt.[238] Auf europäischer Ebene sind Juristinnen in der European Women Lawyers Association (EWLA) aktiv.[239]

7.4.5 In der Ausbildung erworbene Kompetenzen

In der Juristenausbildung werden also nicht nur Gesetze, Rechtsprechung und Falllösungstechniken gelernt. Nach rund fünf Jahren Studium und den praktischen Erfahrungen in der zweijährigen Referendarzeit haben Jurist/innen jenseits der schriftlich formulierten Vorgaben in den staatlichen

---

237 https://www.elsa-germany.org/de/ueber-elsa/
238 www.djb.de
239 https://www.ewla.org/

Ausbildungsordnungen ein breites Kompetenzprofil angelegt, das sie für viele Berufe einsatzfähig und geeignet macht. Junge Juristinnen und Juristen, die in Fortbildungen befragt werden, welche Kompetenzen sie jenseits von Rechtskenntnissen in der Ausbildung erworben haben, listen regelmäßig folgende Fähigkeiten und Stärken auf:[240]

Selbsteinschätzung der Fähigkeiten und Stärken von Juristinnen und Juristen

strukturiertes, logisches Denken (und Argumentieren)
verständliches, strukturiertes Schreiben
systematisches Handeln
Abstraktion, Reduktion auf das Wesentliche, Sachlichkeit
Problembewusstsein, Problemorientiertheit
kritisch sein, Dinge hinterfragen
Generalistenfähigkeit
Sich schnell in Neues einarbeiten
Genauigkeit, Organisiertheit
Vielseitigkeit, Perspektivenvielfalt
Flexibilität
Durchsetzungsvermögen, Überzeugungskraft
Entschluss- und Entscheidungsfähigkeit /Entscheidungsorientierung
für Machtausübung/Herrschaft relevantes Wissen
(Selbst-)Disziplin, Durchhaltevermögen
hohe (intrinsische) Leistungsmotivation/hohes Aktivitätspotential
mit Leistungsdruck umgehen können
Termine einhalten können, pünktlich zum Ergebnis kommen
Selbständigkeit
Fähigkeit zur Selbstkritik
Eloquenz / Kommunikationsstärke / Argumentationsfähigkeit / gute Sprache
Netzwerke aufbauen und aktivieren
Soziale Kompetenz, Empathie
Engagement, Kampfesgeist
unternehmerisches Denken
Fähigkeit zum Bluffen?
Habitus, Berufsstolz

---

240 Ulrike Schultz stellt diese Frage seit vielen Jahren in Fortbildungsveranstaltungen anlässlich von Bewerbungsmessen und eines Kurses über juristische Berufsbilder in der Justizakademie NRW.

Eine Online-Befragung des CHE, Centrums für Hochschulentwicklung bei Juraprofessorinnen und -professoren erbrachte, dass ihrer Meinung nach Jurastudierende folgende Fähigkeiten mitbringen sollten: *„Lese- und Schreibkompetenz, Kommunikationsfähigkeit, Sprachkompetenz, Aus-drucksfähigkeit, abstraktes/logisches/analytisches Denkvermögen, eine gute Allgemeinbildung. Allgemein von allen Studierenden wurde erwartet Lern-, Einsatz- und Leistungsbereitschaft"* sowie *„selbstständiges Lernen/ Selbstmanagement/Bereitschaft zum Selbststudium"*. Erstaunlich ist, dass hier folgende Eigenschaften nicht benannt worden sind: Offenheit/ Aufgeschlossenheit/ Neugierde/ Innovationsfähigkeit und Interesse an rechtlichen Inhalten/ Gerechtigkeitsempfinden. Letzteres wird aber regelmäßig von Jurist/innen angeführt, wenn sie nach ihrer Studienmotivation befragt werden (Horstmann/Hachmeister 2016, S. 6 ff.).

7.4.6 Internationalität

Obwohl im Jurastudium schwerpunktmäßig deutsches und europäisches Recht vermittelt wird, sind Auslandsaufenthalte während des Studiums[241] beliebt und üblich. Früher waren es vor allem Auslandssemester in Lausanne und Genf. Im Zeitalter der Erasmusprogramme können Studierende mit finanzieller Förderung Studienzeiten in allen europäischen Staaten verbringen. Einige Fakultäten haben auch Austauschprogramme mit ausländischen juristischen Fakultäten und zweisprachige Studiengänge, z.B. Köln einen französischsprachigen und Münster einen niederländischen, und es gibt Kooperationen mit Hochschulen rings um den Globus. Beliebt sind chinesische und amerikanische Law Schools. Die an verschiedenen Universitäten angebotene fachspezifische Fremdsprachenausbildung hilft Auslandsaufenthalte vorzubereiten und erweitert die internationale Kompetenz.

In der Referendarzeit kann die Verwaltungsstation und vor allem die Wahlstation im Ausland verbracht werden, bei ausländischen Anwaltsbüros, Außenhandelskammern, in Botschaften. Für die Praxis insbesondere in großen, international ausgerichteten Anwaltssozietäten sind diese Qualifikationen wichtig. Auch viele Juraprofessor/innen können auf entspre-

---

241 Die dann auch nicht auf die Zeit bis zum sog. „Freischuss" (vgl. Fn. 201 und Fn. 243) angerechnet werden.

chende Erfahrungen verweisen, nutzen sie für ihre Publikationen, und ihre Lehrstühle weisen in der Denomination darauf hin.

7.5 Prüfungen und Noten

7.5.1 Das Prüfungssystem

Jurastudierende – und entsprechend die Lehrenden – sind „prüfungs- und examensgeplagt". Die Studierenden müssen während des Grundstudiums in sechs Fächern, den drei Kernfächern Bürgerliches Recht, Öffentliches Recht (Staatsrecht und Verwaltungsrecht) und Strafrecht sowie im Grundlagenbereich „Scheine" durch Klausuren und Hausarbeiten erwerben. Diese studienbegleitenden Leistungsnachweise stellen die Zwischenprüfung dar.[242] Im Hauptstudium folgen weitere Klausuren und Hausarbeiten. Für den universitären Schwerpunktbereich, der mit 30% für die erste Prüfung zählt, müssen in der Regel seminarartige Leistungsnachweise erbracht werden, für den staatlichen Pflichtteil nach Bundesländern unterschiedlich fünf bis sieben Klausuren und eine mündliche Prüfung. Die Noten beider Prüfungen werden zwar zu einer Gesamtnote zusammengerechnet, Aussagekraft wird aber vor allem dem staatlichen Pflichtteil beigemessen. Bei den Einstellungen in der Justiz werden, wie erwähnt, zumindest in Nordrhein-Westfalen die Noten aus der ersten juristischen Prüfung nicht mehr berücksichtigt.

Für das zweite Staatsexamen sind je nach Bundesland sieben bis elf, mehrheitlich acht Klausuren zu schreiben, gefolgt von einer mündlichen Prüfung. Bei den Prüfungen nach altem Recht waren in sechs Bundesländern, darunter auch Nordrhein-Westfalen, vier- bis sechswöchige Hausarbeiten zu schreiben. Sie wurden mit der letzten Ausbildungsreform abgeschafft. Im Zeitalter der einfachen elektronischen Kommunikation hatten sich „Bearbeitungskartelle" gebildet, außerdem konnten Lösungen im Internet aufgespürt werden, und Plagiate nahmen zu. Für das Examen gilt: alles oder nichts. Die Vorleistungen werden nicht angerechnet. Es kann einmal wiederholt werden, danach nur mit spezieller, ministerieller Genehmigung bei Vorliegen besonderer Gründe. 1992 ist allerdings die Möglichkeit zum sogenannten „Freischuss" eingeführt worden, d.h. die Mög-

---

242 Zu Details vgl. z.B. Studien- und Prüfungsordnung der Universität Köln http://www.jura.uni-koeln.de/studpro_2014.html

lichkeit eines sanktionsfreien Examensversuchs[243], wenn die Meldung bis zum Ende des 8. Semesters erfolgt.

Nach Einführung des „Freischusses" ist das Durchschnittsalter der Prüflinge von 29-30 Jahren auf 26-27 Jahre gefallen. Die Verkürzung der Gymnasialzeit auf acht Jahre (G8), die in den alten Bundesländern ab 2011 (Saarland ab 2009) stattgefunden hat, wird für eine weitere Senkung des Alters der Prüflinge sorgen. Männer waren bisher bei den Prüfungen bedingt durch die Wehrpflicht und den zivilen Ersatzdienst im Schnitt älter als Frauen. Die Aussetzung der Wehrpflicht im Juli 2011 wird zu einer Angleichung des Alters der männlichen und weiblichen Prüflinge führen.

Auch wenn inzwischen die Leistungsnachweise besser auf den Stoff von Lehrveranstaltungen abgestimmt sind, führt die Zuständigkeitsüberschneidung von Universitäten und den Justizministerien bei den Staatsprüfungen zu Intransparenzen und Unsicherheit im Hinblick auf die Prüfungsanforderungen. Die Prüfungen werden als kaum berechenbare Hürde wahrgenommen, entsprechend hoch ist die Prüfungsangst, geschürt auch dadurch, dass die Rechtswissenschaft mit allen Gesetzen als uferloses, nicht beherrschbares Gebiet erscheint und die speziellen Falllösungs- und Darstellungstechniken nicht einfach zu erlernen sind (dazu auch Böning 2017). Nur ein geringerer Teil der Klausuren weicht inzwischen vom klassischen Gutachten-Muster ab und erfordert aufsatzartige Darstellungen.

7.5.2 Die Beurteilungskultur

Die Freude am Studium wird durch rigide Benotungen gemindert. Das Notensystem in der Rechtswissenschaft weicht von den konventionellen Beurteilungsskalen ab. Es gibt eine eigene Note „vollbefriedigend".[244]

Die Beurteilungskultur in den einzelnen Fächern weist erhebliche Unterschiede auf, die es erschweren, eine Vergleichbarkeit der Leistungsniveaus zu erreichen (Wissenschaftsrat 2010). Während der Anteil der Leistungen im Jahr 2010, die mit einem „gut" oder „sehr gut" bewertet wurden, im Diplomstudiengang Biologie zum Beispiel bei 98% lag, erreichten in der Rechtswissenschaft im staatlichen Pflichtteil und im 2. Staatsexa-

---

243 § 5d Abs. 5 DRiG, einige Bundesländer hatten den „Freischuss" schon ab 1990 eingeführt. Vgl. auch § 25 JAG NRW. Der Freischuss wird bei nicht bestandener Prüfung nicht als Fehkversuch gezählt.
244 Für NRW in § 17 JAG NRW geregelt.

men nur insges. 2% „gut" und „sehr gut", d.h. die Noten oberhalb der Hürde des „vollbefriedigend".

Traditionell war „befriedigend" die sog. „Staatsnote" in der Rechtswissenschaft, die die Einstellung bei der Justiz garantierte. Bis in die 1970er Jahre wurden noch 30% der Absolventen der Juristenausbildung in der Justiz und in den Kernbereichen des öffentlichen Dienstes entsprechend eingestellt (Blankenburg/Schultz 1988, S. 124 ff.). Im Zeitalter der Massenuniversität mit einem starken Zuwachs an Jurastudierenden ist diese Quote geschrumpft.[245] Mitte der 1970er Jahre wurden daher die Noten umdefiniert[246], und „vollbefriedigend", das von allen jungen Juristinnen und Juristen heiß ersehnte „vb", wurde die Zutrittsschwelle zur Justiz – im Übrigen auch zu lukrativen Positionen in den großen und international ausgerichteten Anwaltssozietäten.[247] Die erwünschte Staatsnote, auch Prädikatsexamen genannt, die der Freifahrtschein für eine juristische Karriere ist, erreichen allerdings nur rund 17% im staatlichen Pflichtteil der ersten Prüfung[248] und im Jahr 2016 insgesamt 18,3%, im zweiten juristischen Staatsexamen. Die in vielen Fächern beklagte „grade inflation" (Wissenschaftsrat 2010, S. 7, 36 ff.) gibt es in Jura also nicht. Insgesamt erreichen in der ersten Prüfung unter Einbeziehung des universitären Schwerpunkts und der Leistungen in der mündlichen Prüfung zwar knapp 1/3 das „vb", bei Einstellungen wird aber dieser Gesamtnote kaum Wert beigemessen, sondern nur der Note des staatlichen Pflichtteils. Die Durchfallquote liegt seit Jahren recht konstant bei rund 30% in der ersten Prüfung. Im zweiten Staatexamen liegt die Durchfallquote bei 14% (Roloff/Schultz 2016a,

---

245 Insgesamt sind z.Zt. nach einer Statistik des Handelsblatts vom 8.2.2017 (Nr. 28, S. 25) als Rechtsanwälte zugelassen 46% der Jurist/innen, in der Wirtschaft 25% und im öffentlichen Dienst 29%.

246 Die Note „vollbefriedigend" war allerdings schon durch die preußische Prüfungsordnung vom 1. August 1923 eingeführt worden. Die jetzt gültige Notenskala ist bundesweit durch die „Verordnung über eine Noten- und Punkteskala für die erste und zweite juristische Prüfung" vom 3. Dezember. 1981 (BGBl. I S. 1243) geregelt worden.

247 Vgl. z.B. http://www.streitboerger-muenster.de/ ; http://www.al-online.de/aktuell es/karriere/hengeler-mueller.html Je nach Bereich des öffentlichen Dienstes reicht auch ein „befriedigend" oder sogar ein „ausreichend".

248 Im Jahr 2016 waren es 16,9%. Im universitären Schwerpunkt haben 2016 58,2% mit vollbefriedigend und besser abgeschnitten. Bezogen auf die Gesamtnote der ersten Prüfung waren es 33,9%.

S. 21 ff.).[249] Im ersten Examen fallen nach dem neuen Modell in der mündlichen Prüfung nur noch wenige durch. Alles steht und fällt mit den schriftlichen Leistungen im staatlichen Pflichtteil.

Da die Berufs- und Karrieremöglichkeiten von den Noten abhängen, sie entsprechend hohe biographische Bedeutung haben und die Selbstwahrnehmung nachhaltig beeinflussen, sind die Auswirkungen der Benotungspraxis nicht zu unterschätzen. Als psychologischer Effekt kann sich bei Kandidatinnen und Kandidaten, die die „Fegefeuer" erfolgreich durchschritten haben, eine sprichwörtliche juristische Arroganz im Sinne eines Überlegenheitsgefühls entwickeln.[250] Für den Arbeitsmarkt haben die Examina den Wert eines staatlichen Gütesiegels.

7.5.3 Studienabbruch und Drop-Out-Quote

Insgesamt beträgt die Drop-out-Quote vom Studienbeginn bis zum Abschluss der ersten juristischen Prüfung mehr als 50%, weitere 10% nehmen den Vorbereitungsdienst nicht auf.[251] Das Fach erfordert ein erhebliches Durchhaltevermögen. In Tabelle 23 sind die Zahlen für die Studienanfänger/innen erfasst im Vergleich zu den Zahlen derer, die das erste und das zweite Examen bestanden haben, jeweils insgesamt und nach Geschlecht.

Da Studierende im Schnitt acht bis neun Jahre vom Studienbeginn bis zum zweiten Examen brauchen, sind die Daten im Vierjahresschritt für zwölf Jahre zusammengestellt worden. Die Studienanfängerinnen und -anfänger von 2002 sind zu guten Teilen im Jahr 2010 mit der Ausbildung fertig geworden, die von 2006 im Jahr 2014. Bei den Daten ist zu berücksichtigen, dass die Zahlen für die Studienanfängerinnen und -anfänger

---

249 Der Anteil der Prädikatsexamina am 2. Examen schwankt nach Bundesländern stark, im Jahr 2014 zwischen 6% in Sachsen-Anhalt und Vorpommern und mehr als 40% in Hamburg, im Jahr 2016 zwischen 5,9 in Brandenburg und 36,7 in Hamburg. /

250 Schon Erasmus von Rotterdam hatte sich 1510 entsprechend über die Juristen geäußert: „Von den Akademikern beanspruchen die Juristen den ersten Rang, und niemand ist so eingebildet wie sie. Aber in Wirklichkeit wälzen sie nur den Stein des Sisyphos, verbinden hundert Paragraphen zu einer Phrase und erreichen es, indem sie Auslegung an Auslegung, Erläuterung an Erläuterung reihen, dass ihr Beruf als der schwierigste von allen angesehen wird." (1966, S. 70)

251 Für zurückliegende Jahre vgl. dazu BT-Drucks. 9/1389, S. 2.

schwanken. Im jahrzehntelangen historischen Vergleich ist ein wellenarti-
ges An- und Abschwellen der Anzahl von Jurastudierenden beobachtet
worden (Kolbeck 1978), vor allem beeinflusst durch die Situation auf dem
Arbeitsmarkt.[252] Von 1991 bis 2008 schwankten die Erstsemesterzahlen
zwischen 18.000 und 21.000, seitdem sind sie gestiegen und lagen 2015
bei 28.000.

*Tab. 23: Studienanfänger[1) und Absolventen mit 1. und 2. Examen, dar.
Frauen und Frauenanteil, ausgewählte Jahre*

	Studienanfänger (1. FS)		1. Examen**		2. Examen	
Jahr	insges.	dar. Frauen	insges.	dar. Frauen	insges.	dar. Frauen
	in Personen	in %*	in Personen	in %*	in Personen	in %*
2002	21.353	11.413	53,45	10.838	5.154	47,55	10.330	4.750	45,98
2006	18.912	10.375	54,86	9.903	5.306	53,78	8.573	4.267	49,77
2010	25.424	13.820	54,36	8.464	4.485	52,99	8.358	4.500	53,84
2014	27.304	15.369	56,29	8.533	4.938	57,87	7.529	4.108	54,56

* Frauenanteil

** Beim 1. Examen ist für die Jahre 2010 und 2014 die Anzahl derer, die den staatli-
chen Pflichtteil bestanden haben, erfasst. Die Zahl der Absolventen des universitären
Schwerpunkts liegt etwas darunter, die Gesamtzahl für die erste juristische Prüfung,
die die Ergebnisse des universitären Schwerpunkts und des staatlichen Pflichtteils zusammenfasst, liegt merkwürdigerweise erheblich darunter.

Datenquelle: Statistisches Bundesamt; Ulrike Schultz

1) an Universitäten ohne Lehramtsstudierende, jeweils im Sommer- und nachfolgenden Wintersemester. Erfasst sind auch die an Universitäten Studierenden des Wirt-
schaftsrechts. Bezogen auf die Gesamtzahl der an Universitäten Jura Studierenden waren dies 2014 lediglich 4,8%. Vgl. 6.2.1.

Die Tabelle 23 zeigt auch, dass in den erfassten Jahren die Drop-out-Quote bei Frauen nicht höher war als bei Männern. 2002 betrug der Anteil der
Studienanfängerinnen 53,45%, 2010 der Anteil der Absolventinnen des 2.
Examens 53,84%; 2006 lagen die entsprechenden Werte der Studienanfängerinnen bei 54,86% und der Absolventinnen 2014 bei 54,56%.

---

252 Günstige Berufsaussichten motivieren zum Jurastudium, wobei größere Zahlen
von Absolvent/innen häufig auf einen schwierigeren Arbeitsmarkt treffen.

7.5.4 Die Prüfenden

Prüfende im staatlichen Pflichtteil der ersten juristischen Prüfung und in
der mündlichen Prüfung sind sowohl Praktikerinnen und Praktiker wie
Hochschullehrende, die von der Justiz ausgewählt und eingesetzt werden,
in Nordrhein-Westfalen in der Mehrzahl Richterinnen und Richter, wie die
Statistiken der Justizprüfungsämter bei den Oberlandesgerichten Hamm
und Köln zeigen. Etwa die Hälfte sind Richter/innen, jeweils unter 10%
Staatsanwält/innen, Rechtsanwält/innen und Verwaltungsbeamt/innen;
Professor/innen rd. 30% (Tabelle 24).

Tab. 24: Prüfer/innen in der 1. juristischen Prüfung (Stand 2016)

	Oberlandesgericht					
	Köln		Düsseldorf		Hamm	
Prüfer/innen 1. Examen	Anteil (%)	Gesamt (Pers.)	Anteil (%)	Gesamt (Pers.)	Anteil (%)	Gesamt (Pers.)
Richter/innen	47,11	106	56,72	76	57,98	138
Staatsanwält/innen	8,44	19	6,72	9	5,46	13
Rechtsanwält/innen	5,33	12	2,99	4	5,04	12
Verwaltungsbeamt/innen	6,66	15	5,22	7	6,72	16
Sonst.: Notar/innen Hochschullehrer/innen u.a.	32,44	73	28,36	38	24,79	56
Summe	99,98	225	100,01	134	99,99	238

Auffallend ist der niedrige Frauenanteil unter den Prüfenden von im
Durchschnitt weniger als 25%. Besonders Rechtsanwältinnen beteiligen
sich kaum. Zum Vergleich: 2015 betrug der Frauenanteil in der Richterschaft rund 46%, bei der Staatsanwaltschaft circa 48%, in der Rechtsanwaltschaft 34%, im Notariat (Anwaltsnotariat 13%, Nurnotariat ca. 22%)
(Roloff/Schultz 2016a, S. 59), Professorinnen 16% (W2/W3 und C3/C4)
(ebd., S. 62). Der Anteil der Hochschullehrenden – wobei in die Gruppe
noch Jurist/innen in sonstigen Funktionen eingerechnet sind – liegt unter
30% und das, obwohl sie zum ersten Examen die Ausbildenden sind (Tabelle 25).

Tab. 25: Frauenanteil unter den Prüfer/innen in der 1. juristischen Prüfung (Stand 1/2016)

Prüfer. 1. Examen	Oberlandesgericht								
	Köln			Düsseldorf			Hamm		
	%	ges.	Anteil Frauen %	%	ges.	Anteil Frauen %	%	ges.	Anteil Frauen %
Richter.	*47,11*	106	23,58	*56,72*	76	23,68	*57,98*	138	24,64
Staatsanw.	*8,44*	19	15,79	*6,72*	9	22,22(2)	*5,46*	13	23,08(3)
Rechtsanw	*5,33*	12	-	*2,99*	4	-	*5,04*	12	8,33(1)
Verw. Beamt.	*6,66*	15	26,67	*5,22*	7	-	*6,72*	16	-
Sonst.: Notar. Hochschul.u.a.*	*32,44*	73	9,58	*28,36*	38	10,53(4)	*24,79*	56	27,12
	99,98	225	17,33	*100,01*	134	17,91	*99,99*	238	22,69

*OLG Köln: Notar/Professor; OLG Düsseldorf: Professor; OLG Hamm: andere Berufsgruppen

Im zweiten Staatsexamen ist der durchschnittliche Frauenanteil mit unter 20% noch geringer und der Anteil von Professor/innen nur noch verschwindend gering, wie die Statistik des Landesjustizprüfungsamts NRW zeigt (Tabelle 26).

Tab. 26: Prüfer/innen im zweiten Staatsexamen

Prüfer/innen 2. Staatsexamen	Männer	Frauen	gesamt	% Anteil	Anteil Frauen %
Richter/innen	139	35	174	56,86	20,11
Staatsanwält/innen	23	7	30	9,80	23,33
Rechtsanwält/innen	51	7	58	18,95	12,07
Verwaltungsbeamt/innen	26	8	34	11,11	23,53
andere Berufsgruppen*	9	1	10	3,27	10,00
Summe	248	58	306	99,99	18,95

* Notare, Uni-Professoren

7.5.5 Sind Frauen die „schlechteren" Juristinnen?

Im ersten Examen scheitern prozentual beträchtlich mehr Frauen als Männer, im zweiten sind dagegen keine Geschlechterunterschiede beim Prüfungserfolg festzustellen

Bei der ersten juristischen Prüfung sind im universitären Schwerpunktfach die Notenniveaus sehr uneinheitlich, und es fallen nur wenige Kandidatinnen und Kandidaten durch. Über 90% bestanden in allen Untersuchungsjahren die Prüfung im universitären Schwerpunktbereich. Dabei ließen sich – wie im zweiten Examen – nur geringfügige geschlechtsspezifische Unterschiede feststellen (vgl. Tabelle 27).

Tab. 27: Universitäre Schwerpunktbereichsprüfung und staatliche Pflichtfachprüfung 2007 bis 2014

Jahr	Geprüfte Kandidaten in Personen			davon bestanden in Prozent			
	Alle	Männer	Frauen	Alle	Männer	Frauen	Diff.*
	Universitäre Schwerpunktbereichsprüfung						
2007	3.908	1.925	1.983	93,6	93,6	93,7	-0,1
2008	6.619	3.323	3.296	94,3	93,6	95,1	-1,5
2009	7.205	3.200	4.005	94,3	93,9	94,6	-0,7
2010	8.329	4.041	4.288	93,7	94,1	93,3	0,8
2011	8.432	3.548	4.884	93,9	93,9	93,9	0,0
2012	8.053	3.344	4.709	94,7	94,5	94,9	-0,4
2013	8.483	3.484	4.999	95,5	94,9	95,9	-1
2014	8.523	3.520	5.003	95,6	95,7	95,6	0,1
	Staatliche Pflichtfachprüfung						
2007	1.428	627	801	68,6	74,2	64,3	9,9
2008	7.106	3.331	3.775	74,2	77,9	70,8	7,1
2009	11.176	5.086	6.090	70,7	74,5	67,4	7,1
2010	11.851	5.294	6.557	71,4	75,2	68,4	6,8
2011	11.685	4.964	6.721	71,0	75,0	68,0	7,0
2012	11.580	5.023	6.557	71,3	71,4	71,3	0,1
2013	11.848	4.799	7.049	70,3	74,9	67,1	7,8
2014	12.028	4.812	7.216	70,9	74,7	68,4	6,3

* Differenz Männer – Frauenanteile in +/- Prozentpunkten

Datenquelle: Bundesamt für Justiz; J. Roloff

Die Durchfallquoten im Pflichtteil sind dagegen kontinuierlich gestiegen, und Frauen haben sie proportional weniger häufig als Männer bestanden. Z.B. waren es im Jahr 2011 68% der Frauen, dahingegen 75% bzw. um 7%-Punkte mehr Männer. Nur im Prüfungsjahr 2012 war das Geschlechterverhältnis nahezu ausgeglichen. 2013 und 2014 absolvierten wieder anteilig mehr Männer ihre staatliche Pflichtfachprüfung erfolgreich (74,9%; bzw. 74,7%) als Frauen (67,1%, bzw. 68,4%) (Tabelle 27). Dieser Noteneffekt lässt sich auch für die Vergangenheit beobachten (Schultz 1990, S. 335). Auch in den Jahren 1985-2007, als noch das erste juristische Staatsexamen nach altem Recht abgenommen wurde, haben im Schnitt zwischen 4% und 5% – in der Spitze bis 7% – mehr Frauen als Männer die Prüfung nicht bestanden (Roloff/Schultz 2016a, S. 23). Im neuen Prüfungsmodus hat aber (mit Ausnahme des Jahres 2012) die Spreizung erheblich zugenommen.

Eine Analyse der Ergebnisse des ersten juristischen Staatsexamens/des Pflichtteils der ersten juristischen Prüfung im Land NRW für die Jahre 2000-2014 ergab, dass es zumindest in diesem Zeitraum bei den guten Noten ebenfalls einen Gendereffekt gab. Auch wenn es jeweils nur um geringe Zahlen und niedrige Prozentwerte geht, haben mehr Männer als Frauen die kaum vergebene Note „sehr gut" und auch jeweils mehr Männer die Noten gut und vollbefriedigend erzielt[253] (vgl. Tabelle 28). Die Bundesstatistik weist leider die Noten nicht aus.

Dies widerspricht den Erfahrungen mit Prüfungsergebnissen in anderen Fächern. Hier schneiden, wie in den letzten Jahren in der Presse hervorgehoben worden ist, Frauen häufig besser ab, in keinem Fall aber schlechter.[254]

---

253 Bei der Auswertung von Frauenförderpläne der Justiz NRW im Rahmen der Untersuchung „Frauen in Führungspositionen der Justiz" (2008-2011) zeigte sich ebenfalls, dass Richterinnen zumindest bei den drei Beurteilungen während der Probezeit tendenziell schlechter bewertet wurden (Schultz 2012a, S. 269).

254 Die Frage, ob Mädchen und Frauen bessere Noten als Jungen und Männer erzielen, ist in den letzten Jahren heftig diskutiert worden. Es gibt Untersuchungen zum Abschneiden von Schüler/innen, und dabei hat sich gezeigt, dass Mädchen in der Mittelstufe leistungsbereiter sind und etwas bessere Noten bekommen, die Leistungsfähigkeit beider Geschlechter aber in etwa gleich ist: Bei Jungen liegt sie im mathematisch-naturwissenschaftlichen Bereich etwas höher, bei Mädchen ist z.B. die Lesekompetenz besser ausgeprägt (vgl. Blossfeld et al. 2009; Budde 2008). Dabei ist fraglich, inwiefern kulturelle Praktiken in den Bildungsinstitutionen zur Herausbildung oder aber Verfestigung solcher Geschlechterdifferenzen

Tab. 28: Noten im ersten juristischen Staatsexamen (2000-2006) und in der staatlichen Pflichtfachprüfung ab 2007 in Nordrhein-Westfalen, Frauen (w) und Männer (m) in absolut und Prozent

	sehr gut		gut				vollbefriedigend				durchgefallen			
	w	m	w	w	m	m	w	w	m	m	w	w	m	m
	abs.	abs.	%	abs.	%	abs.	%	abs.	%	abs.	%	abs.	%	abs.	%
2000	-	3	13	0,9	69	3,8	193	12,8	243	13,5	-	20,7	-	19,7
2001	-	3	27	2,0	39	2,5	164	12,1	210	13,7	-	19,4	-	19,2
2002	1	1	18	1,3	39	2,4	134	9,7	219	13,7	-	21,7	-	20,9
2003	1	4	24	1,9	34	2,8	136	10,9	180	14,6	-	21,8	-	19,0
2004	1	5	22	1,7	44	3,6	168	12,7	180	14,6	-	21,8	-	17,2
2005	1	4	22	1,9	35	3,1	125	10,7	171	15,3	-	23,4	-	18,2
2006	-	5	26	1,6	39	2,9	174	10,7	179	13,5	-	22,9	-	24,0
2007*	-	-	3	0,9	8	3,2	48	13,6	36	14,5	-	41,6	-	28,7
2008*	-	2	22	2,2	39	4,6	106	11,2	141	16,8	-	37,1		29,3
2009*	-	2	24	1,9	36	3,2	130	10,2	157	1,4	430	33,7	380	29,7
2010	1	2	22	1,6	34	3,1	150	10,9	170	15,3	493	35,9	331	29,7
2011	1	1	27	2,0	31	2,9	144	10,8	129	12,1	487	36,5	323	30,3
2012	3	1	38	2,9	27	2,7	150	11,3	142	14,4	471	35,5	307	31,2
2013	1	4	31	2,1	53	5,2	165	11,4	132	13,0	537	37,1	300	29,6
2014	1	5	45	3,3	63	6,3	144	10,4	155	15,4	509	36,8	275	27,3

* staatliche Pflichtfachprüfung, niedrigere absolute Zahlen, da parallel noch Staatsexamina nach altem Recht abgenommen wurden.

Auch wenn schon seit 1990 auf diesen Effekt hingewiesen worden ist (Schultz 1990, S. 335; Schultz/Peppmeier/Rudek 2011, S. 54 ff.), hat er jetzt erst weitere wissenschaftliche Aufmerksamkeit gefunden.

Towfigh/Traxler/Glöckner sind in ihrer Untersuchung „Zur Benotung in der Examensvorbereitung und im ersten Examen" (2014) der Beurteilungspraxis weiter nachgegangen. Sie haben festgestellt, dass Noten teilweise strategisch vergeben werden. Häufig korrelieren Studienort und Studienergebnis, und neben Geschlechtereffekten scheinen Namens- und Her-

führen. Zu Universitätsabschlüssen: In den Wirtschaftswissenschaften an der Ruhr-Universität Bochum liegt die Abschlussnote der Frauen seit Jahren etwas über der Note der Männer. Nach der Absolventenumfrage 2008 betrug sie bei Absolventinnen: 2,42 / bei Absolventen: 2,56. http://www.ruhr-uni-bochum.de/st at-oek/ Von den Studierenden eines Erststudiums mit Studienbeginn 1999 hatten ihr Studium bis zum Prüfungsjahr 2008 fast 73% mit Erfolg beendet, 74% der Studentinnen und 71% der männlichen Kommilitonen.

kunftseffekte Einfluss auf die Benotung zu haben. *„Einiges spricht dafür"*, halten die Autoren fest, *„dass es sich [hierbei, die Verf.] nicht notwendigerweise um eine bewusste Diskriminierung handelt, dass vielmehr die subjektive Wahrnehmung von Stereotypen die tatsächliche Leistungsfähigkeit von Stereotypen betroffener Kandidaten reduziert"* (ebd., S. 27).[255] Vereinfacht ausgedrückt, heißt das, dass Frauen, denen ein schlechteres Leistungsverhalten unterstellt wird, auch schlechter abschneiden.

2016 haben Hinz und Röhl sich mit Geschlechterunterschieden in der ersten juristischen Prüfung auseinandergesetzt (2016a).[256] Auch sie schließen eine bewusste Diskriminierung aus, die sich z.B. in der mündlichen Prüfung ergeben könnte. Die dort erzielten Noten korrelieren aber mit denen aus der schriftlichen Prüfung. Sie fragen sich, ob die Ergebnisse auf eine unterschiedliche Studienmotivation und ein unterschiedliches Studierverhalten zurückgeführt werden können und von der Einschätzung der Berufsaussichten beeinflusst ist, die in der Anwaltschaft, insbesondere in Wirtschaftskanzleien, für Frauen schlechter als für Männer sind (ebd., S. 879 f.).

In einem Artikel im SPIEGEL zu der Untersuchung von Towfigh/Traxler/Glöckner wird spekuliert: Liegt es

> „am geringen Professorinnenanteil im Jura-Studium (rund 16 Prozent)? Oder setzen die meist männlichen Prüfer Frauen anders unter Druck? Reagieren Studentinnen darauf nervöser? Leiden sie unter dem starken Konkurrenzdenken eher als dass es sie anspornt? Denkbar ist auch, dass die Professoren, die Materialien und Aufgaben des traditionellen Jura-Studiums in einer Zeit stehen geblieben sind, in der noch mehr Männer als Frauen in den Hörsälen saßen."[257]

Denkbar ist, dass der Entfremdungsprozess, der von Frauen für das Jurastudium beschrieben worden ist, dass sie sich mit dem Studium weniger identifizieren und weniger darin wiederfinden, eine Rolle spielt (vgl.

---

255 Vgl. auch die Antwort der Landesregierung auf die Kleine Anfrage 2314 vom 9. Mai 2014 der Abgeordneten Serap Güler CDU, Drs. 16/5888 „Verdacht auf Diskriminierung im ersten juristischen Staatsexamen: Was tut die Landesregierung, um diesem Verdacht nachzugehen?", Drs. 16/6073.

256 In einem weiteren Beitrag befassen sie sich mit Bewertungsunterschieden, die auf weitere individuelle Eigenschaften zurückgeführt werden können. (Hinz/Röhl 2016b)

257 Frauke Lüpke-Narberhaus: Diskriminierung im Jurastudium. Im Zweifel für den Mann. Vom 14.4.2014. http://www.spiegel.de/lebenundlernen/uni/jura-examen-frauen-und-auslaender-schneiden-schlechter-ab-a-963081.html

Schultz 1990, S. 331 f., Portele/Schütte 1983, S. 106, 108). Die Darstellungen dazu liegen Jahrzehnte zurück, es wäre interessant, die Studieneinstellungen noch einmal genauer zu untersuchen. Eine wichtige Quelle waren seinerzeit die Darstellungen in dem von Fabricius-Brand et al. herausgegebenen Band „Juristinnen". In dem Aufsatz „Wie männlich die ist Juristenschaft?" heißt es dazu (Schultz 1990, 331 f.):

> „Die erste Brechung ergibt sich in der Konfrontation mit den abstrakten juristischen Strukturen: Was interessiert eine junge Studentin ein Fall der Art: A hat dem B ein Haus verkauft, auf dem C eine Hypothek hat, die G gutgläubig erworben hat. Wie sind die Ansprüche aller gegen alle?, wenn der menschliche und soziale Kontext völlig ausgeblendet sind. Man weiß, dass gerade Frauen besser lebensfallbezogen lernen.[258] Bei diesen synthetischen, auf das juristische Skelett reduzierten Fällen kommt leicht Desinteresse auf und ergeben sich Lernprobleme. Auch Männer finden den Zugang zum Elfenbeinturm des Rechts schwierig, auch für sie tritt ein gewisses Entfremdungsproblem auf, aber nicht in der Intensität wie bei Frauen. (Portele/Schütte 1983, S. 99) Bei Frauen kommt als zweite Hürde hinzu, dass sie sich in die geschilderten männlichen Strukturen hineinfinden oder sich mit ihnen auseinandersetzen müssen.[259] Eine ehemalige Jurastudentin, die zum Journalismus umgesattelt ist, meinte in ihrem biographischen Bericht in dem Band von Fabricius-Brand: ‚Mein Hauptproblem war, dass das ganze Studium überhaupt nichts mit mir zu tun hatte. Es war irgendwie ein fremder Teil von mir.'"

Heide Pfarr äußerte in einem Interview in dem Band „Juristinnen": *„Möglicherweise habe ich das Beherrschen meines Faches mit einem Verlust an Sensibilität und Vermögen an Emotionalität bezahlt."* Und sie klagte, dass ihre früher *„ausgeprägte Sprache mit großem Wortschatz und plastischen Bildern"* zu einem trockenen, hölzernen juristischen Schreibstil verkommen sei. (Fabricius-Brand/Berghahn/Sudhölter 1982, S. 177)

Lucinda Finley (1989) hat in einer Längsschnittstudie in den USA die kognitiven Unterschiede von Jurastudenten und -studentinnen und ihre Veränderung im Verlauf des Studiums untersucht. Sie beschreibt, dass Männer die Zunahme von Nüchternheit, die das juristische Studium bewirkt, eher als eine wünschenswerte Änderung, einen Schritt zu mehr Rationalität und Kraft im Denken sehen.

Auch wenn diese Darstellungen den Hauch des in den 1980er Jahren populären Differenzfeminismus atmen und Frauen sich in den letzten Jahr-

---

258 Mit Hinweis auf amerikanische Literatur.
259 Fabricius-Brand/Berghahn/Sudhölter 1982, S. 212; Bericht HelgaBoye ebd., S. 221, 222; „Vikki S. und Gundel K. und die Rechtswissenschaft" ebd., S. 214, 216; Bericht Ständer ebd., S. 214.

zehnten in ihren Einstellungen geändert und vielleicht eher einer als männlich konnotierten Weltsicht angenähert haben, könnte hier ein Erklärungsansatz liegen.

Schlechtere Noten für Frauen ließen sich auch in den Regelbeurteilungen in der Probezeit in der Justiz finden (Schultz 2012a, S. 269, Schultz/Peppmeier/Rudek 2011, S. 252 ff.), und es gibt einen ähnlichen Noteneffekt bei Promotionen.

7.5.6 Promotionsnoten

Insgesamt betrachtet wurden im Prüfungsjahr 2014 von 100 der 1.326 Promotionen[260] im Bereich „Rechtswissenschaften" 21 mit Auszeichnung (summa cum laude) bestanden; 46 wurden mit sehr gut (magna cum laude), 29 mit gut (cum laude), vier mit befriedigend (satis bene) und keine mit ausreichend (rite) bewertet. Frauen weisen hier ein gegenüber den Männern etwas ungünstigeres Bild auf, betrachtet man allein die Abschlussnote „summa cum laude". Demnach hatten 23,7% der Männer mit Auszeichnung bestanden, bei den Frauen waren es mit 18,2% damit 5,5 Prozentpunkte weniger. Dieser Geschlechterunterschied lässt sich über die letzten 16 Jahre konstant beobachten, bei den schlechteren Noten (befriedigend bzw. ausreichend) variieren die Ergebnisse, wie Abbildung 5 zeigt.

Dass Frauen bei Promotionen etwas schlechter abschneiden als Männer gilt zwar nicht durchgängig für alle, aber auch für einige andere, darunter insbesondere männerdominierte, Studienbereiche. Beispielsweise schlossen von den Männern, die 2014 im Fach „Physik/Astronomie" ihren Doktor bestanden, 21,1% mit „summa cum laude" und nur 1% mit „satis bene/rite" ab. Die Frauen lagen hier mit 15% (summa cum laude) darunter bzw. mit 2,2% (satis bene/rite) darüber (vgl. Tabelle 29).

---

260 Ohne Promotionen, bei denen die Note nicht bekannt ist; 2012 waren dies 65 Fälle.

Abb. 5: Abgelegte Doktorprüfungen im Bereich Rechtswissenschaften und Note der Abschlussprüfung in ausgewählten Prüfungsjahren[1)]

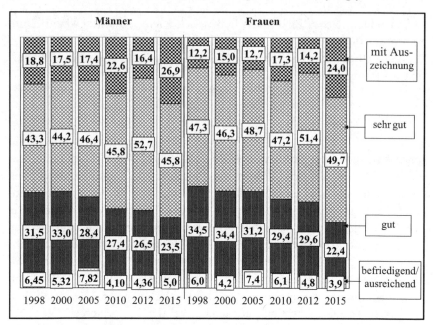

1) Daten erst ab 1998 verfügbar

Datenquelle: Statistisches Bundesamt; J. Roloff

Tab. 29: Mit „summa cum laude" bzw. „satis bene/rite" von Frauen und Männern bestandene Doktorprüfungen nach ausgewählten Studienbereichen, Prüfungsjahr 2014 (in Prozent)[261]

	Summa cum laude		satis bene bzw. rite	
	Frauen	Männer	Frauen	Männer
• Katholische Theologie	37,0	30,0	7,4	7,1
• Wirtschaftswissenschaften	31,3	35,4	1,1	2,5
• Sozialwissenschaften	28,2	23,8	3,2	2,7
• *Rechtswissenschaft*	*22,4*	*23,5*	*3,9*	*3,8*
• Philosophie	22,0	28,8	2,4	4,6
• Evangelische Theologie	18,2	20,8	2,3	13,2
• Maschinenbau/Verfahrenstechnik	17,3	21,1	1,8	1,8
• Physik/Astronomie	14,8	20,8	3,6	0,7
• Bundesdurchschnitt	14,4	19,7	4,1	3,1

Datenquelle: Statistisches Bundesamt; J. Roloff

7.6 Das Traditionsbewusstsein und die Prägung auf ein konservatives Gesellschaftsbild

Die Rechtswissenschaft befasst sich im Rechtsanwendungsprozess vor allem damit, wie etwas ist oder war, nimmt also in der Alltagspraxis einen eher rückwärtsgewandten Blick ein. Geltendes Recht, in der Rechtswissenschaft nennt man es „de lege lata", beschreibt vor allem die Gesellschaft, wie sie zum Zeitpunkt der Gesetzgebung war, auch wenn gesellschaftsprägende Effekte beabsichtigt gewesen sein sollten. Die Ausbildung erzieht zwangsläufig zur Rechtstreue. Eingebettet in die jahrhundertealten Traditionen wird damit Juristinnen und Juristen ein konservatives Gesellschaftsbild vermittelt, das in den beschriebenen Prägeprozessen internalisiert wird. Natürlich ist es auch Aufgabe der Jurist/innen „de lege ferenda" rechtspolitisch über die Anpassung des Rechts an den gesell-

---

261 Ohne Promotionen, bei denen die Note nicht bekannt ist.

schaftlichen Wandel nachzudenken. Die Ausrichtung des Denkens ist im Kern aber konservativ.

Diese konservative Prägung ist in der Ausbildung systematisch angelegt. Die Jurist/innen werden mit Fällen des Reichsgerichts konfrontiert, wie dem berühmten „Kirschbaumfall" (RGSt 55, 82)[262], dem „Bonifatiusfall" (RGZ 83, 223), oder dem „Badewannenfall" (RGSt 74, 84). Gesetzliche Bestimmungen treffen nicht immer aktuelle Lebenslagen. Bis zur Strafrechtsreform 1969 fanden sich z.B. im Strafgesetzbuch noch Vorschriften über das Duell, das historisch der Verteidigung der männlichen Ehre diente und rechtlich im Vergleich zu anderen Verletzungs- und Tötungshandlungen mit geringerer Strafandrohung privilegiert war, um nur einige plakative Beispiele zu nennen.

7.6.1 Die Konstruktion von Weiblichkeit in juristischen Lehrmaterialien[263]

Die konservative Prägung lässt sich insbesondere anhand des Frauenbilds, das sich in juristischen Lehrmaterialien findet, exemplarisch aufzeigen. Zur Konstruktion von Weiblichkeit in juristischen Lehrmaterialien hat Ulrike Schultz einen Artikel mit dem Titel „Die staubwischende Hausfrau oder: Diamonds are a girl's best friends" (2003a) geschrieben. Sie führt aus:

> „Als ich studierte (von 1966 – 1970) wurden junge Juristen und die wenigen Juristinnen mit einem sehr spezifischen Repertoire von Frauenfiguren in juristischen Lehrmaterialien und im juristischen Unterricht konfrontiert. Frauen waren heiratswütig, nahmen niederrangige Rollen ein, hießen – ganz unzufällig – Rita Busento, Biene Konku (Repetitor Rottmann in München), Berta Bumske, Tramina Tramm (Repetitor Schneider in Bonn) oder waren Dämchen Dämlich und Fräulein Fröhlich. In Lehrveranstaltungen wurde mit großem Vergnügen die Widerstandsfähigkeit der jungen Juristinnen gegen schlüpfrige Bemerkungen getestet. 1977 veröffentlichten Franziska Pabst und

---

262 Ein Rentner schießt auf einen Kirschendieb. Das Reichsgericht nahm Notwehr an. Beim Bonifatiusfall geht es um das Testament eines Geistlichen und schwierige zivilrechtliche dogmatische Fragen, der Badewannenfall betrifft eine Kindstötung.

263 Zur Konstruktion von Geschlecht in Schulbüchern vgl. Moser/Hannover/Becker 2013.

Vera Slupik eine Analyse des Frauenbilds im zivilrechtlichen Schulfall[264] und stellten fest, daß Frauen in den Ausbildungsfällen stark unterrepräsentiert sind, als Sexualobjekte stereotypisiert werden[265], mehrheitlich über ihre Beziehungen zu Männern definiert und tendentiell in passiven Rollen dargestellt werden. Zwanzig Jahre später, Mitte der neunziger Jahre, ließ ich meine jungen Mitarbeitenden ihre Lehrbücher und Unterrichtsmaterialien auf das darin verwendete Frauenbild analysieren. Es hatte sich nicht viel geändert. Frauen kamen kaum vor. Auch wenn – wie bei juristischen Fällen gern gebräuchlich – die handelnden Personen mit V und K oder S und G bezeichnet waren, ergab sich aus den Personal- und Possessivpronomen (er/sein), daß es sich dabei um Verkäufer und Käufer und Schuldner und Gläubiger handelte. Wenn Frauen eine Rolle spielten, dann weniger als agierende, denn als betroffene Personen, gern charakterisiert durch ‚typisch' weibliche Situationen, wie den berühmten Kaffeeklatsch, und mit Attributen ‚typisch' männlicher Feindbilder belegt. (dick, hässlich, ungeschickt usw.) Es wimmelte nach wie vor von Ehefrauen, Bräuten und von Dienstmädchen – auch wenn die aus der sozialen Realität schon seit Jahrzehnten verschwunden sind. Beispielhaft sei hier das weibliche Repertoire anhand des Lehrbuchs von Brox, BGB Allgemeiner Teil, vorgestellt.[266] Das Buch enthält rund 230 Fälle, in 20 spielen Frauen eine Rolle. Es ist 1976 ist erster Auflage erschienen, 1997 in 21. und vorerst letzter Auflage.[267] Zwanzig Jahre lang haben fast alle jungen Jurastudierenden dieses Buch genutzt. Das Buch ist immer juristisch aktualisiert worden, zuletzt von einem Stab von Mitarbeitern. Die Fallkonstellationen sind geblieben. Sie waren schon bei Ersterscheinen des Buches von Vorgestern. Das erste Mal tauchen Frauen in einem Fall zur ergänzenden Auslegung einer Willenserklärung auf. Der Hausherr H (nicht der Ehemann) verlässt das Haus und schärft der Hausangestellten D (wie Dämlich oder Dienstmädchen) ein, daß sie niemandem die Tür öffnen solle. Die Ehefrau E kehrt vorzeitig von einer Reise zurück, hat aber keinen Schlüssel mit. Nunmehr ist die Frage, ob D wirklich dämlich ist und sie nicht hereinlässt oder ob sie zur ergänzenden Auslegung der Willenserklärung des H in der Lage ist, seinen mutmaßlichen wirklichen Willen ermittelt und die E hereinlässt.

---

264 Kritische Justiz 1977, S. 242; vgl. auch Morgenthal, Luise: August Geil und Frieda Lüstlein. Der Autor und sein Tätertyp. Kritische Justiz 1983, S. 65.

265 Papst/Slupik: „Das Stereotyp der Frau als Sexualobjekt, das sich hier wiederfinden lässt, wird damit nicht nur von der kommerziellen Werbung erfolgreich als Anreiz zum Kauf nicht unmittelbar bedürfnisgetragener Waren eingesetzt, sondern dient offenbar ebenso als Lernanreiz beim Erwerb entfremdeten Wissens." S. 253.

266 Es werden alle Frauenfiguren des Buches aufgeführt.

267 München: Beck. Viele juristische Lehrbücher sind Erbhöfe, die vor Jahrzehnten in Erstauflage erschienen sind und von Adepten fortgeführt werden.

Weitere Fälle:

Eine Ehefrau findet einen Brief beim Staubputzen und wirft ihn in den Post-kasten, obwohl er nicht abgeschickt werden sollte. Eine Ehefrau hat ihren Hund Fiffi zum Alleinerben eingesetzt. (Was Ehefrauen doch für Dummhei-ten machen.) Frau A und Frau B streiten sich um ein und dasselbe Modell-kleid für 900 DM (verschwiegener Hang zur Verschwendungssucht). Frau K hat sich auf einer Kaffeefahrt eine Heizdecke aufschwatzen lassen (klar, Frau-en sind geschäftlich unerfahren). Dann werden erwähnt: das Fräulein F, mit dem die Ehe eingegangen werden soll, eine Braut vor der Eheschließung, eine Tochter, die heiratet – ihr Vater ist Fabrikant –, eine Nachbarin, die ein Kind in Pflege hat, eine Frau, die der Nachbarin Eier leiht, eine Frau, die dem Fri-seur ihren Zopf verkauft, die Geliebte G, die zur Belohnung des ehebrecheri-schen Verhältnisses als Alleinerbin eingesetzt wird[268], der K, der seiner Freundin einen Ring schenken will. Die Berufsrollen, die Frauen einnehmen, sind: Verkäuferin, Telefonistin, Sängerin – die wegen Erkrankung des Kindes nicht auftritt–, eine Frau, die durch Schreibarbeiten Geld verdient. Und schließlich gibt es das Grab der Mutter, das der Sohn nicht besuchen darf, weil es der Vater verbietet. Dies ist das gesamte Repertoire. Wie also sieht die Frau aus? Sie ist Ehefrau, mit Kindern und vielleicht Hund, hat eine Hausan-gestellte, lange Haare, trägt ein teures Kleid, gekauft mit dem Geld des schwer arbeitenden Mannes, ist – wenn sie denn arbeitet – beruflich in unter-geordneter Position tätig. Als Lohn gibt es zu Lebzeiten Schmuck, und hinter-her weint der Sohn am Grab des lieben Mütterleins. Frage: Erkennen Sie sich wieder?

Der Gerechtigkeit halber ist zu erwähnen, daß auch Männer in wenig schmei-chelhaften Rollen erscheinen. Sie sind vorrangig charakterisiert durch Berufs-rollen und „typisch männliche" Eigenschaften. Sie schließen Verträge und be-gehen unerlaubte Handlungen, sind: Ausländer, Räuber, Zecher, Schläger, Drogenhändler, aus Strafhaft Entlassene.

In Lehrbüchern zum Schuldrecht wird Kaufen gern weiblich belegt, Schädi-gen männlich. In Lehrbüchern zum Sachenrecht haben Männer das Eigentum am Auto, Fernseher, Banksafe, Grund- und Boden, die Frau ist Eigentümerin von Herd und Kühlschrank.

In einer Analyse der juristischen Lehrmaterialien, die Anfang der 90er an der FernUniversität im Einsatz waren, wurde festgestellt: Hier entsteht der Ein-druck, daß selbstbewusste, selbständige Frauen so gut wie gar nicht existie-ren. Frauen werden überwiegend einem Manne zugehörig dargestellt, bzw. treten nur als Schwangere oder Mütter auf.

Auch Repetitoren, die von Juristen und Juristinnen zur Examensvorbereitung gern in Anspruch genommen werden, verwenden nach wie vor mit Vergnügen ein Typenrepertoire, das der Bäckerblume oder Metzgerzeitung entsprungen

---

268 Dieses spielt auf die vom BGH in den siebziger Jahren aufgegebene Rechtspre-chung zum Mätressentestament an.

zu sein scheint. Bei Abels und Langels gibt es vier Leitfiguren: Wilhelm Brause, den Hallodri, Anton Gluffke, den ausgebufften Geschäftsmann, das etwas vertrottelte Mütterchen Mü und Fräulein F, zuvor Fräulein Juff.

In einem Lehrbuch zum Sachenrecht, das 1993 in Erstauflage erschienen ist,[269] tritt immer noch ein Dienstmädchen auf. Dies zeigt wie nachhaltig die Fall-Stereotype wirken. Jede/r kann dies in Gesprächen mit Juristen miterleben, die sich nach zwanzig Jahren noch genau an Lila Laila, den Eisenbahnfahrschein 3. Klasse oder was immer ihnen in Hausarbeiten und Klausuren begegnet ist, erinnern. Ich beobachte dies auch im Rechtskundeunterricht, den Juristen abhalten. Sie greifen mit Vorliebe auf das Fallmaterial zurück, mit dem sie in ihrer Ausbildung konfrontiert worden sind.[270]

Die Frage ist, welche Auswirkung diese verzerrte Darstellung einer patriarchalen Welt[271] auf Juristen hat. Sie sind sicherlich in der Lage, die Realität zu erkennen und zu beurteilen. Das gehört zu ihrem Beruf. Konstruieren sie sich einen Wunschtraum von Wirklichkeit? Vielleicht: Für Menschen in Führungspositionen und Freiberufler ist auch heute noch eine brave Ehefrau, die ihnen den Rücken freihält, wünschenswert. Interessant ist, wie dieses Weltbild tradiert wird. Durch Lachen, durch Verlachen, ein professionstypisches Gelächter, das Überlegenheitsgefühl schafft. (Kotthoff 1988) Hier geht es um berufliche Sozialisationsmechanismen, und diese erfassen nicht nur Männer, sondern auch die mittlerweile fast 50% Frauen in der Juristenausbildung. Liebe Kolleginnen, habt Ihr nicht mitgelacht?"[272]

Vorher hatten sich Franziska Pabst und Vera Slupik – wie beschrieben – in einem viel beachteten Artikel, der auf einer inhaltsanalytischen Untersuchung juristischer Lehrmaterialien basiert, mit dem Frauenbild im zivilrechtlichen Schulfall auseinandergesetzt, *„um die Annahme zu belegen, dass die Sachverhalte juristischer Schulfälle gesellschaftliche Realität in stereotyp verzerrter Weise wiedergeben"* (Papst/Slupik 1977, S. 242). Sie stellen fest, dass die drastischen Beispiele Motivationshilfen sein sollen, um in der fallbasierten Ausbildung, *„den trockenen Stoff durch einfallsrei-*

---

269 Klaus Schreiber. Stuttgart, München: Boorberg.

270 Ich gebe Seminare zur Didaktik und Methodik des Rechtskundeunterrichts, in denen Unterricht simuliert wird.

271 Ich habe mein eigenes Fallrepertoire überprüft und festgestellt, daß ich auch Stereotypen verwendet habe, aber nicht einseitig geschlechtsspezifisch und daß ich mich mehr an erlebten Geschehnissen orientiert habe.

272 Auch wenn in den letzten Jahren im Zeichen eines wachsenden Bewusstseins für politische Korrektheit krasse Ausrutscher in den Fällen seltener werden mögen, so ist zumindest die heute praktizierende Juristen- und Juristinnengeneration mit dem geschilderten patriarchalen Weltbild groß geworden. Vgl. auch Schultz 2003c.

che Fallgestaltung attraktiver zu machen" (ebd., S. 245), dass damit aber auch

> „entsprechend den Bedingungen ihrer primären Sozialisation gerade Jurastudenten in überdurchschnittlichem Maße einer an tradierten, festen moralischen Wertvorstellungen ausgerichteten ‚Erziehung zur Abhängigkeit' ausgesetzt sind und dementsprechend zur Ausbildung autoritärer Charakterstrukturen neigen dürften." (Ebd., S. 246).

Sie verweisen insofern auf die Studie von Kaupen „Hüter von Recht und Ordnung" (1969). Die eingesetzten Stereotype dienen also auch als Assoziationshilfe und werden *„damit Bestandteil der den Lernprozess stimulierenden und begleitenden affektiven Prozesse"*, durch die *„vorhandene stereotype Einstellungen und Überzeugungen verstärkt und verfestigt, unter Umständen auch neue Vorurteile"* (ebd., S. 246) geschaffen werden. Sie greifen damit die in den 1970er Jahren bei der ersten Aufarbeitung des Naziunrechts geäußerte Kritik auf, die Ursachen des Verhaltens der „furchtbaren Juristen" in der autoritären Erziehung sowohl im Elternhaus wie in der Ausbildung sieht. Entsprechend folgern sie, dass solche Ausbildungspraktiken *„nicht ohne Einfluss auf spätere, nun nicht mehr fiktive, sondern reale Fälle betreffende Entscheidungssituationen bleiben"* (ebd., S. 246).

In unserem Kontext stellt sich weniger die Frage, inwieweit solche (negativen) Charakterprägungen durch Verwendung von Stereotypen stattfinden, sondern inwieweit durch überkommene, altmodische Vorstellungen von Frauenrollen Karrierehindernisse für Frauen in der Rechtswissenschaft aufgebaut werden. Wichtig ist hier hervorzuheben, dass es allein darum gehen soll, auf geschlechtsspezifische Stereotype und problematische Geschlechterbilder in Lehrmaterialien aufmerksam zu machen und jene Fallgestaltungen geschlechtersensibel zu reflektieren, mit denen Studierende in ihrem Lernalltag üblicherweise arbeiten (vgl. auch Morsbach 2017, S. 75 ff.).

Wirkmächtig sind die aufgeführten Lehrbücher allemal, da sie häufig fortgeschrieben und neu aufgelegt werden, also ganze Generationen von Jurastudierenden mit ihnen lernen. Sie werden dann in der Regel rechtlich aktualisiert, neue Rechtsprechung und aktuelles Schrifttum eingearbeitet.

Nach wie vor werden bei den Fällen die Handelnden im Wesentlichen mit A und B oder V (Verkäufer) und K (Käufer) usw. bezeichnet. Es tauchen auch weiterhin altbekannte „Kamellen" der Juristenausbildung auf, wie der Trierer Weinversteigerungsfall, der Fall mit dem Haakjöringsköd

(Haifischfleisch)[273], auch Sangesbrüder des Gesangsvereins Liedertafel. So sehr dieses altmodische Repertoire generationenübergreifend identitätsstiftend sein mag, so wenig hat es mit der Realität der Gegenwart zu tun und führt bei Studierenden zu Verfremdungseffekten.[274] Bei den Frauenfiguren begegnen uns erstaunlich viele Bekannte ebenso bei den männlichen Akteuren.[275] Dabei soll nicht unerwähnt bleiben, dass die Männerbilder, die in den Beispielen bemüht werden, ebenso stereotyp und negativ sind wie die Frauenfiguren.

2014 hat Daniela Schweigler einen Artikel zum Frauenbild in der Bayerischen Justizausbildung geschrieben, wie es in *„Übungsfällen, Klausuren, beiläufigen und weniger beiläufigen Bemerkungen in den Arbeitsgemeinschaften"* auftaucht, mit dem Untertitel: *„Eine Geschichte von Gucci-Handtaschen und Kinderlosigkeit"*. Sie stellt fest, dass Frauen *„sowohl durch die verwendete Sprache als auch durch ihre teils krasse Unterrepräsentation marginalisiert"* werden. Die Frauen werden häufig in den *„vermeintlich typischen Frauenrollen"* als Mutter, Hausfrau, Ehefrau, Bardame, Verlobte vorgestellt. In der Familienrechtsarbeitsgemeinschaft kam in keinem Fall eine Lebenspartnerschaft vor. Sie stellt auch fest, dass in den besprochenen Klausur- und Übungsfällen Frauen *„sogar unverhohlen lächerlich gemacht"* werden. (S. 54) Es wird also mehr als fünfzehn Jahre nach dem Aufsatz von Ulrike Schultz und Jahrzehnte nach den Aufsätzen von Pabst/Slupik (1977) und Morgenthal (1983) der schon um die Jahrtausendwende eigentlich überlebte Befund eines paternalistischen Frauenbildes bestätigt, selbst wenn die Beispiele etwas weniger drastisch und sexistisch geworden sind und – wie Daniela Schweigler bestätigt – vor allem im Verwaltungsrecht, in dem man nie so fündig wurde wie in den alten Disziplinen Zivil- und Strafrecht, Änderungen zu beobachten sind, allerdings nicht durchgängig.

Lässt sich die Schlussfolgerung ziehen, dass das in Lehrmaterialien verwendete eigentümlich altmodische, patriarchale Repertoire von Frauenfiguren und -eigenschaften auf eine entsprechende Einstellung der Autoren hinweist, die dementsprechend Frauen nicht als ernstzunehmendes Nach-

---

273 Nichtjuristisch ausgebildete Leserinnen und Leser mögen Jurist/innen aus dem Bekanntenkreis fragen, sie werden alle diese Fälle kennen.
274 Dazu s. Schultz 1990, S. 331 f.
275 In den Materialien auf der Projektwebseite findet sich eine Auswertung von Pia Röpke, einer Studentin der Ruhr-Universität in Bochum, zu der Studienliteratur, die sie im Jahr 2012 verwendet hat. www.fernuni-hagen.de/jurpro

wuchspotential in Betracht ziehen können? Papst/Slupik schreiben am Schluss ihres Artikels:

> „Über die Fallanalyse Einstellungen der Autoren zu ermitteln, war nicht unser Anliegen. Es lassen sich auch keine präzisen Aussagen dazu treffen, ob oder inwieweit so gestaltete Fälle stereotypes Beurteilen von Lebenssachverhalten bei den Auszubildenden fördern."

Die Disposition zu stereotyper Orientierung wird sicherlich gestärkt und der Korpsgeist, der auf einem einseitig definierten Gesellschaftsbild gründet, sowie die bereits angesprochene sprichwörtliche Arroganz, die Juristen und Juristinnen das Gefühl vermittelt, als „Bessere" über „Rangniedrigere" zu befinden. Eine junge Interviewpartnerin nannte es „*Sozialdünkeln*" (I 45). Lucy Chebout, Selma Gather und Dana Valentiner haben es 2016 in einem Artikel in der djbZ, der Zeitschrift des Deutschen Juristinnenbundes, so auf den Punkt gebracht:

> „Juristische Räume zeichnen sich insgesamt nicht durch Warmherzigkeit, Fehlerfreundlichkeit und niedrigschwellige Zugänglichkeit aus. Unter elitärem Dünkel und Schnösel-Habitus haben unabhängig vom Geschlecht alle zu leiden, die die an sie gestellten Rollenerwartungen nicht erfüllen." (2016, S. 192)

7.6.2 Sexismus in der Juristenausbildung

Die drei Autorinnen setzen sich in dem Artikel in der djbZ, der Zeitschrift des Deutschen Juristinnenbundes, ebenfalls mit dem Frauenbild in der juristischen Ausbildung auseinander. In diesem als „*# Aufschrei dreier Nachwuchsjuristinnen*" titulierten Beitrag stellen sie die Marginalisierung von Frauen und die Verwendung patriarchaler Frauenbilder in der Ausbildungsliteratur in den weiteren Kontext sexistischer Praktiken in der Juristenausbildung[276]:

> „Seitdem Frauen Jura studieren, ist Sexismus in der juristischen Ausbildung ein virulentes Thema. Nicht zuletzt dank feministischer Interventionen und Kämpfe haben sich die Rahmenbedingungen für Frauen zwar insgesamt erheblich verbessert. Sexistische Erlebnisse gehören aber auch heute noch zum Alltag von Jurastudentinnen und Referendarinnen. Wir wollen uns – gerade als Juristinnen – nicht länger abfinden mit den anhaltenden Einschränkungen unserer Rechte auf Gleichberechtigung, Diskriminierungsfreiheit und auf

---

276 Vgl. auch Valentiner et al. 2017.

gleiche Teilhabe an Bildung. Es ist Zeit, die sexistischen Strukturen der juristischen Ausbildung insgesamt in den Blick zu nehmen und sie nachhaltig zu verändern." (Chebout/Gather/Valentina 2016, S. 190)

Auch sie bemängeln, dass *„am Klischee"* gelernt wird und folgern:

„Fälle erzählen Geschichten und tragen so zu dem Bild bei, das Studierende von der Welt entwickeln. [...] Treten marginalisierte Gruppen vorrangig in stigmatisierten Zusammenhängen auf, wird dies auch einen Einfluss darauf haben, wie Jurist_innen diesen in ihrer späteren Praxis begegnen." (Ebd.)

Allerdings weisen sie auch daraufhin, dass *„Stereotype und Sexismen mittlerweile oftmals subtil"* verwendet werden (ebd.), so dass Frauen sich oft fragen müssen, ob sie diese zurecht zurückweisen sollten oder ob sie damit überreagieren. Frauen werden dann gern als empfindlich und humorlos etikettiert. Dies bestätigte auch eine Interviewpartnerin:

„In den Materialien wird immer noch Etliches tradiert, aber so schlimme Sachen, wie ich es noch in meinem Studium selber erlebt habe, das kenne ich nicht mehr. Also ich nehme es zumindest so nicht mehr wahr. Also das, ich find's aber auch manchmal richtig schwierig, wenn's so subtil da ist." (I 18)

Die drei Autorinnen bringen Beispiele *„sexistischer Interventionen in juristischen Räumen"*, dass z.B. ein Vorsitzender einer Prüfungskommission den weiblichen Prüfungsteilnehmerinnen empfiehlt, bei einer ausschließlich männlich besetzten Prüfungskommission in einem schönen Rock anzutreten, *„dann haben Sie nichts zu befürchten"* (S. 191, Beispiel aus dem Jahr 2015) oder dass ein AG-Leiter die Verwendung von Beispielen aus dem Sexualstrafrecht einleitet mit: *„Nicht dass Sie denken, ich hätte so schmutzige Fantasien. Auch wenn ich die vielleicht habe, aber das ist nicht der Grund"* (S. 192, Beispiel aus dem Jahr 2016).

Bei unseren Interviews hat eine Promovendin berichtet, dass ihre Freundin (2013) immer wieder von ihrem Ausbilder, einem älteren Staatsanwalt,

„über seine Lust, pornographische Fotos zu machen, hörte. Die saßen dann zusammen am Schreibtisch, haben 'ne Akte durchgegangen, und dann fing er an, so, ja, am Wochenende mach' ich wieder, so nach dem Motto, was machen Sie am Wochenende? Ich fahr' ja wieder in die Natur und mach' dann mit dadada schöne Fotos. [...] Als Frau weißt du erstmal gar nicht, was sagst du jetzt Korrektes darauf. Bei 'ner anderen war das so, dass der Richter [Anfang 40] sich entweder in sie verguckt hat, oder was weiß ich, aber auf jeden Fall war die Notengebung, was die Bearbeitung der Akten anging, abhängig davon, wie sie sich ihm gegenüber verhalten hat. [...] die Jungs, die das mitbekommen haben, jetzt in meinem Alter, die das gehört haben, meinten so, ja, wer weiß, wie sie ihm Signale gegeben hat? Das war die Reaktion. Und die

Frauen alle voll empört meinten, das kann ja wohl nicht wahr sein. Aber die Jungs haben per se erstmal gedacht, wer weiß, wie sie sich gegeben hat? Ja, sie ist ja auch so ein liebes Mäuschen. [...] Und? Da kann man noch so ein liebes Mäuschen sein, noch so 'ne kleine mickrige Stimme haben und super-hübsch aussehen, kurze Röckchen, die kann meinetwegen in Hot Pants da sitzen, und das darf nicht passieren. (I 45)[277]

Bei unseren Interviews wurden auf die Frage nach „Sexismus, Diskriminierungen, Herabsetzungen, Ungleichstellungen, die Sie erfahren haben", insgesamt nur wenige Beispiele für sexistische Praktiken in der Juristenausbildung gegeben, bzw. die Beispiele als solche etikettiert, wobei gerade die ältere Generation der Juraprofessorinnen damit permanent konfrontiert worden ist.

Eine ältere Interviewpartnerin berichtete über ihr Studium in den 1960er Jahren: Ein Strafrechtler in München verwendete gern schlüpfrige Beispiele und testete damit die „Widerstandsfähigkeit" der noch wenigen weiblichen Studentinnen nach dem Motto: *„Wenn Sie das nicht vertragen, können Sie auch gehen."* (I 1) Eine Juraprofessorin mittleren Alters trug folgendes aus ihrer Ausbildung in den 1980er Jahren dazu bei:

„Der X kam in den Hörsaal und sagte, da hat sich doch bei mir jemand beschwert, er [gemeint war „sie"] sei in der Klausur von einem Assistenten dauernd schief angeguckt worden und der hätte ihr in den Ausschnitt geguckt. Dann kann ich Ihnen heute nur sagen, so 'nen schlechten Geschmack haben meine Assistenten nicht. Das kann nicht sein. So in diesem Ton ging das unentwegt, aber er war als Vermittler von X-recht glänzend." (I 28)[278]

Eine andere, jüngere Juristin berichtete in einem informellen Gespräch, dass in Trier in ihrem Jurastudium in den 1990er Jahren ein Juraprofessor wiederholt anmerkte, dass der Übergang von Frau zu Hure fließend sei. Erstsemester seien mit dem Spruch begrüßt worden, dass das kein Studium für die sei, die häkeln und stricken wollen oder sich nur einschreiben, um einen Mann zu finden.

Die junge Promovendin bemängelte das „Kompetitive" bei ihren Studien- und Referendarskollegen:

„Dass man dann sich immer wieder anhören muss, warum tut ihr euch das denn überhaupt an? Dann lasst es doch sein. Warum studiert ihr auch Jura?

---

277 Vgl. auch Schultz 2003c, S. 302 ff.
278 Dieses Beispiel führte sie neben anderen als Antwort auf die Frage an: Wer hat Sie im Studium besonders beeindruckt? Sie fügte dann auch hinzu: „Im Übrigen, wenn man zurückbiss, war er auch ruhig."

[...] Es gibt doch viel nettere Berufe für eine Frau als Juristin. [...] Frauen kriegen doch eh Kinder. Frauen nehmen uns dann nachher die Plätze weg durch die Quoten, durch Jobbesetzungen, weil sie vielleicht doch ein besseres Examen machen. Die brauchen das doch gar nicht. Wieso machen die überhaupt den Doktor. Die brauchen den doch später gar nicht, wenn sie zuhause sind und Mutter sind. Das hör ich so oft, und dass ich mir heutzutage so was noch anhören muss, im Jahre 2013, finde ich schon recht bedenklich. [...] und ich bin so sauer, was das angeht, und manchmal denke ich auch, da muss man echt was gegen tun. Man muss da vor allem rational ran gehen an diese Sachen. Weil, wenn man selber natürlich wieder emotional argumentiert, dann nehmen sie einen gar nicht ernst, die Männer. Aber, ich mein', das wird mir wahrscheinlich irgendwann auch weiter passieren, dass man einen dann nicht so richtig ernst nimmt." (I 45)

Durch Rollenzuschreibungen, durch distanzloses Verhalten oder zotige Witze wird jungen Juristinnen der „ihnen gebührende" Platz zugewiesen. Dies schafft, wie die Promovendin beschreibt, innere Barrieren, die erst überwunden werden müssen, um den Mut zu finden, in den Wettbewerb einzutreten, Barrieren, die vor allem die Entscheidung für eine wissenschaftliche Karriere in diesem System der Juristenausbildung erschweren.

Die Verhaltensmuster perpetuieren sich auch, wie aus dieser Schilderung einer noch jüngeren Juraprofessorin, die ihren Lehrstuhl sehr früh bekommen hat, hervorgeht:

„Es sind ja oft mehr Schwingungen. Also ich empfinde jetzt nicht jedes Kompliment, das mir gemacht wird, als sexistische Äußerung. Davon gibt's natürlich vieles. Das ist, das, also ich glaub', jüngere Kollegen, die haben witzigerweise am ehesten Probleme damit. Weil die das natürlich schlecht aushalten, wenn man erfolgreicher oder auch nur genauso erfolgreich ist. Und dann wird das eben sehr gerne darauf zurückgespielt." (I 44)

7.6.3 Geschlechtergerechte Sprache

Chebout, Gather und Valentiner weisen auch darauf hin, dass es Defizite bei der Verwendung der geschlechtergerechten Sprache in der juristischen Ausbildung gibt: *„Die Rechtswissenschaft tut sich schwer damit, was gerade angesichts ihrer Sprach- und Textbasiertheit verwundert."* (2016, S. 191) Bedenklicher ist, dass man sich nicht einmal darum bemüht, im Gegenteil: *„Anerkannte Fachzeitschriften weigern sich, Texte in geschlechtergerechter Form anzunehmen und verlangen das generische*

Maskulinum.[279] *Damit mögen zwar alle gemeint sein, aber es ist nicht von der Hand zu weisen: Wer „Jurist' hört, sieht vor dem inneren Auge bestimmt keine Juristin."* Und sie bemängeln, dass die Gefahr besteht, *„dass eine geschlechtergerechte Schreibweise in Klausuren oder Hausarbeiten von Korrektor_innen moniert oder gar mit Punktabzug sanktioniert wird."* (Ebd.) Das Thema ist lästig und unbeliebt, gehört aber auf die Agenda, weil es hier ebenfalls um einen Mechanismus der Marginalisierung von Frauen im Recht und der Juristinnen geht.[280]

7.6.4 Juristinnen im Fachdiskurs

Die Sichtbarkeit der jungen Juristinnen ist ebenfalls beeinträchtigt durch ein zurückhaltenderes Kommunikationsverhalten von Frauen in Lehrveranstaltungen. Sichtbarkeit ist aber das klassische Karrierekriterium schlechthin. Sichtbarkeit schafft Kontakte und hilft, Stellen als Hilfskraft oder wissenschaftliche Mitarbeiterin zu finden, die das Sprungbrett für eine Karriere in der Rechtswissenschaft sind.

Es war in den USA beobachtet worden, dass Frauen im juristischen Unterricht, der durch ein Frage-Antwort-Spiel im Rahmen der sog. sokratischen Methode charakterisiert ist, weniger zu Wort kamen und sich weniger zu Wort meldeten als ihre männlichen Kommilitonen. Dies war mit dem Schlagwort *„women's silence in classroom"* belegt worden (Mertz 2007, S. 187). In Interviews und Gesprächen in den 1990er Jahren berichteten ältere Juristinnen aus Deutschland Ähnliches. Sie hatten zudem erlebt, dass sie oder Kolleginnen wegen ihrer weiblichen hohen Stimmen ausgelacht wurden oder dass die Qualität ihrer Äußerungen eher hinterfragt wurde als bei den männlichen Kollegen. Frauen konnten so mundtot gemacht und in ihre Schranken gewiesen werden. Dieses verhalf Männern

---

279 *Mit der üblichen Floskel: Aus Gründen der besseren Lesbarkeit wird nur die männliche Schreibweise verwendet.*

280 1993 hatte Marianne Grabrucker dazu ihr Buch „Vater Staat kennt keine Muttersprache" herausgegeben; Rezension Schultz 1994. Vgl. auch den Vortrag von Marianne Grabrucker „Die Ungleichbehandlung der Frau in der Rechtssprache. Ein Beitrag zur Demokratisierung des Rechts." http://www.fernuni-hagen.de/vide ostreaming/zmi/video/1989/89-06_76714/, vgl. auch Braun 2003; radikal: Lann Hornscheidt 2015. 1989 hatte sich Schulze-Fielitz mit der maskulinen Rechtssprache als Verfassungsproblem befasst. Seinem Aufsatz in der KritV ist eine Replik von Marianne Grabrucker beigefügt.

im Studium dazu, ihren Rang zu demonstrieren und sich in einer überge-
ordneten Position zu behaupten.[281] Häufig wurde beklagt, dass Stellung-
nahmen von Juristinnen insgesamt wenig Beachtung geschenkt würde und
dass es oft vorkäme, dass z.B. in Seminaren dieselbe Äußerung – von
einem Mann später wiederholt – mit Beifall bedacht würde. Frauen wurde
auch die Redezeit eher beschnitten als Männern.[282]

Eine Reihe unserer Interviewpartnerinnen und Partner wiesen darauf
hin, dass die jungen Juristinnen Ermunterung und Ermutigung brauchten,
dass sie häufig darauf warteten gefragt zu werden und weniger von sich
aus die Initiative ergriffen oder auch eher bereit wären zurückzustecken.

7.6.5 Für eine gendersensible Rechtsdidaktik

Chebout, Gather und Valentiner fordern in ihrem Aufsatz, dass die Vermittlung von Genderkompetenz als juristischer Kernkompetenz etabliert
und anerkannt werden müsse, auch generell als Teilbereich kritischer
Rechtswissenschaft. Lehrende müssten Gender- und Diversityperspekti-
ven in die Lehre integrieren. Im Sinne einer gendersensiblen Rechtsdidaktik müssten dafür entsprechende Lehrkonzepte entwickelt werden[283] und
die Lehrenden auch in diskriminierungsfreier Kommunikation geschult
werden. Es müsse eine Beobachtungsstelle für diskriminierendes Ausbil-
dungsmaterial und eine Beschwerdestelle für Diskriminierung geschaffen
werden. (Ebd., S. 192 f.)

Wichtig ist, für die Problematik breit zu sensibilisieren. Es fehlt noch
weitgehend an Problembewusstsein. Das 2008 für das Netzwerk Frauen-
und Geschlechterforschung NRW erstellte und 2012 aktualisierte Gender-

---

281 Schultz, Zur Sprache des Geschlechts im Recht, unveröffentlichtes Manuskript
      2006 mit Hinweis auf Interviews aus den 1990er Jahren, vgl. auch Schultz 2003c,
      S. 302 ff.
282 Eine Interviewpartnerin berichtete: *Ich habe es in den Achtzigern erlebt, dass mir
      bei einer Tagung der Gesellschaft für Europarecht nicht das Wort erteilt wurde,
      weil ich aus Sicht des Vorsitzenden als Frau mutmaßlich nichts Substantielles
      zum Thema beizusteuern haben konnte. Auf dem 44. Anwaltstag in Hamburg
      1987 meldete ich mich als einzige Frau in der Plenumsveranstaltung mit etwa
      1000 fast ausschließlich männlichen Teilnehmern zu Wort: Nach wenigen Sätzen
      wurde mir das Wort abgeschnitten, während männliche Kollegen uferlos schwa-
      feln durften.* (I 1)
283 Zum Gendercurriculum Rechtswissenschaft s. Anhang.

curriculum für die Rechtswissenschaft (Schultz 2006/2012)[284] ist bisher in keiner Weise rezipiert worden, obwohl es mehrfach bei Vorträgen zur Diskussion gestellt worden ist.[285] Überlegungen zu einer gendersensiblen Methodik stehen noch am Anfang.[286] Um diesen Aspekten Wirkung zu verschaffen und Lösungen nachhaltig zu sichern, sollten sie in die Diskussionen zu den anstehenden Reformen der Juristenausbildung eingebracht werden und in den Juristenausbildungsordnungen verankert werden. Es ist erstaunlich, dass Gender in der Lehre der Rechtswissenschaft so wenig systematisch thematisiert wird, da sowohl bei der Rechtsfolgenabschätzung von Gesetzen wie bei allen Rechtsakten immer die Frage zu stellen ist, ob sie Geschlechter in ihrer Lebensrealität in gleicher Weise treffen und Diskriminierung infolge der europäischen Rechtssetzung zu einem viel diskutierten Thema geworden ist.

---

284 http://www.gender-curricula.com/gender-curricula/

285 Vgl. unter http://www.ulrikeschultz.de/vortraege.shtml

286 Im Rahmen des Projekts VINGS (Virtual International Gender Studies) sind Überlegungen zu einer gendersensiblen Didaktik und Methodik der virtuellen Lehre in Geschlechterstudien in ein mediendidaktisches Konzept eingeflossen. https://www.fernuni-hagen.de/ls_haratsch/projekte/104922.shtml http://www.uni-bielefeld.de/soz/we/frauenforschung/fo/vings.htm Da das Teilprojekt VINGS-Qualifizieren mit einer Qualifizierung für Gleichstellungsarbeit zu guten Teilen Kurse zu rechtlichen Inhalten umfasste, waren dafür curriculare Überlegungen zu einer gendersensiblen Didaktik und Methodik rechtswissenschaftlicher Lehre erforderlich. Aus diesem Studienangebot ist das Master-Wahlmodul „Recht der Gleichstellung und Genderkompetenz" im Master of Laws der FernUniversität in Hagen hervorgegangen. http://www.fernuni-hagen.de/ls_haratsch/lehre/kurse/k55 312.shtml

8. Die Fakultäten und ihre Fachkultur

In diesem Kapitel wird ein Blick auf die juristischen Fakultäten und ihre fachkulturellen Besonderheiten geworfen, um daraus Anhaltspunkte für die bestehende Unterrepräsentanz von Frauen auf Lehrstühlen ableiten zu können.

8.1 Die Fakultäten

8.1.1 Daten[287]

Es gibt 44 juristische Fakultäten, die im Deutschen Juristen-Fakultätentag (djft) zusammengeschlossen sind. Assoziiert sind die deutschsprachigen Fakultäten in Österreich (Graz, Innsbruck, Salzburg, Wien), der Schweiz (Basel, Freiburg, Luzern, Zürich) und die Fakultät in Budapest.

Üblicherweise sind Fakultäten nach den drei Fächern der Rechtswissenschaft untergliedert: Zivilrecht/Bürgerliches Recht, Öffentliches Recht und Strafrecht. Das Strafrecht stellt die kleinste Gruppe dar, das Zivilrecht üblicherweise die größte. Häufig findet sich ein Verhältnis von etwa 3:2:1, z.B. in Bayreuth 12:7:4, ebenso in Heidelberg, in Kiel 9:7:3, an einigen Universitäten sind allerdings die Öffentlich-Rechtler/innen zahlenmäßig überlegen. Die Lehrstühle sind gruppenweise zu Instituten zusammengefasst, z.T. haben Lehrstühle eigene Institute.

Drei der Fakultäten im djft in Deutschland bieten kein grundständiges juristisches Studium an, sondern stattdessen nur Bachelor- und Masterprogramme: Siegen[288] und die beiden ostdeutschen Fakultäten Dresden und Rostock, die ursprünglich die Vorbereitung auf die erste juristische Prüfung angeboten haben, wegen Überkapazitäten in den neuen Bundesländern aber zurückgebaut worden sind. Die FernUniversität in Hagen, die

---

287 Die Daten im folgenden Gliederungspunkt sind der Website des Deutschen Juristen-Fakultätentages für das Wintersemester 2013/14 und das Sommersemester 2014 entnommen.

288 In Siegen ist es die Fakultät III — Wirtschaftswissenschaften, Wirtschaftsinformatik und Wirtschaftsrecht.

ursprünglich auch dazu gehörte, bietet seit dem Wintersemester 2016/17 ebenfalls die Vorbereitung auf die erste juristische Prüfung an. Eine Sonderstellung nehmen die beiden am amerikanischen Modell orientierten privaten Law Schools ein, die Gerd Bucerius Law School in Hamburg, die im Jahr 2000 gegründet worden ist[289] und vom Selbstverständnis her den Rang einer Eliteeinrichtung hat[290], und die im Jahr 2016 noch neue, der European Business School EBS, Universität für Wirtschaft und Recht, angeschlossene Law School in Wiesbaden, die mit dem ersten Staatsexamen einen integrierten Master in Business (MA) anbietet.

Die Fakultäten verfügten 2014 über insgesamt 829 Professuren, davon waren nur 81 W2/C3-Stellen und 748 W3/C4-Stellen. Im Vergleich zu anderen Fakultäten sind dies günstige Relationen. Bei Verhandlungen über Stellenausstattungen haben juristische Fakultäten aufgrund ihrer Traditionen eine starke Stellung. Erst durch eine juristische Fakultät wird eine Hochschule zur „richtigen" Universität. Die frühere medizinische Hochschule Düsseldorf hatte daher Ende der 1990er Jahre einen zähen Kampf um die Einrichtung einer juristischen Fakultät geführt.

Zusätzlich sind in der Statistik des djft 47 Planstellen für Juniorprofessuren ausgewiesen – umgewandelte C1/W1 Stellen eingeschlossen –, von denen allerdings etwa ein Viertel nicht besetzt war. In den beiden Jahren vorher waren es noch mehr und zwar 60, bzw. 59. 18 Fakultäten in 11 Bundesländern, d.h. gut 1/3 aller Fakultäten, hatten keine Juniorprofessuren. Die Einrichtung von Juniorprofessuren ist Sache der Fakultäten, also unabhängig von der politischen Ausrichtung der Bundesländer.

Im Sommersemester 2014 haben die Fakultäten 103.817 (WS 2013/2014 108.367)[291] Studierende betreut, davon rund 17% mit Recht im Nebenfach oder rechtlichen Inhalten in anderen Studiengängen, wovon fast die Hälfte an der FernUniversität eingeschrieben ist. Rechnet man diesen Anteil heraus, spielen die an allen anderen Fakultäten in anderen Fächern zu betreuenden Studierenden mit 9-10% nur eine marginale Rolle.

---

289 Die Studiengebühren betragen für das vierjährige Studium zur Zeit 48.000 Euro.

290 Sie wirbt auf ihrer Website mit folgender Aussage: „Eine fachspezifische Fremdsprachenausbildung, ein integrierter Auslandsaufenthalt, Zusatzzertifikate in u.a. BWL und viele weitere Bildungsangebote verleihen den Absolventen ein ganz besonderes Qualifikationsprofil. Deswegen ist das Jurastudium an der Bucerius Law School mehr als nur Jura – es ist ‚Jura plus'."

291 Daten aus Erhebungen des Deutschen Juristen-Fakultätentages, www.djft.de. Diese sind nicht ganz vollständig, da einige (wenige) Fakultäten keine oder unvollständige Angaben gemacht haben.

Im Erhebungszeitraum des djft (WS 2013/14) haben 5539 Studierende die erste juristische Prüfung absolviert. Zwei Jahre zuvor waren es noch 7672, drei Jahre vorher 7097.[292] Inzwischen steigen die Zahlen der Jurastudierenden wieder.

Einige kleine Fakultäten haben 15-18 Professuren, z.B. Düsseldorf, Potsdam und Konstanz, eine größere Zahl mittlerer Fakultäten haben 20 Lehrstühle, z.B. Augsburg, Bayreuth, Bielefeld, Hannover, große Fakultäten, darunter die traditionsreichen Bonn, Freiburg und Göttingen 26. Sehr groß sind die traditionsreichen alten Fakultäten in Köln, Münster und Frankfurt a.M. mit 31 und 32 Lehrstühlen. Die größte Fakultät hat München mit 33, die kleinsten Fakultäten Bremen mit 13 und Greifswald mit 14 Lehrstühlen. Tendenziell sind die alten Fakultäten größer, allerdings hat auch Bochum, eine Neugründung der 1960er Jahre, 31 Lehrstühle. Bei den kleinen und mittelgroßen Fakultäten überwiegen die Neugründungen der 1970er Jahre, die mit der einstufigen Juristenausbildung, die von 1971 bis 1984 durchgeführt werden konnte, begonnen hatten. Dies sind Augsburg, Bayreuth, Bielefeld, Bremen, Hannover, Konstanz und Trier. Frankfurt und die neue Fakultät Hamburg II, die später in der alten Hamburger Fakultät aufging, hatten vorübergehend ebenfalls dieses Ausbildungsmodell erprobt. (vgl. auch 5.6.3)

Als neue Fakultäten muss man auch die in den neuen Bundesländern nach der Wiedervereinigung neu aufgesetzten Fakultäten bezeichnen, die zwar z.T. eine jahrhundertelange Tradition hatten, aber nach der Wiedervereinigung mit Westprofessorinnen und -professoren und Übernahme des westdeutschen Ausbildungskanons eine an den Westfakultäten orientierte Ausrichtung erhielten. Dies betrifft Frankfurt (Oder), Greifswald, Halle, Jena, Leipzig, Potsdam, die Humboldt-Universität in Berlin und die beiden inzwischen wieder rückgebauten Fakultäten Rostock und Dresden. Nur ein kleinerer Teil der im DDR Recht qualifizierten Professoren wurde übernommen.[293] Die Qualifizierung der Hochschullehrer in der DDR wich von der in Westdeutschland ab, und das DDR-Recht hatte bei gleichen Wurzeln und gleicher Tradition eine andere Entwicklung genommen als

---

292 Zu weiteren Daten vgl. Kapitel 6

293 Andere wurden in ihren bisherigen Rechtsverhältnissen weiterbeschäftigt, soweit ihre persönliche Eignung und fachliche Qualifikation förmlich festgestellt worden war oder wenn sie mit der Wahrnehmung von Hochschullehreraufgaben weiter betraut worden waren. BVerfG, Beschluß vom 26. Februar 1997 - 1 BvR 1864/94 und 1 BvR 1102/95.

das bundesdeutsche. 25 Jahre nach der Wiedervereinigung sind die meisten dieser Hochschullehrer durch Erreichen der Altersgrenze mittlerweile ausgeschieden. In die Untersuchung sind daher keine der „Ost"professorinnen und -professoren einbezogen worden, wohl aber Nachwuchswissenschaftler/innen, die an ostdeutschen Fakultäten studiert haben.

8.1.2 Fakultäten im Wettbewerb – Rankings, Evaluationen und Marketing

Die Fakultäten stehen zunehmend im Wettbewerb. Rankings, die im anglo-amerikanischen Raum seit langem üblich sind und dort einerseits Faktor bei der Bemessung der Studiengebühren und bei der Einwerbung von Drittmitteln, andererseits für Absolvent/innen ein wertbildendes Element beim Berufseinstieg sind, spielten in Deutschland lange keine Rolle, bekommen aber vor dem Hintergrund von Exzellenzinitiativen und entsprechender Mittelvergabe immer mehr Bedeutung.[294] Dennoch sind sie bisher eher ein Element zur Auflagensteigerung von „Fokus" und „Der Spiegel". Gute Rankings werden gern gesehen, schlechte hingegen tendenziell als unzuverlässig etikettiert und ignoriert. Auch weil solche Praktiken als wissenschaftspolitisch fragwürdig angesehen werden, hatten einige Universitäten daher angekündigt, sich nicht mehr mit Daten an dem von der Wochenzeitung Die ZEIT durchgeführten CHE Hochschulranking zu beteiligen. Die Ergebnisse der auf Anzahl der Publikationen pro Professur, Forschungsreputation, Drittmitteleinwerbung, Betreuung, Studiensituation insgesamt o.ä. basierenden Rankings unterscheiden sich auch gravierend von denen, die auf studentischen Kommentaren, wie z.B. im Portal www.meinprof.de basieren. Die Wirtschaftswoche erstellt ein Ranking basierend auf einer Umfrage unter Personalverantwortlichen, von welchen Hochschulen sie bevorzugt Absolvent/innen einstellen.[295] In einem 2012 für die Jahre 2009-2012 durchgeführten Vergleichsranking der Legal Tribune Online[296] war unangefochtener Spitzenreiter die Fakultät in Mün-

---

294 Klausa (1978; 1981, S. 241 ff.) hat Ende der 1970er Jahre ein Prestigeranking deutscher juristischer Fakultäten im Vergleich zu amerikanischen Law Schools nach der Selbsteinschätzung der Professoren vorgenommen.

295 Das Ranking ist von der Wirtschaftswoche in Zusammenarbeit mit dem Handelsblatt und der Zeitschrift Junge Karriere in den Jahren 2009 bis 2011 erstellt worden. Es sind mehr als 500 Personalverantwortliche aus Unternehmen nach den von ihnen bevorzugten Jurafakultäten befragt worden.

296 http://www.lto.de/jura/uni-ranking/

chen, gefolgt von Münster, Köln, der Bucerius Law School in Hamburg und der HU Berlin, die jeweils recht stabile vordere Plätze eingenommen haben. In die Spitzengruppe kann man auch noch zählen: Freiburg, Passau, Tübingen (Heidelberg, Bonn)[297], Göttingen, also bis auf die private Bucerius Law School alles alte etablierte Fakultäten.[298] Die Neugründungen seit den 1960er Jahren rangieren am Ende der Skala. Wie befriedigend Studierende die Studiensituation erleben, hängt im Zweifel nicht von Faktoren wie Publikationen pro Professur, Forschungsreputation und Drittmitteleinwerbung ab. Hier spielen auch Faktoren wie Ausstattung und Kontakt zu den Lehrenden eine Rolle.[299]

Angesichts des demografischen Wandels[300] kämpfen die Universitäten darum, die Studierendenzahlen halten zu können. Es werden Marketingkonzepte ausgearbeitet und Werbeveranstaltungen durchgeführt. Erspart geblieben sind den deutschen Hochschulen bisher die regelmäßigen Evaluationen der Forschung. In Australien sind dies die Research and Publication Audits, in Großbritannien das sog. Research Excellence Framework, die die Lehrenden unter einen hohen Publikationsdruck setzen und z.B. die Zahl der Fachzeitschriften nach oben getrieben haben. Es sind in Deutschland bisher nur Forschungsberichte der Fakultäten zusammen zu stellen. Allerdings spielt die Forschungsintensität bei der leistungsorientierten Mittelverteilung eine Rolle, ebenso wie auch Erfolge in der Gleichstellung.[301]

Ein neuer, ebenfalls anglo-amerikanisch beeinflusster Trend ist die Auswahl der Studierenden durch die Hochschulen, nachdem die Vertei-

---

297 Diese beiden Fakultäten waren nicht in allen vier in das Ranking einbezogenen Jahren in dieser Spitzengruppe.

298 Die rechtswissenschaftliche Fakultät der Humboldt Universität ist zwar nach 1990 neu gegründet worden, aber bewusst als Elitefakultät durch Berufung bekannter, hoch ausgewiesener Professoren und gute finanzielle Ausstattung. Die in den Jahrzehnten des geteilten Berlins politisch wichtige juristische Fakultät der FU Berlin hat Stellen verloren.

299 Bei unseren Besuchen an verschiedenen Fakultäten sprachen uns z.T. die Atmosphäre, die Übersichtlichkeit und die Gebäude kleinerer neuerer Fakultäten mehr an als die Gegebenheiten an einigen der hoch bewerteten.

300 Zwar steigt die Abiturientenquote beständig an, kompensiert aber kaum die sinkende Bevölkerungszahl.

301 In NRW erhalten die Hochschulen zur Zeit ein Leistungsbudget in Höhe von 20% des bereinigten Budgets, das sich nach folgenden Indikatoren richtet: Parameter Lehre (Absolventinnen und Absolventen), Parameter Forschung (Drittmitteleinnahmen) und Parameter Gleichstellung (Professuren).

lung durch die Zentralstelle für die Vergabe von Studienplätzen abgeschafft worden ist. Längerfristig könnte das zu einer Abwertung des Ab-
iturs führen, das gerade erst durch zentrale Abiturprüfungen in den Bundesländern standardisiert werden soll. Münster nimmt z.B. nur Abiturient/
innen mit hohen Abiturnoten. Entsprechend der Auswahl gibt es allerdings
auch ein Gefälle bei den Examensnoten.[302] Münster hat einen überproportional hohen Anteil an Prädikatsexamina[303], die Bucerius Law School
wirbt damit, dass 80% der Absolventen ein Prädikatsexamen schaffen,
bundesweit aber nur 25%.[304]

In den letzten beiden Jahrzehnten haben die Fakultäten zunehmend Kooperationen mit ausländischen Fakultäten aufgenommen, es findet ein leb-
hafter Austausch von Wissenschaftlerinnen und Wissenschaftlern statt.
Der Aspekt der Internationalisierung spielt inzwischen eine große Rolle,
ebenso wie andere Kriterien, die in den Akkreditierungsverfahren für Bachelor und Master bewertet werden. So gibt es abgesehen von zusätzlichen
Bildungsangeboten durch die klassischen Vortragsveranstaltungen Alum-
ni-Veranstaltungen, *„die feierliche Verleihung von Studienurkunden"* (I
39) und Fakultätsfeste.

8.1.3 Stellenausstattung

Sehr unterschiedlich ist in den Fakultäten das Verhältnis von Hochschullehrenden zu wissenschaftlichen Mitarbeitenden (auf Planstellen). Spitzenreiter scheint Bonn mit 61 Wiss. Mitarbeiter/innen-Stellen zu 26 Professuren zu sein. Gut ausgestattet sind auch die Professuren in Bayern, insbesondere Augsburg mit 53 zu 20 Stellen und München mit 82 zu 33, ansonsten ist häufig ein Schlüssel von 1,5:1 oder 2:1, bei einigen wenigen

---

302 Zum Zusammenhang zwischen Schulnoten und Abschneiden im ersten juristischen Staatsexamen: Meier (2003).
303 Für 2015 war dies auf der Fakultätswebsite ausgewiesen. http://www.jura.uni-mu
enster.de/de
304 Dies bezieht sich auf die Gesamtnote der ersten Prüfung. http://www.law-school.
de/jurastudium/warum-bucerius/beste-berufschancen/ Anhand der verfügbaren
Landes- und Bundesstatistiken lassen sich keine schlüssigen Aussagen dazu machen, welche Fakultäten im einzelnen bessere Examensergebnisse bei ihren Studierenden aufweisen. Nach der Wiedervereinigung hatten die neuen Ostfakultäten
hohe Durchfallquoten, die Statistik für 2013 zeigt dies für die staatliche Pflichtfachprüfung noch für Sachsen und Mecklenburg-Vorpommern.

Fakultäten nur rd. 1:1. Auch hier schneiden die neueren und kleineren Fakultäten schlechter ab als die traditionsreichen. Am Ende der Skala stehen Hannover mit 16:20 Stellen[305], Düsseldorf mit 10:16 und Bremen mit 6:13. Die Stellen sind häufig gesplittet, so dass die Kopfzahl der wissenschaftlichen Mitarbeitenden erheblich höher liegt als der Stellenschlüssel. Üblich sind 8 bis 10-Stunden-Deputate neben der Referendarzeit,[306] davor – zwischen Referendarexamen und Aufnahme des Referendariats – und danach häufig halbe und ¾-Stellen, um Freiraum für das Anfertigen der Dissertation zu lassen. So berichtete ein Interviewpartner: *„ [D]a war ich neben dem Referendardienst erst mal auf 'ner Teilzeitstelle, 'ner Viertel-, was sich aber faktisch, also ich würde sagen als halb bis dreiviertel, auswirkte. "* (I 7)

Da auch die Anfertigung juristischer Promotionen im Schnitt kürzer dauert als in den meisten anderen Fächern[307] – die Medizin ausgenommen – gibt es erfahrungsgemäß in rechtswissenschaftlichen Fakultäten eine höhere Fluktuation an wissenschaftlichen Mitarbeiterinnen und Mitarbeitern als in anderen Fakultäten[308].

Interessant ist auch die Lehrende-/Studierenden-Relation: Bei allen geisteswissenschaftlichen Fächern ist sie im Vergleich zu den Naturwissenschaften und hier insbesondere den experimentellen Fächern hoch. Der djft weist als durchschnittliche Prof.-/Stud.-Relation für das WS 2013/14 ein Verhältnis von 1:101,94 aus und für das SoSe 2014 von 1:92,85[309]. Spitzenreiter ist nach den Angaben in den Statistiken des Deutschen Juristen-Fakultätentages die große Fakultät in Bielefeld, die rund 3.300 Studierende mit Ausbildungsziel erste Prüfung pro Semester hatte, mit einer Relation von 1:162,5 (WS 2013/14) und 168 (SoSe 2014) Prof.-/Stud.-Zahl.[310] Ähnlich hohe Relationen weisen auch u.a. die HU Berlin, Münster und Bonn auf.[311]

---

305 Hinzu kommen allerdings fünf Juniorprofessuren, bzw. alte C1 Stellen.
306 Das ist insoweit eine besondere Situation in der Rechtswissenschaft.
307 Dazu http://www.juraforum.de/juraexamen/dr-jur-promotion-llm/dr-jur-promotion
308 Ähnlich ist es vielleicht noch in den Wirtschaftswissenschaften.
309 Vgl. auch Kapitel 6.1.10
310 Die Studierendenzahl ist bei fast allen Fakultäten in den Wintersemestern erheblich höher als im Sommersemester.
311 Die Daten sind nicht uneingeschränkt vergleichbar, weil in die Studierenden-Professoren-Relation auch Studierende von Jura im Nebenfach und von anderen ju-

Umgekehrt hatte die Fakultät in Bayreuth mit rund 1800 Studenten pro Semester eine besonders günstige Relation von 1:82,5/75, die beste die Gerd Bucerius Law School, die nur 600-700 Studierende pro Semester hat, mit 1:50/43. Insgesamt haben die Fakultäten mit niedrigeren Studierendenzahlen eine erheblich bessere Betreuungsrelation. Positiv schneiden dabei weiterhin u.a. Bremen, Düsseldorf, Freiburg, Gießen, Jena, Mannheim und Osnabrück ab, wobei hier aber einige Fakultäten mit einem sehr niedrigen Mitarbeiterschlüssel sind. Insofern kann aus diesen Daten nur bedingt Rückschluss auf die Intensität der Betreuung gezogen werden. Im Übrigen hängt dies auch davon ab, inwieweit die wissenschaftlichen Mitarbeitenden in die Lehre einbezogen werden.

Nicht ausgewiesen sind die wissenschaftlichen und studentischen Hilfskräfte, für die es keinen Stellenschlüssel gibt, die vielmehr aus Sachmitteln finanziert werden. Nicht ausgewiesen sind ferner Mitarbeitende, die für Projekte eingestellt sind. Anders als insbesondere im anglo-amerikanische Bereich gibt es kaum Dauerstellen für den wissenschaftlichen Mittelbau, auch keine gestufte Karriere wie z.B. im U.K. von Lecturer über Senior Lecturer, Reader bis zum Professor. Der Sprung in Deutschland geht vom wissenschaftlichen Mitarbeiter oder Juniorprofessor gleich auf die „kleine" Professur mit geringerer Besoldung und Ausstattung nach W2/C3 oder auf die Vollprofessur W3/C4, wobei das Berufsbild mit der Verbindung von Forschung und Lehre für beide gleich ist. Reine Lehrprofessuren gibt es nicht.

8.1.4 Fakultätskultur und -atmosphäre

Organisationen entwickeln eigene Kulturen. Das gilt in hohem Maße auch für die Fakultäten an Universitäten. Je nach Fach gibt es ähnliche Muster und Unterschiede. In alten Fakultäten haben sich eher feste Rituale entwickelt, neue Fakultäten sind häufig offener. Eine Interviewpartnerin beschrieb die Kultur an zwei Fakultäten, an denen sie früher war: *„In X war schon ein Umfeld, würde ich im Rückblick sagen, das sehr stark männlich dominiert war, [...] dieses sehr stark juristisch auf Habitus abstellende Milieu. Und in Y gab's die verrückteren Personen und auch Lebensläufe*

---

ristischen Abschlüssen einbezogen sind, die bei den Fakultäten einen sehr unterschiedlichen Anteil haben.

und alleinerziehende Mütter [...]" (I 59). Auswirkungen haben zum Beispiel auch die baulichen Gegebenheiten: Es gibt kleinere Fakultäten, die in
einem Gebäude untergebracht sind (*„Ich nenn's mal so ein bißchen ‚Jura-
gymnasium'"*) (I 47). Andere sind über die Stadt verstreut, was die interne
Kommunikation erschwert. Wir haben Flure mit offenstehenden Türen erlebt und Lehrstühle, bei denen man klingeln musste und erst nach Ge-
sichtskontrolle in den Vorraum hereingelassen wurde.

Wer mit Erfolg in den Fakultäten „mitspielen" möchte, sollte sich der
kulturellen Besonderheiten bewusst sein, sich ihnen anpassen oder zumindest mit ihnen umgehen können. Wie uns Interviewpartner erzählt haben,
dienen der Fakultätskultur z.B. Weihnachtsfeiern der Fakultätsangehörigen, gemeinsame Wanderwochenenden (I 39, I 22) u.ä. An einigen Fakultäten ist diese Art von Kultur stärker ausgeprägt als an anderen. So schildert ein Interviewpartner:

> „In Z der Fakultätswandertag war [...] ein ‚must'. Also da musste man sich
> geradezu entschuldigen, wenn man da nicht mitging. Und zwar samt Ehe-
> mann, Ehefrau [...] Hier, da ist das anders, völlig richtig. Hier, einer der
> Hauptgründe für die Unterschiede dürfte in der Frage liegen, ob die Hoch-
> schullehrer samt Familie am Ort wohnen oder nicht. [...] U ist in sehr hohem
> Maße eine Pendleruni [...] mir kommt es sehr vor, dass diese Uni hier in ho-
> hem Maße eine Arbeitsuni ist. Aber wie immer, das Entscheidende an diesen
> Dingen ist, dass es Leute gibt, die das in die Hand nehmen und organisieren."
> (I 22)

Eine Interviewpartnerin verglich zwei Fakultäten:

> „In V da ist ein ganz komisches Klima. Und das ist zum Beispiel hier in X
> viel schöner. Also hier [...] gibt es unter den Kollegen so ‘nen Konsens, dass
> man guckt, was man verbessern kann. Das gibt so ‘ne Art Wir-Gefühl. Das ist
> ein sehr angenehmes Klima hier. Sehr kollegial. An der W, da ist jeder für
> sich selbst und Gott für uns alle. [...] da ist so dieses ‚Wir sind Elite', aber
> dabei sind's die Juristen ja gar nicht." (I 32)

Eine andere Interviewpartnerin sah als ein Problem an, dass es inzwischen
zu wenig inneren Zusammenhalt durch gemeinsame Aktivitäten gibt:

> „[...] also die Krux jetzt an der Fakultät, und das ist an praktisch allen Fakul-
> täten so, dass die Leute in die Uni kommen, ihren Job machen, und also damit
> dann im Grunde sozusagen der genossenschaftliche Zusammenhalt – würde
> man jetzt in mittelalterlichen Kategorien sagen – fehlt. [...] wenn man sich
> eigentlich immer nur im Professorium sieht, wenn es potentiell Ärger gibt,
> wenn es nicht auch irgendein gesellschaftliches Drumherum gibt, wo man
> dann eben sozusagen vertrauensbildende Maßnahmen irgendwo am Rande
> pflegen könnte." (I 59)

Dieses wird als Veränderung in der Fakultätskultur wahrgenommen, die auch daraus resultiert, dass nur noch die alte Garde der Juraprofessoren sich ihrer Tätigkeit mit Haut und Haaren widmen können, weil sie „*Gattinnen*" zu Hause haben, die sich „*komplett über die Karriere des Mannes definieren*" (I 59), die ihnen den Rücken freihalten. In der jüngeren Generation müssen auch Männer Familienpflichten nachkommen und zumindest gelegentlich pünktlich am Kindergarten stehen und haben – wie Frauen – Zeitdruck. Hier geht es um den klassischen kulturellen Wandel durch gesellschaftlichen Wandel der Aufgabenteilung zwischen Mann und Frau.

8.1.5 Verändern Frauen die Fakultätskultur?

Uns sind auch Beispiele genannt worden, dass durch Frauen in der Fakultät sich das Kommunikationsverhalten ändere. Ein älterer Interviewpartner merkte dazu an:

> „Wo Frauen sind, ist's anders, als wo Männer sind. [...] als ich jung war, da gab es so Männerrunden, in denen ich aber nur ausnahmsweise mal dabei saß. Da wurden zum Beispiel Zoten erzählt. Das gibt's nicht mehr. Weil überall Frauen dabei sind." (I 56)

Ein anderer stellte dies in Abrede:

> „Ich bin jemand, der vehement verneint, dass es einen typisch weiblichen Aspekt etwa in Fakultäten oder sonst irgendwas gibt. Der Umgang auch in Fakultätssitzungen ist weder rüder noch eleganter geworden dadurch. Ich seh' keine Auswirkungen. Wenn man mal nur jetzt ein normales Fakultätsleben nimmt, also nehmen Sie an, also der klassische Verteilungskampf um irgendwelche Hilfskraftgelder in der Fakultät. Da sind die Frauen nicht weniger zurückhaltend als die Männer. Und reden eigentlich auch in keinem anderen Ton. Ich hab da keinen Unterschied erlebt. Wobei ich auch sagen muss, dass die Frauen, die ich in Fakultäten kennen gelernt hab, zumindest in meiner Fakultät hier, immer sehr energische Damen waren. Vielleicht ist es, also es ist nur 'ne Vermutung von mir, dass die sozusagen auf dem langen Weg zur Habilitation auch entsprechende Ellenbogen bekommen haben." (I 47)

Umgekehrt meint er aber, dass Frauen kommunikationsbereiter seien,

> „eher bereit vielleicht eine Position zu überdenken. [...] Also das Pfauenradschlagen, ist in der Wissenschaft wahrscheinlich eher 'ne männliche Domäne. Ich hab', mir ist zumindest noch keine Frau begegnet, von der ich, wie ich's vielleicht über manch andere Kollegen sagen würde, sagen würde, die ist aber aufgeblasen. [...] Aber, ach Gott, es ist so 'ne persönliche Einschätzung, das ist fast gefährlich, dazu was zu sagen." (I 47)

Der zuvor erwähnte Kollege bestätigte:

> „Wenn Frauen dabei sind, verlaufen diese reinen Stellungskämpfe, wer oben ist auf dem Misthaufen, das läuft auch weniger. Weil Frauen dazu tendieren, das mehr auf der Sachebene zu diskutieren. Was der Sache auch zuträglich ist. Das, finde ich, hat sich alles sehr gebessert, das macht die Arbeit, also für jemanden wie mich, hier angenehmer." (I 56)

Ein weiterer (I 71) meinte sogar, dass weniger Intrigen und Fraktionierungen an der Tagesordnung seien.

Aus solchen Formulierungen ist heraus zu hören, dass dies ein eher heikles Thema ist, zu dem „man" zwar eigentlich eine Meinung hat, es aber für problematisch hält, diese zu äußern. Und das Thema scheint nicht ganz fassbar, es lassen sich unterschiedliche Haltungen ausmachen und Beispiele sowohl für dieses wie für jenes anführen.

Eine Professorin sagte zum Kulturwandel ganz lapidar: *„Ja, also 100%ig."* (I 59)

8.1.6 Macht in den Fakultäten

Ein anderer Interviewpartner reflektierte auf die Frage nach der Fakultätskultur über Machtverhältnisse in der Fakultät und der Universität insgesamt.

> „Wer hat Macht? Es gibt zwei nebeneinander stehende Machtverhältnisse, die sich partiell überkreuzen. Das eine ist so 'ne Art formalisierte Macht. Die wird in der Hauptsache ausgeübt vom Dekan und den dreifachen Säulensprechern. Das ist so 'ne Art Ingroup, zu denen vielleicht noch der Prodekan und der Studiendekan zählen. Es gibt natürlich eine informelle Macht. Informelle Macht an den Fakultäten ist allerdings eher eine Vetomacht. Man kann eher was blockieren, als was in Gang bringen. Man kann den andern nix befehlen. Von daher ist es so, informelle Macht ist die Macht, irgendetwas zu verhindern. Und damit meist eher destruktiv. Macht an der Universität ist ein vielfach verdrängtes Phänomen, einfach deshalb, weil es dem Selbstverständnis der Freien und Gleichen ein Stück widerspricht. Dessen ungeachtet ist die Universität selbstverständlich ein im hohen Maße organisierter Haufen. Und dieser Haufen weist alle Züge dessen auf, was ich eine amorphe Gruppe nenne. Anders ausgedrückt, hier, man muss sich seine eigenen Strukturen jeweils suchen. Da gibt's natürlich gewisse formale Hilfen bei. Der wichtigste Grundsatz ist der der Anciennität [...]. Aber, die Fragen und Mechanismen der Machtausübung hängen von einer schlichtweg unübersehbaren Fülle von Umständen ab. Hier, insbesondere eben auch deshalb, weil Hochschullehrer häufig Leute sind, nicht immer, aber häufig, welche nicht primär aus dem Machtaspekt heraus ihren Beruf ergriffen haben. Die sind keine Chefs. Erstens. Und

249

zweitens, welche umgekehrt aber auch zum Teil daran leiden, keine Macht zu haben. Nach einer gewissen Zeit im Beruf ist es so, dass sehr Viele ein gewisses Leiden daran verspüren, keine echte Macht zu haben. Und da finden dann Ersatzspiele statt." (I 22)

Damit bildet sich ein Establishment, das jungen Nachrückenden das Leben schwer machen kann, insgesamt bildet sich ein Konfliktpotential, bei dem es stark um Machtansprüche, Ressourcen und widerstreitende Interessenlagen geht. Dieses Konfliktpotential ist allerdings nicht statisch, sondern kann auch Abschwächung und Harmonisierung erfahren. Dazu führte ein anderer aus:

> „Was ich für wichtig halte in der Fakultät, ist, dass die Fakultät bei den Dingen, die gemacht werden müssen, die man eher als lästig bezeichnet, also akademische Selbstverwaltung und dergleichen, an einem Strang zieht und dort zusammen arbeitet. Und das funktioniert jetzt wieder hervorragend." (I 47)

Die Vielfalt an Konflikten und Problemen zwischen den Fächern und auch innerhalb der Fächer ist groß. Berichtet wurde von „grauen Eminenzen", „Strippenziehern" und „Intriganten". *„Natürlich gibt es immer irgendwelche Seilschaften, und natürlich fallen immer den Leuten erstmal die eignen Freunde ein."* (I 59) *„Klatschentrasch wird groß geschrieben. Es bleiben die wenigsten Dinge im Verborgenen. Über den Flurfunk passiert viel"* (I 52), fügte ein junger Wissenschaftler hinzu.

8.1.7 Rangordnung der Fächer

Priorität beanspruchen häufig die Zivilrechtler/innen, auch weil sie in der Regel die größte Abteilung bilden. Ein Strafrechtler äußerte sich kritisch dazu:

> „Es ist fast ausschließlich das Zivilrecht. […] Das ist natürlich die Nähe überhaupt zum ökonomischen Denken, und das ist natürlich auch historisch gesehen in der Tat so, dass die Zivilrechtler immer, immer das juristische Leben diktiert haben, was die Ausbildung angeht, was die Prüfung angeht. Und das ist ihre Basis. Ich meine, man kann es ja auch verstehen, denn sie sind doch arme Wurstels. Denn wo haben die denn irgendwo einen rechtspolitischen öffentlichen Diskurs? Wo kann man denn mal eine Zeitung aufschlagen, eine Tageszeitung, und irgendein spannendes, also wirklich ein vom Sessel hauendes zivilrechtliches Thema finden. Also bitte, das ist ja. Das müssen sie ja irgendwie ausgleichen in ihrem Selbstbewusstsein, und so erkläre ich mir das." (I 24)

Umgekehrt äußert sich ein Öffentlich-Rechtler kritisch über die Strafrechtler:

„Das Strafrecht ist total vermachtet nach Inhalten, nach Gruppen, nach Schulen. [...] bei den Strafrechtlern ist Schulenbildung. [...] Die sind versippt. [...] Das Strafrecht ist schon eine Welt für sich. Und wir [im Öffentlichen Recht] haben auch welche die, sagen wir mal, so Linke und Grüne, und das einzige, worauf wir Wert legen, ist, das darf nicht so sein, dass der das andere nicht gelten lässt. Sondern wir lassen alle Blumen blühen. [...] Ich war letztens in einer Kommission, die sich mit Rechtswissenschaft befasst hat, und da haben wir auch Vertreter der Fächer gehört. Der Unterschied ist frappierend. Da waren welche von der Strafrechtslehrervereinigung, da hatten sie das Gefühl, die haben überhaupt nichts verstanden. Die kriegen, was so wissenschaftspolitisch läuft, überhaupt nicht mit." (I 56)

Im Selbstverständnis fühlen sich die Staatsrechtler/innen, ähnlich wie in der Justiz die Verwaltungsgerichtsbarkeit, besonders exklusiv. Staatsrechtler/innen definieren den Staat, sind „staatstragend", wie es eine Interviewpartnerin nannte. Sie charakterisierte deren konservative Tendenzen:

„Gerade im Staatsrecht haben wir immer noch eine Phase, die sehr stark, was die Kollegen betrifft – und ich sag' bewusst Kollegen und nicht Kollegen und Kolleginnen –, von sehr konservativ ausgerichteten Staatsrechtlern dominiert wird. Das hat eine ganz lange Tradition im Staatsrecht. Deshalb nennen sie sich ja auch Staatsrechtler und nicht Verfassungsrechtler. Und da kann man auch schon so ein bisschen die Unterschiede erkennen, wer ein Buch zum Staatsrecht und wer ein Buch zum Verfassungsrecht veröffentlicht hat." (I 66)

8.2 Lehrstühle und Professuren

8.2.1 Wie wird Rechtswissenschaft betrieben?

„[...] der das Wort ‚Urlaub' mit einer Verachtung aussprach, in der Cantors eigener wissenschaftlicher Machismo mitschwang [...]" (Djerassi 2004, S. 85)

Der Staatsrechtslehrer Schulze-Fielitz (2013, S. 3) hat sich in vielfältiger Weise mit kulturellen Aspekten der Rechtswissenschaft und der in ihr Tätigen auseinandergesetzt. Er charakterisiert z.B. Staatsrechtslehrer so:

„Staatsrechtslehrer als Universitätswissenschaftler forschen und schreiben einerseits in kognitiver Orientierung an ihrer fachlicher Disziplin, an deren Methoden, Kanones, Paradigmen, Rechtsdogmatiken, theoretischen Kontexten oder Qualitätsstandards. Sie wirken andererseits in ihrer sozialen Einbindung etwa als Inhaber eines Amtes, als Fakultätskollegen, als persönliche Gesprächspartner im Rahmen von Lehrveranstaltungen oder auf Tagungen; sie befinden sich ständig in einem (mitunter virtuellen) wissenschaftlichen Gespräch am Schreibtisch, als ggfs. auch institutionelle Gesprächspartner oder Berater von staatlichen oder gerichtlichen Institutionen oder privat Rechtssuchenden; und sie werden schließlich intrinsisch und/oder im sozialen Wettbewerb von Ehrgeiz und Geltungsbedürfnis, von finanziellen Bedürfnissen oder auch von Rivalität und Neid, mitunter von Revanchebedürfnissen angetrieben."[312]

Ein Interviewpartner, ein Zivilrechtler, beschrieb als prägend für seine Tätigkeit:

„Wir Geisteswissenschaftler, vor allem die Juristen, sind Einzelkämpfer. Ich kann mich nicht vernetzen zum Forschen. Im Grunde brauche ich meinen Schreibtisch und meinen Zettel, und ich muss mich selber auf den Hintern setzen und mein Zeug schreiben und durchdenken." (I 47)

Als charakteristisch für Wissenschaftlerinnen und Wissenschaftler wird das Aufgehen in ihrem Fach, die völlige Hingabe an ihre Aufgabe gesehen. Sie folgen einer Berufung, die Entsagung, Opfer verlangt[313], ihre Tätigkeit kann nicht wie Arbeit gemessen werden. Das ist in der Rechtswissenschaft nicht anders als in anderen Fächern, spielt aber in den Professionsfakultäten insoweit eine besondere Rolle, als auch die Berufspraxis in der Anwaltschaft wie in der Medizin traditionell entsprechend geprägt

---

312 Wissenschaft wird von Wissenschaftstreibenden also in unterschiedlichen Arbeitskontexten und sozialen Bezügen betrieben. Dieser Sichtweise liegt die Annahme zugrunde, dass Wissenschaft neben der epistemologischen Dimension, die sich auf Verfahren und Vorgänge der Wissensproduktion bezieht, auch eine soziale und kulturelle Dimension aufweist, die steuert und reguliert, wie Wissenschaft als soziales Gebilde funktioniert. Die Wissenschaftskultur einer Disziplin wird nicht nur durch disziplininterne Gepflogenheiten und Kommunikationsmodi, sondern auch durch den Stellenwert und die Bedeutung ihrer Praktiken für das gesamtgesellschaftliche Gefüge geprägt:
„Die akademische Realität der verschiedenen Disziplinen ist sowohl in ihren Arbeitsbedingungen, in ihrem akademischen Selbstverständnis, aber auch in ihren jeweiligen Beziehungen zum Arbeitsmarkt von sehr unterschiedlichen Faktoren bestimmt. Ihre soziale Stellung innerhalb der Gesellschaft hat […] eine nicht zu unterschätzende Bedeutung für die einzelne universitäre Wissenschaftskultur und deren akademisches Selbstverständnis." (Arnold 2004, S. 39; vgl. dazu auch Kuczynski 1989, S. 59).

313 Dieser Haltung, dass Wissenschaft ein Lebensstil sei, begegnet man immer wieder. Ein französischer Kollege berichtete etwa, dass Bourdieu ihm gesagt habe, dass die Tätigkeit bei ihm ein Leben wie ein Mönch verlange, dass er in einen Orden eintrete.

ist.[314] Eine Interviewpartnerin beschrieb dies von einem mittlerweile emeritierten Professor so: „*dass er so total beseelt ist von seinen Themen und
dass er irgendwie nichts anderes macht. Und deshalb auch seine Familie
im Übrigen vernachlässigt hat.* " (I 61)

Einige Interviewpartnerinnen und -partner meinten allerdings, dass diese vollständige Hingabe und „man lebt nur für seine Wissenschaft" vielleicht ein Modell ist, dessen Bedeutung insgesamt abnimmt und dass andere Lebensziele einen größeren Raum einnehmen.

> I: Ja, das finde ich eine interessante Äußerung. Also früher, da war der Wis-
> senschaftler im Elfenbeinturm. Der kannte nichts als seine Bücher und sein
> Schreiben.
>
> B: Ja, die Anforderungen haben sich ja sehr geändert. Man ist ja auch viel
> mehr in Kontakt mit der Praxis. Wenn ich mir angucke, wie viel ich auch au-
> ßer Haus bin irgendwo, sei es im Industrieclub, sei es bei Tagungen und sons-
> tigen Dingen. Das war in dem Maße früher auch nicht. (I 39)

Eine (ältere) Interviewpartnerin formulierte es so:

> „Machen wir 'nen Strich, altersmäßig. Bei den Älteren grassiert sicher das
> Leitbild des etwas verstorbenen, äh, verschrobenen nicht verstorbenen, ver-
> schrobenen Professors, der so richtig in der Wissenschaft aufgeht und eigent-
> lich nichts anderes tut. Und zuhause die Frau hat, die ihm den Rücken frei
> hält. Und bei den Jüngeren ist es anders. Der neue Dekan hatte gesagt: also
> morgens zwischen acht und neun kann er nie, weil er seine Kinder in die
> Schule bringen muss. Also das entwickelt sich bei den Jüngeren und auch,
> dass sie nicht mehr ganz so, ja, nur eindimensional denken." (I 2)[315]

---

314 In der anglo-amerikanischen Literatur wird dafür der Begriff des „total commitment" verwendet. (Schultz 2003a, S. XIV) Für die Tätigkeiten der Anwaltschaft
gibt es kein Entgelt, sondern ein „Honorar", d.h. einen Ehrensold. Die britischen
Barrister haben heute noch an der Hinterseite ihrer Robe eine kleine Tasche, in
die früher wie ein Trinkgeld das Honorar gesteckt wurde, das nicht nach konkreter Leistung berechnet wurde.

315 Es geht bis zur Skurrilität. Ein Interviewpartner erzählt von einem Kollegen „original Prototyp Professor. Zerstreut, so ein Stück überm Boden schwebend. Der
macht seine Vorlesung und [...] ohne dass er es selber merkt, geht er in Latein
über. Und bis zum Ende, wenn ihn niemand stoppt. Mit dem Ergebnis, dass [...]
von 150 145 weg bleiben und dann sitzen da fünf im Leistungskurs Latein, in der
ersten Reihe und palavern mit ihm." (I 24) So erweist sich die Universität zugleich auch als eine Art Nische für Personen, die sich ihren Interessen und Lei-
denschaften ganz hingeben.

Dennoch ist die Frage, wie weit dies als akademische Normalität angesehen wird, zumal die Arbeitsbelastung durch die Lehrveranstaltungen und der Publikationsdruck unverändert hoch sind.
Ein Interviewpartner Anfang vierzig schildert sie als sehr hoch.

> „Also die ist extrem hoch. Weil ich, also meine Kinder kennen mich zu Hause eigentlich auch nicht viel anders als am Schreibtisch sitzend. Zwischendurch immer mal, dass ich gucke, dass ich irgendwie mal einen Samstagnachmittag frei kriege oder dass wir abends noch mal eine Stunde zusammen was spielen. Anders wüsste ich auch nicht, wie ich das machen sollte." (I 31)

Familienarbeit muss dann klein geschrieben werden.

> „Dies schlägt sich auf die familiäre Aufgabenteilung nieder: Also ich bin immer so der nette Vater, der wo es auch schön ist, wenn der da ist, aber die Mutter hat für meine Kinder, sehe ich einfach so, einen ganz anderen Stellenwert." (I 31)

8.2.2 Der Lehrstuhl

Lehrstühle sind die Organisationseinheit unterhalb der Fakultät. Die Bezeichnung beruht auf alter akademischer Tradition. In den Reformuniversitäten der 1970er Jahre war zwischenzeitlich die Bezeichnung Lehrgebiet eingeführt worden. So wie später auch wieder die Begriffe Spectabilis für den Dekan und Ordinarius für den ordentlichen Professor ihre Wiederauferstehung erlebten, wurde auch der Begriff Lehrstuhl wieder eingeführt.

Jeder Lehrstuhl hat in der Regel einen anderen wissenschaftlichen Schwerpunkt und besteht meist aus einer Professur und einem kleineren oder manchmal auch größeren Stab von Mitarbeiterinnen und Mitarbeitern. *„Dieser Organisationstyp"*, so der Wissenschaftsrat in seiner Bestandsaufnahme der Rechtswissenschaft aus dem Jahr 2012, *„schafft eine intellektuelle Produktivität, die im Modus der Einzelautorschaft wirksam wird" (WR 2012, S. 38)*. Im Gegensatz zu den Naturwissenschaften, bei denen Arbeit häufig im Team praktiziert wird, ist Einzelarbeit in der Rechtswissenschaft die dominierende Arbeitsform. Was den Arbeitsort und die Arbeitszeit anbelangt, sind die einzelnen Wissenschaftlerinnen und Wissenschaftler entsprechend flexibel; sie benötigen keine besondere Infrastruktur und Technologien und können ihre Schriften prinzipiell auch am heimischen Schreibtisch wie im universitären Büro oder in der Bibliothek anfertigen (Liebau/Huber 1985, S. 331).

In den letzten zwanzig Jahren hat sich die Struktur der Lehrstühle durch den Einsatz der neuen Medien verändert, Stenoblock und Diktiergeräte sind verschwunden, die Wissenschaftler/innen geben ihre Texte selbst in den Computer ein. Insbesondere ist dadurch die Sekretariatskapazität eingeschränkt worden, und inzwischen gibt es auch männliche Sekretäre. Dennoch ist das Sekretariat ein zentraler Ort des Lehrstuhls. Auf die Frage, ob es ein Problem sei, wenn wissenschaftliche Mitarbeiterinnen schwanger würden und ob dies strukturell als Einstellungshindernis wirken könnte, entgegnete ein Interviewpartner trocken: *„Nein, ein Problem ist, wenn die Sekretärin ausfällt."* (I 39)

Traditionell haben viele Lehrstühle eine Art Familienstruktur mit Vater (Hochschullehrer), Mutter (Sekretärin) und den Kindern (den Mitarbeitenden), wobei die Sozialkontrolle häufig an die „Mutter" delegiert ist.

Die Familienstruktur findet sich auch in den von mehreren Befragten verwendeten Metaphern vom „akademischen Milchbruder" und der „akademischen Milchschwester" wieder. Allgemein üblich sind die Begriffe „Doktorvater", jetzt auch „Doktormutter", und auch „Habilvater" und „Habilmutter". Jede dieser Familien hat eigene Rituale und eine eigene Kultur, unterhält zu einigen Nachbarfamilien freundliche Beziehungen, schottet sich zu anderen ab. Dazu führte ein Interviewpartner aus:

> „Hier, also eigentlich ist es so die typisch deutsche Art, das heißt, die Lehrgebiete sind ein Stück nebeneinander her. Und da gibt's durchaus ein gewisses Kleingartendenken. Hier, beispielsweise wird es offenbar nicht gern gesehen, wenn ein eigener Mitarbeiter am Mitarbeiterseminar eines anderen Lehrstuhls teilnimmt. Ich hab' gelegentlich einzelne Mitarbeiter anderer Lehrstühle eingeladen, ich spürte aber, dass das nicht gerne gesehen wird. Hier ist eine sehr stark lehrstuhlbezogene Kultur." (I 22)

Kontakte bleiben auch nach Beendigung von Arbeitsverhältnissen bestehen. So berichtete ein Interviewpartner: *„Ich lade immer meine Mitarbeiter plus ‚Ehemalige', zu denen ich noch Kontakt habe, ein, einmal im Jahr sind die bei mir zuhause zum Grillfest."* (I 39)

Wie die Statistik ausweist, ist der Frauenanteil bei der Statusgruppe der wissenschaftlichen Mitarbeiter inzwischen hoch. Plakativ zeigen die auf vielen Fakultätswebsites eingestellten Fotos von Lehrstühlen die Zusammensetzung nach Geschlecht. Es gibt viele, die je zur Hälfte Männer und Frauen ausweisen, es gibt nach wie vor reine Männerlehrstühle, aber auch reine Frauenlehrstühle. Erkennbar ist, dass Professorinnen zum Teil deutlich auf der Agenda haben, Frauen zu fördern und deshalb mehr Frauen als Männer beschäftigen. Zum Teil kann dies homosozialer Kooptation zugeschrieben werden. Es gibt aber auch Professorinnen mit einem Überhang an männlichen Mitarbeitern. Nach Fächern war eine geschlechterspezifische Verteilung nicht fest zu machen.

8.2.3 Das Lehrer-Schülerverhältnis

Bei den Lehrstühlen als wissenschaftlichen Einheiten finden starke Prägungen im Lehrer-Schülerverhältnis statt.

In dem Buch „Stammesgeheimnisse: Zwei Romane aus der Welt der Wissenschaft" des Chemikers Carl Djerassi erklärt ein Protagonist:

> „Nur wenige Studenten sind sich darüber im klaren, dass die Wahl des Doktorvaters vermutlich die wichtigste Entscheidung ist, die sie nach dem eigentlichen Studium treffen. Es ist genau so, als würde sich ein Waisenkind einen neuen Vater aussuchen [...], [...] in der Forschung tätige Wissenschaftler [sind] Angehörige einer Stammeskultur, deren idiosynkratische Verhaltensweisen nicht nur der Außenwelt fremd sind, sondern [werden] häufig nicht einmal von den Stammesangehörigen selbst als solche erkannt. [...] Das Wissen, wie man sich [...] verhält [...], wird im allgemeinen nicht in Seminaren oder Büchern vermittelt, sondern durch einen langen osmotischen Prozess im Laufe der traditionellen Lehrer-Schüler-Beziehung erworben." (Djerassi 2004, S. 7)[316]

Hier geht es also um die Habitualisierung bestimmter Haltungen, Arbeits-, aber auch Verhaltensweisen. Eine Interviewpartnerin beschrieb die Beziehung zu ihrem Habilitationsvater so:

> „Wenn ich an meine Habilitationsphase, an meine Assistentenphase denke, ich bin sehr dankbar, dass ich immer jemand hatte, den ich anrufen konnte, den ich fragen konnte, der meine Dinge gelesen hat, der mich korrigiert hat. Ich frage immer noch meinen Chef, ach, ich nenne ihn immer noch Chef. Es ist ganz wichtig, gerade in dieser Phase jemanden zu haben, der sich kümmert um dich. Die Universität ist einer der wenigen Bereiche noch in unserer Gesellschaft, wo so altertümliche Begriffe wie Fürsorge, Treue und so weiter eine Rolle spielen. Ein wissenschaftlicher Lehrer ist wirklich wie ein Vater. Nicht umsonst spricht man von Habilitationsvater oder -mutter oder Doktorvater oder Doktormutter. Es ist eine sehr, sehr enge Beziehung, eine Bezugs-

---

316 Djerassi wird als „Mutter der Antibabypille" bezeichnet. Auch wenn Djerassi diese Aussagen für Naturwissenschaftler/innen getroffen hat, lassen sie sich nach unseren Beobachtungen in den Fakultäten und den in den Interviews getroffenen Aussagen auch auf die Rechtswissenschaft übertragen. Zum Typ des Campusromans vgl. im Übrigen Schultz 2016b.

person. Ich wäre sehr unglücklich gewesen, wenn ich ihn nicht gehabt hätte."
(I 65)

Ein noch jüngerer Gesprächspartner zitierte immer wieder seinen „verehrten akademischen Lehrer". In seiner Arbeit tradierte er, was er von ihm gelernt hatte. Diese „Vererbungsprozesse" schilderte auch ein anderer älterer Interviewpartner:

B: Der A hatte ja ein Seminar, ein denkwürdiges und legendäres Seminar, in das man mehrfach ging, viele Semester hin. Er hat das Altseminaristenprivileg genannt. Wer einmal eine Arbeit gemacht hatte, durfte in die anderen Seminare kommen, ohne eine Arbeit zu machen. Auf diese Art und Weise hob er das Diskussionsniveau an. Und das ist von B abgeguckt, und der hatte es von C[317] abgeguckt, wobei manchmal mehr Doktoranden und Habilitanden als Studenten drin saßen. Und ich mach' das genauso. Und die anderen A-Schüler, die an der Uni sind, auch, erstaunlich, wie ähnlich unsere Seminargestaltung, Seminarführung ist. Also da gibt's unglaubliche Identifikationsprozesse. Bei seinem Wochenendseminar, da saß der A vorn, und ich dachte, ich würde jetzt das machen, und A machte das. Bei fast allen konnte man drauf wetten, was jetzt kommt. […] Und der hat einfach damals in seiner Jugendblüte interessierte Leute angezogen. Der hat einfach Charisma gehabt. Und, ich möchte jetzt nicht angeberisch sein, ich geb' ja nicht für mich an, aber der hat einfach die besten Leute, die zu der Zeit in X waren, um sich versammelt. Da sind mehrere Rechtslehrer draus hervorgegangen, ein Präsident eines obersten Gerichtes, Verfassungsrichter, ein Vorstandsmitglied von […], ein Leiter einer internationalen Law Firm. […] Also, wissenschaftlich war, glaube ich, das A-Seminar unglaublich wichtig. Da wurde auch wissenschaftliches Arbeiten, wissenschaftliches Ethos vorexerziert. […] Die Leute, die sich wissenschaftlich interessiert und begabt gezeigt hatten, die wurden irgendwann mal von A gefragt, ob sie nicht Mitarbeiter werden wollen. Man durfte da nicht selbst fragen.[318] […] Und ich weiß noch genau, also wo beim Waldspaziergang –, ist ja auch nicht zufällig, dass ich noch ungefähr weiß, in welcher Ecke im Y-Wald das war.

I: Ist ja wie eine Liebeserklärung. (lacht) Ihr seid spazieren gegangen, und dann hat er gesagt, könnten Sie sich vorstellen, mein Schüler zu werden? (lacht)

B: Dann musste ich relativ schnell entscheiden […]. Und dann bekam ich den Einberufungsbefehl. Und wollte eigentlich noch gar nicht. (I 38)

---

317 Er zitierte hier sehr bekannte oder berühmte „Ahnväter" des Faches.
318 Heute sind – zumindest offiziell – solche Auswahlprozesse nicht mehr vorstellbar.

Eine Interviewpartnerin beschrieb uns ein Lehrer-/Schülerverhältnis, wie sie es in den 1980er Jahren erlebt hatte:

> „Ich war nachher Assistent von A in X. B [sein früherer Lehrer] war schon Emeritus. Machte aber noch hin und wieder ein Seminar. Dann lud er auch zu sich nach Hause ein. Das waren also sehr enge Beziehungen, [...] [Ich] konnte dann den wechselseitigen Monologen lauschen. Weil das waren keine Gespräche, sondern jeder äußerte sich, und der andere schwieg. Und das nächste Mal äußerte sich dann der andere." (I 54)

Das Lehrer-Schülerverhältnis kann anstrengend sein und bis zur Ausbeutung gehen,[319] wenn auch vielleicht nicht mehr in dem Maße, wie es der selbst schon seit einigen Jahren emeritierte Gesellschaftsrechtler Peter Hommelhoff über seinen akademischen Lehrer Marcus Lutter (geb. 1930, emeritiert 1996) geschrieben hat:

> „Bei seinen Projekten erwartete Lutter kritisches Mitdenken und engagierte Zusammenarbeit – am liebsten rund um die Uhr. Berüchtigt waren seine Anrufe am späteren Abend zu Hause oder am Sonntagmorgen. Unvergesslich jener Anruf am Heiligen Abend, ein bestimmtes Aufsatzprojekt müsse unbedingt vor Jahreswechsel abgeschlossen sein. Nicht jede Ehefrau hat mit Duldergemüt ertragen, Weihnachten mit den Kindern allein feiern zu müssen. [...] Wir Lutteraner sind gehärtet, wer die letzte legale Knechtschaft auf deutschem Boden überstanden hat, der weiß auch heute noch als Mitautor neben ihm mit Sentenzen wie ‚Vergällen der Lebensfreude‘ oder ‚Aufkündigung der Freundschaft‘ umzugehen: ‚gar nicht drum kümmern, nur der Erfolg zählt‘." (2010, S. 121)

Um sich vor Ausbeutung zu schützen, empfiehlt eine Professorin ihren Doktorandinnen und Habilitandinnen, eine persönliche Distanz zu wahren und darauf zu achten, *„dass im Lehrstuhl nicht immer die Fleißarbeiten an der einen Stelle anfallen und Repräsentationsarbeit an der anderen."* Sie berichtete von einem Kollegen, der die jungen Männer mitnimmt zu den Tagungen, *„und die Damen machen den Klausurenkurs."* (I 28)

Ein Interviewpartner sprach moderner von Nachwuchsförderung:

> „Ich mache Nachwuchsförderung so, dass ich mir gute Studenten aus nicht nur fremdnützigen, sondern auch eigennützigen Motiven relativ früh an den Lehrstuhl binde. Schon von den studentischen Mitarbeitern angefangen. [...] Dann ist das so, dass Nachwuchsförderung bei mir vor allem darin besteht, die Leute nicht zu versklaven. Das bedeutet, dass, und zwar weil ich's durch

---

319 „Ich dachte, Sie würden über eine ganze Schar ergebener Sklaven gebieten."
„Paula, wir nennen sie Mitarbeiter, Kollegen, Assistenten [...]." (Djerassi 2004, S. 96)

meinen akademischen Lehrer auch so erlebt hab', sehr viel Zeit auch für eigene Arbeit ist. Die Leute haben einen sehr großen Freiraum bei mir und werden, und zwar aus meinem eigenen Interesse, sehr früh in die juristische Diskussion eingebunden. Also wenn ich da hocke, und ich hab' ein Problem in einem Aufsatz, dann bestelle ich die mir hier rein, und dann wird Think Tank gemacht und zwar vom Studenten bis zum Assi, und nicht irgendwie ,Toll Herr Professor, das finden wir aber auch', sondern da wird auf Augenhöhe diskutiert." (I 47)

8.2.4 Besoldung und Ausstattung des Lehrstuhls

Angesichts des langwierigen Qualifikationsprozesses und der Ressourcen, die in eine wissenschaftliche Karriere investiert werden müssen, ist die Frage, wie adäquat die Besoldung der Qualifikation und dem eingebrachten Arbeitsaufwand entspricht.

8.2.4.1 Was verdienen Juraprofessorinnen und -professoren?

Seit 2002 werden neu berufene Professor/innen nach der W-Skala besoldet. Diese hat die C-Besoldung, nach der die älteren Professor/innen noch eingestuft sind, abgelöst. Das Gehalt wurde aufgespalten in eine regelmäßige Grundbesoldung und eine leistungsorientierte Komponente. Das „W", das eigentlich für „Wissenschaft" steht, wurde in Zeitungskommentaren sarkastisch mit „weniger" bewertet, weil die Grundgehälter niedriger als die Einstiegsgehälter der früheren C-Besoldung sind und auch unter Berücksichtigung von Leistungszulagen W-Gehälter im Schnitt geringer sind als C-Gehälter. Eine Professorin (I 67) berichtete, dass sie auf W-3 finanziell fast nur die Hälfte von dem bekommen habe, was ihr Vorgänger auf C-4 hatte.

Die Wissenschaftler/innen in W 1 und W 2 wurden je nach Alter niedriger besoldet als Beamte, z.B. Studienräte in ihrem Einstiegsgehalt nach A 13. Das Bundesverfassungsgericht entschied auf Vorlage von Wissenschaftlern aus Hessen mit Urteil vom 14. Februar 2012 - 2 BvL 4/10, dass die Hessische Besoldungsgruppe W 2 gegen das *„Alimentationsprinzip des Art. 33 Abs. 5 GG verstößt und daher verfassungswidrig ist"*. Auch wenn das Urteil konkret nur für Hessen gilt, sind die festgestellten Grundsätze auf alle Bundesländer anwendbar. Die Bundesländer haben in der Folge die Grundgehälter für die Besoldungsgruppen W 2 und W 3 erhöht und Erfahrungszeiten eingeführt. Man kann sich fragen, ob der Wechsel von C auf das schlechter besoldete W dadurch bedingt war, dass zunehmend auch Frauen berufstätig geworden waren und der Alimentationsgrundsatz bei Doppelverdienerpaaren weniger wichtig geworden war, wobei angesichts des niedrigen Frauenanteils in der Wissenschaft von unter 10% im Jahr 2002 und Frauenanteilen von gut 20% im Jahr 2015 hier noch nicht von einer aus der „Feminisierung" des Feldes folgenden Einkommensminderung gesprochen werden kann. Historisch gesehen hat z.B. die Feminisierung der Lehrerberufe zu einem Verlust an Prestige und Einkommen geführt. (Schultz 1990, S. 350 f.)

Die niedrige Besoldung und die schlechtere Ausstattung in W 2 kann mittlerweile durch Berufungs- und Bleibeverhandlungen auf W 3-Niveau hochverhandelt werden, so dass die Unterschiede sich verwischen (s.u.). Die Rechtswissenschaft scheint hier wegen ihrer traditionellen Bedeutung im Universitätsgefüge bessere Möglichkeiten zum Verhandeln zu bieten als andere geistes- und sozialwissenschaftliche Fächer. Die Interessen der Wissenschaftler werden vom Deutschen Hochschulverband DHV wahrgenommen, der nahezu die Funktion einer Gewerkschaft ausübt. Wie die Einkommenssituation im Durchschnitt faktisch ist, lässt sich nicht sagen, außer dass es ein Nord-Süd-Gefälle gibt. Im Süden wird besser verdient als im Norden.

In Berufungsverfahren und bei Bleibeverhandlungen wird auch die Ausstattung des Lehrstuhls verhandelt. Hinzu kommt die leistungsbezogene Mittelzuweisung, die quasi als Bonus für Erfolge z.B. in der Lehre, der Forschung, bei Publikationen, bei der Drittmitteleinwerbung, in der Gleichstellung u.a. firmiert. Die Ausstattung besteht in Stellen, Räumen, Literaturausstattung und sonstigen Lehrstuhlmitteln, aus denen Reisen, aber auch die Hilfskräfte bezahlt werden. Die Ausstattung hat Einfluss auf die Möglichkeiten für Nebenverdienste.

Um Räume finden häufig Auseinandersetzungen statt. Eine Interviewpartnerin bezeichnete dies als *„Strategiespielchen"*. Räume sind Ressourcen und stellen Statussymbole dar. Emeritierte Professoren behalten oft lebenslang einen Raum in der Fakultät.

8.2.4.2 Bekommen Frauen weniger als Männer?

Im statistischen Teil wurde aufgezeigt, dass mehr Frauen in der schlechteren Einkommensklasse W 2 eingruppiert sind. (vgl. 6.1.7) Wieviel Juraprofessorinnen im Vergleich zu ihren männlichen Kollegen letztlich an Einkommen haben, kann nicht dargelegt werden, da keine Angaben dazu vorliegen, wieviel über die leistungsbezogene, mit dem Kanzler oder der Kanzlerin frei ausgehandelte Komponente zu der Grundbesoldung hinzukommt. Eine Interviewpartnerin war misstrauisch:

> „Da müsste man mal überprüfen, ob die Männer nicht in Verhandlungen wieder geschickter sind als die Frauen. [...] Dass Frauen vieles als sozusagen Kerngeschäft ihrer Amtspflicht definieren. Dass die gar nicht auf die Idee kämen wegen irgendwas, was sie machen, eine Zusatzleistung zu beantragen. Dass da sozusagen die Sperre im Kopf schon einsetzt, noch bevor irgendwer von außen sagen muss: Diskriminierung." (I 59)

Ein Interviewpartner derselben Fakultät meinte allerdings, wie bereits erwähnt, „*dass beim klassischen Verteilungskampf um irgendwelche Hilfskraftgelder in der Fakultät die Frauen nicht weniger zurückhaltend sind als die Männer.*" (I 47)

8.3 Lehre

Hochschullehrerinnen und -lehrer sind dem Begriff nach Lehrende. Ordentliche Professorinnen und Professoren haben im Semester eine Lehrverpflichtung von neun Stunden, Juniorprofessorinnen und -professoren von fünf. Das Sommersemester hat in der Regel 14 Unterrichtswochen, das Wintersemester 18. Damit bleiben 20 Wochen unterrichtsfreier Zeit – prinzipiell abzüglich sechs Wochen Urlaub –, die neben der Forschung auch der Unterrichtsvorbereitung dienen können und dem Korrigieren von Leistungsnachweisen, was auch zur Lehre hinzuzurechnen ist. Zum Vergleich: Fachhochschullehrer haben eine Unterrichtsverpflichtung von 18 Wochenstunden bei kürzeren Semesterfreizeiten. Zusätzlich gibt es Forschungsfreisemester.

Eine Interviewpartnerin, die aufgrund der Berufstätigkeit ihres Mannes in einer anderen Stadt wohnte, beklagte, dass die Kollegen bei der Verteilung der Lehrverpflichtungen nicht kompromissbereit gewesen wären und sie daher im Semester von Montag bis Freitag vor Ort habe sein müssen. Wegen der erheblichen Belastung durch die Pendelei hatte sie letztlich ihren Dienst quittiert.

8.3.1 Stellenwert der Lehre

Welchen Stellenwert hat die Lehre in der Rechtswissenschaft?

In der Habilitationsordnung der Universität Trier, um nur ein Beispiel zu geben, heißt es in § 1 Abs. 2: „Die Habilitation dient dazu, durch den Nachweis hervorragender wissenschaftlicher Leistungen die Lehrbefähigung zu erwerben und damit die Möglichkeit zu selbständiger Lehre und Forschungstätigkeit in dem in der Urkunde angegebenen Fach gemäß § 57 HochSchG zu erlangen." Durch Forschung erwirbt man demnach die Qualifikation für die Lehre. Der Kandidat muss nur gem. § 2 Abs. 2 nachweisen, dass er über Erfahrungen in der Lehre verfügt.

Dennoch spielt die Lehre im späteren Wissenschaftlerleben eine große Rolle: Ein Interviewpartner gab an, dass er bei der Verteilung von Forschung und Lehre *„auf ein glattes fifty fifty tippen"* (I 47) würde. Damit sticht er aber aus dem Kollegenkreis hervor. Eine repräsentative Untersuchung des Instituts für Demoskopie Allensbach unter Universitätsprofessoren und Assistenten im Auftrag des Deutschen Hochschulverbandes im Oktober 2016 erbrachte, dass aufgrund der hohen Belastung durch den Aufwand für die akademische Selbstverwaltung nur noch 28% der Tätigkeiten auf die Lehre entfielen, anstatt 42% wie bei einer entsprechenden Untersuchung im Jahr 1976. Der Anteil für Forschung war mit 22% in etwa gleichgeblieben (Petersen 2017, S. 974).

Der in London lehrende deutsche Rechtswissenschaftler Peer Zumbansen (2003, S. 174) präsentierte in seinem Aufsatz über „Juristische Dogmatik als Standeskunst" ein trübes Bild des Lehralltags in den rechtswissenschaftlichen Fakultäten in Deutschland, das durch Massenveranstaltungen, Anonymität und wenig Kontakt zwischen Studierenden und Lehrenden charakterisiert sei. Er führt dazu aus:

> „In Deutschland erreicht der Professor die Studenten nur per Mikrophon, und die Studenten erreichen den Professor gar nicht, schon gar nicht in seinem Büro. Macht nichts, weil sie ihn oft nicht einmal dem Namen nach kennen. Dass die Veranstaltungen überfüllt sind, macht auch nichts, weil weder die Studenten noch der Professor die riesigen Veranstaltungen mögen und sie deshalb eher in einer Mischung aus Resignation und Zynismus ertragen."

Auch wenn es viele engagierte Lehrende gibt, die sich um eine gute, strukturierte, verständliche Lehre, unter Verwendung verschiedener Lehrformen und Einsatz von Medien bemühen, wird ihnen dies unter Karriereaspekten kaum honoriert, obwohl es inzwischen Preise für gute Lehre gibt.

In einem Interview formulierte es Matthias Klatt, zu der Zeit Juniorprofessor für Öffentliches Recht in Hamburg, folgendermaßen:

„Die Arbeit eines Professors lässt sich in zwei Worten zusammenfassen: Forschung und Lehre. Seine Reputation und Karrierechancen sogar in einem: Forschung. Weil die Lehrqualifikation im Wissenschaftsbetrieb praktisch keine Rolle spielt, landen oft Herren hinterm Rednerpult, die Studenten verlässlich in den Schlaf dozieren. [...] Der Wissenschaftsbetrieb honoriert gelungene Lehre in keiner Weise, nimmt sie meist nicht mal zur Kenntnis – und wenn doch, dann oft zum Nachteil des Bewerbers. [...] Heute überwiegt die Sorge, dass die Studenten anspruchsvoll werden und die gelungene Vorlesung, die der eine Professor ihnen bietet, auch von den anderen einfordern könnten. So jemand holt man sich also lieber gar nicht erst ins Haus. Aber gerade in Jura regiert leider das englische Motto ‚publish or perish‘ – veröffentliche oder verschwinde. Dem müsste man ein ‚teach or terminate‘ entgegenstellen." (Lijnden 2014).

Allerdings hat die Bedeutung von Lehre in den letzten Jahren zugenommen, wie ein älterer Öffentlich-Rechtler meinte, auch wenn der Primat der Forschung bleibt:

„Lehre spielt natürlich keine so große Rolle. Hat sich aber im Vergleich zu früher sicher rapide geändert. [...] Heute kann man über schlechte Lehre rausfliegen, also nicht auf die Liste kommen. Also das passiert sehr leicht. Die Studenten werden immer gefragt. Die Studenten machen immer Gutachten. Und die Studenten sind ja auch untereinander gut vernetzt. Die fragen dann, wie war er in Trier und wie in München, oder wie war sie da oder so. Das hat sehr zugenommen, und [...] wir machen ja eben diese Evaluationen, die auch immer veröffentlicht werden. [...] zum Beispiel A, ich hab‘ immer gesagt, Sie sind der beste bei uns hier in der Lehre, ja, ein Teil seines Prestige beruht darauf. Also wer gut lehrt. Aber es ist nicht viel, natürlich letztlich nicht entscheidend, letztlich fürs wissenschaftliche Renommee. Sehen Sie B, ist wissenschaftlich ganz prima, aber seine Lehre die ist nicht so toll, nicht. Und das ist dem aber auch letztlich ziemlich schnurz." (I 6)

Immerhin sichert gute Lehre die Zuneigung der Studierenden und befriedigt „die Eitelkeit", wie der Interviewpartner weiter ausführte. Für ihn gibt es sogar einen Fanclub in einem sozialen Netzwerk.

Die Ansprüche, die Studierende an die Lehrenden richten, beschrieb eine andere Interviewpartnerin so:

„Also ich glaube schon, dass es sich ganz massiv verändert hat. Jedenfalls im Vergleich zu der Zeit, als ich selber noch studiert hab‘. Dass der Anspruch der Studierenden viel höher geworden ist an die Ausgabe von Materialien, an Hilfsmittel, an E-Mail-Sachen. Also dass man früher, wenn man überhaupt eine Gliederung bekommen hat, da war man ja schon froh, wenn man ein Blatt Papier in der Hand hatte. Und heute ist es so, dass jeder Lehrstuhl

Übungsfälle ins Netz stellt, irgendein Kolloquium anbietet und Gespräche. Ich glaube es wird in der Lehre viel, viel mehr an Support geliefert, als das noch vor einigen Jahren gewesen ist. Also, da glaube ich, da tut sich schon vieles. Und die Studenten sind insgesamt, denk' ich, selbstbewusster geworden. Die halt auch wirklich sagen, also 'tschuldigung, das geht so nicht. So nach dem Motto, das hat kein Konzept diese Vorlesung. Auch dadurch, dass diese ganzen Veranstaltungen evaluiert werden. Dass man wirklich da so eine Packung bekommt, wenn man nichts Vernünftiges liefert. Dadurch funktionieren so Sachen nicht, wie sie früher gelaufen sind, dass sich jemand da vorne hinstellt und einfach irgendwas erzählt, und die Leute haben es abgesessen und gedacht, na ja, der ist mal wieder unvorbereitet, aber egal. Das gibt's, glaub' ich, in der Form einfach nicht mehr. Was damit zusammenhängt, dass die alle sehr viel abschlussorientierter studieren, dass die alle ihren Freischuss vor Augen haben. [...] Heute sagt jeder sofort von Anfang an, wie ist mein Studienplan, was muss ich machen, in welcher Zeit, was kann ich schon parallel machen." (I 33)

Mehrere äußerten auch, dass sie es in der Lehre besser machen wollten, als sie es selbst in ihrer Ausbildung erlebt hatten. Dazu meinte eine Professorin:

„Und ich bin ziemlich sicher, dass ich heute die Lehre mache, die ich gebraucht hätte, um mit Freude und mit Ertrag zu studieren. Also meine Lehrtätigkeit heute, auch die Reflexion über Didaktik und über Inhalte und Formen der Lehre beruht eigentlich darauf, dass ich das Studium in der Form, wie es lief, ganz, ganz fürchterlich fand." (I 28)

Ein Überdenken der Lehre ist vor allem durch den Bologna-Prozess angestoßen worden, der einen einheitlichen europäischen Hochschulraum schaffen soll. Der Fokus ist seitdem studierendenzentriert auf „learning outcomes", an denen sich die „teaching inputs" zu orientieren haben ("shift from teaching to learning"). Jura ist, wie beschrieben, ebenso wie Medizin nicht „bolognerisiert" (in den Bolognaprozess einbezogen worden), und die Ausbildungsgesetze entsprechen in keiner Weise Curricula.[320] Dennoch hat dies das Lehr-/Lernklima an den Universitäten insgesamt beeinflusst.[321]

---

320 vgl. 7.1

321 An den Hochschulen werden im Zuge der Maßnahmen zur Verbesserung der Qualität der Lehre (QdL) mittlerweile Fortbildungen in guter Lehre, zum Einsatz der Medien in der Lehre und zur Kommunikation mit den Lernenden angeboten, z.T. in Form eines geschlossenen Programms, das mit einem Hochschullehrerführerschein zertifiziert wird. Die entscheidende Stellschraube sind sicherlich die Berufungsverfahren. Dort müsste auf gute Lehre geachtet werden. Nach wie vor

8.3.2 Lehren Frauen anders als Männer?

„Wohin geht eine apfelrote Tasche mit einer Frau mir scheint sie trägt das Herz als Kopf in die grau gewebte Nacht weint ein Hund angstblau oder er lacht" (aus einer Collage von Herta Müller)

Eine interessante und sicherlich zugleich provokante Frage ist, ob Frauen sich stärker um die Studierenden kümmern und mehr in die Lehre investieren. Hinter dieser Frage steht die Vorstellung einer weiblichen Ethic of Care, einer weiblichen Fürsorgemoral, die an Beziehungen orientiert ist, wie sie von der Entwicklungspsychologin Carol Gilligan in ihrem berühmten Buch „Mit anderer Stimme" formuliert worden ist (1981).[322] Frauen orientieren sich danach mehr am Beziehungs-, Interaktions- und Verantwortungsgefüge der in einer (Problem-)situation beteiligten Person, Männer dagegen eher an abstrakten Rechten und Pflichten. Dies nennt Carol Gilligan „Ethic of Justice", die (blinde) Gerechtigkeitsmoral.

In den 1980er Jahren hat der sog. Differenzfeminismus, der Unterschiede zwischen Frauen und Männern betonte, starken Einfluss auf die Debatten über Geschlecht und Gender[323] genommen und war in Teilen der neu-

---

werden aber Probevorträge gehalten. An Fachhochschulen müssen stattdessen Probevorlesungen vorbereitet werden.

Das BMBF unterstützt seit 2011 mit dem Bund-Länder-Programm „Qualitätspakt Lehre" (QPL) http://www.qualitaetspakt-lehre.de/ die Verbesserung der Studienbedingungen und der Lehrqualität an deutschen Hochschulen. Der Wissenschaftsrat verlangt von den Ländern wie von den Professor/innen explizit mehr Anstrengungen für eine bessere Lehre an den Hochschulen. Die Hochschulrektorenkonferenz, der Stifterverband für die Deutsche Wissenschaft, der Deutsche Juristen-Fakultätentag und das Kompetenzzentrum für juristisches Lernen und Lehren (KJLL, Universität zu Köln) loben seit 2011 gemeinsam den mit 15.000 Euro dotierten Ars legendi-Fakultätenpreis für exzellente Hochschullehre in der Rechtswissenschaft aus. Das KJLL bietet vielfältige Fortbildungsmöglichkeiten. Diese und weitere Maßnahmen zur Verbesserung der Lehre sind u.a. auch durch die in den 2000er Jahren eingeführten und in den frühen 2010er Jahren in allen Bundesländern wieder abgeschafften Studiengebühren finanziert worden. Sie unterlagen zum Teil der Zweckbindung, ausschließlich zur Verbesserung der Lehre und der Studienbedingungen eingesetzt werden zu können.

322 Die Arbeiten von Carol Gilligan beziehen sich auf moralisches Urteilen, auf denen das Stufenmodell von Kohlberg zur Entwicklung des moralischen Selbst basiert. Sie hat es erweitert. (vgl. Schultz 2017, 29 ff.) Ihr Ansatz ist im Differenzfeminismus generalisiert worden.

323 Im Englischen beschreibt Gender das sozial konstruierte Geschlecht im Gegensatz zum biologischen Geschlecht, das mit „Sex" bezeichnet wird. Der Differenz-

en Frauenbewegung populär, die damit das politische Anliegen verbanden, Frauen mehr politische Macht zu geben, da sie die (besseren) friedfertigen Menschen seien, die die Weltordnung positiv verändern könnten. Das alte Thema der Geschlechterdifferenz wurde damit positiv umgewertet. Ziel von Differenzfeminismus ist, das Besondere sichtbar zu machen, das die Frau von dem Mann unterscheidet (Schultz 2004, S. 118 ff.; 2017, S. 29 ff.).

Die Orientierung von Frauen an Beziehungen hebt auch die Linguistin Deborah Tannen in ihren auf empirischen, linguistischen Untersuchungen basierenden Arbeiten zum Sprachstil von Männern und Frauen hervor. Am bekanntesten ist ihr ebenfalls zur Grundlagenliteratur des Differenzfeminismus gehörendes Buch: „Du kannst mich einfach nicht verstehen. Warum Männer und Frauen aneinander vorbeireden" (1991). Deborah Tannen charakterisiert die Sprache der Männer als Berichtssprache, die der Frauen als Beziehungssprache. Männer verhandeln auf der Statusebene, Frauen auf der Bindungsebene,[324] so dass sich Asymmetrien in der Kommunikation der Geschlechter untereinander ergeben. Daraus könnte man z.B. folgern, dass Frauen die Beziehungsebene und der „Empfängerhorizont" in der Lehre wichtiger sind als Männern.

Bei international vergleichenden Untersuchungen über Juristinnen (Schultz/Shaw 2003) hatten wir in Anlehnung an das Konzept des Differenzfeminismus als Forschungsleitfrage formuliert: Verändern Frauen den Beruf, oder verändert der Beruf die Frauen? Bei unseren Untersuchungen

---

feminismus wurde vor allem von Psychologinnen und Philosophinnen, z.B. Luce Irigaray, befördert, während in Deutschland ab den 1990er Jahren Soziologinnen mit ihren Vorstellungen einer Dekonstruktion von Geschlecht den wissenschaftlichen Diskurs dominierten. Inzwischen ist „Mainstream", Individualität und individuelle Differenzen in den Vordergrund zu stellen, was die Debatten entschärft hat, aber die Frage nicht gelöst und einen wichtigen theoretischen Ansatz dekonstruiert hat. Im allgemeinen Sprachgebrauch wird nicht mehr sauber zwischen Sex und Gender unterschieden, sondern häufig auch das biologische Geschlecht mit Gender bezeichnet.

324 Sie hat festgestellt: Männer spielen im Gespräch ein Spiel, das unter dem Motto steht „Habe ich gewonnen?", die Frauen dagegen spielen: „War ich hilfsbereit genug?". Das Spiel der Frauen heißt „Magst du mich?", das der Männer „Hast du Respekt vor mir?" Typisch für Männer ist, dass sie sich der Welt als Individuum in einer hierarchischen sozialen Ordnung nähern, in der sie entweder unter- oder überlegen sind. (Schultz 2002c)

zu Gender and Judging (Schultz/Shaw 2013)[325], war ein Leitthema, ob Frauen anders „richten" als Männer (Schultz 2004; 2017). In der Justiz könnte dies z.B. der Begründung dienen, dass Frauen in richterlichen und staatsanwaltlichen Funktionen für sachgerechte Entscheidungen wichtig sind, abgesehen davon, dass Geschlechterparität in beruflichen Funktionen ein Ziel der allgemeinen Geschlechtergerechtigkeit ist.[326] In Deutschland wurden diese Forschungshypothesen als eher befremdlich aufgenommen, im anglo-amerikanischen Bereich rankt sich eine reiche Literatur auch in der Rechtswissenschaft um die Schriften von Carol Gilligan und ihr Konzept der Ethic of Care, sei es um sie zu bestätigen oder sie zu widerlegen.

Ab den 1980er Jahren wurden in Schulen Untersuchungen zu den Auswirkungen der Koedukation durchgeführt, und es wurde diskutiert, ob Jungen in Bildungsprozessen benachteiligt sind, wenn sie vor allem von Lehrerinnen unterrichtet werden – vor dem Hintergrund, dass in Kindergärten und Grundschulen kaum männliche Lehrkräfte zur Verfügung stehen. In den 1990er Jahren wurde eine Umfrage zu geschlechtsspezifischen Unterrichtsstilen und -themen an vier bundesdeutschen Universitäten durchgeführt (Häuptle-Barceló/Glaser 1996). Die Ergebnisse deuten darauf hin, dass besonders im affektiven Bereich des Unterrichts Unterschiede zwischen Dozentinnen und Dozenten bestehen, die in der Unterrichtsatmosphäre, im Prüfverhalten und in der Distanz zwischen Lehrenden und Studierenden zu finden sind.

Dies trifft ganz aktuell wieder auf die Forderung nach einer gendersensiblen Didaktik in der Rechtswissenschaft, die Chebout, Gather und Valentiner (2016, S. 192 f.) formuliert haben. Ihnen geht es darum, dass weibliche und männliche Lehrende darin geschult werden und sie beherzigen sollten.

In den Interviews kristallisierte sich schnell heraus, dass Gender ein Reizthema ist.

Einer der sehr engagierten, jüngeren Lehrenden redete sich dazu fast in Rage:

> B: Wir haben hier, ständig irgendwelche, krieg ich irgendwelche Fortbildungen, Genderaspekte in der Lehre. Da wird's mir anders. Da soll ich mich fortbilden lassen, dass ich Frauen anders unterrichte als Männer. Ja? So ist das, das ist damit gedacht.

---

325 Es sind in dem Kontext auch noch eine Reihe weiterer Publikationen erschienen zu „Women in the Judiciary", „Gender and Judicial Education" u.a.

326 Heute wird dies vor allem unter dem Aspekt der Diversity behandelt.

I: Ach so, ich dachte inhaltlich. Dass die Genderthemen berücksichtigt werden.

B: Nein. Es gibt, das hab' ich auch gedacht, dass die Gender als Themen berücksichtigen. Nein, es geht, also vielleicht geht es da darum auch, aber es geht vor allem darum, dass ich Frauen anders unterrichte, als ich Männer unterrichte. Und ich halte es für einen vollkommenen Schwachsinn. Also für mich ist das vollkommen asexuell diese ganze Geschichte. Das ist für mich unisex. Also wenn ich, ich hab' da 'nen Menschen vor mir, dem bringe ich Jura bei, mit dem rede ich fachlich, und da verlange ich von jedem die gleichen Aspekte, die gleichen Fähigkeiten, seine Hirnwindungen anzustrengen und das Recht zu verstehen. Dass man natürlich dann in den Bereichen, wo das Recht wertet, also etwa im Bereich der Sittenwidrigkeit oder im Bereich von Ermessensausübungen im Öffentlichen Recht und so weiter, dass man da gewisse Genderaspekte berücksichtigt, gar keine Frage. Aber also Gender in der Lehre, da krieg ich 'nen Wutanfall. Ich denk, was soll ich mich da eigentlich einsetzen? Vollkommener Quatsch. Da seh' ich übrigens die eigentliche Frauendiskriminierung. Also nach dem Motto, ist 'ne Frau, denen müssen Sie das aber anders erklären. Wo sind wir denn? (I 47)

Eine Interviewpartnerin setzte mehr Interesse an didaktischen Fragen bei Frauen voraus. Sie meinte, dass beim Deutschen Hochschullehrerverband, *„da vor allem die Männer hingehen, um sich* [für die Karriere] *coachen zu lassen. Und die Frauen gehen wahrscheinlich eher in die didaktische Schulung des Hochschullehrerverbandes."* (I 59) Zu ihrer eigenen Lehre sagte sie selbstkritisch:

„Also mir ist Lehre schon wichtig, weil ich den Leuten wirklich was beibringen will und weil ich sie eigentlich dazu bringen will, auch so selber irgendwie die Sachen zu hinterfragen. Ob ich das jetzt selber so besonders geschickt mache, weiß ich ehrlich gesagt nicht." (I 59)

Dazu ob Frauen anders, lieber oder besser lehren als Männer, hätten wir nur Mutmaßungen hören können. Insoweit waren unsere Interviewpartner/innen auch zurückhaltend. Da Lehrende untereinander keine Lehrveranstaltungen besuchen, dies ist tabubelegt, können sie nur vom Hörensagen über das, was ihnen Studierende berichten, urteilen. Wir bekamen allerdings Namen hervorstechender (männlicher) Lehrerpersönlichkeiten der älteren Generation genannt, also von den Ausbildern unserer Interviewpartner/innen. Ob also Frauen z.B. anschaulicher, lebensnäher[327], ver-

---

327 In der kleinen für Jutta Limbach zu ihrem Abschied beim Bundesverfassungsgericht von Foelster/Stresemann herausgegeben Schrift findet sich auf dem Titel eine Karikatur von Marie Marcks. Ein Mann schleppt den Globus auf seinen Schultern. Eine Frau steht davor und sagt: „Roll' doch das Ding, Blödmann!"

ständlicher lehren, lässt sich anhand unserer Befunde nicht belegen. Auch die Frage, ob sie sich mehr kümmern, müssen wir dahingestellt sein lassen.

Wir haben einen Blick in das Bewertungsportal www.meinprof.de geworfen[328] und die studentische Evaluation von Lehrveranstaltungen ihrer Professorinnen und Professoren verglichen, haben insoweit aber nur das Fazit ziehen können, dass Lehre letztlich sehr individuell ist. Um Unterschiede festzustellen, müsste eine systematische Untersuchung durchgeführt werden. Eine jüngere Professorin berichtete, dass sie von Kollegen Unterlagen für ihre ersten Vorlesungen bekommen habe. *„Es hat mir nur insofern nicht geholfen, als ich festgestellt hab', jeder Mensch hält diese Vorlesung völlig anders. Also Verwaltungsrecht AT ist was sehr Persönliches."* Sie stellte allerdings auch fest, dass sie tatsächlich anders als herkömmlich unterrichte.

„Studierende waren völlig irritiert, dass erstens meine Vorlesungen in geschlechtergerechter Sprache sind und zweitens bei mir also auch Einsatzleiterinnen der Polizei auftauchen. Oder die A, die da den umgefallenen Baum im Polizeirecht dann alleine mit ihrer Motorsäge auseinandernimmt und wegträgt, weil die Polizei nicht durchkommt oder die Feuerwehr. Das fällt den Leuten auf. Und das bedeutet, es ist nicht normal." (I 18)

Hier geht es natürlich um genderpolitisches Engagement in der Lehre und nicht um „naturgegebene" oder gesellschaftlich bewirkte Unterschiede bei weiblichen und männlichen Lehrenden.[329] Eine Vermutung spricht aber dafür, dass Frauen eher ein an weiblicher Lebensrealität orientiertes Repertoire an Fällen und Akteuren verwenden[330], wenngleich dies durch Sozialisationseffekte im langen Ausbildungsprozess überlagert sein könnte. Außerdem werden bisher Genderinhalte fast ausschließlich von Frauen an den juristischen Fakultäten in der Lehre berücksichtigt.

---

328 Einige Universitäten veröffentlichen auch studentische Evaluationen auf ihren Websites. Margaret Thornton (2014, S. 236) hat für Australien beschrieben, dass weibliche Lehrende von den Studierenden schlechter bewertet werden, obwohl sie zum Teil erheblich mehr in die Lehre investieren.

329 Interessant wäre, die Wahrnehmungen von Studierenden zu ihren weiblichen und männlichen Lehrenden – auch vor dem Hintergrund von tradierten gesellschaftlichen Geschlechterbildern – zu erfassen und zu analysieren.

330 Vgl. das Kapitel über das Frauenbild in juristischen Lehrmaterialien 7.6.1.

8.3.3 Gender in der Lehre

Seit den 2000er Jahren besteht im Zuge der Maßnahmen zur Stärkung der Qualität der Lehre (QdL) die Forderung, Genderinhalte in die Lehre einzubeziehen. Die beschriebene Gendersensibilität bei der Verwendung von Beispielen ist ein Element davon. Qualitativ gute Lehre sollte insgesamt geschlechter- und diversitygerecht gestaltet sein. Entsprechende Vorgaben sind in Frauenförderplänen und Gleichstellungskonzepten der Universitäten verankert. Einige Universitäten unterhalten Genderportale. Im Rahmen der Akkreditierung von Studiengängen, die im Zuge des Bologna-Prozesses eingeführt worden ist, wird unter dem Kriterium „Chancengleichheit" auch inhaltlich überprüft, ob hinreichend Genderinhalte in der Lehre angeboten werden.[331] Im rechtswissenschaftlichen Bereich betrifft dies die Bachelor und Master im Wirtschaftsrecht. Das klassische juristische Studium ist, wie bereits ausgeführt, von Akkreditierungen ausgenommen.[332]

Das Angebot der juristischen Fakultäten an Genderinhalten ist dementsprechend nach wie vor karg. In dem von Ulrike Schultz für das Netzwerk Frauen- und Geschlechterforschung NRW erstellten Curriculum Gender in der Lehre [333], macht sie darauf aufmerksam, dass

> „in der klassischen Lehre Genderaspekte negiert oder übersehen [werden]. Im letzten Jahrzehnt ist u. a. im Zuge einer Ausbildungsverkürzung die rechtsdogmatische Ausbildung in den Vordergrund getreten und ein deutlicher Hang zum Positivismus (eine Orientierung der Lehre am geltenden Recht und seiner Anwendung) festzustellen." (Schultz 2006/2012; 2018)

Weiter führt sie aus:

> „Die [...] dargelegten Vorschläge zur Vermittlung von juristischer Geschlechterkompetenz folgen den Vorstellungen einer kritischen Rechtswissenschaft. Im Zuge feministischer Wissenschaftskritik wäre eine grundlegende Curriculumrevision erforderlich, die zu einer anderen Strukturierung und Gewichtung der Studieninhalte führen würde. Abstrakt theoretische Gesetzesinterpretation würde zugunsten von praxisorientierter Wissens- und Anwendungsvermittlung in den Hintergrund treten. Damit wäre auch die Trennung von materiel-

---

331 Nicht allen Hochschulen und Mitgliedern von Akkreditierungskommissionen ist dieses aber bewusst.
332 Durch Beschluss vom 17. Februar 2016 hat das Bundesverfassungsgericht die bisherige Praxis der Akkreditierungen (am Beispiel von NRW) für verfassungswidrig erklärt und den Landesgesetzgebern eine Frist bis zum 1.1.2018 für die Erstellung verfassungskonformer Regelungen gesetzt. (1 BvL 8/10)
333 http://www.gender-curricula.com/gender-curricula-startseite/ (vgl. Anhang).

lem Recht und formalem Prozessrecht aufzuheben. Wichtig ist, die Rechtsdidaktik zu stärken und traditionelle Vorstellungen zu den Zielen des Jurastudiums und den Vermittlungsmethoden zu überdenken und letztlich umzudenken." (Ebd.)

Der Geschlechteraspekt ist ein Querschnittsthema. Er sollte – wie beschrieben – ein Studienschwerpunkt in den Grundlagenfächern (Einführung in das Recht, Rechtsgeschichte, Rechtssoziologie, Rechtsphilosophie und Methodenlehre) sein. Im Übrigen sollte die Geschlechterperspektive integraler Bestandteil aller Lehrveranstaltungen im Hinblick auf Gerechtigkeitsfragen und Rechtskritik sein. Zusätzlich kann eine besondere Veranstaltung zu Frauen/Geschlecht und Recht angeboten werden.

An der FernUniversität gibt es seit 2008 ein Gendermodul im Master of Laws, das als Wahlpflichtfach belegt werden kann.[334] Vorläufer waren weiterbildende Studienangebote „Frauen im Recht" und eine „Qualifizierung für Gleichstellungsarbeit" im Rahmen des Projekts zur virtuellen Lehre VINGS (Virtual International Gender Studies). (Schultz 2004, 2012d) An der Universität Hamburg[335] (auch an den Universitäten Wien und Zürich) gibt es Angebote in Legal Gender Studies, an der Universität Marburg den „Mobilen Studientag feministische Rechtswissenschaft", einzelne Kurse und Lehrveranstaltungen zu Genderfragen im Recht an den Universitäten Bremen, Bielefeld, Frankfurt[336] u.a., Vortragsveranstaltungen zu entsprechenden Themen an einer Reihe von Fakultäten.[337] Lehrstühle mit der Denomination Gender an juristischen Fakultäten gibt es an der Humboldt-Universität (Lehrstuhl für Öffentliches Recht und Geschlechterstudien der derzeitigen Richterin am Bundesverfassungsgericht Susanne Baer[338]), in Bremen die Professur Gender Law, Arbeitsrecht, Sozialrecht von Ursula Rust, die auch das bigas - Bremer Institut für Gen-

---

334 http://www.fernuni-hagen.de/ls_haratsch/lehre/kurse/k55312.shtml
335 http://www.legal-gender-studies.de/
336 Hier vor allem interdisziplinäre Angebote im Cornelia Goethe Centrum, in dem Ute Sacksofsky die Rechtswissenschaften vertritt. http://www.cgc.uni-frankfurt.d e/cgc-mitglieder.shtml
337 Eine Auflistung von Lehrenden sowohl an Universitäten wie an Fachhochschulen, die Genderaspekte im Recht berücksichtigen, findet sich unter http://www.le gal-gender-studies.de/lehre-forschung.
338 Von 2003 bis 2010 ist dort das Projekt GenderKompetenzZentrum durchgeführt worden.

der-, Arbeits- und Sozialrecht leitet[339] und an der FernUniversität eine im Rahmen des Professorinnenprogramms des Bundes und der Länder einge- richtete Professur „Gender im Recht", die von Ulrike Lembke wahrge- nommen wird. Bei den verschiedenen Angeboten zu Geschlechterfragen im Recht gibt es erkennbar ein deutliches Nord-/Südgefälle. Es wirken sich hier auch Finanzierungsmöglichkeiten aus. Einige Universitäten ho- norieren Frauenförderleistungen, z.T. können Mittel über Landesprogram- me akquiriert werden.[340]

Während in der juristischen Mainstream-Literatur wenig zu Geschlech- terfragen im Recht zu finden ist, gibt es einige Publikationen zu Frauen- rechten, Recht und Geschlecht/Gender, Sammelbände und Monographien, das von Sabine Berghahn und Ulrike Schultz herausgegebene, fortlaufend aktualisierte Rechtshandbuch für Frauen- und Gleichstellungsbeauftragte, das von Lena Foljanty und Ulrike Lembke herausgegebene Studienbuch „Feministische Rechtswissenschaft", die von Andrea Büchler und Michel- le Cottier herausgegebene Quellensammlung „Legal Gender Studies", die feministische Rechtszeitschrift STREIT, die Zeitschrift des Deutschen Ju- ristinnenbundes djbZ u.a.

8.4 Forschung, Nebentätigkeiten und Veröffentlichungen

Die komplementäre Aufgabe zur Lehre in der Wissenschaft ist die For- schung. Im juristischen Bereich gibt es – wie in anderen Fakultäten – un- entgeltliche und entgeltliche Forschung. Während in den Gesellschafts- wissenschaften häufig Drittmittelprojekte beim BMBF, bei der DFG, bei politischen Stiftungen o.ä. akquiriert werden, die über die Universitätsver- waltungen abgewickelt werden, sind für die Rechtswissenschaft Aufträge für Rechtsgutachten typisch, die ad personam erteilt werden mit dem Vor- teil, dass der/die Auftragnehmer/in auch wirtschaftlich einen Vorteil davon hat.[341]

---

339 Bis 2013 gab es dort zusätzlich die Professur „Rechtswissenschaften im Neben- fach und Gender Law" von Konstanze Plett.
340 Im Einzelnen vgl. Kapitel 11.
341 Ein Weg für „eigennützige" Forschung, der vor allem auch in anderen Fächern gewählt wird, ist die Gründung von privaten Forschungsinstituten oder Mitwir- kung an entsprechenden Projekten.

8.4.1 Drittmittelforschung

Drittmittelprojekte finden sich also in juristischen Fakultäten seltener (Wissenschaftsrat 2012a, S. 14; Gross/Jungbauer-Gans/Kriwy 2008, S. 16) und wenn, dann in der Regel für interdisziplinäre Forschungsvorhaben in Kombination mit Vertreterinnen und Vertretern einer anderen Fakultät. In der großen Form sind dies Exzellenzcluster, Sonderforschungsbereiche oder Schwerpunktprogramme z.B. mit historischem, soziologischem oder politikwissenschaftlichem Schwerpunkt. Der Nachwuchsförderung dienen Graduiertenkollegs, Graduate Schools sowie Forschungsschulen, Forschungszentren, Sonderforschungsbereiche für Nachwuchsgruppen u.ä., Einrichtungen, die im rechtswissenschaftlichen Bereich kaum zu finden sind. Auch in der Rechtswissenschaft gibt es allerdings An-Institute, die der Verbindung zwischen Wissenschaft und Praxis dienen.

Das Einwerben von Drittmitteln gilt generell als Erfolgsfaktor, der mit Boni für die Fakultät honoriert wird. Eine Interviewpartnerin sah dies kritisch für ihre Fakultät:

„Bei uns [an der Universität] haben wir einen ganz schlechten Status, weil wir eben nicht bei diesen ganzen Exzellenzgeschichten mitwirken. Und das ist natürlich unserem Präsidenten wichtig. Und da ist bei uns gar nichts los." (I 59)

Ein anderer wies ebenfalls darauf hin, dass Drittmittelprojekte in der Rechtswissenschaft, was das Prestige betrifft, nahezu keine Rolle spielen, dass aber juristische Drittmittelanträge langsam zunehmen.[342]

„In der Vergangenheit [war] die Zahl der rechtswissenschaftlichen Drittmittelanträge offenbar sehr gering. Das ist auch von den Wissenschaftsförderungsorganisationen vielfach betont worden. Und tatsächlich ging da offenbar so nach dem Motto ‚Laws are different' einiges anders ab. Aber dieser Trend ist von den juristischen Neben- und propädeutischen Fächern herkommend im Wandel. Also Rechtshistoriker, Rechtssoziologen und ähnliche stellen verstärkt Drittmittelanträge, und das wächst dann auch so ein bisschen in die Rechtswissenschaft herein. Klassische dogmatische Anträge allerdings gibt es nur sehr, sehr wenig. […] Die Frage ist immer natürlich auch, welche Prioritäten man setzt. Aber natürlich letztlich auch, über welche Themen man arbeitet." (I 23)

---

342 2010 lagen die Drittmitteleinnahmen pro Professur in den Rechtswissenschaften im Schnitt bei 34.200 €, pro Professur an den Hochschulen insgesamt bei 113.900 €. (Wissenschaftsrat 2012a, S. 96), vgl. auch http://www.lto.de/jura/studi um-zahlen/drittmitteleinnahmen-pro-professur/

Für sich selbst hat er die Mitarbeit in Sonderforschungsbereichen gewissermaßen als Ehre angesehen. Allerdings ist er mit Drittmittelanträgen in der Fakultät nicht immer auf Gegenliebe gestoßen:

„Der andere Aspekt, besser keine Drittmittel, ist mir hier ein-, zweimal passiert, dass mir in der Fakultät gesagt worden ist, ja, also eigentlich machen Sie
ja nur Arbeit. Sie bringen hier die Abläufe durcheinander, und das ist durchaus auch kritisch seitens des Dekanats gesehen worden." (I 23)

Dies bestätigte ein weiterer:

„Exzellenz ist ein Sonderthema. Hier gibt es viele Leute, die das nicht hören
können. Wir haben ja auch in der Fakultät [...] so einige Leute, die beteiligt
sind, [...] Diese ganze Konstruktion war daneben, fand ich. Es ist doch so,
dass die dann über diese Konstruktion weitgehend aus der Lehre raus sind,
über lange Jahre. Das geht nicht. Und bei den Historikern ist es noch viel
schlimmer. Da kommen Studenten nach X, weil sie bei A oder B hören wollen. Da gibt's keine Gelegenheit zu hören, die machen nichts. Weil sie Exzellenz sind, sind im Exzellenzcluster tätig." (I 56)

Ein weiterer äußerte sich noch etwas drastischer und stellte Drittmittelfor-
schung dem Ideal der Unabhängigkeit von Forschung gegenüber:

„Drittmittel sind für mich das roteste Tuch, das es überhaupt gibt. Und zwar
deshalb, weil ich meine Seele und meine Freiheit nicht verkaufen will an ir-
gend 'nen Drittmittelgeber." (Er führte dann aus, dass er die Förderung von
Kongressen, die Einladung von Gastwissenschaftlern u.ä. durch Verbände,
Vereine, die DFG davon ausgenommen sehen möchte.) [...] Ich gehe nicht
auf die Jagd nach Drittmitteln. Und schon ganz bestimmt nicht aus der Wirtschaft." (I 47)

Nicht zu verkennen ist, dass die Forschungsbürokratie (Antragstellung,
Zwischen- und Schlussberichte) sowie Projektpublikationen erhebliche
Arbeitszeit binden. Der zuvor zitierte Interviewpartner resümierte für sich:
*„Ich hab' einfach keine Lust, meine Arbeitszeit damit zu verbringen, Be-
richte darüber zu schreiben, was ich arbeite."* (I 47)

8.4.2 Gutachten und sonstige Nebentätigkeiten

Die klassische und zudem häufig praxisbezogene Forschungstätigkeit für
die Rechtswissenschaft ist das Verfassen von Gutachten. Zum Teil bewirbt
man sich darum ähnlich wie bei Drittmittelprojekten, zum Teil werden die
Gutachten Wissenschaftlerinnen und Wissenschaftlern aufgrund ihrer Expertise direkt angetragen.

Rechtsgutachten werden vor allem im Auftrag von Ministerien, Verbänden, Parteien, Anwaltskanzleien und Unternehmen erstellt und können durchaus einen Anstoß für eine wissenschaftliche Auseinandersetzung geben. Bei dieser Tätigkeit stehen die Beratung und die Beeinflussung der Fachöffentlichkeit außerhalb der Wissenschaft im Vordergrund (Liebau/ Huber 1985, S. 331). Solche Gutachten, die der Analyse oder Klärung von Rechtsfragen dienen, stellen die traditionelle Rechtswissenschaft dar, wie sie bereits im Mittelalter existierte, die aber angesichts wissenschaftlicher Werte wie Universalismus und Unparteilichkeit und aufgrund möglicher Interessenkonflikte kritisch gesehen werden können (vgl. dazu Schütte 1982, S. 70 f.).[343]

Mit Gutachten können Rechtswissenschaftlerinnen und -wissenschaftler ihr Gehalt aufstocken. Zum Teil liegen die Einkünfte aus Nebentätigkeiten über dem Grundgehalt nebst Leistungszulagen.[344] Es wurde von einem Kollegen berichtet, der seinen Lehrstuhl als mittelständisches Unternehmen bezeichnet hatte. (I 56) Auch Mitarbeitende können davon profitieren.

> „Die verdienen bei mir alle viel Geld. Und deshalb habe ich auch die besten Leute. Weil, bei keinem an der Fakultät gibt's so viel Geld wie bei mir. Weil, die schreiben natürlich die Gutachten. Ich nicht, ich mach' das Design." (I 6)

Ein Interviewpartner führte aus:

> „Wir im Verwaltungsrecht dürfen uns nicht beschweren. Wir machen relativ viele Gutachten. Die Wirtschaftsrechtler alle. Das Steuerrecht macht viele Gutachten. Es gibt aber im Zivilrecht Ecken, wo kaum Gutachten gemacht werden, klassisches BGB [...] Also, das ist schon nicht so ganz einfach. Also richtig Geld verdienen kann man eben nur da, wo es um Geld geht. [...] Das ist nach Fächern sehr unterschiedlich. Die Historiker verdienen so gut wie nichts." (I 56)

---

343 Auf der Webseite der Zivilrechtslehrervereinigung finden sich Leitlinien zur Gutachter- und Schiedsrichtertätigkeit von Zivilrechtslehrern.

344 Im März/April 2012 gab es eine Serie im SPIEGEL von Benjamin Haerdle zum Thema „Was verdienen Wissenschaftler" mit Angaben zu den Einnahmen aus Nebentätigkeiten. Es gibt in den Landesbeamtengesetzen, den Landeshochschulgesetzen und den Universitätssatzungen Regelungen zu Nebentätigkeiten und den daraus erzielten Einkünften. Im Einzelfall scheinen diese unterschiedlich angewandt zu werden. (http://www.spiegel.de/karriere/hilfskraft-professor-rektor-was -verdienen-wissenschaftler-a-819984.html)

Die Haltung gegenüber Gutachten und den damit verbundenen Nebeneinkünften kann aber auch ganz anders ausfallen. Nicht alle Befragten sehen
die gutachterliche Tätigkeit unkritisch. Einem Rechtswissenschaftler war
von seinem Habilitationsvater, der *„immer voll Stolz behauptet* [habe], *er
habe noch nie im Leben ein Gutachten geschrieben"*, eingeprägt worden,
dass Nebenverdienste *„des Teufels"* seien. Er selbst war aber mittlerweile
ein sehr gefragter Gutachter geworden.

Eine Reihe von Juraprofessor/innen stehen auch als Berater/innen (of
counsel) auf dem Briefkopf von Anwaltskanzleien. Der Umfang der Tätigkeit variiert stark.

Eine weitere lukrative Einnahmequelle sind Schiedsgerichte. Vieles ist
aber eher pro-bono-Tätigkeiten zuzurechnen, wobei unentgeltliche Nebentätigkeiten zum Teil aus Interesse oder Leidenschaft für die Sache übernommen werden, z.T. aber die Funktion haben „bekannt zu machen". Bis
vor einigen Jahren konnten Vorträge in der Wirtschaft lukrativ sein. Seit
einigen Skandalen um überzogene Vortragshonorare bei Politikern und hohen Richtern sind die Honorare dafür zurückgegangen.

Beliebt ist bei Juraprofessor/innen vor allem wegen der Verquickung
von Theorie und Praxis die Tätigkeit als Richter/in mit einem Anteil von
z.B. 1/8 Stelle. Sie werden bevorzugt an den Berufungsgerichten, vor allem den Oberlandesgerichten und bei den Oberverwaltungsgerichten oder
den Landesverfassungsgerichten tätig. § 7 des Deutschen Richtergesetzes
regelt: „Jeder ordentliche Professor der Rechte an einer Universität im
Geltungsbereich dieses Gesetzes ist zum Richteramt befähigt." Ein Interviewpartner berichtete zu seiner Arbeit an einem Landesverfassungsge-
richt: *„Das ist natürlich ein hohes Ehrenamt, glühend beneidet, aber ehrlich gesagt, für Aufwand und Ertrag ist das sehr viel Arbeit. "* (I 72)

Die Vergabe von Aufträgen läuft häufig in Netzwerken. Dahinter steht
ein do ut des-Prinzip, man schiebt anderen z.B. die Ehre eines Lehrauf-
trags oder auch einer Honorarprofessur zu in der Erwartung selbst davon
zu profitieren – immateriell mit anderen Ehren oder auch materiell. So
führte ein Interviewpartner aus:

> „Wen schlage ich vor für 'nen Lehrauftrag? 'Nen Anwalt, den ich kenne, mit
> dem ich gut zusammenarbeite und der vielleicht auch mal für mich wichtig
> ist, damit ich mal Gutachten kriege." (I 71)

8.4.3 Nebentätigkeiten von Professorinnen

Es ist in den letzten zwanzig Jahren viel darüber geschrieben worden, dass Frauen ein anderes Verhältnis zum Geld haben als Männer, weniger profitorientiert sind. Interessant ist daher auch die Frage, ob Juraprofessorinnen bei Nebentätigkeiten andere Maßstäbe anlegen als ihre männlichen Kollegen oder auch schlechter abschneiden.

Ein Interviewpartner berichtete, dass es bei der Vergabe von Gutachten zumindest im öffentlichen Bereich eine Art unausgesprochener Quote gibt:

> „Die Frauen verdienen auch. Ich glaube, wenn Sie mit Frau A reden, die ist auch gut im Geschäft. Die Frau B auch. [...] Inzwischen ist das so, ich glaube, auch die Gutachten vergebenden Stellen, die öffentliche Hand, achtet teilweise darauf. Würde jedenfalls sich niemals trauen, da einseitig Männer zu nehmen. [...] In dem Bereich, den ich so kenne, wenn es um Politikbeeinflussung geht, dann würde man sagen, wenn ich eine Frau kriegen kann, dann nehme ich die." (I 56)

In eine ganz andere Richtung geht die Aussage einer Zivilrechtlerin:

> „Was mich wirklich fuchst, [...] in der juristischen Branche wird ja sehr viel Geld verdient. Und die meisten Professoren verdienen meistens, wenn sie gut sind, ein Mehrfaches ihres Gehaltes nebenher. Und da sind Frauen ganz hinten dran. [...] Also die gesamte Schiedsgerichtsszene, die nun richtig, richtig viel Geld bringt, ist Frauen quasi verschlossen." (I 28)

Mit Publikationen und Vorträgen wird die Sichtbarkeit geschaffen, die Aufträge generiert. Bis in die 1990er Jahre hinein wurden bei Vorträgen bevorzugt Männer eingeladen, und auch heute noch ist keine proportionale Parität gegeben.

8.4.4 Veröffentlichungen

8.4.4.1 Publikationsformen

„Wer schreibt, der bleibt" oder „publish or perish" gilt in besonderem Maße in der Rechtswissenschaft als Geisteswissenschaft oder – wie sie auch bezeichnet werden kann – als Buchwissenschaft. Die Gesetzessystematisierungen, Urteilserläuterungen und Fallzusammenstellungen werden in Gestalt juristischer Fachliteratur archiviert, dokumentiert, tradiert und der Rechtspraxis sowie den nachfolgenden Generationen an Wissenschaftlerinnen und Wissenschaftlern zur Verfügung gestellt, so dass ein soziales, argumentatives und diskursives Netz entsteht, das die juristische Fachgemeinschaft bildet.[345] Zu den wichtigsten Publikationsformen der rechtswissenschaftlichen Arbeit zählen Gesetzeskommentierungen und Handbücher, die oftmals von einzelnen Lehrstühlen als Produktionsstätten hervorgebracht werden. Umfangreiche und aufwändige Forschungsvorhaben wie zum Beispiel mehrbändige Kommentare werden teils durch die Deutsche Forschungsgemeinschaft (DFG), teils durch private Wissenschaftsförderungen unterstützt (WR 2012, S. 38).

Gesetzeskommentare, die vor allem für die Rechtspraxis verfasst werden und deshalb unter einem besonderen Aktualitätsdruck stehen, enthalten Rechtsprechungsauswertungen, sie systematisieren die Rechtsprechung also, sie enthalten aber auch historische und ausführliche rechtsdogmatische Ausführungen zu Gerichtsurteilen und juristischen Entwicklungen. (Ebd., S. 68) Demgegenüber scheint die klassische Monographie in der Rechtswissenschaft zunehmend an Bedeutung zu verlieren. Denn neben den juristischen Qualifikationsarbeiten scheint die Aufarbeitung und Systematisierung des Forschungsstandes so viel Forschungskapazität zu binden, dass der Wissenschaftsrat an die Rechtswissenschaft die Empfehlung ausgesprochen hat, sich wieder verstärkt auf die Entwicklung neuer Themenfelder und origineller Fragestellungen zu konzentrieren, die besonders im Rahmen von Monographien bearbeitet werden können (ebd., S. 67).

Hand-, aber auch Lehrbücher, die einen stark systematischen Zuschnitt haben und einen Überblick über die unterschiedlichen Rechtsgebiete geben, nehmen demgegenüber einen hohen Stellenwert im rechtswissenschaftlichen Publikationswesen ein. Davon abzugrenzen ist die Ausbildungsliteratur, die mehr einen Skriptencharakter aufweist und den Studierenden ein Repetieren der Rechtsmaterie zur Prüfungsvorbereitung ermöglichen soll. (Ebd.)

Die Rechtswissenschaft verfügt außerdem über eine bunte Zeitschriftenlandschaft, die von studentischen Zeitschriften über Ausbildungszeitschriften, in denen vor allem der Nachwuchs publiziert, um seine für Habilitationsverfahren erforderliche pädagogische Eignung nachzuweisen, bis zu wissenschaftlichen Journalen und praxisorientierten Zeitschriften

---

345 Vgl. Arnold 2004, S. 28, der sich in seinen Ausführungen allerdings nur sehr vereinzelt auf die Rechtswissenschaft bezieht.

reicht. (Ebd., S. 67; 17) Der wissenschaftliche Aufsatz stellt ein klassisches juristisches Kommunikationsformat dar. Die Zeitschriftenkultur in der Rechtswissenschaft ist sehr heterogen und insgesamt weniger hierarchisch organisiert als zum Beispiel in der Naturwissenschaft (dazu auch Gröls/Gröls 2009).

Weitere gängige Publikationsformen stellen Tagungsbände und vor allem Festschriften dar, die als Gedenkschriften aus festlichen Anlässen herausgegeben werden (dazu auch Münch 2000).

In der Rechtswissenschaft werden Publikationen, insbesondere Kommentare, Lehrbücher und Zeitschriftenaufsätze, traditionell von den Verlagen mit Honoraren vergütet. Publikationen werden schwerpunktmäßig noch auf Papier herausgegeben, zum Teil parallel in elektronischer Version über das Internet bereitgestellt. Reine e-Books und elektronische Publikationen sind noch eher selten.

8.4.4.2 Qualitätssicherung

Interessanterweise spielen Qualitätssicherungsinstrumente, die in anderen Disziplinen zum Einsatz kommen, wie das peer-review-Verfahren, in dem Beiträge doppelt anonym begutachtet werden, in der Rechtswissenschaft bislang nur eine untergeordnete Rolle. Stattdessen entscheiden Schriftleitungen über die Annahme von Artikeln. Dies hat den Vorteil, dass Beiträge vergleichsweise zeitnah veröffentlicht werden können, was mit Blick auf die erforderliche Aktualität und die Nähe von juristischer Wissenschaft zu juristischer Praxis, aber auch Politik, in der juristische Fragestellungen regelmäßig eine große Rolle spielen, nicht unbedeutend ist. Auf der anderen Seite, haben insbesondere die Schriftleitungen der großen Zeitschriften (wie NJW und JZ) damit aber eine machtvolle Position und bestimmen die Auswahl und Gewichtung der Themen. Ihnen kommt ein nicht unerheblicher Einfluss auf die Steuerung und Entwicklung der Disziplin zu.

Qualitätssicherung könnte auch durch Rezensionen, also Buchbesprechungen in Fachzeitschriften, erzielt werden. Dazu ein Interviewpartner: *„Wir haben ja ein sehr schonendes Rezensionswesen."* (I 56) Dadurch bekommen Rezensionen mehr den Charakter eines Publizitäts- oder Marketinginstruments. Er kritisiert aber auch, dass es bei Reviews viele Gefälligkeitsgutachten gibt.

Mit dem Science Citation Index kann festgestellt werden, inwieweit eine Publikation von anderen Autor/innen zitiert worden ist. Er gilt als nicht zuverlässig, weil er durch sog. Zitierkartelle beeinflusst werden kann. Bei im Internet zugänglichen Publikationen kann der Impact-Faktor gemessen werden, d.h. die Anzahl der Klicks auf die Publikation, quasi als Gradmesser für die Originalität oder Bedeutung einer Publikation. Es gibt eine Reihe von Agenturen, die bekannteste ist Thomson Reuters, die diese Faktoren messen. Autoren geben dann bei Bewerbungen den Citation Index für Publikationen an. International ist dies inzwischen auch in der Rechtswissenschaft verbreitet, in der deutschen Rechtswissenschaft spielt es bisher kaum eine Rolle, wird aber zum Teil bei Zeitschriften auf den Internetseiten ausgewiesen.[346]

8.4.4.3 Ranking der juristischen Fachzeitschriften

Bei Zeitschriftenpublikationen ist in der Rechtswissenschaft vielmehr bedeutsam, um welche Zeitschrift es sich handelt. *„Ein Aufsatz da oder hier, das ist ein Unterschied wie Tag und Nacht"* (I 6). Marcel und Tanja Gröls haben 2009 ein Ranking juristischer Fachzeitschriften vorgenommen. 248 Juristinnen und Juristen aus dem wissenschaftlichen Bereich haben dafür

---

346 Der Wissenschaftsrat (2012a, S. 51) hat darauf hingewiesen, dass *„bibliometrische Verfahren in der Rechtswissenschaft nur eingeschränkt in der Lage [sind], Forschungsleistungen zu messen. Dies hängt zum einen damit zusammen, dass mit Zitaten nicht zwangsläufig die Wichtigkeit einer Publikation bzw. ein origineller Gedanke eines Autors dokumentiert wird. Zitate dienen ebenso dazu, weiterführende Hinweise auf ein Problem zu geben oder haben bei Kommentarstellen den Zweck, dass der Leser bzw. die Leserin sich die weiterführende Literatur selbst erschließen kann. Weiterhin gehört es zur rechtswissenschaftlichen Zitationspraxis, falsche Gedanken oder abweichende Meinungen, also Texte von Autoren und Autorinnen anzuführen, die den dargestellten Sachverhalt ganz anders beurteilen als der Verfasser bzw. die Verfasserin. Zugleich gehören Kommentare, mehr noch Praktiker-Kommentare wahrscheinlich zu den am häufigsten zitierten Literaturgattungen. Es wäre nicht sachgemäß, bestimmte Publikationstypen durch die Bibliometrie zu privilegieren."* Im Übrigen ist ein Gender Citation Gap festgestellt worden: Frauen werden weniger zitiert als männliche Wissenschaftler. (grundlegend: Maliniak/Powers/Walters 2013). Dazu, dass es in Deutschland in der Rechtswissenschaft dazu bisher keine Erkenntnisse gibt: Schadendorf, Sarah 2013: Gender Citation Gap in der Rechtswissenschaft? Im Blog Junge Wissenschaft im Öffentlichen Recht. http://www.juwiss.de/de/gender-citation-gap-in-der-rechtswissenschaft/

individuelle Rangfolgen für die Zeitschriften ihrer Fachbereiche und weitere Rangfolgen für allgemeine Rechtszeitschriften erstellt. Spitzenreiter bei den allgemeinen Zeitschriften, die über ein einzelnes Rechtsgebiet hinaus Bedeutung für alle Felder entfalten, waren die JZ (Juristenzeitung), die führende allgemeine Zeitschrift für die Wissenschaft, und die NJW (Neue Juristische Wochenschrift), die führende allgemeine Zeitschrift für die Praxis. Aufgrund der Praxisbezogenheit der Rechtswissenschaft ist die NJW ein wichtiges Publikationsorgan nicht nur für Praktiker/innen sondern auch für Rechtswissenschaftler/innen. Diese beiden Zeitschriften wurden gefolgt vom AcP (Archiv für civilistische Praxis), AöR (Archiv des öffentlichen Rechts), der JuS (Juristische Schulung), JURA (Juristische Ausbildung), JR (Juristische Rundschau), Der Staat, MDR (Monatsschrift für Deutsches Recht) und JA (Juristische Arbeitsblätter). Interessant und für das Fach signifikant ist, dass die drei führenden Ausbildungszeitschriften unter den ersten zehn rangieren (JuS, JURA, JA). (Gröls/ Gröls 2009, S. 491) Für junge Wissenschaftler ist es wichtig, in den wissenschaftsorientierten sog. Archiven, also AcP, AöR und für Strafrechtler in Goltdammer's Archiv Veröffentlichungen zu platzieren. Eine Interviewpartnerin meinte dazu: *„Ein Aufsatz im AcP oder in Goltdammers Archiv oder so weiter zählt mehr als 'ne 150seitige Kommentierung zu irgendwas, wo es schon 150 Kommentierungen gibt."* (I 28)

Gröls/Gröls haben auch die Befragten gebeten, die Anzahl ihrer Publikationen in Fachzeitschriften in den letzten drei Jahren anzugeben. Hochschullehrende gaben im Schnitt die Beteiligung an 18,1 Artikeln, wissenschaftliche Mitarbeiter an 4,1 und Emeriti und Professoren i.R. an 16,7 Artikeln an. (S. 497)

Die Daten sind leider nicht nach Geschlechtern aufgeschlüsselt worden.

8.4.4.4 Anteil der Publikationen von Frauen in der JZ und der NJW

Um herauszufinden, wie der Anteil der weiblichen Autorinnen in der JZ und der NJW ist, haben wir bei beiden Zeitschriften ausgezählt, wieviel Aufsätze, Buchbesprechungen und Urteilsanmerkungen jeweils aus männlicher oder weiblicher „Feder stammen". Bei der JZ wurde zusätzlich die Beteiligung an Rechtsprechungsberichten erfasst. Wir haben allerdings nicht nach Wissenschaftlerinnen und Praktikerinnen differenziert. Bei der NJW veröffentlichen auch Praktiker/innen, bei der JZ fast ausschließlich Wissenschaftler/innen.

Tab. 30: Anteil Autorinnen und Autoren bei der JZ, ausgewählte Jahre

JZ	Aufsätze		Rechtsprechungs-berichte		Buchbesprechungen		Urteilsanmerkungen	
	Männer	Frauen	Männer	Frauen	Männer	Frauen	Männer	Frauen
2000	82	8	5	2	70	2	77	5
2005	109	14	6	-	69	4	76	10
2010	90	8	6	1	38	1	45	5
2015	75	12	4	-	24	2	33	5

Die Tabelle 30 zeigt, dass bei der JZ der Anteil der Autorinnen unter 10% lag und dass erst nach 2010 ein signifikanter Anstieg zu verzeichnen ist, der Anteil der Autorinnen aber immer noch niedrig ist, insbesondere bei den Buchbesprechungen. 2015 lag der Anteil der Autorinnen an Aufsätzen bei 16%, entspricht also in etwa dem Professorinnenanteil. Der Anteil der Frauen am wissenschaftlichen Nachwuchs ist aber viel höher, und für die Karriere ist die Sichtbarkeit über solche Publikationen wichtig.

Bei der NJW zeigt sich ein ähnliches Bild. Hier hat der Anstieg von Autorinnen bei Aufsätzen etwas eher eingesetzt, entspricht aber mit 17,2% für 2013 und 15,4% für 2015 dem der JZ. Wissenschaftlerinnen sollten also ermutigt werden, mehr Aufsätze zu veröffentlichen. Auch in der NJW ist der Anteil an Buchbesprechungen von Frauen sehr niedrig (vgl. Tabelle 31). Über die Gründe dafür können nur Mutmaßungen angestellt werden. Vielleicht schicken Verlage häufiger Rezensionsexemplare an Männer.

Tab. 31: Anteil Autorinnen und Autoren bei der NJW, ausgewählte Jahre

NJW	Aufsätze		Buchbesprechungen		Urteils-anmerkungen	
	Männer	Frauen	Männer	Frauen	Männer	Frauen
1980	268	5	246	4	61	-
1985	270	8	298	7	12	-
1995	305	19	211	15	69	1
2000	334	21	213	7	55	-
2005	381	41	146	19	105	18
2010	274	41	130	13	58	12
2013	296	51	160	7	52	12
2015	156	24	115	9	53	7

8.5 Selbstverwaltungsaufgaben

Neben Lehre und Forschung haben Wissenschaftler/innen Aufgaben in der Selbstverwaltung wahrzunehmen. Das Gremienwesen hat sich in den letzten drei Jahrzehnten stark ausgeweitet.

Machtaffine Personen, „Strippenzieher" oder Wissenschaftler/innen mit Gestaltungswillen können Gremienarbeit mögen, Gremienarbeit wird aber generell eher als lästig empfunden.[347] Ein Problem sind die Selbstverwaltungsaufgaben vor allem für Frauen:

> „Wenn wir weiterhin so wenige Frauen bleiben, aber alle Gremien geschlechterparitätisch besetzt werden sollen, dann sind wir ja dauernd dran. Ich habe jetzt in der Fakultät gesagt, ich werde jetzt in der Verwaltung und hier in der Selbstverwaltung erstmal gar nichts machen in den nächsten Jahren. Peng, aus, basta. So einfach ist das." (I 24)

Für alle Wissenschaftler/innen sind Selbstverwaltungsaufgaben eine zusätzliche Belastung. Ein Interviewpartner erläuterte zu seinem Arbeitseinsatz:

> „Und wenn ich noch substanziell was schreiben will, im Moment, und mich vernünftig auf meine Lehrveranstaltung vorbereiten will, und dann sind noch Gremiensitzungen etc., da kommt einfach eine stundenmäßige Belastung pro Woche raus, wo es bei 60, 70 Stunden sicherlich nicht getan ist." (I 31)

Dieser Arbeitsaufwand kann bei Wissenschaftlerinnen und Wissenschaftlern mit Familie nur erbracht werden, wenn die Partnerin oder der Partner dem anderen den Rücken freihält.

8.6 Wie erwirbt man Reputation?

Jede/r Lehrende/r wünscht sich, erfolgreich zu sein, dass die Studierenden und/oder die Fachgesellschaft ihn/sie wertschätzt, vielleicht sogar bewundert. Die höchste Form der Anerkennung ist die Verehrung. Wie erwirbt man aber einen wissenschaftlichen Ruf?

---

347 „Die Gremienarbeit gehört zu den ‚sonstigen Aufgaben' und ist so beliebt wie Bandscheibenvorfall. Diese Tätigkeiten sind sogar der Grund, hat eine Studie herausgefunden, warum mehr als die Hälfte der Professorinnen und Professoren ihren Beruf als ‚starke persönliche Belastung' empfinden und jeder sechste von uns den Tag verflucht, an dem irgendeine höhere Macht entschieden hat, aus ihm einen deutschen Professor zu machen." (Both 2013, S. 107)

„Dass man so einen großen Namen hat, also ich denke, das hat wirklich stark abgenommen. Auch in der Wahrnehmung der Studierenden. Es gibt natürlich noch ein paar große Namen: Medicus, Canaris. Aber das sind auch alles Persönlichkeiten, die jenseits der 70 sind. In der heutigen Generation ist das, glaube ich, nicht mehr so stark verbreitet. […] Also klar, du bist ein prominenter Öffentlich-Rechtler, wenn du in Karlsruhe bist" (I 38),

so antwortete ein älterer Öffentlich-Rechtler auf unsere Frage. Ein anderer benannte Rittersbach, den früheren Bundesverfassungsrichter:

„Der hat die Drei-Stufen-Theorie erfunden, die jeder Student schon im zweiten Semester lernt und die bis heute immer noch in jeder Klausur, wo es um Berufsfreiheit geht, auch abgefragt wird." (I 21)

In der Einleitung von Stefan Grundmann und Karl Riesenhuber zu dem von ihnen herausgegebenen Sammelband „Deutschsprachige Zivilrechtslehrer des 20. Jahrhunderts in Berichten ihrer Schüler" heißt es in der Begründung für die Auswahl der Portraitierten: *„In manchem Fall mag schon ein methodischer Schritt allein [...] solch eine Prägewirkung begründen, so etwa die Idee vom Vorverständnis [...] oder allein schon der Umstand, dass die Verfassung des gesamten Zivilverfahrens grundlegend reformiert oder novelliert wurde"*, oder der Umstand *„dass die internationale Rechtsgemeinschaft besonders intensiv auf ein Konzept reagiert hat oder durch es geprägt wurde" (ebd., S. 5).*

Ein junger wissenschaftlicher Mitarbeiter konstatierte entsprechend lapidar:

„Also, ich glaube, man erlangt Bedeutung, so traurig das ist, eher über eine gute Forschung als über eine gute Lehre. […] Bedeutung erlangt man halt durch Reputation in der Professorenschaft, es spricht sich vielleicht rum, dass jemand nicht gut lehrt, aber das ist letztlich egal, wenn er gute Aufsätze schreibt oder gute Monographien." (I 53)

Wichtig für das Renomée sind daher Verlage, an vorderster Stelle der Beck Verlag.[348]

„Und wenn man dann noch einen festen Artikel in der NJW hat, dann kennen Sie viele." (I 6)

„Es ist schon hilfreich, wenn man wissenschaftlich gut ist. […] Dann muss man das richtige Maß an Publikationsmenge haben. […] Wenn Sie wie Pieroth diesen Grundgesetzkommentar und dieses Grundrechtslehrbuch haben, dann sind sie extrem bekannt." (I 56)

---

348 Eine Interviewpartnerin sagte lachend: *„Die waren alles Sklaven des Beck Verlags" (I 28).*

Generell wurde aber gesagt, dass die Bedeutung von Kommentaren für die Definitionsmacht in der klassischen dogmatischen Wissenschaft nachgelassen habe.

> „Es gibt mittlerweile zu viele Kommentare. [...] Wissen Sie, wer im Bonner Kommentar so alles mitschreibt. Das sind doch 50 Leute. Im Zweifel schreibt jeder bei irgendeinem Kommentar irgendwo mit."

(I 21) Besser, wurde konstatiert, ist es, als Herausgeber eines Kommentars zu fungieren.

Als Empfehlung für jüngere Kolleginnen fügte eine Interviewpartnerin hinzu:

> „Ich würde einer Dame heute sagen, halt dir Kommentierungen vom Hals, bevor du ´nen zweiten Ruf hast. Warum? Es bindet enorm viel Kräfte und bringt an Sichtbarkeit nicht das, was man erwartet. Es ist wichtiger, drei originelle Aufsätze zu schreiben als eine große Kommentierung. [...] Wenn Du als Frau weniger Zeit hast, weil du Familie unterbringen musst, noch irgendwie, ist es wichtig, dass du sichtbar wirst mit originellen speziellen Ideen. Nicht als Fleißbiene, die, was weiß ich, irgendwann den Besitz kommentiert hat." (I 28)

Auch mit Lehrbüchern erwirbt man nicht ohne weiteres Renomée, *„weil es einfach zu viele gibt. Jeder Verlag hat Lehrbuchreihen, verschiedene"* (I 21). Ausnahmen bestätigen aber die Regel:

> „Großkommentare oder Großlehrbücher, die ja auch teilweise sozusagen vererbt werden, vom Lehrer auf den Schüler, oder wo sich die Schüler dann kabbeln, wer welches Lehrbuch bekommt."[349] (I 59)

Und immer wieder wurde hervorgehoben, dass die Qualität zählt. Es geht darum,

> „gute Sachen zu veröffentlichen, die die Rechtspolitik beeinflussen, den Bundesgerichtshof beeindrucken, auf denen andere aufbauen [...] dann wird es zitiert, dann kommt es in die Kommentare. [...] und präsent sein, aber natürlich auch Vermarktung gehört dazu. Es ist ein Kampf um Ideen. Man muss sich durchsetzen. Aber es sind natürlich auch ein bisschen die Connections, keine Frage." (I 42)

Wen man kennt, zitiert man eher, *„vor allem wenn er gut ist"*. So bilden sich Zitierkartelle. Die zitierte Interviewpartnerin wies dann darauf hin, dass es auch sinnvoll sei, Sonderdrucke oder Belegexemplare zu verschi-

---

349 Diese Erbhöfe bei Lehrbüchern gibt es vor allem im Zivilrecht, auch im Strafrecht und in allen Rechtsgebieten bei Kommentaren.

cken, um auf die eigene Arbeit aufmerksam zu machen. Dahinter steht auch eine ganz arbeitspragmatische Erfahrung: *„Was man auf dem Schreibtisch hat, nutzt man halt.“* (I 42)

Die Stichworte sind Präsenz, *„Aufmerksamkeit und Sichtbarkeit generieren, sowohl bei den nachwachsenden Generationen, die das Buch kaufen und lesen sollen, wie natürlich auch in der sozusagen breiteren Juristenwelt, die einem dann das Expertenetikett anhängen, wodurch man eben an Gutachten und anderes kommt.“* (I 59)

Sichtbarkeit ergibt sich auch, wenn man ein Institut leitet, Tagungen organisiert, *„Mandate für die Bundes- oder Landesregierungen übernimmt, bei Anhörungen auftritt, wobei Tagespresse und Fernsehen eher zwiespältig zu beurteilen sind.“* (I 6)

> „Ein bisschen Praxis kann der Reputation zuträglich sein, wenn Sie beispielsweise mal jemand vor dem Bundesverfassungsgericht vertreten. […] Und es ist ganz schön, wenn man den einen oder anderen habilitiert hat.“ (I 56)

Festschriften werden hinsichtlich ihrer Bedeutung für die Reputation mit einem Fragezeichen versehen. *„Die dritte Festschrift bringt nichts mehr reputationsmäßig.“* (I 56) Die Aussage verweist auch darauf, dass es implizite Strategien gibt, um sich Reputation im Feld zu erarbeiten, eine Art „Reputationsmanagement“.

Hilfreich ist es auch aus dem *„richtigen Stall zu kommen“* (I 54), wie eine Öffentlich-Rechtlerin erläuterte. Alle rechtswissenschaftlichen Fächer sind sehr traditionsbewusst. Im Bereich des Öffentlichen Rechts spielt aber die „Herkunft“ insofern eine größere Rolle als in den anderen Fächern, als es hier nicht nur um Schulenbildung im Hinblick auf bestimmte Lehrmeinungen geht (wie im Strafrecht bei der kausalen versus finalen Theorie u.ä.), sondern auch um politische Einstellungen. Das öffentliche Recht ist politisch aufgeladen.[350] Die erwähnte Öffentlich-Rechtlerin fuhr dann aber fort:

---

350 Der früher in Würzburg lehrende Öffentlich-Rechtler Schulze-Fielitz hat in seinem 2013 herausgegeben Band „Staatsrechtslehre als Mikrokosmos“, in dem er über Jahrzehnte veröffentlichte Beiträge zusammengetragen hat, im Anhang Stammbäume der Staatrechtslehrer beigefügt, denen er den Titel „Ein Jahrhundert deutsche Staatsrechtslehrer“ gegeben hat. Faktisch gehen die Stammbäume aber bis zum Jahr 1800 zurück und bieten eine vollständige Genealogie der Staatsrechtslehrer. Es lassen sich die Konservativen, die Liberalen, die Sozialdemokraten und auch die Nationalsozialisten in den verschiedenen Generationen verfolgen und Querverbindungen zwischen Schulen ziehen. Manche gehören

„Sie müssen natürlich die entsprechenden Qualifikationsschriften vorlegen. Die Dissertation muss schon ein Wurf sein. Und Recht ist ein autoritätsgestützter Denkzusammenhang, das heißt, sie müssen einfach ein Gespür für Macht haben und für herrschende Meinung in der Entwicklung. Und die müssen sie mit einer großen Produktivität mitgestalten." (I 54)

8.7 Der ideale Juraprofessor – Männlichkeitsbilder

Gibt es einen prototypischen Juraprofessor? Wie stellt man ihn sich vor? Diese Fragen berühren das idealisierende Selbstbild, das spezifische „Image" der Zunft (dazu auch Treiber 1979, S. 22).

Jurist/innen veröffentlichen häufig Texte aus dem Bereich der gegenseitigen Ästimation, der Wertschätzung, wie Laudationes oder Nekrologe, um Kollegen und Kolleginnen zu ehren oder einen Verlust für die Gemeinschaft der Rechtswissenschaftler zum Ausdruck zu bringen. Solche Texte der Wertschätzung finden sich als kleiner Beitrag „Zum Geburtstag von", „Nachruf auf" regelmäßig in der NJW, gelegentlich auch in den anderen juristischen Fachzeitschriften und im Vorwort von Festschriften.[351] Bei den Treffen der Fachvereinigungen werden regelmäßig Nachrufe verlesen.

Im folgenden Abschnitt wird weitgehend die männliche Bezeichnung verwendet, weil die genannten biographischen Darstellungen fast ausschließlich von Männern geschrieben worden sind und sich auf Männer beziehen. Was lässt sich aus Nachrufen herauslesen? Nachrufe sind, wie allgemein bekannt ist, bemüht, das Positive der verstorbenen Person zu betonen und eine dem Anlass angemessene, „editierte" Version der Persönlichkeit und seines (oder noch sehr selten: ihres) Wirkens in Erinnerung zu rufen. Es gilt die ungebrochene Regel der positiven Nachrede (Peppmeier 2016). Der oder die Verstorbene wird in ein möglichst gutes Licht gerückt und häufig als ein herausragender Vertreter der eigenen Zunft idealisiert. Weil die Nachrufe für ein bestimmtes Publikum, die Fachgemeinschaft, verfasst werden, greifen sie zur Beschreibung des Ver-

---

mehreren Netzwerken an, soweit Doktorvater und Habilitationsvater auseinanderfielen oder Erst- und Zweitgutachter einer Habilitation unterschiedlichen „Familien" angehörten. Außerdem werden sog. „materielle Prägungen" in den akademischen Lehrer-Schüler-Beziehungen mit ausgewiesen. Es gibt größere und kleinere Netzwerke, abhängig davon, wieviel Habilitanden ein Hochschullehrer hatte. Vgl. dazu auch 10.2.2

351 Vgl. dazu Schulze-Fielitz 1996.

storbenen die Werte und Tugenden auf, die für den Adressatenkreis von
Bedeutung sind. Beispielsweise wird Neutralität als ein erstrebenswerter
Leitwert beschrieben. Juristen sehen sich gerne als neutrale Instanz, die zu
keiner Parteilichkeit neigt, sondern unbeeindruckt von jeglichem Gesin-
nungsstreben Recht spricht oder Wissenschaft betreibt. Der ideale Jurist ist
ein *„Mann der Mitte"*, der nur das Ziel hat, *„der Wahrheit und Gerechtigkeit zu dienen"* (Treiber 1979, S. 35). So werden in den Nachrufen berufliche Tugenden wie Standhaftigkeit bei den Ansichten, Gradlinigkeit in der
Argumentation oder Unbeirrbarkeit in der Gesinnung beschworen, die sich
immer unbeeindruckt von politischen Extremen oder dem Zeitgeist durchgesetzt haben und das berufliche Leben und Streben bestimmten. Die verstorbenen Juristen waren *„apolitische Diener an der Sache"* (ebd.,
S. 26 f.), die sich vor allem dem Gegenstand ihres Berufes, dem Recht
selbst, verpflichtet fühlen und darunter sowohl die eigene Person als auch
die eigenen Ambitionen unterordnen (ebd., S. 26). Sie waren eben durch
die Wissenschaft und nicht durch die Karriere motiviert und haben es auf
diese Weise geschafft, wertvolle Mitglieder der rechtswissenschaftlichen
Gemeinschaft zu sein, die ausschließlich das Recht im Zentrum ihres Handelns sehen möchte. Damit in Zusammenhang steht eine Art Glaube an die
Unantastbarkeit des Rechts als Instanz. *„Die Revoluzzer werden sie bei
uns wohl kaum finden"*, sagte eine Interviewpartnerin. (I 42) Die Rechtswissenschaft pflegt eine Art konservative Fachkultur, wobei „konservativ"
nicht im politischen, sondern im wörtlichen Sinne (lat. conservare) gemeint ist. Sich ganz in den Dienst einer Sache zu stellen erscheint nur
dann sinnvoll, wenn die Sache selbst etwas *„Unantastbares"* darstellt
(ebd., S. 35), sich also nicht leicht verändern lässt oder verändern lassen
sollte. In diesem Sinne werden die verstorbenen Rechtswissenschaftler als
unparteiliche und unbeeindruckbare Bewahrer des status quo stilisiert.

> „Von den Würdigungen wird diese ‚konservative Einstellung' uminterpretiert
> zu einer Tugend, die den Juristen erst in die Lage versetzt, als verlässlicher
> Hüter von ‚Recht und Ordnung' aufzutreten." (Treiber 1979, S. 36)

Dabei waren sie keine Wissenschaftler im Elfenbeinturm, die Wissenschaft um der Wissenschaft willen betrieben, sondern vor allem *„wissenschaftlich fundierte Praktiker"* (ebd., S. 31). Man lobt die umfassenden
praktischen Kenntnisse, über die sie neben ihrem fundamentalen und tiefgreifenden Wissen und Beherrschen des eigenen Fachs bzw. Fachgebiets
verfügten. Rechtswissenschaftler zu sein hat auch immer einen pragmati-
schen Aspekt, der „Lebensnähe" suggeriert und Wissenschaftlichkeit in

die „Dienste sozialer Aufgaben stellt" und danach auszurichten trachtet (ebd. 1979, S. 31). Aber nicht nur durch den Aspekt der Praktikabilität bzw. der Betonung des praktischen Wirkens wird vermieden, die verstorbenen Rechtswissenschaftler als weltverlorene wissenschaftliche Sonderlinge zu konstruieren. Auch ein Hervorheben der persönlichen Kultiviertheit und der breiten kulturellen Interessen der Dahingeschiedenen weist darauf hin, dass sie Generalisten waren, die neben ihrem Fach Zugang zur Hochkultur hatten und über eine breite Bildung und weitreichende Interessen verfügten. So werden in den Nachrufen von Interessen wie der Oper, der Malerei, Literatur und Philosophie berichtet, die die Verstorbenen voller Begeisterung und mit der typischen Versiertheit eines Kenners verfolgten. Sie waren weltgewandte Grandseigneurs und kultivierte Gentlemen mit einer edelmütigen Gesinnung, noblen Haltung und Stilsicherheit sowohl im Auftreten wie auch im Umgang mit anderen. Damit werden die Biographien eingebettet in den Lebensstil der gehobenen, bürgerlichen Schicht, die von einigen erst durch den Aufstieg in der Wissenschaft erreicht worden ist.

In den Nachrufen wird ein relativ komplexes, aber doch in sich schlüssiges Idealbild eines Rechtswissenschaftlers entworfen, das die anerkannten Tugenden und Werte der juristischen Zunft heraufbeschwört und perpetuiert und sowohl für Wissenschaftler wie Praktiker des Rechts Identifikationspotential bietet.[352]

Eine weitere interessante Quelle für die idealisierte Konstruktion von Rechtswissenschaftlern mit dem Ziel der Selbstvergewisserung der Zunft bietet neben biographischen Darstellungen in Festschriften das zweibändige Werk „Zivilrechtslehrer deutscher Sprache", in dem die Protagonisten des Zivilrechts von ihren Schülern charakterisiert werden, im zweiten Band die Autoren des ersten Bandes durch wiederum ihre Schüler, also quasi die Enkelgeneration (Grundmann und Riesenhuber, 2007/2010).[353]

---

352 Eine Textanalyse von Nachrufen auf verstorbene Mitglieder der Vereinigung der Deutschen Staatsrechtslehrer findet sich in Peppmeier 2016. Vgl. auch Schultz/Böning/Peppmeier 2017.

353 In beiden Bänden werden sowohl das Leben wie das Werk der Zivilrechtler gewürdigt. Lebensbilder finden sich auch in dem von Thomas Hoeren herausgegebenen Sammelband „Münsteraner Juraprofessoren" und in dem von Wilfried Küper herausgegebenen Sammelband „Heidelberger Strafrechtslehrer im 19. und 20. Jahrhundert. In der von Walther Hadding 1999 herausgegebenen Festgabe Zivilrechtslehrer 1934/1935 wird mit einer Ausnahme jeweils nur das Werk der Zivilrechtslehrer dargestellt.

„Schüler von" ist, wie beschrieben, ein wichtiges Identifikationsmerkmal in der Rechtswissenschaft und wird in besonderer Weise zur Stärkung des vom römischen Recht abgeleiteten, über zwei Jahrtausende kultivierten Traditionsbewusstseins verwendet. (Schultz in Schultz, Böning, Peppmeier 2017, S. 347 f.)

Man kann von einem von Männern konstruierten Abbild von Wirklichkeit sprechen, in dem die Lebensvorstellungen und Werte einer älteren Generation von Rechtswissenschaftlern ihren Niederschlag gefunden haben. Es wird bei den „Zivilrechtlern" von Genies der „akademischen Familie" gesprochen, die „höchsten Respekt" genossen, aber „mehr gefürchtet als geliebt wurden" (ebd., S. 7, 11), von „unumschränkten Titanen", „Jahrhundertjuristen" (ebd., S. 335), die „Pioniertaten" vollbrachten und „die jeder eine ganze Welt prägten". Sie werden charakterisiert durch „Würde" und „vornehme Distanz" (ebd. 2007, S. 320), „Kreativität und Disziplin, Scharfsinn wie Fleiß" (ebd., S. 378) als „echte Respektsperson" (ebd., S. 258). Sein „gewaltiges Lebenswerk", das eine völlige Hingabe an das Recht erfordert, konnte so ein Mann nur vollenden, weil ihm seine Frau *„mit ihrer allgegenwärtigen Fürsorge treu zur Seite gestanden hat und von ihm die lästigen Probleme des Alltags ferngehalten hat"* (ebd., S. 353). Es werden Legenden und Mythen gebildet, wobei der Glanz des Charakterisierten auf den Rezensenten zurückstrahlt. Über Marcus Lutter (geb. 1930, Emeritus der Universität Bonn) schreibt Peter Hommelhoff:

> „Aber bei aller Strenge riss er seine Zuhörer mit, als akademischer Lehrer hatte Lutter Charisma; [...] Gewiss – er war eine imposante Erscheinung – viele erinnern sich noch an den legendären langen weißen Pelzmantel, den Gehpelz, den er ensemblement mit einem auffällig breitkrempigen Hut voll Würde trug, und überhaupt an seine geistesfürstlichen Auftritte, wenn er pünktlich eine Minute nach Beginn einer Vortragsveranstaltung, also noch während der Begrüßung durch die Stille von ganz hinten nach ganz vorn den Vortragssaal durchmaß und mit erwartungsvoll freundlicher Miene in der ersten Reihe Platz nahm: Ich bin da, nun kann's losgehen." (Grundmann, Riesenhuber, Bd. 2, 2010, S. 97 f.)[354]

---

354 Eine Gleichstellungsbeauftragte verwandte den Begriff „Gutsherrenstil". (FGB 4) Es gibt auch farbige Schilderungen zu Juraprofessorinnen. So findet sich in dem von ihren Schülern geschriebenen Vorwort zur Festschrift für Ingeborg Puppe: „Vielen Bonner Jura-Adepten dürfte der Anblick einer im Nerzmantel gewandeten, einen Rucksack auf dem Rücken tragenden und mit schneller Fahrt auf einem Cityroller" (klappbarem Tretroller) des Weges entlangrauschenden Professorin zunächst verblüffend erschienen, aber alsbald wohl vertraut geworden sein." (Paeffgen et al. 2011, S. VII)

Angesichts dieser Titanen müssen sich Studentinnen, Assistentinnen und die ersten Juraprofessorinnen nicht nur physisch klein gefühlt haben. Konnten sie sich vorstellen, dieses Maß zu erreichen, den Juraprofessor „verkörpern"? Hatten sie den „idealen" Habitus? In den Interviews und Gesprächen war festzustellen, dass Frauen mehr zur Selbstkritik neigen als Männer. Eine jüngere Juraprofessorin merkte an, dass ein Kollege ihr den Eindruck vermittelt hätte: Eigentlich kann die ja gar nicht richtig Gesellschaftsrecht. Dabei hatte sie zu dogmatischen Grundlagenfragen promoviert. *„Das sind ja alles so Vielpublizierer. So Massen raushauen. [...] Und ich bin genauso nicht. Und deshalb erkennen die mich, glaube ich, auch nicht so an."*

Eine andere Nachwuchswissenschaftlerin sagte auf die Frage: „Was ist der ideale Professor? Wie würden Sie den charakterisieren, dieses idealisierte Bild, was Sie gar nicht auf die Idee kommen ließ, das mal werden zu können?"

> „Also der muss schon, also in dieser idealisierten Vorstellung muss er schon eigentlich genial sein. Oder so. Ja. Und das, ja, und in dieser Vorstellung würde ich jetzt von mir sagen, ich bin nicht genial. Und deshalb müsste man sagen, dann passt sie halt nicht."[355]

Tempora mutantur – die Zeiten haben sich gewandelt, aber die Bilder existieren noch, wenn auch in abgeschwächter Form. Die jüngere Generation der Juraprofessoren trägt jedoch noch die Prägung durch die älteren in sich.

In ihrem Campusroman schildert eine unter dem Pseudonym Alix Both schreibende Genderforscherin[356] ihre Selbstinszenierung für ihre Antrittsvorlesung bei einer Lehrstuhlvertretung, um sich den akademischen Erwartungen anzupassen:

> „Ich trete vor den Spiegel und taxiere mich: Die braunen schulterlangen Haare liegen eng am Kopf an, als hätte ich mit einer Badehaube geschlafen, auch der Lippenstift hat sich seit heute Morgen verflüchtigt. Fehlt nur noch ein angemalter Schnurrbart, denke ich. Sieht aus, als hätte ich mich im Cross-Dressing versucht. Für meine neuen Professorenkollegen das düstere Jackett und ein weißes Männerhemd, damit sie mich ernst nehmen, für die Studierenden

---

355 Sie hatte erhebliche Ambivalenzen zu dem von ihr gewählten Weg, hat aber inzwischen einen Lehrstuhl.
356 Sie ist keine Rechtswissenschaftlerin, sondern erkennbar Sozialwissenschaftlerin.

die Jeans mit ‚Animal Print', damit sie mich für jugendlich halten." (Both 2013, S. 5 f.)[357]

„Jedes Fach hat seinen eigenen Habitus. Um ernst genommen zu werden, braucht es in Deutschland eine Extraportion Seriosität, und die ist nun einmal nicht charmant." (Ebd., S. 121)

„Der einzig gangbare Weg, gerade für Wissenschaftlerinnen, ist deshalb eher ein geschlechtsneutrales Auftreten. Wir Frauen in der Wissenschaft wissen eben, dass attraktives und feminines Aussehen eher ein Karrierehindernis ist, zumindest in Deutschland. (Das ist sogar durch Studien belegt.) Je besser eine Frau aussieht, desto früher endet ihre Karriere, ganz im Gegensatz zu den Männern, bei denen ein gefälliges Äußeres nur zum Vorteil gereicht." (Ebd., S. 122)

Man kann auch mit Geschlechterbildern und an das Geschlecht geknüpften Erwartungen spielen, wie uns eine Professorin verriet:

„Ich mache mir das inzwischen strategisch zunutze. Ich habe einen Kollegen, mit dem ich ganz gut befreundet bin, supertiefe Stimme, supergroß, superseriös. Ich bekakel die Sache dann im Vorfeld mit ihm, und dann soll er das im Professorium sagen. [...] Als wir jetzt die Reform der Studienordnung hatten und mir sehr wichtig war, dass [etwas Bestimmtes durchgesetzt wurde] und das natürlich so ein reines Prodomokämpfen ist, war mir sehr daran gelegen, dass er das akzeptiert, als Chef der Kommission sagt [...] und dann ging das auch durch wie Butter. Da wurde überhaupt nicht mehr diskutiert über den Punkt." (I 73)[358]

Eine andere formulierte es so:

„Ich steck mich jetzt hinter die Jungen. Also ich hab' jetzt zwei jüngere, sehr ehrgeizige Kollegen, die in einer Ecke sind, wo niemand meine Freunde vermutet. [...] Die aber sehr machtbewusst sind, und ich sag mal, zusammen kommen wir für manche Dinge, zum Beispiel in der Lehre, relativ weit. Aber ich mach's nicht mehr selber. Ich mach' es auch nicht unter eigenem Namen." (I 72)

---

357 Vgl. dazu auch Schultz 2016b.
358 Sie sinnierte dann über die Kleiderordnung und das „impression management" und stellte eine interessante Verbindung zur Ressource Zeit her: „Manchmal ist es wirklich ungerecht, dass die Männer diesen unnötigen Zeitverlust, den haben Männer in ihrem Leben gar nicht. Die rubbeln sich die Haare ab und sind trocken. Dann sehen sie gut aus [...] Und das muss man dann alles auch noch machen: Man muss außerdem chic sein. Das ist schon eine zusätzliche Belastung. Und wenn man dann zu chic ist, ist es auch komisch. Und man wird im Zweifel doch für die Sekretärin gehalten." (I 73)

8.8 Netzwerke: Die Bedeutung der Fachgesellschaften

Die Kultur der Rechtswissenschaft wird zusätzlich geprägt und tradiert in den Fachgesellschaften.[359]

Jede der drei Säulen – Öffentliches Recht, Zivilrecht und Strafrecht – hat eine eigene Gesellschaft. Hinzu kommt der Rechtshistorikertag[360] mit dem Forum junge Rechtshistoriker, der ähnlich traditionsreich wie die Vereinigungen zu den drei Säulen ist und dem Austausch der Hochschullehrer dient. 2006 hat sich eine Vereinigung der Arbeitsrechtslehrer gegründet. Andere Vereinigungen zu den einzelnen rechtswissenschaftlichen Fächern, wie die Vereinigung Recht und Gesellschaft (für Rechtssoziologie),[361] die deutsche Sektion der internationalen Vereinigung für Rechts- und Sozialphilosophie, die Gesellschaft für Rechtsvergleichung, die Wissenschaftliche Gesellschaft für Europarecht, die Deutsche Gesellschaft für Internationales Recht, die Wissenschaftliche Vereinigung für Unternehmens- und Gesellschaftsrecht usw. stehen auch weiteren Interessierten und Praktikerinnen und Praktikern offen.

8.8.1 Die Vereinigung der Staatsrechtslehrer

Die Vereinigung der Staatsrechtslehrer[362] ist die älteste und vielleicht auch prestigeträchtigste Vereinigung. Sie ist 1922 als Verein gegründet worden, hat sich aber schon 1932 vor der Machtergreifung durch Hitler aufgelöst und 1949 neu gegründet.[363] Aufnahmebedingung ist die Habilitation[364]. Dies gilt auch für die wenigen nicht habilitierten Professor/innen auf Lehrstühlen. Die Aufnahme erfolgt nach schriftlichem Vorschlag von drei Mit-

---

359 Vgl. auch Kapitel 5.6.4.

360 http://www.rechtshistorikertag.de/ Beim 39. Rechtshistorikertag in Luzern 2012 wurde zum ersten Mal das Thema „Geschlecht und Recht" ins Programm genommen. (Gerhard 2013)

361 Es gibt auch eine Sektion Rechtssoziologie in der Deutschen Gesellschaft für Soziologie, die aber sehr stark von Soziolog/innen geprägt ist.

362 www.vdstrl.de/. Die Vereinsgeschichte ist auf der Website dokumentiert. Vgl. auch Schultz-Fielitz 2013, S. 145–186.

363 Zur Geschichte der Vereinigung ab 1949 vgl. Ipsen 1993.

364 Die Satzung regelt: „Eine hervorragende wissenschaftliche Leistung im Sinne dieser Vorschrift ist eine den bisher üblichen Anforderungen an die Habilitation entsprechende Leistung." Lt. Satzung gibt es keinen Mitgliedsbeitrag.

gliedern, der einstimmig vom Vorstand befürwortet werden und von der Mitgliederversammlung angenommen werden muss. Es gibt jährliche Treffen. Der wissenschaftliche Nachwuchs trifft sich ebenfalls jährlich bei der sog. kleinen Staatsrechtslehrertagung. Diese Veranstaltungen sind wichtige Kontaktbörsen. Hier entscheidet sich häufig, wer zu einer Lehrstuhlvertretung eingeladen wird. Die Aufforderung zum Vortrag gibt Gelegenheit sich zu präsentieren, wobei die Veranstaltungen nach traditionellem juristischem Muster ablaufen. Es werden 45-minütige Vorträge gehalten, häufig noch vorgelesen, *„damit auch jedes Wort sitzt"*, und anschließend in einer Diskussion besteht die Gelegenheit sich mit Wortmeldungen einzubringen und auch *„zu profilieren"* (I 73). Die visuelle Unterstützung oder Bebilderung durch PowerPoint ist eher die Ausnahme, dafür werden gelegentlich Gliederungen oder Thesenpapiere zum Vortrag ausgeteilt, die auch im Internet eingestellt werden. Ein Ritual ist die Verlesung der Nachrufe auf die im letzten Jahr verstorbenen Mitglieder zu Beginn der Tagung (dazu auch Peppmeier 2016). 2002 ist mit der Schweizerin Beatrice Weber-Dürler zum ersten Mal eine Frau als stellvertretende Vorsitzende in den üblicherweise zwei Jahre amtierenden dreiköpfigen Vorstand gewählt worden, 2014 mit Anne Peters, der Direktorin des Max-Planck-Instituts für ausländisches öffentliches Recht und Völkerrecht die zweite.

2013 war die Vereinigung – wie folgt – zusammengesetzt:

Mitglieder/gesamt:[365]	709	m: 637	w: 72	(10,12%)
davon				
Professuren/gesamt:	589	m: 530	w: 59	(11,13%)
Privatdozenten/gesamt:	84	m: 73	w: 11	(13,10%)
apl. Professuren/gesamt:	20	m: 18	w: 2	(10,00%)
	Universitätsdozenten/gesamt: 3, alle männlich			

---

365 1950 waren es 100 Mitgliedern, 1970 dann 200.

8.8.2 Die Zivilrechtslehrervereinigung

Die Zivilrechtslehrer haben sich 1950 gegründet und sind 2010 als Verein eingetragen worden.[366] Sie treffen sich im Zweijahresrhythmus. Es werden fünf bis sieben Fachvorträge gehalten. Bisher gab es keine Frau als Vorsitzende, aber zur Zeit drei im erweiterten Vorstand und seit 2015 eine stellvertretende Vorsitzende. Die Referate werden im „Archiv für die civilistische Praxis" (Verlag Mohr Siebeck in Tübingen) publiziert. Im Mai 2015 hatte die Vereinigung 827 Mitglieder. Auch bei den Zivilrechtslehrern gibt es eine Organisation für den wissenschaftlichen Nachwuchs, die jungen Zivilrechtslehrer.

Bei den Treffen spricht man in der Regel nur einmal im Laufe des Wissenschaftlerlebens, wenige hatten zweimal oder gar dreimal die Ehre. Anfangs, bis 1971, haben auch einige wenige Privatdozenten referiert. Insgesamt hat es bis 2013 184 Vorträge gegeben, die seit 1961 durchgehend im AcP veröffentlicht worden sind mit Ausnahme der Vorträge von 2001 zur Reform des Schuldrechts, die in der Juristenzeitung abgedruckt wurden. Als erste Professorin hat Dagmar Coester-Waltjen im Jahr 1989 referiert, erst 1995 folgte mit Ingeborg Schwenzer die zweite. Insgesamt haben bisher 13 Frauen vorgetragen. Auf der im Internet eingestellten Privatdozentenliste (Stand Dezember 2016) sind 9 der 47 aufgeführten Privatdozenten Frauen (= 19%).

8.8.3 Tagung der Strafrechtslehrerinnen und -lehrer

Die Strafrechtslehrer haben einen geringeren Organisationsgrad als die beiden anderen Fachgesellschaften. Dort wird der Staffelstab jeweils von einem Organisator zum nächsten weitergereicht. Sie haben ebenfalls zweijährliche Treffen, sind aber nicht als Verein institutionalisiert und unterhalten auch keine Website. Daher sind Informationen schwieriger zu finden als bei den Staats- und Zivilrechtslehrern. Seit 2015 heißt es bei den Straf-

---

366 http://www.zlv-info.de/ Der Mitgliedsbeitrag beträgt 30 Euro im Jahr. Zum Vergleich: Der Mitgliedsbeitrag beim Deutschen Juristinnenbund beträgt 190 Euro jährlich. Die Tagungen der Fachgesellschaften werden von den Lehrstühlen der Vorsitzenden organisiert und von den Universitäten und externen Sponsoren gefördert. Auf der Website der Vereinigung finden sich Fotos von Tagungen, die die Verbindung von Tradition und Männlichkeit bildlich deutlich machen.

rechtlern in geschlechtergerechter Sprache „Tagung der Strafrechtslehrerinnen und -lehrer". Wie bereits erwähnt (vgl. 5.6.4.3) ist im Strafrecht der
Frauenanteil besonders niedrig.

8.8.4 Die Vereinigungen als Kontaktbörsen

Die Bedeutung der Tagungen als „Markt der Talente" schilderte ein Interviewpartner so:

> „Es ist einfach so, dass man sich bei diesen jährlichen Tagungen trifft. Und
> dort wird natürlich auch dann ein bisschen Politik gemacht. Also gerade so
> junge Privatdozenten machen das strategisch, dass sie sich bei den Kollegen
> ranschmeißen, wo man glaubt, da wird demnächst 'ne Stelle frei. Da muss
> man sich mal zeigen, muss man sich mal vorstellen und so. Manche haben
> das strategisch gemacht. Das hab' ich schon gemerkt. Das ist nicht so meins
> (lacht). Bei mir war es eher so, dass Herr A mich mal dem einen oder anderen
> vorgestellt hat. So als seinen Schüler. […] Also da werden Netzwerke ge-
> schmiedet. Wobei die Netzwerke ja teilweise schon aus den Assistententa-
> gungszeiten kommen, da gibt's schon Netzwerke und Seilschaften von Leu-
> ten, die sich da kennen, die befreundet sind, die sich duzen. Und das ist ein-
> fach so. Man kennt da viele Leute, und viele Leute trifft man dann später wie-
> der, die dann auch Professuren haben." (I 21)

Ein anderer bestätigte dies:

> „Das geht ja so, wenn die das erste Mal da sind, ist es eigentlich üblich, dass
> der Lehrer den einen oder anderen auch vorstellt. Und dass man dann eher
> sagt, lass uns dahinten rüber gehen, da stehen die [von der Universität X], die
> die Stelle ausgeschrieben haben, und dass man da 'mal guten Tag sagt, das
> kann schon passieren." (I 56)

Dieses Netzwerken kostet Zeit und Kraft und erfordert Abwesenheit von
zu Hause. Mehrere Interviewpartnerinnen mit kleinen Kindern gaben daher an, dass sie nicht in dem Umfang, wie es eigentlich für die Kontakte
wichtig sei, an Tagungen teilnehmen könnten, ein Argument, was wir von
Männern nicht gehört haben.

9. Die Qualifikation für die Wissenschaft

Ebenso wie in der Ausbildung werden in der Wissenschaft die Traditionen bei den Qualifikationsstrukturen hoch gehalten. Hiermit befasst sich das folgende Kapitel.

Die erste Qualifikation für eine Professur ist das erste (Staats-)Examen. In den 1950er und 1960er Jahren war es nicht unüblich, nur mit dem ersten Examen in den Beruf zu gehen[367] und auch die Wissenschaftskarriere zu starten. Es gibt einige prominente Beispiele von Juraprofessoren, die nur das erste Examen absolviert haben. Eher üblich war es in der Rechtsgeschichte, bei der traditionell gründliche historische Studien als wichtigere Voraussetzung für die Wissenschaft als das zweite Staatsexamen angesehen wurden. Heute sind Juraprofessorinnen und -professoren fast ausschließlich „Volljuristen".

9.1 Motivation für die Rechtswissenschaft

9.1.1 Studienmotivation

Als Einstiegsfrage in die Interviews diente die Frage nach der Studienmotivation. Wir konnten die Antworten von 56 Interviewpartner/innen auswerten. Die Antworten ließen sich in neun Hauptgruppen clustern, wobei die meisten mehrere Gründe genannt haben: Interesse am Fach, Kontakt mit der Materie, Familienprägung (direkt), Familienprägung (indirekt), Alternativwahl, Ausschlussverfahren, gute Berufsmöglichkeiten (hinsichtlich eines breiten Berufsspektrums im Anschluss an das Studium), gute Berufswahl (hinsichtlich guter Verdienstmöglichkeiten), sonstiges.

Der am häufigsten genannte Grund für die Wahl des Jurastudiums war „Interesse am Fach". Dies wurde von der Hälfte der Befragten als ausschlaggebender Grund angegeben und oft gleichgesetzt mit einem ausgeprägten Gerechtigkeitssinn, der nach Meinung der Befragten am besten in einem Jurastudium verfolgt und umgesetzt werden könne. Jedoch auch po-

---

367 Das ist heute seltener geworden. Zumindest versuchen Kandidat/innen dann, einen Master anzuhängen.

litisches Interesse meinten die Befragten in einem Jurastudium am besten einbringen zu können und sahen oft bestimmte Eigenschaften (wie z.B. eine Neigung zu logischem Denken oder strukturiertem Handeln) als für das Jurastudium passend an.

Der zweithäufigste Grund zur Auswahl der Rechtswissenschaften war, dass die Befragten eigentlich etwas anderes studieren wollten und Jura quasi ihre Alternativwahl war. Am häufigsten war das gewünschte Fach Medizin, das wegen eines zu hohen NC nicht studiert werden konnte. Einmal in das Jurastudium integriert, wollten sie nicht mehr wechseln. Andere Fächer, wie Politikwissenschaften und Geschichte, wurden letztendlich wegen unsicherer Berufsaussichten verworfen oder weil von dem Fach abgeraten wurde, einige hatten das Studium in anderen Fächern als unbefriedigend erlebt und zu Jura gewechselt. Jura als Verlegenheits- oder Ausweichstudium ist ein klassischer Grund der Studienwahl.

Ein Drittel gab an, dass die guten Berufsmöglichkeiten und die Verwendungsbreite den Ausschlag gegeben hätten.

Ebenfalls ein Drittel hatte bereits während der Schullaufbahn Kontakt mit der Rechtswissenschaft gehabt. Dies reichte vom Verfolgen verschiedener Fernsehformate mit Jurist/innen als Akteuren über Praktika im rechtswissenschaftlichen Bereich bis hin zum Rechtskundeunterricht in der Schule und Kontakte zu Jurist/innen in der Nachbarschaft und im Freundeskreis, die damit auch Rollenvorbilder waren.

Ein weiterer Einflussfaktor war die Familie. Dies gab ebenfalls ein Drittel an. Hier wurde differenziert zwischen direkter Familienprägung (neun Antworten), d.h. ein Familienmitglied hatte Jura studiert oder arbeitete in einem juristischen Beruf, und indirekter Familienprägung (acht Antworten), was in diesem Kontext bedeuten soll, dass Juristen in der Familie besonders angesehen waren oder aber ein Elternteil selbst gern Jura studiert hätte und nun versuchte, dies durch das Kind zu verwirklichen.

Weitere neun der 56 Befragten gaben an, die Studienwahl per Ausschlussverfahren entschieden zu haben, d.h. nach dem Abitur genau überlegt zu haben, welcher der „gängigen" Studiengänge den eigenen Fähigkeiten am ehesten entspräche.

Nur vier gaben „sonstige Gründe" an.

2010 sind in einer Studie des Instituts für freie Berufe in Nürnberg/ Erlangen zum Berufseinstieg von Rechtsanwälten junge Rechtsanwältinnen und Rechtsanwälte befragt worden, was sie bewogen oder veranlasst hat, Jura zu studieren. Von 598 Befragten wurden 1099 Antworten zu vorgegebenen Antwortalternativen ausgewertet. Hier gaben 64% an, dass die breiten Anwendungsmöglichkeiten die Fächerwahl beeinflusst hätten, bei 46%, also ähnlich wie in unserem Sample, war es „in allererster Linie das Interesse am Fach", aber abweichend von unserem Sample[368] nur bei 9% Tradition in der Familie. (Eggert/Kääb 2011, 10)

Hieraus kann man das Fazit ziehen, dass Familientradition im Sinne einer akademischen Reproduktion nicht nur die Studienwahl sondern auch eine wissenschaftliche Orientierung stark zu beeinflussen scheint. Insbesondere bei den Frauen haben 16 von 25 die Familie als Einflussfaktor erwähnt. Bei den Männern nur zwei von 15, wobei einer angab, dass er gerade nicht Jura habe studieren wollen und mit Romanistik angefangen habe, weil sein Vater Juraprofessor gewesen sei, und der andere nur die Verwendungsbreite mit Möglichkeit zum Geldverdienen hervorhob.

Einige Zitate zur Studienfachwahl:

> „Jura hat einen sehr weiten Anwendungsbereich. Ich kann Operndirektor werden, ich kann aber auch, ah, Hochschullehrer werden. Daran habe ich so gedacht. Ja. Und ich kann auch in die Politik gehen." (I 6)

> „Für Medizin reichte es nicht genau. 1,6 waren damals zu wenig im Abi. Deshalb waren sozusagen von den klassischen Berufen Jura oder vielleicht schon ausgerechnet Jura das naheliegendste, was nicht NC-gefährdet war. So. Mein Bruder ist auch Jurist. [...] Und da hab' ich gedacht, machst du auch Jura. Ja, und das war dann 'ne richtige Wahl. Also im Nachhinein." (I 7)

> „Und dann hab' ich mich für Jura entschieden, weil ich gedacht hab', da hast du drei Optionen. Du kannst selbständig sein, du kannst in der freien Wirtschaft arbeiten oder du kannst in den Staatsdienst gehen. Und hab' sozusagen damit den Berufswunsch einfach noch ein bisschen hinausgeschoben." (I 5)

> „Reaktion meines Vaters, als ich so sagte, na ja, ich kann ja vielleicht auch Jura studieren, vorher war immer so irgendwie Schauspielerei und Theaterwissenschaft und so, war dann so 'n bisschen, was ich heute schade finde, teilweise auch mit dem Etikett ‚brotlose Kunst' belegt, [...] Jedenfalls Kommentar meines Vaters zu dieser Möglichkeit: Endlich wirst du vernünftig." (I 3)

Eine Befragte (I 10) ist von Rollenspielen bei der Sommerakademie der Studienstiftung des Deutschen Volkes motiviert worden, Jura zu studieren.

---

368 Bei aller gebotenen Vorsicht hier zu quantifizieren; insofern kann man nur Trends feststellen.

9.1.2 Motivation für die Wissenschaft

Mit Blick auf die spezifische Motivation für eine Wissenschaftskarriere wurden in den Interviews folgende Motive aufgeführt: Vorbilder in der Familie, Erwartungen der Eltern, für zwei Juraprofessorinnen ging es in gewisser Weise darum, das Vermächtnis des Vaters einzulösen, der die Habilitation nicht hatte abschließen können. Manche bezeichneten es auch als Zufall.

Eine berichtete daher:

> „Wissenschaft, da hatte ich ja überhaupt noch nicht dran gedacht. Ans Promovieren hingegen schon. Das war immer ein bisschen mit auf 'm Zettel. Na ja, weil eben beide Eltern promoviert hatten, dann war auch so 'n bisschen, na ja, nicht mit übermäßigem Druck, aber es stand als Erwartung schon im Raum." (I 3)

Klassisch ist, dass sie durch eine gute Seminararbeit oder auch gute Noten in einem Examen aufgefallen sind, dann gefragt wurden, ob sie am Lehrstuhl mitarbeiten wollten, eine Stelle als studentische Hilfskraft und danach als Wissenschaftliche/r Mitarbeiter/in erhielten. Eine (I 58) ist als Cusanerin[369] besonders durch einen Professor, der auch Cusaner ist, gefördert worden und hat ein Stipendium erhalten.

Eine hatte ein Empfehlungsschreiben eines Professors, bei dem Sie ein Seminar belegt hatte, an einen Kollegen erhalten.

Andere fühlten sich von klein auf zum Forschen berufen:

> „Also, eigentlich ist das jetzt so ein bisschen absurd, das so zu sagen, aber ich hab' mir das heute morgen überlegt, eigentlich galt ich schon immer zu Grundschulzeiten als diejenige, die irgendwie alles besonders genau wissen will und dass ich so die Professorin sei, ja, und alle die anderen schrecklich belehrt habe." (I 33)

> „Und ich hab' auch so nach und nach einfach für mich die juristischen Berufe ausscheiden müssen, weil ich gemerkt habe, die Justiz mit diesem formalisierten Verfahren, das ist nicht so, da geh ich nicht so auf. Und dann war ich bei 'ner Anwältin, die Nebenklagevertretung viel gemacht hat. Und das war was, was mich wirklich, wirklich auch damals schon feministisch beschäftigt hat, diese Frage Gewalt gegen Frauen und Mädchen, sexualisierte Gewalt und so. Damit hatte ich mich auch theoretisch viel beschäftigt. War auch bei einer ganz tollen Anwältin, die das wirklich ganz großartig gemacht hat und hab' gemerkt, ich hab' es nicht ausgehalten. Ich hab's nicht ausgehalten. Ich hab'

---

369 Das Cusanuswerk ist das Begabtenförderungswerk der Katholischen Kirche in Deutschland.

das mit nach Hause genommen. Es hat mich unglaublich beschäftigt. Und dann hab' ich gedacht, du kannst hier keinen Job anfangen, wo du von vorne herein weißt, du wirst dein Leben lang Supervision brauchen oder jedenfalls ein paar Jahre Supervision brauchen. Da war das für mich irgendwie auch abgehakt. Also das Referendariat hab' ich als 'ne schwierige Zeit empfunden, muss ich sagen. [...] Ich will immer nachschlagen. Und im Nachhinein muss ich sagen, das spricht einfach dafür, in die Wissenschaft zu gehen, wenn man so strukturiert ist, dass man einfach Dinge durchdenkt und überdenkt." (I 11)

Eine andere hob als entscheidend die Autonomie und Unabhängigkeit in der wissenschaftlichen Arbeit hervor:

„[...] vor allen Dingen, dass ich das machen kann, was ich will. Also dass man sich die Themen so aussuchen kann, die einem wirklich Spaß machen und die man dann ja auch vertiefen kann ohne diesen, natürlich hat man da auch externen Druck, aber na ja, ich kann zumindest dann auch am Ende das rausbekommen, was ich haben möchte. Der Anwalt ist ja dann doch zum Beispiel Interessenvertreter. [...] Ich find' es schön, dass ich da das verfolgen kann, was ich für richtig halte. Und genauso schön finde ich auch noch die Lehre, weil man da so rauskommt und weiß, was man getan hat. Ja, das ist ja schon manchmal so ein bisschen, dann sitzt man hier und geht nach Hause. Und was hat man getan? Ach, den ganzen Tag gelesen. Das ist ja nichts Fassbares manchmal. Und dann tut das wirklich gut, auch mal wieder was mit Menschen zu tun zu haben." (I 27)

Für eine andere Interviewpartnerin hatte der Verbleib in der Wissenschaft aufgrund der dort üblicherweise gegebenen zeitlichen Flexibilität ganz praktische Gründe:

„Ich wollte Strafverteidigerin werden. Und dann hat sich das verfestigt im Referendariat. [...] Acht Wochen vor dem zweiten Staatsexamen, mündliche Prüfungen, bin ich schwanger. Und ja, das ist, wie es der Zufall eben so will, also da war mir klar, dass das nicht geht. Dass ich, wenn ich ein Kind großziehen will, dann nicht Strafverteidigerin werden kann. Das war ja nicht einfach. Also, ich habe dann genau das Richtige gemacht. Ich habe mich an A gewendet und hab' gesagt, so und so sieht das aus. Ich mach' jetzt das zweite Staatsexamen, und dann promoviere ich, und dann gucken wir mal weiter." (I 24)

Ein Interviewpartner berichtete, dass er schon im ersten Semester ins Dekanat „spaziert" sei und sich die Promotionsordnung habe geben lassen. *„Die Sekretärin hat gedacht, das ist ein Irrer.* (lacht) *Aber ich wollte das. Ja, das war mir klar, ich wollte meinen Doktor machen, dann wollte ich das schon mal wissen."* Durch Botengänge für seinen Großvater kam er häufiger in das Haus eines Juraprofessors, und ihm gefiel der Lebensstil dort: *„Deshalb war mir das nicht so fremd, also ich kannte das halt schon so, ja, und ich fand das eigentlich sehr erstrebenswert."* (I 6)[370]

Ein nicht unerheblicher Anteil war im Studium durch die Studienstiftung des deutschen Volkes oder andere Stiftungen gefördert worden und hatte dadurch auch frühzeitig engeren Kontakt zu Wissenschaftlern.

9.2 Die Promotion

Der zweite Schritt zur Qualifikation ist die Promotion. Zum Teil wird die Promotion nach dem ersten Examen begonnen und oft auch abgeschlossen. Viele Kandidat/innen haben dann Stellen als wissenschaftliche Hilfskräfte oder Mitarbeiter/innen, auch wenn sie nicht planen, in der Wissenschaft zu bleiben, oft gesplittet mit acht, zehn oder 15 Stunden. Beliebt sind Teil-WHK-Stellen neben dem Referendariat. Dafür ist eine Nebentätigkeitsgenehmigung der Justiz erforderlich. Geteilte Stellen gibt es aber auch in reinen Qualifikationsphasen. Dass man von solchen Teilstellen ohne Referendariat nicht leben kann, liegt auf der Hand. Entweder müssen Ersparnisse aufgezehrt werden, oder die Familie leistet wie im 19. Jahrhundert weiter finanzielle Unterstützung, oder die Bezüge müssen durch Tätigkeiten außerhalb der Wissenschaft ergänzt werden, was die für die Qualifikation zur Verfügung stehende Zeit begrenzt. Da auch Teilstellen auf die Befristungen nach dem Wissenschaftlerzeitvertragsgesetz angerechnet werden, kann sich dies im Verlauf der weiteren Qualifikation nachteilig auswirken. Es werden aber auch in beträchtlichem Maße Dissertationen ohne Anbindung an einen Lehrstuhl geschrieben. Für eine wissenschaftliche Karriere ist in jedem Fall die Tätigkeit an einem Lehrstuhl sinnvoll, um die akademischen Bräuche und Gepflogenheiten kennenzulernen, Wissenschaftler/innen zu treffen und Kontakte zu knüpfen.[371] Es kommt im Übrigen auch vor, dass Kandidatinnen und Kandidaten an einem Lehrstuhl beschäftigt sind, aber an einem anderen promovieren.

---

370 Hier kommt ein Phänomen zum Tragen, das als habituelle Vertrautheit begriffen werden kann. Der Interviewpartner hat den Lebensstil eines Juraprofessors bereits kennengelernt und empfindet ihn als „sehr erstrebenswert". Das hat seine Karrierevorstellungen maßgeblich geprägt und die Universitätskarriere als eine realistische Option des Berufsweges mental vorbereitet.
371 Zur Feldsozialisation von Hilfskräften Schneickert 2013.

Mehrere der Interviewten waren in der Promotionsphase von der Studienstiftung des deutschen Volkes gefördert worden, eine von der VW-Stiftung im Rahmen eines Projektes, andere von Parteistiftungen (Friedrich-Ebert-Stiftung, Konrad-Adenauer-Stiftung, Friedrich-Naumann-Stiftung). Für die Arbeit notwendige Auslandsaufenthalte waren bei einer ganzen Reihe vom DAAD finanziert worden, bei einer von der Bayer-Stiftung. Zwei jüngere hatten Promotionsstipendien ihrer Universität erhalten.

In den Rechtswissenschaften wird, wie bereits erwähnt, anders als in vielen anderen Fächern, eine Promotion nicht nur aus Interesse an einer wissenschaftlichen Karriere angestrebt, sondern häufig als zusätzliche Qualifikation, die auf dem juristischen Arbeitsmarkt, d.h. speziell in der Anwaltschaft, traditionell statusbildend und werterhöhend wirkt. In den großen Anwaltssozietäten gibt es für den LL.M.-Titel und Promotionen bei Einstellungen einen finanziellen Zuschlag.

6% der Promovierten verbleiben an der Hochschule, 38% im öffentlichen Dienst und Non-profit Sektor und 55% im privaten Sektor (Anwaltskanzleien, Betriebe u.ä.) (vgl. Konsortium Bundesbericht Wissenschaftlicher Nachwuchs 2013, S. 279, 289 f.) Wenn die Zeit nicht reicht oder auch keine hinreichende Neigung oder Eignung zu wissenschaftlicher Tätigkeit besteht, kann es zu „wissenschaftlichem Fehlverhalten" kommen. Gerade im juristischen Bereich sind in den letzten Jahren zahlreiche Plagiate aufgedeckt worden. Vor einigen Jahren hat es auch einen Skandal um eine kommerzielle juristische Doktorfabrik gegeben. „Ein Titel adelt", man spricht von typisch deutscher Titelsucht, die durch das Bedürfnis nach Geltung, Distinktion und Statuserhöhung motiviert ist. Daher sind in der Rechtswissenschaft wie z.B. in den Wirtschaftswissenschaften auch Adelstitel, bzw. Namen, die auf einen Adelstitel verweisen, begehrt. Traditionell ist Jura zudem wegen der Nähe zum Staat und zur Politik ein Studienfach für „Adelige" gewesen.

Dies schlägt auf die Arbeit der Hochschullehrenden durch, da sie viele Anfragen von Promotionswilligen bekommen. Es gibt Professoren, die in ihrem Wissenschaftlerleben mehr als 100 Juristen promoviert haben.

> „Also habilitiert hab' ich fünf, nein vier, [...] vier Habilitationen und 90 Promotionen, das werden aber noch mehr [...] Ich hab' die meisten an der Fakultät, aber ich hab' das neulich, war 15 Jahre hier Vorsitzender der Promotionskommission, hab' neulich mal rumgeschickt, wer wie viel promoviert hat und mit welchen Noten. [...] es war mir deshalb wichtig, weil ich der Meinung bin, es gibt zu viele Summa [als Note]. Also partiell, bei einem. Einer hat die Hälfte aller Arbeiten summa cum, das geht doch nicht. Ich hab' 9%. Das ist in

Ordnung. Ja. Also 90, aber das werden sicherlich, ich hab' noch 20 in der Mache und davon werden, ich denke, 15 [noch hinzukommen]." (I 6)

Das weist auch auf eine nicht unbeträchtliche Drop-out-Quote hin. Insgesamt erreichen mehr als 20% der Absolventen eines Jahrganges und rund 10% der Absolventinnen den Doktorabschluss.[372]

Die Voraussetzungen für die Zulassung zur Promotion regeln die Promotionsordnungen der Universitäten. Üblicherweise wird ein Prädikatsexamen gefordert. Viele Promotionsordnungen sehen allerdings Ausnahmeregelungen vor. Eine Mitarbeit an einem Lehrstuhl hilft Notenhürden zu überwinden. Oft müssen die Kandidatinnen und Kandidaten zusätzliche Seminare besuchen, die sie, je nach Promotionsordnung, mit guten bis sehr guten Noten abschließen müssen.

Gängig sind externe Promotionen, die neben der Referendarzeit und der Berufstätigkeit angefertigt werden. Die Promotionsdauer ist daher sehr unterschiedlich und reicht von einem Jahr bis buchstäblich zu Jahrzehnten. Eine lange Promotionsdauer ist riskant, weil sich in Jura viele aktuelle rechtspolitische Themen zur Bearbeitung anbieten, die aber von heute auf morgen veralten können oder obsolet werden. Ein Problem wird dies auch, wenn die Arbeit zu lange unkorrigiert liegt.

Der Umfang der Promotionen variiert ebenfalls. Eine rein dogmatisch angelegte Arbeit kann kürzer sein als eine rechtsvergleichende oder rechtspolitische.

In vielen Fächern gibt es mittlerweile strukturierte Promotionsmodelle, Promotionskollegs, bei denen eine enge Betreuung gewährleistet ist und die häufig über öffentlich finanzierte reine Promotionsstellen verfügen, in Jura bisher nur, soweit die Rechtswissenschaften Bestandteil eines auf ein interdisziplinäres Thema ausgerichteten Kollegs sind. Einige der Interviewten äußerten eine gewisse Skepsis gegen eine solche „Verschulung" des Promotionsverfahrens.

Unterschiedlich war es, ob die Wissenschaftler/innen ihr Thema selbst gewählt hatten oder ob es ihnen vorgeschlagen worden ist.

In der Rechtswissenschaft kommt es immer noch vor, dass Doktorvater oder -mutter und Kandidat/in sich auf ein Thema einigen und der nächste Kontakt beim Einreichen der fertigen Arbeit besteht. In einigen Fächern, z.B. den Wirtschaftswissenschaften werden – wie schon seit geraumer Zeit in den Naturwissenschaften praktiziert – anstatt einer Monographie, „des

---

372 Vgl. 6.1.4 und 7.5.6, dort auch Angaben zu den Noten.

Buches", zunehmend kumulative Promotionen durch Vorlage von vier „reviewed" oder „refereed" Zeitschriftenartikeln durchgeführt. Einige Promotionsordnungen sehen die Möglichkeit zu einer kumulativen Promotion vor, diese wird aber kaum angewandt.

Für eine weitere wissenschaftliche Karriere ist die Note „magna cum laude" oder die Höchstnote „summa cum laude" erforderlich.

Mehrere Interviewpartnerinnen berichteten, dass sie sich wohl vorgenommen hatten zu promovieren, aber noch nicht entschieden waren, ob sie in der Wissenschaft bleiben wollten: *„und dann gucken wir mal weiter"* (I 24) oder wie eine ältere, pensionierte Professorin sagte: *„[...] dass ich mal in die juristische Wissenschaft gehen würde – wirklich nicht einmal der Hauch eines Gedankens."* (I 3). Für eine andere Rechtswissenschaftlerin war es ein Lebenstraum:

> „Für mich war das so ein Wunsch, noch mal, bevor der Ernst des Lebens kommt, mich mit Rechtsgeschichte zu beschäftigen, [...] was ja in der Praxis nicht vorkommt und kein Beruf sein kann, aber was mich eben doch sehr interessiert hat. [...] Das war so ein Traum, sich für eine bestimmte Zahl von Jahren noch einmal mit was anderem zu beschäftigen. Dass daraus ein Beruf werden könnte, das hab' ich überhaupt nicht gesehen. Also, der Titel war mir, ehrlich gesagt, auch nicht wichtig, sondern einfach nur dieser Luxus, sich mit so etwas zu beschäftigen. Das war für mich eigentlich die Motivation zu promovieren." (I 32)

Nach welchen Kriterien werden aber Doktorand/innen und später Habilitand/innen ausgewählt? Sandra Beaufaÿs (2012) hat sich damit befasst:

> „Leistungsfähigkeit und exzellente Studienabschlüsse werden vorausgesetzt. [...] obgleich die Professorinnen und Professoren daran festhalten, einzig nach Leistung auszuwählen, werden, schaut man genauer hin, letztlich andere Kriterien herangezogen: Durchhaltevermögen, Disziplin, hohe Frustrationstoleranz, Bereitschaft zu ausgedehnten Arbeitszeiten und intrinsische Motivation (welche gerade durch die lange Anwesenheit am Arbeitsplatz bewiesen werden muss), werden genannt, wenn über vielversprechenden Nachwuchs gesprochen wird. Damit werden Zeichen (fach-)wissenschaftlichen Selbstverständnisses gesucht, welche über körperliche Präsenz und Performanz der Aspirantinnen und Aspiranten dechiffriert werden." (Ebd., S. 165)

9.3 Gründe für eine Entscheidung gegen eine wissenschaftliche Karriere

Die Qualifikationsphase ist lang und anstrengend. Sie fällt in die sog. „Rush Hour of Life", in der neben der Vorbereitung des beruflichen Erfolgs und des Aufstiegs in der Regel auch massiv Familienpflichten anfallen.[373] Dieses Schicksal trifft Männer wie Frauen, Frauen aufgrund konservativer Familienmodelle üblicherweise stärker. Nicht alle halten die Belastung durch Arbeit, Kind, Familie und vielleicht auch pflegebedürftige Angehörige durch. Bei Frauen kommt die Belastung durch Schwangerschaft und Geburt hinzu, wenn sie denn Kinder bekommen. Frauen verschieben häufig den Kinderwunsch, verzichten auf Kinder oder wechseln eben in ein anderes Berufsfeld, in dem es leichter ist, eine Familie zu gründen als in der Wissenschaft. (Metz-Göckel et al. 2014)

Nach dem Wissenschaftszeitvertragsgesetz[374] gilt die Regel sechs plus sechs für jede Qualifikationsphase, d.h. es dürfen nicht mehr als sechs Jahre bis zur Promotion verstrichen sein, und danach gibt es noch einmal eine Frist von sechs Jahren bis zur Habilitation.[375] Für Kinderbetreuung gibt es Zuschläge. Durch Hilfskraftzeiten, die auf die Qualifikationsphase angerechnet werden, kann die Zeit bis zur Promotion knapp werden. Unsere Interviewpartner haben sehr unterschiedliche Angaben zu ihrem Zeitbedarf in den Qualifikationsstufen gemacht. Es gab lange Promotionsdauern mit einer sehr kurzen anschließenden Habilitationsphase und auch umgekehrt kurze Promotionsphasen und lange Habilitationsverfahren.

Die Praxis, Teilverträge zu erteilen, verstärkt zur zeitlichen auch die wirtschaftliche Unsicherheit.[376] Es ist auch noch an vielen Universitäten

---

373 Vgl. u.a. Metz-Göckel et al. 2010a und b.

374 Wissenschaftszeitvertragsgesetz vom 12. April 2007 (BGBl. I S. 506), das durch Artikel 1 des Gesetzes vom 11. März 2016 (BGBl. I S. 442) geändert worden ist.

375 Beschäftigungszeiten in Drittmittelprojekten werden mit angerechnet. Nicht angerechnet werden Projekte mit vorübergehendem Bedarf, z.B. die Vor- und Nachbereitung einer Konferenz oder verwaltungsmäßige Tätigkeiten. Viel hängt vom guten Willen der Universitätsverwaltung ab. Wenn nur kurze Zeiten zu überbrücken sind, werden oft goldene Brücken gebaut.

376 *„Die Angst ist in den Beruf des Hochschullehrers quasi eingebaut. Da ist zunächst die Angst um das nackte Überleben, weil die Laufbahn schwer berechenbar ist und so lange auf prekären Beschäftigungsverhältnissen beruht. Da ist die Angst, das Wettrennen um die wenigen dauerhaften Stellen zu verlieren; die Angst, dass die eigene Forschung verrissen wird, dass die Publikationsliste nicht ausreicht, dass die Evaluierung nicht gut geht, dass die Deutsche Forschungsgemeinschaft oder andere Stipendiengeber ihre Mittel kürzen oder dass ganze Fachbereiche geschlossen werden, dass die Hochschulpolitik eine Förderlinie streicht und, wie erst kürzlich geschehen, ein hochgelobtes Exzellenzzentrum mit internationaler Ausstrahlungskraft über Nacht einstampfen lässt. In einem Moment ist man noch Fellow einer angesehenen Institution und bekommt die besten Arbeitsbedingungen zugestanden, im nächsten Moment heißt es schon: Husch,*

üblich, befristete Verträge z.B. jeweils für ein Jahr zu erteilen.[377] Die Normen erlauben es aber, wissenschaftliche Mitarbeiter auf die sechs Jahre befristet anzustellen.

Ein Interviewpartner, der wegen familiärer Vorbilder eine hohe Motivation hatte, in die Wissenschaft zu gehen, fand schon die Entscheidung für die Promotion im Nachhinein wirtschaftlich schwierig, obwohl er eine Vollzeitstelle hatte. Seine Kollegen waren zur Treuhand gegangen.

> „Die bezahlten Gehälter, die jenseits von Gut und Böse waren [...] Ich glaube, ich hätte durchaus eher Anwalt werden sollen, anstatt mich fünf Jahre aufzureiben für Lehre. Ich hab' zuviel investiert. Ich hab' im Grund die Arbeit am Wochenende und nachts geschrieben, hab' da 16-18 Stundentage gehabt. Im Normalfall stand eigentlich ein Drittel der Arbeitszeit für die Promotion zur Verfügung. Und das kann man ja vergessen." (I 7)

Andere verfolgten mehr eine Strategie des „Was kostet die Welt?" und kultivierten für sich eine Haltung der Unbekümmertheit, um mit den Unsicherheiten der Wissenschaftskarriere umzugehen. So berichtete ein Interviewpartner:

> „Ich weiß noch, wie ich anfing, wie ich da so frisch war, und ich fühlte mich, was kostet die Welt. Und da kommt A: Ja, was machen Sie, wenn die vier Jahre um sind. Ich sag', mein Gott, [lacht] was kostet die Welt. Als wenn ich nie was kriegen würde. Wer so rangeht, der hat schon verloren." (I 6)

Nach der Promotion muss ein Habilitationsverhältnis begründet werden. Eine Reihe von Professor/innen bedauerten, dass Promovend/innen, die sie gern für eine Habilitation übernommen hätten, abgesprungen wären und die Sicherheit und familienfreundlichen Arbeitsbedingungen in der Justiz oder das lukrative Gehalt und auch planbarere Arbeitsleben in der Anwaltschaft der Wissenschaft vorgezogen hätten. Eine Professorin meinte:

> „Gerade die sehr, sehr Guten, die in der Wirtschaft so viel verdienen, bleiben nicht mehr an der Uni. Letztendlich auch als Richter hat man mittlerweile mehr Ansehen und mehr Geld als mit der W-Besoldung. [...] Der A ist so ein toller Jurist. Obwohl ich ihn gebeten habe zu bleiben, der wollte nicht an der Uni bleiben. Die Uni ist nicht mehr so attraktiv, wie sie mal war." (I 65)

---

husch zurück in die Bibliothek, so exzellent warst du gar nicht. [...] Und die Mutter aller Sorgen: Werde ich eines Tages eines Plagiats beschuldigt?" (Both 2013, S. 152 und 154)

377 Zu den Befristungsquoten und den Beschäftigungsbedingungen des wissenschaftlichen Nachwuchses generell: Jaksztat/Schindler/Briedis 2010, S. 2.

Ein Professor dazu:

> „Ich habe zwei hochbegabten Mitarbeiterinnen die Habilitation angeboten, und die wollen nicht. [...] Sekuritätsbedürfnis, klassisches Rollenbild, begrenzter Ehrgeiz oder so etwas. B hat blendende Examina gemacht. Ist mit Handkuss in diesen Zeiten Verwaltungsrichterin geworden. Die wollte nicht, die andere auch nicht. Das muss man einfach mal sehen, dass die Hochschullaufbahn mit bekannten Risiken und Zeitverträgen geschlagen ist. Und wenn ich vor dem zweiten Examen ein Stellenangebot kriege oder die Aussicht, die ungewisse Aussicht..., wem will man es nachsehen." (I 56)[378]

Zu den Unsicherheiten äußerte sich eine wissenschaftliche Mitarbeiterin, die zu dem Zeitpunkt Fakultätsgleichstellungsbeauftragte war, so:

> „Ich hab' halt immer gesehen, [...], wie prekär das alles ist, dass ich eigentlich immer dachte, das ist kein Berufsweg, den man, wenn man einigermaßen bei Verstand ist, wählen sollte. Weil es halt irgendwie aussichtslos ist. Man ist da in diesen Abhängigkeiten. Ganz lange. Und dann ist man irgendwann arbeitslos und kriegt nichts mehr." (FGB 4)

Das heißt, für sie widerspricht es sogar jeder Vernunft und Rationalität, eine Wissenschaftskarriere anzustreben.

Die Frage ist auch, inwieweit durch Hilfskraftverträge, Stipendien und später Lehrstuhlvertretungen Pensionsansprüche aufgebaut werden können.

Der zuvor zitierte Professor zu seinen weiteren Versuchen, Frauen zur Habilitation zu motivieren:

> „Frau C, das war mein dritter Anlauf mit einer Frau. Sie ist rheinische Notarin geworden. Bei der zweiten musste der Ehemann in eine andere Stadt. Die Dritte traute sich nicht so recht. Weiß nicht, ob das so das Richtige ist und so. Wunderbare Doktorarbeit, die war im Ausland, das liegt alles schon hinter der, was man heut so machen muss. Ja, und dann hat sie die Sorge, wie das denn hinterher ist mit den Berufsaussichten. Ja. Jetzt muss man sagen, das ist auch unter uns gesagt, mein Verständnis dafür hält sich in gewissen Grenzen, denn das ist jetzt nicht armer Leute Kind. Also das Hungertuch droht auch nicht. [...] Wir haben ja hier jede Menge Erfahrung mit Habilitanden, die dann nicht [auf Professuren] untergekommen sind. Haben wir doch einige Erfahrung. Die sind alle auf sehr schöne Positionen gekommen. (I 56)

---

378 Die Verwaltungsgerichtsbarkeit ist begehrt und exklusiv. Es ist schwer, eine Stelle zu bekommen. Später sagte er: „Es ist inzwischen, wenn's einem gelingt, eine Frau zu habilitieren, auch nett. Ja, also, es ist ja nicht der Reputation abträglich, sondern – das ist schon seit 15 Jahren so –, sondern es ist eher der Reputation zuträglich. [...] Die Restriktionen liegen anders."

Damit bringt er zum Ausdruck, dass das Risiko aus seiner Sicht begrenzt sei. Auch eine Habilitation ist eine zusätzliche Qualifikation. Immerhin ist heute in der Justiz die Einstellung bis zum 42. Lebensjahr möglich, Anwalt kann man jederzeit werden. Die Anwaltschaft ist für Juristinnen und Juristen das lebenslange Auffangbecken. Ein Interviewpartner streicht in diesem Zusammenhang die Bedeutung der Note heraus:

> „Die Note war meine Lebensversicherung. Und zwar, weil ich mir gedacht hab', so, mit der Note, da nehmen sie dich auch in zwei Jahren bei der Justiz. Überhaupt kein Problem. Dann kannst du es wagen. Das ist eigentlich das, warum ich vorhin gesagt hab', dass die Note biographisch auf dem Weg zum Lehrstuhl 'ne Rolle spielte." (I 47)

Dennoch zerplatzt ein Lebenstraum, wenn nach der Habilitation keine Professur folgt. Die eigene Berufsbiographie endet vorerst in einer Sackgasse.

Auch Forschungsinstitute, z.B. Max-Planck-Institute, können für spezialisierte Wissenschaftler/innen eine Alternative sein, obgleich das Stellenangebot hier überschaubar ist. Eine Interviewpartnerin merkte allerdings an, dass diese Möglichkeit sie nicht gereizt hätte, da Forschungsinstitute anders organisiert seien als Fakultäten:

> „[D]ie haben Behördencharakter mit geregelten Arbeitszeiten, und man muss Urlaub nehmen, und man muss fünf Tage die Woche da sein und irgendwo vor Ort in seinem blöden Büro sitzen. Uni ist eben der chaotischere Laden irgendwie, der stark vom Semesterbetrieb abhängt. Und mal ist viel los und mal ist weniger los. Und man hat eben Kontakt zu Studenten." (I 59)

Ein junger wissenschaftlicher Mitarbeiter, der inzwischen nach der Promotion in die Wissenschaftsverwaltung gewechselt ist, schloss für sich die weitere wissenschaftliche Karriere von vorn herein aus:

> „Eine Habil würde sechs Jahre dauern oder so was oder fünf – an einem Projekt sitzen. Meins ist es nicht. Im Prinzip stumpf an seinem Schreibtisch zu sitzen und gegen die Wand zu schauen. Ob es nicht vielleicht interessanter ist, mit Mandanten Kontakt zu haben oder einzelne Fälle zu entscheiden." (I 53)

Ähnlich äußerte sich eine junge Fakultätsgleichstellungsbeauftragte:

> „So als Einzelkämpferin die nächsten 8 Jahre an der Habilitation könnte ich mir jetzt ehrlich gesagt nicht vorstellen. Also vor allem, […] man hat hier, also gefühlt, was ich so mitkriege, wenig Austausch mit Gleichgesinnten. Weil es gibt so wenige nur, die sich habilitieren, und da macht dann jeder sein Spezialgebiet. […] Da muss man halt gerne alleine arbeiten wollen die ganze Zeit." (FGB 6)

Der Arbeitsmarkt für Professuren ist zudem wechselhaft und unberechenbar. Auch bei hoher Qualität kann es für Wissenschaftler/innen schwierig sein, einen Lehrstuhl zu bekommen. Auf Überangebote an qualifizierten Wissenschaftlerinnen und Wissenschaftlern folgen Mangelphasen. Ein Forscherteam vom Max-Planck-Institut zur Erforschung von Gemeinschaftsgütern in Bonn hat 2012 in einer Untersuchung festgestellt, dass die Märkte für Juraprofessoren dem sog. Schweinezyklus folgen, für den es drei Voraussetzungen gibt[379]:

> „Das Angebot kann nicht kurzfristig auf die Nachfrage reagieren, die Ware ist leicht verderblich und ein höheres Angebot führt nicht zwangsläufig zu höherer Nachfrage. Denn erstens dauert die Ausbildung eines Privatdozenten sechs oder mehr Jahre, also kann das Angebot nicht ohne Verzögerung auf eine höhere Nachfrage reagieren; zweitens müssen Privatdozenten nach Abschluss ihrer Ausbildung möglichst schnell einen Lehrstuhl bekommen, da die meisten sonst keine Verdienstmöglichkeit haben und Universitäten ihnen umso skeptischer begegnen, je länger sie ohne Berufung bleiben. Drittens reagiert die universitäre Nachfrage nicht flexibel auf Änderungen des Angebots, denn deutsche Universitäten sind dank ihrer staatlichen Finanzierung nicht in der Lage, kurzfristig neue Kapazitäten zu schaffen."

9.4 Die Habilitation

Einige unserer Interviewpartner/innen hatten ein Angebot zur Habilitation bekommen, andere hatten aktiv danach gesucht oder waren von ihrem Doktorvater, der Doktormutter oder anderen ihnen bekannten Wissenschaftlerinnen oder Wissenschaftlern an einen Kollegen empfohlen worden.

Nur wenige der Befragten hatten über die Referendarzeit hinausgehend in der Praxis gearbeitet. Üblicherweise baut sich die Karriere von unten innerhalb der Universität auf. Ein Interviewpartner meinte: *„Also im Moment bin ich nicht sicher, ob jemand mit meiner Laufbahn hier was werden könnte. Wenn sie vier Jahre oder fünf Jahre in der Praxis waren."* (I 56)

Für die Habilitation muss man in der Regel formal angenommen werden. An einigen Universitäten heißt dies Persona-Grata-Verfahren.

> „Damit sollen Einwände, die in der Person liegen – also mit anderen Worten: der hat nicht genug geschrieben und solche Dinge – abgeschnitten werden und Einwände gegen das Thema. Dass hinterher nicht gesagt wird, das ist

---

379 https://www.mpg.de/5835498/schweinezyklen_juraprofessoren

kein geeignetes Habilitationsthema. Das dient der Risikominderung, und an der Risikominderung hat ja nicht nur der Habilitand ein Interesse. Das ist ja auch nicht angenehm, wenn einem da einer auf dem Tisch stirbt. Das hat man nicht so gerne. Sondern das dient der beiderseitigen Risikominderung." (I 56)

Für die wissenschaftliche Karriere in der Rechtswissenschaft ist die Habilitation – entgegen der Entwicklung in anderen Fächern – unabdingbar, ein Muss. Am Ritual des zweiten Buches, das häufig bis zu 1000 und mehr Seiten hat und zum Teil allein von den Betreuern gelesen wird, wird eisern festgehalten. Ein Interviewpartner äußerte sich ironisch:

> „Also idealtypisch gesprochen: Wenn man drei Aufsätze in Science oder Nature hat, wird man natürlich ganz anders wahrgenommen, als wenn man hier 'ne deutsche Habilitationsschrift schreibt, die 210mal verlegt wird und in 210 Bibliotheken ein Dasein in der Dunkelkammer führt." (I 22)

Üblicherweise ist die Habilitation eine zweite „große" Monografie, im eher seltenen Fall einer kumulativen Habilitation mehrere kleine. (Schulze-Fielitz 2009, S. 264) Die Karriereformel lautet: erstes Buch, zweites Buch, Ruf.

Wir hörten allerdings in unseren Interviews, dass dieser Grundsatz früher nicht so streng gehandhabt worden sei. Dennoch haben wir bei den aktuell lehrenden Juraprofessorinnen, wie beschrieben, nur eine nicht habilitierte gefunden. Ein Interviewpartner, der, wie er sagte, Anfang der 2000er Jahre in *„der Kommission saß, die die Habilitation abschaffen sollte"*, antwortete auf die Frage, ob Juniorprofessor/innen in Zukunft Tenure bekommen werden oder ob auch da die Habilitation wieder hartes Kriterium sein wird, kurz und bündig: *„Ja."* (I 73)

Von den 38 interviewten Professorinnen und Professoren bezweifelten nur zwei den Sinn und den Nutzen der Habilitation.[380] Eine thematisierte die lange Phase der Abhängigkeit während der akademischen Weiterqualifikation:

> „Also, wenn ich mir vorstelle, nur promovieren zu müssen, da waren meine Kinder, als ich fertig war, sechs und vier, und ich hätte dann die Chance gehabt, von mir aus auf eine Juniorprofessur oder Assistenzprofessur oder aber jedenfalls was, wo klar ist, ich bin jetzt nicht mehr der abhängige Nachwuchs, das hätte mir sehr viel erleichtert. Weil diese Rolle, mit Ende 30 immer noch der Nachwuchs zu sein, das ist einfach […]." (I 11)

---

380 Vgl. auch Kapitel 10.5

In einem Interview mit der Legal Tribune Online kritisierte Matthias Klatt, zu der Zeit Juniorprofessor für Öffentliches Recht in Hamburg, das System:

> „Dass man für einen Lehrstuhl nach der Promotion noch zusätzliche Forschungsleistungen erbringen soll, ist richtig. Dass dies in Form der Habilitation erfolgen muss, überzeugt mich gar nicht. In der Praxis wirkt sie oft als Herrschaftsinstrument von Traditionalisten, das faire, frühzeitige und ausschließlich leistungsbezogene Karrierechancen von Nachwuchswissenschaftlern verhindert. Nominell können sie zwar auch ohne Habilitation auf einen Lehrstuhl berufen werden, aber faktisch kommt das natürlich nie vor. Mit einem gewissen Dünkel heißt es dann, dass ja noch ‚das zweite Buch' fehle. Ich habe meine Habilitation selbst vor kurzem fertiggestellt. Sie war übrigens mein fünftes." (Lijnden 2014)

Fast alle sahen abgesehen vom Leidensdruck, der sich in der Regel in der Schlussphase der Arbeit zwangsläufig aufbaut, und von der Funktion der Habilitation als Nadelöhr, durch das man hindurch muss, um zu „höheren akademischen Weihen" berechtigt zu sein, darin eine Bereicherung für sich selbst und auch eine Bereicherung für die Wissenschaft. Schulze-Fielitz (2009, S. 290) hat in einem Aufsatz ausführlich erläutert, warum ohne die Pflicht zur „zweiten" Monographie die Wissenschaftsentwicklung verarmen würde, dass Habilitationen regelmäßig innovative Kontexte herstellen.

In den meisten Fällen haben die Habilitandinnen und Habilitanden eine Stelle als wissenschaftliche/r Mitarbeiter/in oder Akademische/r Rat/Rätin auf Zeit an einem Lehrstuhl oder – in weniger Fällen – an Max-Planck-Instituten, zum Teil werden zumindest für einige Jahre Habilitationsstipendien eingeworben. Es kommt auch vor, dass die Habilitation vollständig extern, berufsbegleitend angefertigt wird, z.B. als Bundesrichter oder als Beamter in einem kommunalen Spitzenverband. Bei solchen hohen Positionen wird eine Professur dann später eher nebenamtlich ausgeübt.

Wir haben aber auch eine Reihe von Wissenschaftler/innen gesprochen, die in der Habilitationsphase finanziell nicht oder nur teilweise abgesichert waren – abgesehen von dem Zeitdruck, die Habilitation in den vom Wissenschaftszeitvertragsgesetz vorgegebenen sechs Jahren fertig zu stellen. Auch während der Habilitation gibt es gesplittete Stellen. Eine Interviewpartnerin, die ein kleines Kind hatte, berichtete, dass sie und ihre Kollegin nur Teilzeitstellen hätten, sie selbst eine 10-Stunden Stelle.

> „Ja, das ist jetzt für die Endphase der Habil, ich hatte vorher immer 30 Stunden. Und jetzt seit Mai hab' ich auf 10 Stunden runtergesetzt, damit ich einfach die Lehrverpflichtung nicht so habe, die ist ja proportional an die Stun-

denzahl gekoppelt. Ich mach' das zwar sehr gerne, aber jetzt ist die, ja, die Hochendphase der Habil, und da möchte ich einfach mal durchschreiben und möglichst schnell fertig werden." (I 27)

Ihr Partner konnte sie nicht unterstützen, also war sie auf finanzielle Leistungen ihrer Eltern angewiesen.[381] Sie war zu dem Zeitpunkt Ende 30. Immerhin hat sie nach Abschluss der Habilitation eine Professur bekommen.

Eine Professorin berichtete, dass sie als Externe neben der Kinderbetreuung habilitiert habe, aber *„immer wieder mal so 'ne kleine Stelle angenommen, ein kleines Projekt mitgemacht* [habe], *weil ich diesen sozialen Kontakt gebraucht habe"*. Ansonsten hatte sie sich voll in die Kinderbetreuung eingebracht: Mutter-Kind-Turnen, Kindergartenarbeit u.a..

> „Mir sagte jetzt kürzlich 'ne Mutter, ach Sie oder du warst das immer, die mit ihren Sachen in der Turnhalle saß und arbeitete. Ich hab' also manchmal einfach was mitgenommen zum Lesen." (I 17)

Finanziell war sie in der Phase von ihrem Mann abhängig.

Wir haben keine Männer gesprochen, die in ähnlicher Weise familiär unterstützt worden wären. Hier dürften traditionelle Familienstrukturen und -bilder eine Rolle gespielt haben. Eher wurde von Existenzängsten berichtet, weil der Familienunterhalt zu sichern war.

Fünf der Interviewten hatten ein DFG-Stipendium erhalten, bei drei davon in Form eines Abschlussstipendiums für die Endphase der Habilitation, drei Frauen hatten ein Lise-Meitner-Stipendium des Landes NRW für habilitierende Frauen bekommen, zwei ein Landesstipendien, eine ein Heisenbergstipendium. Es gibt an einigen Universitäten mittlerweile auch Wiedereinstiegsstipendien für Frauen und Männer in Elternzeit für die Habilitation. Davon wurde nur berichtet, sie waren von den Interviewten nicht in Anspruch genommen worden.

Sowohl die Habilitation wie in etwas schwächerem Maße auch schon die Dissertation werden begleitet von der Furcht, dass jemand anders mit dem Thema vorzeitig „auf den Markt kommen könnte", oder – bei aktuellen Themen – dass die Rechtsentwicklung darüber hinweggehen und der

---

381 Eine solche Situation ist in mehrfacher Hinsicht nicht unkritisch: Sie konfligiert zum einen mit dem Status eines erwachsenen hochqualifizierten Menschen, zum anderen haben nicht alle Nachwuchswissenschaftlerinnen und -wissenschaftler Elternhäuser im Rücken, die gewillt und finanziell in der Lage sind, ihre Kinder über ein Hochschulstudium hinaus monetär zu unterstützen und sie auch ideell in ihrem wissenschaftlichen Karriereweg zu bekräftigen.

berühmte Federstrich des Gesetzgebers das Thema hinfällig machen könnte. Ein Interviewpartner berichtete:

> „Ich habe zwei Jahre dran gesessen. […] und dann platzte dieses Projekt, weil
> die Frau A damals mit einer Arbeit über dasselbe Thema habilitiert hat. Und
> nun ist es so, dass so Arbeiten normalerweise nicht einem das Projekt weg-
> nehmen, weil es ja in 'ne andere Richtung gehen kann."(I 47)

In dem Fall wäre es aber *„witzlos gewesen"*. Er wählte ein neues Thema,
stand aber durch Familienverantwortung unter erheblichem Druck.

> „Also, wissen Sie, wenn man unverheiratet ohne Kinder als Assistent so rum-
> hängt, da kann man auch auf so 'ner Stelle alt werden, und es motiviert einen
> dann ja keiner. Also man hat ja keinen Stachel im Hintern. Nicht? Man kann
> es sich ja bequem machen an der Uni. Ist ja schon 'ne Blase. Und durch diese
> Familienverantwortung hab' ich dann wirklich reingedrückt ohne Ende. Ich
> hab' in, also da bin ich wirklich stolz drauf, ich hab' in anderthalb Jahren die-
> se Habil geschrieben. Aber das war wirklich ,Komaarbeiten'. Also es war so,
> dass, wenn in der Früh ein Kind gebrüllt hat um fünf, dann hab' ich mich
> nicht noch mal hingelegt, sondern jetzt bin ich wach, jetzt kann ich auch in
> die Uni fahren. Und hatte dann den Vorteil, dass ich dann, also man kann ja
> nur 'ne gewisse Zeit am Tag arbeiten, kann nicht 12 Stunden wissenschaftlich
> arbeiten, das bringt ja keiner her. Aber die frühen Morgenstunden, da hab' ich
> sehr kreativ gearbeitet und war dann auch immer relativ früh zuhause. Und
> hatte dann auch den Vorteil, von den Kindern noch was zu haben, habe dann
> mit den Kindern im Sandkasten gesessen. Eigentlich war das ideal. Aber es
> war 'ne harte Nummer. Die Putzfrau hat mich hier gefragt, du schon da oder
> du noch da?" (I 47)

So wie es abgebrochene Promotionen gibt, gibt es auch abgebrochene Habilitationen. Gründe dafür können atmosphärische Störungen mit dem Habilitationsbetreuer sein, Überforderung, veränderte Lebensplanungen. Eine
inzwischen sehr begeistert als Anwältin arbeitende frühere Habilitandin
fand ihr Thema im Laufe der Bearbeitung zu unergiebig.

Fatal ist eine gescheiterte Habilitation. Wir haben von einigen wenigen
Fällen gehört. Habilitationen werden zwar nicht bewertet, die Arbeiten
müssen aber angenommen werden, je nach Universität trifft die Entscheidung der Fakultätsrat, der erweiterte Fakultätsrat, ein Gutachterausschuss
o.ä. Eine Nicht-Annahme der Habilitation ist nicht nur ein Scheitern des
Kandidaten sondern auch seines Betreuers. Es wurde von einem Fall berichtet, bei dem es *„gerumpelt"* hat.

> B: Da haben wir die Zähne zusammengebissen und das durchgewinkt.
>
> I: Und warum, wie hat es bei der gerumpelt? Lag es an der Qualität der Dar-
> stellung?

B: Ja. Die hätte noch ein Jahr dran arbeiten müssen, dann hat sie zwischendurch wieder ein Kind gekriegt. Es war einfach so, dass man gesagt hat, das ist eigentlich kein Text, so wie wir uns das vorstellen. Es waren auch so Ecken drin, das war einfach oberflächlich. Aber auch ein paar ganz gute Dinge, insgesamt haben wir dann alle gemeint, das sei vertretbar. Und haben es auch gemacht.

Der Interviewpartner schob aber noch nach: *„Das war jetzt auch, weil, das ist so ein Fach, wo der Bedarf hoch ist."* (I 73) Es ging also nicht nur darum, die Habilitandin zu unterstützen.

Manche Habilitationsordnungen sehen vor, dass Habilitationen nach einem Jahr erneut vorgelegt werden oder wiederholt werden können. Wir haben von keinem solchen Fall gehört, nur von einem Kandidaten, der seine Habilitation überarbeitet und an einer anderen Universität eingereicht hat. Manche Habilitationsordnungen sehen ausdrücklich Rechtsmittel vor, andere nicht. Wir haben nur von einer Habilitandin gehört, die Rechtsmittel eingelegt hatte. (vgl. 5.5.1.5)

Insgesamt sind für eine Habilitation folgende Leistungen zu erbringen: Habilitationsschrift und Probevortrag als mündliche Habilitationsleistung[382], nach der die Feststellung der Lehrbefähigung erfolgen kann. Danach wird die Verleihung der Lehrbefugnis (venia legendi) beantragt. Diese kann später noch erweitert werden. Mit der Verleihung der Lehrbefugnis wird die oder der Habilitierte Privatdozentin oder Privatdozent. Einige Habilitationsordnungen sehen vor, dass man den Titel Dr. habil. führen kann. Privatdozenten haben eine Lehrverpflichtung, für die sie aber nicht besoldet werden. Die Lehrverpflichtung muss wahrgenommen werden, um den Titel beibehalten zu können.

Für den Probevortrag (nicht zu verwechseln mit dem Probevortrag im Berufungsverfahren) sind drei Themen einzureichen, aus denen von dem für die Habilitation zuständigen Gremium eines ausgewählt wird. An den Probevortrag schließt sich eine wissenschaftliche Aussprache oder ein Kolloquium an.[383] Beides ist fakultätsöffentlich. In der Regel besteht die Möglichkeit, die mündlichen Leistungen zu wiederholen. Auch dieser Fall

---

382 Vgl. dazu auch Schulze-Fielitz 2013, S. 118-144 (Der öffentlich-rechtliche Habilitationsvortrag).

383 Wir haben in Habilitationsordnungen den Passus gefunden: „Der Vortrag und das Kolloquium dienen der Feststellung der pädagogischen Eignung." Dieses dürfte schwerlich damit möglich sein. Es kann nur die wissenschaftliche Gewandtheit und rhetorische Brillanz gezeigt werden.

ist eher selten. Ein Interviewpartner berichtete von einer Kollegin, die extern habilitiert hat:

> „Ich kann mich noch gut erinnern, also der Vortrag lief nicht gut. Es wurde eigentlich ein wissenschaftlicher Vortrag erwartet, und sie hat das Ganze mehr so gestaltet wie 'ne AG für Anfänger, oder 'ne Vorlesung, mit an die Tafel schreiben und so. [...] Also es wurde halt wirklich ein wissenschaftlicher Vortrag erwartet, den man zur Not auch vom Blatt abliest, mit anschließender Diskussion. [...] Entweder gab es keine ausreichende Kommunikation vorher, sie hat nicht gefragt, oder sie hatte falsche Vorstellungen, wie man so was tut. Und dann hat A erzählt, dass er ziemlich rudern und kämpfen musste, um die Fakultät davon zu überzeugen, den Vortrag zu akzeptieren als Habilitationsvortrag. Es gab einige Stimmen, wie er mir erzählt hat, die es lieber gesehen hätten, wenn Frau B in 'nem Monat noch mal kommt. Es war eine Strömung in der Fakultät, die gesagt hatte, ne, also, jetzt so von der Form her, also weder vom Niveau noch von der Form, sei das einem Habilitationsvortrag angemessen gewesen. Und A hat dann erzählt, dass er sich sehr dafür eingesetzt hat, dass das akzeptiert wird. Und Noten gibt's ja nicht. Es gibt ja nur Daumen rauf oder Daumen runter. Und dann hat man sie also wohl mit Bedenken da durchkommen lassen. [...] die Arbeit muss wohl sehr gut gewesen sein. Ich glaub', es war dann das Argument, dass die Arbeit so gut war, dass man sagte, mein Gott, der Vortrag soll ihr das jetzt nicht vermiesen. Und sie muss da jetzt nicht noch mal antreten." (I 73)

Das Verfahren wird abgeschlossen durch die öffentliche Antrittsvorlesung.[384] Auch nach jedem Ruf an eine neue Universität und bei Antritt einer Lehrstuhlvertretung wird zur Einführung des/der neuen Lehrenden eine Antrittsvorlesung gehalten.

Manche Professorinnen und Professoren habilitieren im Laufe ihres Hochschullehrerdaseins bis zu fünf und mehr Kandidat/innen, andere keine, zwei Interviewpartner sagten uns, dass sie sehr bedauerten, bis heute noch keine/n Habilitanden/Habilitandin gefunden zu haben.

---

384 „Die Antrittsvorlesung ist das Ende einer langen akademischen Prozedur, der letzte Akt eines Übergangsrituals. (...) Feierlich inszeniert, muss sie bestimmte Merkmale aufweisen, um wirkungsvoll zu sein: der Hauptakteur erscheint in neuer Kleidung und ggf. mit Krawatte. Die Antrittsvorlesung beginnt mit der korrekten Anrede des Dekans als ‚Spectabilis‘, oder ‚Eure Spectabilität‘. Die Antrittsvorlesung sollte ein ausgefeiltes rhetorisches Kunstwerk sein: spannend, geistreich, für ein öffentliches Publikum verständlich – aber natürlich trotzdem auf höchstem akademischem Niveau." (Both 2013, S. 155)

9.5 Die Juniorprofessur

Die Juniorprofessur ist 2002 eingeführt worden. Nach der gesetzgeberischen Intention sollte die Juniorprofessur den traditionellen Weg über die Habilitation im Interesse einer Beschleunigung der wissenschaftlichen Karriere alternativ ersetzen. Junge Wissenschaftler/innen mit herausragender Promotion sollten darüber direkt unabhängig forschen und lehren können.[385]

Juniorprofessorinnen und -professoren sind nach Maßgabe der Gesetze Hochschullehrende. Sie unterliegen keinen fachlichen Weisungen und vertreten ihr Fach unabhängig. Ihr Lehrdeputat liegt in der ersten dienstrechtlichen Phase, die in der Regel drei Jahre beträgt, bei vier bis fünf Semesterwochenstunden. Danach erfolgt eine Zwischenevaluation. In der zweiten Phase liegt die Lehrverpflichtung bei sechs bis sieben Semesterwochenstunden. Zum Vergleich: Ein Vollzeit beschäftigter wissenschaftlicher Mitarbeiter hat eine Lehrverpflichtung von vier Stunden. Zum Teil gibt es eine sog. Tenure Track-Option, d.h. die Möglichkeit, an der eigenen Hochschule berufen zu werden. In einer Reihe von Landeshochschulgesetzen ist aber vorgesehen, dass die Juniorprofessor/innen dann nach ihrer Promotion die Hochschule gewechselt haben müssen oder mindestens zwei Jahre außerhalb der berufenden Hochschule wissenschaftlich tätig waren, damit die Kandidat/innen nicht nur eine Hochschule von innen kennengelernt haben und damit dem traditionellen Kriterium der Mobilität Genüge getan wird.[386]

2004 hatte das Bundesverfassungsgericht geurteilt, dass die bundesweite Einführung der Juniorprofessur wegen Kompetenzüberschreitung des Bundesgesetzgebers verfassungswidrig sei.[387] Daher musste die Juniorprofessur in den Landeshochschulgesetzen geregelt werden. Parallel wurde das Institut dadurch geschwächt, dass mit dem Urteil des Bundesverfassungsgerichts die für die Juniorprofessur zur Verfügung gestellten Investitionsmittel des Bundes entfielen, die eine Sonderausstattung der Juniorprofessuren ermöglicht hatten, und der Qualifikationsweg über die Habili-

---

385 Außerdem sollte die Abwanderung von Nachwuchswissenschaftlerinnen und -wissenschaftlern ins Ausland gestoppt werden. Dieses gesetzgeberische Ziel spielt in der Rechtswissenschaft als einem an die deutsche Sprache gebundenen Fach nur eine geringe Rolle.

386 Vgl. z.B. § 38 Abs. 1, S. 3 HZG NRW.

387 Urteil vom 27.7.2004, 2 BvF 2/02.

tation blieb geöffnet. Daher sind Juniorprofessuren bis heute nicht der Königsweg zur Professur.

Auf einen Nenner gebracht, ist in der Rechtswissenschaft die Juniorprofessur befristet, im Vergleich zu anderen Berufsmöglichkeiten für Jurist/innen schlecht bezahlt[388] und weiblich. Wie bereits erwähnt, betrug im Jahr 2014 der Frauenanteil an den Juniorprofessuren in der Rechtswissenschaft 42,5%. 1/3 aller Fakultäten hatten keine Juniorprofessuren. [389]

Das Fazit bis zum Jahr 2017 ist, dass sich das Institut bisher in der Rechtswissenschaft nicht etabliert hat. Die Habilitation wird weiter vorausgesetzt, und die Juniorprofessor/innen bemühen sich zu habilitieren.[390] Aufgrund der hohen Arbeitsbelastung zum einen durch ein hohes Lehrdeputat und durch Verwaltungs- und Selbstverwaltungsaufgaben, die sie aufgrund der statusmäßigen Zuordnung zur Gruppe der Professoren wahrnehmen müssen, wird ihnen die Habilitation erschwert. Wir haben nur eine Juniorprofessorin getroffen, die nicht plante zu habilitieren, weil sie eine Lehrprofessur[391] anstrebte. Sie kam aus der Justiz, und mittlerweile ist sie in die Justiz zurückgekehrt. Wir haben nur von einer Juniorprofessorin gehört, die einen Ruf vor Abschluss der Habilitation an ihre Hochschule er-

---

388 Bei Juristen im Vergleich vor allem zur Justiz und zu den Segmenten der Anwaltschaft, die für Wissenschaftler infrage kämen. Es gibt allerdings insgesamt bei der Bezahlung der Juniorprofessuren erhebliche Unterschiede nach Bundesländern und Fächern.

389 S. Statistikteil 6.1.9

390 Die Mitgliederversammlung der Zivilrechtslehrervereinigung hat 2005 zu Juniorprofessoren „nachfolgende Vorgehensweise vorgeschlagen, welche mehrheitlich auf Zustimmung gestoßen ist. Ein Juniorprofessor im Bürgerlichen Recht hat grundsätzlich die Möglichkeit, als Mitglied in die Zivilrechtslehrervereinigung aufgenommen zu werden, wenn er einen positiven Bescheid über die zweite Evaluierung (in der Regel nach 6 Jahren) vorlegen kann. Im Regelfall geht der Vorstand davon aus, dass ein solcher Antragsteller durch der Habilitation „gleichwertige wissenschaftliche Leistungen" im Sinne von § 2 Abs. 3 der Vereinssatzung (Fassung vom 25.9.2001) ausgewiesen ist. Im Einzelfall kann der Vorstand weitere Nachweise für die wissenschaftliche Qualifikation im Bürgerlichen Recht z.B. anhand eines Schriftverzeichnisses einfordern." http://www.zivilrechtslehrerve reinigung.de/index.php?id=8

391 Der Wissenschaftsrat hatte 2007 empfohlen, Lehrprofessuren mit einem Lehrdeputat von 12 Wochenstunden einzuführen. Bayern ist diesem Modell gefolgt, Baden-Württemberg hat, um die Idee der Lehrprofessur umzusetzen, Hochschuldozenten und Juniordozenten eingeführt. 2013 gab es aber insgesamt nur 46 Lehrprofessuren. http://www.zeit.de/2015/28/lehre-forschung-universitaet-lehrprofess ur

halten hat. In dem Fall lag aber ein gleichwertiger Ruf an eine andere Hochschule vor.

„Das System der Juniorprofessur ist aus Sicht der juristischen Fakultät nicht zu Ende gedacht" (I 22), gab ein Interviewpartner zu bedenken.

„Grundsätzlich muss ich sagen, gefällt mir das Prinzip im Eigentlichen gut. Es führt [...] zu einer früheren Selbständigkeit der Kollegen. Es gab in der Vergangenheit Kollegen, die sich mit 42 oder gar 48 habilitiert haben. [...] Man muss sich allerdings Folgendes klar machen: Man muss fragen, wenn man die Habilitation abschafft, wodurch wird sie ersetzt? Anders ausgedrückt, man muss sich über das Qualifikationsprofil eines Professors abseits der Habilitation klar werden. [...] Bei der Rechtswissenschaft haben wir hier, und da unterscheiden wir uns von nahezu allen anderen Fakultäten, ein Problem. Und das ist, dass wir hier sozusagen diesen Konsens über alternative Leistungsstandards [wie z.B. in den Ingenieurwissenschaften, aber auch der Soziologie und der Psychologie] nicht haben." (I 22)

Mehrere Interviewpartner berichteten, dass die in den 1970er und 1980er Jahren eingerichteten Assistenzprofessuren viel vorteilhafter gewesen seien. *„Wir mussten nur zwei Stunden die Woche lesen. Und sonst überhaupt nichts."* (I 6)

2014 hat der Wissenschaftsrat wieder die Einführung von Tenure-Track Professuren und Dauerstellen für den wissenschaftlichen Nachwuchs angemahnt. Die juristischen Fakultäten hat dies unbeeindruckt gelassen. Ein Interviewpartner sah das Risiko, *„ dass sich auf die Dauer, selbst bei allergrößter Sorgfalt wahrscheinlich ein gewisser Rest von Leuten bilden würde, die einfach nur da sitzen."* (I 56) Ein anderer befürchtete *„Geklüngel"*: *„ Von Tenure Track halte ich überhaupt nichts, weil es noch irrationaler wird. Dann fangen nämlich die Kumpeleien an."* (I 47)

2015 hat der Deutsche Hochschulverband gefordert, dass als neue Personalkategorie wieder Assistenzprofessuren geschaffen werden und wissenschaftliche Dienstleistung und Qualifikation klar voneinander getrennt werden sollten. Ein Modell dafür wäre die zusätzliche Einführung von Lehrprofessuren. Auch dies stößt auf Widerstand. Ein Interviewpartner formulierte es so:

„Ich bin Humboldtianer. Ich meine, dass Wissenschaft die Lehre bedingt. Ein Professor muss beides machen. Zu sagen, Du wirst jetzt sozusagen Repetitor, du lehrst mal schön und die anderen forschen: Das ist nicht gut für die Universität." (I 47)

9.6 Die venia legendi

Die Lehrbefugnis, venia legendi, wird für die Fächer und Lehrgegenstände erteilt, die die Habilitanden abdecken können, weil sie darin geforscht, veröffentlicht und gelehrt haben. Diese Spezialisierung kann sich im Laufe des Wissenschaftlerlebens ändern und kann dann angepasst werden.

Es ist fachstrukturell üblich, ein Anwendungsfach (Zivilrecht, Strafrecht, Öffentliches Recht) in die Lehrbefugnis aufzunehmen. Rechtsanwendung und Dogmatik haben traditionell einen höheren Stellenwert in der Rechtswissenschaft als die Grundlagenfächer, wie Rechtsgeschichte, Rechtsphilosophie, Rechtstheorie, Methodenlehre, Rechtssoziologie, Rechtsvergleichung, Recht und Ökonomie. Eine juristische Lehrbefugnis, die nur aus Grundlagenfächern besteht, ist in der deutschen Rechtswissenschaft bislang nicht bekannt. Der Grund liegt darin, dass die juristische Ausbildung wenig forschungsbezogen, sondern, wie beschrieben, als klassische Professionsausbildung stark anwendungsorientiert ist (dazu auch Pilniok 2015).

Bei einer Bewerbung auf einen Lehrstuhl wird die Denomination des Lehrstuhls oft um Spezialgebiete des Bewerbers/der Bewerberin erweitert.

Eine venia legendi kann zum Beispiel lauten auf[392]

Im Zivilrecht

Bürgerliches Recht, Zivilprozessrecht und Gesellschaftsrecht

Sozialrecht, Bürgerliches Recht und Arbeitsrecht

Bürgerliches Recht, Rechtsphilosophie und Medizinrecht

Internationales Privat- und Verfahrensrecht und Bürgerliches Recht

Bürgerliches Recht, Handels- und Wirtschaftsrecht, Internationales Privatrecht und Rechtsvergleichung

Römisches Recht und Privatrechtsgeschichte sowie Deutsches und Europäisches Privatrecht

Bürgerliches Recht und Deutsche Rechtsgeschichte

Bürgerliches Recht, Bank- und Kapitalmarktrecht

Im Strafrecht

Strafrecht, Strafprozessrecht und Wirtschaftsstrafrecht

Strafrecht, Strafprozessrecht, Medienstrafrecht und Strafvollzugsrecht

Kriminologie

---

392 Die Auflistung ist in Anlehnung an die Bezeichnung der Lehrstühle und Professuren der Universität Münster zusammengestellt worden.

Im Öffentlichen Recht

Staats- und Verwaltungsrecht

Öffentliches Recht, Rechtsphilosophie und Rechtssoziologie

Europäisches Verwaltungsrecht

Öffentliches Recht und Steuerrecht

Öffentliches Recht unter besonderer Berücksichtigung des Finanz- und Steuerrechts

Öffentliches Recht, insbesondere öffentliches Baurecht, Umwelt- und Planungsrecht

Öffentliches Recht, insbes. Verwaltungswissenschaften, Kultur- und Religionsverfassungsrecht

Öffentliches Recht, Völker- und Europarecht sowie empirische Rechtsforschung

In einigen Fächer gibt es ein Überangebot von Bewerberinnen und Bewerbern, in anderen eine Mangelsituation. Je nachdem sind die Stellenaussichten gut oder weniger gut. Besonders hart ist der Wettbewerb im Öffentlichen Recht.

Frauen finden sich, so ein Interviewpartner, mehr in den „weichen Fächern" im Öffentlichen Recht z.B. im Völkerrecht, im internationalen Recht. Sie konkurrieren dann nicht nur mit männlichen Kollegen, sondern auch miteinander.

> „Je härter es wird, umso weniger Frauen findet man. [...] Wir bekommen ja immer alle vorgeführt bei der Staatsrechtslehrervereinigung, da müssen die alle nach vorne kommen und sich vorstellen. Deswegen kriegt man jedes Jahr mit, was da so gelaufen ist an Habilitationen. [...] Es knubbelt sich sehr stark im europarechtlichen Bereich und im völkerrechtlichen. Das liegt auch daran, dass die Sprachen können. Die Bereitschaft junger Frauen ins Ausland zu gehen ist viel, viel höher als bei den Männern. [...] Die werden dadurch besser. Nur dann ist die Neigung eben nicht, sagen wir so, diese harten Sachen im Verwaltungsrecht zu machen, also besonderes Verwaltungsrecht, das ist nicht so furchtbar beliebt. Und deswegen gibt es da so eher einen Überhang, glaube ich, in meiner Wahrnehmung jedenfalls. Und je mehr, sagen wir mal, man vielleicht zwischendurch mal eine Bilanz lesen muss und so, umso schwieriger wird es." (I 6)

Auch im Zivilrecht führen, wie bereits erwähnt, auffällig viele Professorinnen in der Lehrstuhlbezeichnung einen Hinweis auf Europarecht oder im Ausland erworbene oder mit ausländischem Recht verknüpfte Kenntnisse, wie Europäisches und/oder internationales Privat-, Wirtschafts-, Verfahrens-, Familienrecht, Europäisches Privatrecht, Europäisches Arbeitsrecht oder Rechtsvergleichung.

Wie in der Anwaltschaft ist Familienrecht auch universitär eine Frauen-domäne.[393]

Habilitierte, die den Titel Privatdozent/in oder außerplanmäßige/r Profes-sor/in führen wollen, sind verpflichtet, kontinuierlich an ihrer Universität zu lehren, je nach Bundesland in jedem oder jedem zweiten Semester zwei Stunden pro Unterrichtswoche. Diese Lehre wird nicht besoldet. Bis Habi-litierte einen Ruf erhalten, müssen sie – oft in schwierigen wirtschaftli-chen Verhältnissen – diese Lehrleistung erbringen. Auch dieses ist ein Re-likt aus vormoderner Zeit.[394]

9.7 Die Lehrstuhlvertretung

Idealerweise beträgt die Zeit zwischen Habilitation und Ruf ein bis zwei Jahre, in denen meist Lehrstuhlvertretungen wahrgenommen werden. Nach zwei Jahren haben rund 60% der Habilitierten eine Stelle gefunden, bei weiteren 20% dauert es weitere zwei Jahre, die restlichen 20% suchen bis zu zehn und noch mehr Jahre oder bemühen sich letztlich nicht mehr um eine Professur. (Jungbauer-Gans/Gross 2013, S. 83)[395] Von etwa vier Jahren ab der Habilitation sinken also die Chancen rapide, es besteht die Gefahr, ein „Ladenhüterimage" zu bekommen nach dem Motto: „Wer bis dahin keinen Lehrstuhl bekommen hat, kann nicht gut sein." Uns ist aber auch ein Fall begegnet, bei dem die Kandidatin noch zehn Jahre nach der Habilitation berufen wurde.

Diese Lehrstuhlvertretungen werden nicht ausgeschrieben, sondern netzwerkmäßig vergeben. Man wird angesprochen oder darauf hingewie-sen, sich hier oder da für eine Lehrstuhlvertretung zu bewerben. So kann Schüler A eine Lehrstuhlvertretung beim früheren Ko-Habilitanden von B erhalten usw. Durch die Lehrstuhlvertretungen erwirbt man nicht nur Er-fahrung in der Lehre, sondern knüpft auch weitere Kontakte und wird auf

---

393 Dies zeigt sich am plakativsten beim Geschlechterproporz bei den Fachanwalt-schaften. Vgl. Roloff/Schultz 2016a, S. 53 ff.

394 Im Jahr 2016 hat ein Regensburger Privatdozent für Philosophie dagegen Popu-larklage vor dem Bayerischen Verfassungsgerichtshof erhoben.

395 In Mathematik und Soziologie, den weiteren Fächern, die Jungbauer-Gans und Gross untersucht haben, dauert es erheblich länger. Nach gut vier Jahren hat erst die Hälfte eine Professur bekommen und nach 10 Jahren sind noch 20% unver-sorgt. (ebenda)

dem Markt der Rechtswissenschaft sichtbar. Es gibt Lehrstuhlvertretungen cum spe mit der Aussicht auf Berufung – wenn die Stelle zur Besetzung frei ist – und sine spe – wenn der Lehrstuhl z.B. später umgewidmet werden soll – o.ä.

Eine habilitierte Wissenschaftlerin hatte unmittelbar nach der Habilitation eine gute Stelle bei einem Verband bekommen und sich deshalb nicht um Lehrstuhlvertretungen bemüht. Damit hatte sie die Spielregeln nicht eingehalten und letztlich hat sie keinen Ruf mehr erhalten.

Um die Zeit von der Habilitation bis zu einem Ruf zu überbrücken, kann man sich auch um ein Heisenbergstipendium bewerben. Eine andere Interviewpartnerin hatte daraufhin Lehrstuhlvertretungen, die ihr angetragen worden waren, abgelehnt:

> „das ist mir durchaus auch noch lange vorgehalten worden von Kollegen [...], die mir da was Gutes tun wollten mit der Lehrstuhlvertretung, dass ich dann erklärt hab', ich hab' ja mein Heisenberg Stipendium, und ich nehm' nicht grad jede Vertretung an. Also das hätten die nämlich eigentlich erwartet." (I 59)

Lehrstuhlvertretungen setzen die Bereitschaft zur Mobilität voraus. Für Menschen mit Familienpflichten kann dies eine anstrengende Zeit sein. Üblicherweise laufen Lehrstuhlvertretungen über maximal zwei Semester.

Alix Both (2013, S. 6) hat in ihrem Campusroman ihre Lehrstuhlvertretung so beschrieben:

> „Nach fünf Jahren Studium, drei Jahren Promotion, sieben Jahren Habilitation und Privatdozentur, nach drei Jahren als studentische Hilfskraft und sieben Jahren als wissenschaftliche Mitarbeiterin im zarten Alter von 38 Jahren, wenn andere Leute schon ihre berufliche Midlife-Crisis erleben, habe ich endlich meinen ersten ordentlich bezahlten Job an der Universität ergattert. Vertretungsprofessuren werden nicht auf dem freien Arbeitsmarkt ausgeschrieben, sondern unter der Hand als Freundschaftsdienste und Loyalitätsprämien vergeben. Professor Hirsle sei Dank! Ohne ihn, meinen ehemaligen Doktorvater als mächtigen und wohlwollenden Fürsprecher, hätte ich diese Chance nicht erhalten. Er hat die Idee seiner lieben Kollegin Wegenich eingeflüstert, und die hat mich im Fachbereich durchgesetzt."

Lehrstuhlvertretungen werden allerdings unterschiedlich vergütet, z.T. nur die Semestermonate ohne Semesterferien, z.T. werden volle sechs Monate vergütet, es gibt auch Teilzeit-Lehrstuhlvertretungen. Auch die Zeit der Lehrstuhlvertretungen ist also eine wirtschaftlich unsichere Phase.

Die Zeit zwischen Fertigstellung der Habilitation bis zum Ruf wird als sehr belastend erlebt. Eine Professorin berichtete:

„2010 war aus meiner Sicht subjektiv gesehen wirklich das härteste und das frustrierendste Jahr, wo ich auch die meisten Selbstzweifel hatte, ob das eigentlich der richtige Weg war. Weil da alles irgendwie so aufhörte. Mein Vertrag bei [dem Forschungsinstitut] war sowieso zu Ende, das DFG Projekt war zu Ende. Und der [Habilitationsvater] konnte auch nichts für mich tun, weil er emeritiert war und keinen Lehrstuhl mehr hatte, und [bei dem Forschungsinstitut] war die Krise aus den ganzen Strukturerwägungen heraus, so dass niemand dann groß Interesse gehabt hätte, jetzt für mich was zu tun. Und dann hat es halt mit den Stellen nicht so hingehauen." (I 72)

Ähnlich ergeht es vielen, es sei denn, dass sie noch während des Habilitationsverfahrens ihren Ruf bekommen.

9.8 Das Berufungsverfahren

Der Ruf auf eine Professur bildet den Abschluss universitärer Berufungsverfahren.[396] Man bewirbt sich kurz vor oder nach Abschluss der Habilitation auf alle Stellen, die *„einigermaßen passend"* (I 21) sein könnten. Dadurch bekommt man zumindest weitere Kontakte und macht sich weiter sichtbar.

9.8.1 Der Probevortrag

Wenn man nach einer Bewerbung auf eine Professur zur Vorstellung an eine Universität eingeladen wird, gibt es nicht nur ein „Bewerbungsgespräch", sondern es muss ein Probevortrag gehalten werden, man muss „vorsingen". Gelingt dies nicht gut, hat man „versungen".

Unter dem Aspekt, dass Bewerber ihre Lehreignung unter Beweis stellen sollten, hat der damalige Juniorprofessor Matthias Klatt[397] die übliche Praxis kritisiert:

„In den allermeisten Fällen wird ja nicht mal eine Probevorlesung verlangt, sehr wohl aber ein Fachvortrag. Man muss sich das praktisch vorstellen, um zu begreifen, wie absurd es ist: Da sitzt eine Berufungskommission, die die Unterlagen des Bewerbers studiert hat und seine zahlreichen Aufsätze, Kommentierungen, Fachbeiträge usw. längst kennt, oft schon ein Gutachten zu seinen Forschungsverdiensten angefertigt hat. Und was macht die Kommission?

---

396 Vgl. Wissenschaftsrat 2005; Informationen des Deutschen Hochschulverbandes.
397 Vgl. 8.3.1

Sie lässt ihn noch einen Fachvortrag halten! Anstatt sich einen Eindruck von den Dingen zu verschaffen, die sie nicht kennt, die später aber einen wichtigen Teil seiner Arbeit ausmachen werden: seiner Qualität als Dozent, seinen kommunikativen und zwischenmenschlichen Fähigkeiten. Jedes Unternehmen, das bei der Personalauswahl so dysfunktional vorginge, wäre schnell pleite." (Lijnden 2014)

Wir hörten von mehreren, dass Probevorträge schlecht beurteilt worden waren, weil sie mehr Wert auf das Präsentieren als auf die Wissenschaftlichkeit der Inhalte gelegt hatten. Präsentieren gehört eher in die Antrittsvorlesung. Probevorträge bei Bewerbungen werden also ähnlich wie Probevorträge bei Habilitationen beurteilt.

Üblicherweise wird nach dem wissenschaftlichen Vortrag noch nach den Vorstellungen für die Gestaltung von Forschung und Lehre und Mitarbeit in der Fakultät gefragt, z.T. werden Konzeptpapiere verlangt.[398]

9.8.2 Der Listenplatz

Berufungen unterliegen wie alle Einstellungen im öffentlichen Dienst dem Kriterium der Bestenauslese, die aus Art. 33 Abs. 2 des Grundgesetzes abgeleitet wird: „Jeder Deutsche hat nach seiner Eignung, Befähigung und fachlichen Leistung gleichen Zugang zu jedem öffentlichen Amte." Hinzu kommen die Quotierungsregelungen der Landesgleichstellungsgesetze, nach denen Frauen bei gleicher Eignung, Befähigung und fachlichen Leistung bevorzugt einzustellen sind. Wie im statistischen Teil gezeigt wurde, haben Frauen in den letzten Jahren geringfügig bessere Chancen auf einen Ruf gehabt. Wie kann Eignung, Befähigung und fachliche Leistung gemessen werden? Bei allen höheren Positionen stellt dies ein Problem dar.[399] Die Qualifikation für Professuren ist ein komplexes, hoch individuelles Paket von Spezialisierung, Publikationen und Lehrleistungen. Insoweit besteht zwangsläufig immer ein erheblicher Bewertungsspielraum.

---

398 Es gibt Coachingangebote für Bewerbungsverfahren, insbes. vom Deutschen Hochschulverband, von der Universität Heidelberg das „Management-Programm „Auf dem Weg zur Professur", auch besondere Angebote für Wissenschaftlerinnen, z.B. von CEWS (Center of Excellence for Women in Research and Science) gesponsert von der Kosmetikfirma L'Oreal.

399 Bei unserer Untersuchung zu Frauen in Führungspositionen der Justiz in NRW zeigte sich, dass in der Justiz die Quote keine Wirkung hatte. (Schultz 2012a, S. 270)

Die Befähigung ergibt sich aus der Habilitation.[400] Woraus folgen Eignung[401] und fachliche Leistung[402]? Ist die Anzahl der Publikationen ein objektiver Wert? Sind Seitenzahlen wichtiger oder die Publikationsorgane? Wie wird bewertet, wenn man wenig geschrieben hat, die Publikationen aber innovativ sind? Ist ein Doppelstudium ein Plus und ein Studium im Ausland? Gibt man Frauen, die Kinder haben, einen Nachlass von „Ein Kind – ein Buch"? Soll dasselbe für Männer gelten, die Kinder groß ziehen?[403]

Die Qualität der Lehre findet, wie beschrieben, allenfalls als weicher Faktor Berücksichtigung. Wie wird der Probevortrag gewichtet – inhaltlich, methodisch, rhetorisch?

Zu den auf die Liste gesetzten Kandidatinnen und Kandidaten werden Gutachten eingeholt. Nach welchen Kriterien werden die Gutachter ausgesucht? Wie objektiv können sie urteilen?

Zur Qualitätskontrolle gibt es Berufungsordnungen und Berufungsbeauftragte. Sind die Verfahren daher fair, oder spielen Seilschaften doch eine Rolle?

Zu der erwarteten Qualität sagte ein Interviewpartner:

> „Es ist wichtig, dass man [bei der Promotion und der Habilitation] die richtigen Themen nimmt. [...] Also ein Thema, das nicht so schnell veraltet, das so grundsätzlich ist, dass es in zwanzig Jahren noch gelesen wird. [...] Ein zweites ist, dass man 'ne hinlängliche Breite von Themen hat [...] Ich krieg nur einen Ruf, wenn ich auch die Baurechtsvorlesung bereit bin zu machen. Also erstes Buch und zweites Buch, verschiedene Themen. Und dann auch 'ne gewisse Bereitschaft, in Niederungen von Alltagsrechtsgebieten hinein zu gehen. Rufe ergehen nicht nur, weil jemand wissenschaftlich so toll ist, sondern

---

400 Befähigung = Vorbildung und einschlägige Berufserfahrung.
401 Die Eignung im engeren Sinne beinhaltet anlage- und entwicklungsbedingte Persönlichkeitsmerkmale sowie psychische und physische Kräfte, also die berechtigte Erwartung, der Bewerber werde alle dienstlichen und außerdienstlichen Pflichten aus dem Beamtenverhältnis erfüllen. BVerwG, Urteil vom 3.3.2011 - 5 C 16.10.
402 Die fachliche Leistung setzt sich aus Arbeitsergebnissen zusammen, die den dienstlichen Anforderungen entsprechen.
403 Ein Interviewpartner meinte allerdings, dass generell eine weitgehende Übereinstimmung bei der Bewertung der Qualität von Wissenschaftlern bestehe: „*Da gibt's so diesen berühmten Versuch, das klappt ganz gut, wenn man andere bewerten soll und nur sich selber nicht. Wo man eine Liste machen soll 1 – 12, wer ist hier der stärkste und wer ist der schwächste. Sich selber muss man rausnehmen. Und das bringt weitgehende Übereinstimmung.*" (I 6)

weil man erwartet, dass der oder die Betreffende bestimmte Lehrveranstaltungen macht." (I 21)

Was nicht zur gewünschten Qualifikation beiträgt, ist die viel besungene und geforderte Interdisziplinarität. Hat man z.b. in Jura promoviert, aber eine Habilitation in einem anderen Fach, z.B. Geschichte oder Politikwissenschaft, angefertigt, so sitzt man fachlich zwischen den Stühlen. In anderen Disziplinen mag das funktionieren, in der Rechtswissenschaft nicht. Allenfalls kann eine zweite Promotion in einem anderen Fach „adeln", verbessert werden die Chancen dadurch im Zweifel aber nicht.

Unsere Interviewpartner meinten durchweg, dass Qualität die vorrangige Rolle spiele. *„Der fachliche Ruf setzt sich mittelfristig durch. Dass Leute, die wirklich gut sind, auf Dauer unerkannt bleiben, das ist höchst unwahrscheinlich."* (I 21) Qualität ist aber nicht nur die fachliche Qualität, es geht auch um die Persönlichkeit des Bewerbers/der Bewerberin. Dazu äußerte eine Interviewpartnerin:

> „Ob derjenige, der auf den ersten Platz kommt, auch der Beste unter den Bewerbern ist, das steht auf einem anderen Blatt. Auch andere Gesichtspunkte spielen eine Rolle. Wenn man jemanden beruft, muss man mit dem arbeiten. Mittlerweile bin ich in Berufungskommissionen und weiß, wie schwierig es ist, mit Kollegen zu arbeiten, die sozial unverträglich sind." (I 65)

Ein anderer wies ebenfalls darauf hin, dass es eine Rolle spielt, wer besser in die Fakultät passt. *„Menschlich gesehen zum Beispiel. Ist jemand ein Ellenbogentyp oder nicht? Das, finde ich, ist ebenso wie die sonstige Qualifikation ein wichtiger Gradmesser."* (I 47)

Einig war man sich auch, dass heute die Verfahren weniger für Günstlingswirtschaft anfällig seien als früher, das Prinzip: „Nehmt ihr unseren Schüler, nehmen wir Euren." gälte nicht mehr. Ein Interviewpartner äußerte vehement:

> „Wie ein hoch renommierter Kollege [...] es mal formuliert hat: Sobald die Berufungsliste fertig ist, beruft man 'ne Kommission ein. Das gibt's hier nicht mehr, also diese Kultur so nach dem Motto: Erst klären wir, wer die Stelle bekommt, danach wird das Berufungsverfahren eingeleitet, das gibt's so nicht. Später räumte er allerdings ein: Wir haben bei dem einen oder anderen Anbahnungsfall auch Schiffbruch erlitten." (I 22)

Auch ein anderer, ein Öffentlich-Rechtler, sagte:

> „Dass Schüler vermittelt werden, das kenne ich eigentlich nicht mehr und hab' ich auch nicht gehört von Kollegen [...] Ich glaube im Zivilrecht gibt es noch mehr diese Lehrergeschichten. Es gibt Orte, wo so bestimmte Schulen gepflegt werden." (I 56)

327

Dennoch spielen Beziehungen eine wichtige Rolle. Man telefoniert untereinander, legt ein gutes Wort ein oder weist auch darauf hin, dass jemand
im Umgang spezieller oder schwierig sei. Hierdurch kommt es schnell zu
vorgefertigten Meinungen und Vorurteilen.

Einer sagte allerdings einschränkend:

> Ich würde nie irgendjemandem was versprechen oder auch nur in Aussicht
> stellen. Ich würde auch nie irgendwo sagen, dass ich mich für jemand einset-
> ze. […] Wenn man erkennbar versucht, bestimmte Lösungen zu favorisieren,
> und es wird hinterher ein Zusammenhang hergestellt zu irgendeinem Interes-
> se, dann hat man Kosten.
>
> I Kosten?
>
> B: Ja, dann verliere ich den Einfluss, den ich habe. (I 73)

Der zitierte Öffentlich-Rechtler, hob die Bedeutung von Netzwerken hervor:

> „Die Männer, die bilden Peergroups auch standortübergreifend, und dann hel-
> fen die sich. Also die kennen sich von Assistententagungen und bilden dann
> so Gruppen, mehr oder weniger formell, die sich auch zwischendurch treffen.
> […] Dann haben Sie hier zwei, drei junge, und die holen den vierten nach
> oder den dritten. Da bin ich immer strikt dagegen, hier sollen nicht solche
> Blöcke entstehen." (I 56)

Ein Interviewpartner berichtete von seinem Berufungsverfahren:

> „Da war als externes Mitglied Herr B. Den kenne ich natürlich auch schon
> aus Assistentenzeiten. Der hat nämlich, als wir in X die Assistententagung
> hatten, 'nen Vortrag gehalten. Also Herrn B kenne ich gut. Und er war in der
> Kommission. Also, es ist immer die Frage, wie man Kommissionen besetzt.
> So wie man die Kommissionen besetzt, so wird man das Ergebnis am Ende
> kriegen. Das ist einfach so. Deswegen: Das eigentliche Gerangel findet ja
> dann selten in der Kommission statt, eher im Vorfeld, wenn es darum geht,
> wer wird in die Kommission gewählt." (I 21)

Frauen sind, weil sie in der Minderzahl sind, zwangsläufig viel weniger
untereinander vernetzt und dadurch strategisch im Nachteil. Wichtig ist in
jedem Fall ein Fürsprecher, wie eine hervorhob: *„Dann ist es natürlich
unglaublich wichtig, dass man in der Fakultät jemanden kennt, dass da jemand ist, der sich für einen einsetzt. Wenn man niemanden hat, der sich
für einen einsetzt, kann man's knicken."* (I 65)

Fakultätsgleichstellungsbeauftragte und Expertinnen haben in unseren
Interviews kritisiert, dass in Berufungsverfahren in juristischen Fakultäten
in besonderer Weise mit den Verfahrensregeln umgegangen wird:

„Bei Juristen ist das aus meiner Sicht so, dass sie genau wissen, was sie formal dürfen, und das stimmt nicht immer mit dem überein, was sie wollen würden. Und dementsprechend umgehen sie eben die Strukturen und zwar ganz knallhart." (E 5)

„Die haben halt das Recht gepachtet, die juristische Fakultät, und fühlen sich deswegen irgendwie nicht an Leitfäden, Richtlinien, Handreichungen oder Sonstiges gebunden, weil sie eben auch die Auslegungsmacht zum großen Teil ja dann doch auch wieder [beanspruchen], egal was unsere Richtlinien sagen. Und dann wird hin und her argumentiert, und es ist total schwierig." (ZGB 7)

Jurist/innen setzen also ihr Wissen über Recht strategisch ein und verfügen so gesehen über ein spezifisches Kapital im Umgang mit Vorgaben und über eine spezifische Definitionshoheit. Eine andere Gleichstellungsbeauftragte verwies auf den damit einhergehenden Gestaltungsanspruch von Juristinnen und Juristen, der auch befremdend wirken kann: *„Die Juristen sind so, jetzt unter uns, ein Völkchen für sich. Das weiß auch irgendwie jeder."* (ZGB 6)

Eine der Expertinnen merkte zum Einfluss der „alten Herren" in der Fakultät an:

„Es gibt Leute, die hier bis 69 oder 70 sitzen, erstens weil sie glauben, sie sind unentbehrlich, was ja gar nicht stimmt, und, gut, weil sie sich einen solchen Sockel sozusagen aufgebaut haben, dass sie mächtig sind, aber durch die Vernetzung, die sie haben." (E 5)

Eine Professorin berichtete von der „Vorgängergeneration" an ihrer Universität:

„Emeriti, die offensichtlich die Vorstellung haben, dass sie mehr oder weniger bestimmen, wer der Nachfolger wird. Und je nachdem, was der jeweilige Emeritus für ein Standing in der Fakultät hat, gibt's dann eine Gegenfraktion, die reingrätschen will mit anderen Kriterien und dann Gegengutachten einholen lässt; die sich dann intern streiten um die konkrete Anordnung der Personen auf der Liste." (I 59)

Es kommt daher häufiger vor, dass in Berufungskommissionen in verabredeter Dramaturgie mit verteilten Rollen und Wortbeiträgen operiert wird, um auf ein Wunschergebnis hinzuarbeiten. Die Verdienste einzelner Kandidat/innen werden klein geredet oder besonders herausgestrichen. Es kann auch strategisch versucht werden, jemanden zu verhindern. Dafür gibt es vor allem zwei Argumente: *„Das eine ist, den kriegen wir sowieso nicht, den können wir nicht bezahlen, und das zweite ist, der hat zu wenig geschrieben."* (I 56) Ob die Strategie erfolgreich ist, hängt von dem Agieren der Gegenkräfte ab.

Machtspiele sind häufig. Eine Interviewpartnerin berichtete:

> „Bei einer [...] Bewerbung gab es eine statusmäßig in etwa gleich zu bewertende andere Frau. Die einen wollten die eine, die anderen eher mich. Da wurde dann hin und her geschaufelt, und dann gab es Sperrvermerke und Gott weiß was. Ein externes Vergleichsgutachten wurde eingefordert usw." (I 72)

Auf diese Art kann sich die Besetzung eines Lehrstuhls über viele Monate bis zu einem Jahr oder sogar noch länger hinziehen.

9.8.3 Geschlechteraspekte

Die erwähnte Professorin, ihre Habilitation lag im Zeitpunkt des Interviews sechs bis sieben Jahre zurück, war gleichzeitig mit einem Kollegen mit der Habilitation fertig geworden.

> „Das Heikle in meinen Bewerbungsverfahren war, ich bin in der ersten Runde immer angetreten gegen meinen direkten akademischen Milchbruder, der von dem gleichen Chef kam. [...] Und da wurde mir gesagt, man hat sich schlussendlich doch für eben meinen Kollegen entschieden, weil – wie war die Formulierung – weil bei dem weniger auszusetzen war oder weil der weniger angeeckt hat." (I 72)

In diesem Zusammenhang ist die Frage, warum diese Begründung verwendet wurde? In mehreren Interviews berichteten Frauen, dass sie nicht angepasst genug (gewesen) seien, eine meinte *„dass sie irritiert oder sogar Angst gemacht habe, unbewusste Angst."* (I 65) Da fragt sich: angepasst woran, an einen „männlichen" Maßstab? Hier wirken Effekte von Homosozialität und sozialer Ähnlichkeit, aber auch von Geschlechterstereotypen und der Vorstellung, dass Männer – im Gegensatz zu Frauen – eine Familie zu ernähren haben.

Die zuvor zitierte Professorin fuhr dann fort:

> „Zuvor hatte „mein eigener akademischer Lehrer zu mir gesagt, ja, jetzt müsste erst mal er [der Kollege] eine Stelle bekommen, weil er hat ja Frau und Kinder. Und ich hab' ja einen Mann, und deswegen kann der mich ja versorgen, und der Mann hat ja eine Stelle. Eine echte Diskriminierungserfahrung. Das hat mich wirklich gefuchst, muss ich sagen."

Geärgert haben sie auch Sprüche, wie

> „Na ja, jetzt mit Frauenförderung überall, ist es ja viel einfacher auf eine Stelle zu kommen und so. Was dann eben eher von den gleichaltrigen Mitbewerbern, männlich, kommt. Und da hab' ich gesagt, wieviel Jahre hab' ich gebraucht und wie oft bin ich auf den zweiten Platz gekommen und wie oft war

ein angeblich besser qualifizierter Mann vor mir auf Platz 1? Hat das irgend-
jemand mal irgendwie thematisiert?" (I 72)[404]

Zu den Netzwerken sagte sie:

> „Die Verfahren sind in der Hinsicht relativ häufig gezinkt, dass man doch eine
> klare Vorstellung hat, wer sozusagen der angeblich fachlich Geeignetste ist.
> Und das sind dann schon tendenziell in der Männerwelt die männlichen
> Freunde. Weil natürlich es wenige Fälle gibt, auch bei mir selber würde ich
> das so beobachten, dass man sozusagen als Frau dann da mitmacht, in diesen
> informellen Kreisen. Und dann fallen den Männern eben eher ihre männli-
> chen Kollegen, mit denen sie schon alles immer zusammen gemacht haben,
> ein. Und deswegen, also würde ich dann eben, wie gesagt, mal drauf Wert le-
> gen, dass jeder mal eine nennt für diese Stelle, die als Professorin in Betracht
> käme." (I 72)

Auf die Frage, ob bei ihrer Berufung Frauenförderung eine Rolle gespielt
habe, antwortete eine andere Interviewpartnerin:

> „Wahrscheinlich schon, weil die damals gesagt haben, man hätte sich jetzt
> nicht einigen können, ob der Kollege oder ich vorn waren. Und dann hat man
> gesagt, man macht mal pari passu in der Erwartung, dass dann die Frau beru-
> fen wird." (I 16)

Erkennbar ging es hier weniger um echte Frauenförderung als um ein stra-
tegisches Argument; dass die Entscheidung an eine andere Ebene delegiert
werden sollte, um z.B. einen Konflikt mit den Befürwortern des männlichen Kandidaten zu vermeiden.

Umgekehrt wurde berichtet, dass es strategisch vorkam, dass eine Frau
weiter *„unten platziert"* wurde als eigentlich gerechtfertigt, um zu verhindern, dass sie berufen werden könnte. Ähnliches passierte natürlich auch
mit männlichen Kandidaten, die man *„nicht haben wollte"*.

---

404 In einer repräsentativen Untersuchung des Instituts für Demoskopie Allensbach
unter Universitätsprofessoren und Assistenten im Auftrag des Deutschen Hochschulverbandes im Oktober 2016 gaben 92% der befragten Männer im Vergleich
zu 48% der befragten Frauen an, dass Frauen gleiche oder bessere Chancen hätten, eine Anstellung an der Hochschule zu bekommen, als gleich begabte männliche Kollege. Nur 8% der Männer, aber 52% der Frauen sahen geringere Chancen
für Frauen (Petersen 2017, S. 975).

9.8.4 Der Ruf

Als juristisch umstritten gilt die Frage der Verbindlichkeit des Berufungsvorschlags der Berufungskommission, bzw. der Fakultät. Die Landeshochschulgesetze legen in der Regel fest, dass die berufende Stelle nicht an die Reihenfolge des Berufungsvorschlags gebunden ist. In der Regel erteilen Rektorin oder Rektor, bzw. die Hochschulpräsidentin oder der -präsident der Hochschule den Ruf auf die Professur.

Als die Wissenschaftsministerien noch die Fach- und Rechtsaufsicht über die Universitäten hatten, kam es häufiger vor, dass der Ruf vom Ministerium abweichend von der Reihung auf der Berufungsliste erteilt wurde. Ende der 1990er und um die 2000er Jahre bis zum Erlass der Wissenschaftsfreiheitsgesetze sind auf diesem Weg auch Frauen berufen worden, die von der Berufungskommission auf den unteren Listenplätzen eingestuft waren. Uns sind einige Fälle berichtet worden. Die Gleichstellungsbeauftragten der Wissenschaftsministerien haben von den Gleichstellungsbeauftragten der Hochschulen zum Teil regelmäßig Begründungen für die Platzierung der Frauen eingefordert.

Auf die Frage, ob es denn schon passiert sei, dass die inzwischen zuständige Hochschulleitung an den Vorstellungen der Fakultät vorbei eine Frau von weiter unten berufen habe, antwortete ein Interviewpartner:

> „Ähm, ja, ist schon passiert. [...] Ich hab' beides erlebt, dass hochgezogen worden ist, und ich hab' erlebt, dass Frauen, die 'ne gute Listenchance gehabt hätten, aus diesem Grund nicht in die nächste Runde gekommen sind. Weil man Angst hatte, dass sie dann vorgezogen werden." (I 47)

Er schränkte dann aber ein: *„weil einfach die Männer besser qualifiziert waren in dem Zusammenhang".* Wir haben auch von einem Fall gehört, in dem die Hochschulleitung sich geweigert hat, eine Kandidatin zu berufen, weil dann eine Hausberufung erfolgt wäre.

Seit der ab 2005 geltenden Fassung des Hochschulrahmengesetzes ist die bis dahin auf Bundesebene geltende Vorgabe zum Hausberufungsverbot entfallen, so dass den Ländern vorbehalten ist, diese Frage zu regeln (Wissenschaftsrat 2005, S. 11). Danach sind Hausberufungen in eingeschränktem Maße möglich.[405] In der Rechtswissenschaft sind sie aber

---

405 Vgl. § 38 Hochschulzukunftsgesetz NRW, S. 3, 2. HS ff.: „von einer Ausschreibung kann in begründeten Fällen auch dann abgesehen werden, wenn eine Juniorprofessorin oder ein Juniorprofessor auf eine Professur in einem Beamtenverhältnis auf Lebenszeit oder einem unbefristeten Beschäftigungsverhältnis berufen

nach wie vor tabu. Ein Fall ist, wie erwähnt, bekannt, in dem eine Juniorprofessorin an ihrer Hochschule verbleiben konnte, weil ein gleichwertiger Ruf einer anderen Hochschule vorlag.

Zwischen Habilitation und Ruf liegen, wie beschrieben, im Idealfall bis zu zwei, max. vier Jahre, in denen Lehrstuhlvertretungen wahrgenommen werden, manche werden noch vor Abschluss des formalen Verfahrens berufen, bei anderen kann es Jahre dauern. Dies hängt von der Angebot- und Nachfragesituation ab, vom Profil der Kandidat/innen und davon, welche Fürsprecher/innen im Hintergrund agieren.[406]

Bis vor einigen Jahren war es ein Problem, nach dem 50. Lebensjahr an eine Universität in einem anderen Bundesland berufen zu werden oder zu wechseln. Es gibt zwar keine Altersgrenzen für einen Ruf, aber Verbeamtungsgrenzen.[407] Bei verbeamteten Professor/innen, die mit einem zweiten oder dritten Ruf das Bundesland wechseln wollen, ist dies aufgrund von Abkommen zwischen den Bundesländern jetzt quasi bis zur Pensionsgrenze möglich. Es fragt sich daher, warum eine Zurückhaltung besteht, späte Erstberufungen auszusprechen, selbst wenn eventuell nur noch die Übernahme in ein Angestelltenverhältnis möglich ist. Dieses wäre sowohl für Frauen wie auch für Männer, die durch Familienpflichten ihre Qualifikation erst später erbringen konnten, wichtig, aber auch für die, die nicht den „schnurgeraden" Weg in die Wissenschaft gewählt haben und zunächst in der Praxis gearbeitet und dort Kompetenzen gesammelt haben.[408] Zuletzt ist das auch eine Frage der Altersdiskriminierung.

Durch die Ruferteilung wird noch keine gesicherte Rechtsposition erlangt. Die Ruferteilung ist lediglich ein Angebot der Hochschulleitung,

---

werden soll. Darüber hinaus kann in Ausnahmefällen auf die Ausschreibung einer Professur verzichtet werden, wenn durch das Angebot dieser Stelle die Abwanderung einer Professorin oder eines Professors verhindert werden kann. Dies setzt voraus, dass ein mindestens gleichwertiger Ruf einer anderen Hochschule vorliegt. Von einer Ausschreibung kann in Ausnahmefällen auch abgesehen werden, wenn für die Besetzung der Professur eine in besonderer Weise qualifizierte Persönlichkeit zur Verfügung steht, deren Gewinnung im Hinblick auf die Stärkung der Qualität und Profilbildung im besonderen Interesse der Hochschule liegt."

406 Zur Bedeutung des Sozialkapitals und sozialer Unterstützung bei Juristen vgl. Gross/Jungbauer-Gans/Kriwy 2008, S. 18 f.

407 Diese sind nach Bundesländern unterschiedlich, z.T. bei 45, z.T. bei 50 Jahren.

408 oder aber für Personen, die über den zweiten Bildungsweg die Hochschulreife erlangt haben und dann in der Regel älter sind, wenn sie berufungsfähig sind.

quasi eine invitatio ad offerendum, in Berufungsverhandlungen zu treten, kein bindendes Angebot. Seit die Verantwortung für Berufungsverhandlungen weitgehend den Hochschulen überlassen worden ist, müssen die Bewerber/innen beachten, dass die Regelungen und Verwaltungspraktiken vielschichtig sind und sich von Hochschule zu Hochschule unterscheiden.[409]

Der Deutsche Hochschulverband, der die Funktion einer Interessenvertretung für Hochschullehrer/innen hat, ein Interviewpartner nannte ihn *„unsere Gewerkschaft"*, wird in der Rechtswissenschaft bei mehr als 60% der Berufungsverfahren in den Rechtswissenschaften konsultiert.[410] Es werden Berufungsberatungen angeboten. Man kann sich über Rahmenbedingungen an Hochschulen erkunden, bekommt strategische Beratung dazu, wie man eine Berufung vorbereitet und wie man die Besoldung und Ausstattung verhandelt. Beratungsbedarf besteht vor allem hinsichtlich der Finanzen. Aufgrund der Leistungsbezügeverordnungen der Hochschulen mit Stufensystemen für Leistungen sind die Bezüge nicht festgelegt, aber faktisch auch nicht völlig frei verhandelbar. In einigen Bundesländern sind zudem wieder Erfahrungsstufen eingeführt, d.h. es ist sinnvoll, sich eine Orientierung zu verschaffen. Der DHV gibt auch Hilfestellung bei der Erstellung eines Konzeptpapiers. Dieses dient dazu, Verhandlungen vorzubereiten zu Fragestellungen wie u.a.: Wie passt man auf die Professur, was hat man für Visionen hinsichtlich Forschung und Lehre. Eine Hochschule kann nach dem Erhalt eines Konzeptpapiers einen Ruf zurückziehen. Scheitern die Berufungsverhandlungen, ist das Verfahren für diesen Berufungskandidaten beendet. Eine Mitarbeiterin des DHV berichtete, dass Frauen eher Rat suchen als Männer. Manche Frauen hätten gern *„eine Rückmeldung zu jedem Schritt, den sie machen".* (I 74)[411] Männer hätten schon öfter einmal gesagt, dass es *nicht „aufs Geld ankomme"*, sondern auf die Forschungsumgebung. Männer würden auch öfter *„pokern und Ri-*

---

409 Tipps für die Berufungsverfahren finden sich in der Deutschen Universitätszeitung duz, dem duz Karriereletter, dem duz Magazin und in duz special.

410 So die Auskunft einer Mitarbeiterin des DHV, vgl. auch http://www.hochschulver band.de/cms1/faq_der_weg_zur_professur.html

411 Sie meinte, dass es für Frauen wichtig sei, in einen großen Komplex eingebunden zu sein. Viele strebten deshalb Einstellungen in Großkanzleien an, weil ihnen der Weg zur Professur zu einsam sei. Frauen seien mehr an Verbundenheit orientiert. Diese Aussage erinnert an die Ethic of Care und die von Frauen bevorzugte Relatedness, die Carol Gilligan (1984) beschrieben hat. Vgl. 8.3.

siken eingehen" als Frauen. Frauen würden wegen der Familiensituation und eventueller Ortgebundenheit nicht so sehr *„aufs Ganze gehen"*.

9.8.5 Verhinderungen

Wie beschrieben gibt es viele Hindernisse in Berufungsverfahren: Diadochenkämpfe[412], Sperrvermerke, Berufung von unteren Listenplätzen – im guten wie im schlechten Sinne –, strategische Platzierungen, Zurückziehen von Rufen. Listen können auch durch Liegenbleiben erledigt, Professuren umbenannt werden.

Es wurde von einigen kritischen Fällen berichtet. In einem Fall, der von mehreren thematisiert wurde, hatte eine Privatdozentin mehrere Semester die Vertretung eines Lehrstuhls, der auf ihr Profil genau passte, wahrgenommen. Im Berufungsverfahren wurde eine „Einerliste" mit einem männlichen Kollegen erstellt, obwohl es neben der Privatdozentin noch weitere qualifizierte Bewerber gab. Dadurch wurde die Möglichkeit geschaffen, diesen ohne vergleichende Gutachten durchzusetzen. Der Kollege sagte ab, weil er auch einen Ruf an eine andere Universität erhalten hatte. Daraufhin wurde die Lehrstuhlausschreibung verändert, die Stelle neu ausgeschrieben, woraufhin die Qualifikation der Privatdozentin nicht mehr passte.

Mittlerweile hat es einige Konkurrentenklagen gegeben, die die endgültige Besetzung eines Lehrstuhls, wenn die Verfahren durch die Instanzen gehen, über Jahre verzögern können. Es hat auch Schadensersatzklagen wegen Diskriminierung gegeben. 2012 hat die Bewerberin um eine Fachhochschulprofessur an der Hochschule Neubrandenburg geklagt, die formal besser qualifiziert war als ein männlicher Mitbewerber, der auf Platz 1 der Liste gestellt wurde. Vor dem Verwaltungsgericht Schwerin erwirkte sie eine einstweilige Verfügung, die das Oberverwaltungsgericht Greifswald bestätigte. Die Hochschule hat daraufhin die vakante Professur neu ausgeschrieben und das Anforderungsprofil verändert. Über den Fall wur-

---

412 Dazu ein Interviewpartner: *„Was in jeder Fakultät so ist, es gibt immer einen Platzhirsch. Wenn es einen Platzhirsch gibt, funktioniert es relativ gut, aber es gibt an vielen Fakultäten auch zwei rivalisierende Platzhirsche, die dann so ihre Truppen hinter sich scharen. Wo die sich also bis auf's Messer bekämpfen. Wo dann jede Entscheidung umstritten ist."* (I 21)

de in der Presse berichtet.[413] Über den Ausgang des Verfahrens ist nichts bekannt.

Eine andere Klage ist bis zum Bundesverfassungsgericht gegangen, aber 2014 durch Nichtannahmebeschluss geendet. Die betroffene Wissenschaftlerin erklärte:

> „Ich halte Rechtsstreitigkeiten in der Wissenschaft normalerweise für ziemlich unnötige Zeitverschwendung. Aber dieser Fall schien mir so krass, dass ich mir sagte, schon um die nachkommende Generation ja vor so etwas, man kann sie nicht bewahren, aber um zu protestieren gegen solche Vorkommnisse, muss jetzt etwas getan werden. Ich habe etwas getan." (I 66)

Ein jüngerer Professor, angesprochen darauf, ob er bei einer Bewerbung, bei der er eine Benachteiligung zugunsten einer Kollegin befürchtet hatte, erwogen hätte, Konkurrentenklage zu erheben, hielt dieses nur für das

> „allerletzte Mittel. Das machen sie nur, wenn sie der Öffentlichkeit zu erkennen geben wollen, dass sie in der akademischen Welt nicht mehr reüssieren wollen. Wenn sie in so einem Fall eine Konkurrentenklage erheben, dann können Sie ganz sicher sein, das spricht sich rum. Und in dem Moment sind sie akademisch tot, wenn sie so was machen. Allenfalls kommt es ja dann zu einer Neuausschreibung, wo sie ganz sicherlich nicht mehr berücksichtigt werden." (I 31)

So hieß es auch in dem Artikel zur Besetzung der Fachhochschulprofessur: „Unter Wissenschaftlern gilt: Wer klagt, setzt seine Karriere aufs Spiel. Eine eingeklagte Professur gilt als Makel im Lebenslauf, und nur wenige trauen sich überhaupt, diesen Schritt zu gehen."[414] In der Justiz sind Konkurrentenklagen häufiger, vor allem wenn die Bewerber schon eine herausgehobene Stelle besetzen und „nichts mehr zu verlieren haben" (dazu Schultz/Peppmeier/Rudek 2011, S. 108).[415]

---

413 Vgl. Puschner, Sebastian und Catalina Schröder: Alma Pater. In: Die ZEIT Nr. 34/2012. http://www.zeit.de/2012/34/Professur-Bewerbung-Gleichberechtigung/seite-2

414 Wir haben aber tatsächlich von mehreren Fällen gehört.

415 Mit der Verrechtlichung der Justizkarrieren haben auch die Klagen gegen Entscheidungen zugenommen, seien es Beurteilungsstreitigkeiten, also Rechtsmittel gegen Noten in Zeugnissen, oder Konkurrentenklagen um die Besetzung konkreter Stellen. Es kommt sogar vor, dass Petitionen beim Petitionsausschuss des Landtages eingelegt werden. Auch um höchste Positionen, um Gerichtspräsidentenstellen, hat es in den letzten Jahren Gerichtsverfahren gegeben, über die zum Teil ausführlich in der Presse berichtet worden ist, zum Teil aber auch nur in Blogs oder anderen eher versteckten Stellen im Internet.

Exemplarisch sei hier ein weiterer Fall aufgeführt. Eine Professorin berichtete:

„Ich kann mal eine, übrigens meine Lehrstuhlvorgängerin, […], zitieren, die eigentlich, […], jetzt nicht unbedingt jemand ist, die immer so die emanzipatorische Fahne vor sich her trägt, aber die hat auch gesagt – und mir ging es ganz genau so – sie sei in ihrem ganzen Leben nie diskriminiert worden. An der Schule nicht, im Studium nicht, als sie promoviert wurde, als sie sich habilitiert hat, aber in dem Moment, in dem sie vor Berufungskommissionen stand, da ist sie an die gläserne Decke gestoßen. […], zu meiner Zeit war es halt so, dass in Berufungskommissionen noch überwiegend die Generation der jetzt 55 bis 60-jährigen das Sagen hatte. Und unter denen gibt es noch viele, die vielleicht nicht ausgesprochen, aber unausgesprochen immer noch so das Gefühl haben, ein Professor ist ein Mann. […] Und da hab' ich dann selber einige Erfahrungen gemacht in die Richtung, […], man wird eingeladen, man freut sich, man fährt dahin, womöglich noch auf eigene Kosten, weil die meisten Bundesländer das nicht erstatten, hält da mit Herzblut und Engagement einen Vortrag und hört nie wieder was. Und erfährt irgendwann Monate oder Jahre später, auf die Stelle hat man ja sowieso nicht gepasst. Also, zunächst mal, wenn man so was vier- oder fünfmal erlebt hat, dann denkt man natürlich, es liegt an einem selber. Das motiviert einen dann auch nicht so fürchterlich. Und, was ich für noch problematischer halte, es spricht sich rum. Also in wissenschaftlichen Kreisen kennt man sich. Und irgendwann ist man dann die, die ja immer eingeladen wird und nie auf die Liste kommt." (I 72)

Besonders kompliziert wird es, wenn das Merkmal „Frau" mit Behinderung zusammentrifft, im Antidiskriminierungsrecht spricht man von intersektioneller Diskriminierung.[416] Dies kann sich negativ auswirken, vor allem wenn der Eindruck entsteht oder verbreitet wird, dass die Kandidatin nicht hinreichend belastbar ist.

Durch die in den letzten Jahren eingesetzten Berufungsbeauftragten ist formal mehr Kontrolle der Berufungsverfahren möglich. Wie die sich faktisch auswirken wird, wird sich im Laufe der Zeit zeigen.

9.9 Weitere Karriereschritte

Wenn man einen Lehrstuhl hat, können weitere Karriereschritte innerhalb von Fakultäten nur darin bestehen, Zulagen oder eine bessere finanzielle Ausstattung heraus zu verhandeln oder einen besser dotierten Lehrstuhl zu

---

416 Dazu ob und inwieweit Herkunft, bzw. Ethnie eine Rolle spielt, lässt sich nach unseren Erkenntnissen nichts sagen.

bekommen. Ersteres ist möglich durch Erfolgsfaktoren, wie Einwerbung von Drittmitteln oder durch Bleibeverhandlungen nach einem Ruf an eine andere Universität, letzteres bedingt einen Wechsel der Universität. Der klassische Weg einer Karriere nach außen ist die Berufung als Richter/in am Bundesverfassungsgericht oder anderen Bundesgerichten oder europäischen oder internationalen Gerichten. Oder man sammelt Ehren, wie Honorarprofessuren oder Ehrendoktortitel.

Bewerbungen ohne Wechselabsicht an andere Universitäten, die man nur macht, um *„zu zocken"*, wie es einer unserer Interviewpartner nannte, sind durchaus üblich. Mancher nimmt es als Gradmesser seines „Marktwertes" oder seiner Bedeutung. Die Frage ist, wie die Berufungskommissionen damit umgehen, ob sie diese Kandidat/innen im Bewusstsein, dass sie nicht kommen werden, auf die Liste setzen, um sie zu ehren, oder ob sie sie außer Betracht lassen. Zum Teil sind die Bewerber/innen aber auch unentschlossen und machen ihre Entscheidung vom Ergebnis der Verhandlungen abhängig. Uns ist berichtet worden, dass einige der traditionellen Universitäten Wert darauf legen, möglichst nur Ordinarien, die sich schon einen Namen außerhalb gemacht haben, zu berufen.

Die Annahme eines Rufes an eine andere Universität bedingt Mobilität. Dazu meinte ein Interviewpartner:

> „Nach meiner Beobachtung hat die Mobilität der Hochschullehrer stark abgenommen. Und das ist nicht zuletzt ein Erfolg der Gleichstellung. Denn inzwischen ist es so, dass natürlich auch Familie Hochschullehrer nicht mal einfach dahin zieht, wo Papa hingeht. […] Heute sind die Ehepartnerinnen und/oder Partner natürlich auch berufstätig und sagen, warum sollten wir gerade da hingehen, wo du hin willst." (I 22)

Dennoch ist es nach wie vor so, dass mit dem ICE, dem Flugzeug oder auch dem Auto erstaunliche Distanzen zwischen Hochschule und Wohnort überwunden werden, gerade auch von Frauen.

Eine besondere Würde oder Ehre war traditionell die Ernennung zum Dekan der Fakultät, des primus inter pares. Dekane, die ihr Amt früher als Ehrenamt wahrgenommen hatten, sehen sich heute mit umfangreichen Verwaltungsaufgaben konfrontiert. Im Zeitalter ausufernder Selbstverwaltungsaufgaben wird dies daher, wie wir von mehreren hörten, inzwischen oft eher als eine Bürde empfunden.

Ein Karriereschritt kann auch die Wahl zur Hochschulrektor/in oder zur Präsidentin/zum Präsidenten an der eigenen oder einer anderen Hochschule oder in andere hohe administrative Positionen sein. Zu den Anerkennung und Einfluss verschaffenden Funktionen gehört außerdem der Vorsitz in Gremien von Forschungsgesellschaften u.ä. Hier spielen bei der Besetzung ebenfalls Beziehungen und Netzwerke, die traditionell Männer begünstigen, eine Rolle. Eine Interviewpartnerin hatte, als sie gegen einen männlichen Kollegen kandidieren wollte, den Satz zu hören bekommen: *„Also wissen Sie, bei so einem wichtigen Posten sollten doch Genderfragen keine Rolle spielen, sondern nur die Qualität"* (I 73), wobei durchaus die Frage war, wer qualifizierter war.

9.10 Bedeutung der Gleichstellung und Gleichstellungsbeauftragten für die wissenschaftliche Karriere

Sehr unterschiedliche Aussagen bekamen wir zu Gleichstellungsbeauftragten und ihrem Wirken, vor allem eher negative. Eine ältere Professorin meinte vehement:

> „Überflüssig. Überflüssig. Die Gleichstellung, das ist von gestern. Das Problem existiert nicht mehr. Also die sollen ja gucken, ob die Frauen benachteiligt werden. Sie werden nicht mehr benachteiligt in Berufungsverfahren." (I 42)

Eine andere, die sich sehr für den weiblichen wissenschaftlichen Nachwuchs einsetzte, stellte den Sinn von Gleichstellungsarbeit nicht infrage, kritisierte jedoch:

> „Aber diese organisierte Gleichstellerei hier, das kostet furchtbar viel Geld. […] Die Gleichstellung ist Mittel auf dem Weg, aber nicht der Weg an sich." (I 28)

Eine Privatdozentin, die selbst an einer Fakultät Gleichstellungsbeauftragte gewesen war und sich für Kolleginnen eingesetzt hatte, die aber bei eigenen Bewerbungen in Berufungsverfahren mehrfach schlechte Erfahrungen gemacht hatte, meinte:

> „Es werden Strukturen aufgebaut, die aber nicht wirklich weiterhelfen. Also die Strukturen habe ich immer als eher nachteilig erlebt. […] Diese Leute [zentrale Gleichstellungsbeauftragte und Schwerbehindertenbeauftragte] sind zum Teil Mitglied der Verwaltung, werden ganz offensichtlich unter Druck gesetzt, damit eine Liste schnell verabschiedet werden kann." (I 66)

Eine andere, ältere Professorin berichtete:

> „Also, wenn ich mich als Professorin auf die Gleichstellungsbeauftragte stütze, dann kann ich eigentlich gleich einpacken. […] Ich glaube nicht, dass die Gleichstellungsbeauftragten bei den Berufungsverfahren 'ne maßgebliche

Rolle spielen. Das hab' ich nie erlebt. Das ist mal hin und wieder ein kleines Störfeuer, aber das spielt bei den Listenplatzierungen keine Rolle. Eher so, dass man jemanden pro forma auf Platz 3 setzt." (I 19)

Ein Problem ist die Sichtbarkeit der Gleichstellungsarbeit. Dazu eine noch jüngere Professorin: *„Dass die Gleichstellungsbeauftragte mal irgendwo auftauchte, hab' ich eigentlich in meinen Verfahren, glaube ich, nie er-lebt."* (I 46) Eine Mitarbeiterin an einem durchaus an Geschlechterfragen interessierten Lehrstuhl antwortete auf die Frage: „Wie nehmen Sie die Gleichstellungsbeauftragte wahr?" *„Ehrlich gesagt: gar nicht."* (I 13)

Ein jüngerer wissenschaftlicher Mitarbeiter meinte, mit Gleichstellung habe er zu tun, wenn Ordnungen sprachlich überarbeitet würden. *„Mir ist auch bekannt, dass wir Gleichstellungsbeauftragte haben, muss aber jetzt sagen, hab' ich nie in Anspruch genommen oder mal irgendwie großartig hinterher recherchiert. Was machen die denn jetzt genau?"* (I 48)

Ein Juniorprofessor meinte zum Stichwort Gleichstellungsbeauftragte, *„dass solche Themen einfach nicht sonderlich ernst genommen werden unter den Juristen. Das ist, glaube ich, sozusagen eine Grundtendenz."* (I 40) Dieses wurde von mehreren ähnlich formuliert. Die Sinnhaftigkeit von Gleichstellungsarbeit wird also insgesamt eher infrage gestellt. Dazu ein anderer wissenschaftlicher Mitarbeiter:

> „Witzigerweise werden im Moment gerade händeringend Mitarbeiter gesucht, die in die Gleichstellungskommission gehen. […[Das zeigt ja ungefähr, wie beliebt das ist. […[weil der Popanz, der manchmal aufgeführt wird, in der Wahrnehmung nicht im Verhältnis zur Sache steht. Ich glaube, alles sucht nach pragmatischen Lösungen, und da spielen, glaube ich, eben gar keine, gar keine Ideen von Bevorteilung oder Benachteiligung irgendeines Geschlechts eine Rolle, wenn es um Einstellungsverfahren beispielsweise geht." (I 23)

Zwei Sätze weiter fährt er aber fort:

> „Jeder weiß ganz genau, wie man das so hinbiegen kann, die Erklärungen oder eben die Stellungnahmen, dass es da letztlich durchgehen muss. Im Zweifel schreibt man die Stelle einfach schon so aus, dass es nur auf einen Bewerber passt." (I 23)

Und er spricht dann vom Frustrationspotential der Arbeit in der Gleich-stellungskommission. *„Es war immer nur mit 'nem bürokratischen Mehr-aufwand verbunden. [...] Es hat ja noch nie zu irgendeinem messbaren Erfolg geführt."* (I 23)

Von mehreren Frauen wurde erwähnt, dass Gleichstellungsarbeit die Karriere beschädigen kann: Eine formulierte es so: *„Wenn man zu viel Gleichstellungsarbeit macht, dann geht es nach hinten los."* (I 8) Wissenschaftliche Mitarbeiterinnen als Fakultätsgleichstellungsbeauftragte sehen auch Interessenkonflikte bei ihrer Beteiligung an Berufungsverfahren und haben erwähnt, dass deshalb die zentrale Gleichstellungsbeauftragte sich an den Verfahren beteiligen müsse.[417] Anders ist dies nur bei Mitarbeiterinnen auf Dauerstellen, die nicht an einen Lehrstuhl angebunden sind. Von einer solchen, sehr couragierten Fakultätsgleichstellungsbeauftragten wurde uns von einer Professorin berichtet:

> „Es war klasse. Sie war bestens vorbereitet, und sie hat sich nicht die Butter vom Brot nehmen lassen. Ja, und irgendwie haben sie die Männer dann letztlich respektiert und gefürchtet. Man hat zwar auch immer ein bisschen über sie gelächelt." (I 16)

Die Bewertung der Rolle und Einflussmöglichkeit von Gleichstellungsbeauftragten fiel insgesamt widersprüchlich und schwach aus. Ein Professor einer Fakultät, die mittlerweile eine beträchtliche Anzahl von Professorinnen hat, stellte fest:

> „Es sitzen diese Gleichstellungsbeauftragten dabei, die auch alle Augenmaß haben. Also, was ich in X erlebt habe, war ja alles so, dass man damit keine Schwierigkeiten hatte. Nur die blanke Anwesenheit führt dazu, dass bestimmte Sachen sicher nicht laufen. Die würden hier, sagen wir mal, in den letzten zehn Jahren auch nicht gelaufen sein." (I 56)

---

417 Umgekehrt kann es Konflikte zwischen der zentralen Gleichstellungsbeauftragten und den Frauen der Fakultät geben. Dazu eine in Gleichstellungsfragen sehr engagierte Professorin: *Wir waren so weit, dass die dezentralen einen parallelen Gleichstellungsrat bilden, so weit waren wir, dass wir eine eigene Struktur aufmachen, um denen was entgegenzusetzen. Und dann haben wir aufgegeben. Dann haben wir gesagt, ist nicht möglich, kriegen wir nicht durch.* (I 24)

10. Steigbügel und Stolpersteine bei Karrieren in der Rechtswissenschaft

Im Folgenden werden die zentralen Ergebnisse der qualitativ-empirischen Untersuchung zu Genderaspekten bei Karrierechancen und Hindernissen in rechtswissenschaftlichen Karrieren[418] an Universitäten dargestellt. Dabei wird ein breites, vielschichtiges und aufeinander bezogenes Themenfeld von den im Studium erworbenen Noten über die Bedeutung von Mentoren/innen, zum Einfluss spezifisch kultureller Aspekte, Entmutigungsstrukturen, verlockenden Alternativen und der Vereinbarkeit von Familie und Karriere abgedeckt.

10.1 Gute Leistungen und ihre Bedeutung

Ein offenbar besonders bedeutsamer Karrierefaktor sind in der Rechtswissenschaft Noten, sowohl die im Studium erworbenen, als auch die in den Examina erzielten.

Auf die Frage, was der zentrale Faktor beim Gelingen oder Scheitern juristischer Karrieren ist, antwortet Professorin Wendlach[419] voller Überzeugung: *„Exzellente Leistungen. Ohne geht's nicht."* (20, S. 39[420]) Sie bringt damit auf den Punkt, was für die Mehrheit der von uns interviewten Juristinnen und Juristen die wichtigste Grundbedingung beim Gelingen von juristischen Karrieren ist: herausragende Leistungen: Nur wer fachlich versiert ist und entsprechende Leistungen erbringt, hat eine Chance in der Rechtswissenschaft die Karriereleiter zu erklimmen. Dieser plausibel erscheinende Zusammenhang von Leistung und Erfolg in der Wissenschaft ist ebenso einleuchtend wie mehrdeutig. Er bedeutet, dass Leistung die

---

418 Die Bezeichnung „Karriere" meint dabei nicht nur den linearen Aufstieg, sondern vor allem den Berufsverlauf und die prozessuale Entwicklung von Rechtswissenschaftlern und Rechtswissenschaftlerinnen an Universitäten bis hin zur Professur.

419 Alle verwendeten Namen sind ausnahmslos Pseudonyme. Falls biografische Details Rückschlüsse auf die Person zulassen, wurden diese verfremdet, um die Anonymität der Interviewpartner/innen zu gewährleisten.

420 Zur Zitatangabe: die erste Ziffer bezeichnet die Seite, die zweite die Zeile der zitierten Stelle im Interview.

Voraussetzung für einen Aufstieg in der Rechtswissenschaft ist. Er bedeutet im Umkehrschluss aber auch, dass diejenigen, die bereits auf eine gelungene Karriere zurückblicken können, dies ihren eigenen Leistungen zu verdanken haben (oder sie darauf zurückführen) und außerdem – so eine weitere Implikation – dass ein Scheitern von Karrieren in der Rechtswissenschaft mangelnder Leistungsfähigkeit zugeschrieben werden kann. Kurz und gut: Mit den Leistungen stehen und fallen die Karrierechancen und die Möglichkeit, sich erfolgreich in der Rechtswissenschaft zu etablieren.

Wie sehen diese karrierebegründenden guten Leistungen aus und woran kann man sie messen? Als ein klarer Indikator für gute Leistungen gelten Noten. Jura ist ein Fach, in dem Noten eine große Bedeutung haben. Man ist auch Jahre nach dem Staatsexamen noch stolz auf die Noten, die man erzielen konnte oder – falls man weniger gut abgeschnitten hat – lange Zeit später noch unglücklich über die eigene Leistung. Vor allem die Noten der beiden Staatsexamina, aber auch bereits die im Studium erworbenen Noten, gelten als verlässliche Indikatoren für Leistungsstärke und wirksame Karrierefaktoren:

„Wenn man im Grunde im ersten Ausweis gar nicht so das [Erforderliche] mitbringt, das reicht dann eben auch einfach nicht" (22, S. 28 ff.), erläutert Professorin May die Bedeutung der Noten in der Rechtswissenschaft. Sie funktionieren wie eine Art „Ausweis", mit dem sich der wissenschaftliche Nachwuchs der bereits etablierten Wissenschaftsgemeinde, der Scientific Community, vorstellt und um Einlass in diesen erlesenen Kreis bittet. Sind sie entsprechend gut, ist der Zugang zur Scientific Community wahrscheinlicher und leichter zu bewerkstelligen. Sie sind *„die Eintrittskarte"* (22, S. 22) in eine wissenschaftliche Karriere, formuliert Professorin May und betont damit die Schlüsselstellung, die Noten im Gelingen oder Scheitern der rechtswissenschaftlichen Karrieren zugeschrieben wird.

Grundsätzlich gilt natürlich für alle universitären Fächer, dass Leistung, Noten und eine mögliche wissenschaftliche Karriere als entscheidende kausale Zusammenhänge betrachtet werden. *„Nirgendwo anders ist das Prinzip, Leistungen ausschließlich nach Sachkriterien zu beurteilen und von personalen Merkmalen zu abstrahieren, eine so grundlegende Funktionsvoraussetzung wie in der Wissenschaft"* schreibt Bettina Heintz (2008, S. 243). Noten scheinen aufgrund ihrer sachlichen Aussagekraft gut geeignet, Auskunft über Leistungen zu geben.[421] Interessanterweise ist die Rechtswissenschaft, im Gegensatz zu fast allen anderen wissenschaftlichen Disziplinen, eines der wenigen wissenschaftlichen Fächer, bei der der Notenspiegel eine deutliche Neigung zum unteren Bereich zeigt. Anders gesagt: In der Rechtswissenschaft werden nur wenig und selten gute Noten vergeben. Eine „schleichende Noteninflation" wie sie der Wissenschaftsrat 2012 befürchtete, da nahezu 80% aller Universitätsabsolventen/innen insgesamt die Noten „gut" und „sehr gut" erhielten, ist für die Rechtswissenschaft nicht zu erwarten.[422] Nur wenige Absolventen/innen (2%) erhielten im Jahr davor bundesweit die Noten „sehr gut" und „gut" im ersten Staatsexamen. Die Note „vollbefriedigend" gilt als überdurchschnittlich, so dass ein Studienabschluss mit „VB", wie sie zumeist abgekürzt wird, als „Prädikatsexamen" bezeichnet wird (Wissenschaftsrat 2012a, S. 128). Bestnoten im Sinne von Noten der oberen Notenskala werden in der Rechtswissenschaft selten vergeben. Sie sind eine rare Auszeichnung, über die bundesweit nur sehr wenige Absolventinnen und Absolventen verfügen.[423]

10.1.1 Noten als Wegbereiter in der Karriere: Sichtbarkeit und Auffallen

Es liegt fast nahe zu vermuten, dass es gerade die strenge Notenpolitik in der Rechtswissenschaft ist, die bewirkt, dass Noten in der Rechtswissenschaft von großer Bedeutung sind und für viele Juristen und Juristinnen so ein wichtiger Meilenstein in der Karriere und Gradmesser für Leistung und Fähigkeit sind. Denn gerade weil gute Noten vergleichsweise selten vergeben werden, zeichnen sie diejenigen, die in ihren Prüfungen ein „gut" oder gar ein „sehr gut" erreicht haben, auf besondere Weise aus. No-

---

421 Dass Sachlichkeit und Vergleichbarkeit von Noten durchaus umstritten sind, beschrieb 2013 bereits Leonie Seifert in ihrem Artikel „Die Noten-Lüge". Vgl. ZEIT Campus Nr. 2/2013 bzw. http://www.zeit.de/campus/2013/02/notenvergabe-hochschulen-ungerechtigkeit

422 So äußerte sich der Vorsitzende des Wissenschaftsrates, Wolfgang Marquard in der „Süddeutschen Zeitung" vom 10.11.2012. Laut Bericht des Wissenschaftsrats für das Jahr 2011 haben ca. 80% der Studierenden Ihr Studium mit der Note gut oder sehr gut abgeschlossen. Vgl. http://www.sueddeutsche.de/bildung/bericht-des-wissenschaftsrates-deutsche-hochschulen-vergeben-zu-viele-gute-noten-1.1519607

423 Vgl. zur Beurteilungskultur in der Rechtswissenschaft auch Kapitel 7.5.

ten haben eine Art Signalwirkung und werden im Hochschulbetrieb nicht selten mit Stellenangeboten von Seiten der Professoren/innen belohnt. Beispielsweise erzählt Frau Deitert, die zum Zeitpunkt des Interviews bereits Habilitandin war, dass während ihres Studiums zwei ihrer Hausarbeiten, die mit „sehr gut" benotet wurden, dazu führten, dass ein Professor ihr eine studentische Hilfskraftstelle angeboten hat.

> „Da hab' ich zwei Arbeiten geschrieben, das waren dann 16 Punkte und eine andere waren 18 Punkte. [...] Und daraufhin ha'b' ich dort eine Stelle angeboten bekommen. [...] Als studentische Hilfskraft mit der Möglichkeit, dann eben da auch irgendwann zu promovieren." (Deitert 8, 28-9, 7)

Ähnlich schildert Professorin Heidbrink ihren Einstieg in eine rechtswissenschaftliche Karriere:

> „Ich hab' das erste Examen in X gemacht und wollte eigentlich danach sofort mit dem Referendariat beginnen. [...]. Hab' aber dann also ganz kurz nach dem mündlichen Examen einen Anruf von Wolf Verten bekommen. Der hatte Daten bekommen von Leuten, die jetzt gerade fertig waren und gute Noten hatten [...]. Und dann hat er mich angerufen [...] und wollte eine Stelle besetzen, die er hatte, und hat mich dann gefragt, ob ich bei ihm anfangen will." (Heidbrink 5, 10-19)

Beide, Frau Deitert und Frau Heidbrink, verdanken ihren guten Noten die Aufmerksamkeit von Professoren, die ihnen daraufhin das Angebot gemacht haben, an ihrem Lehrstuhl zu arbeiten. Dabei handelt es sich nicht nur um die Möglichkeit in der Universität Geld zu verdienen, sondern ihnen wird damit gleichsam der Zugang zu einer Karriere in der Wissenschaft eröffnet, denn Lehrstuhlarbeit ist der typische Einstieg in eine wissenschaftliche Karriere (vgl. dazu auch Schneickert 2013). Nahezu alle von uns interviewten Juristen und Juristinnen haben einen vergleichbaren Werdegang, der häufig mit einer studentischen oder wissenschaftlichen Hilfskraftstelle an einem Lehrstuhl beginnt und über die wissenschaftliche Mitarbeiter/innenstelle mit Promotionsangebot zu der Möglichkeit, später eine Habilitation zu verfassen, führen kann (vgl. auch Kapitel 9).

Ein wichtiger Effekt guter Noten liegt also in der Chance, einem Professor bzw. einer Professorin aufzufallen und hierdurch die Gelegenheit zu erhalten, an einem Lehrstuhl zu arbeiten und Zugang zur Welt der Wissenschaft und zu wissenschaftlichem Arbeiten zu bekommen. Professoren/innen bzw. Lehrstuhlinhaber/innen haben damit die Funktion von „gatekeepern" (vgl. z.B. Merkens 2003, S. 288, Wolff 2003, S. 342 ff.), die den Zugang zu wissenschaftlichen Karrieren regulieren. Sie praktizieren dies häufig, indem sie sich an den erzielten Noten der Studierenden und Nachwuchswissenschaftler/innen orientieren.

Die von Professorin May treffenderweise als „Eintrittskarte" bezeichnete Wirkung der Noten geht also über ein Zeugnis individueller Leistungsfähigkeit hinaus. Sie bedeutet vielmehr die Möglichkeit, wissenschaftliches Arbeiten in der Praxis am Lehrstuhl erlernen zu können. Ohne diese Möglichkeit ist eine wissenschaftliche Karriere eher unwahrscheinlich. Laut Sandra Beaufaÿs (2003) ist das „Machen" von Wissenschaftlerinnen und Wissenschaftlern in der neueren Wissenschaftsforschung „keine 'rein geistige' oder handwerkliche Tätigkeit mehr, sondern eine Praxis, die zutiefst sozial verankert ist". Sie geht von Akteuren aus, die konsequent und kontinuierlich mit ihresgleichen interagieren, um so Systematiken, Werthaltungen, Arbeitsweisen und Interaktionsmuster zu erlernen und zu reproduzieren (ebd., S. 14 f.). Anders gesagt, ist es für das Gelingen wissenschaftlicher Karrieren nicht nur notwendig, die entsprechenden Qualifizierungsschritte wie Promotion und Habilitation erfolgreich zu meistern. Es geht auch um die Integration in die wissenschaftliche Gemeinde durch den Kontakt zu anderen Wissenschaftlern/innen, vor allem zu Professoren/innen, an deren Lehrstuhl man arbeitet. Das ist für junge Juristen/innen von besonders großer Bedeutung, weil Jura ein Massenstudium mit sehr großen Studierendenzahlen ist, so dass ein persönlicher Kontakt zu den Professoren/innen im studentischen Alltag kaum stattfindet. Volle Hörsäle, in denen man froh ist, einen Sitzplatz zu bekommen, um den vortragenden Professoren und Professorinnen zuzuhören, sind in der Rechtswissenschaft nicht ungewöhnlich.[424] Lehrende und Studierende kommen häufig nur sehr begrenzt persönlich miteinander in Kontakt und haben insofern nur eingeschränkte Interaktionsmöglichkeiten. Professor Golding erinnert sich folgendermaßen an seine Studentenzeit:

> „So in den ersten Semestern sitzt man in den Vorlesungen mit 300 bis 400 Leuten. Da ist also ein Hörsaal, der ist hoffnungslos überfüllt. Gerade am Anfang des Semesters. Da sitzen die Leute auf den Stufen, in den Gängen. Da ist

---

[424] *„Obwohl sich die Betreuungsrelationen in der Rechtswissenschaft zwischen 2000 und 2010 leicht verbessert haben [...], bleiben sie sowohl absolut als auch im Vergleich mit anderen Fächern verbesserungswürdig. Bei einem Fach wie der Rechtswissenschaft an Universitäten, das von Studierenden stark nachgefragt wird und hohe Studierendenzahlen aufweist, sind deshalb gerade zu Beginn des Studiums Vorlesungen mit mehreren Hundert Studierenden nicht die Ausnahme, sondern eher die Regel"* (Wissenschaftsrat 2012a, S. 55).

es so voll, also man ist froh, wenn man vorne in der Masse den Professor auch erkennt. (...) Also da kommt man kaum mit Professoren in Kontakt." (Golding 6, 10-18)

Ähnliche Erfahrungen haben auch die anderen Rechtswissenschaftler/innen unseres Samples gemacht. In einer Situation, die eher durch ein anonymes Aufgehen in der Studierendenmasse und von sozialer Distanz zu den Lehrenden geprägt ist (vgl. Kapitel 7), erscheint die Möglichkeit, mit Hilfe einer Anstellung am Lehrstuhl aus dieser Anonymität herauszutreten und in direkte Interaktion mit Professoren/innen bzw. Wissenschaftler/innen zu treten, besonders bedeutsam und kann den entscheidenden Schritt in Richtung rechtswissenschaftlicher Karriere bedeuten. Denn wer Kontakt zu anderen Wissenschaftlerinnen und Wissenschaftlern hat und in die Wissenschaftsgemeinde integriert ist, kann auf ein soziales Netz als einer wichtigen Ressource für Karrieren zurückgreifen. Unter Studierenden, die eine wissenschaftliche Karriere anstreben, ist eine Stelle an einem Lehrstuhl – ebenso wie herausragende Noten – eine Eintrittskarte in die Wissenschaftswelt. Dies führt durchaus zu Konkurrenz und Kompetitivität.

10.1.2 Konkurrenzdruck und Kompetitivität: Der Habitus der völligen Hingabe

Eine Studiensituation, wie sie in der Rechtswissenschaft auszumachen ist, erhöht den Druck auf die Studierenden und macht sie zu Wettbewerbern/innen und Konkurrenten/innen (dazu auch Böning 2016). Einige unserer Interviewpartnerinnen berichten im Interview, dass nahezu ihre gesamte Studienzeit von Rivalität und Wettkampf geprägt war. Frau Förster, eine Habilitandin, berichtet beispielsweise, dass Jurastudierende sich sehr stark aneinander orientieren und miteinander vergleichen. Sie sagt im Interview:

> „Und dann wird schon darauf geachtet, wer macht wie viele Stunden, wer ist wie lange in der Bibliothek und auch was Noten angeht – also Leute interessieren sich." (Förster 5, 26-31)

Mit „Leute" meint Frau Förster Kommilitonen/innen, die sowohl die Anwesenheit bzw. Anwesenheitsdauer in der Bibliothek registrieren, als auch Interesse an den Noten der anderen haben. Laut Frau Förster ist die Studienzeit deshalb vor allem eine Zeit des Konkurrierens und Miteinander-Vergleichens. Es wird nicht nur wahrgenommen, wer in die Bibliothek kommt, um dort – für alle sichtbar – zu lernen und insofern Strebsamkeit und Fleiß zu demonstrieren, sondern auch, wie lange man lernt und mit welcher Hingabe und welchem Engagement man sein Studienziel verfolgt. Das Interesse an den Noten der Mitstudierenden bietet eine weitere Vergleichsmöglichkeit. Die Noten anderer Studierender dienen als Referenzgröße zur eigenen Leistung und ermöglichen eine Einordnung in das Leistungsgefüge des Faches.

Frau Peters, ebenfalls Habilitandin an einer anderen Universität, berichtet Vergleichbares über ihre Studienzeit.

> „Man wird über die Note definiert. [...] Also, es wussten immer viele Leute welche Note man hat. Es wurde auch geguckt, wie spät man in die Bibliothek kam, um zu lernen. Also ich bin halt eher spät angefangen und dann länger geblieben. Wenn man um zehn Uhr da aufgetaucht ist, ist man teilweise schon blöd angeguckt worden [...]. Sie macht ja um viertel nach acht auf, die Bibliothek. Also das hab' ich schon als sehr anstrengend empfunden. Und unter ‚VB‘ geht natürlich nicht. [...] Also das war schon notenorientiert." (Peters 6, 15-32)

Die erzielten Noten sind bereits unter den Studierenden erkennbar von Bedeutung. Die Note wird zu einer Konstituenten der sozialen Identität von Jurastudierenden – und bleibt es auch über die Ausbildung hinaus (dazu auch Böning 2017). Sie sind nicht nur die Indikatoren für die eigene Leistungsfähigkeit bzw. geben darüber Auskunft, wie gut jemand sein Studienfach beherrscht. Sie „definieren" die Studierenden selbst, sind also in der Wahrnehmung der Kommilitonen/innen nahezu synonym für die Person und ihre fachliche Kompetenz sowie Hingabe an das Studium und verorten sie auf einer imaginären Skala von ‚VB‘ und besser oder eben darunter. Noten treffen in der Rechtswissenschaft damit eine soziale Aussage und erzeugen eine soziale Hierarchie unter den Studierenden. Beides gehört zusammen: das Bemühen um und Erbringen von guten Leistungen in Form von überdurchschnittlichen Noten und die Demonstration eines dem Lernen und der Wissenserweiterung verschriebenen Habitus, der jede mögliche Minute der Wissensakquise nutzt. Ähnliches hatte bereits Sandra Beaufaÿs in ihrer Studie (2003) beschrieben:

> „Nicht die Ergebnisse ihrer Forschungsarbeit allein sind es, die die (...) NachwuchswissenschaftlerInnen zu Akteuren des Feldes werden lassen, sondern die langsam erworbene Verkörperung einer professionellen Haltung macht sie dazu." (ebd., S. 166)

Diese „professionelle Haltung", die sich durch ein „total commitment" auszeichnet, bereitet bereits im Studium auf den harten Konkurrenzkampf im späteren Berufsleben vor.

Es ist naheliegend, dass eine große Bedeutung von Noten zu vermehrter Konkurrenz, sozialem Druck und gegenseitigem Kontrollverhalten unter den Studierenden führt. Die Noten werden an spezifische Erwartungen, die man in Bezug auf ein „angemessenes" Verhalten von Jurastudierenden hat, gekoppelt. Auch hier wird deutlich, dass Wissenschaftler/in zu werden ein hochgradig sozialer Prozess ist (Beaufaÿs, S. 14), der neben der Leistung anderer Akteure auch der Wahrnehmung durch andere Akteure bedarf, um zu gelingen.

Ein starkes Engagement im Studium bzw. die Demonstration desselben ist laut Frau Peters häufig an Hoffnungen geknüpft, einem Professor oder einer Professorin ins Auge zu fallen, um so eine Stelle am Lehrstuhl und damit die Möglichkeit zu einer Promotion als einem ersten wichtigen Karriereschritt in der Wissenschaftskarriere zu machen. Frau Peters beschreibt diese Hoffnung folgendermaßen:

> „Dann fall ich den Profs vielleicht eher auf, um dann halt eine Stelle an der Uni zu kriegen, die dann wichtig ist, um später promovieren zu können." (Peters 8, 19 f.)

Das Engagement für das Studium, die Ernsthaftigkeit des Studierens und die sichtbare Bezeugung der eigenen Leistungswilligkeit und des Interesses für das Fach stehen also in engem Zusammenhang mit den im Studium erhaltenen Noten. Beides stellt Vergleichsmöglichkeiten mit der „Konkurrenz", den anderen Studierenden, her. Dies bekommt besondere Schärfe, wenn man die Seltenheit guter Noten in der Rechtswissenschaft bedenkt.

10.1.3 Das „Trauma" unzureichender Leistungen

Was passiert, wenn Leistungen nicht als überdurchschnittlich, vielleicht sogar nicht einmal als durchschnittlich beurteilt und mit entsprechenden Noten bewertet werden? Bei Studienanfängerinnen und -anfängern führt es oft zu einer Art „Schockmoment", wenn die durch ihre Schullaufbahn eher an gute bis sehr gute Noten gewöhnten Erstsemester plötzlich Noten aus dem mittleren bis unteren Spektrum erhalten. Herr Wagner, der zum Zeitpunkt des Interviews kurz vor dem Antritt einer Vertretungsprofessur steht, erinnert sich:

> „Man gehörte vorher zu den, weiß ich nicht, besten 5% oder 10% seines Abiturjahrgangs und plötzlich hat man irgendwie so mittelmäßige oder manchmal auch etwas schlechter als mittelmäßige Noten. Und das ist irgendwie, sagen wir es mal so, viele sagen, das ist ja bewusstseinsbildend. Das ist ja eine

> Erfahrung die sehr viele Leute in diesem Studium machen und auch Leute, die mit guten oder sehr guten Noten aus der Schule kommen." (Wagner 5, 26-32)

Herr Wagner konnte dieser Erfahrung jedoch selbst nur wenig „Bewusstseinsbildendes" abgewinnen. Stattdessen hatte er längere Zeit im Studium erhebliche Motivationsprobleme und konnte nur schwer Zugang zu dem Fach finden: *„Das Studium an sich fand ich ganz überwiegend eher nicht so berauschend"* (5, 5 f.), sagt er und führt es zumindest teilweise auf die für ihn ungewohnte Frustrationserfahrung mittelmäßiger bis schlechter Noten zurück. In der erziehungswissenschaftlichen Forschung wird dieser Effekt als „big fish little pond-effect" oder auch „Fischteicheffekt" umschrieben (Marsh 2005; vgl. auch Böning 2017). Er umschreibt das Phänomen, dass es das Selbstkonzept einer Person beeinflusst, wenn das Leistungsniveau der Bezugsgruppe variiert. Um bei dem Bild des Fischteichs zu bleiben: In einem kleinen Teich, in dem sich nur wenige große Fische bewegen, haben diese es leichter aufzufallen, wohingegen in einem großen Teich mit vielen großen Fischen es schwieriger wird, aufzufallen und die Wahrnehmung besonderer Merkmal abgeschwächt wird.

Professor Golding, der zum Zeitpunkt des Interviews auf eine rundum gelungene Karriere zurückblicken kann, hat nahezu identische Erfahrungen gemacht. Er antwortet auf die Frage, wie ihm das rechtswissenschaftliche Studium gefallen hat, folgendes:

> „Es hat mir eigentlich überhaupt nicht gut gefallen (lacht). Was man ja vorher nicht so weiß ist, dass es bei den Juristen kaum gute Noten gibt. Also das Notenspektrum reicht ja nicht wie in der Schule bis 15 Punkte, sondern sogar bis 18 Punkte. Es wird aber praktisch nie ausgeschöpft. Und man muss sich dann erst mal dran gewöhnen, wenn man in der Schule immer nur so 12 Punkte aufwärts hatte, dass man dann plötzlich auch mal mit einer Klausur zufrieden sein muss, wo man in Anführungszeichen nur neun oder nur zehn Punkte bekommt. Dass man dann schon im besseren Bereich ist. Und das war ein bisschen gewöhnungsbedürftig." (Golding 4, 19-27)

Das unvorbereitete Misserfolgserlebnis durch die Notenkultur der Rechtswissenschaft hat also erkennbare Auswirkungen auf die Freude am Studium und die Studienmotivation. Der Gewöhnungsprozess an das spezifische Notenspektrum der Rechtswissenschaft ist häufig mit einem Verunsicherungsmoment verbunden, das, wie Frau Förster berichtet, zum Teil beabsichtigt ist. Sie erzählt im Interview, dass in Erstsemesterveranstaltungen die Konfrontation der Studienanfänger/innen mit dem Notenspiegel aus dem ersten Examen bewusst eingesetzt wird, um junge Studierende abzuschrecken:

„Da wird einem relativ früh die Notenrelevanz vor Augen geführt. Also es wird gerne bei Einführungsveranstaltungen der Schnitt aus dem ersten Examen und die Notenverteilung aus dem ersten Examen aufgelistet, um die Leute mal zu schocken. Das passiert immer wieder." (Förster 4, 16-20)

Neben diesem „Schock", einer möglichen Verunsicherung in Bezug auf die eigene Leistungsfähigkeit und der problematischen Auswirkungen auf die Motivation der Studierenden, kann das Erlebnis, sich plötzlich und mehr oder weniger unerwartet nur noch im Durchschnittsbereich zu bewegen oder gar darunter zu liegen, auch weitreichendere psychische Folgen haben. Frau Peters erzählt im Interview, dass Studierende, die schlechte Noten erhalten haben oder gar eine Prüfung nicht bestehen

„sehr, sehr schwer daran tragen, dass sie durchgefallen sind [...]. Aber auch wenn die halt keine gute Note gemacht haben, dass die wirklich psychisch erst mal ganz unten sind und dass die da erst mal langsam wieder anfangen müssen. Weil man ja auch bei Jura über die Note definiert wird." (Peters 7, 1-5).

Eine misslungene Prüfung oder eine nicht erfolgreiche Arbeit wirkt nicht nur enttäuschend und entmutigend, sie tangiert auch die Selbstwahrnehmung und die psychische Verfassung, wovon manche sich erst erholen müssen, um erfolgreich weiter studieren zu können. Dies gelingt nicht in allen Fällen und führt letztendlich dazu, dass eine universitäre Karriere in der Rechtswissenschaft wie eine kaum zu erreichende Möglichkeit erscheint. Frau Zeis beispielsweise, die zu dem Zeitpunkt des Interviews zwar ihre Dissertation fertig hat, aber nicht an der Universität bleiben möchte und eine weiterführende Karriere in der Rechtswissenschaft ausschließt, begründet ihre Entscheidung folgendermaßen:

„Juraprofessorin, ich weiß nicht, ob ich mir das vielleicht nicht zutraue? Das kann auch sein. Dass ich so, weil ich ja auch im Studium viele Selbstzweifel hatte, ob ich das wohl schaffe und wie ich's schaffe, weil man da ja ganz schön durch die Mangel genommen wird, auch durch dieses Examen. [...] Ich war nachher halt überrascht, wie gut es dann auch doch noch geklappt hat für mich, für mein Gefühl von der Examensvorbereitung. Und dann jetzt sich dahin stellen und dann selber Professorin sein [...] ich kann mich damit nicht so richtig identifizieren, glaube ich." (Frau Zeis 14, 25-33)

Die Erfahrungen, die Frau Zeis im Studium und während der Examensphase gemacht hat, waren so demotivierend, dass sie die bereits im Studium vorhandenen Selbstzweifel trotz gelungenen Examens nicht ganz ablegen kann und unsicher ist, ob sie den weiteren Karriereweg zur Professur schaffen würde. Deswegen hat sie sich entschlossen, eine Universitätskarriere nicht anzustreben. Die Notenvergabe und der damit einhergehende Leistungsdruck können durchaus dazu führen, dass für manche Nachwuchswissenschaftler/innen die Rechtswissenschaft als Karrieremöglichkeit ausgeschlossen ist bzw. gar nicht erst in Betracht gezogen wird. Das gilt natürlich nicht nur für Frauen, sondern kann für Männer gleichermaßen gelten, wobei – wie bereits erläutert worden ist – Frauen im ersten Examen in der Tendenz schlechter als Männer abschneiden. Zum Teil wirken im Studium oder im Examen erhaltene schlechte Noten noch lange über das Studium hinaus nach und bergen die Gefahr eines Gefühls der Unzulänglichkeit, auch wenn weitere Qualifikationsschritte im Karriereverlauf gelungen sind. Als „das ewige Trauma"" beschreibt beispielsweise Herr Wagner seine Note im ersten Staatsexamen, die nur geringfügig das Vollbefriedigend verfehlt hat. Obwohl er aus einer objektiven Perspektive heraus alle wissenschaftlichen Stationen, die zur Erlangung einer Professur nötig sind, bestens gemeistert hat, also sehr gut promoviert hat, bereits habilitiert ist, mehrere wissenschaftliche Ehren erhalten hat[425] und kurz vor dem Antritt einer Vertretungsprofessur steht, beschäftigt er sich noch immer mit der Bedeutung dieser, aus seiner Sicht, missglückten Leistung der Vergangenheit.

> „Ja, das ist eine Frage die mich seither begleitet, ob das satisfaktionsfähig ist. Und ich weiß das ja, dass es ja Kollegen gibt von Fakultäten, [...] wo das eine unglaublich große Rolle spielt. Wo die Frage, ob sie auch als Wissenschaftler satisfaktionsfähig sind, daran hängt" (Wagner 9, 17-21),

fasst er seine Bedenken zusammen. Die Metapher der „Satisfaktionsfähigkeit" ist in diesem Zusammenhang aufschlussreich, weil Satisfaktion historisch nur Gleichrangigen gewährt wird (vgl. Frevert 1991). Mit Personen niedrigeren Standes setzt man sich nicht auseinander, sie sind nicht satisfaktionsfähig. Übertragen auf Herrn Wagners Situation begründet die lange zurück liegende Note des ersten Staatsexamens noch immer Zweifel an der eigenen Gleichwertigkeit in Bezug auf die anderen Mitglieder der juristischen Wissenschaftsgemeinschaft und wirkt wie ein bedeutsamer Makel in der eigenen Karriere, der ihn bis heute verfolgt.[426]

---

425 Um die Anonymität zu wahren, muss an dieser Stelle auf eine genauere Auflistung dieser „Ehren" verzichtet werden.

426 Die gewählte Metapher der Satisfaktionsfähigkeit, bzw. des Mangels derselben, deuten auch auf den Traditionalismus und eine gewisse Altertümlichkeit der Rechtswissenschaft hin. Vgl. Kapitel 4.

Interessanterweise hat die Examensnote jedoch, faktisch betrachtet, die wissenschaftliche Karriere Herrn Wagners nicht oder nur wenig beeinträchtigt. Er hat alle anderen Qualifikationsstufen erfolgreich absolviert und konnte sich in der wissenschaftlichen Gemeinschaft etablieren.[427] Es scheint, als läge eine Diskrepanz zwischen der Wahrnehmung der eigenen Unzulänglichkeit durch eine mittelmäßige Note im Staatsexamen und dem faktischen Gelingen der Karriere. Noten, besonders Examensnoten, sind also nur bedingt zuverlässige Indikatoren für die (zukünftige) Leistungsfähigkeit und den beruflichen Erfolg der Einzelnen. Es gibt durchaus Fälle, wie Herr Wagners Beispiel zeigt, in denen die erhaltenen Noten nur wenig Aussagekraft über die fachliche Eignung für eine wissenschaftliche Karriere haben. Sie werden jedoch als so bedeutsam eingeschätzt, dass sie lange nachwirken können und auf spätere gelungene Karriereschritte einen Schatten werfen. Noten können in der Rechtswissenschaft einen erfolgversprechenden Einstieg in die Karriere bedeuten, aber auch als ein langanhaltendes „Trauma" wirken. Sie haben Einfluss auf die Studienmotivation, erhöhen den Konkurrenzdruck auf die Studierenden, prägen die Studienzeit und können Unzufriedenheit und Selbstzweifel hervorrufen, wie auch einen ersten Karriereschritt erleichtern. *„Die Note kommt noch auf den Grabstein"* (6, 10 f.), fasst Professor Gabler im Scherz zusammen, welche zentrale Bedeutung Noten, vor allem Examensnoten für rechtswissenschaftliche Karrieren haben. Das Beispiel von Herrn Wagner zeigt aber auch, dass Noten, obwohl in der Rechtswissenschaft beinahe eine Art „Notenkult" zelebriert wird und Noten professionspolitisch eine enorme Bedeutung zugeschrieben wird, eine Wissenschaftskarriere nicht zwangsläufig blockieren müssen. „Satisfaktionsfähig" können auch Kandidatinnen und Kandidaten sein, die dem Kriterium des „VB" nicht entsprechen. Wissenschaftskarrieren setzen formal zwar entsprechende Noten voraus, es sind daneben aber noch andere Faktoren bedeutsam, die sie ermöglichen.

10.2 Die Steuerung der eigenen Karriere: Der Mentor als Kernfaktor in der Karriere

„Weil, es ist ja letzten Endes auch kein Beruf, den man jemandem mit Workshops irgendwie schmackhaft machen kann. [...] Man geht nicht auf eine Job-

---

427 Mittlerweile hat er einen Lehrstuhl erhalten.

börse und hört: ‚Ach, sie suchen einen Job, machen Sie doch einfach mal.'" (May, 39)

So fasst Professorin May die Ausgangsituation für eine rechtswissenschaftliche Karriere pointiert zusammen. Und tatsächlich wird die Entscheidung für eine Universitätslaufbahn eher selten auf Jobbörsen oder während Workshops getroffen. Man muss eine Anbindung an eine Universität oder genauer an einen Mentor bzw. Förderer haben, um eine Karriere in der Rechtswissenschaft auf den Weg zu bringen. Das hat sich in unserer Untersuchung ausnahmslos bestätigt: Mentorinnen und Mentoren sind eine zentrale Instanz in rechtswissenschaftlichen Karrierelaufbahnen. Durch ihre Unterstützung kann Karriere entwickelt werden und bei Entzug der Unterstützung kommt es fast immer zu einem kleineren oder größeren Karriereknick. Im Gelingen oder Nicht-Gelingen von Karrieren sind Mentorinnen und Mentoren („soziale Paten") Schlüsselfiguren. Das birgt sowohl Vorteile als auch Risiken und Konfliktpotential für Nachwuchswissenschaftler/innen.

10.2.1 Netzwerke und Renomée

Zu den Vorteilen zählt zweifellos, dass die Mentees, also diejenigen, die an der Hochschule bereits einen Förderer oder eine Förderin gefunden haben, von den persönlichen Netzwerken oder auch dem Renomée und Standing ihrer Mentoren/innen in der Scientific Community sowie der eigenen Fakultät profitieren können. Beispielsweise erzählt Professor Golding im Interview, dass er während seiner Promotionszeit, in der er am Lehrstuhl eines bekannten Professors gearbeitet hat, von einem benachbarten Lehrstuhlinhaber gefragt worden sei, ob er an einem Lehrbuch mitarbeiten wolle. Der Professor, der ihm dieses durchaus attraktive Angebot gemacht hat, begründete sein Angebot, laut Herrn Golding, folgendermaßen:

> „Er hat mich gefragt, ob ich nicht Lust hätte, mit ihm zusammen das zu schreiben. Weil, ich sei ja doch Schüler von Franke und ein Assistent, den Herr Franke sich raussucht und heranzieht, der muss gut sein. Und deswegen, also, ob ich nicht Lust hätte, mit ihm das Lehrbuch zu schreiben." (Golding 31, 22 ff.)

Das Standing und der fachlich gute Ruf von Herrn Goldings Chef und Mentor Professor Franke bezeugen seine eigene fachliche Eignung und damit seine Eignung an dem Lehrbuch mitzuarbeiten. Sie strahlen gewissermaßen auf ihn ab. Herr Golding ist sozusagen qua Assoziation mit

Herrn Franke ein geeigneter Kandidat für dieses Projekt. Das illustriert die vorherrschende Grundüberzeugung, dass ein geschätzter Kollege zweifelsfrei erkennen kann, wer die erforderlichen Qualitäten hat, und dass grundsätzlich nur Leistungswürdige gefördert werden. Ein neutraler Leistungsgedanke, bei dem nur die sachlich messbare Leistung zählt, ohne jede Berücksichtigung und Beeinflussung durch persönliche Aspekte, wie Bekanntschaft, Sympathie o.ä. ist für die Wissenschaft konstitutiv.

> „Partikularistische Beurteilungen verletzen in diesem Fall nicht bloß das Prinzip der Leistungsgerechtigkeit, sie untergraben zusätzlich eine kognitive Regelstruktur, die nicht nur für das Selbstverständnis der Wissenschaft, sondern auch für ihr praktisches Funktionieren entscheidend ist." (Heintz 2008, S. 243)[428]

Die Überzeugung, dass Leistungen grundsätzlich ausschließlich sachlich und neutral verstanden und bewertet werden, machen eine Verbindung von gutem Standing eines Förderers und fachlicher Eignung des Geförderten plausibel. Gefördert wird ohnehin nur, wer es aufgrund fachlicher Leistung verdient, und ein fachlich anerkannter Rechtswissenschaftler wird nur geeignete, also leistungsstarke Nachwuchswissenschaftler/innen rekrutieren und unterstützen. Ein vergleichbares Phänomen hat Sandra Beaufaÿs beschrieben, wenn sie meint, dass der Ruhm eines Mentors sich quasi wie eine „Aura" auf seinen Schüler ausweitet und ihn in dieses Anerkennungssystem unter Wissenschaftler/innen einschließt (Beaufaÿs 2003, S. 181-185). Diejenigen, die für einen angesehenen Professor bzw. eine angesehene Professorin arbeiten, bekommen, alleine schon durch ihre Verbindung, „einen Teil dieses Segens ab" (ebd., S. 183). Der Ruf, den ein Professor oder eine Professorin in der Wissenschaftsgemeinschaft hat, ist dabei von zentraler Bedeutung:

> „Name und Bekanntheitsgrad wirken wie ‚Codes', eine Bezeichnung, die an das Verfahren erinnert, mit der man sich Zugang zu nicht-öffentlichen Quellen (bspw. im Computer) verschafft. Man gibt ein Codewort ein, das als Türöffner funktioniert." (Ebd., S. 181)

Damit haben Namen bzw. der Ruf und das Ansehen, die mit bestimmten Namen und damit Personen verbunden sind, eine Schlüsselfunktion. Sie öffnen den Zugang für die Nachwuchswissenschaftler/innen, die davon profitieren können, mit einer mächtigen und einflussreichen Person der Zunft assoziiert zu werden. Auf die Frage, wie man in der Rechtswissen-

---

428 Vgl. grundlegend dazu Merton 1985.

schaft Macht definiert, antwortet Professor Barning: *„Ansehen in der Fachcommunity"* (Barning 41, 9). Es besteht eine enge Verbindung zwischen Ansehen und Macht, da die Einflussmöglichkeiten mit dem Ansehen steigen und natürlich auch Auswirkungen auf die Nachwuchswissenschaftler/innen haben (vgl. auch Kap. 8.1.6).

Die Türöffnerfunktion des Namens, der an dieser Stelle für den guten Ruf und das Ansehen ihres oder seines Trägers steht, ist auch in der Schilderung Herrn Goldings erkennbar. Alleine die Tatsache, dass Herr Golding ein Schüler bzw. ein Mentee von Prof. Franke ist, reicht als Qualifikationsmerkmal aus, um Herrn Golding anzubieten, bei einer Veröffentlichung mitzuwirken. Bedenkt man, dass Veröffentlichungen vor allem in der Rechtswissenschaft ein Teil des wissenschaftlichen Anerkennungssystems sind und gerade die Mitarbeit an einem Lehrbuch einen wichtigen Schritt in der universitären Karriere bedeutet, wird klar, dass es sich auch um ein Angebot handelt, in der Wissenschaftsgemeinschaft Fuß zu fassen (vgl. dazu auch Beaufaÿs, S. 177 f.). Professor Berg sagt im Interview:

> „Ja, man muss schon eine gewisse Präsenz zeigen durch die Art der Veröffentlichung. Also ich würde sagen, es gibt bestimmte Literaturgattungen. Also am besten Herausgeber eines Großkommentars. Oder eben Großlehrbuch [...], weil das natürlich vor allen Dingen Präsenz nach außen zeigt und man damit dann auch Aufmerksamkeit, Sichtbarkeit generiert." (Berg 33, 29-34-4)

Ein Lehrbuch zu verfassen oder an einem Lehrbuch mitzuwirken, ist ein bedeutsames Angebot und kann ein Karrieresteigbügel sein. Es ermöglicht Sichtbarkeit und die Möglichkeit von der Scientific Community wahrgenommen und registriert zu werden. Damit wird ein weiterer Karrieregrundstein gelegt, und es ergibt sich eine Chance, sich unter den „peers" der Wissenschaftsgemeinde einen eigenen guten Namen zu machen und sich Renomée zu erarbeiten.

Neben der Qualität, also der „Literaturgattung" wie Professor Berg es bezeichnet, ist aber auch die Quantität der Veröffentlichungen von Bedeutung, um in der Wissenschaftsgemeinde bekannt zu werden und anerkannt zu sein. Das gibt gelegentlich Anlass zu Unmut, da es den wissenschaftlichen Leistungs- und Qualitätsgedanken zu unterhöhlen scheint. Professorin Fischer, die zum Zeitpunkt des Interviews mit der Anzahl ihrer Veröffentlichungen unzufrieden ist, hat deshalb, wie sie sagt, eine „leichte Sinnkrise". Sie führt aus:

> „[I]ch persönlich hab' momentan so eine leichte Sinnkrise eigentlich, was das betrifft. Und von daher hoffe ich, dass das wieder besser wird. Aber, weil das ist ja letztlich die Wahrnehmung. Die Publikationsliste muss lang sein. Aber

das ist auch so eine Spielregel, die ich nicht so richtig einsehe. Dass es nicht auf die Qualität der Publikation ankommt, sondern tatsächlich auf die Quantität. Das lähmt mich regelrecht. Also ich hab' irgendwann sehr spät begriffen, wo man was veröffentlicht haben muss, was sozusagen die Parameter sind, worauf geguckt wird. Ab dem Moment konnte ich da überhaupt nichts mehr veröffentlichen, weil ich das Gefühl hatte, ich mache es jetzt nur, damit auf meiner Liste eben in der Zeitschrift was erschienen ist. Und das ist doch so verrückt alles." (Fischer 42, 3-12)

Für Frau Fischer ist dieses Quantitätsprinzip so fragwürdig, dass sie daraus eine Art Schreib- oder Veröffentlichungshemmung entwickelt hat. Es ist nur schwer einzusehen, dass wissenschaftliche Veröffentlichungen aus einer anderen Motivation heraus als der Erweiterung des Erkenntnisstandes oder der Bereicherung der Forschung forciert werden. Für Frau Fischer ergibt sich daraus eine Sinnfrage, da sie dieses strategisch-quantitativ orientierte Vorgehen wenig wissenschaftlich findet und es ihr insofern nicht zu ihren Aufgaben als Professorin und Wissenschaftlerin zu gehören scheint. Ihre „Sinnkrise" zeigt an, dass sie die Spielregeln des Feldes, möglichst viel in bestimmten Publikationsorganen zu veröffentlichen, kritisch hinterfragt und sich von den Anforderungen des Feldes distanziert. Sie vertritt damit zugleich das klassische Ideal einer gelehrten Person, der es um Wahrheitsfindung geht und negiert neuere Formen wissenschaftlicher Performanz und Selbstvermarktung, die durch den seit bereits einigen Jahren diskutierten „akademischen Kapitalismus" (Münch 2011) forciert werden und die Pluralität beruflicher Identitäten in der Wissenschaft zumindest gefährdet (dazu auch Matthies 2016).

Unstrittig ist jedoch, dass Veröffentlichungen in ihrer Quantität, aber auch Qualität in der Wissenschaft von großer Bedeutung sind. Aber auch dabei können Mentoren/innen behilflich sein, wie das Beispiel von Herrn Golding illustriert. Damit ist ein weiterer möglicher Vorteil der zentralen Stellung von Mentoren/innen in wissenschaftlichen Karrieren für die Nachwuchswissenschaftler/innen angedeutet: Durch die Verbindung mit ihren Mentoren/innen können die angehenden Rechtswissenschaftler/innen auch von den vorhandenen Netzwerken ihrer Mentoren/innen profitieren und eigenes soziales Kapital aufbauen.

> „Ich hab' mal irgendwann den Satz geprägt, das eine Bier das ich auf einer Tagung mit jemandem noch getrunken habe, ist wahrscheinlich wichtiger als meine nächsten drei Aufsätze. Dass man Leute kennt. Wenn es darum geht, dass man mal gefragt wird in irgendeinem Kommentar mitzuschreiben etc., da spielt das natürlich eine Rolle." (Gabler 20, 26-30)

Dieses Bonmot, das uns Professor Gabler im Interview samt Erklärung liefert, illustriert, wie wichtig die Etablierung von Netzwerken, hier in Form von Bierbekanntschaften, ist. Man muss „Leute", also andere Mitglieder der Scientific Community kennen. Das vergnügliche Zusammensitzen und gemeinsame Trinken ist eine gute Gelegenheit, um sich miteinander bekannt zu machen und sich in geselligem Rahmen mit durchaus karriererelevantem Hintergrund zu vernetzen (vgl. dazu auch Beaufaÿs, S. 177 f.). Laut Professor Gabler ist das gemeinsame Biertrinken auf Tagungen eventuell sogar effektiver für die eigene Karriere als das Verfassen von Aufsätzen, da ein großes Netzwerk eher zu prestigeträchtigen Tätigkeiten, wie dem „Mitschreiben" an einem juristischen Kommentar führen kann. Hier wird der Leistungsgedanke, der ausschließlich sachlich ist und sich neutral an den Fähigkeiten und Leistungen des Einzelnen orientiert, relativiert. Persönliche Bekanntschaft, wie sie durch das Knüpfen von Netzwerken entsteht, kann einen wertvollen Beitrag zur eigenen Etablierung oder zur Verbesserung des eigenen Standing in der Scientific Community leisten,[429] und – nach Professor Gabler – sogar entscheidender sein als veröffentlichte Fachaufsätze.

Die Teilhabe an Aktivitäten der Scientific Community ist durchaus karriererelevant. Falls man aber nicht die Möglichkeiten hat, daran teilzuhaben und sich aktiv einzubringen, gerät man ins Hintertreffen. Das trifft die Wissenschaftlerinnen häufig besonders. Neben der alltäglichen beruflichen Tätigkeit noch zu Tagungen, Konferenzen oder sonstigen Events zu fahren, erhöht den Koordinationsaufwand und die Abwesenheit von der Familie, für die berufstätige Frauen noch immer hauptsächlich zuständig sind (vgl. u.a. Becker et al. 2003, Allensbacher Studie „Weichenstellungen für die Aufgabenteilung in Familie und Beruf" von 2014)[430]. Frau Fischer beispielsweise, die zum Zeitpunkt des Interviews zwischen Wohn- und Arbeitsort pendelt, erzählt im Interview, dass ihr genau diese Problematik Schwierigkeiten bereitet und sie deshalb verschiedene Tagungen oder Konferenzen nicht mehr besucht.

---

429 Wenn es sich um Angebote zu prestigeträchtigen, in der Wissenschaftsgemeinschaft angesehene Tätigkeiten handelt, wird dadurch das Standing in der Scientific Community verbessert. Entsprechend einem „wer hat, dem wird gegeben"-Vorgang zieht der eigene gute wissenschaftliche Ruf wiederum rufverbessernde Angebote nach sich; ein Phänomen, das Robert K. Merton als „Matthäus-Effekt" beschrieben hat. Vgl. Merton 1985, S. 147-171.

430 vgl. http://www.ifd-allensbach.de/uploads/tx_studies/Weichenstellungen.pdf

„Im Moment knicke ich mir mehr. Aber bisher bin ich eigentlich schon zu Tagungen gefahren, weil ich das für relativ wichtig halte, so diese Kontaktpflege. Das ist ja auch so eine der Spielregeln. Dass man sich kennen muss und dass es nicht nach irgendwelchen objektiven Kriterien geht, sondern dass es eben immer ,Wer kennt wen' [ist]. Und gerade auf Tagungen: Wer kann abends am längsten. Dass das schon eine Rolle spielt. Aber im Moment habe ich nicht die Kraft für die Tagungen. Also keine Lust. [...] Das ist auch so eine Geschichte, die ich nie begriffen hab', wie viel Energie manche eben diesem Klatsch widmen. Also alleine ich mit meinem schlechten Namensgedächtnis hab' da ja null Probleme. (lacht). Aber was manche da wissen, wer wann wo auf welcher Liste und was gemacht hat und welchen Fehler gemacht hat in welcher Kommission. Also bei manchen, denke ich, die müssen ihre gesamten Gehirnkapazitäten darauf verwenden, für diesen Klatsch. [...]. Aber da fragt man sich schon, was wird über einen selbst geredet?" (Fischer 33, 27-34, 22)

Professorin Fischer hat das Gefühl, nicht mehr „auf dem Laufenden" zu sein, was den „Klatsch" der Scientific Community angeht, da sie länger nicht mehr auf Tagungen war und fragt sich, inwiefern sie selbst davon betroffen ist. Zwar findet sie das Gerede übereinander und die Interna über Fehler und Listenplätze bei Berufungskommissionen nicht sonderlich relevant, ihr ist aber bewusst, dass diese scheinbaren Nebensächlichkeiten ihr Gewicht in der Scientific Community haben. Durch diese Möglichkeiten, in einen geselligen Austausch zu gehen und dort auch „Klatsch" auszutauschen, werden Netzwerke geknüpft und verfestigt. Klatsch hat einen wichtigen „Integrationseffekt" und liefert einen nicht zu unterschätzenden „Informationsgewinn", wie Jörg Bergmann bereits 1987 in seiner Studie über Klatsch schrieb (ebd., S. 9 f.). Klatsch zu verbreiten und Klatsch zu hören, sind also sozial hoch bedeutsame Aktivitäten für Mitglieder von Gemeinschaften, da sie sowohl (manchmal unwichtig scheinende) Informationen in einer Gruppe verbreiten, als auch Gruppenmitglieder als solche kennzeichnen und von Nicht-Mitgliedern unterscheiden. Nur wer Mitglied ist, also in die Gemeinschaft integriert ist, kann am (fachinternen) Klatsch partizipieren. Durch ihre persönliche Situation, durch das Austarieren von Familie und Beruf und die damit verbundene Abwesenheitsproblematik sowohl in der Wissenschaftsgemeinde wie auch der Familie, hat Professorin Fischer derzeit wenig Kapazitäten für wissenschaftliche Geselligkeiten und den Klatschaustausch frei. Sie „knickt" sich diese Aktivitäten, da die Aufgabe Familie und Beruf miteinander in Einklang zu bringen und beidem gerecht zu werden, hoch belastend und schwer zu bewerkstelligen ist.

Ein weiterer karriererelevanter Effekt von Netzwerken ist auch das Aktivieren von Beziehungen in Fällen, in denen der/die richtige Ansprechpartner/in nicht man selbst, sondern ein Mitglied des eigenen Netzwerkes ist. Auch durch das Weiterempfehlen an Dritte können Karrieren vorangetrieben werden. Professorin Weber beispielsweise erzählt im Interview, dass sie zu Beginn ihrer Karriere von einem Professor an ihren späteren Doktorvater als einen in Frage kommenden Mentor verwiesen wurde.

> „Dann ging ich dann dahin, und das war mir eigentlich total zuwider, weil ich es bisher noch nie nötig gehabt hatte, sozusagen so über Beziehungen [weiter zu kommen]. Und das war auch ganz witzig: Professor Strüber hatte auch Sorge, dass ich ihm eben jetzt irgendwie untergeschoben werde, und war dann also erst mal super kritisch. Und das hat aber dann gut funktioniert." (Weber, S. 10, 9-13)

Das hat es tatsächlich, denn mit Frau Webers Karriere ging es von da an stetig bergauf. Diese Aktivierung des persönlichen Netzwerks eines Professors war ein zentraler Moment im Karriereverlauf von Professorin Weber und hat ihr weitere Türen geöffnet. Das bedeutet jedoch keinesfalls, dass fachliche Qualität zweitrangig für Karriereverläufe ist, dennoch haftet dieser Form der Mobilisierung von Beziehungen, wie die Reaktionen von Frau Weber und ihrem späteren Mentor zeigen, etwas Suspektes und Nichtseriöses an. Das Verständnis von Wissenschaft als personenunabhängig und sachlich-neutral kann bei der Aktivierung von Netzwerken in Gefahr geraten und scheint erst dann gerechtfertigt, wenn – wie in Frau Webers Fall – Beziehungen und fachliche Eignung miteinander verzahnt sind.

10.2.2 Das Fach als ein familiäres Gebilde

Ein auffälliges Merkmal der Rechtswissenschaft ist die Konstruktion der eigenen Zunft als eine Art familiäres Gebilde. So sprechen Rechtswissenschaftler/innen, die wir interviewt haben, häufig in familiären Termini voneinander. Herr Golding beispielsweise berichtet von seiner „Habilitationsschwester" (Golding, 34, 2), die im selben Zeitraum wie er bei demselben Professor ihre Habilitation verfasst hat). Professorin Berg erzählt im Interview von ihrem „akademischen Milchbruder", mit dem sie eine Zeitlang um Stellen konkurriert hat. (vgl. 9.8.3)

Die Bezeichnung „Milchbruder"" erinnert an das religiöse Konzept der Milchverwandtschaft, die eine durch das Stillen hergestellte Beziehung auf eine Stufe mit einer Blutsverwandtschaft stellt (Chapman 2012). Übertragen auf den akademischen Kontext kann man aus dieser Bezeichnung eine enge Bindung sowohl an den Habilitationsbetreuer wie auch den Mit-

Habilitanden herauslesen, der zwar Konkurrenz nicht verhindert, aber dennoch eine Art geschwisterliches Verhältnis der beiden Habilitierten zueinander beschreibt, allein weil beide bei demselben Professor ihre Habilitation verfasst haben. Nun ist eine Form verwandtschaftlicher Zugehörigkeit in der akademischen Welt nicht neu, so ist die Verwendung der Bezeichnung „Doktorvater" bzw. „Doktormutter" in den Wissenschaften allgemein gebräuchlich, es scheint jedoch, als wäre in der Rechtswissenschaft die Zugehörigkeit zu Lehrstühlen mit einem Professor/einer Professorin an der Spitze, der bzw. die in der Regel die Rolle des oder der Mentors/in übernimmt, von besonderer Bedeutung. In Schulze-Fielitz „Staatsrechtslehre als Mikrokosmos" (2013) beispielsweise ist ein beeindruckender Anhang zu finden, der einem Ahnenstammbaum ähnliche Strukturen für die Staatsrechtler/innen ausweist, so dass sich Schüler-Lehrer-Beziehungen zum Teil bis zu den geschichtlich Großen der Zunft des frühen 19. Jahrhunderts zurückverfolgen lassen. Die Einbettung in eine Tradition und eine Historie, die sich familienstammbaumartig auffächert, ist also in der Rechtswissenschaft durchaus von Bedeutung – und zwar nicht nur im Hinblick auf die eigene Verortung und Zugehörigkeit zu einer speziellen „Familie", sondern auch zur Einordnung durch das Gegenüber. Sie bleibt dabei nicht konsequenzlos, sondern kann Türen öffnen und Kontakte erleichtern und helfen, Netzwerke zu knüpfen. Professor Tölle erinnert sich im Interview an seine Assistentenzeit und berichtet von einer Begegnung mit einem sehr bekannten Rechtswissenschaftler:

> „Da habe ich so meine Runde gemacht bei den Profs, auch beim Wieland[431]. Wieland, der ja aus X weggegangen war. [...] Und da stelle ich mich vor, und der war eiskalt, ganz kalt, kühl, guckt dann, wo ich denn herkomme, ja, hab' ich gesagt von Uhlig. Herbert Uhlig. Ja, warum haben sie das denn nicht gesagt, warum hat mir das denn keiner gesagt. Und da war das Eis gebrochen." (Tölle 6, 2-7)

Durch die Zuordnung zu einem bestimmten Lehrstuhl, genauer zu einem Professor, der den damaligen Assistenten Tölle als Mentor begleitet hat, hat sich die Situation der Erstbegegnung mit der juristischen Größe von Kälte und Ablehnung in Freundlichkeit und Sympathie verwandelt. Die Assoziation des jungen Wissenschaftlers mit einem bei Professor Wieland offenbar hoch im Kurs stehenden Kollegen, Herrn Tölles damaligen Mentors, wirkt hier als Eisbrecher und Türöffner und kann durch das Knüpfen

---

431 Wieland ist ein Pseudonym.

von Bekanntschaft mit einem wichtigen Menschen der Zunft möglicherweise weitere Karriereschritte erleichtern.

„Sie müssen aus dem richtigen Stall kommen", bringt es Professorin Birkin (19, 25) auf den Punkt. Auch hier findet sich die Verwendung verwandtschaftlicher Zugehörigkeit als Metapher, diesmal aus dem Tierreich. Professorin Birkin erinnert sich an ihre eigenen Erfahrungen mit diesem Beziehungsmodus, aus dem auch Verpflichtungen gegenüber den Mentoren erwuchsen:

> „Das waren sehr enge Beziehungen. Sein Assistent Renzl fuhr ihn auch immer mit seinem schönen Auto durch die Gegend [...]. Also bis ins hohe Alter hat der ihn ja wie ein ergebener Mitarbeiter eben umsorgt, und ich als nun Assistentin wieder von Renzl durfte an dieser Beziehung eben dann als Enkelin sozusagen partizipieren und wurde dann einbezogen." (Birkin 5, 17-21)

Nicht nur ist Frau Birkin als Assistentin des ehemaligen Assistenten eines Professors damit auch dessen „Enkelin", sie kann in dieser quasi-familiären Beziehungsstruktur auch vom Renomée des akademischen „Großvaters" profitieren. Außerdem ziehen diese familiären Gebilde, einer blutsverwandten Familie durchaus ähnlich, auch Fürsorgepflichten nach sich. So wird der akademische Großvater „umsorgt" und wie bei einem Familienausflug durch einen pflichtbewussten Sohn mit einem „schönen Auto" spazieren gefahren.

Auch in der jüngeren Wissenschaftler/innen-Generation stellen Lehrstühle teilweise noch feste, familienähnliche Gebilde dar. So fühlt man sich nicht nur zugehörig und (familiär) verbunden, gelegentlich gibt es sogar Lehrstuhlmeinungen bzw. -haltungen, die nach außen vertreten werden und so die Zugehörigkeit veranschaulichen. Frau Seidel, zum Zeitpunkt des Interviews eine Habilitandin, erzählt im Interview erleichtert:

> „Ich glaub, da haben wir Glück, es gibt Lehrstühle, wo so eine Lehrstuhlmeinung vertreten werden muss, auch wissenschaftlich. Und das ist bei uns gar nicht so." (Seidel 12, 23 ff.)

Frau Seidel hält diese Form der Demonstration von Zugehörigkeit zu Lehrstühlen und ihrer vergleichsweise festen, familienähnlichen Struktur für wenig ansprechend und der wissenschaftlichen Arbeit auch nicht zuträglich. Dennoch ist das familiäre Gebilde Lehrstuhl im Hinblick auf die eigene Karriere relevant. Sie ermöglicht nicht nur eine direkte Zuordnung zu einer akademischen Tradition durch die Assoziation mit dem Professor/der Professorin bzw. Mentor/in, sie kann, daraus folgend, auch Möglichkeiten eröffnen (oder sie selbstverständlich auch verschließen) und Netzwerke erweitern. Die Verwendung familiärer Symbolik und Termini verdeutlicht, wie tragfähig dieses familiäre Konstrukt ist, wie haltbar und einflussreich. Man kann sich ihm kaum oder nur durch eine Art familiären Eklat entziehen und würde dann – um im Bild zu bleiben – zum „schwarzen Schaf", zum familiären Außenseiter.

10.2.3 Vorausleistungen als Investment in die eigene Karriere

Die große Bedeutung, die ein Mentor oder eine Mentorin für die Karriere hat, zeigt sich auf verschiedenen Ebenen. Vom „Assoziationssegen" über die Netzwerke und die Öffnung ansonsten verschlossener Türen bis hin zu einer familienähnlichen Zugehörigkeit können junge Wissenschaftler/innen von ihnen profitieren. Mentoren sind die sprichwörtlichen Steigbügel und heben die Nachwuchswissenschaftler sozusagen in den richtigen Sattel. Allerdings hat eine Bindung an Mentoren und der dazugehörige Einfluss des Professors oder der Professorin auch seine Schattenseiten. Professor Golding schildert im Interview aus der Beobachterperspektive:

> „Herr West hat also einen riesigen Stab von Mitarbeitern gehabt. Hat aber alle bis auf's Blut ausgebeutet. [...] Und alle haben geklagt, und es hat aber niemand gemeutert, weil, natürlich, gut, also ich war in einer anderen Position, ich war ja auch mit ihm per du und konnte ihm auch mal Sachen sagen, aber trotzdem, ich hab' immer mich gewundert, warum gibt's da keinen Helotenaufstand[432]. Aber alle haben ja bei ihm promoviert. Und alle waren insofern von ihm abhängig, weil alle ihre Dissertation von ihm bewertet haben wollten. Irgendwann früher oder später. Und deswegen gab es da nie eine Meuterei. Was mich immer gewundert hat, weil, also eigentlich hätte mich nicht gewundert, wenn man den nachts irgendwo im Gang finden würde mit 'nem Messer im Rücken. War wirklich schlimm." (Golding 37, 2-28)

Ein Nachteil ist offensichtlich die Abhängigkeit der Mentees von den Mentoren, die wie in diesem recht drastischen Beispiel, einer Person ungehörige Macht gibt und den anderen keine (oder nur sehr geringe), so dass man sich bei unfairer Behandlung bzw. „Ausbeutung", wie Herr Golding es nennt, nicht zur Wehr setzen kann. Jedenfalls nicht, ohne ernsthafte Konsequenzen für die eigene Karriere in Kauf zu nehmen. Eine Erklärung für dieses sehr ungleichgewichtige Machtgefälle liegt darin, dass das Men-

---

432 Als „Helotenaufstand" werden Erhebungen der unfreien Heloten gegen ihre spartanischen Herren im antiken Griechenland bezeichnet.

toren-Mentee-Verhältnis, bzw. das Lehrer-Schüler-Verhältnis, nicht institu-tionalisiert ist.[433] Zwar bestehen in der Regel Verträge, wie im obigen Bei-spiel Mitarbeiterverträge, aber die eigentliche Förderung durch die Mento-ren findet auf einer persönlicheren Ebene statt, wie etwa im Aktivieren des persönlichen Netzwerkes. Das ist aber eine Leistung, auf die man als Men-tee keinerlei Anrecht hat. Hier ist man auf den „Goodwill" und die Fair-ness des Mentors bzw. der Mentorin angewiesen. In vielen Fällen funktio-niert das sehr gut, und das Mentor-Mentee-Verhältnis bzw. Lehrer-Schü-ler-Verhältnis erweist sich für die Mentees oder Schüler/innen als nützlich und hilfreich in der Karriere, wie zum Beispiel bei Professor Golding oder Professorin Wagner. Manchmal kommt es allerdings zu Störungen, Kon-flikten und Problemen. Folge ist häufig ein Karriereknick oder ein Stolper-stein auf dem Karriereweg. Ein Beispiel aus ihrem eigenen Werdegang schildert Professorin Freitag. Durch gute Leistungen und Noten im Studi-um war sie relativ früh einem Professor aufgefallen, der sie von da an ge-fördert und später ihre Dissertation betreut hat. Sie beschreibt das Verhält-nis zu ihrem damaligen Mentor als ausgesprochen positiv, nahezu familiär. Es habe immer Anrufe zu ihrem Geburtstag und zu Weihnachten gegeben, und er habe sie sogar mit seiner Familie zu Hause besucht. Für sie war er, wie sie sagt, eine „Vaterfigur" und „mehr als irgendein Chef". Als sie je-doch kurz vor dem Abschluss ihrer Dissertation ist, eröffnet ihr derselbe Mentor und Chef, dass er jetzt ihren Vertrag als wissenschaftliche Mitar-beiterin nicht verlängern könne, da er ein Buchprojekt habe, das er drin-gend fertig stellen müsse und ihre Stelle anderweitig vergeben müsse.

> „Und dann sagt er zu mir, er müsste mir noch was sagen. Er hätte jetzt meinen Vertrag nicht verlängert, er müsste sein Buch fertig kriegen, das müsste ich verstehen. Und davor hatte er immer wieder so [lobende] Sachen zu mir ge-sagt, wie seine Frau hätte auch gemeint, ich sei ein Kleinod, wie toll ich alles machen würde. Natürlich hab' ich immer gedacht, wenn ich das mache, er hilft mir auch irgendwann. Aber ich hatte das Gefühl, es war sehr asymme-trisch [...]. Also es ging für mich beruflich erst mal alles in Scherben. Und es war menschlich eine wahnsinnige Enttäuschung." (Freitag 21, 23-22,2)

---

433 Es gibt natürlich auch offizielle Mentoren-Programme, bei denen Studierende (oder Absolventen) Professoren oder eher deren Mitarbeiter/innen zugeteilt wer-den. Die scheinen aber - zumindest nach der Darstellung der Beteiligten in unse-rem Sample - in der Praxis wenig Anwendung zu finden, bzw. nach Einschätzung der Befragten keinen wirklichen Nutzen zu haben (Bsp. Seidel) oder zu Schwie-rigkeiten führen, da z.B. die Habilbetreuer sie nicht allzu gerne sehen (Bsp. Wendlach).

Obwohl ihr Verhältnis zu ihrem Mentor sehr gut ist und dieser ihre Leistung schätzt, beendet er für sie überraschend die Zusammenarbeit und damit faktisch auch ihre Anbindung an einen Lehrstuhl und ihren Mentor. Das Beispiel aus Frau Freitags Interview illustriert die zentrale Stellung eines Mentors, aber auch, wie risikohaft die Folgen dieser nicht-institutionalisierten Konstellation sind. Es gibt keine verlässlichen Regeln, und das Arbeitsverhältnis kann jederzeit und ohne persönliche Konsequenzen von Seiten des Mentors aufgekündigt werden. Es handelt sich um eine grundsätzlich unsichere Beziehung für den oder die Mentee, der/die auch das überwiegende Risiko trägt.

Das Beispiel veranschaulicht auch, wie diese Konstellationen häufig funktionieren, nämlich in Form von Vorausleistungen verschiedener Art als Investment in die eigene Karriere: Die Mentees engagieren sich, zeigen Leistung und halten dieses asymmetrische Machtverhältnis in der Hoffnung aus, dass der Mentor die Vorausleistungen honoriert und die Karriere unterstützend voranbringt. Das Beispiel Frau Freitags macht deutlich, dass dieses Gebilde äußerst fragil ist und dass Investment in Form von Engagement und Arbeit etc. sich nicht immer auszahlt bzw. auszahlen muss, ohne dass das auf Seiten des Mentors Konsequenzen hat, während die Mentees „vor den Scherben" ihrer beruflichen Karriere stehen können.

10.2.4 Exkurs: Ghostwriting als Karriereinvestition

„Da wird auch also gerne viel durch die Mitarbeiter [gemacht], dass man das schreiben lässt, und jeder weiß es. Das ist auch so eine komische Geschichte. Also bei manchen, die irgendwelche 30-seitigen Publikationslisten haben, weiß eigentlich fast jeder, dass die das nicht allein geschrieben haben. Und trotzdem beeindruckt es. [...] Das ist egal. Also es spielt nicht mal mehr eine Rolle, dass es nur Quantität ist, sondern dass es nicht mal selbst geschriebene Quantität ist. Das ist rätselhaft." (Fischer 43, 12-20)

Ein im Zusammenhang mit den Karrierewegen in der Rechtswissenschaft und der Zugehörigkeit zu Mentoren/innen in den Interviews häufig genannter Aspekt ist das „Schwarzschreiben", wie Professorin Wolf es im Interview bezeichnet. Damit ist die Ghostwriting-Praxis im wissenschaftlichen Feld gemeint, also das Verfassen von Aufsätzen, (Lehr-)Büchern oder Forschungsanträgen, bei denen der Professor oder die Professorin, ohne maßgeblich daran mitgearbeitet zu haben, als Autor/in mit genannt, wenn nicht gar als alleinige/r Verfasser/in aufgeführt wird. Zum Teil übernehmen die Mentees Ghostwritertätigkeiten, da sie auf den guten Willen und die Förderung des Mentors bzw. der Mentorin hoffen. Sie verzichten darauf, Leistungen als eigene anerkannt zu bekommen, in der Annahme, dass der Chef und Mentor ihnen bei der Gestaltung der eigenen Karriere hilft, sie unterstützt und ihnen Türen öffnet. Auch das Ghostwriting bzw. „Schwarzschreiben" ist eine Art Investment in die eigene Karriere und ist mit der Erwartung verknüpft, dass sich das eigene Bemühen und die eigenen Anstrengungen in naher Zukunft auszahlen und dadurch die eigene Karriere durch den Mentor/die Mentorin befördert wird.

Da es sich dabei um eine quasi-tabuisierte Praxis handelt, über die man nicht oder nur hinter vorgehaltener Hand spricht, kann man nicht sagen, in welchem Ausmaß das „Schwarzschreiben" im rechtswissenschaftlichen Feld gängig ist. Einige der Interviewten sagten, das gäbe es nicht oder gäbe es nicht mehr, andere sagten, das gäbe es, sie selber hätten es aber nicht erfahren und praktizierten es auch nicht. Wenig überraschend hat keiner der Interviewpartner/innen erzählt, selber jemals etwas unter dem eigenen Namen veröffentlicht zu haben, das nicht auch aus der eigenen Feder stammte. Wohl aber ist einigen der Interviewten dieses Vorgehen im Verlauf ihrer Karriere selbst begegnet und sie haben für ihre Mentoren/innen Ghostwriter-Tätigkeiten ausgeführt. Professorin Wolf erinnert sich beispielsweise im Interview:

> „Und dann hat Steffens gesagt, ‚Ja, wenn Sie aber dann meine Mitarbeiterin sind [...], müssen Sie auch für mich arbeiten.‘ Und das heißt bei Steffens schwarz schreiben. Also für ihn schreiben, sein Name kommt drauf. Das macht der in Massen. Also, das ist so. Wissenschaftliche Redlichkeit ist da schon [...], so nett der ist, aber da ist der irgendwie völlig blind. Also der lässt alle für sich schreiben und schaut mal kurz drüber, und dann ist das sein Name." (Wolf 16, 32-17, 6)[434]

Das Angebot am Lehrstuhl ihres damaligen Chefs zu arbeiten, wurde also an die Bedingung geknüpft, für ihren Chef Texte zu verfassen, die dieser dann als seine veröffentlicht. Offenbar war das für den Professor eine gängige Praxis, da er es „in Massen" betrieb und seinen Mitarbeiter/innen wie selbstverständlich abverlangte. Zwar erwähnt Professor Wolf die wissenschaftliche Redlichkeit als Problem in diesem Zusammenhang, führt dieses Vorgehen aber auf „völlige Blindheit" seitens des Professors, also auf eine Art ungewolltes Nichterkennen der Problematik, zurück. Dadurch wird diese Praxis in ihrer Täuschungsstruktur aus Frau Wolfs Sicht abge-

---

434 I 10 berichtete, dass ein Professor ihrer Fakultät einmal gesagt hat: „Ich kann gar nicht alles lesen, was unter meinem Namen erscheint."

mildert: Der Chef hat sie nicht als solche wahrgenommen, einen kurzen Blick auf die Arbeit geworfen und diese damit zu seinen Texten mit seinem Namen gemacht.

Eine häufig genannte Begründung für die Praxis des „Schwarzschreibens" ist der Verweis auf „das große Ganze" bzw. darauf, dass man durch den Verzicht auf die eigene Autorenschaft bessere Chancen hat, einen Aufsatz zu veröffentlichen oder einen Forschungsantrag bewilligt zu bekommen. Beispielsweise berichtet Frau Freitag, dass sie als wissenschaftliche Mitarbeiterin einen Forschungsantrag für ihren Chef verfassen sollte, der sich dann zusammen mit seinem Kollegen über das Resultat begeistert zeigte, aber auf ihre Anfrage nach zumindest einer Co-Autorenschaft ablehnend reagierte. Frau Freitag schildert die Reaktionen ihres Chefs folgendermaßen:

> „Es möge dann in den Naturwissenschaften anders sein, bezogen auf die Rechtswissenschaft sei das einfach noch so konservativ, und wenn man merken würde, dass ich's geschrieben hab', hätte das Ganze keine Chance. Dann sei ich praktisch schuld, wenn der Antrag dann scheitert." (Freitag 27, 27-31)

Hier wird der Verweis auf das Resultat, nämlich der Erfolg, respektive das Scheitern des Forschungsantrags als Argument für eine Ablehnung ihrer Frage nach Autorenschaft ins Feld geführt. Sogar eine Co-Autorenschaft wurde ihr verweigert, denn auf diese Weise sei klar zu erkennen, *„der Niederrangigste, der unterschrieben hat, hat's gemacht"*. Um die Chancen für das geplante Forschungsprojekt zu erhöhen, scheint es also geradezu notwendig auf jegliche Ansprüche als Verfasserin zu verzichten. Das Gelingen des Vorhabens, also die Akzeptanz des Forschungsantrags, ist zentral und der Verzicht auf die Autorenschaft ein notwendiges, aber nichtintendiertes Übel. In gewisser Weise scheint diese Argumentation wie eine Verdrehung von Mertons Definition „echter Wissenschaft" (1985, S. 86-99). Laut Merton steht in der Wissenschaft vor allem der reine Erkenntnisgewinn und nicht der Eigennutz (disinterestedness) im Zentrum des Handelns. Die Ergebnisse wissenschaftlicher Erkenntnis stehen grundsätzlich der gesamten Wissenschaftsgemeinschaft zur Verfügung, da sie ohnehin in einem wissenschaftlich kooperativen Kontext entstanden sind (communitarism). Die Forderung, dass Frau Freitag darauf verzichten solle, selbst als Autorin in Erscheinung zu treten, um so wissenschaftliche Forschung in einem Projekt zu ermöglichen, scheint auf verzerrte Weise fast verständlich. Im Zentrum steht die Kontinuität der Wissenschaft, die weiter betrieben werden kann, nicht der eigene Beitrag.

Manchmal wird dieses Vorgehen auch als eine Art „Lerneffekt" und als Intensivierung der Mentor-Mentee-Beziehung verstanden. Professorin Weingart erzählt uns beispielsweise im Interview, dass sie grundsätzlich alles selber schreibe, *„jeder Fehler selbst gemacht"* sei, die Ghostwriting-Praxis aber durchaus *„Vor- und Nachteile"* habe.

> „Ein Nachteil für meine Mitarbeiter ist, dass ich halt auch niemanden so richtig ranlasse an meine Sachen, weil ich alles selber mache. Mal ist es auch nicht so einfach dann wirklich inhaltlich bei mir zu lernen. Man hat zwar Zeit, um seine Dissertation zu schreiben, aber man kommt halt auch vielleicht nicht so richtig ran. Das war bei Holling anders. Ich hab' bei Holling viel gearbeitet, aber ich kam halt auch ran an seine Sachen." (Weingart 20)

Es ist nicht eindeutig, ob für Professor Holling „viel gearbeitet" zu haben, ähnlich wie im Beispiel Frau Wolfs, bedeutet, für den Professor und Mentor Texte als Ghostwriter verfasst zu haben. Professorin Weingart verbindet dieses Vorgehen jedoch mit einer engen Zusammenarbeit mit dem Mentor. Der Verzicht auf die Autorenschaft der selbst verfassten Texte ist aus dieser Perspektive also eine Möglichkeit, unmittelbaren Einblick in die Arbeit des Mentors bzw. der Mentorin zu gewinnen und auf diese Weise nach Art des quid pro quo zu lernen. In der Regel ist dieses Vorgehen jedoch verpönt, wird verschleiert und mit einer Art „Code" versehen, der in erster Linie den Eingeweihten, also den Mitarbeiter/innen am Lehrstuhl bekannt ist. „Für ihn arbeiten" (Prof. Wolf) ist beispielsweise ein solcher Verschleierungscode, ein weiterer ist die Bezeichnung „vorbereiten". Frau Heidbrink, eine Habilitandin, erzählt von ihrer Zeit als wissenschaftliche Mitarbeiterin, bei der ihr (und anderen Mitarbeiter/innen) häufiger von ihrem Chef die Aufgabe „irgendeine Publikation vorzubereiten" übertragen wurde. Auf die Nachfrage, was damit gemeint sei, antwortet sie:

> B: Also das hieß bei Werning (...), dass man tatsächlich den ganzen Text schreibt.
>
> I: Also quasi schreiben, und er hat das dann veröffentlicht.
>
> B: Ja, also er hat immer noch was dran geändert. Das muss man sagen.
>
> I: Sprachlich ein bisschen gebürstet?
>
> B: Sprachlich, ja. Aber an sich waren die Texte immer komplett fertig, wenn sie ihm vorgelegt wurden. Also nicht seine Lehrbücher und seine Kommentare auch nicht, aber die Aufsätze. (Heidbrink 7, 9-17)

In Frau Heidbrinks Erfahrung wurde das Verfassen kompletter Texte, in diesem Fall Aufsätze, zu einem „Vorbereiten" uminterpretiert und damit in der Arbeitsleistung minimiert. Die vor allem sprachliche Bearbeitung als letzten Arbeitsschritt durch den Professor, ganz ähnlich dem letzten „drüber gucken" wie im Beispiel von Frau Wolf, wirkt fast wie eine Art Eigentumsübergabe, die eine Veröffentlichung unter dem eigenen Namen zwar nicht vollends legitimiert, aber der Täuschung die Schärfe nimmt: Den letzten Schritt der Arbeit hat der Professor selbst getan, folglich kann sie unter seinem Namen veröffentlicht werden.[435]

Zwar ist dieses Vorgehen weitgehend verpönt und wird ungeschützt auch eher selten thematisiert, dennoch kann diese geheime bzw. geheim gehaltene Praxis laut einiger Interviewpartner/innen von außen durchaus erkannt werden. Professor Gabler deutet beispielsweise im Interview an, dass ein großer Mitarbeiterstab ein Hinweis auf diese Ghostwriting-Praxis sei. Er sagt, er selber brauche keine übermäßige Anzahl an Mitarbeitern, da er alles selbst schreibe und seine Mitarbeiter ihm lediglich durch Recherche, Kontrolle oder auch mal durch inhaltliches Diskutieren zuarbeiten:

> „Ich gehöre zum Beispiel zu den Leuten –, ich lasse mir nichts schreiben, ich schreibe meine Sachen selber. Also ich brauche meine Mitarbeiter wirklich nur für die üblichen Recherche- und Kontrolltätigkeiten. Dass ich mir Material zusammenstellen lasse, dass ich dann hinterher jemanden habe zum Diskutieren. [...] Ich brauche keinen Stab von sieben Mitarbeitern um mich rum. Die könnte ich ohnehin nicht sinnvoll beschäftigen." (Gabler 12, 3-9)

Aus Herrn Gablers Ausführungen kann man folgern, dass eine größere Anzahl Mitarbeiter/innen zu mehr herangezogen würden, als dem üblichen Zuarbeiten bei Veröffentlichungen. Und in der Tat erzählt uns Frau Heidbrink im Interview, dass ihr Chef, der seine Mitarbeiter/innen Texte für ihn schreiben ließ, die Mitarbeiterstellen möglichst kleinteilig vergeben hat, um einen größeren Mitarbeiterstab zu haben. Auf die Frage, warum er mit Vorliebe Viertelstellen vergeben habe, antwortet sie: *„Ja, dass es halt mehr Leute gibt, die ihm zuarbeiten"* (Heidbrink 7, 1). Auf diese Weise kann demnach die Anzahl der Leute, die für einen arbeiten und vielleicht auch als Ghostwriter Texte verfassen, vergrößert werden. Ein weiteres

---

435 In einem Nebensatz merkt Frau Heidbrink an dieser Stelle kurz an, dass *„es ja eh abgesichert"* sei, darüber zu sprechen. Damit bezieht sie sich auf die Anonymisierung der Interviewdaten, die keine Rückschlüsse auf die Personen zulassen, weshalb sie im Interview offen über die Praxis des Ghostwritings reden konnte. Auf diese Weise wird deutlich, dass dieses Vorgehen zwar nicht vollends tabuisiert ist (immerhin sprechen einige Interviewpartner/innen darüber), aber durchaus kein Thema ist, über das man offen oder gar öffentlich spricht.

Merkmal, an dem die Ghostwriting-Praxis zumindest von Teilen einer Veröffentlichung erkannt werden kann, sind Stilbrüche innerhalb von Texten und/oder ein Ungleichgewicht im Verhältnis der Veröffentlichungen von Habilitanden und „Habilvätern" (oder -müttern). Professor Mahlhoff berichtet im Interview zu diesem Thema, er habe manchmal

> „von irgendwelchen großen älteren Kollegen Dinge gelesen, wo ich dachte, ach, der Stil ist ja sehr holprig, hat er sehr schnell geschrieben oder hat jemand anders geschrieben. [...] Es gibt Habilitanden, die dann irgendwann mal nach der Habilitation auf den Markt kamen mit ganz wenig eigenen Veröffentlichungen. Aber dann Habilväter, die eine riesige Schriftenliste hatten. Na ja, das ist nicht wünschenswert natürlich." (Mahlhoff 31, 23-31,7)

Abgesehen von der Unerwünschtheit dieses Vorgehens und der allgemeinen Ablehnung, können daraus auch spürbare Konsequenzen für die Karriere der Mentees, die als Ghostwriter fungieren, entstehen. Die Anzahl der Veröffentlichungen ist ein wichtiger Faktor in Bewerbungssituationen, vor allem um Professorenstellen. Sie gelten als ein Kriterium für Leistung bzw. Leistungsfähigkeit und spielen eine wichtige Rolle, wenn man sich in der Wissenschaftsgemeinschaft als ernstzunehmende/r Rechtswissenschaftler/in etablieren möchte und anerkannt werden will (vgl. Beaufaÿs 2003, S. 170). Ein weniger umfangreiches eigenes Veröffentlichungsverzeichnis kann da durchaus Auswirkungen haben und die Chancen, erfolgreich um eine Position zu konkurrieren, mindern. Frau Deitert berichtet im Interview von einer ähnlichen Problematik, die ihr durch das eigene Ghostwriting für ihren Mentor entstanden ist. Sie erzählt, sie habe als Mitarbeiterin für ihren Chef und Mentor ein Lehrbuch geschrieben, das unter seinem Namen veröffentlicht werden sollte. Erst als sie *„scherzhaft angedeutet"* habe, dass sie *„die Festplatte auch unter einen LKW legen könnte oder so"* und das Buchprojekt damit auf drastische Weise zum Scheitern bringen könnte, habe ihr Mentor, Professor Flüg, eingelenkt und sie als Koautorin mit aufgeführt. Dennoch bleibt es schwierig, für das Lehrbuch in der Wissenschaftsgemeinde als eine eigene Leistung Anerkennung zu erhalten. Ein anderer Professor riet ihr damals:

> „Sehen Sie zu, dass Sie irgendwie Bearbeitungsanteile ausweisen können, sonst zählt es später in den Berufungsverfahren nicht als Ihre Arbeit. Nicht als Ihre Veröffentlichung. Und das hat mich in die Verlegenheit gebracht, weil – was ich offiziell niemals sagen dürfte –, das Problem war, ich kann da keine Bearbeitungsanteile ausweisen, weil es von Seite 1 bis Seite X mit allen Fehlern eben Frau Deitert ist. Und ich könnte es jetzt fingieren. Aber dazu hätte dann Herr Flüg zum Beispiel mitspielen müssen. Das macht er natürlich nicht. Und er hat dann gesagt, ,Dadurch, dass Sie da mit drauf stehen, wissen

dann die Kollegen schon Bescheid. Dass Sie das geschrieben haben.' Es stimmt aber nicht. Ich kann es nicht ausweisen." (Deitert 22, 18-29)

Die Problematik der Anerkennung der eigenen Leistung bleibt also bestehen, unabhängig davon ob *„die Kollegen"* durch die doppelte Autorenschaft tatsächlich wissen, dass das Buch ausschließlich von Frau Deitert verfasst wurde. Da sie Eigenanteile nicht ausweisen kann, weil sie einerseits das gesamte Buch geschrieben hat und andererseits ihr Mentor das Fingieren einer Aufteilung der Arbeitsleistung ablehnt, kann sie es in Berufungssituationen nicht als eigene Veröffentlichung angeben und damit ihre Chancen verbessern. In diesem Fall hat sich die Hoffnung auf die Fairness und Unterstützung des Mentors, um die eigenen Karrierechancen zu erhöhen, nicht erfüllt, und Frau Deitert hat kaum Möglichkeiten, das einzufordern.

Das „Schwarzschreiben" bzw. das Ghostwriting kann damit nachhaltige Auswirkungen auf die eigene Karriere haben: Sei es in Form von Sicherung der Unterstützung durch den Mentor/die Mentorin, die Möglichkeit dadurch „nah" an den Mentor und seine Arbeit heranzukommen und dessen Themen und Arbeitsstil besser kennenzulernen, oder sei es, dass dadurch Leistung und Zeit gebunden werden, die nicht für die eigene Karriere und die eigene berufliche Vita genutzt werden können, da die eigenen Leistungen unter anderem Namen veröffentlicht werden. Zwar gibt es in diesem Zusammenhang in der Untersuchung nur wenig Anzeichen für einen nachweisbaren Geschlechtereffekt, was zum Großteil der Tabuisierung des Themas geschuldet ist, jedoch wird die Schlüsselstellung von Mentoren und Mentorinnen für wissenschaftliche Karrieren nochmals deutlich.

10.2.5 „Ist die Frau oder der Mann (...) so wie ich?"

Im Zusammenhang von Mentoren und Karriere spielt das Auffallen und Sichtbarsein, zum Beispiel durch gute Noten (s.o.), eine bedeutsame Rolle. Beides erleichtert die Möglichkeit, überhaupt einen Mentoren oder eine Mentorin zu finden. Einige unserer Interviewpartnerinnen vermuten hier einen wirksamen Geschlechtereffekt. Professorin Wolf beispielsweise verweist auf die Bedeutung von Ähnlichkeit für die Rekrutierung des wissenschaftlichen Nachwuchses:

„Also, ich denke, es ist schon auch dieses System bei der Annahme von Schülern, dass man ein bisschen so immer denkt, ist die Frau oder der Mann, ist der so wie ich? Und die Leute nimmt man gerne und zieht sie gerne hoch. Und das macht natürlich ein Problem, weil man ein anderes Geschlecht hat." (Wolf 46, 17-21)

Ähnlich äußert sich Professor Barning. Das vorherrschende Professorenbild sei vor allem auf Ähnlichkeit gegründet, weshalb es Frauen per se schwer haben, dem zu entsprechen und als Schülerinnen in Frage zu kommen. Und tun sie es doch, bleibt die Ähnlichkeit dennoch (auch über Geschlechtergrenzen hinweg) wichtig:

> „Das Professorenbild ist, er muss so sein wie ich, und wenn er eine Frau ist, ist das schon mal anders. Also dann sollte die Frau möglichst trotzdem so sein wie ich." (Barning 39, 27 ff.)

Die Auswahl von Mentees oder „Schülerinnen und Schülern" anhand des Kriteriums der Ähnlichkeit, die sich auch oder vor allem am Geschlecht festmacht, würde in einem Fach wie Jura mit überwiegend männlichen Professoren Frauen sozusagen a priori benachteiligen, da es einfach weniger weibliche Professorinnen gibt. Nachwuchswissenschaftlerinnen hätten es dann schwerer, jemanden zu finden, der sie fördert.

Das ist im Rahmen dieser Untersuchung schwer nachzuweisen, da die Auswahl von Mentees durch die Mentoren und Mentorinnen ein komplexer Vorgang ist, bei dem viele Faktoren – u.a. manchmal auch der Zufall, die Gelegenheit oder bereits bestehende Netzwerke – eine Rolle spielen. Es gibt aber durchaus Hinweise, dass das Geschlecht in diesem Zusammenhang von Bedeutung sein kann. Im Sample dieser Untersuchung finden sich mehrere Beispiele, in denen Frauen zugunsten von männlichen Konkurrenten die Unterstützung ihres Mentors verloren haben. Beispielsweise berichtet Frau Freitag, dass, nachdem ihr Vertrag bei ihrem damaligen Doktorvater und Mentor nicht verlängert wurde, ein junger Mann eingestellt und auf ihre vorherige Stelle gesetzt wurde. Ein anderes Beispiel ist eine Art geschlechterstereotype Förderung bzw. Behandlung durch den Mentor. Professorin Wolf erzählt, dass der Professor, bei dem sie als studentische Hilfskraft Anfang der 1990er Jahre tätig war, die weiblichen Hilfskräfte immer diktierte Texte hat „abtippen" lassen, während die männlichen Hilfskräfte das nicht mussten. Sie sagt:

> „Und die weiblichen Hilfskräfte wurden also quasi als so eine Art Sekretärinnenersatz gebraucht, wo ich mich dann mit einem Band hingesetzt habe und hab' die Texte abgetippt, die er diktiert hatte. [...] Da hatte ich auch das Gefühl, du wirst da in diese Rolle gedrängt. Und da willst du aber eigentlich nicht hin. Und mit mehr Selbstbewusstsein damals hätte ich da vielleicht einfach gesagt, ich will jetzt was anderes machen. ‚Geben Sie mir mal eine ande-

re Tätigkeit.' [...] Also die Männer mussten nicht tippen. [...] Ich hab' das nie einen Mann machen sehen, also Abtippen." (Wolf 10,5)

Diese geschlechterdifferente Aufgabenzuweisung drängt die Studentinnen in eine spezifische Geschlechtsrolle, die zumindest Frau Wolf unangemessen und wenig interessant fand. Zumal sie das Beispiel einer Mitstudentin vor Augen hat, die durch die Tipparbeiten *„richtig verschlissen"* wurde. *„Die hatte nachher keine Zeit mehr für's Studium, weil der so viel diktiert hat"*, sagt sie, *„und hat das Studium mühevoll mit der Note Drei abgeschlossen"* (Wolf 9, 9-25).

Es liegt also nahe, einen Geschlechtereffekt, wen man fördert und wie man wen fördert, zu vermuten. Jedoch sind die Frauen dieser Untersuchung, deren Karriere zur Professur geführt hat, fast alle in entscheidenden Phasen ihrer Qualifizierung von männlichen Mentoren unterstützt worden. Das bedeutet, das Geschlecht kann in Bezug auf die Förderung durch (zumeist männliche) Mentoren eine Schwierigkeit sein, muss es aber nicht. Hier kann man an die De-Institutionalisierungsthese von Bettina Heintz anschließen, die besagt, dass vor allem durch die gesetzlich verankerte Gleichberechtigung von Männern und Frauen die Geschlechterungleichheit illegitim wird und sich sozusagen auf andere Bereiche verlagert. Damit verändern sich die Reproduktionsmechanismen, während sich die Geschlechterdifferenz selbst perpetuiert. Die Ungleichheit von Männern und Frauen wird nun nicht mehr routinehaft und selbstverständlich vollzogen, stattdessen wirken die Mechanismen der Reproduktion hintergründig und sind in ihrer geschlechterdifferenzierenden Wirkung nicht immer gleich erkennbar. (Vgl.Heintz 2008, S. 231-235).[436] Das heisst:

> „Da diese Geschlechterungleichheit normativ nicht mehr abgesichert ist, verliert sie ihren Status als durchgängiges gesellschaftliches Ordnungsprinzip und wird zu einem kontextspezifischen und potentiell instabilen Phänomen." (Heintz 2008, S. 235)

Geschlechterungleichheit und -ungleichbehandlung kann also in manchen Situationen wirksam werden, in anderen wird sie es nicht. Laut einer Studie von Heintz/Merz/Schumacher (2004) sind Situationen, in denen Zusammenarbeit im Arbeitskontext wenig institutionalisierten Charakter

---

436 Der Arbeitsmarkt ist ein Beispiel. Obwohl es formal keine oder nur noch wenige Barrieren für Frauen gibt, ist der Arbeitsmarkt horizontal entlang der Geschlechtergrenze segregiert, und Frauen stoßen nicht selten an eine gläserne Decke (vgl. Heintz 2008, S. 231-235).

(„freiwilligen Charakter") hat, anfälliger für die Durchsetzung von persönlichen Interessen und Neigungen.

> „Die schlichte Tatsache, dass es sozial schwieriger ist, mit dem anderen Geschlecht ein Klima informeller Kollegialität herzustellen, schafft Barrieren und fördert die Tendenz Kooperationspartner auszuwählen, die sozial vertraut sind." (Heintz 2008, S. 246)

Und das sind in einem so männlich dominierten Feld wie der Rechtswissenschaft mit überwiegend männlichen Professoren manchmal eher männliche Nachwuchswissenschaftler.[437]

Ein Mentor oder eine Mentorin, das kann festgehalten werden, ist für die Karriere von Nachwuchswissenschaftlern und -schaftlerinnen von großer Bedeutung. Sie können von ihrem Standing in der Scientific Community qua Assoziation profitieren, sie sind eingebettet in eine Art Familienstruktur, sie können durch die Teilhabe und Aktivierung der Netzwerke ihrer Mentoren eigene Netzwerke gründen und selbst in der Wissenschaftsgemeinschaft Fuß fassen. Da es sich dabei jedoch um nicht-institutionalisierte Leistungen der Chefs und Mentoren handelt, können diese ihre „Gunst", also ihren Förderungswillen jederzeit und meist konsequenzlos entziehen, woraus schwerwiegende Probleme für die Nachwuchswissenschaftler/innen entstehen. Karrieren enden dann nicht zwangsläufig, es kommt aber zu einem Karriereknick, der junge Wissenschaftler/innen vor existenzielle Probleme, wie beispielsweise die Sicherung des Lebensunterhalts bis zum Abschluss der Dissertation oder vor Zeit- und Kapazitätsprobleme bei extremer Beanspruchung durch den Mentor stellen kann. Professorin Wendlach bringt die Bedeutung der Mentoren für die rechtswissenschaftlichen Karrieren mit deutlichen Worten auf den Punkt:

> „Der starke, klare, offene und in jeder Hinsicht persönlich uneigennützige Mentor ist das A und O. Wenn Sie irgendein Mistvieh haben, von dem Sie dann sagen, ja, aber der beutet mich jetzt aus. Ist ganz schlecht. Ganz schlecht. Ist sehr, sehr, sehr schwierig." (Wendlach 21, 11-15)

---

437 Natürlich macht sich Ähnlichkeit nicht ausschließlich am Geschlecht fest. Es gibt auch in unserem Sample geschlechtlich heterogene Förderungskonstellationen. Hier kommen vermutlich andere habituelle Aspekte zum Tragen, die ein Gefühl von Ähnlichkeit und sozialer Nähe erzeugen. Zum Beispiel ähnliche Norm- und Wertsysteme, korrespondierende Anschauungen über das Wissenschaftssystem und das akademische Leben etc. (Vgl. Beaufaÿs 2003, S. 229).

10.3 Eine konservative Fachkultur? Traditionalität und Konservativität in der Rechtswissenschaft

Warum wer manchmal von wem wie gut oder schlecht gefördert wird und wann ein Geschlechtereffekt wirksam ist und wann nicht, lässt sich auf der Basis unserer Daten nicht abschließend beantworten. Hier wirken vielfältige subtile und komplexe Mechanismen, die sich nicht ohne weiteres und vor allem nicht pauschal identifizieren lassen. Vermutlich spielen auch individuelle Aspekte eine Rolle, wie beispielsweise persönliche Erfahrungen basierend auf der eigenen Biographie und Familienkonstellation. Väter von Töchtern oder Großväter von Enkelinnen gewinnen im Lauf ihres Lebens manchmal einen differierenden Zugang zu Themen wie Frauenförderung und Genderproblematik. Der kurz vor der Emeritierung stehende Professor Tölle beispielsweise erzählt im Interview:

> „Ich gelte ja nun als Frauenfreund [...]. Ich hab' nun mal den Ruf, dass ich ja auf Frauenförderung, also dass ich darauf Wert lege, und Sie kennen doch meinen Spruch: Welche Männer setzen sich für Gender ein? Naja, erstens Söhne einer starken Mutter, ist bei mir so. Zweitens Väter von Töchtern, hab' ich auch zwei." (Tölle 35, 29-36, 4)

So scheint es durchaus nachvollziehbar, dass Wahrnehmungen und die Bewertung von Geschlechterproblematiken durch familiäre Rollenvorbilder beeinflusst werden und sich durch Betroffenheit aus zweiter Hand (in diesem Fall als Vater) verändern.

Eine andere These, die das Forschungsteam beschäftigt hat, war die Frage, ob die häufig konstatierte, traditionelle, vielleicht gar konservative Prägung des Faches Jura es Frauen bzw. Juristinnen erschwert, dort Fuß zu fassen. Auch die Interviewpartner/innen dieses Samples haben ihr Wissenschaftsgebiet als konservativ in diesem Sinne beschrieben. Professor Jensen sagt beispielsweise im Interview:

> „Glaube ich schon, dass wir konservativer sind vielleicht als andere. Weil wir eher an der bestehenden Rechtsordnung arbeiten. Glaube ich schon. Und wahrscheinlich ist die Mentalität der meisten, die als Jurist arbeiten, eher bewahrend als revolutionierend. Ja. Glaube ich schon." (Jensen 36, 9-12)

Eine ganz ähnliche Aussage macht Professor Weingart:

> „Kommt drauf an, was man unter konservativ versteht. Recht ist ja immer bewahrend. Also die Struktur oder fast immer die Struktur erhaltend. Insofern hat man eine gewisse Neigung. Also die Revoluzzer werden Sie bei uns wohl kaum finden oder jedenfalls selten." (Weingart 29, 22-25).

Auch unter den jüngeren Juristinnen, wie Frau Zeis, wird Jura noch als Fachbereich mit traditionellen Werthaltungen verstanden, sie sagt im Interview:

> „Jura ist da noch so ein kleiner Kosmos für sich, wo sich so alte Werte noch halten." (Zeis 29, 15 f.)

10.3.1 Kleiderordnung als ein Beispiel der visuellen Verkörperung des Professoralen

Zum Teil werden die *„alten Werte"* auch durch bestimmte Symboliken nach außen getragen, wie zum Beispiel der in Jura gängigen Kleiderordnung. Für Nicht-Juristen/innen scheint die Idee, dass es an der Universität eine Art Kleiderordnung gibt, vielleicht etwas befremdlich, und selbstverständlich handelt es sich eher um eine Art Konvention in Bezug auf die Kleidung, dennoch fällt Fachfremden auf, dass Juristen häufig einen bestimmten „Stil" pflegen. Viele sind relativ förmlich gekleidet, zumeist in gedeckten, tendenziell dunklen Farben, Anzüge bzw. Jackets und Schlips sind nicht selten und bestenfalls alles qualitativ hochwertig. Professorin Ensecke, selber Juristin, beschreibt in einer kleinen Anekdote:

> „Ich bin da nämlich einmal auf eine kleine Sitzung mit Kollegen gefahren. Die haben alle dunklen Anzug, weißes Hemd und Schlips an. Hab' ich gedacht, es ist keine besondere Veranstaltung, es war einfach nur ein Fachtreffen. [...] In X wird diese Aufklärungstradition sehr ernst genommen, und der Protestantismus wird sehr ernst genommen. Also keine katholische Kraft und möglichst keine Statussymbole und so was. Die 68er Revolution ist auch immer noch so ein bisschen da. Also löchrige Pullover gehören schon auch aus diesem Grund dazu. Aber trotzdem, die juristische Fakultät ist dort auch in X anders als die anderen Fakultäten. Also auch dort trägt man noch Schlips und Anzüge für Sitzungen und für Vorlesungen." (Ensecke 24, 24-25, 6)

In der Universität in X, in der laut Frau Ensecke grundsätzlich ein eher wenig protziger bzw. im Hinblick auf Statussymbole zurückhaltender Geist herrscht und in der auch noch Reste der lockeren 68er-Haltung zu finden sind, fallen die Juristinnen und Juristen durch ihre Förmlichkeit in Kleiderfragen aus dem Rahmen. Selbst für „kleinere" Sitzungen und Vorlesungen werden Anzüge mit Schlips getragen und eben keine *„löchrigen Pullover"*. Auch Professor Berg schildert die Kleidervorliebe, zumindest in der juristischen Fachrichtung, als gediegen-formell. Auf die Frage, ob es denn unter den „Öffentlich-Rechtlern" keine Pullover- und Jeansträger gäbe, antwortet sie:

„Auf gar keinen Fall. Niemals." (Berg 26, 9-21)

Zwar ist ein formeller Kleidungsstil nicht in jedem Fall mit einer traditionellen Haltung oder Weltanschauung gleichzusetzen, jedoch wird dadurch eine gewisse Förmlichkeit und auch Sachlichkeit nach außen getragen, die einer „Revoluzzer"-Haltung, wie Frau Weingart es nennt, eher zuwiderläuft. Diese spezielle Kleiderkonvention erleben die Nachwuchswissenschaftler/innen bereits im Studium. Durch Nachahmung und Anpassung an den üblichen Kleidungsstil wird ein gewisser „Juristenstil" reproduziert und von den jungen Juristen/innen weitergeführt, sodass ein Abweichen hiervon wie ein „Rebellenakt" (Peters 22, 25) wirkt. Frau Peters schildert im Interview:

> „Als ich wusste, dass meine Doktorarbeit ganz gut wird, da hab' ich mir die Haare lila gefärbt. Ich hab' dann ja auch an der Uni gearbeitet und in Y, ich war halt schon die einzige die hier rumgerannt ist mit so Enie van de Meiklokjes-mäßigen Haaren. [...] Und das hab' ich aber auch nur gemacht, weil ich wusste, dass ich in dem, was ich mache, auch gut bin. Jetzt in der Position, wo ich jetzt bin und hoffe mal fertig zu werden, durchs Habilverfahren zu kommen und eine Professur zu bekommen, würde ich im Leben nicht auf die Idee kommen, mir die Haare noch zu färben vorher, dass mir jeder sagt, ‚Oh Gott, die kann ja nicht alle haben.'" (Peters 22, 4-22)

Durch die Bezeichnung der gefärbten Haare als *„Rebellenakt"*, also einem Akt der offenen und zur Schau getragenen Ablehnung von in der Regel Althergebrachtem und Traditionellem, wird deutlich, wie sehr sich bereits junge Rechtswissenschaftler/innen an der juristischen Konvention der gepflegten Optik orientieren. Man rebelliert nur gegen Etabliertes und allgemein Gültiges. Jetzt, da Frau Peters an ihrer Habilitation arbeitet und eine Professur ins Auge fasst, kommt ein solcher offener Akt der Distanzierung und Ablehnung für sie nicht mehr in Frage. Sie will Zugang zu der wissenschaftlichen Gemeinschaft finden und dort nicht unangenehm auffallen, und das heißt für sie auch, die Konventionen zu akzeptieren und zu reproduzieren – sogar was die Haarfarbe angeht.[438] Die Tendenz zur Uniformierung in der Rechtswissenschaft steht im Kontrast zu impliziten Nor-

---

438 Wie sehr ein spezifisches Erscheinungsbild für Juristen bzw. Rechtswissenschaftler prägend ist, illustriert auch ein ursprünglich 2009 an das schwarze Brett der Universität Bonn gehefteter und im Internet vollständig wiedergegebener Text, der detailliert von den Schuhen bis zu den Haaren angibt, was von Juristen wie getragen wird bzw. werden soll. Zur Haarfrisur steht hier beispielsweise: „Frauen können auf alle gängigen Frisuren zurückgreifen, solange sie nicht zu ausgefallen oder auffällig sind. Mögliche Ergänzung der Frisur ist die ins Haar gesteckte

men und „Kleiderordnungen" anderer Fächer, z.B. der Pädagogik, in welcher der Ausdruck von Individualität und Kreativität einen höheren Stellenwert einnimmt (dazu auch Stegmann 2005).

Einige der von uns interviewten Rechtswissenschaftlerinnen haben im Interview angemerkt, dass der gängige Dresscode der Rechtswissenschaft eine geschlechtliche Komponente beinhaltet, die den Rechtswissenschaftlerinnen eine spezifische Anpassungshaltung abverlangt. Die Habilitandin Frau Förster beispielsweise beschreibt den Kleidungsstil als einen männlichen Code, an den sich die weiblichen Fakultätsmitglieder meistens anpassen, um nicht vom gängigen Erscheinungsbild abzuweichen. Auf die Frage, wie denn dieser männliche Code aussieht antwortet sie:

> „Es ist schon mal, dass die Frauen sich den Männern, was Kleidung angeht, eins zu eins angleichen. Man trägt einen schwarzen oder man trägt einen blauen oder einen grauen Anzug. Da wird auch mal ein Rock getragen. Ich geh' auf Nummer sicher, und ich trage in der Vorlesung nie Rock. Also es ist halt einfach immer alles gedeckt. Es ist halt ein männlicher Code, find' ich, was Kleidung angeht." (Förster 32, 8-15)

Ein männlicher Code drückt sich also laut Frau Albrecht gut sichtbar in einer eher männlich dominierten Kleider- und Erscheinungskonvention aus, zu der gedeckte Farben und das Tragen von Anzügen gehören. Die weiblichen Fakultätsmitglieder gleichen sich an, und übernehmen diesen Code, um nicht als unsachlich oder gar unseriös zu erscheinen. Ein so offenes Symbol für Weiblichkeit wie ein „Rock", muss – wenn er überhaupt getragen wird – in dieses System der Gedecktheit (farblich) eingepasst werden. Frau Förster selber meidet das Tragen eines Rockes in Vorlesungen, um in dieser männlich geprägten Erscheinungskonvention möglichst keine Irritationen hervorzurufen und nicht negativ aufzufallen. Wie sehr dieser Dresscode mit Männlichkeit und dem Status des Juraprofessors verknüpft ist, zeigt ein Beispiel von Professorin Berg. Sie erzählt:

> „Und die andere Geschichte ist natürlich die Sache mit der Kleidung. Dass man doch immer fragt, was kann man anziehen und was ist amtsangemessen oder nicht. Und da haben es die Männer einfacher. Weil, wenn die einen Anzug anhaben und einen Schlips, dann müssen die nicht mehr groß nachdenken, und es ist klar, sie sind der Professor. Sie glauben nicht, wie oft es mir schon so gegangen ist, dass ich irgendwo auf dem Flur nachmittags rummarschiere, weil ich gerade in der Teeküche mir einen Tee koche, und ich von ir-

---

Sonnenbrille", vgl. https://www.welt.de/lifestyle/article3958663/Warum-sehen-Juristen-eigentlich-alle-gleich-aus.html.

gend so einem Schnösel von Studenten gefragt werde, ob ich die Sekretärin von Herrn Holthau bin." (Berg 61,12-20)

Diese männlich geprägte Kleiderordnung ist für Juristinnen mit bestimmten Anforderungen verbunden, sich im männlichen Feld zu assimilieren. Das Tragen von Anzug und Schlips transportiert eine gewisse „Amtsangemessenheit", der eine weiblichere Art sich zu kleiden offenbar so zuwiderläuft, dass Studierende Schwierigkeiten haben, sie als Professorinnen zu identifizieren. Anders gesagt: Männer in Anzug und Schlips entsprechen erkennbar eher dem Bild, das Studierende von (Jura-)Professoren haben, als Frauen und besonders Frauen, die diesen männlichen Dresscode nicht bzw. nicht immer nachahmen. Frau Bergs leicht pikierte Reaktion auf die offenbar häufig vorkommende Verwechslung ihrer Person mit einer Sekretärin eines anderen Professors macht deutlich, dass es sich dabei um mehr handelt als um ein schlichtes Versehen. Sie illustriert, dass Rechtswissenschaftlerinnen ihren Status als Professorinnen, anders als ihre männlichen Kollegen, nicht per se zugeschrieben bekommen, sondern sich manchmal erst aktiv darum bemühen müssen, ihn für andere sichtbar herzustellen. Sie müssen quasi ein „doing Professor" betreiben, um nicht mit Sekretärinnen verwechselt zu werden. Diese Formulierung erinnert bewusst an das Konzept des „doing gender", das Geschlecht über die biologische Komponente hinaus mit einem performativen Akt verbindet (exemplarisch: West/Zimmerman 1987, Hagemann-White 1993, Gildemeister/Wetterer 1992, Wetterer 2004, Gildemeister 2004 132-140). In einem Akt des „work of achieving" (Garfinkel 1967, S. 157) stellt Kleidung eine Möglichkeit dar, professoral zu erscheinen. Es ist nicht ausreichend, dass Frauen Professorinnen *sind*, sie müssen ihre Stellung auch nach außen signalisieren, um ihrer Rolle und ihrem Status entsprechend wahrgenommen zu werden. Da die herkömmliche Kleiderkonvention für Juraprofessoren jedoch männlich kodiert ist, haben Frauen es schwerer und werden zum Teil nicht ihrem Status entsprechend eingeordnet, wenn sie dieser Kleidernorm nicht durch bestimmte Anpassungsleistungen entsprechen.[439]

---

439 Professorin Berg erinnert sich im Interview an eine weitere Gelegenheit, die illustriert, wie sehr die Universität als Arbeitsfeld auf männliche Mitarbeiter und männliche Kleidung ausgelegt ist:
„*Also in X haben die da dieses neue schicke Hörsaalgebäude bekommen, das ich dann als Privatdozentin erleben durfte. Da war die Mikrofontechnik so, dass man sich irgendwas um sein Ohr machen musste und den Gegenknopf in die Sakkoinnentasche stecken muss, die Frauen nicht haben.*" (Berg 60, 28-61)

Professoralität wird unter bestimmten – auch visuell-repräsentativen – Bedingungen entworfen (vgl. auch Stegmann 2005). Der Dresscode eines Faches stellt ein Kulturmuster oder einen Modus symbolischer Inszenierung dar, der in der Konstruktion „des" Professors oder „der" Professorin durchaus wirksam wird. Kleidung erfährt in der Rechtswissenschaft insofern eine auffallend starke Vergeschlechtlichung, als sie an als männlich assoziierten Normen wie Sachlichkeit und Neutralität ausgerichtet ist. Kleidung kann, wie das Beispiel von Frau Förster zeigt, segregierend wirken: Varianz in der Einkleidung oder Non-Konformismus können mit Anerkennungsverlusten einhergehen (dazu auch Wilke 2012, S. 6).

10.3.2 Kaffeeklatsch und Damenkränzchen als Beispiel einer traditionellen Gesellschaftsordnung

Eine Rollenoption, mit der Frauen in der Rechtswissenschaft noch in nicht allzu ferner Vergangenheit konfrontiert wurden, ist die der Professorengattin, also einer „Dame", die ihren an der Universität als Professor tätigen Ehemann im Hintergrund unterstützt und seine gesellschaftlichen Pflichten für ihn organisiert und ausrichtet. Professorin Berg erzählt im Interview:

> „Hat sich inzwischen radikal geändert. Aber als er [ihr Ehemann] in Z anfing, war das Milieu durchaus noch so vorhanden. [...] Dass dann eben die Frau alles für die Karriere des Mannes zu tun hat. Und da hatte ich wirklich massiven Rechtfertigungsdruck immer aus dem Milieu meines Mannes. Warum ich jetzt hier eigentlich da in X bleibe und mich in X habilitiere, wenn er die schöne Stelle in Z hat, und wir müssten doch jetzt so mit wehenden Fahnen alle nach Z übersiedeln und da ein Haus kaufen und sozusagen loslegen mit Familie. Also, da bin ich wirklich massiv konfrontiert worden mit diesem Leitbild Professorengattin." (Berg 23, 5-14)

Frau Berg, die genau wie ihr Mann eine Universitätskarriere anstrebte, hatte zum Zeitpunkt ihrer Habilitation noch damit zu kämpfen, dass ihre eigenen wissenschaftlichen Bestrebungen von den Kollegen ihres Ehemannes nicht vollkommen ernst genommen wurden. Statt eigene berufliche Pläne zu verfolgen, sollte sie ihrem Mann nach Z folgen, um dort an seiner Seite das Leben einer Professorengattin zu führen und eine Familie zu gründen. Es erstaunt doch einigermaßen, dass es sich dabei nicht um jahrzehntealte Vorbehalte handelt, sondern um Vorstellungen, die vor nicht allzu langer Zeit noch so wirksam waren, dass Frau Berg sie als massiven Druck empfunden hat.

Andere Interviewpartnerinnen berichteten davon, mit ähnlichen Rollenvorstellungen konfrontiert worden zu sein. Es gab zum Beispiel in der Rechtswissenschaft die Institution des Kaffeeklatsches oder des Damenkränzchens, speziell für die Frauen von Universitätsprofessoren. Hier wurde erwartet, dass die Ehepartnerinnen der Professoren daran teilnahmen und gelegentlich so ein geselliges Zusammenkommen mit anderen Professorengattinnen ausrichteten. Die Interviewpartnerinnen, die davon erzählten, waren zum Zeitpunkt ihrer Teilnahme selbst Wissenschaftlerinnen, die an einer rechtswissenschaftlichen Fakultät arbeiteten. Professorin Ensecke war bereits Professorin, als ihr Mann als Dekan tätig war und ihr die Aufgabe zufiel, den *„Kaffeklatsch für die Damen"* (Ensecke 32, 6-9) auszurichten. Als in der Fakultät erwartete Tätigkeit einer Ehefrau eines Professors hat sie diese Aufgabe auch übernommen.

Professorin Wendlach erinnert sich an eine ähnliche Einrichtung an der Fakultät, in der sie Ende der 1990er vor ihrer Berufung tätig war:

> „Das können Sie sich überhaupt nicht mehr vorstellen. Als ich meinen Mann heiratete, gab's noch einen Fakultätsdamenkaffee. Und zu diesem Fakultätsdamenkaffee wurden die Damen, die keine C4-Männer hatten, O-Ton Ordinarienfrau, die C3-Frauen, die keine Ordinarien zu Männern hatten, wurden zum Fakultätsdamenkaffee nicht eingeladen. Und ein Jahr später wurden die eingeladen, und dann wurde im Café nach Anciennität der Männer gesetzt. Also nach akademischer Hackordnung wurden die Frauen beim Damenkaffee gesetzt. Das kann man sich heute nicht vorstellen." (Wendlach 9, 27-10, 2)

Diese etwas antiquiert anmutende Institution eines Fakultätsdamenkaffees für die Ehefrauen steht eng in Zusammenhang mit der Position der Ehemänner in der Hierarchie der rechtswissenschaftlichen Fakultät. Der eigene wissenschaftliche Status spielt keinerlei Rolle, die Institution orientiert sich ausschließlich am wissenschaftlichen Status der Männer. Dies war für das soziale Leben an der Fakultät immerhin so bedeutsam, dass bestimmte Gruppen (zumindest zeitweilig) ausgeschlossen wurden.

Das Beispiel eines Fakultätsdamenkränzchens illustriert eine spezifische Vorstellung von Geschlechterordnung, in der der Mann eher den Bereichen Organisation, Wissenschaft, Ernährer zugeordnet wird und die Frau, unabhängig von ihrem eigenen beruflichen Status, mit der Sphäre des Hauses, der Geselligkeit, dem Wohlbehagen assoziiert wird. Laut Karin Jurczyk (2008) ist dieses Geschlechterverhältnis als traditionell[440] zu bezeichnen, weil es auf folgenden Aspekten basiert:

> „Dies ist erstens die strukturelle, räumliche und zeitliche Trennung der Gesellschaft in die Frauenwelt ‚Familie' und die Männerwelt ‚Beruf'. Beruf wurde zur ‚Sachwelt', zum Bereich von Tätigkeit und Arbeit, in der das zum Leben notwendige Geld verdient wurde, Familie wurde faktisch zum durchaus arbeitsintensiven Bereich der physischen und psychischen Versorgung der Familienmitglieder. Ideologisch wurde sie aufgeladen zur Welt reiner Emotionen, zum Bereich von Mutter- und Gattenliebe" (ebd., S. 70, vgl. u.a. auch Jurczyk/Rerrich 1993, 2009, Beck-Gernsheim 2008, Diezinger 2004).

10.4 Traditionelle Geschlechtsrollenbilder und ihre Auswirkungen auf Entscheidungssituationen

Es scheint, als seien traditionell bzw. konservativ geprägte Vorstellungen von Zuständigkeitsbereichen der beiden Geschlechter in der nicht allzu lange zurück liegenden Vergangenheit durchaus spürbare Faktoren an (manchen) rechtswissenschaftlichen Fakultäten gewesen und wirkten noch immer nach (vgl. Kapitel 8). Es fällt schwer, die Integration von Frauen in die Berufswelt und die Chancengleichheit heutzutage als besonders innovativ zu bezeichnen, das ist sie sicherlich nicht. Dennoch können traditionelle Denkweisen auch aktuell noch, beispielsweise in beruflichen Entscheidungssituationen, zum Tragen kommen und es ambitionierten Juristinnen schwer machen. So erzählt Frau Fischer im Interview, dass ein jüngerer Kollege in einer Berufungskommission für eine W2-Stelle eine Bewerberin nicht auf Platz 1 der Bewerbungsliste setzen wollte mit der Begründung *„mit zwei Kindern, wie will sie das denn schaffen?"* (Fischer S. 32, 18 f.), grundsätzlich davon ausgehend, dass das Familienleben der Bewerberin eher traditionell mit der Frau als Hauptversorgerin der Kinder organisiert ist, und daraus wiederum Zweifel ziehend, dass sie für diese Position geeignet ist. Diese Bedenken werden männlichen Bewerbern in der Regel nicht entgegen gebracht. Jedenfalls hat kein männlicher Interviewpartner ein ähnliches Problem angesprochen. Durchaus zur Sprache kommt in den Interviews aber eine Situation, mit der Bewerberinnen um eine Professur konfrontiert werden und die sie als diskriminierend verste-

---

440 Laut Jurczyk ist diese Bezeichnung „paradox", da sie eigentlich erst in der Moderne entstanden ist. Vgl. ebd., S. 70.

hen: nämlich, dass die Antwort auf die Frage nach dem Arbeitsort des Ehemannes für den Erfolg der Bewerbung eine wichtige Rolle spielt. Beispielsweise schildert Professorin Loos, deren eigener Werdegang etwas turbulent mit mehreren Stolpersteinen auf dem Karriereweg verlaufen ist, dass bei ihr ein Bewerbungsverfahren an genau dieser Frage gescheitert ist:

> „Das heißt also, man hat immer kalkuliert, wenn er [der Ehemann] weit weg war von der Universität, an der ich mich beworben hatte, werde ich denn dann wegziehen in die Stadt X und ständig an der Fakultät sein und präsent sein. Diese Frage wurde anderen vielleicht formal auch gestellt. Männer erzählen immer: Selbstverständlich wird meine Familie mit mir hierhin ziehen, sofort. Und es wurde geglaubt. In meinem Fall wurde es offen angezweifelt [...]. Ich habe definitiv kein Problem mit meinem Ehemann. Der ist da beweglich in jeder Hinsicht und würde auch an meinen Ort ziehen. Aber die Fakultäten haben ihre Vorbehalte. Sie haben ganz offensichtlich dieses Muster, dass der Mann nicht der Frau nachzieht, sondern umgekehrt." (Loos 11, 11- 12, 2)[441]

Hier kommen traditionelle Geschlechtsrollenbilder zum Tragen und nehmen massiv Einfluss auf den Karriereverlauf von Frau Loos, ohne dass die Kommissionsmitglieder wissen, ob das Privat- und Familienleben der Familie Loos tatsächlich nach dem herkömmlichen Muster („Frau zieht dem Mann nach") strukturiert ist. Das gilt möglicherweise besonders, wenn der Ehemann ebenfalls im wissenschaftlichen Feld tätig ist und auf einer hierarchisch vergleichbaren (oder gar höheren) Position arbeitet.

Ganz ähnliche Erfahrungen hat Professorin Weingart noch Ende der 1980er Jahre gemacht. Sie sagt:

> „Dann hab' ich angefangen mich zu bewerben. Also auf Professuren. Und dann ist es zum ersten Mal so gewesen, dass ich mich dann beworben gehabt habe in X und dass es da hieß, also von Seiten des Senats, die Frau zieht ja nicht um. Die hat drei kleine Kinder. Der Mann ist Professor in Z. Die zieht nicht um nach X. [...] Es ist halt für Frauen so. Die trifft es öfter. [...] Aber damals war es für mich das erste Mal, dass ich ein Handicap gesehen habe." (Weingart 14, 7-17)

Für Frau Weingart kam diese Vorstellung, dass Frauen ihre eigenen Karriereambitionen denen ihres Mannes unterordnen, sich an seinem Karriereverlauf orientieren und ihre eigene Karriere daran ausrichten, überraschend, da sie sich bis dato kaum damit konfrontiert gesehen hatte. Die

---

441 Zum patrilokalen Prinzip vgl. 5.1.1

Tatsache, dass sie nun vor allem als Mutter dreier Kinder mit einem Ehemann, der in einer anderen Stadt (Z) eine Professorenstelle hat, wahrgenommen wird und nicht in erster Linie als Wissenschaftlerin, die sich um eine Position entsprechend ihrer Qualifikation bewirbt, zeigt, wie stark Geschlechtsrollenbilder wirken. Ein eher traditionelles Welt- und Geschlechtsrollenbild, in dem der Mann als Hauptverdiener tätig ist, also das traditionelle Ernährermodell, unabhängig davon, ob es im Einzelfall tatsächlich so organisiert ist, kann nach wie vor zu spürbaren und konsequenzreichen Stolpersteinen in den Karrieren von Juristinnen führen. Frau Zeis, eine junge Doktorandin erzählt beispielsweise, sie sei von Kommilitonen und Freunden bereits mehrfach gefragt worden: *„Wieso promovierst du als Frau überhaupt?"* (Zeis, 19, 1 f.) Die Vorstellung, dass eine Frau nach ihrem Universitätsabschluss eine Universitätskarriere verfolgt oder sich zumindest wissenschaftlich weiterqualifizieren will, ist demnach noch immer nicht vollends selbstverständlich – auch nicht in einer jüngeren Generation. Vielmehr steht noch immer die Vorstellung eines traditionellen Geschlechtsrollenmodells mit der Frau als primär Zuständige für Heim und Familie im Vordergrund. An anderer Stelle im Interview erzählt Frau Zeis:

> „In X hab' ich auch ein paar diskriminierende Sprüche natürlich bekommen, von einem [...] Mitjurastudenten. Er meinte: ‚Du bist doch eigentlich nur hier, um einen Mann zu finden. [...] Es gibt doch viel nettere Berufe für eine Frau als Juristin.' Und ich mein, dass ich mir jetzt heutzutage, so was noch anhören muss, finde ich schon recht bedenklich." (Zeis 28, 16-29, 32)

Frau Zeis' Bedenken scheinen verständlich, nicht nur angesichts der numerischen Überzahl der Studentinnen im Fachbereich Jura. Offenbar ist eine traditionelle Frauenrolle noch immer ein tragender Faktor bei dem, was Frauen zugetraut wird und welchen Bereichen man sie zuordnet. Dabei handelt es sich nicht notwendigerweise um eine überkommene Wahrnehmung der älteren Generation. Auch in der jüngeren Generation wird diese Form der Traditionalität gepflegt. Professorin Gehring erzählt im Interview:

> „Und es gibt auch jetzt so eine neue konservativen Strömung. Die Jungen, die nachrücken, bringen eine konservative Atmosphäre rein. Die ist richtig ekelig. [...] Also es wird nicht mehr hinter vorgehaltener Hand über Frauen hergezogen und über Gleichstellungsgedanken, sondern das wird ganz offen geäußert." (Gehring 12, 25- 13, 2)

Frau Gehring beschreibt hier eine Art Backlash-Bewegung einer jüngeren Generation von Rechtswissenschaftlern, die sowohl den Gleichstellungsgedanken ablehnt als sich auch ungeschützt frauendiskriminierend äußert. Für Frau Gehring ist das das Resultat einer neuen *„konservativen Strömung"*, die durch junge Kollegen Einzug in die rechtswissenschaftlichen Fakultäten hält und von ihnen dort (re-)etabliert wird. Vor diesem Hintergrund scheint es weniger verwunderlich, dass junge Wissenschaftlerinnen wie Frau Zeis sich mit der Frage konfrontiert sehen, warum sie überhaupt Jura studieren bzw. warum sie eine Post-Studienqualifikation anstreben, wenn sie doch die Alternative der häuslichen Sphäre als ureigenem Wirkungsbereich haben.[442] Möglicherweise ist diese Form der Re-Konservativierung bzw. des Backlashes ein Erfahrungswert, da in der Tat die meisten Familien eben traditionell genau dieser Aufteilung, Frau: Familie und Heim, und Mann: Beruf und Karriere, entsprechen.

> „Da beneide ich manchmal auch die Kollegen, weil das erleben ja erstaunlich viele, auch junge Kollegen, noch so. Die haben alle studierte Frauen, die dann aber Kinder kriegen und zuhause bleiben und eben den Rücken frei halten" (Fischer 31, 20-23),

gesteht Professorin Fischer im Interview. Viele männliche Wissenschaftler haben noch immer den Vorteil, dass sie Ehefrauen haben, die nicht nur nach dem Studium überwiegend die Familienarbeit übernehmen und damit ihren Ehemännern ermöglichen, ihre Karriere weiter zu verfolgen, ohne auf eine Familie verzichten zu müssen.[443] Für Frauen gilt das in eher seltenen Fällen. Zumeist müssen Frauen sowohl die Familie und ihre Karriere miteinander kombinieren und vereinbaren. Das führt in Frau Fischers Erfahrung gelegentlich zu Unverständnis und Vorbehalten:

> „Die haben mich ja auch teilweise nach Hause eingeladen, gerade hier auch die Kollegen, [...] und die Frauen haben mich auch alle angeguckt wie so ein

---

442 *„Wir haben einen Kollegen, der ist auch bekannt dafür, dass er so frauenfeindliche Sprüche im Hörsaal macht. Der macht das auch ungelogen mir ins Gesicht. Also der steht sozusagen dazu, ein Macho zu sein, und kultiviert das auch und pflegt das. Bei den anderen, glaube ich, läuft es eher subtiler so nach dem Motto, na ja, leider haben wir jetzt halt keine Frau"* (Berg, 52,18-24), weiß auch Professorin Berg im Interview zu berichten. Auch sie hat also die Erfahrung gemacht, dass Frauendiskriminierung einen Teil ihrer Schamhaftigkeit verliert und vielleicht nicht salonfähig, aber für die zumeist jüngeren Wissenschaftler doch offen ausdrückbar macht.

443 *„Also für mich wär' das überhaupt kein Modell. Aber, ja, also gerade jungen Kollegen hätte ich nie geglaubt, dass das noch ein Ehemodell ist"* (Fischer, 321-3), erzählt Frau Fischer und drückt damit ihr Erstaunen über diese Traditionalität aus.

Tier mit drei Hörnern. Ach so, das geht, man kann habilitieren mit zwei Kindern. Wo man ganz deutlich merkte, die Männer hatten ihnen offensichtlich erzählt, ich kann mich nicht mehr um die Kinder kümmern, ich muss meine Karriere vorantreiben, und die hatten dann eben ihre Karriere dafür auch komplett hintenangestellt. [...] Wahrscheinlich auch nicht ganz freiwillig." (Fischer 31, 24-31)

In einer traditionelleren Familienorganisation scheint eine Habilitation mit Kindern manchmal nahezu unvorstellbar und funktioniert nur dann, wenn das Eine auf Kosten des Anderen Vorrang hat. Also bleibt die Vermutung, dass Frau Fischer sich nicht ausreichend um ihre Kinder kümmert, da sie Karriere macht. Dieses Beispiel illustriert eindrücklich die Entweder-Oder-Situation, mit der sich Frauen in der Rechtswissenschaft konfrontiert sehen können und die ihnen von ihren (nicht nur) männlichen Kollegen entgegen gebracht wird. Frauen, die Kinder haben, können in wichtigen Entscheidungssituationen, wie bei Berufungen, ins Hintertreffen geraten, da sie – so wird ihnen unterstellt – die Familie zuletzt doch über die Karriere stellen werden. Dabei ist die Vorstellung einer allgemeingültigen traditionellen Familienstruktur mit einer klassischen Geschlechtsrollenverteilung derart wirksam, dass eine individuelle Abweichung von diesem Modell kaum vorstellbar wird oder, wie in Frau Fischer Fall, wie eine seltsame Ausnahmeerscheinung wirkt. Es bleiben negative Konsequenzen für Juristinnen, die von noch vergleichsweise harmlosen Vorbehalten bis hin zur Ablehnung in Berufungssituationen reichen können und Karrieren von Nachwuchswissenschaftlerinnen gefährden. Das muss freilich nicht der Fall sein. Einige Juristinnen aus dem Sample haben in dieser Hinsicht keine oder wenige Vorbehalte erfahren und konnten weitgehend unbehelligt von der Zwickmühlensituation zwischen Karriere und Familie ihre Karriere realisieren. Dennoch wird deutlich, dass traditionelle Geschlechtsrollenbilder Frauen in eine schwierige Karrieresituation bringen können, wenn ihnen unabhängig davon, ob es tatsächlich der Fall ist oder nicht, unterstellt wird, sie seien nicht in dem erforderlichen Maße auf ihre Karriere konzentriert und verfügbar, da sie Kinder haben. Diese Situation wird abermals durch den Umstand verschärft, dass männliche Nachwuchswissenschaftler in der Regel nicht mit diesem Problemkomplex konfrontiert werden und dessen Konsequenzen fürchten müssen.

10.5 Habilitation als kritisches Moment wissenschaftlicher Karrieren in der Rechtswissenschaft

Fast alle Interviewten haben die Habilitation als ein wichtiges und unverzichtbares Qualifizierungsinstrument beschrieben, für das es in der wissenschaftlichen Karriere keine Alternativen gibt. Eine Karriere in der Rechtswissenschaft, ohne eine Habilitation zu verfassen, ist nicht denkbar:

> „Also was die Habilitation angeht, bei den Juristen ist das das A und O. Das ist überhaupt keine Frage" (Tölle, 40, 28 f.),

sagt Professor Tölle im Interview. Andere Qualifizierungsmöglichkeiten wie beispielsweise die kumulative Habilitation, also das Verfassen mehrerer wissenschaftlicher Texte und ihre Veröffentlichung, oder eine Juniorprofessur mit Tenure Track-Option kommen nicht in Frage bzw. werden in der Rechtswissenschaft nicht oder nur als eine Ausnahmeerscheinung praktiziert.

Professorin Berg begründet die Unverzichtbarkeit einer klassischen Habilitation inhaltlich mit der Möglichkeit einer wissenschaftlichen Weiterbildung und Wissenserweiterung für Nachwuchswissenschaftler/innen. Sie sagt:

> „Weil aus meiner Sicht braucht man die Habilitation, um sich ein zweites Themengebiet zu erschließen. Denn wenn man erst mal die Stelle hat, wird man so im Alltag verschlissen, dass man eigentlich nur noch seine Felder weiter bedienen kann und sich nichts Neues mehr erschließen kann. Und ich finde eigentlich ist diese Habilitation schon eine Chance, so seine Wissenschaftlerpersönlichkeit abzurunden. Also ich hab' die nie als besonders knechtend empfunden. Und hab' also da wirklich viel gelesen, mich gebildet, und, ich mein', man muss jedes Semester ein neues Seminarthema machen. Man kann nicht jedes Semester immer das Seminar zum gleichen Thema machen. Und wenn man dann so eine Ein-Themen-Person wird, würde ich sagen, ist das eigentlich nicht die Lösung. Also ich bin eigentlich eine große Anhängerin des zweiten Buches, sagen wir mal so." (Berg 46, 16-27)

Für Professorin Berg offeriert das Verfassen einer Habilitation also die Möglichkeit, sich intensiv mit einem über die Dissertation hinausgehendem Thema wissenschaftlich zu beschäftigen. Sie selbst hat das eher als eine Chance, denn als eine Belastung *(„knechtend")* empfunden und findet, dass das Verfassen eines *„zweiten Buches"*, wie sie sagt, nicht nur einen wertvollen Beitrag für die Wissenschaft liefert, sondern auch die eigene „Wissenschaftspersona" vervollständigt und komplettiert. Auch Frau

Peters, die zum Zeitpunkt des Interviews gerade dabei ist, ihre Habilitation zu schreiben, hat eine positive Auffassung zum Thema Habilitation:

> „So sehr ich mich damit auch quäle und so belastend das auch ist, so ein Ding zu schreiben und das nicht so planen zu können, wie man sich das wünscht, würde ich sagen, wenn man es ernsthaft betreibt, also wirklich als Fortführung der Wissenschaft und nicht einfach nur als ‚Das brauch ich jetzt, um Professorin zu werden' würde ich sagen, bringt's die Wissenschaft auch weiter. Weil man sich sonst ja nie im Leben mehr drei bis zehn Jahre, sag' ich mal, Zeit nimmt, ein, so ein Werk zu schreiben und sich wirklich mit einem Ding vertieft auseinanderzusetzen." (Peters 18- 25)

Auch für Frau Peters ist die Habilitation letztlich ein wissenschaftlicher Zugewinn, sowohl für die Wissenschaft als auch für die Wissenschaftler/innen, da sie im späteren akademischen Alltag kaum mehr die Möglichkeit haben, sich über einen langen Zeitraum ausführlich mit einem Thema wissenschaftlich auseinanderzusetzen. Die Habilitation stellt also den Rahmen für eine langfristige und intensive wissenschaftliche Auseinandersetzung mit einem Thema bereit und ist – so aufwändig und belastend wie sie auch von Frau Peters empfunden wird – grundsätzlich ein wertvoller und nur schwer zu ersetzender wissenschaftlicher Beitrag.

Eine über den wissenschaftlichen Nutzen hinausgehende Begründung für die Bedeutung der Habilitation liefert Professorin Ensecke im Interview. Auf die Frage, ob eine juristische Karriere auch ohne Habilitation denkbar wäre, antwortet sie:

> „Das ist immer schwer, wenn man es selber gemacht hat, dann sagt man, na klar, und das hat mich so geprägt. Es ist natürlich eine Strapaze [...], aber andererseits ist es wie so ein Reinigungsbad. Wenn man rauskommt, fühlt man sich wunderbar. Und man hat auch das mal durchstehen müssen. Einfach mal diese eine Sache schreiben und auch von anderen beurteilen lassen und so." (Ensecke 13, 1-6)

Laut Frau Ensecke ist ein Grund, warum die Habilitation in der Rechtswissenschaft noch immer weitgehend als alternativlos angesehen wird, dass sie eine Art Übergangsritual, ein „rite de passage" darstellt. Jeder und Jede muss auf dem Weg zur Professur durch diese strapaziöse Phase gehen, um am Ende „gereinigt" daraus hervorzutreten. Anders formuliert: Wenn man selbst durch diese anstrengende Phase gegangen ist, sollen andere dies ebenfalls. In ihrer Schilderung dient die Habilitation metaphorisch sozusagen einer Wegwaschung von Unnützem und Altem und ist ein letzter Schritt auf dem Weg zur Entstehung einer abschließend geformten

Wissenschaftspersönlichkeit, die nun gefestigt und wissenschaftlich geläutert der Gemeinde der anderen Wissenschaftler/innen beizutreten vermag.

Auch Professorin Wolf beschreibt die Habilitation als einen Initiationsritus[444], der ihrer Schilderung zufolge vor allem dazu dient, sich der Wissenschaft vollständig zu verschreiben:

> „Die Habilitation ist eigentlich eher so ein Initiationsritus. [...] Es ist so ein bisschen wie ins Kloster gehen. Man verschreibt sich einem System. Und man zieht in dieses System ein, und in diesem System Habilitation, Uni, Lehre, Forschung, Wissenschaft, haben Kinder eigentlich keinen Platz. Da gibt's keine." (Wolf 45, 33-46,5)

Für Frau Wolf ist die Habilitation mit einer sakralen Weihe vergleichbar, der sich die Wissenschaftler/innen unterziehen, um sich dem Wissenschaftssystem vollends zu ergeben und zu widmen. Die Habilitation wirkt wie eine endgültige Entscheidung für die Wissenschaft und geht, ähnlich einer kirchlichen Weihe, mit Entsagungen einher. Für Frau Wolf ist es die Familie, vor allem Kinder, gegen die man sich damit entscheidet, da diese, zumindest in der aktiven Habilitationsphase, wenig Aufmerksamkeit, Zeit und auch Raum einnehmen dürfen. Stattdessen sind es vor allem die universitären und wissenschaftlichen Relevanzen, die Vorrang haben. Und in der Tat scheint es, als wäre für manche Wissenschaftlerin die Entscheidung für eine Habilitation gleichsam eine gegen Kinder:

> „Also das war dann bei uns – jetzt speziell individuell biographisch – war das jetzt kein Thema in der Habilphase. Weil das hätte mich bestimmt jetzt dann rauskatapultiert. Das Ende vom Lied ist, dass wir keine Kinder haben.
>
> I: Hätten Sie denn gerne welche gehabt?
>
> B: Schon. Ja. Aber, also ich würde auch sagen, in der Habilphase wäre es eigentlich bei uns nicht gegangen." (Berg 48, 16-22)

Zu den Gründen, warum die Habilitationsphase so schwer mit der Familienplanung zu vereinbaren ist, gehört neben der jahrelangen Konzentration auf ein wissenschaftliches Projekt, das kaum Zeit für anderes lässt, auch der Zeitpunkt, in dem die Habilitation üblicherweise verfasst wird. Nach der Dissertation, in Vorbereitung auf die Habilitation befinden sich die Wissenschaftlerinnen in einer Lebensphase und in einem Alter, in dem üblicherweise Frauen Kinder bekommen. Professorin Lange bringt es auf den Punkt:

---

444 Zu Prüfungen als Initiationsritual vgl. Kvale 1972.

„Ich glaube, also ich glaube zum einen, dass es besonders unglücklich ist mit dieser Habilitationsphase genau in der Zeit, wo eine typische Akademikerin ihre Kleinkinder hat. Das scheint mir eine ganz unglückliche Kombination von Anforderungen, also in dieser extrem hohen Unsicherheit dann Höchstleistung bringen zu müssen und dann noch das Kleinkind dabei, das scheint mir nicht glücklich." (Lange 27, 1-6)

Vor dem Hintergrund der Beschreibungen der Habilitationsphase von Frau Ensecke und Frau Wolf scheint es nachvollziehbar, dass Kinder eine extreme zusätzliche Belastung für Habilitandinnen darstellen, die nur schwer zu bewältigen ist. Höchstleistungen in einer Habilitation zu erbringen, erfordert eine Hingabe und Gründlichkeit akademischer Arbeit, die neben dem Engagement auch einen großen Zeitaufwand bedeutet. Professorin Langes Schilderung der eigenen Erfahrung illustriert diese Problematik eindringlich:

„Das habe ich nicht als glückliche Phase erlebt, vor allem auch wegen der Existenzängste. Wie ernähre ich mein Kind, wie mache ich das, wie kriege ich das organisiert, wenn ich mal vertreten muss. Alles unklar. Also eine von starken Ängsten, großer Unsicherheit und extrem viel Frust bestimmte Zeit." (Lange 13, 14-18)

Gerade die starke Gewichtung einer Habilitation als dem letzten Schritt auf dem Weg zu einer vollständigen und vollwertigen Wissenschaftlerin[445], bewirkt einen enorm hohen Druck und eine starke Unsicherheit in Bezug auf die eigene Karriere und damit die Möglichkeit der Sicherung des Lebensunterhaltes. Wenn einem mit der Habilitation der große Wurf gelingt, hat man gute Chancen auf eine Professur, wenn die Habilitation wenig beeindruckt, wird man es schwer(er) haben.

10.6 Karriereunsicherheiten

Sowohl die Notenpraxis bzw. die Notenvergabe oder auch die Förderung und Nichtförderung oder schlechte Förderung durch Mentoren sowie der Gegenwind in Bewerbungssituationen können und werden von den Interviewten als Entmutigung und Demotivierung erlebt. Selten jedoch sind sie so wirksam und weitreichend, dass, wenn die Rechtswissenschaftler/innen

---

445 Die weiblich gewählte Form ist an dieser Stelle inhaltlich begründet. Keiner der von uns interviewten Männer hat diese Problematik in Bezug auf die Habilitation als eine solche Belastung geschildert.

erst habilitiert sind, Karrieren in der Rechtswissenschaft aufgegeben werden.[446]

Es gab aber durchaus Frauen und Männer im Sample, die eine Exit-Option ernsthaft in Betracht gezogen haben. So hatte beispielsweise Frau Fischer in der Bewerbungsphase um eine Professur schon einen fertig ausgearbeiteten *„Plan B"*, falls sie keine Stelle als Professorin finden würde, und auch zum Zeitpunkt des Interviews ist sie mit ihrer Position als Professorin nicht hundertprozentig glücklich. Sie sagt:

> „Also ich denke drüber nach, was anderes zu machen, für mich wäre das auch wichtig, eigentlich diesen Plan B zu haben, nicht so drauf angewiesen zu sein, das machen zu müssen, was man macht." (Fischer 29, 18-21)

Die Anstrengung, gleichzeitig Mutter und Rechtswissenschaftsprofessorin zu sein und zusätzlich noch wöchentlich eine weite Strecke pendeln zu müssen, hatte sie an ihre gesundheitliche Grenze gebracht und Zweifel in ihr ausgelöst, ob beides auf Dauer miteinander vereinbar ist. In seltenen Fällen wird diese Belastungsgrenze auch überschritten. So erzählt uns Professorin Gehring im Interview von einer Kollegin, die ihre Professur aus diesem Grund aufgegeben hat, da die Vereinbarkeit von Familie, Beruf und dem Pendeln zwischen beidem sie zu sehr belastet hat:

> „Übrigens meine Kollegin in X hat schon aufgegeben, ja. Die hat das nicht verkraftet. Dieses Hin- und Herfahren. Hat zwei, zwar schon pubertierende Kinder, aber die hat gesagt, sie kann es nicht." (Gehring 40, 20-22)

In diesem Fall waren der Druck und die Belastungen zu hoch, und die Exit-Option wurde gewählt. Allerdings sind das in unserer Untersuchung nur Einzelfälle. Jedoch zeigt der für viele doch sehr große Schritt einer Aufgabe der Professur, welche Belastung nach wie vor von einer teilweise nur schwer zu vereinbarenden Rolle als Mutter und Wissenschaftlerin ausgehen kann und zu welchen zum Teil drastischen Konsequenzen das für die Frauen führen kann.

---

446 Eine habilitierte Rechtswissenschaftlerin, die ihren Weg nicht weiter verfolgt hat und eine leitende Stelle im Öffentlichen Dienst innehat, war im Kontakt nicht bereit, über ihre Gründe zu sprechen. Diese seien „persönlicher Natur".

10.6.1 Exit-Optionen

Eine Eigentümlichkeit der Universitätskarriere im Vergleich zu beispielsweise der Arbeit in großen Unternehmen oder der Justiz ist, dass eine Karriere bis zum Ende, also zu einer Professur, durchlaufen werden muss, um überhaupt erfolgreich zu sein. Erschwerend kommt hinzu, dass ein Verweilen auf einer darunter liegenden Karrierestufe in der Regel nicht möglich ist, da durch das Wissenschaftszeitvertragsgesetz einzelne Karriereschritte auf einen bestimmten Zeitraum (sechs Jahre) begrenzt sind. Die Wissenschaftskarriere hat die Architektur eines Aufstiegs bis hin zur Professur. Das baut noch einmal erhöhten Druck auf und führt unter anderem dazu, dass die Universitätskarriere eine mit erheblichen Unsicherheiten behaftete Laufbahn ist, da einem niemand eine Professur versprechen kann, unabhängig davon wie fleißig, engagiert oder auch fachlich versiert man ist. Das birgt auch existentielle Unsicherheiten, die sich nicht jeder leisten kann und will. Einige der von uns Befragten, wie z.B. Herr Verse, suchen deshalb aktiv Exit-Optionen für den Fall, dass die Karriere eben nicht so verläuft wie geplant. Und in dieser Hinsicht sind Juristen im Vergleich zu anderen Fächern durchaus begünstigt, da die Alternativoptionen zur Rechtswissenschaft sowohl Ansehen wie auch ein finanzielles Auskommen ermöglichen.[447] Für Herrn Gabler beispielsweise war die Anwaltstätigkeit als Möglichkeit im Falle eines endgültigen Scheiterns an der Universität eine akzeptable Alternative:

> „Die Möglichkeit, noch Anwalt zu werden, wenn man nicht an der Uni untergekommen wäre, das hätte es ja immer noch gegeben. Aber ich wollte zumindest mal den Versuch unternommen haben, an die Uni zu kommen." (Gabler 8, 23-26)

---

447 Fakultätsgleichstellungsbeauftragte hatten dies in den Interviews so formuliert: *„Es ist so vielfältig, was man machen kann. Man kann in den Journalismus gehen. Man kann in die Politik gehen. Man kann Anwältin werden, Richterin werden und so."* (FGB 1)
„...bei Jura ist einfach der Vorteil, man hat so viele andere Möglichkeiten. Die Uni ist - anders als bei anderen Fächern - nur einer der vielen Arbeitgeber, ob es Öffentlicher Dienst ist oder Großkanzlei. Also entweder das Geld lockt, oder man hat schon mit 30 Sicherheit, weiß man schon, wo man steht sozusagen." (FGB 6)
„Da ..., hängt es im Moment, glaube ich, wirklich absolut daran, dass die meisten einfach sagen, für das Gehalt tue ich mir diese Unsicherheit nicht an." (FGB 5)

Herr Verse, der zum Zeitpunkt des Interviews Habilitand ist, erzählt uns, dass er in insgesamt 11 Jahren Beschäftigung an der Universität bereits 27 befristete Verträgt gehabt habe und sagt:

> „Denn so eine gewisse Ausstiegsoption, die muss man sich einfach sichern für sich selber. Ich glaube, sonst wird man bei dem Geschäft hier verrückt." (Verse 23, 32-34)

Ihn beschäftigt das Problem der Unsicherheit des angestrebten Karrierewegs massiv. Zwar ist sein bisheriger beruflicher Lebensweg relativ glatt verlaufen und konnte er die Qualifikationen einer Karriere in der Rechtswissenschaft leisten, dennoch empfindet er die grundsätzliche Unwägbarkeit der angestrebten Karriere als sehr belastend und unbefriedigend. Nicht nur, dass sich auf dem Weg zur Professur befristete Beschäftigungen aneinanderreihen, wobei die Anschlussanstellung durch den nächsten Vertrag nicht garantiert ist, das angepeilte Karriereziel Professur ist außerdem keinesfalls eine gesicherte Aussicht. Um mit dieser Unsicherheit umgehen zu können, hat er für sich eine „Ausstiegsoption" gefunden, also ebenfalls eine Art „Plan B", die ihm, falls sich die Karriere in der Rechtswissenschaft nicht, wie gewünscht, entwickelt bzw. er der Belastung durch die grundsätzliche Unsicherheit nicht mehr standhalten kann, eine Alternative bietet. Die Exit-Option erfüllt damit in gewisser Weise eine kompensatorische Funktion für die unsicheren Beschäftigungsbedingungen im Wissenschaftssystem und kann eine Möglichkeit sein, dem emotionalen Grundbedürfnis nach Kontrolle im eigenen Leben nachzukommen.

Frau Weingart sieht in dieser Unsicherheit der Unilaufbahn einen entscheidenden Grund, warum Absolventen/innen und Doktoranden/innen, auch wenn sie für die Wissenschaft geeignet sind und Interesse an wissenschaftlicher Arbeit haben, sich nicht nur in der Rechtswissenschaft gegen wissenschaftliche Karriere entscheiden.

> „Die Bundesrepublik verliert wissenschaftliches Potential. Nicht nur bei den Juristen sondern generell. In der Post-doc-Phase [...], weil wir keine verlässlichen wissenschaftlichen Karrieren bieten können." (Weingart 24, 2-7)

Die Unsicherheiten, die mit einer Entscheidung für eine wissenschaftliche Karriere einhergehen, in der eine Anschlussanstellung nicht gewährleistet ist, machen diesen beruflichen Weg im Vergleich zu anderen Möglichkeiten für Juristen/innen weniger attraktiv. Langfristige Planung ist kaum möglich, weshalb viele Nachwuchswissenschaftler/innen der Universität nach der Dissertation überwiegend nicht erhalten bleiben.

10.6.2 Ermutigungs- und Entmutigungsstrukturen

Die überwiegende Anzahl der Interviewpartner und -partnerinnen ist jedoch zufrieden und zieht auch nach teilweise harten Rückschlägen eine Alternative zur Wissenschaftskarriere im Fach Jura nicht in Betracht. Häufig wurde allerdings das Thema Ermutigungsmechanismen bzw. der Mangel an Ermutigung thematisiert und im Hinblick auf die Karrieren von Frauen in der Rechtswissenschaft mit dem aktuellen Mangel an weiblichen Professorinnen in Zusammenhang gebracht. Dazu gab es im Wesentlichen drei differierende Lager: Frauen werden bereits genug ermutigt, Frauen erfahren zu wenig Ermutigung oder aber Frauen fehlt die Courage, Chancen zu ergreifen.

10.6.2.1 Frauen werden bereits genug ermutigt: Das Neutralitätsideal in der Rechtswissenschaft

Die Interviewten, die der Meinung waren, Frauen erhielten bereits genügend Ermutigung, haben die Erfahrung gemacht bzw. sind der Ansicht, dass Frauen ohnehin keinerlei Benachteiligungen mehr begegnen – zumindest keiner Benachteiligung struktureller Natur. Im Gegenteil meinen sie, dass durch z.B. Gleichstellungsmaßnahmen Frauen eher einen Karrierevorteil haben und insofern ausreichend ermutigt werden, sich für eine Karriere in der Wissenschaft zu entscheiden. Professor Gabler sagt im Interview:

> „Es gibt ja heute genug Anreizwirkungen, und sei es in Form von massiven Zuwendungen aus der Zentrale, wenn bei irgendwelchen Zielvereinbarungen das dann drin steht. Ich hab' im Gegenteil die Befürchtung, dass es heute so ist, dass – es gibt ja Fälle wo plötzlich in Listen gesprungen worden ist, weil auf Platz zwei eine Frau stand, wo dann Männer übergangen worden sind, für die es vielleicht auch die einzige Chance war, einen Lehrstuhl zu bekommen. Da sehe ich Schwierigkeiten. Dass es strukturelle Defizite gibt, die es Frauen nicht ermöglichen würden, Professorin zu werden, das sehe ich so nicht". (Gabler 17, 26-34)

Aus dieser Perspektive sollte die Leistung und *nur* die Leistung entscheiden, wer eine Professur erhält. Leistung ist objektiv mess- und erkennbar und in keiner Weise geschlechtlich gebunden. Da es danach keinerlei strukturelle Benachteiligungen von Frauen in Form von Zugangsbeschränkungen o.ä. mehr gibt, wodurch ihre Karrierechancen gemindert würden, käme es quasi einer Bevorzugung gleich, wenn Frauen spezifische Ermutigungsstrukturen oder -mechanismen zur Verfügung stünden, auf die Männer, die beruflich in einer ähnlichen Position sind, nicht zurückgreifen können.

Dies ist verbunden mit einem Neutralitätsgedanken, der Frauen als geschlechtliche Wesen und Männer als sachliche „Neutren" versteht, bei denen von vornherein nicht der Gedanke aufkommt, es könne irgendetwas anderes gelten als objektive Sachlichkeit in der Beurteilung. Danach hat das Kriterium Geschlecht nur für Frauen eine Bedeutung.

Ermutigungsstrukturen, hier in Form von Gleichstellungsmaßnahmen, die als *„massive Zuwendungen"* gelten, werden als Frauenbevorzugung aufgefasst, weil sie die Karrierechancen männlicher Konkurrenten einschränken. Auch die Rechtswissenschaftlerinnen unseres Samples, sind mit dieser Sichtweise konfrontiert worden. Frau Seidel, eine Habilitandin, erzählt beispielsweise:

> „Letztens kam auch noch so ein Spruch, so, ja, du, wenn du fertig bist, ja du hast ja Glück, du hast ja die Frauenquote, wenn du was suchst. So. Das sind ja so diese Sprüche, wo man schon denkt, was für 'n Depp eigentlich (lacht)".[448] (Seidel 37, 30-33)

Die Frauenquote als eine Gleichstellungsmaßnahme ist aus der Sicht eines Kollegen von Frau Seidel ein deutlicher Karrierevorteil bzw. eine Bevorzugung von Frauen bei einer späteren Stellensuche; eine Sichtweise, die Frau Seidel nicht teilt. Professorin Barning beleuchtet das aus anderer Perspektive. Sie beschreibt, dass Frauen, die andere Frauen unterstützen, häufig unterstellt wird, sie täten dies aus einem geschlechtlichen Solidaritätsgedanken heraus und eben nicht, weil sie die Kompetenzen des Gegenübers schätzen, das zufällig eine Frau ist:

> „Ich glaube, was ich am meisten erlebt habe, ist eine Selbstbeschränkung oder Selbstzensur von Frauen, die sich immer fragen, ob sie, wenn sie sich für Frauen einsetzen, wahrgenommen werden als so im eigenen Interesse handelnd. Jedem Mann würde man unterstellen, wer sich für einen Mann einsetzt, der tut das, weil er gut ist. Bei der Frau wird unterstellt, sie tut es aus einer Frauensolidarität heraus." (Barning 46, 3-8)

Hier kommt eine Auffassung zum Tragen, die Männer mit Neutralität und Frauen mit Geschlechtlichkeit verbindet. Oder anders gesagt: Wenn zwei

---

448 Ein frisch berufener junger Professor erzählt bei einer Abendeinladung in froher Runde, dass ja nur noch Frauen berufen würden. Auf den Vorhalt, er habe doch soeben einen Lehrstuhl erhalten, konterte er, dass das eine absolute Ausnahme gewesen sei.

das Gleiche tun, ist es noch lange nicht dasselbe. Frauen, die sich gegenseitig unterstützen, unabhängig davon, ob es hierfür sachliche und fachliche Gründe gibt, stehen schnell im Verdacht, eine Art geschlechtliche Agenda zu haben, während bei Männern, die sich mit anderen Männern verbünden, eher unterstellt wird, im anderen lediglich einen guten Leistungsträger zu sehen. Die letztere Haltung ist mit der Perspektive, dass Frauenförderung mit Bevorzugung gleichzusetzen ist, kompatibel, die erstere ist es nicht.

Der aktuell auszumachende Mangel an weiblichen Nachwuchswissenschaftlerinnen bzw. Professorinnen wird daher – von einem Neutralitätsideal ausgehend – eher als Resultat einer individuellen Entscheidung gegen eine Karriere in der Rechtswissenschaft gesehen, für die es gut nachvollziehbare und plausible Gründe gibt. Beispielsweise sagt Professorin Weingart:

> „Es wird immer nur gesagt, die sind nicht da. Aber es wird wie selbstverständlich daraus gefolgert, dass sie ausgebremst werden. Aber es ist doch die Frage offen, was die überhaupt wollen." (Weingart, 26 16-18)

Hier wird die Vermutung nahegelegt, dass das Fehlen an weiblichen Professorinnen und Professur-Aspirantinnen auch das Ergebnis individueller Entscheidungen sein kann und nicht an eine speziell für Juristinnen gültige Problematik geknüpft ist bzw. sein muss. Eine Untersuchung zu Frauen in Führungspositionen der Justiz (Schultz/Peppmeier/Rudek 2011) hat erbracht, dass sich in dem beforschten Sample die Karriereeinstellungen von Frauen und Männern nicht wesentlich unterschieden. Eine Studie von Hassels/Hommerich über Frauen in der Justiz von 1993 hatte zum Ergebnis, dass 1/3 der Frauen karriereorientiert, 1/3 unentschieden und 1/3 gegen Karriere eingestellt waren.

10.6.2.2 Frauen erfahren zu wenig Ermutigung: Passivität als Hindernis

Anders sieht es das zweite Lager, das der Ansicht war, dass Frauen zu wenig Ermutigung erfahren. Das waren vor allem die Interviewten, in unserem Sample übrigens ausschließlich Juristinnen, für die Ermutigung, zum Teil sogar Ermunterung in ihren Karrieren sehr wichtig und manchmal nahezu unerlässlich war. Beispielsweise berichtet Frau Deitert: *„Also ich hab' eigentlich immer darauf gewartet, dass mich mal jemand entdeckt"* (S. 8). Sie hatte Glück, denn genau das ist passiert. Die Metapher des *„Entdeckt Werdens"*, die sonst eher in der Showbranche geläufig ist, wird hier ganz ähnlich als Anspielung auf das Auffallen und Wahrgenommen-Werden als zentrales karriererelevantes Moment verwendet. Aber es deutet sich auch eine erkennbar passive Haltung an. Kein „nach vorne Gehen", kein offenes Konkurrieren um Chancen bestimmen den Karrierestart, sondern eine eher abwartende Zurückhaltung, verknüpft mit der Hoffnung, dass jemand die eigene Befähigung für die Disziplin und das wissenschaftliche Arbeiten erkennt und so die Karriere voran bringt.[449] Ein weiteres Beispiel für diese Haltung ist Frau Fischer, die darin außerdem ein geschlechtertypisches Verhalten sieht, das (mit) erklärt, warum sich in der Rechtswissenschaft so wenige weibliche Professorinnen finden:

> „Ich glaube, dass Frauen zu wenig ermutigt werden. Also ich wär' ja auch nicht auf diese Karriere gekommen, wenn nicht Männer mir angeboten hätten, zu promovieren beziehungsweise zu habilitieren. Und ich glaube, dass Frauen da seltener so von sich aus sagen, ‚Ich möchte das, ich mach' das', und sich bewerben und versuchen, an solche Stellen ranzukommen, sondern dass sie gefragt werden wollen." (Fischer 39, 2-7)

Ohne an dieser Stelle die Debatte aufgreifen zu wollen, ob Professorin Fischer den Frauen mit ihrer Zuschreibung gerecht wird oder nicht, beschreibt auch sie, dass der Anstoß, eine Karriere in der Rechtswissenschaft anzustreben, nicht von ihr ausging, sondern ihr von (männlichen) Förderern angetragen wurde. Diese haben sie quasi „auf die Idee" gebracht, dass eine Universitätskarriere für sie ein möglicher Weg ist, indem man ihr die Möglichkeiten zu Promovieren und zu Habilitieren eröffnet hat. Für Frau Fischer spiegeln ihre eigenen Erfahrungen die Erfahrungen vieler Frauen wider, die durch diese für sie frauenspezifische, passiv-abwartende Haltung karrieremäßig in eine weniger günstige Position geraten und deshalb von mehr Ermutigung profitieren könnten, um in ihrer Karriere erfolgreich zu sein. Diese Annahme korrespondiert mit einem dritten Lager, das der Meinung ist, Frauen fehle vor allem die Courage, die sich bietenden Chancen zu ergreifen und eigene Komfortzonen auch einmal bewusst zu verlassen.

---

449 In der Managementliteratur zur Unterrepräsentanz von Frauen und bei Aufstiegstrainings für Frauen findet sich diese Metapher, dass Frauen entdeckt oder gefragt werden wollen, häufig.

10.6.2.3 Frauen fehlt die Courage, Chancen zu ergreifen: Unerschrockenheit und Rollenvorbilder

Diese Auffassung bildet gewissermaßen den aktiven Gegenpol zu einem eher passiv-zurückhaltenden Umgang mit dem Beginn und Verlauf der eigenen Karriere und wird zumeist aus einer Beobachterperspektive von Juristen/innen gemacht, die davon nicht (mehr) betroffen sind. Professorin Weber, deren Karriereverlauf ausgesprochen erfolgreich und ohne nennenswerte Einbrüche verlaufen ist und die sich in der Wissenschaftsgemeinschaft einen großen Namen gemacht hat, berichtet:

> „Das ist das, was ich eben auch häufig dann merke, auch gerade wenn es jetzt mal um Gender geht und ich Frauen berate, dass die oft Chancen nicht wahrnehmen. Also dann einfach zu viel Angst haben, dass sie das dann nicht packen, und da bin ich dann anders. Ich hab' dann zwar auch mal die Hosen voll, aber ich mach' es dann eben trotzdem. Also der Mann hat dann wahrscheinlich die Hosen nicht voll, der macht es, und dann wird es vielleicht ja noch gut. Also mich hat das ein paar schlaflose Nächte gekostet, aber ich hab' dann eben gemerkt, okay, das ist wirklich eine Chance." (Weber 13, 13-23)

Frau Weber beschreibt ihre Erfahrung, dass Frauen sich weniger zutrauen als Männer und aufgrund von Versagensängsten wichtige Chancen nicht ergreifen. Zwar teilt sie selbst diese Ängste, überwindet sie aber schlussendlich und hat so gelernt, dass sich auch „schlaflose" Nächte und „volle Hosen" lohnen können, wenn es um ein Weiterkommen in der Karriere geht. Aus dieser Sichtweise heraus sind es weniger die Strukturen oder eine geschlechtsgebundene Zurückhaltung, die Frauen im Karriereverlauf Schwierigkeiten bereiten. Stattdessen wird die Verantwortung den Frauen zurückgegeben: Sie müssen Ängste, Furcht und Sorgen überwinden und unerschrockener Chancen wahrnehmen, wenn sie sich bieten, um in der Karriere weiter zu kommen.

Das Eröffnen von Chancen und die Ermutigung, diese zu ergreifen, sind zwei Aspekte, die einander bedingen. Beide werden von den Interviewpartner/innen als wichtige und karriererelevante Elemente beschrieben, die den eigenen Berufsverlauf mitbestimmt haben.

In diesem Zusammenhang scheinen auch Rollenvorbilder von Bedeutung zu sein. Professorin Weber beispielsweise erzählt im Interview, dass sie aus einem Akademikerhaushalt kommt, in dem beide Elternteile in prestigeträchtigen Berufen tätig waren. Ihre Mutter, die sie als ein Rollenvorbild beschreibt, hat sich bereits in einem männerdominierten Beruf durchsetzen können und so ihrer Tochter die Machbarkeit einer erfolgreichen akademischen Karriere vorgelebt. Frau Weber selbst hat an der Möglichkeit, dass es ihr als Frau gelingt, Professorin zu werden, nicht gezweifelt. Sie brauchte niemanden, der ihr eröffnete, dass dies eine realistische Möglichkeit sei. Durch das Familienvorbild ihrer Mutter konnte sie die Überzeugung verinnerlichen, dass sie neue und möglicherweise schwierige Anforderungen mit Hilfe ihrer eigenen Kompetenzen meistern kann.[450] Frau Deitert und Frau Fischer hingegen haben beide keinen akademischen Familienhintergrund und konnten auch im Studium nicht von weiblichen Professorinnen als Rollenvorbilder profitieren. Und wenn es weibliche Professorinnen gab, so fungierten diese nicht in jedem Fall als Rollenvorbild, wie Frau Zeis im Interview berichtet. Sie hatte zwar eine weibliche Professorin, der sie fachlich auch zugetan war, die aber darüber hinaus – auch wegen ihrer eigenen nicht unproblematischen Position als Professorin – wenig Identifikationsfläche für eine junge Nachwuchswissenschaftlerin bot:

> „Ich hatte in X eine Zivilrechtsdozentin als Professorin. Ich hatte schon gemerkt, dass die halt allein bei den Studenten schon anders angenommen wurde als die männlichen Professoren. Dass sie so ein bisschen kritisch beäugt wurde. Sie ist relativ alternativ, so wie sie sich kleidet, und das ist wieder dieses typische Jurarollenmodell, dass man ja als Jurist gerne etwas diesen, auch vom Outfit her schon Jurist ist. Sie sah sehr ‚öko‘ aus. Was ich überhaupt nicht schlimm fand, es geht ja um's Fachliche. Aber da hab' ich allein da schon immer gemerkt, aus dieser Perspektive nimmt man sie wenig an. [...] Sie wurde halt nicht so ernst genommen wie ein Mann. [...]. Da wurden schon härtere Kommentare, für mein Empfinden, gebracht als jetzt den Männern gegenüber." (Zeis 14, 16-17, 13)

Es ist schwer, zu jemandem aufzublicken und jemandem nachzueifern, der selbst mit vermeintlichen Schwächen behaftet ist und so angreifbar erscheint. Eine ermutigende Wirkung kann sich so nur schwer entfalten. Für Frau Deitert und Frau Fischer jedenfalls lag die Möglichkeit, Professorin zu werden, für beide, trotz guter Studienleistungen, auch aufgrund mangelnder Rollenvorbilder nicht auf der Hand und bedurfte sowohl der Bestätigung als auch der Ermutigung.

---

450 Das berührt das Konzept der Selbstwirksamkeitserwartung, wie Bandura (1986) es beschreibt. Demzufolge gehen Personen mit einer hohen Selbstwirksamkeitserwartung schwierige Aufgaben eher an und sind eher davon überzeugt, diese auch durch eigene Fähigkeiten bewältigen zu können.

10.7 Die Problematik der Vereinbarkeit von Familie und Beruf

Wenig überraschend ist die Vereinbarkeit von beruflichen Anforderungen und familiären Aufgaben noch immer ein zentrales Problem, wenn es um Frauen und Karriere geht. Nach wie vor spielen Koordinationsaufwand, Mobilität und Ortsgebundenheit und die daraus entstehende Anwesenheitsproblematik eine wichtige Rolle in der Vereinbarkeit von Karriere und Familienleben, und nach wie vor tragen Frauen hier eine Hauptlast, die sich besonders in der sogenannten „Rush hour of Life" verstärkt. Gemeint ist damit der Zeitraum (in der Regel zwischen 30 und 40 Jahren), in dem Frauen sich verstärkt mit Familienplanung und dem Vorantreiben der eigenen Karriere beschäftigen.[451]

10.7.1. Flexibilität und Koordinationsaufwand

Auch für die Interviewpartnerinnen dieser Studie ist dieser Zeitraum besonders problematisch, weil sie sich in diesem Zeitraum in der Regel habilitieren, sich dann um Lehrstuhlvertretungen bemühen und in Bewerbungsverfahren um Professuren behaupten müssen (s.o.). Koordinationsprobleme und Schwierigkeiten, der geforderten Flexibilität gerecht zu werden, sind die Folge. Für mehrere Interviewpartnerinnen war eine Verlagerung der Familienplanung auf einen späteren Zeitpunkt, an dem die Karriere weitgehend abgeschlossen und gefestigt ist, eine Möglichkeit, diese Problematik zu entschärfen. Professorin Weber zum Beispiel hat ihre Kinder bewusst erst bekommen, nachdem sie beruflich „einigermaßen gesettled" war (Weber 24, 6). Sie sagt:

> „Das ist natürlich eine persönliche Entscheidung. Das muss jeder selbst mit sich ausmachen. Nur, ich glaube, was es eben schwierig macht ist, sie müssen ja meistens auch örtlich sehr flexibel sein." (Weber 23, 15-17)

Gerade diese örtliche Flexibilität kann für Frauen ein großes Problem werden, wenn sie sich um eine Professur bemühen. Frau Weber beispielsweise erzählt im Interview, dass sie nach ihrer Habilitation ein Vorstellungsge-

---

451 Laut Hans Bertram (2007) hat sich die „Rush Hour" des Lebens seit den 1980er und 1990er Jahren sogar von einer Dekade auf fünf Jahre zwischen dem 35. und 40. Lebensjahr verkürzt, was den Druck auf Frauen noch einmal erhöht und die Vereinbarkeitsproblematik deutlich zuspitzt. (Ebd.)

spräch für eine Professur hatte, die jedoch an einer Universität war, für die sie mehrere Stunden Pendelzeit hätte in Kauf nehmen müssen. Bereits auf dem Weg zum Vorstellungsgespräch hat sie für sich festgestellt, dass ihr die lange Fahrtzeit *„ein Graus"* (Weber 23, 14) war. Pendeln kann so zu einer enormen zeitlichen und auch persönlichen Belastung werden. Ähnliches hatte auch schon Professorin Fischer erfahren, und sich deshalb eine Art Exit-Option, falls die Belastung überhandnimmt, offen gehalten.

Darüber hinaus ist die berufliche Belastung für Professorinnen auch ohne Pendeln beträchtlich, und laut Frau Weber umso größer, je mehr sie sich beruflich noch etablieren müssen. Sie formuliert im Interview:

> „Die Belastung ist so immens durch Dinge, die jetzt bestimmt nichts mit meiner Lehrverpflichtung zu tun haben. Nun, so ist eben das wissenschaftliche Arbeiten. Und sie können schlecht halb Wissenschaftler sein. Ich hab' mich jetzt auch ein bisschen zurückgezogen. Ist natürlich einfacher, wenn sie schon voll etabliert sind, sich mal zwei, drei Jahre zurückzuziehen." (Weber 24, 30-33)

Laut Frau Weber kann man als *„voll etablierte"* Wissenschaftlerin und Professorin auch mal weniger in der Wissenschaftsgemeinschaft präsent sein und vielleicht auch auf so manche Konferenz oder Veröffentlichung verzichten und sich mehr um die Familie kümmern, ohne um das eigene Standing in der Scientific Community fürchten zu müssen. Für Frau Weber war die zeitliche Nachordnung der Familienplanung hinter die Karriere eine Lösung mit der Vereinbarkeitsproblematik umzugehen.[452]

10.7.2 Die Anwesenheitsproblematik

Wenn die Familienplanung abgeschlossen ist und Kinder da sind, wird das Ausbalancieren von Karriere- bzw. Arbeitsanfordernissen und Elternschaft zu einer weiteren Schwierigkeit. Zum Beispiel können spät angesetzte Sitzungen Mütter (und manche Väter) in Schwierigkeiten bringen, da die

---

[452] Es gibt auch die gegenteilige Meinung. Frau Seidel, die zum Zeitpunkt des Interviews Habilitandin war, fand die Vorstellung, erst jenseits der vierzig Mutter zu werden oder werden zu wollen, eher problematisch. Sie selbst hat bereits ein Kind und erzählt: *„Ich hab' mich mal mit einer unterhalten, auch einer Habilitandin, und die sagte zu mir, ‚Mensch bist du mutig, dass du das mit einem Kind machst.' Ich hab' eben nur gesagt, ‚Mensch, bist du mutig, dass du wartest, bis du 42 bist.' Also man kann das sehen, wie man will."* (Seidel 37, 31 f.)

Kinderbetreuung in der Regel am Nachmittag endet und sie dann weiteren Organisationsaufwand erfordert. In diesem Zusammenhang ist interessant, dass die Befragten zwar über ungünstige Sitzungszeiten klagen, das Einfordern von früher angesetzten Sitzungen aber nicht in Betracht ziehen, da, wie Frau Seidel, eine Habilitandin und Mutter, sagt, sie als Wissenschaftlerin *„nicht unangenehm auffallen"* (Seidel 40, 23) möchte. Offenbar ist es schwierig, die Aspekte und Themenfelder, die nicht direkt zum universitären Bezugssystem gehören (wie Betreuungsschwierigkeiten für die eigenen Kinder) geltend zu machen, ohne Auswirkungen auf das eigene Standing befürchten zu müssen. Professorin May, ebenfalls Mutter, merkt in diesem Zusammenhang an, dass es durchaus üblich sei, bei Sitzungen auf weit Anreisende Rücksicht zu nehmen und die Sitzungen insofern später beginnen zu lassen, aber nicht auf Kolleginnen, die Mütter sind (May 35, 10-21). Der Bezugsrahmen ist hierbei erkennbar ein anderer: Eine lange Anreise gehört zur nötigen Flexibilität in der Wissenschaft und dient dem fachlichen Austausch wie auch der Aufrechterhaltung und Pflege von persönlichen Netzwerken. Mutterschaft, also eine Einbindung in eine familiäre Konstellation, liegt außerhalb des wissenschaftlichen Bezugssystems und hat dort wenig Gewicht.

Ebenso problematisch ist die nötige Mobilität, entweder zu Tagungen zu reisen oder sich weiter zu bewerben und den Lebensmittelpunkt dort zu etablieren, wo der Arbeitsort sein wird. Es wurde bereits geschildert, dass die Frage nach dem Arbeitsort des Mannes für Frauen in Bewerbungssituationen weitreichende Konsequenzen haben kann, da in der Regel eine Verlagerung des Lebensmittelpunktes erwartet wird. Viele Frauen und auch einige Männer haben jedoch in Interviews betont, dass für sie eher umgekehrt die Familie den Arbeitsort bestimmt. Professorin Wolf erzählt beispielsweise:

> „Also ich bin nur wegen der Familie zur [X-Universität] gewechselt. Ich wär‘ sonst niemals hierhin gekommen, muss ich ganz offen sagen. Ich hätte mich sicherlich noch mal woanders hin beworben, [...], es käme ja jetzt nur noch ein besserer Lehrstuhl in Betracht, und da gibt‘s keinen. Also da müsste ich Gott weiß wieder wo hin, oder nach [weit entfernter Ort], und das mach‘ ich jetzt halt nicht mehr." (Wolf 35, 14-21)

Pendeln ist für Frau Wolf keine Alternative mehr, da sie den Aufwand und die Mühen als zu große Belastung betrachtet und ein möglicher Umzug daran scheitert, dass ihr Ehepartner beruflich selbst lokal gebunden ist. Das ist ein häufiges Muster, das meist Professor*innen* trifft. Die Partner sind in der Regel aus beruflichen Gründen selbst ortsgebunden, so dass ein

Mitziehen mit der Ehepartnerin für sie nicht in Frage kommt. Eventuelle berufliche Chancen, wie zum Beispiel einen Ruf auf besser ausgestattete und angesehenere Lehrstühle an weiter entfernten Orten, können Frauen oft nicht als berufliche Möglichkeit nutzen, da ihre Partner nicht mitziehen oder eben nur, wenn sie selbst anstrengendes Pendeln zwischen Wohn- und Arbeitsort und die Trennung von der Familie (manchmal mit z.T. noch relativ kleinen Kindern) in Kauf nehmen. Für Professorin May und Professorin Wolf liegt das zum Teil am Heiratsverhalten der Akademikerinnen selbst, da diese – anders als ihre männlichen Kollegen – zum Teil bei der Auswahl des Ehepartners nicht *„nach unten greifen"* (Wolf 45, 1) wollen, also *„nicht unter Wert"* (May 37, 3) heiraten möchten, sondern eher einen Ehemann wählen, der mindestens statusgleich mit ihnen ist. Da der Ehepartner dann eigene Karriereintentionen hat und mit vergleichbaren Mobilitätsanforderungen wie Wissenschaftlerinnen konfrontiert ist, wird die berufliche Mobilität beim Verfolgen der eigenen Karriere für Frauen zu einem besonderen Problem.

10.8 Verlockende Alternativen (Justiz, Kanzleien)

Zusammengefasst spielen die Koordinations-, Mobilitäts- und Anwesenheitsanforderungen und die daraus erwachsenden Schwierigkeiten noch immer eine erkennbar große Rolle für Frauen, die an der Universität Karriere machen wollen. Zum Teil scheint deshalb manch angehender Wissenschaftlerin die Justiz als verlockende Alternative, da die berufliche Laufbahn dort gesicherter und kürzer scheint, den Juristinnen weniger Mobilität abfordert und sowohl Teilzeit als auch einen kurz- (und auch länger-)zeitigen Ausstieg aus familiären Gründen ermöglicht, ohne – so nehmen unsere Interviewpartnerinnen jedenfalls an – erhebliche berufliche Konsequenzen befürchten zu müssen. Für Frau Mars sind die Alternativen einer Universitätskarriere in der Rechtswissenschaft in einigen Aspekten überlegen. Sie sagt:

> „Also ich hätte gesagt, bei Jura ist einfach der Vorteil, man hat so viele andere Möglichkeiten. Da ist die Uni wirklich, und das ist anders als bei anderen Fächern, vielleicht einer der vielen Arbeitgeber, ob es öffentlicher Dienst ist oder Großkanzlei, also entweder das Geld lockt oder man hat schon, 'ne, mit 30 weiß man schon, wo man steht sozusagen, Sicherheit. Also deswegen." (Mars 27, 12-25)

Sicherheit und/oder der Verdienst sind Vorteile, die laut Frau Mars für eine Karriere in der Justiz bzw. in Großkanzleien sprechen, die insofern im Vergleich zu einer Karriere in der Rechtswissenschaft nicht nur für Frauen erstrebenswerte Alternativen bieten. Wie die meisten von uns interviewten Rechtswissenschaftler/innen vermutet auch Professorin Ensecke, dass besonders die offenbar familienfreundlichere Justiz ein Grund dafür ist, warum manche für die Wissenschaft geeignete Juristin sich gegen eine Karriere an der Universität entscheidet.

> „Also ich denke, dass es vielleicht an den Alternativen liegt, die man hat. Also viele gute und interessierte und engagierte junge Frauen sagen dann, na ja Gott, ich gehe vielleicht lieber in die Richterschaft. Dort hab' ich die Möglichkeit einer Halbtagsstelle. Dort kann ich mich auch ohne weiteres beurlauben lassen, und ich hab' einen angesehenen und guten Job." (Ensecke 12, 18-27)

Professorin May glaubt, ähnlich wie Frau Ensecke, dass gerade, wenn Frauen aufgrund guter Noten aus verschiedenen beruflichen Alternativen wählen können, eine familienfreundlichere Möglichkeit präferiert wird. Sie sagt:

> „Das ist ja kein typisch juristisches Problem, dass die ganzen Mädchen mit den guten Examen, mit dem guten Abitur was machen, wo sie dann hinterher sagen ‚Ich kann das besser vereinbaren'. Die Justiz hat ja einen Frauenüberschuss wie sonst noch was. [...] Dass die halt sagen, ich hab' zwei gute Examen, wenn ich damit jetzt Richterin werde, dann bin ich im Beamtenverhältnis, dann bin ich mit 30 drin, und dann kann ich in Ruhe das mit der Familie machen und halb wieder einsteigen oder ganz." (May 36, 8-16)

Auch für Frau May ist die Vereinbarkeitsproblematik von Beruf und Familie ein Hauptargument dafür, dass Frauen, vor allem Frauen, die ein gutes Examen gemacht haben und insofern für die Rechtswissenschaft von besonderem Interesse sind, in die Justiz gehen, was insofern den geringen Frauenanteil erklärt. Für Professorin Berg ist die Entscheidung für eine rechtswissenschaftliche Karriere ein Wagnis, das junge Männer eher bereit sind einzugehen.

> „[Frauen] wollen auf gar keinen Fall! Die sind zu pragmatisch und zielstrebig, um zu glauben, man promoviert mal eben. [...] Da kann man dann wieder umgekehrt sagen, ja so verrückt sind dann eigentlich nur so ein paar Jungs. Ja, ist schon so, weil die Frauen wollen eine Familie und Kinder und wollen auch wissen wohin. Wobei, gut eine Promotion ist ja jetzt noch nicht unbedingt so, dass, wenn man anfängt zu promovieren, man dann gleich Wissenschaftlerin werden will. Aber selbst auf dieser Stufe würde ich sagen, ist es schon extrem

schwierig und mir bislang nicht gelungen, eine Frau zu rekrutieren." (Berg 42, 9-22)

Für Professorin Berg sind Frauen oft zu zukunftsorientiert und pragmatisch, um sich der Unsicherheit einer rechtswissenschaftlichen Karriere auszusetzen. Eine Universitätskarriere ist ein längerfristiges Unterfangen, das schlecht planbar und hochgradig risikobehaftet ist. Frauen wollen deshalb ihrer Erfahrung nach den Karriereweg an der Universität nicht gehen, jedenfalls hat sie bisher noch keine Frau für eine rechtswissenschaftliche Karriere gewinnen können. Vor allem die Justiz erscheint als eine vielversprechendere Alternative, die eine vorausschauende Karriereplanung sowie Beruf und Familie ermöglicht, ohne das eine für das andere opfern zu müssen.

Dass dies so pauschal nicht zutrifft, konnte in der Studie über „Frauen in Führungspositionen der Justiz" (Schultz/Peppmeier/Rudek 2011) nachgewiesen werden. Mobilität und Flexibilität spielen auch dort durchaus eine Rolle, vor allem während der Erprobung[453], dem sogenannten dritten Staatsexamen (Schultz, Rudek, Peppmeier ebd.). Die Erprobung ist ein Karrieremeilenstein in der Justiz, ohne den ein Aufstieg in eine Führungsposition kaum möglich ist. Und auch der Wiedereinstieg nach der Elternzeit verläuft nicht immer reibungslos, da die Frauen während ihrer Abwesenheit sozusagen ‚vom Radar' verschwinden und deshalb in Beförderungszyklen zum Teil nicht mehr oder erst später berücksichtigt werden. In der Justiz ist die Vereinbarkeit von Karriere- und Familienplanung also ähnlich karriererelevant wie in der Wissenschaft, jedoch ist eine berufliche Laufbahn in der Justiz von deutlich weniger Unsicherheiten begleitet als in der Wissenschaft. Dennoch gibt es auch in der Justiz Karrierehindernisse und Problematiken für Frauen, so dass auch die Führungspositionen der Justiz noch immer von deutlich weniger Frauen als Männern besetzt sind.

10.9 Der Verdacht der veränderten Prioritäten

Zusätzlich zu faktisch vorhandenen und lebensweltlich verorteten Schwierigkeiten für Frauen wird ihnen auch häufig der Verdacht entgegen gebracht, ihre Prioritäten würden sich aufgrund von Familienverpflichtun-

---

453 Richter/innen und Staatsanwältinnen und Staatsanwälte, die höhere Positionen anstreben, müssen i.d.R. eine mehrmonatige „Erprobung" in einem Senat ihres Obergerichts absolvieren.

gen, also dem Muttersein, ändern und sie widmeten sich nun nicht mehr vollends der Wissenschaft: *„Den Frauen wird ja dann immer unterstellt, dass sie sich nur noch für ihre Kinder interessieren"*, bringt es Professorin Fischer auf den Punkt (Fischer 10, 4 f.).

Diese Zuschreibung kann für Juristinnen spürbare Auswirkungen haben, zum Beispiel im Hinblick auf die Förderungsintensität durch ihre Mentoren. Offenbar wird das Kinderbekommen häufig als ein Signal verstanden, dass nun andere Bereiche und Themen als die Wissenschaft das Leben der Frauen bestimmten und sie weniger leistungsbereit seien. Sie werden nun vor allem als Mütter und weniger als förderungswürdige Juristinnen auf dem Weg zu Professorinnen wahrgenommen. Professorin Fischer erzählt uns an anderer Stelle im Interview, dass ihr Mentor sie so lange engagiert gefördert habe, bis sie Kinder bekommen habe. Dann habe sein Förderungsinteresse deutlich abgenommen. Die Vorstellung, dass eine Frau mit Kindern weiterhin ambitioniert ist und ihre Karriere weiter vorantreiben möchte, hat, wie sie sagt, nicht *„in sein Weltbild"* gepasst.

> „Mein Mentor hat mir gegenüber das nie gesagt, aber gegenüber [Kollegen] und auch gegenüber anderen hat er immer wieder gesagt ‚Na jetzt, wo sie zwei Kinder hat, wird sie sich wohl nicht mehr habilitieren'. Das passte auch nicht in sein Weltbild. Der hat mich angesprochen und gefördert sozusagen, solange ich ledig oder verheiratet, aber ohne Kinder war, aber mit zwei kleinen Kindern – das kann doch nicht sein." (Fischer 20, 23-26)

Die Auswirkungen, die der Verlust der Unterstützung durch die Mentoren haben kann, wurden bereits beschrieben. Frau Fischers Karriere hat zwar keinen sehr schwerwiegenden Karriereknick, aber durchaus eine Verlangsamung erfahren, die in ihr zeitweilig Zweifel an der Richtigkeit des angestrebten Berufs der Professorin geweckt haben. Zwar konnte sie sich bei ihrem Mentor habilitieren, und sie wurde weiterhin betreut, aber der Zugang zu seinem persönlichen Netzwerk wurde ihr erschwert, so dass sie nicht mehr von der Assoziation mit ihrem Mentor profitieren konnte und größere Schwierigkeiten hatte, in der Wissenschaftsgemeinschaft Fuß zu fassen.

Zusätzlich zu einem Verlust der Förderung bzw. einem Verlust des Förderungsinteresses durch die Mentoren wirken solche Vorbehalte auch auf subtilere Weise, nämlich in Form von Selbstzweifeln und Entmutigung. Frau Wolf erzählt uns beispielsweise im Interview, dass ihr Mentor ihr gesagt habe: *„Sie schaffen das nicht, wenn Kinder vorhanden sind."* (Wolf, 11, 34) Professorin Lange erinnert sich, dass ihr nach Abschluss ihrer Dissertation vom Dekan gesagt wurde, dass eine wissenschaftliche Karriere einen Verzicht auf Familie bzw. Kinder bedeute. Sie erzählt:

> „Also um eins der Anekdötchen noch beizutragen, ich kriegte einen Preis für meine Dissertation. Preis für die beste Dissertation in dem Jahr der Uni X. Der Dekan überreicht mir den Preis, alles ganz feierlich und wunderbar, hinterher kommt der Empfang. Und dann sagt er ‚Ja, Frau Lange was haben sie denn jetzt vor?‘ Und dann sag‘ ich ‚Ja, ich würde jetzt zum Verfassungsgericht gehen, zu Herrn Malik, und dann würde ich mir überlegen zu habilitieren.‘ Und dann sagt er nicht, ‚Wie schön, dass eine begabte junge Wissenschaftlerin nachwächst‘, sondern er sagte: ‚Ach, Sie wollen keine Familie?‘ Und dann sagte ich ‚Nee, ich wollte eigentlich schon Familie.‘ Dann sagte er ‚Das lässt sich nicht vereinbaren‘. Und dann sagte ich ‚Haben sie Kinder?‘ Und dann sagt er ‚Seien sie doch nicht immer so aggressiv, Frau Lange.‘“ (Lange 11, 8-18)

Frau Langes Karrierepläne wurden nicht mit ermutigenden Worten seitens des Dekans, der ihr immerhin in einer feierlichen Zeremonie einen Preis für ihre Dissertation überreicht hat, honoriert, sondern direkt mit dem daraus folgenden Verzicht auf Familie in Verbindung gebracht. Ambitionen seitens Frau Lange bekommen auf diese Weise einen negativen Kontext, der zurechtweisende Wirkung hat. Frau Langes Bemühen, dem zu entgehen und einen Vergleich zu seiner eigenen beruflichen und familiären Situation zu ziehen, wird als angriffslustige Reaktion gewertet. Der Anspruch, gleich behandelt zu werden und gleiche Chancen sowohl im beruflichen wie auch familiären Bereich zu erhalten, wird zu einer aggressiven (Über-)Reaktion stilisiert, die verunsichernd und wenig ermutigend wirkt.

Von einer ähnlich wahrnehmungsverzerrten Situation erzählt uns Frau Deitert. Sie berichtet uns im Interview, dass ihr, nachdem sie ihr Kind bekommen hatte, von ihrem Chef „suggeriert“ wurde, dass ihre Leistungen erkennbar gemindert waren. Sie führt aus:

> „Also, einfach nur, um das klar zu stellen. Es war nicht so, dass ich durch das Kind nichts mehr geschafft hätte. Es wurde mir aber suggeriert. Und es wurde mir in einem solchen Maße suggeriert, dass ich es selbst geglaubt habe, ja? Also ich hab‘ selbst irgendwann geglaubt, ja, das stimmt, ich hab‘ ja jetzt ein Kind. Und als ich mir dann […] die Dateien anguckt hab‘ und gesehen hab‘, hab‘ ich vor dem Computer gesessen und dachte, das kann nicht sein. Der Computer muss das Datum falsch auswerfen. Das kann nicht schon 2010 fertig gewesen sein. Das muss doch ein Jahr später fertig gewesen sein. Wann will ich das denn geschrieben haben? Aber ich hab‘s geschrieben. Es ist da. Es war alles da. Dass einem immer suggeriert wurde, ‚Sie sind jetzt ausgebremst, ja.‘ Bis man selbst das Gefühl hatte, man ist irgendwie ausgebremst. Aber der Output, der stimmte. Der wäre wahrscheinlich nicht anders gewesen ohne Kind.“ (Deitert 38, 15-33)

Ein Blick in ihre eigenen, nach Datum geordneten Dateien haben ihr gezeigt, dass ihr „Output" durchaus nicht gemindert war. Der ihr wiederholt entgegen gebrachte Verdacht einer veränderten Interessenlage und Prioritätensetzung und einer damit suggerierten Leistungsminderung war jedoch so überzeugend, dass sie letztendlich ihre Stelle und damit ihre Universitätskarriere temporär aufgegeben hat, weil sie das Gefühl hatte, dem wissenschaftlichen Anspruch und der erforderlichen Menge an „Output" nicht zu genügen.

Die Annahme, dass eine Juristin, die außerdem Mutter ist, für eine Karriere in der Rechtswissenschaft nicht länger geeignet ist, weil das Familienleben und Muttersein einen größeren Stellenwert einnehmen, wirkt sozusagen fast wie eine selbsterfüllende Prophezeiung. Zum Teil werden bestimmte Probleme und Schwierigkeiten erst evoziert und ziehen dann tatsächlich negative Auswirkungen für die Karriere nach sich. Faktisch lässt sich dieser Vorbehalt, jedenfalls in diesem Sample, entkräften. Alle Frauen, denen unterstellt wurde, dass eine Mutterschaft ihre Karriere behindert, möglicherweise sogar beendet, weil sie ihre Leistungsbereitschaft einschränkt und ihre Hingabe an die Wissenschaft zweitrangig macht, haben sich trotz Kindern habilitiert oder bereits eine Professur erhalten.

10.10 Zusammenfassung

Zusammengefasst sieht man, dass Frauen in rechtswissenschaftlichen Karrieren mitBarrieren und Schwierigkeiten auf verschiedenen Ebenen zu kämpfen haben: von der Notenvergabe und ihrer enormen Bedeutung für die Rechtswissenschaft, die sowohl Türöffner als auch Ursache für ein langjähriges Trauma sein können, über die Problematik der Steuerung der (eigenen) Karriere mit einem/r Mentor/in als zentraler Figur, der Karrieren von Nachwuchswissenschaftler/innen sowohl anstoßen wie auch behindern kann, bis letztendlich hin zu einer konservativ orientierten Fachprägung und einem traditionellen Weltbild mit etwas antiquiert anmutenden Geschlechtsrollenbildern und zum Teil fehlender Ermutigung, Karrieren weiter zu verfolgen, sowie auch gelegentlich mangelndem Mut der Frauen, sich ihnen bietende Chancen zu ergreifen und die eigene Karriere mutig in die Hand zu nehmen. Auch besteht immer noch die Problematik der Vereinbarkeit von Familie und Beruf, die besonders in so beanspruchenden Qualifizierungsphasen wie der Habilitation zum Tragen kommt, da der Zeitpunkt, an dem üblicherweise Habilitationen verfasst werden, lebensabschnittlich mit dem Zeitraum der Familienplanung zusammenfällt. Nicht zuletzt werden Wissenschaftlerinnen noch immer mit dem Verdacht konfrontiert, der Mutterrolle zu Ungunsten der Wissenschaftlerinnenrolle den Vorzug zu geben, und stehen deshalb unter dem Druck, sich entweder für das Leben als Wissenschaftlerin oder als Mutter entscheiden zu müssen, da sich hartnäckig die Annahme hält, beides miteinander zu vereinbaren sei nicht (oder nur unter größten Opfern) machbar. Frauen haben in der Rechtswissenschaft auf ihrem Weg Stolpersteine zu überwinden. Zwar liegen manche davon auch ihren männlichen Kollegen im Weg, behindern deren Karriere aber meistens nicht oder in geringerem Ausmaß. Der Verdacht einer Loyalitäts- und Prioritätenverschiebung, sobald Kinder vorhanden sind, oder die Benachteiligung durch ein traditionelles Weltbild, das in relevanten Entscheidungssituationen zum Tragen kommt, erschweren den Karriereweg von Männern in der Rechtswissenschaft, zumindest in unserem Sample, deutlich weniger. Manche der herausgearbeiteten karriererelevanten Aspekte wie z.B. die zentrale Bedeutung von Mentoren/innen, kann Wissenschaftler und Wissenschaftlerinnen gleichermaßen betreffen und zu Karriereknicken und Problemen führen, wenn der Mentor bzw. die Mentorin dem Mentee die Unterstützung entzieht. Dennoch ist es vielleicht gerade die Anzahl möglicher „Stolpersteine" und die Verortung der Problematiken auf unterschiedlichen Ebenen, die es Frauen in der Rechtswissenschaft schwer machen und dazu führen, dass noch immer vergleichsweise wenig Frauen in den obersten Rängen der Wissenschaft ankommen. Auf der Strukturebene ist die Vereinbarkeit von Familie und Karriere nach wie vor ein Problem, das Frauen in besonderem Maße trifft, da sie nicht nur einen großen Koordinationsaufwand zu bewältigen haben, sondern mit traditionellen Geschlechtsrollenbilder ihrer Wissenschaftskollegen (und -kolleginnen) konfrontiert sind, die in wichtigen Situationen, wie zum Beispiel bei Berufungen, auf die Karriere Einfluss nehmen können. Die kulturelle Ebene der traditionellen Geschlechtsrollenbilder kann also an neuralgischen Punkten Einfluss auf die Karriere der Juristinnen nehmen und ihnen schwer zu überwindende Stolpersteine in den Weg legen. Damit im Zusammenhang stehen häufig auch eine steigende Demotivation bzw. mangelnde Ermutigungsstrukturen, die manchen Nachwuchswissenschaftlerin ein stringenteres Verfolgen der eigenen Karriere erschweren und Alternativen zur Wissenschaftskarriere attraktiv erscheinen lassen. Möglicherweise ist es gerade ein Zusammenspiel unterschiedlicher Faktoren, die, wie Frau Lange es pointiert ausdrückt, dafür sorgen, *„dass* *es da für Frauen sehr viel schwieriger ist, die richtige Mischung zu finden, um in der Wissenschaft angenommen zu werden"* (Lange 27, 10).

11. Maßnahmen zur Erhöhung des Frauenanteils in der Rechtswissenschaft

Um Chancengleichheit für Frauen in der Wissenschaft zu schaffen, ist, wie in Kapitel 5.6.2 beschrieben, seit Ende der 1980er Jahre politisch Frauenförderung und später Gleichstellung als Ziel für die Hochschulen definiert worden und sind nach und nach Gleichstellungsstrukturen an Hochschulen geschaffen worden. Die vorangehende Darstellung hat aufgezeigt, wie schwierig und komplex sich die Situation für Frauen in der Rechtswissenschaft darstellt, wie gering ihr Anteil nach wie vor ist und wie langsam der Anstieg stattfindet. Hieran anschließend stellt sich die Frage, wie mit Gleichstellungsmaßnahmen Defizite ausgeglichen, Diskriminierungen beseitigt und Frauen der Aufstieg in Professuren erleichtert werden kann.

Im folgenden Kapitel soll exemplarisch mit Beispielen aus drei Bundesländern (Bayern, Berlin und Nordrhein-Westfalen) ein Überblick über die rechtliche Situation der Gleichstellungsarbeit an Hochschulen und ihre Praxis gegeben werden.[454] Dabei wird ein Schwerpunkt auf Best-Practice-Beispiele in den Hochschulen gelegt. Abschließend wird ein Katalog von

---

454 Die im Rahmen des Projekts JurPro im Zeitraum zwischen dem dritten Quartal 2011 und dem vierten Quartal 2012 durchgeführten 24 teilstrukturierten Interviews mit Expert/innen der Gleichstellung an ausgesuchten Hochschulen, insbesondere in NRW, Bayern und Berlin sind die empirische Grundlage für die folgende Darstellung. Die drei Bundesländer waren vorrangig ausgewählt worden, weil sie hochschul- und gleichstellungspolitisch unterschiedlich geprägt sind. Ergänzend wurden Materialien der Hochschulen, wie Broschüren, Flyer und hochschulinterne Dokumente sowie die hochschuleigenen Websites hinsichtlich der universitären Gleichstellungsarbeit ausgewertet.
Für die zentralen Frauen- und Gleichstellungsbeauftragten wird das Kürzel GB, für Fakultätsgleichstellungsbeauftragte das Kürzel ZGB und für die Expertinnen das Kürzel E verwendet. Es wird der Einfachheit halber immer von Gleichstellungsbeauftragten gesprochen, auch wenn diese mit Zuständigkeit für das wissenschaftliche Personal in Bayern und Berlin als Frauenbeauftrage bezeichnet werden.
Auf die finanzielle Ausstattung der Gleichstellungsstrukturen in den untersuchten Hochschulen wird hier nicht eingegangen, da die Verortung der entsprechenden Mittel zum einen sehr heterogen gehandhabt wird und die zugrundeliegenden Zahlen zum anderen einem jährlichen Wechsel unterliegen und daher zwischen den verschiedenen Hochschulen keine Vergleichsmöglichkeit besteht.

Maßnahmen zur Erhöhung des Frauenanteils an rechtswissenschaftlichen Fakultäten vorgestellt. (vgl. dazu auch Dahmen/Thaler 2017)[455]

11.1 Gleichstellung als Voraussetzung für Entwicklungsperspektiven von Wissenschaftlerinnen

„Das was ich auch glaube, ist, dass Frauen nicht unterschätzen sollten, dass sie immer noch in einer durchaus patriarchal strukturierten Welt leben, auch wenn sie jung und engagiert und ohne Diskriminierungserfahrung sind, und dass sie nicht unterschätzen sollten, wie wirksam das ist." (ZGB 3, S. 42, Z. 24-31)

Diese Aussage einer Hochschulgleichstellungsbeauftragten bezeichnet klar, woraus sich der Auftrag auf Gleichstellung für die verantwortlichen Mitglieder der Hochschulleitungen und die Akteurinnen, die sich mit Gleichstellung an Universitäten im Rahmen ihrer Aufgaben beschäftigen, ergibt.

Die derzeit an Hochschulen praktizierte Gleichstellungsarbeit unterliegt einem starken Wandel. Die Entwicklungen der letzten Jahre in der Hochschulpolitik haben dazu geführt, dass sich Hochschulleitungen im Rahmen von Exzellenzinitiativen und Förderprogrammen des Themas sichtbar annehmen und die Gleichstellungsbeauftragten und -akteurinnen der Hochschulen eine Aufwertung ihres Amtes und eine Verbreiterung ihres Verantwortungsbereichs erfahren haben. Zusätzlich sind viele neue Strukturen der Gleichstellungsarbeit geschaffen worden, die die Tätigkeiten von Berufungsmanagerinnen bis hin zu Gender-Qualitätsbeauftragten einschließen. War die Frauenbeauftragte früher noch eine ehrenamtliche Interessenvertreterin, berufen durch einen bottom-up gesteuerten Wahlvorgang, so bekleidet sie heute ein – in günstigen Fällen – professionell ausgestattetes Amt, das eine Schlüsselfunktion in der Zukunftsbefähigung und auch der Wettbewerbsfähigkeit ihrer Hochschule einnimmt. Die Gleichstellungsarbeit entwickelt sich kongruent zu dem durch den europäischen wie auch globalen Bildungswettbewerb hervorgerufenen Innovations- und Quali-

---

455 Die Gleichstellung an Hochschulen ist in einem dynamischen Entwicklungsprozess. Seit Durchführung der Interviews sind an den beforschten Universitäten weitere Maßnahmen eingeführt worden. Einiges konnte noch hinzugefügt werden, insbesondere ist die seitdem erschienene Literatur zur Gleichstellung an Hochschulen ergänzt worden.

tätsdruck und ist als Baustein der zunehmenden Professionalisierung im Wissenschaftsmanagement zu sehen. Die folgende Darstellung illustriert das Zusammenspiel von politischen Gesetzesänderungen mit den veränderten Rahmenbedingungen zur Hochschulsteuerung, die als Einflussgrößen auf Gleichstellungsfragen der Hochschulen einwirken.

Abb. 6

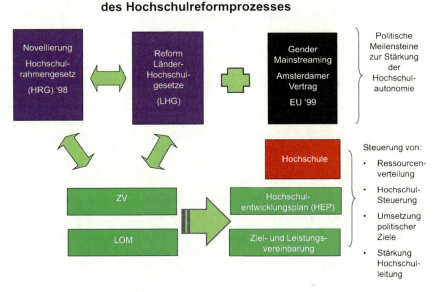

Gleichstellungsrelevante Rahmenbedingungen des Hochschulreformprozesses

ZV=Zielvereinbarung

LOM= Leistungsorientierte Mittelvergabe

Im Rahmen der wachsenden – auch ökonomischen – Selbststeuerung der Hochschulen, die durch die Novellierungen des Hochschulrahmengesetzes und der Länderhochschulgesetze ermöglicht worden ist, sind Hochschulleitungen für die Ausgestaltung ihrer Budgets zunehmend auf die Teilnahme an Drittmittelprojekten und drittmittelfinanzierten Maßnahmen angewiesen. Zur Umsetzung von Gleichstellung werden Ressourcen vom Bund in Form von Programmen und Initiativen wie etwa dem Professorinnenprogramm des Bundes und der Länder oder für die Umsetzung der DFG-Gleichstellungsstandards bereitgestellt und können hierfür von den Hochschulen abgerufen werden.[456] Es wurden Stellen geschaffen, die die Tätigkeit der Gleichstellungsbeauftragten unterstützen, sowie solche, die parallele Funktionen in Stabs- und Verwaltungsbereichen ausüben. Referentinnen, Assistentinnen, Projektmitarbeiterinnen für Mentoringprogramme oder Familienbüros – viele zusätzliche Stellen im Gleichstellungsbereich sind in jüngerer Zeit an Hochschulen etabliert worden. Gleichstellungspolitische Funktionen lassen sich zunehmend in die Cluster strategische Planung, operative Umsetzung und Kontrolle ausdifferenzieren. Viele der im Rahmen des Projekts interviewten Expertinnen wiesen allerdings auf die Tatsache hin, dass die hochschulinterne Gleichstellungspolitik und -arbeit nur dann erfolgreich sein kann, wenn sie in der Hochschulleitung fest verankert ist. Dies scheint sich im Rahmen der Professionalisierung des Hochschulmanagements auch dank exogenem Druck zu erfüllen. Denn die Integration von Gleichstellung als strategischer Zielsetzung

> „erweist sich mittlerweile als Wettbewerbsvorteil bei der Beantragung von Forschungsmitteln oder der Nachbesetzung von Professuren. Diese Entwicklung hat produktive Kooperationsformen zwischen Hochschulleitung und Gleichstellungsbeauftragten begünstigt und zur Formulierung hochschulweiter, strategischer Zielsetzungen im Bereich Gleichstellung geführt." (Schacherl et al. 2014, S. 61)

Die gute Nachricht ist folglich, dass sich Gleichstellung zunehmend als Qualitätskriterium einer zukunftsorientierten Hochschule durchzusetzen scheint: zum einen, weil Fördersummen erheblicher Größenordnung zur Verfügung gestellt werden, aber auch weil im Rahmen einer zunehmend internationalen Personalgewinnung der Hochschulen, dem oft so bezeichneten „war for talent", dies von der sog. Generation der Nachwuchswissenschaftler/innen als gegebene Rahmenbedingung erwartet wird. Dazu gehört es beispielsweise auch, dass berufliche Karrieren in der Wissenschaft mit Familiengründung und Privatleben vereinbar(er) werden und dies für beide Partner einer Beziehung möglich gemacht wird (Dual Career-Förderung).

Es ist also viel in Bewegung in der Gleichstellungsarbeit an deutschen Hochschulen, und gleichzeitig steht ein Generationswechsel an bzw. findet

---

456 Obgleich uns hierzu kein vergleichendes Zahlenwerk vorliegt, lässt sich zumindest aus den Informationen, die wir zu den besuchten Hochschulen bekommen haben, schließen, dass sowohl die Sach- wie auch die Personalmittel, die an den Hochschulen für Gleichstellungsarbeit verwendet werden können, im Verlauf der letzten Jahre stark angestiegen sind.

bereits statt. Die älteren Akteurinnen, die seinerzeit die Anfänge der Frauenbewegung verkörperten und (mit)gestalteten, sehen die heutige Professionalisierung ihres Feldes teilweise kritisch. Ein nachhaltiges Controlling, effektive PR-Maßnahmen und die Eingliederung der ursprünglich so hart erkämpften Funktionen in den Verwaltungsapparat der Universitäten erleichtern heute viele Abläufe, lassen aber die Rolle der unabhängigen Interessenvertretung, mit der viele Gleichstellungsakteurinnen ursprünglich in ihren Funktionen angetreten sind, in den Hintergrund treten oder stehen dem advokatorischen Selbstverständnis sogar entgegen. (Schultz 2013a und b) Die Integration der Gleichstellungsthematik in die Logik der zentralen Steuerung der Hochschule und die Professionalisierung der vorhandenen Strukturen bereitet nicht wenigen Akteurinnen sogar Sorgen. Ob die verbesserte Ausstattung in Abhängigkeit von Fördermitteln gleichzusetzen ist mit einem Zuwachs an Qualität der Interessenvertretung und -durchsetzung kann nicht eindeutig beantwortet werden. Zudem bringt eine Effizienz- und Effektivitätskontrolle von Gleichstellungsarbeit eine Fokussierung auf die Quantifizierbarkeit des Outputs mit sich; es muss also in Kauf genommen werden, dass bestimmte qualitative Aspekte der Gleichstellung keine Berücksichtigung mehr erfahren. Es besteht auch das Risiko, dass bedingt durch den temporären Charakter drittmittelabhängiger Stellen und Maßnahmen der Gleichstellung der gewünschte Kulturwandel, der die Grundlage für nachhaltig verbesserte Karrierechancen von Frauen im Wissenschaftsbetrieb bildet, keine Verstetigung erfährt, manchmal vielleicht auch gar nicht stattfindet.

Es lässt sich feststellen, dass die Gleichstellungsszenerie an deutschen Hochschulen noch nie mit so viel Leben gefüllt war wie heute – und gleichzeitig starkem Druck ausgesetzt ist. Dieser Druck entsteht, weil viele personelle und Sachmittel in jährlichen Anträgen neu erkämpft werden müssen und weil bei dem wachsenden Einsatz von Ressourcen nachweisbare Erfolge sichtbar gemacht werden müssen. Was aber im Einzelnen als Erfolg zu werten ist, ist und bleibt umstritten. Gleichwohl stellt Gleichstellung für die Hochschulen ein immer wichtigeres Qualitätsmerkmal dar. Diese Einschätzung teilen auch zunehmend Akteure in der Leitung von Universitäten oder sie lassen sich zumindest zu einem wohlwollenden „Mitmachen" verleiten. Zwei kritische Faktoren werden aber für den zukünftigen Erfolg entscheidend sein: erstens, ob die zahlreichen Fördermittel, Programme und Maßnahmen in eine nachhaltige Entwicklung an den jeweiligen Hochschulen münden werden, und zweitens, ob sich die aktuell etablierenden gleichstellungsförderlichen Strukturen verstetigen lassen werden.

Strukturell besteht noch ein weiteres Manko, das nach Lösung verlangt. Die Funktion der Fakultätsgleichstellungsbeauftragten (auch dezentrale Gleichstellungsbeauftragten genannt) birgt viele wichtige Aufgaben, kann aber derzeit an vielen Hochschulen nur auf Sparflamme ausgefüllt werden, da es sich bei der Tätigkeit um ein nebenberufliches Amt oder Nebenamt handelt,[457] das häufig in seiner Ausführung den Charakter eines reinen Ehrenamts trägt, d.h. es hängt dann vom freiwilligen Engagement der Beauftragten ab, inwieweit sie die umfangreichen Aufgaben erfüllt und sich vor allem in personalpolitische Auseinandersetzungen einbringt. Obgleich die Fakultäts- oder Fachbereichsgleichstellungsbeauftragten sicher nicht so zentral prägend für die Organisationsentwicklung der jeweiligen Hochschule agieren (können) wie die zentralen, sind sie doch für die Akzeptanz und Förderung von weiblichem wissenschaftlichen Nachwuchs an den jeweiligen Fakultäten mit verantwortlich. Vor allem kommt diesen Akteurinnen bei Berufungsverfahren eine zentrale Rolle zu, der sie in der Ausübung eines oft faktisch zum Ehrenamt heruntergestuften Nebenamtes kaum gerecht werden können. Soweit wissenschaftliche Mitarbeiterinnen im Qualifikationsprozess die Aufgabe wahrnehmen, können sie aufgrund ihrer persönlichen Abhängigkeit von Doktorvater, Doktormutter, Habilitationsbetreuer/in oder weiteren Fakultätsangehörigen in schwere Interessenkonflikte geraten. Entscheidungen gegen den Fakultätsmainstream können die Karriere gefährden.

---

457 Beauftragte können im sogenannten Hauptamt und Hauptberuf ihrer Beschäftigung an Hochschulen Professorinnen, Wissenschaftliche oder Sonstige Mitarbeiterinnen sein. Sie können dann für die Tätigkeit als Gleichstellungsbeauftragte der Fakultät oder des Fachbereichs in einem bestimmten Umfang freigestellt werden, um sich nebenamtlich der Beauftragtentätigkeit zu widmen. Auch als Studentinnen können sie die Beauftragtenfunktion ausüben, dann liegt zwar kein Beschäftigungsverhältnis an der Hochschule vor, aber sie sind studentische Mitglieder der Hochschule und erhalten in der Regel eine Aufwandsentschädigung oder einen Vertrag als wissenschaftliche Hilfskraft. Die ehrenamtliche Tätigkeit mit zusätzlicher Übernahme der Aufgaben einer Gleichstellungsbeauftragten verträgt sich nicht mit dem Pflichten- und Rechte-Katalog der Beauftragten, der gesetzlich geregelt ist, und zudem nicht mit dem offiziellen Bestellungsverfahren.

11.1.1. Rechtliche Grundlagen der Gleichstellung an Hochschulen

„[...] es hängt von der Persönlichkeit der Gleichstellungsbeauftragten ab. Da kann man machen, was man will, also wenn da nicht jemand ist, der versucht, wirklich bestimmte Ziele durchzusetzen, können Sie mit den Gesetzen auch nicht viel machen." (ZGB 6, S. 13, 24-27)

Seitens der Hochschulpolitik wurden seit der Jahrtausendwende das Hochschulrahmengesetz (HRG) und die Landeshochschulgesetze (LHG) novelliert, um an den deutschen Hochschulen durch Deregulierung und Kompetenzverlagerung von den Wissenschaftsministerien auf die Hochschulen den Präsidien, Rektoraten und Dekanaten ein höheres Maß an Autonomie zu geben. Die Schaffung von Anreizsystemen sollte die Möglichkeit zu mehr Leistungsorientierung geben und die Wettbewerbsfähigkeit stärken. 2002 wurde die Professorenlaufbahn bundesweit neu geordnet.[458] Nunmehr entscheiden die Bundesländer und die einzelnen Hochschulen und Fachbereiche, welche Voraussetzungen (Habilitation oder Juniorprofessur) für eine Berufung zum/r Vollprofessor/in erforderlich sein sollen.[459]

Die Gesetzesnovellen proklamierten auch explizit das Ziel der Durchsetzung von Gleichberechtigung von Männern und Frauen, verbunden mit der Aufgabe, die Fortschritte in diesem Bereich regelmäßig einer öffentlichen Bewertung zu unterziehen. Auch die Gesetzestexte der Gleichstellungsgesetze der exemplarisch für diese Darstellung ausgewählten Bundesländer NRW, Bayern und Berlin enthalten selbstverständlich die Zielsetzung, die Gleichstellung von Frauen und Männern im öffentlichen Dienst zu fördern und geschlechtsspezifischen Diskriminierungen entgegenzuwirken.[460] Die drei Bundesländer wurden ausgewählt, weil sie hoch-

---

458 Allerdings 2004 durch das Bundesverfassungsgericht entscheidend korrigiert: BVerfG vom 27.07.2004, 2 BvF 2/02, vgl. auch 11.3.6.

459 Außerdem wurden 2002 die Professorenbezüge in eine neue Ordnung (von der C- zur W-Besoldung) überführt, die erheblich niedrigere Gehälter vorsieht; die danach vergleichsweise niedrigen Gehälter für Vollprofessoren wurden 2012 erneut vom BVerfG moniert. BVerfG vom 14.02.2012, 2 BvL 4/10, vgl. auch 8.2.4.1.

460 Landesgleichstellungsgesetze: Bayerisches Gleichstellungsgesetz (BayGlG) vom 24.05.1996 in der Fassung vom 25.01.2012; Berliner Landesgleichstellungsgesetz (LGG) vom 18.11.2010 in der Fassung vom 25.01.2012; Landesgleichstellungsgesetz (LGG NRW) vom 9.11.1999 zuletzt geändert durch das Gesetz zur Neuregelung des Gleichstellungsrechts am 15.12.2016. Hochschulgesetze: Bayerisches Hochschulgesetz (BayHSchG) vom 23.05.2006 (GVBl 2006, S. 24); Berliner Hochschulgesetz (BerlHG) vom 13.02.2003 (GVBl. S. 82), in der Fassung vom 20. Mai 2011 (GVBl. S. 378); Hochschulgesetz NRW vom 09.11.1999 in

schul- und gleichstellungspolitisch unterschiedlich geprägt sind: Bayern lässt sich als eher konservativ einordnen, Nordrhein-Westfalen hatte zu Beginn der Untersuchung im Jahr 2011 eine CDU/FDP-Regierung, ist aber traditionell sozialdemokratisch geprägt, und Berlin hatte Mitte-Links-Regierungen. Die Frage war, ob und inwieweit unterschiedliche Landes-gleichstellungsgesetze und Gleichstellungsregelungen in Landeshoch-schulgesetzen die Situation der Wissenschaftlerinnen in diesen Bundeslän-dern beeinflussen. Es ergibt sich kein klares Bild, viel hängt von den ein-zelnen Hochschulen und ihrer Berufungspolitik und Gleichstellungsarbeit ab, auch wenn in Bayern und Baden-Württemberg als weiterem konserva-tiv geprägten Bundesland die ersten Juraprofessorinnen im Schnitt später als in anderen Bundesländern berufen worden sind und auch die durch-schnittliche Gesamtzahl von Professorinnen in den rechtswissenschaftli-chen Fakultäten unter der in anderen Bundesländern liegt. Dennoch lohnt ein Blick auf die Unterschiede in den Landesgleichstellungs- und Landes-hochschulgesetzen, da sie von Bedeutung für die Gleichstellungsarbeit an den Universitäten sind.

In der inhaltlichen Aufteilung und Gestaltung unterscheiden sich die Gesetze auf den ersten Blick nur geringfügig. Allerdings lassen sich einige Unterschiede im personellen Zuständigkeitsbereich der Gleichstellungsbe-auftragten an Hochschulen, in der Kategorisierung von Schwerpunkten und Maßnahmen sowie in der Reichweite der Befugnisse ausmachen. (ausführlich hierzu Schröder/Berghahn 2014)

11.1.1.1 Für wen sind Gleichstellungsbeauftragte an Hochschulen zuständig?

In NRW ist die bestellte Gleichstellungsbeauftragte für alle Beschäftigten zuständig, mit Blick auf die Hochschulen also sowohl für Wissenschaftle-rinnen als auch für Nichtwissenschaftlerinnen und für Studierende. (kri-tisch dazu Schultz 2013a und b)

In Bayern hingegen gibt es sowohl die Frauenbeauftragten, die an Hochschulen für die Wissenschaftlerinnen und Studierenden zuständig

---

der Fassung vom 25.01.2012; geändert durch das Hochschulzukunftsgesetz (HZG) vom 16.9.2014 (GV NRW, S. 547).

sind, als auch die Gleichstellungsbeauftragten, die an Hochschulen für die nichtwissenschaftlich Beschäftigten zuständig sind.

In Berlin benennt der Gesetzestext des LGG die „Frauenvertreterin". Daneben kann es „Frauenbeauftragte" oder „Gleichstellungsbeauftragte" geben; die Frauenvertreterin wirkt dann nach innen und die Frauen- oder Gleichstellungsbeauftragte nach außen.[461] Für die öffentlich-rechtlichen Hochschulen bestimmt § 16 Abs. 1 LGG, dass dort die zentrale Frauenbeauftragte und die dezentralen Frauenbeauftragten gemäß § 59 des Berliner Hochschulgesetzes (BerlHG) gleichzeitig Frauenvertreterinnen sind, d.h. sie wirken innerhalb der gesamten Hochschule zugunsten der Frauenförderung und Gleichstellung, sind also sowohl für Beschäftigte jeglicher Art als auch für Studierende zuständig. Gemäß § 59 Abs. 4 BerlHG übernehmen sie im Außenverhältnis ebenfalls Informations- und Öffentlichkeitsarbeit.

11.1.1.2 Leistungsorientierte Mittelvergabe

Der Punkt der leistungsorientierten Mittelvergabe an Hochschulen findet sich allein im Gesetzestext von NRW. Interessant und wichtig für das Projekt JurPro ist, dass ausschließlich hier in § 5 LGG darauf hingewiesen wird, dass „Fortschritte [...] insbesondere zu messen [sind] am Umfang der Teilhabe von Frauen an innovativen Entwicklungen und Projekten, am Anteil von Frauen bei den wissenschaftlich Beschäftigten und Professuren sowie Juniorprofessuren".

Tatsächlich findet eine leistungsorientierte Mittelvergabe bzw. Mittelumverteilung auch an den Universitäten anderer Bundesländer statt, und dabei werden Fortschritte und Leistungen der Frauen- und Gleichstellungsförderung ebenfalls als Verteilungskriterien berücksichtigt. Allerdings geschieht dies nach uneinheitlichen Kriterien. Da die jeweiligen Festlegungen von enormer Wichtigkeit für die Ausstattung der Universitäten, Fachbereiche und Gleichstellungsbeauftragten mit Fördermitteln und Möglichkeiten sind, kommt es im Einzelnen auf die festgelegten Regeln und Konditionen an, die vor Ort bisweilen umstritten sind. Das mag Anlass dazu geben, über weitergehende Modelle eines Gender Budgeting in

---

461 Der Begriff der „Frauenbeauftragten" wird vornehmlich in den Behörden des früheren West-Berlins verwendet, wohingegen es in den Behörden der heutigen Ost-Bezirke meist die „Gleichstellungsbeauftragten" gibt.

der Verteilung von Leistungsmitteln an Hochschulen und innerhalb von Hochschulen nachzudenken.[462]

11.1.1.3 Frauenförderpläne und ihre Verbindlichkeit

Regelungen zur Aufstellung und Anwendung von Frauenförderplänen finden sich in allen untersuchten LGG-Gesetzestexten. Die Unterschiede liegen hauptsächlich im Zeitraum, für den sie erstellt werden und in der Mindestanzahl an Beschäftigten in einer Verwaltungseinheit, die vorzuliegen hat, damit sie zur Anwendung kommen. In den Hochschulen werden Frauenförderpläne sinnvollerweise für die Fachbereiche und die Hochschule insgesamt sowie die selbständigen Zentraleinheiten erstellt. Darauf wird in den Hochschulgesetzen Bezug genommen, insbesondere um die Rolle der Gleichstellungsbeauftragten festzulegen, die die Frauenförderpläne vorbereiten sollen (z.B. § 59 BerlHG Berlin: „Sie beraten und unterstützen die Hochschulleitung und die anderen Organe.") und dann über die Einhaltung der Förderpläne wachen sollen. Beschlossen werden die Pläne allerdings von den zuständigen Gremien der Hochschule, denn Gleichstellung ist nicht primär Angelegenheit der Gleichstellungsbeauftragten, sondern der gesamten Hochschule und ihrer Gliederungen sowie spezielle Führungsaufgabe für jeweilige Leitungen.

In Berlin ist der Frauenförderplan für ein Zeitfenster von „sechs Jahren zu erstellen [...]. Spätestens nach zwei Jahren ist er an die aktuelle Entwicklung anzupassen" (§ 4 Abs. 1). In NRW wird dieser „für den Zeitraum von drei bis fünf Jahren" erstellt und dann fortgeschrieben (§ 5a Abs. 1).[463] In Bayern sollen Dienststellen „alle fünf Jahre" ein Gleichstellungskonzept erstellen (Art. 4 Abs. 1).

---

462 § 24 Abs. 5 des Hochschulzukunftsgesetzes NRW vom 19.09.2014 lautet nunmehr:
(5) Bei der Mittelvergabe an die Hochschulen und in den Hochschulen ist der Gleichstellungsauftrag angemessen zu berücksichtigen. Dies gilt insbesondere für die leistungsbezogene Mittelvergabe, die Entwicklung gendergerechter Finanzierungsmodelle und die Ausstattung und Entlastung der Gleichstellungsbeauftragten.

463 § 5a des LGG NRW sieht jetzt zusätzlich in einer Experimentierklausel den Einsatz eines neuen Instruments zur Erreichung der mit dem Gleichstellungsplan beabsichtigten Ziele vor.

Auch zu den Frauenförderplänen ist die Formulierung des Berliner Gesetzestextes besonders klar und deutlich. Sie definiert das Mindestmaß und die Kriterien der Förderung genau und fordert: „Für jeweils zwei Jahre sind verbindliche Zielvorgaben zur Erhöhung des Frauenanteils in den einzelnen Besoldungs-, Vergütungs-, Entgelt- und Lohngruppen der einzelnen Laufbahn oder Berufsfachrichtung sowie auf den Vorgesetzten- und Leitungsebenen festzulegen" (§ 4 Abs. 2). Der Text des LGG verweist zudem auf eine vorzunehmende Personalentwicklungsplanung, die Berücksichtigung von Auszubildenden und die explizite Beteiligung der Frauenvertreterin (§ 4 Abs. 3 und 5).

11.1.1.4 Vorrang für Frauen im Einzelfall?

Das Thema der Einstellungsverfahren wird insbesondere in den Gesetzestexten Berlins und NRWs ausführlich behandelt. In Bayern ist die Zielsetzung der Erhöhung des Frauenanteils mit der Einschränkung versehen, dass die Erhöhung des Frauenanteils in den Bereichen geschehen soll, in denen Frauen „in erheblich geringerer Zahl beschäftigt sind als Männer" (Art. 8 Abs. 1). Wie man „erheblich" definiert, wird nicht näher erläutert.

Auch finden sich Unterschiede in der Art der Förderung. Während der Text NRWs feststellt, dass Frauen „bevorzugt" einzustellen sind, gibt das bayerische Gesetz lediglich vor, „den Anteil von Frauen [...] zu erhöhen" (Art. 8 Abs. 2). Dies bleibt insbesondere vor dem Hintergrund, dass es in Bayern keine Quotierung (Vorrangregelung für den Einzelfall) gibt, vage. In Berlin lautet die Maßgabe, „Frauen [...] sind solange bevorzugt einzustellen oder zu übernehmen, bis der Anteil der Frauen [...] mindestens 50 vom Hundert beträgt" (§ 8 Art. 1). Die klare Aufforderung, den Frauenanteil durch Einstellungs- und Beförderungsprozesse auf 50 Prozent zu erhöhen, ist sowohl mit einer Zielquote als auch einer Entscheidungsquote im Einzelfall verbunden. Das gilt auch für NRW. Im LGG NRW heißt es: „soweit weniger Frauen als Männer" in den einzelnen Statusgruppen vorhanden sind.[464] Im Vergleich zu Berlin und NRW legt sich der Gesetzestext

---

464 In dem am 1.7.2016 in Kraft getretenen § 19 Abs. 6 Landesbeamtengesetz NRW war für Beförderungen vorgesehen, dass Frauen bei im Wesentlichen gleicher Eignung, Befähigung und fachlicher Leistung bevorzugt zu befördern sind, soweit im Bereich der für die Beförderung zuständigen Behörde im jeweiligen Beförderungsamt der Ämtergruppe eines Einstiegsamtes in einer Laufbahn weniger

Bayerns nicht auf eine Zielvorgabe fest; Handlungsbedarf wird nur gesehen, wenn Frauen in einem Tätigkeitsbereich in „erheblich geringerer Zahl beschäftigt sind als Männer" (Art. 7 Abs. 3).[465]

11.1.1.5 Verfahrensregelungen zur Frauenförderung im Berufungsverfahren

Alle drei Bundesländer weisen in ihren LGGs und Hochschulgesetzen darauf hin, dass Beschäftigungsstellen öffentlich auszuschreiben sind, dies gilt insbesondere für Professuren. Jedoch legen die Hochschulgesetze Ausnahmemöglichkeiten fest, die im Zuge der jüngeren Novellierungen sogar noch erweitert wurden.[466]

Zum Vorstellungsgespräch sollen in NRW und Berlin mindestens ebenso viele Frauen wie Männer eingeladen werden (§ 9 Abs. 1 LGG NRW, § 6 Abs. 1 LGG Berlin). Die qualifikatorischen Anforderungen bestimmen sich überall nach der konkreten Stelle. In allen drei LGGs wird darauf hingewiesen, dass Erfahrungen und Fähigkeiten aus der Betreuung von Kindern und Pflegebedürftigen bei der Qualifikationsbeurteilung einbezogen werden sollten. In NRW und Berlin werden aber auch bestimmte Umstände genannt, die nicht in die Auswahlentscheidungen einbezogen werden dürfen, wie etwa eine Schwangerschaft oder der Familienstand der Bewerber/innen, die familienbedingte Unterbrechung oder Reduzierung der Erwerbstätigkeit oder Einkünfte des Partners oder der Partnerin (NRW: § 10 Abs. 2, Berlin: § 8 Abs. 4).

Das BerlHG bestimmt, dass den Berufungskommissionen auch Wissenschaftlerinnen angehören sollen, notfalls solche von anderen Hochschulen.

Frauen als Männer sind. Diese Regelung war heftig umstritten und seitdem Gegenstand zahlreicher Gerichtsverfahren. Am 21.2.2017 hat das OVG NRW entschieden, dass damit der verfassungsrechtliche Grundsatz der Bestenauslese verletzt sei.

465 Art. 7 Stellenausschreibung
(3) In Bereichen, in denen Frauen in erheblich geringerer Zahl beschäftigt sind als Männer, sind Frauen besonders aufzufordern, sich zu bewerben.

466 Verzicht auf öffentliche Ausschreibung jetzt nicht nur bei Entfristung von befristeter/m Professor/in oder Juniorprofessor/in, sondern u.U. auch bei „Rufabwehr" (NRW), bei „in besonderer Weise qualifizierter Persönlichkeit" (NRW und Bayern) und bei abgestimmtem „Qualitätssicherungskonzept" (Bayern). Vgl. Berghahn 2013.

Die spezielleren Leitfäden und Frauenförderrichtlinien unterstreichen dies. (z.B. Leitfaden TU Berlin: mindestens zwei Frauen; Frauenförderrichtlinie FU Berlin: ebenso) Sie besagen, dass eine geschlechterparitätische Besetzung angestrebt werden solle. In NRW fordert seit 1.7.2016 § 11c des Hochschulgesetzes die geschlechterparitätische Besetzung von Gremien. Bayern hat im Hochschulpersonalgesetz lediglich eine Bestimmung in den Paragraphen zum Berufungsverfahren (§ 18) aufgenommen, die besagt, dass bei der Erstellung des Berufungsvorschlags auf die Erhöhung des Frauenanteils bei den Professuren hingewirkt werden soll. Allerdings hat im Unterschied zu Berlin und NRW die Frauenbeauftragte in der Berufungskommission und auch in den über den Vorschlag entscheidenden Gremien ein Stimmrecht.

11.1.1.6 Beschwerde und Vetorecht, Klagemöglichkeit der Gleichstellungsbeauftragten

Diese beiden Punkte werden in den Ländern Berlin und NRW sehr ausführlich behandelt. Es gibt viele Vorgänge, an denen die Beauftragte mitwirken soll und bei denen sie das Recht hat sich einzubringen. Hier werden etwa Stellenausschreibungen, Auswahlverfahren, Beurteilungsgespräche etc. genannt. Auch eine Aussetzungspflicht bei Nichtbeteiligung der Gleichstellungsbeauftragten als Sanktionsinstrument findet sich in NRW und Berlin. Ebenfalls erwähnenswert ist die explizit gewährleistete Akteneinsicht bei Bedarf, die in den beiden Bundesländern gesetzlich festgehalten ist. Insgesamt betrachtet ist die bayerische Definition der Aufgaben und Rechte der Gleichstellungsbeauftragten deutlich allgemeiner gehalten („Angelegenheiten, die grundsätzliche Bedeutung [...] haben können", Art. 17 Abs. 1). Die Durchsetzungskraft der Gleichstellungsbeauftragten ist also unterschiedlich geregelt. In NRW und Berlin hat die Beauftragte das Recht zum aufschiebenden Veto, d.h. wenn sie einer Maßnahme oder einem Beschluss in der Hochschule widerspricht, so wird diese Maßnahme ausgesetzt und das entsprechende Organ oder Gremium muss neu entscheiden. Zudem kann sich eine Gleichstellungsbeauftragte – ohne Einhaltung des Dienstwegs – direkt an die für Gleichstellungsfragen zuständige Abteilung des Ministeriums (Bayern: Art. 16 Abs. 4) oder der Senatsverwaltung (in Berlin: § 18 Abs. 1) wenden, um sich gegen Akte in der Hochschule, die sie für rechtwidrig hält, zu wehren. In NRW hat das Wissenschaftsministerium über Widersprüche der Gleichstellungsbeauftragten gegen Maßnahmen des Rektorats zu entscheiden.

Das Recht zur Anrufung des Verwaltungsgerichts besteht in Berlin (§ 20 LGG Berlin) und in NRW (§ 19a LGG NRW).

11.1.1.7 Mitwirkung der Gleichstellungsbeauftragten an Berufungen

Die Gleichstellungsbeauftragte hat gemäß dem jeweiligen LGG in NRW und Berlin umfassende Beteiligungsrechte bei Personalangelegenheiten, in Bayern sind diese weniger detailliert geregelt. Die Beteiligung an der Berufungskommission und an der jeweiligen Entscheidung des Fakultätsrates geht aus dem Hochschulgesetz oder in Bayern dem Hochschulpersonalgesetz hervor. Die wesentlichen Vorentscheidungen fallen in der Berufungskommission und im Fachbereichsrat, dort ist die dezentrale Gleichstellungsbeauftragte zuständig. Strukturierende und profilentwickelnde Entscheidungen dagegen fallen auf der Hochschulebene, wo die zentrale Beauftragte zuständig ist. Gemäß den Hochschulgesetzen hat die Gleichstellungsbeauftragte, sowohl die zentrale Beauftragte als auch die dezentrale in NRW und Berlin, nur eine beratende Stimme, in Bayern dagegen ein Stimmrecht.

Sie muss an allen Sitzungen beteiligt werden und rechtzeitig vorher die Unterlagen erhalten. Sie hat in NRW (§ 18 LGG NRW) und Berlin (§ 17 LGG Berlin) ein Akteneinsichtsrecht, ist aber auch an die Vertraulichkeit gebunden. Im Einzelnen kann dies eine Gratwanderung bedeuten, wenn sie z.B. einer Bewerberperson dabei helfen möchte, sich gegen Benachteiligung zu wenden. Auch die abgelehnten Bewerber/innen haben u.U. einen Anspruch auf Akteneinsicht, um eine „Konkurrentenklage" vorzubereiten, jedoch ist dies in NRW durch § 38 Abs. 5 Hochschulgesetz eingeschränkt, weil die Gutachten für die betroffene Person nicht einsehbar gemacht werden. In Bayern wird die Gleichstellungsbeauftragte in Personalangelegenheiten nur auf Antrag der Betroffenen beteiligt, ebenso hat sie nur nach Zustimmung der Betroffenen ein Einsichtsrecht in Personalakten (§ 18 Abs. 4 Bay LGG).

Wurde im Berufungsverfahren formell oder materiell gegen Gleichstellungs- oder sonstiges Recht verstoßen, so hat die Gleichstellungsbeauftragte – auch wenn sie nur eine beratende Stimme hat – die Handlungsrechte eines Mitglieds der Berufungskommission, um allein oder mit anderen gegen diese Verstöße vorzugehen. Insbesondere kann sie ein Minderheitsvotum verfassen und dies an die berufende Stelle weiterleiten. In Berlin und NRW kann sie – wie erwähnt – sogar das Verwaltungsgericht anrufen und die Rechtswidrigkeit eines Berufungsverfahrens geltend machen.

11.1.1.8 Fazit

Aufgrund der unterschiedlichen Gestaltung der Gesetze lässt sich erkennen, welche Bedeutung der Gesetzgeber der Förderung von Gleichstellung von Frauen im öffentlichen Dienst beimisst. So ist es sicherlich kein Zufall, dass im bayerischen Gesetzestext häufig eher undeutliche Formulierungen wie „hinzuwirken", „berücksichtigen" und eher seltener als in den anderen beiden Fassungen konkrete Vorgaben und direkte Aufforderungen enthalten sind. Die Gleichstellungsbeauftragte in Berlin hat größere Einflussmöglichkeiten, die Verpflichtung zur Gleichstellung in ihrer Behörde einzufordern, anzumahnen und bei Nichterfüllung auch sanktionieren lassen zu können als beispielsweise in Bayern.

Der rechtliche Rahmen, in dem Gleichstellungsarbeit stattfindet, ist eine wichtige, aber nicht allein entscheidende Grundlage für die Qualität von Gleichstellungsarbeit an Hochschulen. Das große Engagement, mit dem viele Gleichstellungs- bzw. Frauenbeauftragte ihr Amt ausfüllen, hat sicherlich nur bedingt mit der ihnen zur Verfügung stehenden Gesetzeslage zu tun. Allerdings – und dieses Argument wurde von den Expertinnen häufig zur Sprache gebracht – kann eine ausführlich und klar formulierte Gesetzeslage für den positiven Rückenwind sorgen, der ihr hilft, ein wichtiges Ziel in ihrer Arbeit zu erreichen, nämlich nachhaltig für einen Bewusstseinswandel zu sorgen. In unseren Analysen verdeutlichte sich, dass mehr als die jeweilige Landespolitik die Kultur an den einzelnen Hochschulen, die jeweilige Fakultätskultur und die Überzeugungen der dort und in den Hochschulleitungen tätigen Personen ausschlaggebend für die Um- und Durchsetzung gleichstellungsrechtlicher Rahmenbedingungen sind.

11.1.2 Zielsetzung universitärer Gleichstellungsarbeit

> „Gleichstellungsbeauftragte sind qua Historie und qua Gesetz eher der Interessenvertretung verpflichtet als den Steuerungszielen der Leitung." (Zuber 2013, S. 154)

Als Interessenvertreterin und Vertreterin der weiblichen Studierenden, des wissenschaftlichen Nachwuchses, der Professorinnen und – in einer Reihe von Bundesländern, wie z.B. Nordrhein-Westfalen – auch der sonstigen Beschäftigten[467] verfolgt die (zentrale) Gleichstellungsbeauftragte einer Hochschule als übergeordnete Zielsetzung die Herstellung von Chancengleichheit für Frauen in ihrer (beruflichen) Entwicklung und ihren Karriereperspektiven im universitären Betrieb. Die Funktion der Gleichstellungsbeauftragten ist vor dem Hintergrund der zunehmenden, demografisch bedingten Verknappung des weiblichen Wissenschaftsnachwuchses und der trotz dieser Tatsache auf niedrigem Niveau verharrenden Zahlen von Frauen in universitären Führungspositionen daher von besonderer Wichtigkeit.

Mit Programmen und Maßnahmen dem linearen ‚Verfall' der Beteiligung von Frauen auf dem Weg zu und in der Bekleidung von hohen und Führungspositionen entgegenzuwirken, ist zentrale Aufgabe der Gleichstellungsarbeit an Hochschulen.

Da die demografische Entwicklung in Deutschland insgesamt auf einen baldigen und dramatischen Mangel an Fach- und Führungskräften zusteuert, der alle Arbeitgeber – einschließlich der deutschen Universitäten – treffen wird, führt eine nüchterne Betrachtung konsequent zu der Notwendigkeit, Maßnahmen zur Frauenförderung, auch im Sinne eines Demografie-Managements, eine entsprechende ökonomische Bedeutung beizumessen, unabhängig von der ursprünglichen Bedeutung von Gleichstellungsbeauftragten als innerinstitutioneller Interessenvertretung. Somit kommt der universitären Gleichstellungsarbeit und den damit betrauten Akteurinnen vor dem Hintergrund der Notwendigkeit der Ausschöpfung weiblichen Potenzials an Hochschulen, dem sog. ‚Business Case for Equality', eine besondere Bedeutung zu. Es sind die Rahmenbedingungen von Frauen in Wissenschaftskarrieren zu verbessern, damit dies zu einem Anstieg der Zahl von Professorinnen und Frauen in universitären Funktionen mit Verantwortung führt. Besonders vor dem Hintergrund, dass im Zeitfenster von 2010 bis 2019 etwa 30 Prozent aller bundesdeutschen Professuren neu besetzt werden mussten und müssen, hat dieser Generationenwechsel die Bedeutung einer wichtigen Stellschraube für die geschlechtergerechte Entwicklung der Hochschulen und schafft eine bedeutsame Chance für die

---

467 In Bayern werden die Interessen der sonstigen weiblichen Beschäftigten durch eine Gleichstellungsbeauftragte, die der Studierenden und Wissenschaftlerinnen durch eine Frauenbeauftragte vertreten.

Karriereperspektiven von Wissenschaftlerinnen. (Deutscher Bundestag 2011) Der Dualität von Interessenvertretung, die von den Adressatinnen der Gleichstellungsmaßnahmen immer noch gefordert wird, und der Managementaufgabe, eine dienstleistungsbezogene Wertschöpfung zu betreiben (Riegraf/Weber 2014), gerecht zu werden, stellt für die Akteurinnen der Gleichstellung aber häufig einen Drahtseilakt dar und setzt sie im Zweifel abwechselnd der Kritik von der Hochschulleitung oder der von ihr Vertretenen aus.

11.1.3 Gleichstellung als Motor von Personal- und Organisationsentwicklung

„Gender Mainstreaming bedeutet, [...] Potenzialentwicklung der Einzelnen: Die Kompetenzen der Beschäftigten und ihre Potenziale sind die Basis für die Entwicklung von Organisationen. [...] In der ‚Lernenden Organisation' wird Entwicklung des Systems abhängig von der Entwicklung der Mitglieder." (Macha et al. 2010, S. 213)

Bei Gleichstellungsmaßnahmen geht es also nicht nur darum, einzelnen Wissenschaftlerinnen bei der Verbesserung ihrer Chancen und der Konditionen ihrer Karrierebedingungen innerhalb des Organisationskomplexes Hochschule zu helfen, vielmehr dienen Strukturen und Maßnahmen der Gleichstellung gerade auch der Realisierung eines Organisationsentwicklungsprozesses hin zu einer geschlechtergerechten Universität.

Damit dieser Systemwechsel mit dem dafür notwendigen Kulturwandel innerhalb der Organisation stattfinden kann, ist

„eine bestimmte kritische Masse, also ein bestimmter Frauenanteil nötig [...], im Fachkontext wird er mit 30 Prozent benannt, [...] Dazu sind komplexe Veränderungsprozesse nötig, die an den zentralen Arbeits-, Organisations- und Entscheidungsstrukturen ansetzen, sie transparenter machen, das Wissenschafts- und Leistungsverständnis, die Wissenschaftskultur selbst sowie die Diskursformen und Lehrinhalte betreffen." (Franzke 2011, S. 167)

Um diese kritische Masse zu erreichen, stellt Gleichstellung im Sinne einer systemischen Personalentwicklung die organisationalen Veränderungen in eine Wechselbeziehung zu dem sich daraus ableitenden Entwicklungsbedarf des Einzelnen. (Remy 2013) Daraus leiten sich Strukturen und Maßnahmen für die folgenden Themenfelder ab:

- **Kulturentwicklung**, d.h. Fortentwicklung der gemeinsam getragenen Werte und Akzeptanz beim Einzelnen, Verinnerlichung nach Innen und Transport dieser Werte nach Außen.
- **Gewinnung**, im Sinne von Rekrutierung, in Anbetracht von für alle Teilnehmenden transparenten und nachvollziehbaren Kriterien, die der Veränderung des Systems Rechnung tragen und den spezifischen Anforderungen der Fächer gerecht werden.
- **Führung und Entwicklung**, verstanden als Begleitung und Unterstützung der Potenzialentfaltung des Einzelnen in Übereinstimmung mit den Anforderungen der Hochschule.
- **Bindung**, um eine Nachhaltigkeit der Beiträge des Einzelnen zu Gunsten der Hochschule zu erreichen.

Im Prozess der Organisationsentwicklung, den viele Hochschulen derzeit durchlaufen, mit daraus folgenden Veränderungen der Selbstwahrnehmung der Hochschule und einer veränderten Gestaltung der Anforderungen an die Einzelnen, können die Akteurinnen der Gleichstellung folglich eine maßgebliche Rolle spielen.

Eine zentrale Aufgabe der Gleichstellungsbeauftragten ist es, insbesondere für die Rückkoppelung zu sorgen, d.h. darauf zu achten, dass sich das System Hochschule an die veränderten Lebensrealitäten seiner Mitarbeiterinnen anpasst, um deren Leistungsbereitschaft gewinnen und (auch affektiv) halten zu können. Insofern erfüllen die Akteurinnen eine wichtige Mittlerfunktion im Spannungsfeld zwischen externen Einwirkungen auf die Hochschule und bedürfnisveränderten Anforderungen von ihren Mitarbeiterinnen.

11.1.4 Gleichstellung als Managementaufgabe der Hochschulleitung – Verankerung in der Hochschulstruktur

„[…] die Wettbewerbsfähigkeit ist im Grunde genommen ja auch an der Kategorie Gender orientiert. Also es ist ja sozusagen ein Qualifikationsmerkmal und deswegen kann sich das eigentlich keine Universität erlauben, da nicht mitzumachen." (E 5, S. 13, Z. 12-22)

„Und das sind natürlich schöne Standards, die eben von den ganzen Forschungseinrichtungen und auch von der Politik inzwischen eingerichtet wurden, die unglaublich bestärken, und die Hochschulleitung merkt, sie kommt nicht drum rum und sie tut gut dran, sich damit zu befassen, weil inzwischen dadurch auch einige Drittmittel in der Hochschule landen und man damit auch ein bisschen Reputation gewinnen kann und auch nicht so weit zurückfallen darf. […] Und heute wissen die, Mensch, da ist dann die Perspektive, wir können an 1,5 Millionen Euro Drittmittel kommen, wenn wir richtig gut sind. Also schreibt man ein Gleichstellungskonzept." (ZGB 7, S. 21, Z. 2-8; Z. 15-21)

Die Verankerung von Gleichstellung in Leitbildern und Zielvereinbarungen als Beitrag zur universitären Außendarstellung ist ein wichtiger Beitrag zur Profilbildung der Hochschulen. Zunehmend werden daher breitgefächerte Strukturen der Gleichstellungsarbeit etabliert und von der Hochschulleitung als zentraler Fokus in der Organisations- und Personalentwicklung angesehen und verfolgt. Besonders erfolgreich geschieht dies dort, wo eine Verbindlichkeit der Maßnahmen in konkreten Zielvereinbarungen und Frauenförderplänen festgeschrieben wird. Dies ist allerdings bei einem Teil der im Rahmen des Projekts befragten Hochschulen (noch) nicht der Fall. Dort wo konkrete Zielvereinbarungen mit Fakultäten getroffen werden, betrifft dies auch meist nur einen Teil der Fachbereiche und nicht ihre Gesamtheit. Zu bedenken ist, dass das Überprüfen der Umsetzung der mit dem Wissenschaftsministerium im jeweiligen Bundesland, bzw. der Hochschulleitung vereinbarten Frauenförderpläne einen hohen Arbeitsaufwand bedeutet, den die Gleichstellungsbeauftragten kaum (alleine) abdecken können.

Die Verteilung von Gleichstellungsaufgaben innerhalb der Hochschule betrachtend, ist es auffällig, dass sich hier je nach Universität sehr heterogene Strukturen und Verteilungen von Verantwortung herausgebildet haben. Die Strukturen der Gleichstellung an den im Rahmen des Projekts JurPro näher untersuchten Universitäten sind in der folgenden Darstellung systematisierend zusammengestellt.

Im Sinne einer thematischen Zuordnung haben die Akteurinnen der Gleichstellung grundsätzlich ihre Aufgabe dort, wo

– es um die Durchführung eines kulturellen Wandels in der Organisation Hochschule mit Blick auf Geschlechtergleichheit und -neutralität geht,
– die Sicherstellung von Gender-Indifferenz in hochschulinternen Prozessen wie etwa den Berufungsverfahren gewährleistet werden muss,
– Maßnahmen zur Talentsicherung entwickelt und unterstützt werden, die dafür Sorge tragen, weibliche Talente in der Wissenschaft zu halten,
– es um die Herbeiführung und Unterstützung von Maßnahmen geht, die Wissenschaftlerinnen eine Verbesserung ihrer Zeitressourcen, wie etwa durch Angebote zur Kinderbetreuung, anbieten.

An einigen der im Projekt untersuchten Hochschulen ist die Entwicklung bereits so weit fortgeschritten, dass eine explizite Verankerung von

Abb. 7

Verankerung von Gleichstellung in der Hochschule

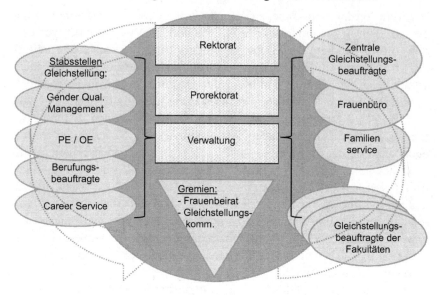

Gleichstellungsarbeit in der Hochschulleitung stattgefunden hat. Hierzu sei die Universität Augsburg als erste Hochschule Bayerns mit einer Präsidentin genannt oder etwa die Kombination von Aufgaben der Hochschulsteuerung im Verbund mit Gleichstellung (Universität Köln, Prorektorat für Planung, Finanzen und Gender; FU Berlin, Vizepräsidentin mit Verantwortung für die ZE Frauen- und Geschlechterforschung; Universität Bielefeld, Stellvertreter/in des Kanzlers zuständig für Gleichstellung). Gleichstellung als zentrales Thema innerhalb des Profils und Leitbildes der Hochschule sowie als Querschnittsaufgabe von zentraler Wichtigkeit wird so leichter sichergestellt als über eine ausschließliche Bearbeitung der Thematik durch die (de)zentralen Gleichstellungsbeauftragten. Eine explizite Einarbeitung in das Profil der Hochschule ist derzeit eher noch die Ausnahme, umso größer ist die Außenwirkung, wenn eine Universität wie z.B. die Universität Augsburg als Zielsetzung formuliert, *„die geschlechtergerechteste und familienfreundlichste Hochschule in Bayern zu wer-*

den"[468]. Auch erwähnenswert ist die Universität Bielefeld, die bei der Auswahl ihres neuen Rektors 2009 u. a. das Kriterium der Genderkompetenz als personalentscheidend ansetzte.[469]

Auffällig sind die im Vergleich sehr unterschiedlichen Verankerungen der Gleichstellungsarbeit in zentral angesiedelten Funktionen außerhalb der Gleichstellungsstelle. Hier führt die Vielfalt oft drittmittelabhängiger Projektstellen zu einer manchmal schwer nachvollziehbaren organisatorischen Zuordnung der Aufgabenverteilung. Diese Art von zusätzlich geschaffenen (Stabs-)Stellen erscheinen zwar als organisches, aber unkontrolliertes Wachstum. Von außen betrachtet sind diese heterogenen Strukturen schwer verständlich und können intern nur funktionieren, wenn es allen Beteiligten „um die Sache" und nicht um das Abstecken ihrer Kompetenzen und Autoritäten geht. Die Universität Köln hat solche vielfältigen Gleichstellungsstrukturen mit einer Prorektorin für Planung, Finanzen und Gender, der Referentin für Gender-Qualitätsmanagement, der zentralen Frauenbeauftragten, der Abteilung Dual Career and Family Support etc. und ist sicher auch ein Beispiel dafür, wie das Zusammenspiel zwischen den Akteurinnen trotz Überschneidungen und Interdependenzen gut funktionieren kann.

Ob sich dieses Modell kopieren oder verallgemeinern lässt, sei dahingestellt. Allerdings kann festgestellt werden, dass aufgrund der sehr unterschiedlichen disziplinären Zuordnung und Vielfältigkeit der Aufgabenspektren es quasi zwangsläufig zu Reibungsverlusten kommt. Es gibt

> „keine einheitliche Wissensbasis, so dass sich die GleichstellungsakteurInnen die benötigten Kompetenzen für die Gleichstellungspraxis vor Ort vielfach nach eigenem Ermessen [...] aneignen. Demnach scheint es unerlässlich, die Funktionen und Tätigkeitsbereiche der verschiedenen Akteurinnen und Akteure klar zu definieren und Strukturen der Vernetzung, Kommunikation und Kooperation einzuführen, um unverbundene, konkurrierende und sich behindernde Doppelstrukturen auszuschließen und die vorhandene Gender-Expertise effektiv zu nutzen." (Kortendiek et al. 2013, S. 398)

Wichtig ist auch, die Finanzierung der Gleichstellungsarbeit dauerhaft sicherzustellen. Anstelle von überwiegender Jährlichkeit der LOM sollte ein

---

468 http://www.uni-augsburg.de/einrichtungen/frauenbeauftragte/gender_mainstream
ing/

469 http://www.uni-bielefeld.de/gender/pdf/Zwischenbericht-Uni-Bielefeld-online-V
ersion.pdf

in einer Sockelfinanzierung für Gleichstellungsarbeit verankertes Gender-Budget zur Verfügung gestellt werden.

11.1.5 Die Gleichstellungsbeauftragten – Akteurinnen mit unterschiedlichen Kompetenzen

> „Ein kleiner Wandel ist schon eingetreten. Aber der ist weder nachhaltig, ich erlaube mir mal die Bemerkung, ich glaube, wenn ich hier wegginge, würde sich – und jemand anders meine Position einnehmen würde mit einem anderen Naturell, mit einer anderen Persönlichkeit, könnte das auch wieder zurückschlagen. Das sag' ich ganz offen." (ZGB, S. 22, Z. 6-10)

Die häufigste Art der Verteilung von Kompetenzen in der Gleichstellungsarbeit findet sich in der zwischen der zentralen und der (dezentralen) Fakultätsgleichstellungsbeauftragten. Die zentrale Gleichstellungsbeauftragte ist i.d.R. für die allgemeinen Themen und die Strategieentwicklung und -umsetzung in Fragen der Gleichstellung zuständig, wohingegen die Fakultätsgleichstellungsbeauftragte Gleichstellungsaufgaben in ihrem speziellen Fachbereich wahrnimmt und insbesondere bei Berufungen als Ansprechpartnerin fungiert, um die Interessen von Bewerberinnen zu wahren.

Bei den zentralen Gleichstellungsbeauftragten lassen sich Unterschiede im Hinblick auf die Ausstattung und die Anerkennung und Nutzung ihrer Kompetenzen durch die Hochschulleitung finden. Bei Fakultätsgleichstellungsbeauftragten bestehen Unterschiede, inwieweit sie Einfluss nehmen und Maßnahmen umsetzen können. Obgleich eine steigende Wertschätzung und Professionalisierung von Gleichstellungsarbeit zu bemerken ist, muss ein definierter Handlungsrahmen gegeben sein, damit die Kompetenzen der Gleichstellungsakteurinnen greifen können.

> „Entscheidend für die Durchsetzung von Gleichstellungsaufgaben ist eine strukturell verankerte Kooperationsbeziehung zwischen Fachkompetenz (Genderexpertise) und Entscheidungskompetenz (Leitungsfunktion)." (Roski/ Schacherl 2014, S. 53)

Hieraus folgt, dass die Gleichstellungsbeauftragten bei mangelnder organisationaler Verankerung mit ihrer Expertise wenig ausrichten können. Elisabeth Maurer (2010, S. 88) stellt hierzu auch fest, dass Gleichstellungsakteurinnen aufgrund des begrenzten Zugangs zu direkten Ressourcen wie Sach-, Verfügungs- und Personalmitteln besonders darauf angewiesen sind, ihr soziales Kapital durch den Aufbau von Netzwerken und die Zusammenarbeit mit Akteurinnen in einflussreichen Positionen zu stärken. Je besser vernetzt die Gleichstellungsbeauftragten mit ihrer Hochschulleitung sind, desto besser sind die Möglichkeiten einer erfolgreichen Einflussnahme auf Gleichstellungsanliegen im Hochschulbetrieb.

„Gesichert ist bislang noch nichts", sagte Hildegard Macha, Leiterin des Gender Zentrums der Universität Augsburg und frühere zentrale Frauenbeauftragte zur Zielerreichung universitärer Gleichstellungsarbeit im Rahmen der GESIS-Konferenz zur Gleichstellungsarbeit im November 2012. Die Tatsache, dass Mittel, Strukturen und Einflussrahmen in der Gleichstellungsarbeit immer wieder neu ausgefochten werden müssen, führt unweigerlich dazu, dass ein nicht unerheblicher Prozentsatz der Anstrengungen auf den Selbsterhalt der Funktion aufgewendet werden muss. In Zeiten, in denen die Gleichstellungsbeauftragten auch mit interner Konkurrenz durch die Schaffung von zusätzlichen Stellen wie Berufungsmanagerinnen, Gender-Qualitätsbeauftragten etc. konfrontiert werden, kann das Bestreben nach Selbsterhalt überproportional zunehmen. Dass die Zielsetzung jedoch nicht der Selbsterhalt, sondern die Herstellung von Geschlechtergerechtigkeit an der Hochschule ist, darf nicht aus dem Fokus rücken. Nur die Wahrnehmung von Gleichstellungsarbeit als Querschnittsaufgabe für alle und auf allen Ebenen der Hochschule kann zur Bildung und sukzessiven Ausbreitung von *„Zellen der Geschlechtergerechtigkeit"* (Macha) verhelfen.

11.2. Richtungsweisende Programme und Maßnahmen der Gleichstellungsarbeit – eine Analyse der untersuchten Hochschulen

Im Folgenden geht es um wirksame Maßnahmen, die mittelbar oder unmittelbar der Förderung des weiblichen wissenschaftlichen Nachwuchses dienen.[470]

---

470 Vgl. auch die Tabelle dazu in den Materialien auf der Projektwebseite. www.fern-uni-hagen.de/jurpro Die Analyse basiert vor allem auf der Auswertung der Interviews mit Gleichstellungsbeauftragten und anderen Beteiligten von personalpolitischen Prozessen.

11.2.1 Tue Gutes und rede darüber – Gleichstellungs-PR und die Verankerung von Gleichstellung in der hochschulinternen Wahrnehmung

„… ich bin hier angekommen und habe gemerkt, man muss sehr viel tun. Weil meine Vorgängerin im Amt hat sehr viel getan, aber sie hat es nicht öffentlich gemacht. [...] Und, ich glaube, das war das allerwichtigste, ich habe mir die Öffentlichkeitsarbeit zum Thema Gleichstellung hier an der [...] Universität angeschaut. [...] Ich habe die gesamte Öffentlichkeitsarbeit der [...] Universität, was Gleichstellung betrifft, vom Kopf auf die Füße gestellt." (ZGB 1, S. 8, Z. 1-3, S. 10, Z. 7-9, Z. 20-22)

Die alte Binsenweisheit „Tue Gutes und rede darüber" bringt es ähnlich auf den Punkt. In Zeiten multimedialer Möglichkeiten und gleichzeitiger Überflutung hängt das Gehört-und-verinnerlicht-Werden von hochschulinterner Gleichstellungsarbeit sicher zu einem nicht unerheblichen Teil davon ab, wie deutlich und nachhaltig sie vermarktet wird. So verfügen – um einige Beispiele zu nennen – alle drei Berliner Universitäten Humboldt Universität (HU), Freie Universität (FU) und Technische Universität (TU) – über profilbildende Gleichstellungsaktivitäten und Publikationen, oft auch im Zusammenhang mit Genderforschung, die selbstverständlich medial abgebildet werden. Die FU und die TU wurden zudem mit dem Total Equality Award ausgezeichnet; das gilt aber auch für Universitäten in NRW und Bayern.

Die HU tut sich z.B. mit einer Reihe an öffentlichkeitswirksamen Publikationen hervor, wie dem Buch „Frauen in Bewegung", der zwei Mal jährlich erscheinenden Zeitschrift „Humboldt Chancengleich", dem Faltblatt „Fokus Frau", das alle frauenspezifischen Maßnahmen aktuell zusammenfasst, oder auch mit der Verleihung des Caroline-von-Humboldt Preises. Die FU betreibt beispielsweise im Rahmen ihrer Gender-Wissenschaft die Herausgabe eines Jahrbuches und eines Rezensionsdienstes zu Gleichstellungs- und Genderfragen („Querelles") sowie ein Gender-Net, in dem unterschiedliche Dienste und Aktivitäten zusammengebunden sind, außerdem wird auch an der FU jährlich ein entsprechender Preis verliehen (der Margherita von Brentano-Preis). Die Heinrich-Heine-Universität (HHU) in Düsseldorf veröffentlicht jährlich eine Broschüre mit dem Titel „Meine Heine-Frau", in der Portraits verschiedener weiblicher Angehöriger der Universität vorgestellt werden. Diese Art von öffentlichkeitswirksamer Darstellung in Verbindung mit persönlich dargestellten Frauen mit Vorbildfunktion hat den Vorteil, fakultätsübergreifend anzusprechen. Dies gilt auch für interdisziplinäre Veranstaltungen und Ringvorlesungen, die Themen von Genderforschung bis hin zu Vorstellungen von Projekten und Persönlichkeiten einem breiten Publikum zugänglich machen und so einen Beitrag zum kulturellen Wandel des Selbstverständnisses der Universität leisten.

Jenseits von PR-Maßnahmen generieren die Hochschulen, die über ein angeschlossenes Gender Zentrum verfügen, wie z. B. die Universität Augsburg (Gender Zentrum), die Universität Bielefeld (IFF, Interdisziplinäres Zentrum für Frauen- und Geschlechterforschung) oder die FU Berlin (ZEFG, Zentraleinrichtung zur Förderung von Frauen- und Geschlechterforschung), die HU (ZiF, Zentrum für interdisziplinäre Frauenforschung / ZtG, Zentrum für transdisziplinäre Geschlechterstudien) und auch die TU Berlin (ZIFG, Zentrum für Interdisziplinäre Frauen- und Geschlechterforschung), hieraus sicherlich zusätzlichen Anschub für die Integration von Gleichstellung im Profilbildungsprozess der Hochschule und verfügen so auch über weitere Ressourcen für Forschung und Lehre sowie Kompetenz im Hinblick auf Weiterbildungsmaßnahmen, Karriereförderung und die Erstellung von gleichstellungsrelevanten Konzepten.

Hierzu gehört auch die Einführung von Maßnahmen, die die Entwicklung einer gendergerechten Personalentwicklung unterstützen, sowie die Verankerung des Genderaspekts in Forschung und Lehre über Gastprofessuren und Masterprogramme (FU Berlin, HU Berlin, Universität Köln etc.).

11.2.2 Förderprogramme für den wissenschaftlichen Nachwuchs

„Also zum einen geht es mir darum, Wissenschaftlerinnen in Top-Positionen mit Empowerment zu versorgen. Also ihre Stärken stärken, nicht unterstützen. [...] Und da versuchen wir natürlich auch, Maßnahmen auf den Weg zu bringen: Finanzielle Unterstützung oder eben auch entsprechende Programme, um sie einfach fit zu machen, dazubleiben, sie bei der Stange zu halten." (ZGB 1, S. 14, Z.2-6; 25-28)

Einige der untersuchten Hochschulen bieten bereits eine beeindruckende Vielfalt an Mentoring-Programmen für Nachwuchswissenschaftlerinnen unterschiedlicher Fachrichtungen an. Hier sollten besonders die HHU in Düsseldorf sowie die Universität zu Köln und auch die FU Berlin erwähnt werden. Die Bandbreite der Ausrichtung der unterschiedlichen Förderprogramme ist groß. Bei den meisten Universitäten gibt es mittlerweile Programme, die eine strukturelle Begleitung von Promovendinnen auf dem Weg zur Professur finanziell und mit Qualifizierungs- sowie Netzwerkangeboten unterstützen. Hier bieten z.B. Programme wie „Erstklassig", das Mentoring Programm der Westfälischen Wilhelms-Universität in Münster, zusätzlich eine Vernetzung der Nachwuchswissenschaftlerinnen über eine spezielle Internet-Plattform. Zusätzlich gibt es Förderprogramme mit zielgruppenspezifischen Anforderungen für Alleinerziehende (etwa das „Madame Courage Programm" an der LMU München oder der WWU Münster) oder für Studentinnen mit nicht-akademischem familiären Hintergrund (z.B. „Firstgen (first generation) Programm", HU Berlin).

Als führend in ‚good practice' lässt sich zudem das Projekt ProProfessur, das Mentoring-Angebote im Zusammenschluss fünf hessischer Universitäten anbietet, benennen.[471]

11.2.3 Gestaltung von Arbeitsbedingungen – Förderung der Vereinbarkeit von Familie und Beruf(ung)

> „Die Hürden für das wissenschaftliche Weiterkommen sind heute wie damals sehr ähnlich." (ZGB 9)

Die Vereinbarkeit von Wissenschaft und Familie muss als Erfolgsfaktor für eine wachsende Beteiligung von Frauen in wissenschaftlichen Führungspositionen gesehen werden. Der Preis für eine wissenschaftliche Karriere darf nicht mehr der Verzicht auf ein Familienleben sein. *„From fixing the women to fixing the institutions"* nennt es Viviane Willis-Mazzichi, Leiterin des Gender-Sektors der Generaldirektion Research & Innovation der EU (Deutscher Bundestag 2012).

Hervorzuheben ist hier das „Comeback-Programm" der HHU in Düsseldorf, das es Wissenschaftlerinnen ermöglicht, ihre wissenschaftliche Arbeit durch entsprechende Finanzierung auch nach einer Familienphase fortsetzen zu können, um eine Professur anzustreben.

Die Umsetzung von Konzepten für „Dual Career Couples" scheint besonders wichtig, um Wissenschaftlerinnen für Spitzenpositionen gewinnen und an Universitäten halten zu können, da die Entscheidung für die Aufnahme einer neuen Tätigkeit an einem anderen Ort meist als Paar-Entscheidung gefällt wird und die Bereitschaft eines männlichen Partners mitzuziehen oder gar die eigene Karriere für die seiner Partnerin aufzugeben, oft noch geringer ausgeprägt ist, als dies umgekehrt der Fall ist. Dabei

---

471 http://www.proprofessur.de

spielt die Abstimmung mit dem Partner und die Unterstützung durch den Partner sowohl für Männer als auch für Frauen in ihrer beruflichen Entwicklung eine entscheidende Rolle, wie Sigrid Metz-Göckel (Metz-Göckel et al. 2010) in ihrer Studie zu „Mobile Drop-Outs" konstatiert. Die Vereinbarkeit der beruflichen Interessen von Paaren ist daher als wichtiger Aspekt zu berücksichtigen, wobei es nicht einfach ist, zufriedenstellende Angebote machen zu können. Einen Service für Dual Careers gibt es eigentlich an allen Universitäten, interessant ist z.B. der Ansatz der Berliner Hochschulen, die ein zentrales Dual Career Netzwerk eingerichtet haben, das Aktivitäten zentral für alle Berliner Hochschulen bündelt.[472] Auch Universitäten, die räumlich weiter entfernt liegen, könnten ähnliche Verbindungen eingehen.

Die Bereitstellung von Möglichkeiten der Kinderbetreuung und die Einrichtung eines Familienbüros scheint bei vielen der untersuchten Gleichstellungsfunktionen der eigentliche Anfang ihrer Tätigkeit gewesen zu sein. Jedenfalls finden sich auch bei Hochschulen, die über wenig Mittel für die Gleichstellungsarbeit verfügen oder auch kein allzu ausgeprägtes Gleichstellungsprofil haben, meist zumindest Maßnahmen zur Kinderbetreuung, um die Vereinbarkeit von Familie und Beruf bei Wissenschaftlerinnen zu unterstützen. Eine Zertifizierung durch das Audit familiengerechte Hochschule wird zwar nicht von allen Hochschulen durchgeführt, aber von einigen Interviewpartnerinnen als wichtiges Signal der Hochschule an ihre Nachwuchswissenschaftlerinnen gesehen, dass die Institution Vereinbarkeit von Familie und Beruf ernst nimmt.

Ergänzende Maßnahmen, wie etwa das „Wunschgroßelternprojekt" der WWU Münster werden von den Wissenschaftler/innen mit Kindern gut angenommen.

11.2.4 Gleichheit in Prozessen und Abläufen – Herstellung von Geschlechterparität

„Aber ehrlich gesagt, die Mehrheit der Berufungsverfahren sind ja dann doch sehr intransparent und ich finde auch viel manipuliert. Wenn man ehrlich ist." (ZGB 7, S. 22, Z. 25-27)

„Meistens haben die Leute [in der Berufungskommission] auch schon jemanden im Kopf." (Schäfer 2012, S. 33)

---

472 Siehe www.dualcareer-berlin.de

Besonders wichtig für die Karriere von Nachwuchswissenschaftlerinnen ist letztlich die Handhabung des Berufungsverfahrens, insbesondere dessen Transparenz. Im Hinblick auf die Hindernisse für Chancengleichheit in der Wissenschaft und den nur langsamen Anstieg von Frauen auf Professuren ist Diskriminierung in Berufungsverfahren in unseren Interviews das am häufigsten genannte Argument gewesen. Auf diese Weise wird Geschlechterparität (immer noch) verhindert. Beeindruckend sind die Maßnahmen, die von der Ruhr-Universität Bochum (RUB) auf den Weg gebracht wurden. Die Hochschule wurde uns in zahlreichen Gesprächen als Beispiel für gelungenes Berufungsmanagement genannt. Sowohl die dortige Berufungsmanagerin, die als neutrale, in der Verwaltung angesiedelte Funktion das Berufungsverfahren mit der Gleichstellungsbeauftragten begleitet, als auch ein eigens für Bewerber/innen eingerichtetes Berufungsportal, das sich online nutzen lässt, sollen der Bewerberin Sicherheit in einem für sie von außen recht undurchsichtigen Prozess bieten.

Die Gleichstellungsbeauftragten können zumindest durch ausführliche Berufungsleitfäden und -anleitungen den Weg dafür bahnen, dass sowohl das Profil der Ausschreibung geschlechtergerecht formuliert wird und auch die Bewertung der Kandidatinnen und Kandidaten ausgewogen erfolgt. Dies hat insbesondere bei der Bewertung von Bewerbungsunterlagen Bedeutung, wenn etwa die Vita einer weiblichen Bewerberin aufgrund von Familienzeiten eine kürzere Veröffentlichungsliste ausweist, als dies bei einem männlichen Kandidaten der Fall ist.

Für die Einhaltung der Regeln und die Beachtung der Verhältnismäßigkeit im Berufungsverfahren spielen die Gleichstellungsbeauftragten der Fakultäten eine zentrale Rolle. Diese werden oftmals von den zentralen Gleichstellungsbeauftragten mit speziellen Berufungstrainings (z. B. an der Universität Bielefeld, FU Berlin) unterstützt.[473] Da die Gleichstellungsbeauftragten der Fakultäten ihre Tätigkeit nebenamtlich wahrnehmen, werden sie teilweise von der zeitlichen Inanspruchnahme und inhaltlichen Komplexität der Begleitung von Berufungsverfahren überwältigt, denen sie dann kaum gerecht werden können. Hier sei als Beispiel die Gleichstellungsbeauftragte einer juristischen Fakultät genannt, die im Interview äußerte, dass sie gleich zu Beginn ihrer Tätigkeit acht Berufungsverfahren gleichzeitig begleiten sollte. Bei solcher zeitlicher (Über)forde-

---

473 An der Universität Augsburg werden z.B. auch Trainings für die Hochschulleitung durchgeführt.

rung in Verbindung mit knappen Ressourcen und oft auch dem Fehlen einer Stellvertreterin sind die Einflussmöglichkeiten natürlich begrenzt. Im genannten Fall kam noch hinzu, dass die Ausschreibungen auf spezielle Kandidaten hin sehr spezifisch und detailliert ausformuliert worden waren, so dass auch dadurch die Auswahl alternativer Kandidat/innen erschwert wurde.

Wenn Einwendungen der Gleichstellungsbeauftragten gegen das Verfahren wirkungslos bleiben, muss dies im Übrigen nicht an der Qualität ihrer Argumentation liegen; vielfach werden Gleichstellungsbeauftragte mit nicht-professoralem Status einfach nicht ernst genommen.[474]

11.2.5 Qualitätsmanagement in hochschulinternen Prozessen der Gleichstellung

„Also vordergründig ist political correctness da, aber die Überzeugung nicht."
(FGB 6, S. 15, Z. 11)

Die Evaluation von Personalstruktur und hochschulinternen Prozessen unter Berücksichtigung von Gleichstellungsaspekten gewinnt mit den wachsenden Strukturen und Mitteln in der Gleichstellungsarbeit an Wichtigkeit. Sowohl um die Verwendung gleichstellungsbezogener Mittel nachvollziehbar zu machen, als auch um verbleibenden Kritikern der Gleichstellung den Wind aus den Segeln nehmen zu können, ist ein transparentes und ausführliches Gleichstellungscontrolling unumgänglich. Meist angesiedelt in der Personalverwaltung kann es einen Beitrag dazu leisten, die Fragen nach „Wer macht was?" im Gleichstellungsbetrieb, „Welche Mittel gehen wohin?" und „Was haben wir erreicht?" zu beantworten. So werden beispielsweise die Frauenanteile in den verschiedenen Fakultäten, auf den unterschiedlichen Hierarchieebenen der Universität im zeitlichen Wandel und nach Einführung besonderer Programme, Einsatz von Fördermitteln etc. dargestellt.

Für eine aussagekräftige Dokumentation ist ein sauberes und jährlich aktualisiertes Zahlenwerk entscheidend. Modellcharakter hat hier die Evaluation an der Universität Augsburg, die mit Unterstützung des angegliederten Gender Zentrums eine Input-Output Analyse der an der Universität getätigten Gleichstellungsmaßnahmen unter Zuhilfenahme einer ‚Gender

---

474 Vgl. 9.10.

Balance Scorecard' oder einer ‚Balanced Academic Scorecard' vornimmt. (Macha 2013; Holuscha 2013) Des Weiteren ist sicher auch die Arbeit der an der Universität zu Köln geschaffenen Stabsstelle für „Gender Qualitätsmanagement" wegweisend.

Die Ressourcen für ein Gleichstellungscontrolling sind – insbesondere im Hinblick auf die Unterstützung durch die Verwaltung – an den jeweiligen Universitäten sehr unterschiedlich verteilt. Eine qualitative Bewertung ist daher wegen der sehr unterschiedlichen Gegebenheiten nicht möglich. Einzelne Forschungsprojekte, die die Gleichstellungssteuerung an Universitäten analysiert haben, konnten einen positiven Effekt von gleichstellungspolitischer Steuerung auf verbesserte Rahmenbedingungen für Wissenschaftlerinnen feststellen.[475] Kritikerinnen unter den Gleichstellungsbeauftragten bemängeln allerdings mit Recht, dass die Orientierung an der Quantifizierbarkeit von Gleichstellungsmaßnahmen auch dazu führen kann, dass das Ausprobieren neuer Ideen und Konzepte auf Dauer zu kurz kommt und nur noch Maßnahmen, die ein messbares Ergebnis bringen, gefördert werden.

11.3. Zukünftige Schwerpunkte der Gleichstellungsarbeit an Hochschulen

Die im Rahmen des Projekts interviewten Gleichstellungsexpertinnen bewerteten den Status Quo ihrer Tätigkeit im Wesentlichen positiv, allerdings mit der Einschränkung, dass es nicht leicht sein dürfte, das Erreichte halten zu können. Der Kampf um personelle und Sachmittel wird jedes Jahr erneut im Rahmen der Hochschulfinanzplanung ausgefochten. Ob die Hochschulleitungen auf Dauer so gleichstellungsbefürwortend sein werden wie heute oder ob dieses nur einen Trend von mittelfristiger Dauer darstellt, lässt sich nicht abschließend beurteilen. Mit Blick auf weitere Schwerpunkte und Themen, die es zusätzlich anzugehen gilt, wurden einige Aspekte der Gleichstellungsarbeit hervorgehoben, die im Folgenden dargestellt werden.

---

475 EQUISTU – bessere Hochschulen durch gleichstellungspolitische Steuerung?, 2011-2014, siehe www.equality-management.de

11.3.1 Weiterentwicklung der Universitätsleitung als Manager für Gleichstellung

„Aber ich glaube nicht, dass es zwingend notwendig ist, ein Konzept in dem Sinne zu verschriftlichen, was man für Vorstellungen hat, welche Prozentsätze und so weiter, wenn es einem nicht gelingt, es wirklich in tragende Strukturen, Organisationsmodelle der Hochschule zu integrieren." (ZGB 3, S. 22-23, Z. 27-3)

Bedingt durch die Entwicklung zu einem professionellen Hochschul- und auch Wissenschaftsmanagement blicken die Hochschulleitungen aufmerksamer auf die Bewertung von Gleichstellungsaspekten und -aktivitäten. Durch den gleichstellungspolitischen Handlungsdruck sind sowohl die Anforderungen an die Qualität der Gleichstellungsarbeit in der Hochschule als auch die für die immer umfangreicher werdenden Aufgaben erforderlichen personellen Kapazitäten gestiegen.

Die gebündelten Anforderungen an die Entwicklung der Hochschulen im Hinblick auf ihre Wettbewerbsfähigkeit, Attraktivität als Arbeitgeber und Studienort und die Möglichkeit, Drittmittel im Rahmen von Gleichstellung einzuwerben, erfordern von der Universitätsleitung eine komplexe Übersetzungsleistung: Externe Impulse (Treiber) müssen in ein intern fragmentiertes System dezentraler Einheiten übersetzt werden. Diese Leistung ist für die Gleichstellung in der Hochschule als besonders wichtig zu erachten, da das Maß der Identifikation und des Engagements der Leitung mit dem Thema Gleichstellung nachweislich zu umfangreicherer Unterstützung mittels finanzieller und personeller Ressourcen führt. (Macha et al. 2011, S. 267)

Die folgende Darstellung illustriert die Wechselwirkung zwischen den in der Literatur benannten Einflussgrößen für ein professionelles Wissenschaftsmanagement und deren Auswirkungen auf Maßnahmen und Abläufe im Hochschulbetrieb, unter denen auch die Gleichstellung zu finden ist.

Die bislang satellitenartige Anordnung von neben- und hauptamtlichen Gleichstellungsbeauftragten sowie das Vorhandensein von quer durch die Verwaltung zugeordneten Stabsstellen für Frauenförderung, Gleichstellung und Diversity können aber nicht im Interesse der Verantwortlichen in Hochschulleitungen sein. Um Reibungsverluste zu vermeiden und sowohl die Effizienz als auch die Effektivität von Gleichstellungsaktivitäten an Hochschulen zu stärken, müssten die Hochschulleitungen zumindest eine gute Vernetzung zwischen diesen Institutionen zum Ziel haben. Dazu ist eine größere Einheitlich- und somit Vergleichbarkeit im Angebot an Fort-

Abb. 8

Einflussgrößen und Auswirkungen des professionellen Wissenschaftsmanagements*

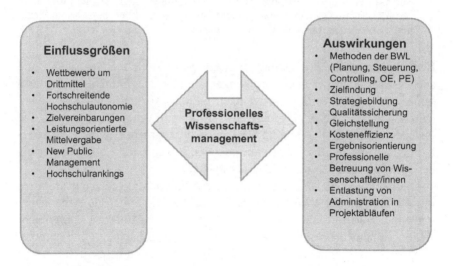

Einflussgrößen

- Wettbewerb um Drittmittel
- Fortschreitende Hochschulautonomie
- Zielvereinbarungen
- Leistungsorientierte Mittelvergabe
- New Public Management
- Hochschulrankings

Professionelles Wissenschaftsmanagement

Auswirkungen

- Methoden der BWL (Planung, Steuerung, Controlling, OE, PE)
- Zielfindung
- Strategiebildung
- Qualitätssicherung
- Gleichstellung
- Kosteneffizienz
- Ergebnisorientierung
- Professionelle Betreuung von Wissenschaftler/innen
- Entlastung von Administration in Projektabläufen

*u.a. nach Dzwonnek, D., Wissenschaftsmanagement Special 02/2013

und Weiterbildung für Akteurinnen der Gleichstellung erforderlich wie auch eine gemeinsame Sammlung von standardisierten Handlungsleitfäden und gleichstellungsbezogenen Steuerungsinstrumenten. (Vollmer 2013, S. 37)

Die im Projekt untersuchten Angebote der Gleichstellungsarbeit der Hochschulen erwecken aktuell eher den Eindruck, dass zwar Mittel und Maßnahmen erfolgreich akquiriert werden, es jedoch am Management und am ganzheitlich wirksamen Gesamtrahmen noch fehlt. Stärkere Synergien zwischen den Hochschulen in der Gleichstellungsarbeit waren nicht erkennbar.

11.3.2 Genderkompetenz für Professorinnen

"There is a special place in hell for women who don't help other women."[476]
„Es gibt natürlich diesen Bienenköniginnentypus, das ist fatal." (ZGB 3, S. 42, Z. 24-31)

Obgleich der Gedanke naheliegt, dass besonders arrivierte Wissenschaftlerinnen dem Nachwuchs gegenüber zwangsläufig aufgeschlossen sein und diesen nach Kräften fördern müssten, scheint es für die universitäre Gleichstellungsarbeit notwendig zu sein, Professorinnen besonders auf ihre Vorbild- und Unterstützungsfunktion in Bezug auf Nachwuchswissenschaftlerinnen hin zu sensibilisieren. Professorinnen, die es unter Strapazen geschafft haben, den Weg ihres persönlichen Erfolgs zu gehen, sehen den ihnen folgenden Nachwuchs häufig durch eine besonders kritische Brille. Zugespitzt spricht man hier vom *„Bienenköniginnen-Syndrom"*. Es beschreibt das Verhalten in ihrer Profession erfolgreicher Frauen, die statt der Förderung nachwachsender weiblicher Potenziale diese als unerwünschte Konkurrenz betrachten und behandeln. (Macha 2000, S. 199)

Hilfreich sind besondere Sensibilisierungsprogramme, wie das an der Humboldt-Universität in Berlin praktizierte „Führungsseminar – speziell für Frauen", oder das „Managementprogramm für Professorinnen und weibliche Führungskräfte der Universität zu Köln". Dadurch sollen spezifisch weibliche Führungskompetenzen gefördert werden, ein Ansatz, der auch für andere Universitäten empfehlenswert ist. Zusätzlich dazu gibt es, z.B. an der Universität Münster, spezielle Coaching-Angebote für Professorinnen, die diese auch mit Blick auf die Förderung von Nachwuchswissenschaftlerinnen unterstützen. Die Relevanz solcher Maßnahmen wird durch Ergebnisse von Studien bestätigt, die belegen, dass weibliche Karrierevorbilder die Führungsmotivation von Frauen ganz entscheidend mitprägen. (Elprana et al. 2011; 2012)

---

476 Albright, Madeleine, keynote speech at "Celebrating Inspiration" luncheon with the WNBA's All-Decade Team, July 13, 2006. http://www.espn.com/wnba/columns/story?id=2517642

11.3.3 Entwicklung von Gender Consulting-Konzepten

Idealerweise werden wie an der TU München oder an der Universität Augsburg Gender Consulting-Konzepte entwickelt. Ziel dieser Beratungskonzepte ist es, die Sensibilisierung und Qualifizierung der Hochschulmitglieder zur Anwendung des Gender-Mainstreaming-Prinzips in der täglichen Arbeitspraxis voranzutreiben und die entsprechenden Fakultäten, Einrichtungen und Mitglieder der Hochschule hinsichtlich Fragen der Gleichstellung von Frauen und Männern zu beraten. Sollten Fakultäten zukünftig nach dem Beispiel der Exzellenzinitiative Zukunftskonzepte für ihre wissenschaftliche Ausrichtung und personelle Aufstellung konzipieren, könnte Gender Consulting eine wichtige Rolle in der Beratung zu den angestrebten Zielen, deren Umsetzung und zu externen Rahmenbedingungen spielen.

11.3.4 Vernetzung und Professionalisierung der Gleichstellungsbeauftragten

> „… also ich halte das für gar nicht stoppbar sozusagen, dass sich hier Gleichstellungsarbeit professionalisiert. Ob sie wirklich eingebunden werden soll in die Vernetzung einer Verwaltung, das halte ich für fragwürdig. Denn dann wäre sie nicht mehr unabhängig, sondern ein Teil einer Verwaltung." (ZGB 6, S. 34, Z. 16-19)

Ein weiterer, wichtiger Aspekt für die erfolgreiche Zukunft der Gleichstellungsarbeit an Hochschulen scheint die Vernetzung zwischen zentralen und Fakultätsgleichstellungsbeauftragten sowie deren Professionalisierung zu sein (Schultz 2013a und b). Trotz der wachsenden Zahl an hochschulinternen Stellen im Gleichstellungsbereich, *„existiert weder eine zertifizierte Ausbildung, noch ist jemals ein allgemeingültiges spezifisches Kompetenzprofil entwickelt worden."* (Vollmer 2013, S. 35)

Bislang gewinnen Gleichstellungsbeauftragte ihre Kompetenz maßgeblich durch selbst organisierte Fortbildung und learning-by-doing: *„Wenn sie [die Gleichstellungsbeauftragte] alle Erfahrungen selbst gemacht hat, die sie für eine künftige effektive Arbeit benötigt, ist ihre Amtszeit häufig um."* (Steffens et al. 2004, S. 73)

Aufgrund der rein nebenberuflichen Natur des Amtes der Fakultätsgleichstellungsbeauftragten scheinen häufig zentrale Initiativen und Maßnahmen in den Fakultäten an Durchschlagskraft zu verlieren. Insbesondere auch bei den Berufungsverfahren ist es den Fakultätsgleichstellungsbeauftragten allein aus Kapazitätsgründen oft nicht möglich, den Einfluss zu nehmen, der eigentlich erforderlich wäre. In einer Zeit, in der das Amt der Fakultätsbeauftragten vornehmlich der Interessenvertretung von Frauen galt, war dies sicherlich weniger kritisch zu sehen. Da aber die Gleichstellungsarbeit an Hochschulen heute zunehmend der Profilierung der entsprechenden Institution dienen soll, wird auch das Profil der Fakultätsbeauftragten entsprechend anspruchsvoller. Hilfreich könnten hier Kompetenzprofile sein, die den Akteurinnen einen Anforderungskatalog für ihre Aufgabe und dementsprechende Entwicklungsfelder aufzeigen. Die Festlegung könnte auch hochschulübergreifend erfolgen, um einen Standard im Sinne von ‚good practice' zu etablieren, der das Amt der Gleichstellungsbeauftragten mit messbaren Qualitätsmerkmalen ausstattet und ihm insgesamt Transparenz gibt. (Rosski/Schacherl 2013, S. 58)

Die derzeitige Situation, dass z.B. eine Sekretärin eines Lehrstuhls als dezentrale Gleichstellungsbeauftragte Berufungsverfahren begleiten kann, ohne durch ihre Ausbildung oder Berufspraxis entsprechende Erfahrung hierfür mitzubringen, muss als unbefriedigend angesehen werden (Blome et al. 2013, S. 292), obwohl sie viel Einblick in akademische und professorale Anforderungen haben kann und insofern vielleicht mehr Urteilsfähigkeit mitbringt als ganz junge wissenschaftliche Mitarbeiterinnen. Um den unter Umständen herrschenden Gender-Bias und die damit einhergehende Diskriminierung von Bewerberinnen zu thematisieren, bedarf es neben inhaltlich-fachlicher Kompetenz vor allem der Unabhängigkeit und Zivilcourage. Hieran wird es häufig mangeln. Deshalb wäre es nicht zielführend, statusniedrige Gleichstellungsbeauftragte von der Mitwirkung bei Berufungen a priori fernzuhalten. Wichtig ist eine intensive Schulung, um die Expertise für die Gleichstellungsarbeit in den Fakultäten zu sichern.

Bislang geht mit der Bereitstellung spärlicher Mitteln und mangelhafter Ausstattung eine Marginalisierung des Amtes einher, die der Intention einer kompetenten, engagierten und unabhängigen Funktionserfüllung widerspricht. Gerade in der Begleitung von Berufungsverfahren führt der geringe Status des Amts zu dem „Malus, wegen ihrer Funktion oftmals als eher störend für den Ablauf des Verfahrens wahrgenommen zu werden." (Steffens et al. 2004, S. 79) Durch eine zunehmende Professionalisierung würde die Position der Gleichstellungsarbeit insgesamt gestärkt. Dies könnte unter Zuhilfenahme von Qualifikationsangeboten geschehen, wie z.B. dem an der FU Berlin angebotenen Programm FUTURA, einem Qualifikationsprogramm für genderkompetentes Handeln für Akteurinnen im

Gleichstellungsbereich der Hochschule, das in den Themenfeldern „Grundlagen der Gleichstellungsarbeit", „Konfliktmanagement", „Rhetorik", „Öffentlichkeitsarbeit" und „Projektmanagement" Kompetenzen vermittelt.

Mit wachsender Professionalisierung der Gleichstellungsarbeit und ihrer Akteurinnen wird der fortwährende Kampf um die Wahrnehmung und Bedeutung des eigenen Amts im Sinne einer Interessenvertretung eher in den Hintergrund treten und einer positiven Aufgeschlossenheit und Kollegialität der Fachbereichsmitglieder gegenüber der Gleichstellungsbeauftragten Platz machen.

11.3.5 Verbesserung der Karriereperspektiven für den universitären Mittelbau

„Da [...] hängt es im Moment, glaube ich, wirklich absolut daran, dass die meisten einfach sagen, für das Gehalt tue ich mir diese Unsicherheit nicht an." (FGB 5, S. 29, Z. 22-26)

Im Herbst 2013 appellierte die GEW mit der Formulierung des ‚Köpenicker Appells' auf der politischen Ebene an die neu gewählte Bundesregierung, mit der Umsetzung eines 100-Tage-Programms dafür Sorge zu tragen, dass Karrierewege in der Wissenschaft verlässlicher und berechenbarer werden. Andreas Keller, Hochschulexperte der GEW formulierte: „In Deutschland sind die Karrierewege für Wissenschaftlerinnen [...] besonders lang und steinig. Das ist nicht nur unfair gegenüber den Betroffenen, auch die Attraktivität des Arbeitsplatzes Hochschule und Forschung im Wettbewerb mit Arbeitgebern in der Industrie oder im Ausland leidet."[477] Um mehr Wissenschaftlerinnen dazu bewegen zu können, sich auf den Weg „an die Spitze" und zur Erreichung einer Professur zu machen, ist es wichtig, Auffanglösungen vorzusehen. Dafür sind qualifizierte Stellen mit einer stufenweisen Aufstiegsmöglichkeit (unbefristet und mit adäquater Bezahlung) z.B. wie im anglo-amerikanischen Raum als ‚Lecturer', ‚Senior Lecturer', ‚Reader' und ‚Assistant Professor' für Lehraufgaben im universitären Mittelbau zu schaffen. Da in Deutschland die eigenständige Hochschullehrerebene unterhalb der Professur fehlt und der zum Teil unselbständige Mittelbau über 80 Prozent des hauptberuflichen wissenschaft-

---

477 Keller, Andreas (2013): Pressemitteilung der GEW. 15.10.2013.

lichen Personals ausmacht, davon drei Viertel auf befristeten Qualifikations- und/oder Drittmittelstellen, gibt es quasi keine Perspektive für eine Verstetigung der Tätigkeit im Mittelbau. Dies wiegt umso schwerer, als nur etwa 40 Prozent aller Habilitierten wegen der Stellensituation überhaupt die numerische Chance auf das Erreichen einer Professur haben. (Möller 2011) Der unterhalb der Professur vorherrschende Karriere-„Flaschenhals" mit unklaren Wartezeiten auf Qualifikationsstellen mit unsicherem Ausgang scheint viele Wissenschaftlerinnen insbesondere vor dem Hintergrund der Vereinbarkeit von Beruf und Familie abzuschrecken. Die Verantwortung für Forschung, Lehre und wissenschaftlichen Nachwuchs (plus Selbstverwaltung, Evaluation, Akkreditierung, Drittmitteleinwerbung etc.) sollte auf einen erweiterten Kreis von Stelleninhabern des Mittelbaus, die als eigenständige Wissenschaftler/innen tätig sind, verteilt werden. (Kreckel 2011) Bislang jedenfalls, sind

> „langfristige Beschäftigungsperspektiven und somit ein sicherer Arbeitsplatz, an dem sich stabile und nachhaltige Qualitätsstandards entwickeln können, weil hierfür stabile Personenkreise verantwortlich zeichnen, [...] an Universitäten Mangelware." (Möller 2011, S. 44)

Um ein strukturelles Umdenken zu bewirken, bedürfte es allerdings des hochschulpolitischen Zusammenwirkens von Protagonisten verschiedener Status- und Funktionsgruppen, nicht nur in Universitäten, sondern auch auf Landes- und Bundesebene. Gleichstellungsbeauftragte können ihren Teil dazu beitragen, um auf dem Hintergrund ihres Erfahrungswissens deutlich zu machen, dass die bisherige Mittelbaupolitik aus vielerlei Gründen, aber auch wegen zukünftiger demografischer Engpässe und defizitärer Gleichstellungseffekte geändert werden muss. So ließe sich Wissenschaftskarriere dann auch offener als der Verbleib im Wissenschaftssystem begreifen: Nicht alle Wissenschaftlerinnen streben eine Professur an, die mit einem hohen Verwaltungs- und Personalführungsanteil verbunden ist (dazu Reuter/Vedder 2016).

11.3.6 Tenure Track für Juniorprofessuren

> „Diese Juniorprofessur ist sicherlich eine tolle [...] Möglichkeit für Leute, hier zu lehren und dort an die Fakultät zu kommen, aber die Arbeitsbelastung, die ist immens. Also das, was halt früher wissenschaftliche Assistenten gemacht haben, machen sie jetzt, plus noch ein Vielfaches an Lehre. Also, um ehrlich zu sein, weiß ich nicht, wie diese Frauen die Habilitation bewältigen wollen." (FGB 3, S. 7, Z. 3-7)

Die Einführung der Juniorprofessuren im Rahmen der Änderung des Hochschulrahmengesetzes (5. HRGÄndG) im Jahr 2002 mit der nach der Entscheidung des Bundesverfassungsgerichts[478] erfolgten Anpassung im Jahr 2004 sollte durch Einführung des ‚tenure track' einen wichtigen Schritt in Richtung Geschlechtergleichstellung an Hochschulen bewirken. Mit dem Konzept der Juniorprofessur verbindet sich die Erwartung, nach einer befristeten Bewährungszeit im Wege einer Entfristung oder Hausberufung eine Lebenszeitprofessur zu erhalten. Tatsächlich aber werden an den Hochschulen nur wenige Juniorprofessuren mit einer solchen tenure track-Option verbunden. Ist die Juniorprofessur aber nicht von vornherein mit dieser Entfristungsoption ausgeschrieben und besetzt worden, so kann sie auch später nicht entfristet werden; allenfalls kann es erfolgreichen Absolvent/innen einer Juniorprofessur gelingen, sich auf eine andere Professur auf Lebenszeit an derselben Hochschule zu bewerben, wobei dann unter Umständen die Regeln zur Hausberufung gelockert werden. Aber auch diese Fälle sind eher selten.

Die Einführung von Juniorprofessuren war auch mit der Erwartung verbunden worden, damit den Frauenanteil auf Professuren erhöhen zu können. Der hohe Frauenanteil scheint sie auch als Instrument der Frauenförderung hervorzuheben. Äußerungen der Gleichstellungsbeauftragten in den geführten Interviews zeigen aber teilweise ein anderes Bild auf: Männliche Kollegen scheinen diese – ohne tenure track – recht unsichere Laufbahn, mit eher niedriger Bezahlung und hoher Arbeitsbelastung durch das Lehrdeputat als wenig attraktiv zu betrachten und insofern diese Stellen eher der weiblichen Konkurrenz überlassen zu wollen. Es spricht also einiges dafür, dass die Juniorprofessur unter den gegebenen Umständen keine wirklich förderliche Maßnahme zur Steigerung des Frauenanteils bei den Professuren ist. Eher scheint es eine für die Hochschule günstige Möglichkeit, Lehrdeputate zu füllen und zugleich Engagement im Bereich der Gleichstellung zu signalisieren. Wichtig ist, dass die Gleichstellungsbeauftragten, die einen detaillierten Einblick in die Stellensituation haben, durch systematische Kritik einen Beitrag zur Weiterentwicklung dieses eigentlich sinnvollen und wichtigen Instruments leisten.

---

478 BVerfG vom 27.07.2004, 2 BvF 2/02, vgl. 9.5

11.3.7 Verbindliche Quoten statt Kaskadenmodell

„[…] ich war so bei den ersten, die gesagt haben, die Quote muss sein. [...] Und jetzt mit zu überlegen, welche Kaskade in welchem Modell und ob die Juristen da in die Kaskade oder wie, es verkompliziert die Sache derart, dass sie niemals wirklich zum Erfolg kommt. Wenn die Jungs aber wissen, wir müssen auf 30 Prozent kommen, dann diskutier' ich nicht mehr darüber, 30 Prozent ja oder nein, und wenn es nicht ist, dann muss ich 's auch begründen oder mir auch irgendwelche Dinge ausdenken, wie ich 's auf 30 Prozent bringe." (ZGB 6, S. 38, Z. 6-16)

Der vielfach diskutierte Ansatz eines Kaskadenmodells, das Wissenschaftlerinnen ermöglichen soll, in der nächsten Qualifikationsstufe mindestens so zahlreich wie in der vorhergehenden vertreten zu sein, findet bislang noch keine bindende Anwendung. Die flexibel gehandhabten Zielquoten haben nicht zu einer Erreichung der im Kaskadenmodell angestrebten Zahlen geführt. Wie auch in anderen Bereichen ist das Resultat einer flexiblen Quote hier die flexible Nicht-Erreichung derselben. Für die im Gleichstellungsbereich Tätigen wäre eine verbindliche Festschreibung sogenannter Zielzahlen ein hilfreiches Instrument, das ermöglichen könnte, Druck auszuüben, wo bisher nur ein Vakuum in Form von Absichtserklärungen vorherrscht.

Insofern spricht viel für die verbindliche Vereinbarung von Quoten in Fachbereichen, in denen Professorinnen zahlenmäßig noch so unterrepräsentiert sind wie in der Rechtswissenschaft. Ob eine realistische Quote bei 30, 40 oder 50 Prozent liegen sollte, wird von den verantwortlichen Gleichstellungsbeauftragten, die die Einführung einer festen Quote durchweg befürworten, nicht eindeutig beantwortet.

Eine andere Frage ist allerdings, wie diese Verbindlichkeit vereinbart und hergestellt werden kann, ohne dass gegen die Prinzipien der Bestenauslese und Gleichbehandlung von Bewerber/innen gemäß Art. 33 Abs. 2 GG verstoßen wird. Das dem innewohnende verfassungsrechtliche Problem kann hier nicht behandelt werden.[479] Wichtig ist, hochschulstrukturelle und personalorientierte Ansätze in der beschriebenen Weise zu stärken,

---

479 Die Diskussion um die Quote war durch die zum 17.6.2016 in § 19 Abs. 6 Landesbeamtengesetz NRW eingeführte neue Quotierungsregelung für Beförderungen erneut angefeuert worden: Die Bestimmung sieht vor: *„Frauen sind bei im Wesentlichen gleicher Eignung, Befähigung und fachlicher Leistung bevorzugt zu befördern"*. Diese Regelung ist vom OVG für verfassungswidrig erklärt worden (vgl. Fn. 468).

um das Potential an geeigneten Bewerberinnen stärken zu können. Bei Ausschreibungen können im Vorfeld bereits geeignete Kandidatinnen angesprochen werden; im Berufungsverfahren kann durch Nutzung aller Verfahrens- und Inhaltsaspekte der Landesgleichstellungs- und der Hochschulgesetze, z.B. durch geschlechterparitätische Besetzung der Kommission, eine Sensibilisierung für etwaige Diskriminierungsmomente erreicht und ein aufgeschloseneres Klima erzeugt werden.

Sofern der Frauenförderplan eine im Verhältnis zur Zahl der neu zu besetzenden Professorenstellen realistische Steigerungsrate vorgibt, kann diese nur erfüllt werden, wenn der konkrete Qualifikationsvergleich eine überproportionale Besetzung der Vorschlagslisten mit Frauen ermöglicht. Um bei allen Beurteilungsspielräumen, die faktisch vorhanden sind, den Überblick zu gewinnen und im Hinblick auf mehrere zu besetzende Stellen angemessene Entscheidungen zu treffen, scheint es angeraten zu sein, stets mehrere Stellen im Verbund zu besetzen. Dazu sollten universitäts- und fachbereichsweit geeignete organisatorische Vorkehrungen und Absprachen getroffen werden. Wichtig ist, dass die einzelnen Berufungskommissionen und die über die Vorschlagslisten entscheidenden Fakultätsräte sich darüber im Klaren sind, wie sehr das Erreichen der von ihnen selbst festgelegten „verbindlichen" Professorinnenquote von den Ergebnissen der konkreten Berufungsverfahren abhängig ist.

11.4 Bedeutung der Gleichstellungsarbeit für Karriereperspektiven von Frauen in der Rechtswissenschaft

> [...] „dass weniger Frauen dort [in der Rechtswissenschaft] in die Professuren aufsteigen oder kommen, liegt vielleicht an ganz was anderem auch. Die haben natürlich sehr oft die besseren Staatsexamina. Und die besseren Noten sind Voraussetzung für den Staatsdienst. Dann werden die halt eher Richterinnen oder Staatsanwältinnen, weil sie dann verbeamtet sind, also sicher, und trotzdem in Teilzeit gehen können. Also Familie vereinbaren können". (ZGB 4, S. 37, Z. 1-8)

Angesichts des im Vergleich der Fächer besonders niedrigen Anteils von Juraprofessorinnen, benötigen die juristischen Wissenschaftlerinnen besondere Unterstützung – oder umgekehrt: Die rechtswissenschaftlichen Fakultäten brauchen gute Argumente, um eine Nachwuchswissenschaftlerin mit guten Examina und einer abgeschlossenen Promotion halten zu können, da ihr im Zweifel ein sicheres Richteramt oder eine gut dotierte Tätigkeit in einer Anwaltskanzlei winken und diese Alternativen eher eine

Abwanderung aus dem Feld Wissenschaft als eine Hochschullaufbahn nahelegen.

In der Rechtswissenschaft sind die Argumente dafür, mit einer für die Karriere- und Familienplanung unsicheren Perspektive an der Hochschule zu bleiben also vergleichsweise schwächer als in Disziplinen, in denen die Berufsaussichten ohnehin unklarer sind. Gerade aber weil es sich in der Rechtswissenschaft häufig um die sog. ‚High-Potentials', also Personen mit guten Noten handelt, die das System verlassen und die man eigentlich nicht gehen lassen sollte, sollten Maßnahmen zur Bindung hochqualifizierter Wissenschaftlerinnen in den Überlegungen von Fakultäten und Hochschulleitungen mit an erster Stelle stehen.

11.4.1 Spezifische Förderungsnotwendigkeiten und Karrierehemmnisse von Rechtswissenschaftlerinnen

„Es ist wirklich mehr so mein Eindruck, eine sehr konservative Grundhaltung. Und dann aber auch die schwungvolle Bereitschaft, alles Mögliche für rechtlich zweifelhaft zu erklären, was natürlich hier unmittelbar mit der Ausbildung zu tun hat. Was aber auch Blüten treibt. Also eine Anekdote aus einem Berufungsverfahren: Ich finde es wunderbar, wenn die Juristen darüber abstimmen, ob sie das LGG berücksichtigen wollen oder nicht." (ZGB 3, S. 35-36, Z. 30-3)

Ähnlich wie in anderen klassischen Disziplinen herrscht in der Rechtswissenschaft eine tendenziell eher konservativ ausgerichtete Fach- und Wissenschaftskultur, die kaum Änderungen unterworfen ist.

Dies macht sich auch darin bemerkbar, dass es in rechtswissenschaftlichen Fakultäten zwar auch Junior-Professuren (W1) gibt, gleichzeitig aber in der Regel die Habilitation als Bewerbungsstandard auf Regel-Professuren verlangt wird. Die Dopplung aus erschwerten Arbeitsbedingungen in einer Junior-Professur mit unsicherer Karriereperspektive, geringe(re)r Vergütung, hohem Lehrdeputat in Verbindung mit der Verpflichtung, zeitgleich eine Habilitation zu verfassen, scheint eine sehr hohe Hürde für das Weiterkommen des weiblichen Potenzials in der Rechtswissenschaft zu sein. Die Habilitation stellt in den konservativ geprägten Disziplinen „offensichtlich immer noch einen Selektionsmechanismus im Hinblick auf eine Wissenschaftskarriere dar, der sich als Hürde für Frauen gestaltet. […] Einerseits zeichnet sich hier ein Trend der zunehmenden Beteiligung von Frauen an der höchsten akademischen Karrierestufe ab, andererseits handelt es sich bei der Juniorprofessur um eine wenig abgesicherte und mit ständigen Leistungskontrollen verbundene Form der akademischen Beschäftigung." (Kortendiek et al. 2013, S. 392)

Das Risiko einer Entscheidung für eine wissenschaftliche Laufbahn jenseits der Post-Doc-Phase ist, in Anbetracht der Unwägbarkeit der Karriereperspektive – verbunden mit den Widrigkeiten eines patriarchal geprägten Verständnisses wissenschaftlicher Lebensführung – mitten in der biografischen Phase, in der sich Frauen oft auch für eine Familiengründung entscheiden möchten, für viele ein unüberwindbares Hindernis.

Dies ist nur eine Eintrittshürde in ein eher unattraktives Laufbahnsystem ohne wesentliche Alternativmöglichkeiten, bei dem Qualitätsstandards in der Karriereentwicklung wenig transparent erscheinen. Es fehlt, wie erwähnt, zusätzlich ein Alternativkonzept bzw. Auffangnetz, das Nachwuchswissenschaftlerinnen neben dem Karriereweg zur Universitätsprofessur Alternativen für eine dauerhafte und qualifizierte Tätigkeit in der Hochschulstruktur anbietet. Es ist also eine Entscheidung für volles Risiko, verbunden mit unwägbaren Selektionsmechanismen auf dem Weg hin zu einer Professur.

Des Weiteren treffen Frauen besonders in einer konservativ geprägten Disziplin wie der Rechtswissenschaft auf die Realität von *„vergeschlecht-lichten Substrukturen"*. Maurer (2010, S. 81) stellt dazu fest, dass es sich hierbei

> „um feine Mechanismen handelt, die den institutionellen Kontext und die sozialen Normen prägen, aber auf den ersten Blick nicht erkennbar sind. Sie sind das Ergebnis versteckter Regeln eines gesellschaftlichen Raums, in dem Männer historisch gesehen gewohnt sind, alleine zu agieren, ihre Macht auszubauen und ihre Werte durchzusetzen. Die Regeln, Traditionen und Interaktionsmuster in der Wissenschaft sind auch nach dem Zutritt von Frauen von den männlichen Wissenschaftlern geprägt und auf männliche Rollenvorstellungen abgestimmt. Indem die Wissenschaft sich selbst als meritokratisch versteht und Leistung als ausschlaggebendes Selektionskriterium betrachtet, erschwert sie die Sicht auf solche möglichen sozialen und geschlechtlichen Schließungsprozesse."

Die Qualität dieser Schließungsprozesse sieht Maurer in verschiedenen Merkmalen manifestiert. Hierzu gehören: die männliche Prägung des akademischen Habitus, homosoziale Kooptation und Passfähigkeit, eine Orientierung an der männlichen ‚Normalbiografie‘, vergeschlechtlichte Leistungserwartung und -erkennung, die Herausbildung geschlechtsspezifischer Selbstkonzepte und der Zugang zu bzw. Ausschluss von relevanten Netzwerken. Je stärker männlich geprägt und je traditioneller die Fachkultur der entsprechenden Disziplin ist, desto ausgeprägter sind die o.g.

Merkmale und desto schwieriger wird der Zutritt von Frauen aufgrund der Homogenität des Feldes.

In der Rechtswissenschaft führt dies dazu, dass sich die vorhandenen Barrieren für Frauen auf dem Weg hin zu einer Professur allein schon aufgrund der immer noch ausgeprägten Mehrheitsverhältnisse eher reproduzieren als auflösen. Da die Auswirkungen dieser Mehrheitsverhältnisse auf Strukturen und Prozesse über Generationen erprobt worden sind, werden sie schlicht als Standard und nicht als charakteristisch männlich geprägt verstanden. Gherardi und Poggio (2011, S. 254) stellen hierzu fest: „The glass ceiling is reproduced through the norms associated with masculinity assumed to be the universal, and therefore genderless and invisible, cultural model."

11.4.2 Maßnahmenbedarf bei Rechtswissenschaftlerinnen

> „Die Männer schaffen es ja auch ohne diese Zusatzmittel, weil die Strukturen für Männer geeigneter sind. Man muss nicht die Frauen geeignet machen für die Strukturen, die vorhanden sind, sondern die Strukturen geeignet machen, öffnen für die Frauen." (ZGB 4, S. 6, Z. 10-15)

11.4.2.1 Schließen der Förderungslücke vom Post-Doc zur Habilitation/ Professur

Zwei Gründe lassen sich neben der im vorherigen Absatz beschriebenen männlich geprägten Fachkultur als hauptursächlich für den ‚Drop-Out' von Frauen auf dem Karriereweg hin zu einer Professur ausmachen:

– der Mangel an Mentoren und Förderern im Rahmen einer (teil-)strukturierten Personalentwicklung und
– die Kollision dieser Karrierestufe mit einer Zeitphase der Familiengründung/verstärkter familiärer Pflichten. (Leeman et al. 2011)

Um trotzdem die Herausforderungen dieses Entwicklungsschritts, den sogenannten ‚Statuspassagenwechsel' zu bewältigen (Franzke 2011, S. 171), sind besonders die Instrumente des Mentorings und gezielter Trainings als personalentwicklungsrelevante Maßnahmen wichtig und wirksam.[480] Die Unterstützung durch Mentorinnen, die mit ihrer Mentee in keinem Dienstverhältnis stehen, aber aus derselben Fachkultur kommen, sichert die notwendige Offenheit und Neutralität bei der Durchführung von Stärken-Schwächen-Analysen und der Diskussion einer strategischen Karriereplanung. Des Weiteren kann die Mentorin ihrer Mentee eine Partizipation an informellem Wissen und einen Zugang zu relevanten, berufsbezogenen Netzwerken ermöglichen. Schulungen zu Themen wie dem Umgang mit Berufungsverfahren, Drittmittelakquise, Zeitmanagement, Führungsanforderungen im Wissenschaftsbetrieb und Hochschulmanagement für Erstberufene runden das Angebot ab.

Zusätzliche Trainingsangebote für männliche Professoren, die Vorgesetzte von Nachwuchswissenschaftlerinnen sind, sollten diesen nahebringen, dass sowohl die Bedürfnislagen und die Motivation von Frauen in ihrer Karrieregestaltung, als auch die Art, wie sie sich präsentieren, sowohl im wissenschaftlichen Alltag, bei Karrieregesprächen, z.B. von Juniorprofessorinnen mit „ihrem" Lehrstuhlinhaber, im Bereich des Networking und in Berufungsverfahren andere sind als bei Männern und diese für den Umgang damit sensibilisieren. Häufig finden sich Frauen in ihrem beruflichen Fortkommen in ‚double-bind' Konflikten wieder, in denen von ihnen im beruflichen Kontext typisch weibliches Verhalten (z.B. Angepasstheit, Zurückhaltung, Bescheidenheit, ausgleichende Art) auf der einen Seite, aber gleichzeitig männlich geprägtes Verhalten (z.B. Durchsetzungsstärke, natürliche Autorität, Ehrgeiz im Wettbewerb mit Kolleg/innen) erwartet wird. (Gerdes 2010; Günther 2005)

Aufbau und Teilhabe an informellen und formellen Netzwerken (Gremien) ist ebenfalls als relevanter Baustein für das Karrierefortkommen von weiblichen Führungskräften dokumentiert und sollte von Mentoren, Vorgesetzten und der Leitungsebene gefördert werden. (Holst/Wiemer 2010, S. 8 f.)

Um Wissenschaftlerinnen auf dem Weg ihrer Entscheidungsfindung nicht zu verlieren, könnten regelmäßige Feedbackrunden mit dem für sie zuständigen Vorgesetzten, z.B. dem Lehrstuhlinhaber, dem Doktor- oder Habilitationsvater oder der entsprechenden akademischen Mutter stattfinden. Falls die Wissenschaftlerinnen die Universität verlassen und die

---

480 Zu einem Modell eines Mentoring-Programms an einer juristischen Fakultät: Programm Justitia an der Juristischen Fakultät der Universität Freiburg http://www.jura.uni-freiburg.de/de/einrichtungen/justitia-mentoring

Laufbahn abbrechen, verbleibt dann nicht auf beiden Seiten das Gefühl, dass sich zum einen die Institution nicht mit den Karriereaspirationen und Gedanken der Wissenschaftlerin auseinandergesetzt und zum anderen diese die Institution nicht ohne Vorwarnung verlassen habe. Ein Instrument hierfür können Exit-Interviews darstellen, die die Beweggründe zum Verlassen der Hochschule dokumentieren.

11.4.2.2 Gestaltung von Karriereperspektiven unter Berücksichtigung der individuellen Biografie und Work-Life-Balance bedingten Bedürfnislagen

„Frauen entwickeln sich eher in Etappen, als in einem festgelegten Ablauf von Karrierewegen." (ZGB 9)

„Ich finde aber auch die totale Hingabe bei Männern natürlich letzten Endes falsch. Ein Mensch, der nurmehr von morgens bis abends in der Uni sitzt und irgendwelche Aufsätze produziert, ist kein runder Mensch. Da fehlt auch irgendwo was." (FGB 1, S. 11, Z. 13-16)

Max Weber wies im frühen 20. Jahrhundert mit der Beschreibung des Begriffs Hasard (Hasardspiel) auf das hohe Risiko wissenschaftlicher Karriere in Deutschland hin, das einerseits die persönliche Hingabe und totale Fixierung persönlichen Strebens auf die wissenschaftliche Karriere verlangt und andererseits bedingt durch das späte Erreichen einer unbefristeten Position mit einem hohen Maß an Unsicherheit einhergeht (Hüther/ Krücken 2011, S. 305) Der Tatsache, dass dieses Maß an Unsicherheit insbesondere bei Wissenschaftlerinnen mit Familiengründungsplänen zu einer Entscheidung gegen eine Hochschulkarriere führt, wird bislang in der Rekrutierung und Förderung von Frauen an Hochschulen keinerlei Rechnung getragen. Mentoring-Programme für wissenschaftliche Assistentinnen bzw. Mitarbeiterinnen in der Kombination mit Informationsveranstaltungen wie Roundtables, bei denen arrivierte Professorinnen Bericht erstatten und Erfahrungen weitergeben können, wie sich eine Work-Life-Balance als Wissenschaftlerin mit Familie herstellen lässt, könnten hier hilfreich sein.[481]

---

481 An der Universität Münster ist vor einigen Jahren auf Anregung der damaligen Strafrechtsprofessorin und späteren Rektorin Ursula Nelles eine Veranstaltungsreihe „Paarlauf" durchgeführt worden, bei der Juraprofessoren und -professorin-

Insgesamt muss Frauen zur Steigerung der Bereitschaft, sich auf den Pfad einer wissenschaftlichen Karriere zu begeben, das Gefühl vermittelt werden, dass sie mit ihrer Entscheidung und den korrespondierenden Herausforderungen nicht allein gelassen werden. Erstaunlich ist, dass die Vereinbarkeit von Familie und Beruf immer noch ein frauenspezifisches Problem ist, dass sich in den letzten Jahrzehnten wenig verändert hat. Weder findet eine annähernd gleiche Aufteilung der Pflichten zwischen Mann und Frau, die beide erwerbstätig sind, statt, noch gibt es eine hinreichende Bereitschaft auf Arbeitgeberseite die Arbeitsbedingungen anzupassen. So erklärt sich, dass die Quote der kinderlosen Akademikerinnen in Deutschland mit 30 Prozent im Jahr 2012 ihren historisch wohl höchsten Wert erreicht hat[482] und dass bei den Professorinnen die Quote der Kinderlosigkeit bei erheblich über 50 Prozent liegt.[483]

Nach wie vor werden *„Vereinbarkeitsproblematiken [...] als ‚weibliches Phänomen' markiert."* Somit befinden sich Wissenschaftlerinnen häufig in einem Arbeitsumfeld bzw. -klima ‚diskreter Diskriminierung', in dem die Vereinbarkeit von Familiengründung und Karriereverfolgung als Privatproblem abgestempelt bzw. tabuisiert wird (Möller 2011, S. 46; vgl. aber auch Schürmann/Sembritzki 2017).

Zahlreiche andere Studien bestätigen, dass Hochschulen mit den Rahmenbedingungen für wissenschaftliches Arbeiten besonders schlecht abschneiden. Die Mischung aus geforderter Mobilität, totaler zeitlicher Hingabe für die Wissenschaft, geringer Bezahlung, diffusem Anforderungskatalog für die Karriereplanung, befristeten Verträgen und mangelnder Rücksichtnahme von Vorgesetzten und Kollegen auf familiäre Verpflichtungen veranlasst Frauen zum Rückzug. Dieser kann sie zu anderen Arbeitgebern oder auch in ihr Privatleben führen, sofern sie einen Partner haben, der in der Lage ist, allein den familiären Lebensunterhalt zu bestreiten. In der Rechtswissenschaft kommt nur ein Aspekt kaum zum Tragen, der in ande-

---

nen mit ihren jeweiligen Partnern ihre Karrierewege und die Bewältigung der Familienarbeit geschildert haben.

482 Siehe Statistisches Bundesamt, https://www.destatis.de/DE/PresseService/Presse/ Pressemitteilungen/2013/11/PD13_371_126.html

483 2009 waren 62% der Professorinnen kinderlos und 75% der wissenschaftlichen Mitarbeiterinnen (BMBF 2010, S. 8). Die Daten sind im Rahmen der Untersuchung Wissen- oder Elternschaft (Metz-Göckel et al. 2014) erhoben worden. Über 70% der Kinderlosen wünschen sich Kinder (S. 7). Bei den Professoren waren nur 34% kinderlos, bei den männlichen wissenschaftlichen Mitarbeitern 71%. Inzwischen haben wohl etwas mehr Professorinnen Kinder.

ren Fächern Auswirkungen zeigt: eine Abwanderung von qualifizierten Wissenschaftlerinnen ins Ausland (Allmendinger/Eickmeier 2003).[484] Besonders in angelsächsischen Ländern sind die Rahmenbedingungen für den Mittelbau differenzierter (z. B. durch Dauerstellen als Lecturer, Senior Lecturer und Reader oder Assistant Professor) und Festanstellungen häufiger. Nicht umsonst werden in anderen Fächern bereits Rückgewinnungsprogramme gegen die Abwanderung wissenschaftlichen Nachwuchses durchgeführt.

Wollen die Hochschulen also dem Verlust an Potenzial weiblicher Wissenschaftlerinnen etwas entgegensetzen, werden sie um eine Verbesserung der Strukturen und Maßnahmen hinsichtlich der Vereinbarkeit von Familie und Beruf nicht umhinkommen. Wie Hachmeister feststellt, muss die Hochschule sich vom nachwirkenden Humboldt'schen Ideal des Wissenschaftlers in Einsamkeit und Freiheit lösen, da sich die Bedürfnislagen von Frauen, aber auch zunehmend von Männern geändert haben.

> „Und das ist heutzutage nicht mehr Einsamkeit, sondern Begleitung und Ermutigung und die Perspektive auf ein erfülltes Wissenschaftler(innen)leben mit Familie, Kindern, großer Flexibilität und Freiheit." (Hachmeister 2012, S. 20)

Ebenso wie dies in Unternehmen über Maßnahmen eines betrieblichen Diversity-Managements[485] verfolgt wird, muss auch die Hochschule sich zukünftig noch mehr als ‚Lernende Organisation' denn als Summe profilierter Lehrstühle verstehen, deren zentrale Aufgabe die Entwicklung einer Team- und Führungskultur ist, in der die Stärke der Unterschiedlichkeit zum einen erwünscht ist, aber auch gelebt und in der Personalstruktur abgebildet wird. (Zentrum Frau in Beruf und Technik 2005)

Dem kann die Hochschule als Arbeitgeber derzeit wenig entsprechen, da sie sowohl in der Organisations- wie der Personalmacht (Luhmann

---

484 Einige habilitierte deutsche Rechtswissenschaftlerinnen haben in der Schweiz und in Österreich einen Lehrstuhl bekommen. Es gibt auch einige wenige deutsche Rechtswissenschaftler/innen, die – z.B. im Bereich der Rechtssoziologie – Professuren in England, Australien und Norwegen – dann in der Regel ohne Habilitation – erlangt haben.

485 Das Diversity Audit „Vielfalt gestalten" des Stifterverbands „begleitet und berät die Hochschulen dabei, Strukturen, Angebote, Instrumente und Maßnahmen für diverse Studierendengruppen zu konzipieren, diese Gruppen in den Hochschulalltag zu inkludieren und zum Studienerfolg zu führen." https://www.stifterverband. org/diversity-audit

1988, S. 105 f.) in ihrer Handlungsfähigkeit eingeschränkt ist. Hüther und Krücken (2011) stellen hierzu fest, dass

„deutschen Universitäten die klassischen, in anderen Organisationen vorhandenen Machtressourcen in zentralen Fällen gar nicht zur Verfügung stehen: Weder kann die Organisation über die Mitgliedschaft so disponieren, wie dies in Unternehmen der Fall ist, noch stehen der Organisation die in der öffentlichen Verwaltung vorhandenen Aufstiegs- und Karriereanreize zur Verfügung."

Bislang zeigt sich bei den im Projekt untersuchten Hochschulen keine gezielte Ansprache von weiblichem Potenzial im Hinblick auf Familienfreundlichkeit der Institution, insbesondere nicht in einer klassischen Disziplin wie der Rechtswissenschaft, auch wenn viele Universitäten inzwischen Kinder- oder Familienbüros haben und Kindertagesstätten betreiben und für Ferienprogramme für Kinder und Notfall Kinderbetreuung sorgen. Um es schärfer zu formulieren: Ferienprogramme für Kinder ersetzen keine Beschäftigungsbedingungen, die Familiengründung überhaupt erst ermöglichen und sie nicht zu einem Projekt werden lässt, das dann genau die individuelle Risikobereitschaft voraussetzt wie auch die Wissenschaftskarriere.

In Unternehmen der personellen Größenordnung der untersuchten Universitäten ist es zunehmend selbstverständlich, Familienfreundlichkeit als leistungsfördernden Ansatz bei Mitarbeitenden zu kommunizieren. Verringerte Fluktuationskosten bei Nachwuchskräften, schnellerer Wiedereinstieg nach der Elternzeit, weniger Fehlzeiten, höhere Mitarbeiterbindung und eine Steigerung der Produktivität der Beschäftigten verbunden mit einer höheren Attraktivität des Arbeitgebers sind geläufige und nach außen benannte Faktoren hierfür und sind insbesondere in Leitbildern und Außendarstellungen, aber auch staatlich unterstützten Unternehmenskommuniqués wiederzufinden (BMFSFJ 2009).

Die Eigenbeschreibung als familienfreundlicher Arbeitgeber findet an Hochschulen über die Gleichstellungsbeauftragte, eher selten über die Hochschulleitung oder die allgemeine Außendarstellung statt. Vielleicht nimmt man an, dass die Hochschule mit den im wissenschaftlichen Bereich üblichen räumlichen und zeitlichen Flexibilitäten ohnehin ein familienfreundlicheres Arbeitsumfeld darstellt als so manches Unternehmen. Es gibt daher keine Angebote an Gleit- und Teilzeitmodellen, Teilzeit-Professuren[486], Home-Office-Lösungen, Wiedereinstiegsmöglichkeiten und Angeboten zur familienbewussten Arbeitsorganisation. Angesichts der Rahmenbedingungen wissenschaftlicher Tätigkeit sind Modelle nicht einfach zu entwickeln, aber möglich und sinnvoll. Befristete Stellen für den wissenschaftlichen Mittelbau werden häufig geteilt, z.T. auf mehrere verteilt, aber nicht zur Vereinbarkeit von Familie und Beruf, sondern um den jungen Wissenschaftlerinnen und Wissenschaftlern hinreichend Zeit für die Promotion zu lassen. Eine Familie lässt sich damit nicht ernähren.

Über das Angebot an klassischer Kinderbetreuung hinaus gibt es wenig, was die Hochschule ihren Potenzialträgerinnen für die Unterstützung bei der Bewältigung von Familienpflichten wie z.B. die Vermittlung und finanzielle Unterstützung von Haushaltshilfen derzeit anbietet.

Dies führt dazu, dass in klassisch und männlich geprägten Disziplinen wie der Rechtswissenschaft eine Personalpolitik nach tradierter Art weiterverfolgt wird, die von den zentralen Gleichstellungsaktivitäten unberührt bleibt und die den Lebensrealitäten und biographischen Anforderungen nachwachsender Generationen von Wissenschaftlerinnen nicht mehr gerecht wird.

Im Kern geht es hier darum, dass die Wissenschaftsverwaltungen und die Hochschulleitungen einen Top-Down-Prozess eines kulturellen Wandels über differenzierte Möglichkeiten der Ausübung der wissenschaftlichen Tätigkeit hin zu einer neuen Definition des Anforderungsprofils für den Professorenberuf in Gang bringen müssen, der den Lebensrealitäten von Männern und Frauen gerecht wird und nicht umgekehrt. Die Tatsache, dass bislang Frauen signifikant häufiger für die Verfolgung einer wissenschaftlichen Karriere kinderlos bleiben als Männer, wird zukünftig auch den Wissenschaftsbetrieb mit Blick auf die Wichtigkeit der Ausschöpfung weiblichen Potenzials angesichts demografischer Entwicklungen zur Verstärkung ihrer Maßnahmen in diesem Bereich zwingen. (Jakszat et al. 2010, S. 35)

---

486 Der einzige bisher bekannte Teilzeitprofessor in der Rechtswissenschaft war der bekannte Autor Bernhard Schlink an der Humboldt-Universität in Berlin. In anderen Fakultäten gibt es z.T. Teilzeitprofessuren, es kann aber nicht eine Professur in Teilzeit aus Familiengründen wahrgenommen werden.

11.4.2.3 Transparenter Umgang mit Bewerbungen

„Es versteht sich, dass Berufungsverfahren auch dem grundgesetzlich veran-kerten Gleichstellungsauftrag, der tatsächlichen Förderung des Grundrechts auf Gleichberechtigung von Männern und Frauen, Rechnung zu tragen haben. In diesem Sinne ist in allen Phasen des Berufungsverfahrens darauf zu achten, dass weiblichen und männlichen Bewerbern gleicher Qualifikation gleiche Chancen eingeräumt werden." (Wissenschaftliche Kommission Niedersach-sen 2005, S. 13)

Institutionen wie der Wissenschaftsrat und länderspezifische Kommissio-nen weisen in zahlreichen Papieren auf die Notwendigkeit der Sicherstel-lung von Gleichstellung in Berufungsverfahren hin. Umso erstaunlicher ist es, dass davon in der Realität, die Bewerberinnen in Auswahlverfahren ju-ristischer Fakultäten wahrnehmen, bislang noch nicht viel angekommen zu sein scheint.

Vorausgesetzt wird eigentlich ein formalisiertes, transparentes Verfah-ren, in dem die Gleichstellungsbeauftragte eine von Anfang an klar defi-nierte Rolle spielt und sich eine paritätisch besetzte Berufungskommission mit einer geschlechts- und personenunabhängigen Ausschreibung und mit den auf diese eingehenden Bewerbungen unvoreingenommen auseinan-dersetzt.

Verschiedene Studien belegen, dass dies nicht der gelebten Realität ent-spricht. Färber/Spangenberg (2008, S. 232) haben Beteiligte an Berufungs-verfahren befragt:

„Bewerberinnen und Bewerber berichten insbesondere im internationalen Vergleich von einem unbefriedigenden Management ihrer Bewerbungen durch die Hochschulen. In diesen Bereich fallen formale Aspekte wie das Zu-senden einer Rückantwort nach Eingang der Bewerbung, die Information über den Verfahrensablauf und Verfahrensstand, die Übermittlung einer Zusage im Erfolgsfall sowie einer Absage im erheblich häufigeren, negativen Fall. Alle Befragten bis auf einige Berufungskommissionsvorsitzenden kritisieren das Bewerbungsmanagement als außerordentlich unprofessionell. Die ungenügen-de Gestaltung der Kommunikation mit den Bewerberinnen und Bewerbern er-scheint [...] besonders gleichstellungsrelevant."

Vermutlich frustrieren vor allem die fehlenden Rückmeldungen in der zeit-lichen Dimension. Bewerberinnen und Bewerber erfahren in der Regel während des laufenden Verfahrens nichts über ihre Chancen im Verfahren, allenfalls erhält die favorisierte Person einen informellen Hinweis. Die an-deren Bewerberinnen und Bewerber bekommen meist keine Informatio-nen, weder formelle noch informelle, und können daraus allenfalls schließen, dass sie nicht in die engere Wahl gekommen sind oder, falls sie doch eingeladen wurden und „vorgesungen" haben, dass sie nicht für einen vorderen Listenplatz auserkoren wurden. Solche Erfahrungen frustrieren und demoralisieren die Betroffenen auf die Dauer, zumal Bewerbungen auf eine Professur für hochqualifizierte Personen wegen der wenigen Ausschreibungen nur selten möglich sind und diese Berufungsverfahren dann meist sehr lange dauern. Zum einen hat die zurückhaltende Informationspolitik der Berufungskommissionen einen rechtlichen Hintergrund, weil durch ungleiche und nicht abgesicherte Informationen unnötige Konkurrentenklagen provoziert werden könnten. Andererseits aber sollten die Verantwortlichen für Berufungsverfahren zumindest auf Nachfrage sachliche Rückmeldungen an die Bewerber/innen geben können.[487]

Neben dem Vorherrschen einer patriarchalen Kultur mit dem damit einhergehenden Mangel an weiblichen Vorbildern (Zahidi 2010) ist die schwer zu ertragende Black-Box-Situation der langwierigen und oft frustrierenden Bewerbungsverfahren ein weiterer Hauptgrund für die gläserne Decke. (Färber/Riedler 2016) Wenn nur so wenige sichtbare Exemplare des weiblichen Geschlechts „durchgekommen sind", dann „stoßen sich" viele nachrückende Wissenschaftlerinnen in der Rechtswissenschaft ebenfalls „den Kopf", und das führt zu dem im juristischen Fachbereich überdurchschnittlich hohen Abwanderungsprozess während der Qualifikationsphase, dem sog. Cooling-Out Effekt (CEWS 2006, S. 6).

Da es bei der Besetzung von Professuren wie sonst kaum bei einem anderen hochschulinternen Prozess um die Verteilung von Macht geht, lässt sich hier ganz besonders die Frage der Chancenverteilung bzw. Chancenungleichheit festmachen. Bleiben männliche Netzwerke und etablierte Strukturen in Berufungsverfahren bestehen, können sich Frauen meist nur als Außenseiter fühlen, die „nicht wirklich dazugehören", also auch im Normalfall weniger Chancen haben, als bestqualifizierte Person ausgewählt zu werden. Wird diese Normalität der Nachwuchsrekrutierung nicht durchbrochen, bleibt die ‚gläserne Decke' bestehen, an der Wissenschaftlerinnen auf dem Weg zur Professur scheitern. Solange hegemoniale Old-Boys-Netzwerke als Gatekeeper althergebrachter Pfründe walten können, kann ohne die Zuhilfenahme von klaren Regelungen zur Änderung der Verfahren nicht auf ein freiwilliges Loslassen von der Macht gehofft werden. Eine zentrale Gleichstellungsbeauftragte formulierte es so:

---

487 Vgl. auch 9.8.5

„Es ist eine Struktur, eine Arbeitswelt, die für Männer vor 200 Jahren gemacht wurde, die nichts anderes zu tun hatten. Ob die immer effektiv arbeiten, sei dahin gestellt. [...] Und vielleicht ist es auch, das würde uns wahrscheinlich auch so gehen, sie neigen eher dem zu oder der Mensch neigt eher dem zu, das er kennt. Die Angst vor dem Fremden haben wir auch, wenn Sie unsere Migrationsprobleme anschauen. Und dadurch kommt auch die sog. geschlechtshomogene Rekrutierung." (ZGB 4, S. 23, Z.33, S. 24, Z. 17-21)

Die Auswahl von zukünftigen Professorinnen für Lehrstuhlbesetzungen kann seitens der Hochschulen auch durch die Nutzung von Instrumenten wie speziellen Datenbanken für Wissenschaftlerinnen und die Aufforderung zur Bewerbung unterstützt werden. FemConsult beispielsweise bietet Forschungsorganisationen und Hochschulen gezielt die Möglichkeit der zielgruppengerechten Selektion und Ansprache und ist ein Mittel zur Erhöhung des Frauenanteils bei der Neubesetzung von Professuren und zur Förderung von Nachwuchswissenschaftlerinnen und hilft somit dem vermeidbaren Mangel an weiblichen Bewerberinnen entgegenzuwirken. (Gerding/Steinweg 2012, S. 26) Eine Verpflichtung von Fakultäten zur Nutzung solcher Instrumente bereits bei der Besetzung von Stellen wissenschaftlicher Mitarbeiter könnte dabei helfen, dass der aufzubauende Pool an Nachwuchsführungswissenschaftler/innen an den einzelnen Lehrstühlen nicht zu „eindimensional" zusammengesetzt würde. Noch effektiver wäre sicherlich die Einrichtung einer Stabsstelle für gleichstellungsorientierte Rekrutierung, die im Sinne eines Talent Scouting die Fakultäten bei der Suche nach geeigneten Bewerberinnen mit aktiver Ansprache von Wissenschaftlerinnen unterstützt.

11.4.2.4 Geschlechtergerechte Berufungsverfahren

„Zwei Männer, zwei Frauen. Und dann kamen die beiden Frauen nicht auf die Liste. Wie durch Zauberhand die beiden Männer aber schon. Auf den ersten und zweiten Platz. Und der dritte blieb frei. Und das kam uns suspekt vor. Und da haben wir gedacht, was ist das denn für eine komische Aktion. Haben uns die Außengutachten näher angeschaut. Und da war es aber so, dass der Erstplatzierte genau die gleichen Gutachten hatte wie eine von den Frauen, die rausflog. Ja, haben sie dann also angefangen, die Ausschreibung ein bisschen anders auszulegen, so dass die auf die Frau dann nicht mehr passte, nachträglich. Ja, nachträglich. Und dann haben sie uns erklärt, sie hätten ja nur aus lauter Begeisterung für die Frauenförderung diese Frauen eingeladen. Die seien ja von vornherein eigentlich gar nicht passend gewesen, aber jetzt sei es eben so weit, jetzt könnte man sie nicht nehmen. Und die Außengutachten seien ja Auslegungssache und so weiter. Und da haben wir dann eine Matrix gemacht, wo man genau sehen konnte, wo die Frauen stehen innerhalb dieser ganzen Bewerbersituation. Und dann haben wir denen die Liste zurückgegeben. Da hat's ein Mordsgeschrei gegeben. Sie wollten also unter keinen Umständen, nur Qualität zählt, also das sagen die immer, nur Qualität zählt." (E 1, S. 8, Z. 2-19)

Die wichtigste Hürde, bei der viele Maßnahmen zur Gleichstellung ansetzen, ist die Veränderung der Mehrheitsverhältnisse in Kommissionen. Indem z.B. Berufungskommissionen (annähernd) geschlechterparitätisch besetzt werden, kann ein Kulturwandel eingeleitet werden, der es ermöglicht, mehr Frauen zu Chancen in Bewerbungsverfahren zu verhelfen. Es besteht immer die Gefahr, dass bei der Besetzung einer ausgeschriebenen Professur der sog. Halo-Effekt (Thorndike 1920) greift. Bezogen auf Berufungsverfahren bedeutet er, dass sich die überwiegend männlich zusammengesetzte Berufungskommission eher für Kandidaten mit einem ihnen selbst ähnlichen Lebenslauf und Profil entscheiden kann als für eine weibliche Kandidatin. Obgleich die Kommissionsmitglieder bzw. der/die Vorsitzende im Vorfeld eines Verfahrens eventuell mit ausdifferenziertem Material in Form von Berufungsleitfäden informiert werden, scheint nach den Angaben der Interviewpartnerinnen vielfach eine Lücke zwischen theoretischem Wissen und praktischer Anwendung zu klaffen. Bei der Bewertung der im Berufungsverfahren maßgeblichen Kriterien (wissenschaftliches Renommee, Qualität der Publikationen, Umfang der Drittmitteleinwerbungen, Lehrerfahrung und persönlicher Eindruck der Kandidatin) spielen in der Summe subjektive Wahrnehmungen und Erwägungen eine große Rolle. Dazu haben Steffens et al. (2004, S. 80) angemerkt, dass es

> „grundsätzlich nicht möglich ist festzustellen, ob die Qualifikation ausschlaggebend bei der Reihung der Bewerber/innen ist. Es kann lediglich überwacht werden, dass sich alle Argumente, die für oder gegen Bewerber/innen vorgebracht werden, ausschließlich auf die Qualifikation beziehen."

Allerdings lassen sich

> „Präferenzen, die aufgrund des persönlichen Eindrucks, aufgrund von Beziehungen oder auch aufgrund des Geschlechts entstanden sind, qualifikationsargumentatorisch umschreiben."

Im Vorfeld werden Anforderungsprofile für bereits bekannte, männliche Aspiranten ausformuliert. Engmaschige Netzwerke von männlichen Kollegen und eine mangelnde Toleranz hinsichtlich abweichender Lebens(ab)läufe weiblicher Bewerberinnen führen zu abweisenden Voten der männlich dominierten Berufungsgremien. Hier fehlt oftmals Genderkompetenz, die ein Kollegium für die Unterschiedlichkeit von weiblichen im

Vergleich zu männlichen Bewerbern bei gleicher fachlicher Kompetenz sensibilisieren könnte. Hierfür bieten sich spezielle Trainings zur Gendersensibilisierung an, die speziell in Berufungsverfahren helfen, diesen Aspekt zu überprüfen und den Kommissionsmitgliedern kritische Rückmeldungen zu ihrer Verfahrensweise im Hinblick auf Kommunikation und Entscheidungsfindung geben.

Ungünstig kann es sein, wenn die das Verfahren betreuende Fakultätsgleichstellungsbeauftragte eine Sekretärin oder eine wissenschaftliche Mitarbeiterin des Fachbereichs ist, da diese in ihrem Status – das sagen zahlreiche Rückmeldungen aus – entweder von den Entscheidungsträgern nicht ernst genommen wird oder sich aufgrund ihres Beschäftigungsverhältnisses nicht traut, einen Einwand zu erheben. Wie eine Expertin im Interview feststellte,

> „habe ich oftmals erlebt, sobald da wissenschaftliche Mitarbeiterinnen sitzen, haben die keine Chance sich durchzusetzen. […] Also, es müssen auf jeden Fall mal Frauen sein, die das Standing haben. Das ist wichtig. Es sollten schon Professorinnen sein. Sonst gehen die da unter in den Fakultäten." (E 1, S. 9, Z. 6-8)

Eine Professorin in der Funktion der Fakultätsgleichstellungsbeauftragten, die das Verfahren selbst von der Ausschreibung bis zur Zusage engmaschig betreut oder durch eine ihr zur Seite gestellte Berufungsmanagerin betreuen lässt, sowie eine – notfalls auch unter Zuhilfenahme externer Professorinnen – paritätisch besetzte Berufungskommission, könnten diskriminierenden Tendenzen deutlich entgegenwirken.

Hilfreich könnte hier auch für weibliche Bewerberinnen ein zusätzlich zu berücksichtigender Kriterienkatalog im Berufungsprozess sein, der die Kommission mit einem Punkteverfahren darin unterstützt, Faktoren wie etwa Erziehungs- bzw. Pflegezeiten, Gremienerfahrung und eine Aufteilung in Publikationsmenge und -qualität zu berücksichtigen. Hierzu stellen Klockner und Drozdzewski (2012) in ihrem Kommentar „How many papers is a baby worth?" fest, dass es in Berufungsverfahren durchaus legitim sein sollte, Erziehungs- bzw. Familienzeiten bei einem Bewerber gegen die Anzahl der Publikationen eines anderen Bewerbers im Sinne einer Leistungseinschätzung abzuwägen. Dass auf familienbedingte Zeiten und aus diesem Grund diskontinuierliche Berufsbiographien Rücksicht genommen werden muss, unterstützen bekanntlich auch Regelungen in den Landesgleichstellungsgesetzen (z.B. in § 8 LGG Berlin: Berücksichtigung von familiär oder ehrenamtlich erworbener Qualifikation für die spezifische Stelle, Nichtberücksichtigung von Erwerbsunterbrechungen oder -reduzierungen, Lebensalter und Familienstand, von Einkünften des Partners oder zeitlicher Belastung durch Kinderbetreuung).

Ebenso sollte eine flexible Bewertung des Alters von Bewerberinnen (und auch Bewerbern) möglich sein, außerdem sollten die Altersgrenzen für eine Verbeamtung angehoben werden, damit geeignete Kandidat/innen, die unkonventionelle Lebensläufe haben, nicht aus dem Verfahren herausfallen oder ausgeklammert werden.

Weiterhin könnte ein fakultätsbezogenes Ranking, das die frauenfördernde Kompetenz von Berufungskommissionen und deren Mitgliedern anhand von Statistiken festhält, positiv unterstützend wirken.

Ebenfalls könnte eine Ausnahmeregelung für Hausberufungen für Wissenschaftlerinnen, die bereits in ihrer Fakultät gute Entwicklungen gezeigt und entsprechend gut evaluiert worden sind, eingeführt werden. Insbesondere vor dem Hintergrund, dass die mit dem allgemeinen Hausberufungsverbot[488] erzwungene Mobilität einer Vereinbarkeit von Karriere und Familie entgegensteht, wenn beide Partner einer Beziehung anspruchsvolle Tätigkeiten ausüben, ist dieses eine wichtige Maßnahme.

Am wirksamsten würde sich allerdings die Einführung einer Frauenquote bei Berufungen auswirken.

Die (endgültige) Abschaffung der Habilitation zugunsten der Junior-Professur bzw. äquivalenter Leistungen, wie es auch in anderen Disziplinen gehandhabt wird, stellt nach Ansicht vieler Beobachter/innen einen wichtigen Schritt hinsichtlich der Chancengleichheit von Frauen gerade in Berufungsverfahren der Rechtswissenschaft dar. Schon in der Verbindung mit Familienpflichten erscheint das Erfordernis der Habilitation als ein kaum zu überwindendes Hindernis speziell für Frauen.[489]

---

488 Das Verbot von Hausberufungen ist nach dem Gesetzeswortlaut kein absolutes Verbot, sondern ein Gebot, nur im qualifikatorisch begründeten Ausnahmefall eine Person zu berufen, die bereits an der Hochschule beschäftigt ist. Umstritten ist, ob sich das auch auf befristet Beschäftigte bezieht. Vom „Hausberufungsverbot" zu unterscheiden ist die herrschende Zielvorstellung, dass zu berufende Personen nicht nur an der einen berufenden Universität ihre Promotion und ggf. Habilitation erlangt oder ihre Juniorprofessur erfolgreich absolviert haben sollten, sondern vor oder nach der Promotion die Hochschule gewechselt oder nach der Qualifikationsphase eine Zeitlang woanders wissenschaftlich gearbeitet haben sollten. Im Hinblick auf die Einstellung für eine Juniorprofessur sind in den Landeshochschulgesetzen entsprechende Anforderungen geregelt.

489 Vgl. 9.4 und 10.5

Die vorgezogene Nachfolgeberufung, so wie sie z.B. in Berlin im Rahmen des Berliner Chancengleichheitsprogramms (BCP) erfolgreich gehandhabt wird[490], ebenso wie das ‚Opportunity Hiring' bei Wissenschaftlerinnen, die besonders qualifiziert nur in einem kurzen Zeitfenster am Wissenschaftsmarkt zu rekrutieren sind[491], gelten ebenfalls als erfolgversprechende Maßnahmen, um den Frauenanteil bei den Professuren nachhaltig zu erhöhen.

Ebenso hilfreich kann es sein, wenn die Qualifikations- und Berufungskriterien mit einer erhöhten Durchlässigkeit für Bewerberinnen ausgestaltet würden, die sich, bereits akademisch qualifiziert, in einem ersten Karriereschritt zeitweise außerhalb des Wissenschaftsbetriebs aufgehalten haben und mit extern gesammelter Expertise gerne wieder an die Hochschule zurückkehren würden.

11.5 Fazit

In Zeiten, in denen Hochschulen zunehmend ökonomisiert werden und sich als „Entrepreneurial Universities" (Burton 1983; Weber 2017) mit Fragen der Unternehmensführung zur Beschaffung und Verwendung von Ressourcen im Angesicht des zunehmenden Wettbewerbs und immer weniger planbarer Mittel befassen müssen, spielt eine zukunftsorientierte und nachhaltige Organisations- und Personalentwicklung eine immer wichtiger werdende Rolle. (Thornton 2014; Mangold 2016)

Die Rechtswissenschaft als eine konservative Disziplin ist insoweit noch sehr in althergebrachten Strukturen und Prozessen verhaftet, die sich nur langsam fortentwickeln. Dies macht das Fortkommen für Frauen, die als Wissenschaftlerinnen ihre Karriere auf das Erlangen einer Professur ausrichten, zum einen unwägbar und zum anderen sehr schwierig.

Ein Ursachenbündel bestehend aus einer patriarchal geprägten, undurchlässigen Fachkultur in Verbindung mit den nicht vorhandenen alter-

---

490 Vorgezogene Nachfolgeberufungen können realisiert werden, wenn in absehbarer Zeit ein Professor oder eine Professorin emeritiert wird. Bei dieser Förderlinie übernimmt das BCP bis zu drei Jahre lang die Personalkosten (plus Ausstattung) für eine exzellente Professorin, wenn garantiert ist, dass Sie nach der Emeritierung Ihres Vorgängers die Professur übernimmt.

491 Diese Maßnahme ist umstritten, da solche Berufungen auch zu einer Rufabwehr führen können.

nativen Karrieremöglichkeiten im universitären Mittelbau führt bei Wissenschaftlerinnen dazu, sich oftmals gegen eine akademische Karriere zu entscheiden. Der Mangel an weiblichen Vorbildern, starre und familienfeindliche Arbeitsbedingungen und die Dualität aus erwünschter Habilitation in Verbindung mit geringer Ausstattung und einem hohen Lehrdeputat bei der als Karriereeinstiegstool vorgesehenen Juniorprofessur, mindern die Attraktivität der Entscheidung für diesen Karriereweg.

Eine Besonderheit der Rechtswissenschaft liegt darin, dass insbesondere Frauen, denen Familienplanung in Verbindung mit Karriereperspektiven ein Anliegen ist, sowohl im Bereich der privaten Wirtschaft als auch im öffentlichen Dienst echte Beschäftigungsalternativen mit attraktiven Arbeitsbedingungen geboten werden.

Um den überproportional hohen Wegfall von weiblichem Potenzial in der leaky pipeline entgegenzutreten, sind zwei Faktoren besonders wichtig:

Erstens: ein großflächig angelegter Kulturwandel, der Fakultäten und Inhaber von Lehrstühlen explizit zur Förderung und Rekrutierung von Wissenschaftlerinnen in die Pflicht nimmt. (Mangold 2016, S. 54)

Zweitens: eine Personalpolitik der Hochschule, die von ihrer Ausrichtung her stärker die Heterogenität von Herkunft und Lebenszyklus von Wissenschaftlerinnen respektiert und diese mit Instrumenten unterstützt, die diese Individualität berücksichtigen und die stärker einer ,lebenszyklusorientierten Personalpolitik' entsprechen.

Neben einer dies alles positiv begleitenden Hochschulleitung sind Gleichstellungsakteurinnen wichtige Sparringspartner in der Realisierung von Gleichstellung als Querschnittsaufgabe in den Strukturen und Prozessen zur Gewinnung, Förderung und dem Halten von Wissenschaftlerinnen. Instrumente sind in Form von geförderten Initiativen, wie etwa im DFG-Instrumentenkasten[492] vielfach vorhanden. Ihre mangelnde Verstetigung in einer nachhaltigen Strukturveränderung stellt allerdings das eigentliche Problem dar. Diese Verstetigung kann nur dann funktionieren, wenn klare Gleichstellungsstrukturen geschaffen werden und wenn deren Akteurinnen in ihren Ämtern so ausgestattet und eingebunden sind, dass sie langfristig handlungsfähig sind. Dazu gehört, dass sie als kompetente Verhandlungs- und Gesprächspartnerinnen ernstgenommen werden (können) und in der

---

492 Siehe http://www.instrumentenkasten.dfg.de

Struktur der Hochschule nicht als Satelliten, sondern als im Organigramm fest verankerte Entitäten agieren können.

Aufgrund demografischer Entwicklungen und einem zunehmend international geprägten Wettbewerb der Hochschulen um Wissenschaftler/ innen sollte Frauenförderung in den Hochschulen deutlich dynamischer angelegt werden. Gerade für die Förderung von Frauen in der Rechtswissenschaft ist dies besonders dringlich, um den Anteil an Juraprofessorinnen nachhaltig ansteigen zu lassen. Für den erforderlichen Kulturwandel sollten die Mitglieder der Organisation Hochschule in diesen Prozess als „Partner" eingebunden werden, um sie zu Teilhabern des *academic heartland* (Lillis 2007) und zu Akteuren im Sinne eines systemischen Personalentwicklungsprozesses zu machen.

Unverzichtbar für die nachrückende Wissenschaftlerinnengeneration sind die aktuellen Gleichstellungsbemühungen an den Hochschulen auf jeden Fall. Denn bislang sind

> „die erzielten Verbesserungen […] maßgeblich hinter den Erwartungen zurückgeblieben. Von einer deutlichen Erhöhung des Anteils von Wissenschaftlerinnen in Führungspositionen, der zentralen Zielstellung der Offensive für Chancengleichheit, kann nicht die Rede sein." (Wissenschaftsrat 2012b, S. 20 f.)

Ein deutlicherer Arbeitsauftrag ist kaum vorstellbar.

Solche tiefgreifenden System- und Kulturänderungen sind mit Ungewissheiten verbunden. Welche Auswirkungen sie auf die Qualität der wissenschaftlichen Arbeit haben würden, lässt sich nicht prognostizieren. Die Lehre würde mit einem größeren Körper von unbefristet beschäftigten Lehrenden sicherlich didaktisch genauer geplant, verschult und adressatengerechter. Ob sie dadurch insgesamt „besser" würde, lässt sich nicht sagen. Im Zeitalter der Massenuniversität würden wahrscheinlich größere Studierendenzahlen verlässlicher, mit geringeren Drop-Out Quoten durch das Studium zum Examen geführt. Die Anhänger/innen des Humboldt'schen Bildungsideals, die von einem mündigen, autonomen Lernenden ausgehen, halten eine Verschulung des Studiums allerdings für nachteilig und warnen davor, dass hierdurch Kreativität und Innovation verloren gehen. Es würden vorrangig gesteuerte, behavioristische Lernprozesse in Gang gesetzt, die in der Rechtswissenschaft Positivismus, d.h. die (unreflektierte) Anwendung erlernter Gesetze und Prinzipien auf Lebensvorgänge begünstigen und kritische Rechtswissenschaft mit einem rechtspolitischen Hinterfragen des geltenden Rechts hindern.[493]

Wichtig ist, dass bei einer gestuften Karriere in der Rechtswissenschaft nicht die Frauen auf den unteren Stufen verharren, sondern ihnen in gleicher Weise der Aufstieg bis zur Professur möglich sein wird.

Durch eine Aufweichung der sozialen Ausschluss- und Schließungsmechanismen würde die Rechtswissenschaft vermutlich etwas vom Nimbus des Exklusiven, Elitären einbüßen. Eine veränderte soziale Zusammensetzung und die Öffnung für Minoritäten hat in der Regel Auswirkungen auf den gesellschaftlichen Status von Feldern. Dies kann man gut und schlecht finden. Auf jeden Fall würden sich Veränderungen ergeben, die aber nicht von heute auf morgen, sondern nur über einen längeren Zeitraum umzusetzen sein können.

Es ist in der Vergangenheit diskutiert worden, ob die „Feminisierung" eines vormals männlich besetzten Berufsfeldes zu einem Verlust an Status, Prestige und Einkommen führen würde. Dies ist in der professionssoziologischen Forschung zuerst am Beispiel des Lehrerberufs festgestellt, aber auch für Psychologen, Ärzte und Juristen diskutiert worden. (Wetterer 1993, 1999; Menkel-Meadow 1989, S. 222) Die Einkommensstruktur ist durch die Einführung der W-Besoldung bereits nivelliert worden. Ob dies in unmittelbarem Zusammenhang mit der langsam einsetzenden Zunahme von Professorinnen zu sehen ist oder eher als Folge der Expansion des Bildungssystems mit einer zurückgehenden Grundfinanzierung von Universitäten, lässt sich nicht schlüssig beantworten. Frauen sollten sich nicht zu „Sündenböcken" einer unaufhaltsamen Entwicklung abstempeln lassen. Vielmehr ist darauf zu achten, dass Wertschätzung und Respekt für den anspruchsvollen und für die Gesellschaft bedeutsamen Beruf der Hochschullehrenden uneingeschränkt erhalten bleiben und in adäquaten Beschäftigungsbedingungen für Frauen und Männer ihren Ausdruck finden.

---

493 Detailliert auf- und vorbereitete Lernprozesse lassen aber nur möglicherweise weniger Raum für die individuelle Gestaltung von Lernprozessen. Nach den in der Lernpsychologie gegenwärtig aktuellen, konstruktivistischen Ansätzen besteht durchaus die Möglichkeit, Lernsettings in der Form aufzubereiten, dass die Eigenaktivität der Studierenden gefördert wird und die unterschiedlichen intrinsischen Motivationsmuster mehr Berücksichtigung finden können.

11.6 Tabellarische Übersicht: Gleichstellungsrelevante Probleme und Lösungen

Im Folgenden sind die gleichstellungsrelevanten Probleme und Lösungsvorschläge zur Erhöhung des Professorinnenanteils an den rechtswissenschaftlichen Fakultäten deutscher Hochschulen tabellarisch zusammengestellt (Tabelle 32):

Tab. 32: Lösungsvorschläge zur Erhöhung des Professorinnenanteils an den rechtswissenschaftlichen Fakultäten deutscher Hochschulen

Problem	Lösungsvorschlag
Mangelnde Professionalisierung und Verstetigung von Gleichstellungsmaßnahmen	Verpflichtende Verankerung der Gleichstellungsaufgabe in der Hochschulleitung Flexible Freistellung für Fakultätsgleichstellungsbeauftragte Klare Ressourcenallokation durch Festschreibung von Gleichstellungsbudgets in den Fakultäten und für die Gleichstellungsbeauftragten Erstellung von Kompetenzprofilen für Gleichstellungsbeauftragte Schaffung eines Qualitätssiegels für die Gleichstellung, bzw. eines zertifizierten Aus- und Weiterbildungsangebots Abschaffung heterogener, drittmittelabhängiger Gleichstellungsstellen, die nur temporär einen Beitrag leisten können
Rechtlich zu wenig bindende Vorgaben in Landesgleichstellungsgesetzen	Verbindlichere Vorgaben in den LGG der Bundesländer Weniger „Kann"- und „Soll"-Formulierungen Verbindliche Quoten
Schwach ausgeprägtes Verständnis für die Notwendigkeit von Gleichstellung an der Hochschule	Öffentlichkeitsarbeit für Gleichstellung Gleichstellungscontrolling Herausgabe jährlicher Gleichstellungsberichte Schulungen in Gleichstellungskompetenz
Fehlendes Karrieremanagement für den wissenschaftlichen Nachwuchs	Karriereberatung für Doktorandinnen sowie Mentoring-Programme Ranking der Fachbereiche nach aktivem Karrieremanagement ihrer Doktorandinnen Unterstützung der Fachbereiche bei der Förderung von Nachwuchswissenschaftlerinnen durch die Bereitstellung von Ressourcen (Expertise, finanzielle Mittel) Exit-Interviews bei ausscheidenden Wissenschaftlerinnen

Problem	Lösungsvorschlag
Mangelnde Vereinbarkeit von Familie und Wissenschaftskarriere	Mehr Dauerstellen Familienfreundlichkeit als Kernanliegen der Hochschule im Profil/ Leitbild der Hochschule Ausbau der Dual Career-Angebote Schaffung von Wiedereinstiegsprogrammen für Wissenschaftlerinnen in Elternzeit Wahrnehmung von Professuren temporär in Teilzeit Finanzielle und organisatorische Unterstützung bei der Bewältigung von Haushalts- und Familienpflichten Kinderbetreuungsmöglichkeiten für ältere Kinder (Hausaufgaben-, Nachmittagsbetreuung) Angebot von Home-Office Lösungen Babysitter-Börse u.ä.
Unklarer Rekrutierungsprozess in Berufungsverfahren	Schulung aller an Berufungsverfahren Beteiligten Einführung einer Berufungsmanagerin als Ansprechpartnerin für Bewerberinnen in Berufungsverfahren Neudefinition von berufungsrelevanten Leistungskriterien (geringere Publikationsanforderungen für Professor/innen mit Kindern bzw. Pflegezeiten) Mehr Akzeptanz für „Late-comer" und Seiteneinsteiger/innen Talent-Scouting
Unsichere Karriereaussichten für Juniorprofessuren	Abschaffung der Doppelanforderung Evaluation und Habilitation Modifizierung des Hausberufungsverbots Tenure Track für Junior Professuren ‚Opportunity Hiring' bzw. vorgezogene Nachfolgeberufung
Professorinnenberuf als einzige Karriereperspektive	Gestuftes Karrieresystem mit Dauerstellen (Lecturer/ Senior Lecturer, Assistenzprofessor)
Zu langsamer Anstieg des Frauenanteils an Professuren in der Rechtswissenschaft	Verbindliche Quote bei Haus- und Neuberufungen

471

12. Zusammenfassung

Jura ist wie Medizin ein Fach, das im Verhältnis zu den seit vielen Jahren auf über 50% gestiegenen Studentinnenzahlen einen proportional sehr niedrigen, wenn nicht den niedrigsten Frauenanteil an Professorinnen aufweist. Im Jahr 2015 betrug er 15,1% (ohne Juniorprofessorinnen). Auch die Zahl der habilitierten Frauen lag im Schnitt der fünf Jahre von 2011 bis 2015 mit rund 19% unter einem Fünftel der Gesamtzahl und ermöglicht damit auf absehbare Zeit keine nennenswerte Zunahme von Frauen auf Lehrstühlen, solange die Habilitation hartes Zugangskriterium für einen Ruf ist.

Wegen der Datenlage hat die Untersuchung die Situation von Professorinnen in den rechtswissenschaftlichen Fakultäten in den Blick genommen, auch wenn es Rechtswissenschaftler/innen in begrenzter Zahl in anderen Fakultäten, insbesondere den Wirtschaftswissenschaften und Sozialwissenschaften, gibt. Zu Fachhochschullehrerinnen sind wegen der nicht vergleichbaren Stellenvoraussetzungen nur Basisdaten zusammengestellt worden.

Die Ursachen für den geringen Professorinnenanteil sind, wie die Untersuchung aufzeigt, teils historisch bedingt, teils folgen sie aus den Besonderheiten des Faches und seiner Fachkultur, die selbst auch wieder durch die Historie geprägt sind.

Als Fach mit langer Tradition hat die Rechtswissenschaft ein besonderes Standesbewusstsein entwickelt, das durch die jahrhundertelange männliche Dominanz geprägt ist und zu einer besonderen Schließung des Faches geführt hat. Frauen wurden – wiederum wie in der Medizin – erst zu Beginn des 20. Jahrhunderts und später als in anderen Fächern zum Studium zugelassen. Aufgrund patriarchaler Geschlechterbilder war ihnen die Eignung für das Fach und für die Ausübung der juristischen Berufe abgesprochen worden. 1922 konnten die ersten Frauen den juristischen Vorbereitungsdienst aufnehmen, und ab 1924 wurden die ersten Frauen in der Justiz eingestellt und zur Rechtsanwaltschaft zugelassen. Die erste Habilitation erfolgte erst 1930 und blieb bis nach dem Krieg die einzige. Nur wenige Frauen wurden als Wissenschaftlerinnen an den Fakultäten beschäftigt. Im Nationalsozialismus, dessen Staatsideologie auf Männlichkeit basierte, sind Frauen aus der juristischen Ausbildung und den juristischen Berufen verdrängt und 1935 aufgrund eines Führererlasses nicht mehr in der Justiz und Anwaltschaft zugelassen worden. Die erste deutsche Juraprofessorin wurde nach dem Krieg in der neu gegründeten DDR auf einen Lehrstuhl berufen, in Westdeutschland dauerte es bis 1965. Frauen waren bis Mitte der 1950er Jahre aufgrund von sog. Zölibatsklauseln aus dem Staatsdienst entfernt und durch Doppelverdienerdiskussionen diskriminiert worden. In der Nachkriegszeit waren sie teilweise nur befristet als Platzhalterinnen für Männer im öffentlichen Dienst eingestellt worden.

Das konservative Gesellschaftsbild der Adenauerära hatte Frauen auch weiterhin vom Jurastudium ferngehalten. Erst seit den späten 1980er Jahren entwickelte sich Jura zunehmend, seit den 1990er Jahren rapide, zu einem Frauenfach mit einem Studentinnenanteil von 55% im Jahr 2015 – eine Entwicklung, die in diesem drastischen Ausmaß kaum ein anderes Fach genommen hat.

Bis 1980 waren nur zehn Frauen habilitiert worden, bis 2015 insgesamt 218. Im Jahr 2015 lehrten 145 Juraprofessorinnen im Vergleich zu 818 männlichen Professoren. Es gibt immer noch zwei Fakultäten ohne Juraprofessorin und einige mit nur einer, so dass eine nicht unbeträchtliche Anzahl von Jurastudierenden keine weibliche Lehrende zu Gesicht bekommen und Studentinnen keine Rollenvorbilder haben. Im Jahr 2015 kam eine Professorin auf 680 Studierende und 375 weibliche Studierende im Vergleich zu einem Professor auf 133 Studierende, bzw. 73 Studentinnen. Dies zeigt auch, dass individuelle Kontakte und Betreuung nur schwer möglich und damit eher die Ausnahme sind. Der Anteil der wissenschaftlichen Mitarbeiterinnen lag 2015 immerhin bei 44,6%.

An Fachhochschulen, die für eine Professur die Promotion und mindestens fünf Praxisjahre voraussetzen, ist der Frauenanteil auf Professuren nur geringfügig höher. 2014 gab es 445 Professuren im Bereich Rechtswissenschaften, davon waren 101 bzw. 22,7% mit Frauen besetzt. In der Summe der Jahre 2010 bis 2014 sind 73 Professor/innen im Bereich Rechtswissenschaften an Fachhochschulen neu berufen worden. Davon waren 16 bzw. 21,9% Frauen. In diesem Zeitraum ist der Frauenanteil also nicht gestiegen.

Immer noch erfordert das zweite juristische Staatsexamen, das die Qualifikation für die Praxis in den klassischen Berufen vermittelt, eine sehr lange, sieben bis zehn Jahre dauernde und schwere, durch viele Unsicherheiten gekennzeichnete Ausbildung, mit einem eigentümlichen Notensystem, bei dem gute Kandidatinnen und Kandidaten mit wenigen Ausnahmen allenfalls vollbefriedigende Leistungen bescheinigt bekommen. Anders als in anderen Fächern gibt es keine „grade inflation". Jura hat zudem das Image eines trockenen Faches. Studentinnen berichten häufiger als Studenten von Entfremdungseffekten. Frauen schneiden im staatlichen Pflichtteil der ersten juristischen Prüfung schlechter ab als Männer, im zweiten Staatsexamen sind keine Unterschiede festzustellen. Das Ausbildungssystem der Rechtswissenschaft ist fest etabliert. Es hat in den letzten Jahrzehnten Reformen erfolgreich abgewehrt. Wie Medizin hat sich Jura dem Bologna-Prozess entzogen und die traditionellen Qualifikationsstrukturen beibehalten.

Die Rechtswissenschaft hat sich in den letzten Jahrzehnten immer stärker zur Fachwissenschaft entwickelt. Galt noch in den 1960er und 1970er Jahren, dass für einen „guten Juristen" eine solide Allgemeinbildung und Lebenserfahrung erforderlich und Kenntnisse und Qualifikationen in Nachbarwissenschaften sinnvoll seien, als „Blick über den Tellerrand" bezeichnet, sind seit den 1990er Jahren die jungen Juristen/innen auf die Anwendung von Dogmatik und Kenntnisse der Rechtsprechung der Obergerichte fokussiert. Damit ist das Studium zwar auf die Praxis ausgerichtet, da aber weitgehend dogmatische Feinheiten bearbeitet werden, befähigt es nicht unmittelbar zur juristischen Praxis. Erst die Referendarzeit schlägt diese Brücke. Die Examina werden von der Justiz durchgeführt. Nur wenige Frauen sind als Prüferinnen daran beteiligt.

Auch die Fachbereichskultur hat sich langsamer als in anderen Fächern modernisiert. Lehrstühle bilden familienartige Einheiten mit häufig noch patriarchalen Strukturen. Staatlich oder privat von der Wirtschaft finanzierte Drittmittelprojekte spielen in der Rechtswissenschaft eine bislang nur untergeordnete Rolle. Förderlinien zu juristischen Kerngebieten werden eher selten aufgelegt. Mehr Bedeutung hat die Zuarbeit für die Praxis durch Einwerben und Schreiben von privat vergüteten praxisorientierten Gutachten. Das begünstigt nach wie vor die Bildung von „big chairs" mit hoher persönlicher Abhängigkeit des wissenschaftlichen Nachwuchses von ihrem meist männlichen Lehrstuhlinhaber. Reputation wird im Recht noch immer durch das Verfassen von Lehrbüchern, Kommentaren und Urteilsanmerkungen erarbeitet, auch von Aufsätzen, deren Bedeutung dem internationalen Standard entsprechend zunimmt, aber weniger durch die Lehre, die häufig den traditionellen Methoden mit Großvorlesung, mit geringem Medieneinsatz und zum Teil einem veralteten Repertoire von Fällen mit überkommenen Geschlechterbildern verhaftet ist.

Promotionen werden entweder im Status des wissenschaftlichen Mitarbeiters/der wissenschaftlichen Mitarbeiterin oder der wissenschaftlichen

Hilfskraft mit kleinem Stundenanteil, d.h. nicht mit auskömmlichen Bezügen, zum Teil neben der Referendarzeit oder aber von Externen berufsbegleitend erstellt. Eine Promotion wird nicht nur aus Interesse an einer wissenschaftlichen Karriere angestrebt, sondern häufig distinktiv als zusätzliche Qualifikation, die auf dem juristischen Arbeitsmarkt, d.h. speziell in der Anwaltschaft, traditionell statusbildend und werterhöhend wirkt. Nur 6% der Promovierten verbleiben an der Hochschule. Der Frauenanteil bei den Promotionen lag 2015 bei 39,2%, es promovierten aber nur 11,4% der Absolventinnen, dafür 24,2% der Absolventen des Jurastudiums. Frauen bekamen bei den Promotionen zu einem geringeren Anteil als Männer die Höchstnote „summa cum laude" (im Jahr 2014 nur 18,2% im Vergleich zu 23,7% der Männer). Die Verteilung bei der Note sehr gut, „magna cum laude", war im langjährigen Vergleich in etwa ähnlich. Diese Noten sind nach den Habilitationsordnungen der rechtswissenschaftlichen Fakultäten Voraussetzung für die weitere wissenschaftliche Karriere. Werden in anderen Fächern inzwischen häufig kumulative Dissertationen durch vier positiv durch externe Reviews begutachtete Aufsätze angefertigt, ist es in der Rechtswissenschaft noch immer üblich, das „erste Buch" vorzulegen.

An einer Reihe von Universitäten gibt es zwar Juniorprofessuren, mit insgesamt einem Frauenanteil von mehr als 40%, die aber nicht in eine ordentliche Professur münden. Es wird kein „Tenure" nach positiver Evaluation gegeben, die Habilitation ist unverändert ein Muss für das Fortkommen auf dem wissenschaftlichen Karriereweg. Hausberufungen sind tabu. Für die Habilitation wird das „zweite Buch", eine in der Regel sehr umfangreiche Monografie, vorausgesetzt, auch wenn kumulative Habilitationen durch Einreichen mehrerer, in der Regel zu einem Thema miteinander verbundener Schriften möglich sind.

In den meisten Fällen haben die Habilitandinnen und Habilitanden eine Stelle als wissenschaftliche Mitarbeiter/innen oder Akademische Räte/Rätinnen auf Zeit an einem Lehrstuhl oder – in weniger Fällen – an Forschungsinstituten, zum Teil werden zumindest für einige Jahre, oft für die Schlussphase der Arbeit, Habilitationsstipendien eingeworben. In unserem Sample waren einige Frauen auch durch Partner oder die Familie finanziell unterstützt worden, vor allem bei einer Habilitation während der Familienphase.

Dieser lange Qualifikationsweg mit anhaltender Stellenunsicherheit ist vor allem für Frauen unattraktiv, die Kinder haben möchten. Er fällt in die „rush-hour of life", eine Phase, in der Karrieren aufgebaut und Familien gegründet werden. Viele Frauen scheiden nach der Promotion aus, da sie attraktive Alternativen in der Justiz, im sonstigen öffentlichen Dienst und in der Anwaltschaft finden, mit besserer Bezahlung und – soweit es den öffentlichen Dienst betrifft – mit eher geregelten Arbeitszeiten oder -volumina und vom Publikationsdruck in der Wissenschaft unbeeinträchtigter Möglichkeit für Mutterschutz und Elternzeit. Der Frauenanteil in Führungspositionen der Justiz und der Anwaltschaft unterscheidet sich allerdings nicht wesentlich vom Professorinnenanteil, auch wenn Frauen eher Zugang zu diesen Berufsfeldern hatten und sie eher für sich erobert haben.

Das durchschnittliche Berufungsalter lag 2014 bei 38,5 Jahren, das der Frauen bei 35 Jahren. Im langjährigen Schnitt liegt das Berufungsalter bei 39,5 Jahren. Die im Jahr 2014 an den Fachhochschulen neu berufenen Professorinnen waren im Schnitt 42,3 Jahre alt, damit älter als Professor/innen an Universitäten. Hier waren die Männer mit im Schnitt 40,1 Jahren jünger. Das durch Auslandsaufenthalte angereicherte akademische Kapital der Rechtswissenschaftlerinnen war nach Angaben in den Interviews und in den veröffentlichten Lebensläufen zumindest vergleichbar, wenn nicht sogar höher als bei den Männern. Der Anteil an Zeitschriftenpublikationen, z.B. in der für die Wissenschaft wichtigen Juristenzeitung lag mit rund 15% in etwa bei dem Anteil an Professorinnen, bezogen auf den hohen Anteil von Frauen auf Stellen als wissenschaftliche Mitarbeiterinnen, der seit dem Jahr 2000 bei über 40% liegt, ist er sehr niedrig. Entsprechendes gilt für die NJW, in der vor allem Praktiker/innen veröffentlichen.

Rechtswissenschaftlerinnen in juristischen Fakultäten haben, wie Wissenschaftlerinnen in anderen Fächern auch, seltener und weniger Kinder als ihre männlichen Kollegen und bekommen sie teilweise erst – wenn es dann noch möglich ist – nach dem Ruf auf einen Lehrstuhl. Zu den Anstrengungen der Qualifikation gehört auch der erforderliche Ortswechsel bei Lehrstuhlvertretungen in der Übergangsphase zwischen Habilitation und Ruf und schließlich die Stelle an einer anderen als der Herkunftsuniversität. Die Mobilität der Frauen im Sample, auch mit Kindern, war dabei nicht geringer als die ihrer männlichen Kollegen, sie nehmen in gleicher Weise Pendeln zwischen Wohn- und Dienstort in Kauf. Der Korridor für Berufungen ist eng, nach dem 45. Lebensjahr bekommen Rechtswissenschaftler/innen ein „Ladenhüterimage". Späte Qualifikationen und ein später Ruf sind zwar rechtlich mittlerweile möglich, sind aber nur akzeptiert bei Praktikerinnen und Praktikern und münden i.d.R. in eine außerplanmäßige Professur. Als ein Standardweg nach der Familienphase wirken sie systemwidrig und sind fachkulturell bisher nicht „vorgesehen".

Das „total commitment", die totale Hingabe an die Wissenschaft, die traditionell das Bild des Wissenschaftlers und auch des Freiberuflers bestimmt hat, scheint weniger ausgeprägt als früher, da heute auch Männer in die Pflicht genommen werden, Familienarbeit zu übernehmen. Familien werden heute – auch bei Rechtswissenschaftlerinnen und Rechtswissenschaftlern – partnerschaftlicher gelebt, aber nicht durchweg und eher seltener mit hälftiger Aufgabenteilung. Umgekehrt ist heute der Wettbewerb härter geworden und führt auf seine Weise zu einer Entgrenzung von Arbeit und Wissenschaft als Lebensform.

Festschriften, Nachrufe, Laudationes und biografischen Darstellungen dienen neben der Würdigung einer Wissenschaftlerpersönlichkeit vor allem der Selbstvergewisserung der „Zunft" und beschreiben als Idealbild den Wissenschaftler, der sich dem Gegenstand des Berufes, dem Recht, verpflichtet fühlt und darunter sowohl die eigene Person als auch die eigenen Ambitionen unterordnet. Sie beziehen sich bis heute wegen der geringen Zahl der älteren Juraprofessorinnen mit wenigen Ausnahmen auf männliche Rechtswissenschaftler und tradieren ein konservatives Bild des Rechtswissenschaftlers, d.h. sie bieten ein Identifikationspotential vor allem für Männer.

Das rechtswissenschaftliche Feld ist durch organisierte Netzwerke charakterisiert. Die Nachwuchswissenschaftler/innen lernen sich bei den Tagungen der Fachgruppen der drei Säulen der Rechtswissenschaft, Zivilrecht, Öffentliches Recht und Strafrecht, sowie beim Rechtshistorikertag kennen. Es gibt zu den Gruppen jeweils Tagungen der jungen Wissenschaftler/innen. Dort ist inzwischen ein fast hälftiger Frauenanteil entsprechend dem Frauenanteil auf den wissenschaftlichen Mitarbeiterstellen zu finden. Die Treffen der Staats-, Zivilrechts- und Strafrechtslehrer und der Rechtshistoriker setzen die Habilitation als Zutrittskarte voraus, entsprechend gering ist der Frauenanteil und die Vernetzung der immer noch wenigen habilitierten Wissenschaftlerinnen. Über die Netzwerke wird man zu Vorträgen eingeladen, werden Lehrstuhlvertretungen vergeben. Die Netzwerke spielen informell auch in Berufungsverfahren hinein. Knotenpunkte der Netzwerke bilden die juristischen Verlage mit ihren Schriftleitungen, die eingereichte Schriften überprüfen, Lehrbücher und Kommentare „vergeben" und damit eine erhebliche Macht im Feld haben. Reviews durch externe Gutachter sind bei eingereichten Manuskripten bislang eher unüblich.

Im Durchschnitt der Jahre 2012 bis 2014 waren 20,9% der neu Berufenen Frauen. Es sind damit bezogen auf die Anzahl der Habilitationen in diesem Zeitraum etwas mehr Frauen als Männer berufen worden (durchschnittliche Anzahl der Habilitation von Frauen in den Jahren 2006 bis 2015 18,6%, von 2011 bis 2015 19,9%). Angesichts der niedrigen Gesamtzahl von 67 neu Berufenen lässt sich daraus allerdings kein Trend ableiten. In der Gesamtzahl der Fächer lag der Frauenanteil bei den Rufen im Jahr 2015 bei 32,4%, das weiblich dominierte Fach Erziehungswissenschaft genauso eingeschlossen wie die nach wie vor männlich dominierten MINT-Fächer.

Fast doppelt so viele Frauen wie Männer waren 2014 in der niedrigeren Besoldungsstufe C3/W2 mit der geringeren Lehrstuhlausstattung eingestuft (20,3% zu 11,9 %). Der Anteil der Frauen in der oberen Besoldungsstufe C4/W3 lag bei 73,9%, der der Männer bei 82,3%. Frauen nehmen nach Aussagen von Interviewpartnerinnen zudem weniger durch Nebentätigkeiten ein und haben es schwerer, prestigeträchtige Sonderfunktionen übertragen zu bekommen.

Karrieren in der Rechtswissenschaft sind auch ohne Idealnote in beiden Examina, d.h. „vollbefriedigend" und besser, möglich, obwohl Promotionsordnungen der Fakultäten in der Regel ein „Vollbefriedigend" zumindest in einem Examen voraussetzen. Die Professorinnen und Habilitandinnen im Sample hatten im Schnitt etwas schlechtere Examensnoten als ihre männlichen Kollegen. Es gibt nur eine sehr geringe Zahl von Rechtswissenschaftler/innen, die nur das erste Examen abgelegt haben.

Bei der Frage nach der Studienmotivation bei den Befragten unseres Samples fiel auf, dass viele von ihnen aufgrund familiärer Beeinflussung oder Prägung zum Fach gekommen sind und auch die spezifische Motivation für eine wissenschaftliche Karriere hierdurch beeinflusst war, ebenso wie durch Förderung von der Studienstiftung des deutschen Volkes und anderen Begabtenförderungswerken, die einen frühzeitigen Kontakt zum wissenschaftlichen Feld vermitteln, der Auswirkungen auf das Selbstkonzept haben kann.

In unserem Sample hatten fast alle Professorinnen einen akademischen Familienhintergrund, mehr als bei den Männern. Entsprechendes gilt auch für die Habilitanden. Da die Gruppe begrenzt ist, sind die Ergebnisse allerdings nur bedingt generalisierbar, wenngleich eine explorative Studie zur Herkunft von Professoren in NRW ebenfalls erbracht hat, dass Rechtswissenschaftler/innen und Mediziner/innen fast ausschließlich aus den sozial höchsten Herkunftsgruppen stammen.

Unabdingbar für die Bewältigung des steinigen Weges bis zur Professur sind starke Mentoren/innen. Hindernd wirkt eine fehlende Ermutigung, die

Karriere weiter zu verfolgen, bzw. manchmal auch eine direkte Entmutigung, sowie mangelnde Selbstsicherheit und ein fehlendes Selbstvertrauen, sich bietende Chancen zu ergreifen, die eigene Karriere in die Hand zu nehmen und zu gestalten.

Die konservativ orientierte Fachprägung und das der Rechtswissenschaft immanente traditionelle Weltbild mit häufig unzeitgemäß anmutenden Geschlechtsrollenbildern kann zu Benachteiligungen in Entscheidungssituationen, vor allem in Berufungsverfahren, führen. Die Geburt von Kindern schürt den Verdacht einer Loyalitäts- und Prioritätenverschiebung bei Frauen. Bei Männern, zumindest in unserem Sample, erschweren Familienpflichten den Karriereweg deutlich weniger.

Gleichstellung war bei allen interviewten Rechtswissenschaftlerinnen und Rechtswissenschaftlern als Anliegen akzeptiert. Die Sinnhaftigkeit von Gleichstellungsarbeit wird aber als kostenträchtig und zum Teil ineffizient eher infrage gestellt. Die Bewertung der Rolle und Einflussmöglichkeit von Gleichstellungsbeauftragten fiel insgesamt widersprüchlich und schwach aus.

Dies weist auf einige Probleme der Gleichstellungsarbeit hin: Fakultätsgleichstellungsbeauftragte sind durch die Ausgestaltung ihrer Rolle als Nebenamt und durch potentielle Interessenkonflikte mit Vorgesetzten oder innerhalb verschiedener Fakultätsgruppieren belastet. Es fehlt nicht nur bei ihnen, sondern auch bei den zentralen Gleichstellungsbeauftragten an einer Professionalisierung des Amtes mit klaren Kompetenzprofilen und strukturierten Qualifizierungsmöglichkeiten. Die Vielzahl heterogener, drittmittelabhängiger Gleichstellungsstellen schafft ein diffuses Bild der Gleichstellungsarbeit. Wichtig sind in diesem Zusammenhang eine wirksame Gleichstellungs-PR, Gleichstellungscontrolling mit Herausgabe jährlicher Gleichstellungsberichte durch die Hochschulleitung und die Sensibilisierung von Wissenschaftlerinnen und Wissenschaftlern in Gleichstellungsfragen. Die Fachbereiche sollten im aktiven Karrieremanagement ihrer Doktorandinnen und Doktoranden beraten und explizit zur Förderung und Rekrutierung von Wissenschaftlerinnen in die Pflicht genommen werden. Mentoringprogramme sollten breiter eingeführt und Exit-Interviews mit ausscheidenden Wissenschaftlerinnen durchgeführt und dokumentiert werden, um die Gründe für eine Entscheidung gegen die Wissenschaft besser analysieren zu können. Familienfreundlichkeit muss als Kernanliegen der Hochschulleitung im Profil der Hochschule verankert werden. Es sind Wiedereinstiegsprogramme für Wissenschaftler/innen nach Elternzeit zu schaffen, die Wahrnehmung von Professuren in Teilzeit bei Familienarbeit sollte ermöglicht werden. Nicht zu verkennen ist, dass sich an einigen Hochschulen in den letzten Jahren die Gleichstellungsarbeit positiv fortentwickelt hat, andere haben weiterhin Nachholbedarf.

Will man es ernst machen mit Geschlechtergerechtigkeit, wird kein Weg an fundamentalen strukturellen Änderungen vorbeigehen: Schaffung von Tenure Track bei Juniorprofessuren, Einführung eines gestuften Karrieresystems mit Dauerstellen für Lecturer, Senior Lecturer und Assistenzprofessuren, insgesamt eine Personalpolitik und ein Qualifikationssystem, die die Heterogenität von Herkunft und Lebenszyklus von Wissenschaftlerinnen und Wissenschaftlern berücksichtigen und Qualifikation und Karriere auch in höherem Lebensalter ermöglichen. Unabdingbar ist ein Kulturwandel in den Fakultäten mit Entstauben überkommener Geschlechterbilder. Durch eine Aufweichung der sozialen Ausschluss- und Schließungsmechanismen würde die Rechtswissenschaft vermutlich etwas vom Nimbus des Exklusiven, Elitären einbüßen. Eine Veränderung der sozialen Zusammensetzung hat in der Regel Auswirkungen auf den gesellschaftlichen Status, das Prestige und Einkommen eines Feldes. Ein solcher Struktur- und Kulturwandel ist aber kein Programm für die nächsten drei oder vier Jahre, sondern kann nur als langfristig angelegter, behutsamer Prozess eingeleitet und durchgeführt werden.

13. Literaturverzeichnis

Die im Text und im Literaturverzeichnis aufgeführten Webseiten sind letztmalig im April 2018 auf Aktualität überprüft worden.

Abele, Andrea/Hoff, Ernst-Hartmut/Hohner, Hans-Uwe (2003): Frauen und Männer in akademischen Professionen. Berufsverläufe und Berufserfolg. Heidelberg: Asanger.

Achatz, Juliane (2008): Die Integration von Frauen in Arbeitsmärkten und Organisationen. In: Wilz, Sylvia Marlene (Hrsg.): Geschlechterdifferenzen – Geschlechterdifferenzierungen. Ein Überblick über gesellschaftliche Entwicklungen und theoretische Positionen. Wiesbaden: VS Verlag für Sozialwissenschaften, S. 105-138.

Acker, Joan (2013/1990): Hierarchies, Jobs, Bodies: A Theory of Gendered Organizations. In: Müller, Ursula/Riegraf, Birgit/Wilz, Sylvia Marlene (Hrsg.): Geschlecht und Organisation. Wiesbaden: VS Verlag für Sozialwissenschaften, S. 86-102.

Adomeit, Klaus (1996): Hausarbeit: Männersache! In: NJW, 49/5, S. 299-301.

Aichhorn, Ulrike (Hrsg.) (1997): Frauen und Recht. Wien/New York: Springer Verlag.

Alheit, Peter (2009): Die symbolische Macht des Wissens. Exklusionsmechanismen des universitären Habitus. Vortrag an der Universität Heidelberg am 3.6.2009. http://www2.ibw.uni-heidelberg.de/wisskoll/pdf/alheit.pdf

Allmendinger, Jutta (2004): Strukturmerkmale universitärer Personalselektion und deren Folgen für die Beschäftigung von Frauen. In: Wobbe, Teresa (Hrsg.): Zwischen Vorderbühne und Hinterbühne. Beiträge zum Wandel der Geschlechterbeziehungen in der Wissenschaft vom 17. Jahrhundert bis zur Gegenwart. Bielefeld: transcript Verlag, S. 259-277.

Allmendinger, Jutta/Eickmeier, Andrea (2003): Brain Drain. Ursachen für die Auswanderung akademischer Leistungseliten in die USA. In: Beiträge zur Hochschulforschung, 25/2, S. 26-34.

Altenstraßer, Christina/Hauch, Gabriella (2010): Geschlecht – Wissen – Geschichte. Innsbruck et al.: Studien Verlag.

Andresen, Sünne (2001): Der Preis der Anerkennung. Frauenforscherinnen im Konkurrenzfeld Hochschule. Münster: Westfälisches Dampfboot.

Andresen, Sünne/Dölling, Irene/Kimmerle, Christoph (2003): Verwaltungsmodernisierung als soziale Praxis. Geschlechter-Wissen und Organisationsverständnis von Reformakteuren. Opladen: Leske + Budrich.

Anzenbacher, Arno (1981): Einführung in die Philosophie. Wien: Herder.

Apel, Helmut (1989): Fachkulturen und studentischer Habitus: Eine empirische Vergleichsstudie bei Pädagogik- und Jurastudierenden. In: Zeitschrift für Sozialisationsforschung und Erziehungssoziologie, 9/1, S. 2-22.

Arbeitsgruppe „Manieren und Normen in der Wissenschaft" an der Jungen Akademie der Berlin-Brandenburgischen Akademie der Wissenschaft (2008): Der Campus-Knigge. Von Abschreiben bis Zweitgutachten. München: Beck.

Arnold, Markus (2004): Disziplin & Initiation: Die kulturellen Praktiken der Wissenschaft. In: Arnold, Markus/ Fischer, Roland (Hrsg.): Disziplinierungen. Kulturen der Wissenschaft im Vergleich. Wien: TURIA + KANT, S. 18-52.

Auga, Ulrike/Bruns, Claudia/Harder, Levke/Jähnert, Gabriele (Hrsg.) (2010): Das Geschlecht der Wissenschaften: Zur Geschichte von Akademikerinnen im 19. und 20. Jahrhundert Broschiert. Frankfurt a.M. und New York: Campus.

Aulenbacher, Brigitte/Riegraf, Birgit (Hrsg.) (2009): Erkenntnis und Methode. Geschlechterforschung in Zeiten des Umbruchs. Wiesbaden: VS Verlag für Sozialwissenschaften.

Baaken, Uschi/Plöger, Lydia (2002): Gender Mainstreaming. Konzepte und Strategien zur Implementierung an Hochschulen. Bielefeld: Kleine Verlag.

Baer, Susanne (1997): Feministische Ansätze in der Rechtswissenschaft. Zur großen Unbekannten im deutschen rechtswissenschaftlichen Diskurs und ihrer Integration in die juristische Ausbildung. In: Rust, Ursula (Hrsg.): Juristinnen an den Hochschulen – Frauenrecht in Forschung und Lehre. Baden-Baden: Nomos, S. 153-181.

Baer, Susanne (2001): Komplizierte Subjekte zwischen Recht und Geschlecht. Eine Einführung in feministische Ansätze in der Rechtswissenschaft. In: Kreuzer, Christine (Hrsg.): Frauen im Recht – Entwicklung und Perspektiven, Baden-Baden: Nomos, S. 9-25.

Baer, Susanne (2010a): Recht: Normen zwischen Zwang, Konstruktion und Ermöglichung - Gender Studien zum Recht. In: Becker, Ruth/Kortendiek, Beate (Hrsg.) (2010): Handbuch Frauen- und Geschlechterforschung. Theorie, Methoden, Empirie. Wiesbaden: VS Verlag für Sozialwissenschaften, S. 555-563.

Baer, Susanne (2010b): Geschlechtergerechtigkeit. Zum Zusammenhang zwischen Geschlechterforschung, Feminismus und Politik. In: Frey, Michael/Heilmann, Andreas/Lohr, Karin (Hrsg.): Perspektiven auf Arbeit und Geschlecht. Transformationen, Reflexionen, Interventionen. München: Hampp.

Baer, Susanne (2010c): Interventionen in der Akademie: Gleichstellung in der Wissenschaft im 21. Jahrhundert. In: Auga, Ulrike/Bruns, Claudia/Jähnert, Gabriele (Hrsg.): Das Geschlecht der Wissenschaften. Zur Geschichte von Akademikerinnen im 19. und 20. Jahrhundert. Frankfurt/Main und New York: Campus, S. 91-109.

Bajohr, Stefan/Rödiger-Bajohr, Kathrin (1980): Die Diskriminierung der Juristin in Deutschland bis 1945. In: Kritische Justiz, 13/1, S. 39-51.

Bake, Uwe (1971): Die Entstehung des dualistischen Systems der Juristenausbildung in Preußen. Kiel: Rechtswissenschaftliche Fakultät, Diss.

Bandura, Albert (1986): Social foundations of thought and action: A social cognitive theory. Englewood Cliffs, NJ: Prentice Hall.

Banscherus, Ulf (2009): Arbeitsplatz Hochschule. Zum Wandel von Arbeit und Beschäftigung in der „unternehmerischen Universität". Bonn: Friedrich-Ebert-Stiftung, Abt. Wirtschafts- und Sozialpolitik (Wiso-Diskurs).

Bargel, Tino/Multrus, Frank/Ramm, Michael (1996): Das Studium der Rechtswissenschaft. Eine Fachmonographie aus studentischer Sicht. Bundesministerium für Bildung, Wissenschaft, Forschung und Technologie. Bonn 1996.

Barlösius, Eva (2011): Pierre Bourdieu. 2. Aufl. Frankfurt/Main: Campus-Verlag.

Bartel, Louisa (2009): Prof. Dr. Gertrude Lübbe-Wolff, Richterin des Bundesverfassungsgerichts. In: djbZ 4, S. 212-216.

Barthes, Roland (1964): Mythen des Alltags. Frankfurt/Main: Suhrkamp.

Batisweiler, Claudia (2012): Geschlechterpolitik an Hochschulen: Perspektivenwechsel. Zwischen Frauenförderung und Gender Mainstreaming. Opladen: Leske + Budrich.

Battis, Ulrich/Schultz, Ulrike (Hrsg.) (1990): Frauen im Recht. Heidelberg: C.F. Müller.

Baus, Magdalena (1994): Professorinnen an deutschen Universitäten. Analyse des Berufserfolgs. Heidelberg: R. Asanger.

Beaufaÿs, Sandra (2003): Wie werden Wissenschaftler gemacht? Beobachtungen zur wechselseitigen Konstitution von Geschlecht und Wissenschaft. Bielefeld: transcript Verlag.

Beaufaÿs, Sandra (2004): Wissenschaftler und ihre alltägliche Praxis. Ein Einblick in die Geschlechterordnung des wissenschaftlichen Feldes. In: Forum Qualitative Social Research, 5/, Art. 10. http://www.qualitative-research.net/index.php/fqs/article/view/613/1327

Beaufaÿs, Sandra (2012): Zugänge zur Promotion. Welche selektiven Mechanismen enthält die wissenschaftliche Praxis? In: Huber, Nathalie/Schelling Anna/Hornbostel Stefan (Hrsg.): Der Doktortitel zwischen Status und Qualifikation. 12. Berlin: Institut für Forschungsinformation und Qualitätssicherung, S. 163-172.

Beaufaÿs, Sandra/Engels, Anita/Kahlert, Heike (Hrsg.) (2012): Einfach Spitze? Neue Geschlechterperspektiven auf Karrieren in der Wissenschaft. Frankfurt/New York: Campus.

Beaufaÿs, Sandra/Krais, Beate (2005): Doing science - doing gender: Die Produktion von WissenschaftlerInnen und die Reproduktion von Machtverhältnissen im wissenschaftlichen Feld. In: Feministische Studien, 23/1, S. 82-99.

Becher, Tony/Trowler Paul R. (2001): Academic tribes and territories. Intellectual enquiry and the cultures of disciplines. 2nd edition. Milton Keynes, Bristol: Open University Press.

Becker, Ruth/Kortendiek, Beate (Hrsg.) (2004): Handbuch Frauen- und Geschlechterforschung. Theorie, Methoden, Empirie. Wiesbaden: VS Verlag für Sozialwissenschaften.

Becker-Schmidt, Regina (2004): Doppelte Vergesellschaftung von Frauen: Divergenzen und Brückenschläge zwischen Privat- und Erwerbsleben. In: Becker, Ruth/Kortendiek, Beate (Hrsg.) (2004): Handbuch Frauen- und Geschlechterforschung. Theorie, Methoden, Empirie. Wiesbaden: VS Verlag für Sozialwissenschaften, S. 62-71.

Beck-Gernsheim, Elisabeth (2008): Vom „Dasein für andere" zum Anspruch auf ein Stück „eigenes Leben": Individualisierungsprozesse im weiblichen Lebenszusammenhang. In: Wilz, Sylvia Marlene (Hrsg.): Geschlechterdifferenzen - Geschlechterdifferenzierungen. Ein Überblick über gesellschaftliche Entwicklungen und theoretische Positionen. Wiesbaden: VS Verlag für Sozialwissenschaften, S. 19-62.

Bendel, Carolin (2007): Die deutsche Frau und ihre Rolle im Nationalsozialismus. In: Zukunft braucht Erinnerung. Das Online-Portal zu den historischen Themen unserer Zeit. http://www.zukunft-braucht-erinnerung.de/die-deutsche-frau-und-ihre-rolle-im -nationalsozialismus/#_ftn2

Benninghaus, Hans (2007): Deskriptive Statistik. Eine Einführung für Sozialwissenschaftler. 11. Aufl. Wiesbaden: VS Verlag für Sozialwissenschaften.

Berghahn, Sabine (2013): Berufungsverfahren – das Nadelöhr zur Professur. In: Rechtshandbuch für Frauen- und Gleichstellungsbeauftragte. In: Berghahn, Sabine/ Schultz, Ulrike (Hrsg.): Rechtshandbuch für Frauen- und Gleichstellungsbeauftragte. Hamburg: Dashöfer.

Bergmann, Jörg (1987): Klatsch: Zur Sozialform der diskreten Indiskretion. Berlin, New York: de Gruyter.

Berneike, Christiane (1995): Die Frauenfrage ist Rechtsfrage. Die Juristinnen der deutschen Frauenbewegung und das Bürgerliche Gesetzbuch. Baden-Baden: Nomos.

Blankenburg, Erhard/Schultz, Ulrike (1988): German Advocates: A Highly Regulated Profession. In: Abel, Richard/Lewis, Philip (Hrsg.): Lawyers in Society. Bd. 2: The Civil Law World. Berkeley, Los Angeles, London: University of California Press, S. 124-159.

Bleek, Wilhelm (1972): Von der Kameralausbildung zum Juristenprivileg. Studium, Prüfung und Ausbildung der höheren Beamten des allgemeinen Verwaltungsdienstes in Deutschland im 18. und 19. Jahrhundert. Berlin: Colloquium.

Blomeyer, Christian (2007): Professorenbesoldung. Hamburg: Dashöfer.

BLK (2005): Frauen in Führungspositionen an Hochschulen und außerhochschulischen Forschungseinrichtungen – Neunte Fortschreibung des Datenmaterials. Materialien zur Bildungsplanung und zur Forschungsförderung. Bonn, Nr. 129/2005). http://ww w.blk-bonn.de/papers/heft129.pdf

Blome, Eva/Erfmeier, Eva/Gülcher, Nina/Smykalla, Sandra (2013): Handbuch zur Gleichstellungspolitik an Hochschulen. Von der Frauenförderung zum Diversity Management? Wiesbaden: VS Verlag für Sozialwissenschaften.

Blossfeld, Hans-Peter/Bos, Wilfried/Hannover, Bettina/Lenzen, Dieter/Müller-Böling, Detlef/Prenzel, Amfred/Wößmann, Ludger (2009): Geschlechterdifferenzen im Bildungssystem. Jahresgutachten 2009. Wiesbaden: VS Verlag.

BMBF (Hrsg.) (2010): Kinder – Wunsch und Wirklichkeit in der Wissenschaft. Forschungsergebnisse und Konsequenzen. Bonn und Berlin.

BMFSFJ (Hrsg.) (2009): Informationen für Personalverantwortliche – Familienfreundliche Maßnahmen in Unternehmen. Berlin.

BMFSFJ (2012): Aktionärinnen fordern Gleichberechtigung. Ziele, Strategien und Maßnahmen für mehr Frauen in Führungspositionen. Berlin.

Bochow, Michael/Joas, Hans (1987): Wissenschaft und Karriere. Der berufliche Verbleib des akademischen Mittelbaus. Frankfurt: Campus.

Bock, Ulla (1997): „... wir hatten Frauen als Vorbilder, ein nicht zu unterschätzender Vorteil" – Zur Bedeutung weiblicher Vorbilder und Mentorinnen für Nachwuchswissenschaftlerinnen. In: Feministische Studien, 15/2, S. 100-108.

Boedeker, Elisabeth/Meyer-Platz, Maria (1974): 50 Jahre Habilitation in Deutschland. Göttingen: Otto Schwartz.

Böge, Sybille (1994): Ungleiche Chancen, gleiches Recht zu vertreten: Zur beruflichen Situation von Frauen in der Juristenschaft. In: Stein, Ruth Heidi/Wetterer, Angelika (Hrsg.): Studierende und studierte Frauen: Ein ost-westdeutscher Vergleich. Kassel: Jenior und Pressler.

Böhm, Andreas (2003): Theoretisches Codieren: Textanalyse in der Grounded Theory. In: Flick, Uwe/von Kardoff, Ernst/Steinke, Ines (Hrsg.): Qualitative Forschung: ein Handbuch. Reinbek bei Hamburg: Rowohlt, S. 475-485.

Böhm, Reglindis (1987a): „Männer richten nach Gründen, des Weibes Urteil ist seine Liebe." Über den zähen Kampf der Frauen um das Richteramt und gegen die hartnäckig wiederholten Stereotypen. In: Frankfurter Rundschau Nr. 242 v. 19.10.1987, S. 10.

Böhm, Reglindis (1987b): Der Kampf um die Zulassung der Frauen als Rechtanwältinnen und zum Richteramt. Historische Sicht unter Betrachtung gegenwärtiger beschäftigungspolitischer Tendenzen. In: Hessisches Ministerium der Justiz (Hrsg.): Frauen in juristischen Berufen – ein Brevier für Referendare und Referendarinnen. Wiesbaden, S. 11-19 und DRiZ 1986, S. 366-368.

Böning, Anja (2013): Nicht für das Examen lernen wir? Über die Sozialisations- und Disziplinierungseffekte juristischer Prüfungen. In: Brockmann, Judith/ Pilniok, Arne (Hrsg.): Prüfen in der Rechtswissenschaft: Probleme, Praxis und Perspektiven. Baden-Baden: Nomos, S. 159-176.

Böning, Anja (2014a): Zwischen Mythos, Magie und Modernisierung – Neue Perspektiven auf die Juristenausbildung. In: Hochschulrektorenkonferenz (Hrsg.): Juristenausbildung heute: Zwischen Berlin und Bologna. Bonn 2014, S. 20 f.

Böning, Anja (2014b): Wolfgang Schüttes „Einübung des juristischen Denkens" in der Re-Lektüre: Ein kritischer Blick auf die juristische Ausbildung nach 30 Jahren. In: Brockmann, Judith/Pilniok, Arne (Hrsg.): Studieneingangsphase in der Rechtswissenschaft. Baden-Baden: Nomos, S. 260-273.

Böning, Anja (2014c): Rechtswissenschaft, juristische Ausbildung und soziologische Praxis – Eine Theorieübung mit Bourdieu. In: Zeitschrift für Didaktik der Rechtswissenschaft 3/2014, S. 195-211.

Böning, Anja (2016): Academic Education and Socialisation. In: Klink, Bart van/ Vries, Bald de (Hrsg.): Academic Teaching in Law: Theoretical Positions, Teaching Experiments and Learning Experiences. Cheltenham, UK/Northampton, MA, USA: Edward Elgar, S. 58-78.

Böning, Anja (2017): Jura studieren. Eine explorative Untersuchung im Anschluss an Pierre Bourdieu. Weinheim/Basel: Beltz Juventa.

Böttger, Barbara (1990): Das Recht auf Gleichheit und Differenz. Elisabeth Selbert und der Kampf der Frauen um Art. 3.2 Grundgesetz. Münster: Westfälisches Dampfboot.

Bogner, Ralf Georg (2006): Der Autor im Nachruf: Formen und Funktionen der literarischen Memorialkultur von der Reformation bis zum Vormärz. Berlin: de Gruyter.

Bogumil, Jörg/Werner, Jann (2009): Verwaltung und Verwaltungswissenschaft in Deutschland. Einführung in die Verwaltungswissenschaft. 2. Aufl. Wiesbaden: VS-Verlag für Sozialwissenschaften.

Bornmann, Lutz/Mutz, Rüdiger/Daniel, Hans-Dieter (2007): Gender Differences in Grant Peer Review: A meta-analysis. In: Journal of Informetrics, 1/3, S. 226-238.

Both, Alix (2013): Muss ich das alles lesen, Frau Professor? Unerhörtes aus dem Uni-Alltag. Berlin: Ullstein.

Bourdieu, Pierre (1988): Homo academicus. Frankfurt/Main: Suhrkamp.

Bourdieu, Pierre/Passeron, Jean-Claude (1971): Die Illusion der Chancengleichheit. Untersuchungen zur Soziologie des Bildungswesens am Beispiel Frankreichs: Tl. II: Die Aufrechterhaltung der Ordnung. Stuttgart: Klett.

Boyle, Elizabeth Heger/Meyer, John W. (2005): Das moderne Recht als säkularisiertes globales Modell: Konsequenzen für die Rechtssoziologie. In: Meyer, John W. (Hrsg.): Weltkultur. Wie die westlichen Prinzipien die Welt durchdringen. Frankfurt/Main: Suhrkamp, S. 179-211.

Braun, Friederike (2003): Rechtssprache – gerechte Sprache. In: MGSFF NRW (Hrsg.): Handbuch Frauen und Recht (zusammengestellt von Ulrike Schultz). Düsseldorf, S. 128-141.

Brockliss, Laurence (1996): Lehrpläne. In: Rüegg, Walter (Hrsg.): Geschichte der Universität in Europa. Bd. II: Von der Reformation zur Französischen Revolution (1500-1800). München: Beck Verlag, S. 451-494.

Brockmann, Judith/Dietrich, Jan-Hendrik/Pilniok, Arne (2009): Von der Lehr- und Lernorientierung – auf dem Weg zu einer rechtswissenschaftlichen Fachdidaktik. In: JURA, 31/8, S. 579-585.

Brüsemeister, Thomas (2000): Qualitative Sozialforschung. Ein Überblick. Wiesbaden: Westdeutscher Verlag.

Brugger, Pia/Threin, Marco/Wolters, Miriam (2012): Hochschulen auf einen Blick. Statistisches Bundesamt (Hrsg.). Wiesbaden.

Bryde, Brun-Otto (2000): Juristensoziologie. In: Dreier, Horst (Hrsg.): Rechtssoziologie am Ende des 20. Jahrhunderts. Gedächtnissymposium für Edgar Michael Wenzer. Tübingen: Mohr Siebeck, S. 137-155.

Bryde, Brun-Otto (2002): Rechtssoziologische Anmerkungen zur Diskussion über die Reform der Juristenausbildung. In: Strempel, Dieter/Rasehorn, Theo (Hrsg.): Empirische Rechtssoziologie. Baden-Baden: Nomos, S. 213-222.

Buber-Enser, Isabella/Berghammer/Prskawetz, Alexia (2011). Doing science, forgoing childbearing? Evidence from a sample of female scientists in Austria. Institut für Demographie (VID) der österreichischen Akademie der Wissenschaften (ÖAW). Working Paper 1/2011.

Budde, Gunilla-Friederike (2003): Frauen der Intelligenz. Akademikerinnen in der DDR. 1945 bis 1975. Göttingen: Vandenhoeck und Rupprecht.

Budde, Jürgen (2008): Bildungs(miss)erfolge von Jungen und Berufswahlverhalten bei Jungen/männlichen Jugendlichen. Bildungsforschung Band 23. Bonn, Berlin: BMBF.

Büchler, Andrea/Cottier, Michelle (2012): Legal Gender Studies – Rechtliche Geschlechterstudien. Eine kommentierte Quellensammlung. Baden-Baden: Nomos.

Bülow-Schramm, Margret/Martens, Bernd/Nullmeier, Frank (1987): Akademiker und akademische Angelernte. Wandlungsprozesse im beruflichen Handeln von Wirtschafts-, Sozial- und Rechtswissenschaftlern. Frankfurt u.a.: Campus.

Bultmann, Torsten (Hrsg.) (2008): Prekarisierung der Wissenschaft. Berlin: Dietz Verlag.

Burkhardt, Anke/Schlegel, Uta (Hrsg.) (2003): Warten auf Gender Mainstreaming. Gleichstellungspolitik im Hochschulbereich (= die hochschule 2/2003). Halle Wittenberg: HoF.

Burren, Susanne (2010): Die Wissenskultur der Betriebswirtschaftslehre: Aufstieg und Dilemma einer hybriden Disziplin. Bielefeld: Transcript.

Butz, Cornelie (1992): Die Juristenausbildung an den preußischen Universitäten Berlin und Bonn zwischen 1810 und 1850: ein Studienfach im Spannungsfeld zwischen neuhumanistischem Bildungsideal und Praxisnähe. Berlin: Freie Universität, Diss.

Campe, Joachim Heinrich: Vaeterlicher Rath für meine Tochter. Braunschweig 1796 [Nachdruck Paderborn 1988]. Erstdruck: Braunschweig (Schulbuchhandlung) 1789. Permalink: http://www.zeno.org/nid/20003603741

Chapman, Cynthia R. (2012): "Oh that you were like a brother to me, one who had nursed at my mother's breasts." Breast Milk as a Kinship-Forging Substance. In: Journal of Hebrew Scriptures, 12/7, S. 1-41.

Charmaz, Kathy (2000): Grounded theory: objectivist and constructivist methods. In: Norman K. Denzin/ Lincoln, Yvonna S. (Hrsg.): Handbook of qualitative research. Sage: Thousand Oaks, CA.

Charmaz, Kathy (2006): Constructing Grounded Theory. A practical guide through qualitative Analysis. Sage Publishing: Thousand Oaks.

Chebout, Lucy/Gather, Selma/Valentiner, Dana-Sophia (2016): Sexismus in der juristischen Ausbildung. Ein #Aufschrei dreier Nachwuchswissenschaftlerinnen. In: djbZ, S. 190-193.

Clark, Burton (1983): The higher education system. Academic institutions in cross-national perspective. Berkeley, Los Angeles, London: University of California Press.

Coester-Waltjen, Dagmar (2013): Magdalene Schoch – Wissenschaftliches Werk. Festakt zu Ehren von Magdalene Schoch. In: djbZ, S. 34-38.

Collier, Richard (1991): Masculinism, Law and Teaching. In: International Journal of the Sociology of Law, 19/91, S. 427-451.

Collier, Richard (1998a): (Un)sexy Bodies: The making of professional masculinities. In: McGlynn, Claire (Hrsg.): Legal Feminism: Theory and Practice. Ashgate, Aldershot: Dartmouth.

Collier, Richard (1998b): "Nutty Professors", "Men in Suits" and "New Entrepreneurs": corporeality, subjectivity and change in the law school and legal practice. In: Social and Legal Studies, 7/1, S. 27-53.

Collier, Richard (2002): The Changing University and the (Legal) Academic Career – rethinking the relationship between women, men and the "private life" of the law school. In: Legal Studies, 22/1, S. 1-32.

Collier, Richard (2010): Men, Law and Gender. Essays on the 'man' of law. Abingdon, New York: Routledge.

Connell, Raewyn W./Messerschmidt, James W. (2005): Hegemonic Masculinity. Rethinking the Concept. In: Gender & Society, 19/6, S. 829-859.

Connell, Robert William (1999): Der gemachte Mann. Konstruktion und Krise von Männlichkeiten. Opladen: Leske + Budrich.

Cordes, Oda (2012): Frauen als Wegbereiter des Rechts: Die ersten deutschen Juristinnen und ihre Reformforderungen in der Weimarer Republik. Hamburg: Diplomica Verlag.

Cordes, Oda (2015): Marie Munk (1885-1978): Leben und Werk (Rechtsgeschichte und Geschlechterforschung). Köln: Böhlau.

Cornel, Heinz (2016): Monika Frommel zum 70. Geburtstag. In: Neue Kriminalpolitik, 28/3, S. 227.

Costas, Ilse/Roß, Bettina (2002): Die ersten Frauen an der Universität Göttingen. Pionierinnen gegen die immer noch bestehende Geschlechterhierarchie. In: Feministische Studien, 1, S. 23-39.

Cownie, Fiona (1998): Women legal academics – A new research agenda? In: Journal of Law and Society, 25/1, S. 102-115.

Cownie, Fiona (1999) (Hrsg.): The Law School: Global Issues, Local Questions. Ashgate, Aldershot: Dartmouth.

Cownie, Fiona (2000): Women in the Law School – Shoals of Fish, Starfish or Fish Out of Water? In: Thomas, Philip (Hrsg.): Discriminating Lawyers. London: Cavendish Publishing.

Dahlerup, Drude (2006): The Story of the Theory of Critical Mass. In: Politics & Gender, 2/4, S. 511-522.

Dahmen, Jennifer/Thaler Anita (Hrsg.) (2017): Soziale Geschlechtergerechtigkeit in Wissenschaft und Forschung. Opladen: Barbara Budrich.

Dahrendorf, Ralf (1962): Ausbildung einer Elite. Die deutsche Oberschicht und die juristischen Fakultäten. In: Der Monat, 166, S. 15-22.

Dahrendorf, Ralf (1965): Gesellschaft und Demokratie in Deutschland. München/ Zürich: Piper.

Daston, Lorraine (1992): Objectivity and the escape from perspective. In: Social Studies of Science, 22/4, S. 597-618.

Daston, Lorraine (2001): Wunder, Beweise und Tatsachen. Zur Geschichte der Rationalität. Frankfurt/Main: Fischer Taschenbuch Verlag.

Daston, Lorraine (2004): Die wissenschaftliche Persona. Arbeit und Berufung. In: Wobbe, Teresa (Hrsg.): Zwischen Vorderbühne und Hinterbühne. Beiträge zum Wandel der Geschlechterbeziehungen in der Wissenschaft vom 17. Jahrhundert bis zur Gegenwart. Bielefeld: transcript Verlag, S. 109-136.

Dausien, Bettina (2004): Biografieforschung: Theoretische Perspektiven und methodologische Konzepte für eine rekonstruktive Geschlechterforschung. In: Becker, Ruth/ Kortendiek, Beate (Hrsg.) (2004): Handbuch Frauen- und Geschlechterforschung. Theorie, Methoden, Empirie. Wiesbaden: VS Verlag für Sozialwissenschaften, S. 314-325.

Deigner, Angelika (2010): Recherche Spezial 06/2010: Fachinformationen zu aktuellen Themen. Das CEWS dokumentiert: Frauen in Wissenschaft und Forschung [2000-2010]. Bonn: GESIS. sowiport.gesis.org/Files/Research-Special_PDF/ RS_Frauen_Wissenschaft_Forschung.pdf.

Delfosse, Marianne (1994): Emilie Kempin-Spyri (1983-1901). Das Wirken der ersten Schweizer Juristin unter besonderer Berücksichtigung ihres Einsatzes für die Rechte der Frau im schweizerischen und deutschen Privatrecht. Zürich: Schulthess.

Deutscher Bundestag (2011): Geschlechtergerechtigkeit in Wissenschaft und Forschung. Drucksache 17/7756.

Deutscher Bundestag (2012): Frauen in Wissenschaft und Forschung – mehr Verbindlichkeit für Geschlechtergerechtigkeit. Drucksache 17/9978.

Deutscher Juristinnenbund (Hrsg.) (1984): Juristinnen in Deutschland. Eine Dokumentation (1900-1984). München: J. Schweitzer Verlag.

Deutscher Juristinnenbund (Hrsg.) (1989): Juristinnen in Deutschland. Eine Dokumentation. (1900-1989). 2. Aufl. Frankfurt a.M.: J. Schweitzer Verlag.

Deutscher Juristinnenbund (Hrsg.) (2003): Juristinnen in Deutschland. Die Zeit von 1900 bis 2003. 4. Aufl. Baden-Baden: Nomos.

Diezinger, Angelika (2004): Alltägliche Lebensführung: Die Eigenlogik alltäglichen Handelns. In: Becker, Ruth/ Kortendiek, Beate (Hrsg.): Handbuch Frauen- und Geschlechterforschung. Theorie, Methoden, Empirie. Wiesbaden: VS Verlag für Sozialwissenschaften, S. 204-208.

Dilcher, Gerhard (1986): Die preußischen Juristen und die Staatsprüfungen. Zur Entwicklung der juristischen Professionalisierung im 18. Jahrhundert. In: Kroeschell, Karl (Hrsg.): Festschrift für Hans Thieme zu seinem 80. Geburtstag. Sigmaringen: Thorbecke.

Djerassi, Carl (2004): Stammes Geheimnisse. Zwei Romane aus der Welt der Wissenschaft. 2. Aufl. Innsbruck: Haymon.

Döge, Peter (1999): Männlichkeit und Politik. Krise der fordistischen Naturverhältnisse und staatliche Forschungs- und Technologiepolitik in der Bundesrepublik Deutschland. Bielefeld: Kleine.

Dörre, Klaus/Neis, Matthias (2008): Geduldige Prekarier? Unsicherheit als Wegbegleiter wissenschaftlicher Karrieren. In: Lehre und Forschung, 10, S. 672-674.

489

Dressel, Gert/Langreiter, Nikola (2008): Wissenschaftlich Arbeiten – schneller, höher, weiter? Zum (Un-)Verhältnis von Arbeit und Freizeit in den (Kultur-)Wissenschaften. Forum Qualitative Sozialforschung / Forum: Qualitative Social Research, 9/1, Art. 38, http://nbn-resolving.de/urn:nbn:de:0114-fqs0801385.

Drexler, Peggy (2013): The Tyranny of Queen Bee. In: Wall Street Journal, 06.03.2013.

Duttge, Gunnar/Geilen, Gerd/Meyer-Gossner, Lutz/Warda (Hrsg.) (2002): Gedächtnisschrift für Ellen Schlüchter. Köln: Carl Heymanns.

Ebeling, Helga/Ritter, Claudia (2001): Frauen in Bildung und Forschung: Gender Mainstreaming. BMBF: Bonn.

Ebert, Ina (1995): Die Normierung der juristischen Staatsexamina und des juristischen Vorbereitungsdienstes in Preußen (1849-1934). Berlin: Duncker & Humblot.

Eckert, Jörn (1992): Was war die Kieler Schule? In: Franz Josef Säcker (Hrsg.): Recht und Rechtslehre im Nationalsozialismus. Baden-Baden: Nomos, S. 37-70.

Eggers, Susanne (1996): Die Stipendiat(in)förderung als Wissenschaftler(innen)förderung – Berufssoziologische Überlegungen zu einem ausgelagerten Schauplatz der Promotion. In: Kracke, Bärbel/Wild, Elke (Hrsg.): Arbeitsplatz Hochschule. Überlegungen und Befunde zur beruflichen Situation des wissenschaftlichen Nachwuchses. Heidelberg: Mattes, S. 159-170.

Eggert, Kerstin/Kääb, Ottheinz (2011): Berufseinstieg und Berufserfolg junger Rechtsanwältinnen und Rechtsanwälte – Juristische Ausbildung und Kanzleigründung. In: Mitteilungen der Bundesrechtsanwaltskammer, S. 9-12.

Eidmann, Dorothee (1986): Nachruf auf Beatrice Caesar-Wolf. In: Zeitschrift für Rechtssoziologie 7/1, S. 210.

Ekklesiandros, Julius Kyriandros (Ingeborg Puppe) (1999): Besorgter Brief an einen künftigen Strafrechtswissenschaftler. In: Goltdammer's Archiv für Strafrecht, GA, S. 409-415.

Elprana, Gwen/Gatzka, Magdalene/Stiehl, Sybille/Felfe, Jörg (2011): Führungsmotivation im Geschlechtervergleich – Aktuelle Ergebnisse aus dem Forschungsprojekt. http://www.career-women.org/dateien/dateien/fm_ergebnisse_2009_2011.pdf

Elprana, Gwen/Gatzka, Magdalene/Stiehl, Sybille/Felfe, Jörg (2012): Führungsmotivation: Eine Expertenperspektive zum Konstrukt und seiner Bedeutung. In: Report Psychologie, 37/5, S. 200-211.

Engelen, Eva-Maria/Kiesow, Rainer Maria (Hrsg.) (2005): Gesichter der Wissenschaft. Eine Studie über gesellschaftliche Klischees von Wissenschaft. Berlin: Berliner Wissenschaftsverlag.

Engels, Anita/Beaufaÿs, Sandra/Kegen, Nadine V./Zuber, Stephanie (2015): Bestenauswahl und Ungleichheit. Eine soziologische Studie zu Wissenschaftlerinnen und Wissenschaftlern in der Exzellenzinitiative. Frankfurt/Main et al.: Campus Verlag.

Engler, Steffani (1993): Fachkultur, Geschlecht und soziale Reproduktion. Eine Untersuchung über Studentinnen und Studenten der Erziehungswissenschaft, Rechtswissenschaft, Elektrotechnik und des Maschinenbaus. Weinheim: Deutscher Studien Verlag.

Engler, Steffani (1999): Hochschullehrer und die Herstellung von Geschlechtergrenzen: Der Empfang von Studentinnen und Studenten in Elektrotechnik und Erziehungswissenschaft. In: Neusel, Ayla/Wetterer, Angelika (Hrsg.): Vielfältige Verschiedenheiten. Geschlechterverhältnisse in Studium, Hochschule und Beruf. Frankfurt/Main: Campus, S. 107-132.

Engler, Steffani (2000): Zum Selbstverständnis von Professoren und der illusio des wissenschaftlichen Feldes. In: Krais, Beate (Hrsg.): Wissenschaftskultur und Geschlechterordnung. Über die verborgenen Mechanismen männlicher Dominanz in der akademischen Welt. Frankfurt/New York: Campus, S. 121-152.

Engler, Steffani (2001): In „Einsamkeit und Freiheit"? Zur Konstruktion der wissenschaftlichen Persönlichkeit auf dem Weg zur Professur. Konstanz: UVK.

Engler, Steffanie (2004): Habitus und sozialer Raum: Zur Nutzung der Konzepte Pierre Bourdieus in der Frauen- und Geschlechterforschung. In: Becker, Ruth/Kortendiek, Beate (Hrsg.): Handbuch Frauen- und Geschlechterforschung. Theorie, Methoden, Empirie. Wiesbaden: VS Verlag für Sozialwissenschaften, S. 222-233.

Engler, Steffani/Friebertshäuser, Barbara (1989): Zwischen Kantine und WG. Studienanfang in Elektrotechnik und Erziehungswissenschaften. In: Faulstich-Wieland, Hannelore (Hrsg.): Weibliche Identität. Dokumentation der Fachtagung der AG Frauenforschung in der Deutschen Gesellschaft für Soziologie. Hannover, S. 123-136.

Epstein, Cynthia Fuchs (1993): Women in Law. 2nd edition. Urbana/Chicago: University of Illinois Press.

von Erffa, Margarethe/Richarz-Simons (1929): Der weibliche Rechtsanwalt. In: Magnus, Julius: Die Rechtsanwaltschaft. Leipzig: W. Moeser, S. 471-485.

European Commission (Hrsg.) (2013): She Figures 2012, Gender in Research and Innovation, Statistics and Indicators. Brüssel.

Fabri, Ansgar/Brückner, Burkhart (2015): Kempin-Spyri, Emilie. In: Biographisches Archiv der Psychiatrie. www.biapsy.de/index.php/de/9-biographien-a-z/154-kempin-spyri-emilie

Fabricius, Dirk (1996): Selbst-Gerechtigkeit. Zum Verhältnis von Juristenpersönlichkeit, Urteilsrichtigkeit und „effektiver Strafrechtspflege". Baden-Baden: Nomos.

Fabricius-Brand, Margarete (2007): Professor Dr. Anne Eva Brauneck. In: Aktuelle Informationen des djb, 3, S. 53.

Fabricius-Brand, Margarete/Berghahn, Sabine/Sudhölter, Kristine (1986): Juristinnen. Berichte, Fakten, Interviews. 2. Aufl. Berlin: Elefanten-Press.

Färber, Christine (1994): Innenansichten. Studentinnen und Wissenschaftlerinnen an der Universität. Berlin: Trafo.

Färber, Christine (2000): Frauenförderung an Hochschulen. Neue Steuerungsinstrumente zur Gleichstellung. Frankfurt, New York: Campus.

Färber, Christine/Riedler, Ute (2016): Black Box Berufung. Strategien auf dem Weg zur Professur. 2. aktualisierte Aufl. Frankfurt, New York: Campus.

Färber, Christine/Spangenberg, Ulrike (2008): Wie werden Professuren besetzt? Chancengleichheit in Berufungsverfahren. Frankfurt, New York: Campus.

Felt, Ulrike/Nowotny, Helga/Taschwer, Klaus (1995): Wissenschaftsforschung. Eine Einführung. Frankfurt, New York: Campus.

Fichte, Johann Gottlieb (1793): Einige Vorlesungen über die Bestimmung des Gelehrten. Jena: Gabler.

Finley, Lucinda (1989): Breaking Women's Silence in Law: The Dilemma of the Gendered Nature of Legal Reasoning. In: 64 Notre Dame Law Review, 887, S. 886-910.

Fischer, Gerfried (Hrsg.) (2006): Der Bologna-Prozess an den juristischen Fakultäten. Baden-Baden: Nomos.

Flick, Uwe (2002): Qualitative Sozialforschung. Eine Einführung. Reinbek bei Hamburg: Rowohlt.

Flick, Uwe/ Kardoff, Ernst/ Steinke, Iris (Hrsg.) (2003): Qualitative Forschung. Ein Handbuch. Reinbek bei Hamburg: Rowohlt.

Floßmann, Ursula (1997): Recht, Geschlecht und Gerechtigkeit. Linzer Schriften zur Frauenforschung Bd. 5. Linz: Trauner Verlag.

Flume, Werner (1997): In memoriam Brigitte Knobbe-Keuk. In: Schön, Wolfgang (Hrsg.): Gedächtnisschrift für Brigitte Knobbe-Keuk. Köln: Otto Schmidt Verlag, S. 7-8.

Foelster, Uta/Stresemann, Christina (2002): Recht so, Jutta Limbach! Zum Abschied verfasst für die Präsidentin des Bundesverfassungsgerichts. Baden-Baden: Nomos.

Foljanty, Lena/Lembke, Ulrike (Hrsg.) (2012): Feministische Rechtswissenschaft. Ein Studienbuch. 2. Aufl. Baden-Baden: Nomos.

Foucault, Michel (1992): Die Ordnung des Diskurses. Frankfurt/Main: Fischer Taschenbuch Verlag.

Franzke, Astrid (2011): Aufstieg mit Hindernissen: Vom Post-Doc zur Professur. In: Blättel-Mink, Birgit/Franzke, Astrid/Wolde, Anja (Hrsg.): Gleichstellung im Reformprozess der Hochschulen. Sulzbach: Ulrike Helmer Verlag, S. 163-184.

Freund, Alexandra M. (2005): Das Bild von Wissenschaftlern in der Öffentlichkeit. Eine empirische Studie. In: Engelen, Eva-Maria/Kiesow, Rainer Maria (Hrsg.): Gesichter der Wissenschaft. Eine Studie über gesellschaftliche Klischees von Wissenschaft. Berlin: Berliner Wissenschafts-Verlag, S. 109-125.

Frevert, Ute (1991): Ehrenmänner. Das Duell in der bürgerlichen Gesellschaft, Beck: München.

Friebertshäuser, Barbara (1992): Übergangsphase Studienbeginn. Eine Feldstudie über Riten der Initiation in eine studentische Fachkultur. Weinheim: Juventa Verlag.

Fried, Johannes (1974): Die Entstehung des Juristenstandes im 12. Jahrhundert. Zur sozialen Stellung und politischen Bedeutung gelehrter Juristen in Bologna und Modena. Köln: Böhlau.

Friese, Martina (2005): Ute Gerhard: Verhältnisse und Verhinderungen. In: Löw, Martina/Mathes, Bettina (Hrsg.): Schlüsselwerke der Geschlechterforschung. Wiesbaden: VS Verlag für Sozialwissenschaften.

Galison, Peter/Stump, David J. (1996): The Disunity of Science. Boundaries, Contexts, and Power. Stanford: Stanford Univ. Press.

García y García, Antonio (1993): Die Rechtsfakultäten. In: Rüegg, Walter (Hrsg.): Geschichte der Universität in Europa. Bd. I: Mittelalter. München: Beck Verlag, S. 343-358.

Garfinkel, Harold (1967): Studies in Ethnomethodology. Cambridge: Polity Press.

Geertz, Clifford (1983): Dichte Beschreibungen. Beiträge zum Verstehen kultureller Systeme. Frankfurt/Main: Suhrkamp.

Geenen, Elke M. (1994): Blockierte Karrieren. Frauen in der Hochschule. Opladen: Leske + Budrich.

Geenen, Elke M. (2000): Akademische Karrieren von Frauen an wissenschaftlichen Hochschulen. In: Krais, Beate (Hrsg.): Wissenschaftskultur und Geschlechterordnung. Über die verborgenen Mechanismen männlicher Dominanz in der akademischen Welt. Frankfurt/Main: Campus, S. 83-106.

Geenen, Elke M. (2001): Zufall, Gelegenheit oder zähes Ringen um Anerkennung – Selbstinterpretation weiblicher Hochschulkarrieren bis zur Habilitation. In: Dokumentation der Tagung: Frauenkarrieren in der Wissenschaft – geplantes Risiko oder riskanter Plan? (Hrsg. vom Deutschen Hochschullehrerinnenbund). FU Berlin.

Geisel, Beatrix (1997): Klasse, Geschlecht und Recht: Vergleichende sozialhistorische Untersuchung der Rechtsberatungspraxis von Frauen- und Arbeiterbewegung (1894-1933). (Schriften zur Gleichstellung der Frau, Bd. 16). Baden-Baden: Nomos.

Geisel, Beatrix (2000): Patriarchale Rechtsnormen und Frauenrechtsschutzvereine. In: Frauen und Geschichte Baden-Württemberg e.V. (Hrsg.): 50 Jahre Grundgesetz. Menschen- und Bürgerrechte als Frauenrechte. Königstein/Taunus: Ulrike Helmer Verlag.

Gemeinsame Wissenschaftskonferenz (Hrsg.) (2008): Chancengleichheit in Wissenschaft und Forschung. Dreizehnte Fortschreibung des Datenmaterials (2007/2008) zu Frauen in Hochschulen und außerhochschulischen Forschungseinrichtungen. Materialen der GWK, Bonn: Nr. 7/2008) http://www.gwk-bonn.de/fileadmin/Papers/GWK-Heft-07-Chancengleichheit.pdf

Gemeinsame Wissenschaftskonferenz (Hrsg.) (2015): Chancengleichheit in Wissenschaft und Forschung. 20. Fortschreibung des Datenmaterials (2014/15) zu Frauen in Hochschulen und außerhochschulischen Forschungseinrichtungen. Materialen der GWK, Nr. 45/2015: Bonn. http://www.gwk-bonn.de/fileadmin/Papers/GWK-Heft-50-Chancengleichheit.pdf

Gerdes, Eugenia (2010): We did it our way. Motivations, satisfactions and accomplishments of senior academic women. In: Advancing Women in Leadership Journal, 30/21, S. 1-21.

Gerding, Masha (2013): Gleichstellung in Berufungsverfahren: Das Beispiel der Ruhr-Universität Bochum. In: Berghahn, Sabine/Schultz, Ulrike (Hrsg.), Rechtshandbuch für Frauen- und Gleichstellungsbeauftragte. Hamburg: Dashöfer.

Gerding, Masha/Steinweg, Nina (2012): Geschlechtergerechtigkeit in NRW-Berufungsverfahren im Spannungsfeld von Hochschulautonomie, Organisationskultur und Qualitätssicherung. In: Journal Netzwerk Frauen- und Geschlechterforschung NRW, 31, S. 25-36.

Gerhard, Ute (Hrsg.) (1999): Frauen in der Geschichte des Rechts. München: Beck.

Gerhard, Ute (2013): Die Frau als Rechtsperson – oder: Wie verschieden sind die Geschlechter? Einblicke in die Jurisprudenz des 19. Jahrhunderts. In: Zeitschrift der Savigny-Stiftung für Rechtsgeschichte, Germanistische Abteilung, 130/1, S. 281-304.

Gerhard, Ute/Limbach, Jutta (1988): Rechtsalltag von Frauen. Frankfurt/Main: Suhrkamp.

Gherardi, Silvia/Poggio, Barbara (2011): Creating and Recreating Gender Order in Organizations. In: Journal of World Business, 36/3, S. 245-259.

Gieryn, Thomas F. (1995): Boundaries of science. In: Jasanoff, Sheila/Markle, Gerold E./Petersen, James C./Pinch, Trevor (Hrsg.): Handbook of Science and Technology Studies. Beverly Hills: Sage, S. 393-443.

Gildemeister, Regine (2003): Geschlechterforschung (gender studies). In: Flick, Uwe/von Kardoff, Ernst/Steinke, Ines (Hrsg.): Qualitative Forschung ein Handbuch. Reinbek bei Hamburg: Rowohlt, S. 213-223.

Gildemeister, Regine (2004): Doing Gender: Soziale Praktiken der Geschlechterunterscheidung. In: Becker, Ruth/Kortendiek, Beate (Hrsg.): Handbuch Frauen- und Geschlechterforschung. Theorie, Methoden, Empirie. Wiesbaden: VS Verlag für Sozialwissenschaften, S. 132-140.

Gildemeister, Regine (2008): Soziale Konstruktion von Geschlecht: „Doing gender". In: Wilz, Sylvia Marlene (Hrsg.): Geschlechterdifferenzen - Geschlechterdifferenzierungen. Ein Überblick über gesellschaftliche Entwicklungen und theoretische Positionen. Wiesbaden: VS Verlag für Sozialwissenschaften, S. 167-198.

Gildemeister, Regine/Wetterer, Angelika (1992): Wie Geschlechter gemacht werden. Die soziale Konstruktion der Zwei-Geschlechtlichkeit und ihre Reifizierung in der Frauenforschung. In: Knapp, Gudrun-Axeli (Hrsg.): Traditionen. Brüche. Entwicklungen feministischer Theorie. (Forum Frauenforschung, Bd. 8) Freiburg: Kore Verlag, S. 201-254.

Gilligan, Carol (1984): Die andere Stimme: Lebenskonflikte und Moral der Frau. München: Piper. (English original version: In a Different Voice - Psychological Theory and Women's Development. 1982. Cambridge: Harvard University Press).

Gimbal, Anke (2014): Prof. Dr. Rosemarie Will, Humboldt-Universität zu Berlin. In: djbZ, 3, S. 139-142.

Gläser, Jochen/Laudel, Grit (2010): Experteninterviews und qualitative Inhaltsanalyse. Als Instrumente rekonstruierender Untersuchungen. 4. Aufl. Wiesbaden: VS Verlag für Sozialwissenschaften.

Glaser, Barney G. (1978): Theoretical Sensitivity. Advances in the Methodology of Grounded Theory. The Sociology Press: Mill Valley CA.

Glaser, Barney, G. (1992): Emergence vs forcing: Basics of grounded Theory. The Sociology Press: Mill Valley CA.

Glaser, Barney G./Strauss, Anselm L. (1967): The Discovery of Grounded Theory. Strategies for qualitative Research. London: Aldine Transaction.

Glaser, Barney G./Strauss, Anselm L. (1974): Interaktion mit Sterbenden. Göttingen: Vandenhoeck & Ruprecht.

Glaser, Edith (1992): Hindernisse, Umwege, Sackgassen. Die Anfänge des Frauenstudiums in Tübingen (1904-1934). Weinheim: Deutscher Studien Verlag.

Glazer-Raymo, Judith (1999): Shattering the Myths. Women in Academe. Baltimore: John Hopkins University Press.

Glei, Reinhold F. (Hrsg.) (2006): Die Sieben Freien Künste in Antike und Gegenwart. (Bochumer Altertumswissenschaftliches Colloquium 72). Trier: Wissenschaftlicher Verlag.

Goffman, Erving (1977/2001): Das Arrangement der Geschlechter. In: Goffman, Erving/Knoblauch, Hubert A. (Hrsg.): Interaktion und Geschlecht. 2. Aufl. Frankfurt/Main und New York: Campus, S. 105-158.

Grabrucker, Marianne (1993): Vater Staat hat keine Muttersprache. Frankfurt am Main: Fischer.

Grau, Alexander (2014): Asphaltsegler. Juristenmode - Der Bootsschuh. In: Legal Tribune Online vom 06.11.2014. http://www.lto.de/recht/feuilleton/f/jura-studium-mode-bootsschuh-segelschuh-top-sider-sperry-timberland/

Griffiths, Vivienne (2012): Women leaders in higher education: organizational cultures and personal resilience. In: Multidisciplinary Journal of Gender Studies, 1/1, S. 70-94.

Gröls, Marcel/Gröls, Tanja (2009): Ein Ranking juristischer Fachzeitschriften. In: JZ, 64/17, S. 40-48.

Gross, Christiane/Jungbauer-Gans, Monika/Kriwy, Peter (2008): Die Bedeutung meritokratischer und sozialer Kriterien für wissenschaftliche Karrieren – Ergebnisse von Expertengesprächen in ausgewählten Disziplinen. In: Beiträge zur Hochschulforschung, 30/4, S. 8-32.

Grosse, Daniel (2013): Juristische Promotionen. „Eine Zeit der wiederkehrenden Gefühlsschwankungen." In: Legal Tribune Online vom 28.08.2013. http://www.lto.de/recht/studium-referendariat/s/juristische-promotion-dissertation-themenwahl-wissenschaft-doktorvater/

Grundmann, Stefan/Riesenhuber, Karl (Hrsg.) (2007): Deutschsprachige Zivilrechtslehrer des 20. Jahrhunderts in Berichten ihrer Schüler. Eine Ideengeschichte in Einzeldarstellungen. Bd.1. Berlin: de Gruyter.

Grundmann, Stefan/Riesenhuber, Karl (Hrsg.) (2010): Deutschsprachige Zivilrechtslehrer des 20. Jahrhunderts in Berichten ihrer Schüler. Eine Ideengeschichte in Einzeldarstellungen. Bd. 2. Berlin: de Gruyter.

Günther, Susann/Gerstenmaier, Jochen (2005): Führungsfrauen im Management: Erfolgsmerkmale und Barrieren ihrer Berufslaufbahn. München: Ludwig-Maximilians-Universität, Department Psychologie, Institut für Pädagogische Psychologie. Forschungsbericht Nr. 175.

Hachmeister, Cort-Denis (2012): Einsam an der Spitze. Unterrepräsentanz von Frauen in der Wissenschaft aus Sicht von Professor(inn)en in den Naturwissenschaften. CHE Arbeitspapier Nr. 153.

Hadding, Walther (Hrsg.) (1999): Zivilrechtslehrer 1934/1935. Festgabe. Berlin, New York: de Gruyter.

Häberle, Peter (2010): Pädagogische Briefe an einen jungen Verfassungsjuristen. Tübingen: Mohr Siebeck.

Häberle, Peter/Kilian, Michael/Wolf, Heinrich Amadeus (Hrsg.) (2014): Staatsrechtslehrer des 20. Jahrhunderts: Deutschland – Österreich – Schweiz. Berlin, New York: de Gruyter.

Häntzschel, Hiltrud (1997a): Frauen jüdischer Herkunft an bayerischen Universitäten. Zum Zusammenhang von Religion, Geschlecht und Rasse. In: Häntzschel, Hiltrud/ Bussmann, Hadumod (Hrsg.): Bedrohlich gescheit. Ein Jahrhundert Frauen und Wissenschaft in Bayern. München: Beck, S. 105-136.

Häntzschel, Hiltrud (1997b): Justitia – eine Frau? Bayerische Positionen einer Geschlechterdebatte. In: Häntzschel, Hiltrud/Bussmann, Hadumod (Hrsg.): Bedrohlich gescheit. Ein Jahrhundert Frauen und Wissenschaft in Bayern. München: Beck, S. 194-213.

Häntzschel, Hiltrud/Bussmann, Hadumod (Hrsg.) (1997): Bedrohlich gescheit. Ein Jahrhundert Frauen und Wissenschaft in Bayern. München: Beck.

Häuptle-Barceló, Marianne/Glaser, Brigitte (1996): Unterrichten Frauen anders als Männer? Ergebnisse einer Umfrage zur Rezeption geschlechtsspezifischer Unterrichtsstile und -themen im Fremdsprachenstudium. In: Neusprachliche Mitteilungen aus Wissenschaft und Praxis, 49/1, S. 32-34.

Hagemann-White, Carol (1993): Die Konstrukteure von Geschlecht auf frischer Tat ertappen? Methodische Konsequenzen einer theoretischen Einsicht. In: Feministische Studien, 11/2, S. 68-78.

Harding, Sandra G. (1994): Das Geschlecht des Wissens. Frauen denken die Wissenschaft neu. Frankfurt/Main, New York: Campus.

Hartmann, Michael (1990): Notwendig, aber nicht hinreichend – Soziale Herkunft als berufliches Selektionskriterium. In: Zeitschrift für Sozialisationsforschung und Erziehungssoziologie, 10/3, S. 218-234.

Hartmann, Michael (2001): Klassenspezifischer Habitus oder exklusive Bildungstitel als soziales Selektionskriterium? Die Besetzung von Spitzenpositionen in der Wirtschaft. In: Krais, Beate (Hrsg.): An der Spitze. Von Eliten und herrschenden Klassen. Konstanz: UVK, S. 157-215.

Hartmann, Michael (2002): Der Mythos von den Leistungseliten. Spitzenkarrieren und soziale Herkunft in Wirtschaft, Politik, Justiz und Wissenschaft. Frankfurt a.M., New York: Campus.

Hartmann, Michael/Kopp, Johannes (2001): Elitenselektion durch Bildung oder durch Herkunft? Promotion, soziale Herkunft und der Zugang zu Führungspositionen in der deutschen Wirtschaft. In: Kölner Zeitschrift für Soziologie und Sozialpsychologie 53/3, S. 436-466.

Hartstang, Gerhart (1986): Der deutsche Rechtsanwalt. Rechtsstellung und Funktion in Vergangenheit und Gegenwart. Heidelberg: C.F. Müller.

Hasler, Eveline (1991): Die Wachsflügelfrau. 13. Aufl. Zürich: Nagel & Kimche.

Hassauer, Friederieke (1994) Homo academica. Geschlechterkontrakte, Institution und die Verteilung des Wissens. Wien: Passagen.

Hasseln, Sigrun von (1984): Die Zulassung der Frau zum Richteramt – These des vierten Richtertages 1921. In: Deutsche Richterzeitung, S. 12.

Hassels, Angela/Hommerich, Christoph (1993): Frauen in der Justiz. Köln: Bundesanzeiger.

Hausen, Karin (1986): Warum Männer Frauen zur Wissenschaft nicht zulassen wollten. In: Hausen, Karin/Nowotny, Helga (Hrsg.): Wie männlich ist die Wissenschaft? Frankfurt/Main: Suhrkamp, S. 31-40.

Hausen, Karin/Nowotny, Helga (Hrsg.) (1986): Wie männlich ist die Wissenschaft? Frankfurt/Main: Suhrkamp.

Heintz, Bettina (1993): Wissenschaft im Kontext: neuere Entwicklungstendenzen der Wissenschaftssoziologie. In: Kölner Zeitschrift für Soziologie und Sozialpsychologie, 45/3, S. 528-552.

Heintz, Bettina (2000): Die Innenwelt der Mathematik. Zur Kultur und Praxis einer beweisenden Disziplin. Wien, New York: Springer Verlag.

Heintz, Bettina (2001): Geschlecht als (Un-)Ordnungsprinzip. Entwicklungen und Perspektiven der Geschlechtersoziologie. In: Heintz, Bettina (Hrsg.): Geschlechtersoziologie. Kölner Zeitschrift für Soziologie und Sozialpsychologie, Sonderheft 41, S. 9-29.

Heintz, Bettina (2003): Die Objektivität der Wissenschaft und die Partikularität des Geschlechts. Geschlechterunterschiede im disziplinären Vergleich. In: Wobbe, Theresa (Hrsg.): Zwischen Vorderbühne und Hinterbühne. Beiträge zum Wandel der Geschlechterbeziehungen in der Wissenschaft vom 17. Jahrhundert bis zur Gegenwart. Bielefeld: transcript Verlag, S. 211-238.

Heintz, Bettina (2008): Ohne Ansehen der Person? De-Institutionalisierungsprozesse und geschlechtliche Differenzierung. In: Wilz, Sylvia Marlene (Hrsg.): Geschlechterdifferenzen - Geschlechterdifferenzierungen. Ein Überblick über gesellschaftliche Entwicklungen und theoretische Positionen. Wiesbaden: VS Verlag für Sozialwissenschaften, S. 231-252.

Heintz, Bettina/Merz, Martina/Schumacher, Christina (2004): Wissenschaft, die Grenzen schafft. Geschlechterkonstellationen im disziplinären Vergleich. Bielefeld: transcript Verlag.

Heintz, Bettina/Nadai, Eva/Fischer, Regula/Ummel, Hannes (Hrsg.) (1997): Ungleich unter Gleichen. Studien zur geschlechtsspezifischen Segregation des Arbeitsmarktes. Frankfurt/New York: Campus.

Heintz, Bettina/Nadai, Eva (1998): Geschlecht und Kontext. De-Institutionalisierungsprozesse und geschlechtliche Differenzierung. In: Zeitschrift für Soziologie, 27/2, S. 75-93.

Heldrich, Andreas/Schmidtchen, Gerhard (1982). Gerechtigkeit als Beruf. Repräsentativumfrage unter jungen Juristen. München: Beck.

Hellemacher, Leo (2011): W-Besoldung, Bewertungssysteme und Akademische Selbstverwaltung. Studie des Hochschullehrerbundes - Landesverband NRW 2011/12, http://hlb-nrw.de/fileadmin/hlb-nrw/downloads/informationen/Ergebnispraesentation_hlbNRW-Studie_28-04-2012.pdf

Hellwege, Phillip/Dorfschmidt, Julia/Scharrer, Katharina/Benecke, Martina (2015): Frauen in den Rechtswissenschaften – Ergebnisse einer Augsburger Studie. In: Rechtswissenschaft, 3, S. 301-353.

Herbe, Daniel (2008): Hermann Weinkauff (1894-1981). Der erste Präsident des Bundesgerichtshofs. (Beiträge zur Rechtsgeschichte des 20. Jahrhunderts). Tübingen: Mohr Siebeck.

Herzberg, Rolf-Dietrich/Ipsen, Knut/Schreiber, Rolf (1999): Effizient studieren. Rechtswissenschaften. Edition MLP. Wiesbaden: Gabler.

Herzog, Felix/Schlothauer, Reinhold/Wohlers, Wolfgang/Wolter, Jürgen (Hrsg.) (2016): Rechtsstaatlicher Strafprozess und Bürgerrechte. Gedächtnisschrift für Edda Weßlau. (Schriften zum Strafrecht). Berlin: Duncker und Humblot.

Hilbig-Lugani, Katharina/Jakob, Dominique (Hrsg.) (2015): Zwischenbilanz: Festschrift für Dagmar Coester-Waltjen zum 70. Geburtstag. Bielefeld: Gieseking.

Hille, Nicola/Langer, Beate (2014): Geschlechtergerechte Personalentwicklung an Hochschulen – Maßnahmen und Herausforderungen. Baden-Baden: Nomos.

Hinz, Thomas/Röhl, Hans Christian (2016a): Geschlechterunterschiede in der Ersten juristischen Prüfung – Befunde und Hypothesen. In: JZ, 71/18, S. 874-880.

Hinz, Thomas/Röhl, Hans-Christian (2016b): Juristische Fakultäten in Baden-Württemberg. Wo studiert man am besten? In: VBlBW, 1, S. 20-23.

von Hippel, Theodor Gottlieb (1792): Über die bürgerliche Verbesserung der Weiber. Berlin: Voß.

Hirschauer, Stefan (1989): Die interaktive Konstruktion von Geschlechtszugehörigkeit. In: Zeitschrift für Soziologie, 18/2, S. 100-118.

Hirschauer, Stefan (1994): Die soziale Fortpflanzung der Zwei-Geschlechtlichkeit. In: Kölner Zeitschrift für Soziologie und Sozialpsychologie, 46/4, S. 668-692.

Hirschauer, Stefan/Amann, Klaus (1997): Die Befremdung der eignen Kultur. Frankfurt/Main: Suhrkamp.

Hochschulrektorenkonferenz (Hrsg.) (2011): Gute Lehre. Frischer Wind an deutschen Hochschulen. Projekt Nexus. Konzepte und gute Praxis für Studium und Lehre. Bonn.

Hochschulrektorenkonferenz (Hrsg.) (2014): Juristenausbildung heute. Zwischen Berlin und Bologna. Bonn.

Hoeren, Thomas (Hrsg.) (2015): Münsteraner Juraprofessoren. Münster: Aschendorff.

Hofbauer, Johanna (2012): Neue Geschlechterordnungen an Hochschulen? Zur theoretischen Fundierung einer empirischen Untersuchung im Sinne der Bourdieuschen Feldtheorie. In: Bernhard, Stefan/Schmidt-Wellenburg, Christian (Hrsg.): Feldanalyse als Forschungsprogramm 1: Der programmatische Kern. Wiesbaden: Springer VS, S. 427-451.

Hohmann-Dennhardt/Körner, Marita/Zimmer, Reingard (Hrsg.) (2010): Geschlechtergerechtigkeit: Festschrift für Heide Pfarr. Baden-Baden: Nomos.

Holst, Elke/Wiemer, Anita (2010): Zur Unterrepräsentanz von Frauen in Spitzengremien der Wirtschaft – Ursachen und Handlungsansätze. Berlin: DIW.

Holuschka, Elisabeth (2013): Wozu brauchen wir Internationalisierung? In: Wissenschaftsmanagement, 2, S. 40-41.

Holzbecher, Monika/Küllchen, Hildegard/Löther, Andrea (2002): Fach- und fakultätsspezifische Ursachen der Unterrepräsentanz von Frauen bei Promotionen. Bielefeld: IFF.

Holzleithner, Elisabeth (2002): Recht Macht Geschlecht. Wien: WUV Universitätsverlag.

Hommelhoff, Peter (2010): Markus Lutter (1930). In: Grundmann, Stefan/Riesenhuber, Karl (Hrsg.): Deutschsprachige Zivilrechtslehrer des 20. Jahrhunderts in Berichten ihrer Schüler. Eine Ideengeschichte in Einzeldarstellungen. Bd. 2. Berlin: de Gruyter, S. 97-125.

Hood, Christopher (1995): The New Public Management in the 1980s – Variations on a Theme. In: Accounting, Organizations and Society, 2/3, S. 93-109.

Hopf, Christel (2003): Qualitative Interviews – Ein Überblick. In: Flick, Uwe/von Kardoff, Ernst/Steinke, Ines (Hrsg.): Qualitative Forschung ein Handbuch. Reinbek bei Hamburg: Rowohlt, S. 349-360.

Hornscheidt, Lann (2015): Sprachliche Aspekte rechtlicher Gleichstellung. Zur Relevanz sprachlicher Veränderungen für anti-genderistische gesellschaftliche Veränderungen. In: Berghahn, Sabine/Schultz, Ulrike (Hrsg.): Rechtshandbuch für Frauen- und Gleichstellungsbeauftragte. Hamburg: Dashöfer.

Horstmann, Nina/ Hachmeister, Cort-Denis (2016): Anforderungsprofile für die Fächer im CHE Hochschulranking aus Professor(inn)ensicht. Arbeitspapier Nr. 194. Gütersloh: Centrum für Hochschulentwicklung (CHE). http://www.che.de/downloads/ CHE_AP_194_Anforderungsprofile_Studienfaecher.pdf

Huber, Michael (2012): Die Organisation Universität. In: Apelt, Maja/Tacke, Veronika (Hrsg.): Handbuch Organisationstypen. Wiesbaden: Springer Fachmedien, S. 239-252.

Huber, Ludwig/Liebau, Eckart/Portele, Gerard/Schütte, Wolfgang (1983): Fachcode und studentische Kultur: Zur Erforschung der Habitusausbildung in der Hochschule. In: Reflexionsprobleme der Hochschulforschung. Blickpunkt Hochschuldidaktik 75. Weinheim: Beltz, S. 144-170.

Huerkamp, Claudia (1993): Jüdische Akademikerinnen in Deutschland 1900-1938. In: Geschichte und Gesellschaft, 19/3, S. 311-331.

Huerkamp, Claudia (1996): Bildungsbürgerinnen. Frauen im Studium und in akademischen Berufen 1900-1945. Göttingen: Vandenhoek und Ruprecht.

Hüther, Otto/Krücken, Georg (2011): Wissenschaftliche Karriere und Beschäftigungsbedingungen. Organisationssoziologische Überlegungen zu den Grenzen neuer Steuerungsmodelle an deutschen Hochschulen. In: Soziale Welt, 62/3, S. 305-325.

Ipsen, Hans Peter (1993): Staatsrechtler unter dem Grundgesetz. Tagungen ihrer Vereinigung 1949-1992. Tübingen: Mohr.

Initiative für transparente Studienförderung (ItS) (Hrsg.) (2016): Stipendienstudie 2016. https://www.stiftung-mercator.de/de/publikation/stipendienstudie-2016/

Jacobeit, Sigrid (Hrsg.) (1994): Rita Sprengel. Lebenserinnerungen. Ostpreußen, Weimarer Republik, Ravensbrück, DDR, Die Wende. Berlin: Edition Hentrich.

Jacobeit, Sigrid (2010): Dr. sc. Rita Sprengel. In: Bircken, Margrid/Lüdecke, Marianne/Peitsch, Helmut (Hrsg.): Brüche und Umbrüche, Literatur und soziale Bewegungen. Potsdam: Universitätsverlag, S. 353-376.

Jakobs, Horst Heinrich (1997): In memoriam Brigitte Knobbe-Keuk. In: Schön, Wolfgang (Hrsg.): Gedächtnisschrift für Brigitte Knobbe-Keuk. Köln: Otto Schmidt Verlag, S. 9-46.

Jaksztat, Steffen/Schindler, Nora/Briedis, Kolja (2010): Wissenschaftliche Karrieren. Beschäftigungsbedingungen, berufliche Orientierungen und Kompetenzen des wissenschaftlichen Nachwuchses. Hannover: HIS Forum Hochschule 14/2010. http://www.dzhw.eu/pdf/pub_fh/fh-201014.pdf

Jorzik, Bettina, Hrsg. (2013): Charta guter Lehre. Grundsätze für eine bessiere Lehrkultur. Stifterverband für die Deutsche Wissenschaft.

Jungbauer-Gans, Monika/Gross, Christiane (2013): Determinants of Success in University Careers: Findings from the German Academic Labor Market. Erfolgsfaktoren in der Wissenschaft – Ergebnisse aus einer Habilitiertenbefragung an deutschen Universitäten. In: Zeitschrift für Soziologie 42/1, S. 74-92.

Jurczyk, Karin (2008): Geschlechterverhältnisse in Familie und Erwerb: Widersprüchliche Modernisierungen. In: Wilz, Sylvia Marlene (Hrsg.): Geschlechterdifferenzen - Geschlechterdifferenzierungen. Ein Überblick über gesellschaftliche Entwicklungen und theoretische Positionen. Wiesbaden: VS Verlag für Sozialwissenschaften, S. 63-104.

Jurczyk, Karin/Rerrich, Maria S. (1993): Die Arbeit des Alltags. Beiträge zu einer Soziologie der alltäglichen Lebensführung. Freiburg: Lambertus.

Jurczyk, Karin/Rerrich, Maria S. (2009): Erkenntnis und Politik: Alltägliche Lebensführung und Differenzen zwischen Frauen revisited. In: Aulenbacher, Brigitte/Riegraf, Birgit (Hrsg.): Erkenntnis und Methode. Geschlechterforschung in Zeiten des Umbruchs. Wiesbaden: VS Verlag für Sozialwissenschaften, S. 103-118.

Juristinnen Schweiz (Hrsg.) (2014): Juristinnen in der Schweiz: Anders! Bern: Edition Weblaws.

Kahlert, Heike (2003): Gender Mainstreaming an Hochschulen. Anleitung zum qualitätsbewussten Handeln. Opladen: Leske + Budrich.

Kahlert, Heike (2010): Triadische Karriereberatung in der Wissenschaft – ein neues Konzept der Politik der Chancengleichheit. In: Gender, 2, S. 69-86.

Kahlert, Heike (2012): Was kommt nach der Promotion? Karriereorientierungen und -pläne des wissenschaftlichen Nachwuchses im Fächer- und Geschlechtervergleich. In: Beaufaÿs, Sandra/Engels, Anita/Kahlert, Heike (Hrsg.): Einfach Spitze? Neue Geschlechterperspektiven auf Karrieren in der Wissenschaft. Frankfurt, New York: Campus, S. 57-86.

Kahlert, Heike (2013): Riskante Karrieren. Wissenschaftlicher Nachwuchs im Spiegel der Forschung. Opladen: Barbara Budrich.

Kahlert, Heike (2016): Wissenschaft als Beruf? Karriereorientierungen und -pläne des wissenschaftlichen Nachwuchses. Opladen: Barbara Budrich.

Kanter, Rosabeth Moss (1977/2013): Some Effects of Proportions on Group Life: Skewed Sex, Ratios and Responses to Token Women. In: Müller, Ursula/Riegraf, Birgit/Wilz, Sylvia Marlene (Hrsg.): Geschlecht und Organisation. Wiesbaden: VS Verlag für Sozialwissenschaften, S. 23-49.

Katz, Montana/Vieland, Veronica (1993): Uni-Knigge für Frauen. Wegweiser durch den patriarchalen Hochschuldschungel. Frankfurt, New York: Campus.

Katzenstein, Robert (1998): Ein bewegtes Leben ist zu Ende gegangen. UTOPIE kreativ, 91/92, S. 167-171.

Kaupen, Wolfgang (1969): Die Hüter von Recht und Ordnung. Neuwied: Luchterhand.

Kiegelmann, Mechthild (2000): Habilitation. Anmerkungen aufgrund einer empirischen Erhebung. In: Hochschule Ost, 3/4, S. 39-46.

Kilian, Matthias (2016): Juristische Repetitorien: Wissensvermittlung im Schatten der staatlichen Juristenausbildung. In: JZ, 71/18, S. 880-887.

Kilian, Matthias/Dreske, René (2016): Statistisches Jahrbuch Anwaltschaft 2015/16. Essen: Deutscher Anwaltverlag.

Kintzinger, Martin (2003): Wissen wird Macht. Bildung im Mittelalter. Ostfildern: Thorbecke.

Kirschbaum, Almut/Noeres, Dorothee/Flaake, Karin/Fleßner, Heike (2005): Promotionsförderung und Geschlecht. Zur Bedeutung geschlechtsspezifisch wirkender Auswahlprozesse bei der Förderung von Promotionen an niedersächsischen Hochschulen. Oldenburg: Bibliotheks- und Informationssystem der Universität.

Klausa, Ekkehard (1978): Die Prestigeordnung juristischer Fakultäten in der Bundesrepublik Deutschland und den USA, in: Kölner Zeitschrift für Soziologie und Sozialpsychologie, 30, S. 321-360.

Klausa, Ekkehard (1979): Politische Inhaltsanalyse von Rechtslehrertexten. In: Zeitschrift für Soziologie, 8/4, S. 362-379.

Klausa, Ekkehard (1981): Deutsche und amerikanische Rechtslehrer. Wege zu einer Soziologie der Jurisprudenz. Baden-Baden: Nomos.

Klecha, Stephan (2008): Die Beschäftigungssituation von wissenschaftlichem Nachwuchs. Wiesbaden: VS Verlag für Sozialwissenschaften.

Kleibert, Kristin (2010): Die Juristische Fakultät der Humboldt-Universität zu Berlin im Umbruch - Die Jahre 1948 bis 1951. (Berliner Juristische Universitätsschriften: Grundlagen des Rechts). Berlin: Berliner Wissenschafts-Verlag.

Kling, Gudrun (1999): Die rechtliche Konstruktion des „weiblichen Beamten". Frauen im öffentlichen Dienst des Großherzogtums Baden im 19. und frühen 20. Jahrhundert. In: Gerhard, Ute (Hrsg.): Frauen in der Geschichte des Rechts. München: Beck, S. 600-616.

Klocker, Natascha/Drozdzewski, Danielle (2012): How many papers is a baby worth? Commentary. In: Environment and Planning A, 44/6, S. 1271-1277.

Knorr-Cetina, Karin (1984): Die Fabrikation von Erkenntnis. Zur Anthropologie der Naturwissenschaft. 2. Aufl. Frankfurt/Main: Suhrkamp.

Knorr-Cetina, Karin (2002): Wissenskulturen – Ein Vergleich naturwissenschaftlicher Wissensformen. Frankfurt/Main: Suhrkamp.

Kodrè, Petra (1994): Der forsche Hansi und die entzückende Resi. Eine Analyse von Alltagssexismen am Beispiel eines Lehrbuches. Linz: Universitätsverlag R. Trauner.

Kolbeck, Thomas (1978): Juristenschwemmen. Frankfurt a.M.: Peter Lang.

Konferenz der Justizministerinnen und Justizminister, Ausschuss zur Koordinierung der Juristenausbildung (2011): Bericht über die Auswirkungen des Gesetzes zur Reform der Juristenausbildung – Fortsetzung der Evaluation (Januar 2007 bis Oktober 2010).

Konsortium Bundesbericht Wissenschaftlicher Nachwuchs (Hrsg.) (2013): Bundesbericht Wissenschaftlicher Nachwuchs. Bielefeld: Bertelsmann.

Korioth, Stefan (2006): Legal education in Germany today. In: Wisconsin International Law Journal, 24, S. 85-108.

Kortendiek, Beate/Hendrix, Ulla/Hilgemann, Meike/Niegel, Jennifer/Bünnig, Jenny/Conrads, Judith/Mauer, Heike (2016): Gender-Report 2016. Geschlechter(un)gerechtigkeit an nordrhein-westfälischen Hochschulen. Hochschulentwicklungen, Gleichstellungspraktiken, Gender Gap in der Hochschulmedizin. Studien Netzwerk Frauen- und Geschlechterforschung NRW, Nr. 25. Essen.

Kortendiek, Beate/Hilgemann, Meike/Niegel, Jennifer/Hendrix, Ulla (2013): Gender-Report 2013. Hochschulentwicklungen, Gleichstellungspraktiken, Wissenschaftskarrieren. Geschlechter(un)gerechtigkeit an nordrhein-westfälischen Hochschulen. Studien Netzwerk Frauen- und Geschlechterforschung NRW, Nr. 17. Essen.

Kotthoff, Helga (Hrsg.) (1988): Das Gelächter der Geschlechter: Humor und Macht in Gesprächen von Frauen und Männern. Frankfurt a.M.: Fischer Taschenbuch Verlag.

Kracke, Bärbel (1996): Arbeitsplatz Hochschule. Überlegungen und Befunde zur beruflichen Situation und Förderung des wissenschaftlichen Nachwuchses. Heidelberg: Mattes.

Kracke, Bärbel/Englich, Birte (1996): Vorbereitung auf die Professur? Erfahrungen von studentischen Hilfskräften am Arbeitsplatz Universität. In: Kracke, Bärbel/Wild, Elke (Hrsg.): Arbeitsplatz Hochschule. Überlegungen und Befunde zur beruflichen Situation und Förderung des wissenschaftlichen Nachwuchses. Heidelberg: Mattes Verlag.

Krais, Beate (2008): Wissenschaft als Lebensform: Die alltagspraktische Seite akademischer Karrieren. In: Haffner, Yvonne/Krais, Beate (Hrsg.): Arbeit als Lebensform? Beruflicher Erfolg, private Lebensführung und Chancengleichheit in akademischen Berufsfeldern. Frankfurt/Main: Campus, S. 177-211.

Krais, Beate (Hrsg.) (2001): An der Spitze. Von Eliten und herrschenden Klassen. Konstanz: UVK.

Krais, Beate (Hrsg.) (2000): Wissenschaftskultur und Geschlechterordnung. Über die verborgenen Mechanismen männlicher Dominanz in der akademischen Welt. Frankfurt/Main: Campus.

Kramer, Urs/Kuhn, Tomas/Putzke, Holm (2012): Fehler im Jurastudium – Ausbildung und Prüfung. Stuttgart: Boorberg.

Krechel, Ursula (2014): Landgericht. München: btb.

Kreckel, Reinhard (2011): „Universitäre Karrierestruktur als deutscher Sonderweg". In: Himpele, Klemens/Keller, Andreas/Ortmann, Alexandra (Hrsg.): Traumjob Wissenschaft? Karrierewege in Hochschule und Forschung. Bielefeld: Bertelsmann, S. 47-60.

Kreuzer, Arthur (2007): Zum Tode von Anne Eva Brauneck. In: Monatsschrift für Kriminologie und Strafrechtsreform, 90, S. 351-359.

Kreuzer, Arthur/Jäger, Herbert/Otto, Harro/Quensel, Stefan/Rolinski, Klaus (Hrsg.) (1999): Fühlende und denkende Kriminalwissenschaften: Ehrengabe für Anne-Eva Brauneck. Bonn: Forum Verlag Godesberg.

Kreuzer, Christine (Hrsg.) (2001): Frauen im Recht – Entwicklungen und Perspektiven. Baden-Baden: Nomos.

Krimmer, Holger et al. (2003): Karrierewege von ProfessorInnen an Hochschulen in Deutschland. In: Zeitschrift für Frauenforschung und Geschlechterstudien, 21/4, S. 18-33.

Krüger-Nieland, Gerda (1981): Hermann Weinkauff gestorben. In: NJW, S. 2235.

Krull, Gerrit/Lotze, Gerd/Schulz, Thorsten (2001): Studentische Lebenswelt. In: Hanf, Anke (Hrsg.): Grundbegriffe des Hochschulmanagements. Neuwied/Kriftel: Hermann Luchterhand Verlag, S. 436-442.

Kuczynski, Jürgen (1989): Alte Gelehrte. Berlin: Akademie-Verlag.

Kudlich, Bettina (2015): Juraprofessoren an der Universität Erlangen in den Jahren 1933-1945. Ausbildung und Forschung an der Juristischen Fakultät Erlangen im 3. Reich. Aachen: Shaker.

Künzel, Annegret (2012): Feministische Theorien und Debatten. In: Foljanty, Lena/Lembke, Ulrike (Hrsg.): Feministische Rechtswissenschaft. Ein Studienbuch. 2. Aufl. Baden-Baden: Nomos, S. 52-73.

Küper, Wilfried (Hrsg.) (1986): Heidelberger Strafrechtslehrer im 19. und 20. Jahrhundert. Heidelberg: C.F. Müller.

Kuhlmann, Ellen (2000): Der Wissenschaftsbetrieb als Arena der Geschlechterdifferenzierung: Arbeitsstrukturierung und Arbeitsinteressen in außeruniversitären Forschungsinstituten, Berlin: Wissenschaftszentrum Berlin für Sozialforschung.

Kunadt, Susann/Lipinsky, Anke/Löther, Andrea/Steinweg, Nina/Vollmer, Lina (2014): Gender in der Hochschulforschung: Status Quo und Perspektiven. In: Die Hochschule, 1, S. 106-117.

Kunze, Klarissa T. (2008): Der Mythos von der Chancengleichheit. Wie der Habitus die berufliche und soziale Laufbahn bestimmt. München: Akademische Verlagsgemeinschaft.

Kvale, Steinar (1972): Prüfung und Herrschaft. Hochschulprüfungen zwischen Ritual und Rationalisierung. Weinheim, Basel: Beltz.

Ladwig-Winters, Simone (2016): Das Ende eines Aufbruchs. Jüdische Juristinnen und Juristinnen jüdischer Herkunft nach 1933. Minderheitenerfahrung und weibliche Diskriminierung. Köln: Verlag Bundesanzeiger.

Lang, Sabine (1997): Wissenschaft als Arbeit – Arbeit als Wissenschaftlerin. Frankfurt/Main, New York: Campus.

Lange, Silvia/Lüpke, Nicola (1994): Diskriminierung von Frauen in Prüfungssituationen. Berlin: Trafo.

Lange-Vester, Andrea (2014): Ausschluss und Selbstausschluss – Selektion und soziale Ungleichheit in hochschulischen Übergängen. In: Banscherus, Ulf/Bülow-Schramm, Margret/Himpele, Klemens/Staack, Sonja/Winter, Sarah (Hrsg.): Übergänge im Spannungsfeld von Expansion und Exklusion. Eine Analyse der Schnittstellen im deutschen Hochschulsystem. Bielefeld: Bertelsmann, S. 193-209.

Latour, Bruno (1987): Laboratory Life: The Construction of Scientific Facts. Princeton, New Jersey: Princeton University Press.

Leemann, Regula Julia (2002): Chancenungleichheiten im Wissenschaftssystem. Wie Geschlecht und soziale Herkunft Karrieren beeinflussen. Chur: Rüegger.

Leemann, Regula Julia/Da Rin, Sandra/Boes, Stefan (2011): Katalysatoren und Handicaps wissenschaftlicher Karrieren von Frauen. In: Blättel-Mink, Birgit/Franzke, Astrid/Wolde, Anja (Hrsg.): Gleichstellung im Reformprozess der Hochschulen. Sulzbach: Ulrike Helmer Verlag, S. 123-142.

Leidner, Robin (2013, orig. 1991): Serving Hamburgers and Selling Insurance. In: Müller, Ursula/Riegraf, Birgit/Wilz, Sylvia Marlene (Hrsg.): Geschlecht und Organisation. Wiesbaden: VS Verlag für Sozialwissenschaften, S. 445-468.

Lembke, Ulrike (2013): Dank, Rückblick und Ausblick. Festakt zu Ehren von Magdalene Schoch. In: djbZ, S. 26-29.

Liebau, Eckart/Huber, Ludwig (1985): Die Kulturen der Fächer. In: Neue Sammlung, 25/3, S. 314-339.

Lijnden, Constantin Baron van (2014): Was macht gute Lehre aus? „Teach or terminate". (Interview mit Matthias Linden) In: Legal Tribune ONLINE, 31.07.2014. http://www.lto.de/persistent/a_id/12739

Lillis, Deirdre (2007): Engaging the academic heartland a key factor in the effectiveness of strategic planning and self study programs. 2nd European Quality Assurance Forum: Implementing and using quality assurance, strategy and practice, University La Sapienza, Rom, Italien, 15.-17.11.2007.

Limbach, Jutta (1986): Wie männlich ist die Rechtswissenschaft? In: Hausen, Karin/ Nowotny, Helga (Hrsg.): Wie männlich ist die Wissenschaft? Frankfurt/Main: Suhrkamp, S. 87-105.

Limbach, Jutta (1990): Die Frauenbewegung und die Entstehung des Bürgerlichen Gesetzbuches. In: Battis, Ulrich/Schultz, Ulrike (Hrsg.): Frauen im Recht. Heidelberg: C.F. Müller, S. 1-23.

Limbach, Jutta (1994): Was ist feministisch? In: Informationen für die Frau, S. 11-12.

Limbach, Jutta (1995a): Im Namen des Volkes – Richterethos in der Demokratie. In: DRiZ, 74, S. 425-430.

Limbach, Jutta (1995b): Der aufhaltsame Aufstieg der Frauen in der Wissenschaft. 2. unveränderte Aufl. Berlin: Freie Universität Berlin.

Lind, Inken (2004): Aufstieg oder Ausstieg? Karrierewege von Wissenschaftlerinnen. Ein Forschungsüberblick. Bielefeld: Kleine Verlag.

Lind, Inken (2008): Balancing Career and Family in Higher Education – New Trends and Results. In: Grenz, Sabine/Kortendiek, Beate/Kriszio, Marianne (Hrsg.): Gender Equality Programmes in Higher Education: International Perspectives. Berlin: VS Verlag für Sozialwissenschaften, S. 193-208.

Lind, Inken (2012): Mit Kindern auf dem Karriereweg – Wie kann Vereinbarkeit von Elternschaft und Wissenschaft gelingen? In: Beaufaÿs, Sandra/Engels, Anita/Kahlert, Heike (Hrsg.): Einfach Spitze? Neue Geschlechterperspektiven auf Karrieren in der Wissenschaft. Frankfurt/Main: Campus, S. 280-311.

Lind, Inken/Löther, Andrea (2007): Chancen für Frauen in der Wissenschaft – eine Frage der Fachkultur? Retrospektive Verlaufsanalyse und aktuelle Forschungsergebnisse. In: Revue suisse des sciences de l'éducation, 29/2, S. 249-271.

Lind, Inken/Löther, Andrea (Hrsg.) (2008): Wissenschaftlerinnen mit Migrationshintergrund. Bonn: CEWS Leibniz-Institut für Sozialwissenschaften Kompetenzzentrum Frauen in Wissenschaft und Forschung. http://nbn-resolving.de/urn:nbn:de:01 68-ssoar-233429

Lindemann, Ophelia (2009): Body Politics – Anwälte in Anzügen. In: Kritische Justiz, 42/1, S. 84-88.

Liu, Fuluk (2013): Frauen in der Rechtswissenschaft – Lebensläufe und Karrierewege der Jura-Professorinnen an der Universität Hamburg. In: Guhl, Anton F./Habscheidt, Malte/Jaeger, Alexandra (Hrsg.): Gelebte Universitätsgeschichte – Erträge jüngster Forschung. Eckart Krause zum 70. Geburtstag. Berlin/Hamburg: Dietrich Reimer Verlag, S. 163-180.

Lockhart, Elisabeth (Hrsg.) (2000): Feministische Wissenschaftskritik: Die Methode ist die Gretchenfrage. Frankfurt/Main: Zentrum für Frauenstudien und die Erforschung der Geschlechterverhältnisse.

Lönnecker, Harald (2013): „... der deutschen Studentenschaft und unserem Rechtsleben manchen Anstoß geben" – Zwischen Verein und Verbindung, Selbsthilfeorganisation und Studienvereinigung. Juristische Zusammenschlüsse an deutschen Hochschulen ca. 1870–1918. Aachen: Shaker.

Lucke, Doris (1996): Recht ohne Geschlecht? Zu einer Rechtssoziologie der Geschlechterverhältnisse. Pfaffenweiler: Centaurus.

Ludewig, Revital/Weislehner, Kathleen/Angehrn, Evelyne, Hrsg. (2007): Zwischen Recht und Gerechtigkeit. Richterinnen im Spiegel der Zeiten. Bern: Stämpfli.

Luhmann, Niklas (1988): Macht. 2. Aufl. Stuttgart: Enke.

Lutz, Philipp (2015): Die wichtigsten Schemata: Zivilrecht, Strafrecht, Öffentliches Recht. 8. Aufl. Altenberge: Verlag Jan Niederle.

Lynch, Michael (1985): Art and artifact in laboratory science: a study of shop work and shop talk in a research laboratory. London and Boston: Routledge & Kegan Paul.

Macha, Hildegard (2000): Erfolgreiche Frauen: Wie sie wurden, was sie sind. Frankfurt/Main und New York: Campus.

Macha, Hildegard (2013): Zwischenbericht der Universität Augsburg zur Umsetzung der Forschungsorientierten Gleichstellungsstandards der Deutschen Forschungsgemeinschaft. Augsburg.

Macha, Hildegard/Gruber, Susanne/Struthmann, Sandra (2011): Die Hochschule strukturell verändern. Gleichstellung als Organisationsentwicklung an Hochschulen. Opladen, Farmington Hills: Budrich Press.

Macha, Hildegard/Handschuh-Heiß, Stephanie/Magg-Schwarzbäcker, Marion/Gruber, Susanne (2010): Gleichstellung und Diversity an der Hochschule. Implementierung und Analyse des Gender Mainstreaming-Prozesses. Opladen, Farmington Hills: Budrich Press.

Macha, Hildegard/Klinkhammer, Monika (2000): Erfolgreiche Frauen. Wie sie wurden, was sie sind. Frankfurt/Main, New York: Campus.

Mai, Manfred (1989): Die Bedeutung des fachspezifischen Habitus von Ingenieuren und Juristen in der wissenschaftlichen Politikberatung. Frankfurt/Main: Verlag Peter Lang.

Majcher, Agnieszka/Zimmer, Annette (2004): Hochschule und Wissenschaft: Karrierechancen und Hindernisse für Frauen. In: Becker, Ruth/Kortendiek, Beate (Hrsg.): Handbuch Frauen- und Geschlechterforschung. Theorie, Methoden, Empirie. Wiesbaden: VS Verlag für Sozialwissenschaften, S. 590-596.

Majer, Diemut (2008): Frauen – Revolution – Recht: Die großen europäischen Revolutionen in Frankreich, Deutschland und Österreich 1789 bis 1918 und die Rechtsstellung der Frauen. Unter Einbezug von England, Russland, der USA und der Schweiz. Zürich, St. Gallen: Dike und Baden-Baden: Nomos.

Maliniak, Daniel/Powers, Ryan/Walter, Barbara F. (2013): The Gender Citation Gap in International Relations. In: International Organization, 67,4, S. 889–922.

Malli, Gerlinde (2003): Auf dem Weg ins Innere. In: Katschnig-Fasch, Elisabeth (Hrsg.): Das ganz alltägliche Elend. Begegnungen im Schatten des Neoliberalismus. Wien: Erhard Löcker, S. 171-181.

Mangold, Anna Katharina (2016): Nachhaltiges Gleichstellungsrecht für Hochschulen. In: CEWSjournal, 105, S. 49-56.

Marquardt, Helmut (1986): Hilde Kaufmann. Eine Skizze ihres Lebens und ihres wissenschaftlichen Werkes. In: Hirsch, Hans Joachim/Kaiser, Günther/Marquardt, Helmut (Hrsg.): Gedächtnisschrift für Hilde Kaufmann. Berlin, New York: de Gruyter, S. 1-17.

Matthies, Hildegard (2001): Karrieren und Barrieren im Wissenschaftsbetrieb. Geschlechterdifferente Teilhabechancen in außeruniversitären Forschungseinrichtungen. Berlin: Edition Sigma.

Matthies, Hildegard (2003): Gleichstellung in der Forschung. Organisationspraktiken und politische Strategien. Berlin: Edition Sigma.

Matthies, Hildegard (2016): Akademischer Hazard und berufliche Identitäten. In: Berli, Oliver/Reuter, Julia/Tischler, Manuela (Hrsg.): Wissenschaftliche Karriere als Hasard. Eine Sondierung. Frankfurt/Main, New York: Campus Verlag.

Maurer, Elisabeth (2010): Fragile Freundschaften – Networking und Gender in der wissenschaftlichen Nachwuchsförderung. Frankfurt/Main, New York: Campus Verlag.

Mayring, Philipp (1983): Qualitative Inhaltsanalyse. Grundlagen und Techniken. Weinheim: Beltz Verlag.

Mayring, Philipp (2003): Qualitative Inhaltsanalyse. In: Flick, Uwe/von Kardoff, Ernst/Steinke, Ines (Hrsg.): Qualitative Forschung: Ein Handbuch. Reinbek bei Hamburg: Rowohlt, S. 468-475.

Meder, Oskar (1993): Prüfung als Ritual – oder: Zurichtung durch Zugerichtete. In: Pädagogik, 45, 1. Beiheft, S. 47-52.

Meier, Bernd-Dieter (2003): Ist der Erfolg im Jurastudium vorhersagbar? Empirische Befunde zum Zusammenhang zwischen Schulnoten und Abschneiden im Ersten Juristischen Staatsexamen. Beiträge zur Hochschulforschung, 25/4, S. 18-35.

Menkel-Meadow, Carrie (1989): Feminization of the Legal Profession. The Comparative Sociology of Women Lawyers. In: Abel, Richard/Lewis, Philip (Hrsg.): Lawyers in Society. Comparative Theories. Berkeley, Los Angeles, London: University of California Press, S. 196-255.

Merkens, Hans (2003): Auswahlverfahren, Sampling, Fallkonstruktion. In: Flick, Uwe/ Kardoff, Ernst/Steinke, Iris (Hrsg.): Qualitative Forschung. Ein Handbuch. Reinbek bei Hamburg: Rowohlt, S. 286-299.

Mersmann, Rita (1996): Profession und Geschlecht. Die Promotionsbedingungen von wissenschaftlichen Mitarbeiterinnen und Mitarbeitern am Fachbereich Rechtswissenschaft der Freien Universität Berlin. Berlin: Trafo.

Merton, Robert K. (1985): Entwicklung und Wandel von Forschungsinteressen. Aufsätze zur Wissenschaftssoziologie. Frankfurt/Main: Suhrkamp.

Mertz, Elizabeth (2007): The Language of Law School: Learning to "Think Like a Lawyer". Oxford, New York: Oxford University Press.

Metz-Göckel, Sigrid (1996): Konzentration auf Frauen – Entdramatisierung von Geschlechterdifferenzen. Zur feministischen Koedukationskritik. In: Beiträge zur Feministischen Theorie und Praxis, 43/44, S. 13-29.

Metz-Göckel, Sigrid/Heusgen, Kirsten/Möller, Christina (2012): Im Zeitkorsett. Generative Entscheidungen im wissenschaftlichen Lebenszusammenhang. In: Bertram, Hans/Bujard, Martin (Hrsg.): Zeit, Geld, Infrastruktur – zur Zukunft der Familienpolitik. Sonderband 19 der Sozialen Welt, S. 239-258.

Metz-Göckel, Sigrid/Heusgen, Kirsten/Möller, Christina/Schürmann, Ramona/Selent, Petra (2014): Karrierefaktor Kind: Zur generativen Diskriminierung im Hochschulsystem. Opladen: Budrich.

Metz-Göckel, Sigrid/Heusgen, Kirsten/Schürmann, Ramona/Selent, Petra/Möller, Christina (2010): Mobilität und Drop-out des wissenschaftlichen Nachwuchses. In: Journal Hochschuldidaktik, 2, S. 14-17.

Metz-Göckel, Sigrid/Schürmann, Ramona/Heusgen, Kirsten/Selent, Petra (2016): Faszination Wissenschaft und passagere Beschäftigung. Eine Untersuchung zum Drop-Out aus der Universität. Opladen: Budrich.

Meuser, Michael/Nagel, Ulrike (1991): ExpertInneninterviews – Vielfach erprobt, wenig bedacht. Ein Beitrag zur qualitativen Methodendiskussion. In: Garz, Detlef/ Kraimer, Klaus (Hrsg.): Qualitativ empirische Sozialforschung. Konzepte, Methoden, Analysen. Opladen: Westdeutscher Verlag, S. 441-471.

Meuser, Michael/Nagel, Ulrike (2004): ExpertInneninterview: Zur Rekonstruktion spezialisierten Sonderwissens. In: Becker, Ruth/Kortendiek, Beate (Hrsg.): Handbuch Frauen- und Geschlechterforschung. Theorie, Methoden, Empirie. Wiesbaden: VS Verlag für Sozialwissenschaften, S. 326-339.

Meyer, John W. (Hrsg.) (2005): Weltkultur: Wie die westlichen Prinzipien die Welt durchdringen. Frankfurt/Main: Suhrkamp.

Meyer, John W./Jepperson, Ronald L. (2005): Die „Akteure" der modernen Gesellschaft: Die kulturelle Konstruktion sozialer Agentschaft. In: Meyer, John W. (Hrsg.): Weltkultur: Wie die westlichen Prinzipien die Welt durchdringen. Frankfurt/Main: Suhrkamp, S. 47-84.

Michaels, Ralf: Rollen und Rollenverständnisse im transnationalen Privatrecht. In: Fassbender, Bardo (2012): Paradigmen im internationalen Recht – Implikationen der Weltfinanzkrise für das internationale Recht. Hamburg: C. F. Müller, S. 175-228.

Mischau, Anina/Kramer, Caroline/Blättel-Mink, Birgit (2000): Frauen in Hochschule und Wissenschaft. Strategien der Förderung zwischen Integration und Autonomie. Baden-Baden: Nomos.

Misselwitz, Fredrike (2016): Marie Luise Hilger. Zum Leben und Wirken einer Arbeitsrechtlerin im 20. Jahrhundert. Baden-Baden: Nomos.

Mittelstrass, Jürgen (1982): Wissenschaft als Lebensform. Reden über philosophische Orientierungen in Wissenschaft und Universität. Frankfurt/Main: Suhrkamp.

Möbius, Paul Julius (1900): Über den physiologischen Schwachsinn des Weibes. Abhandlung. Halle: Verlag Carl Marhold.

Möller, Christina (2011): Wissenschaftlicher Mittelbau – privilegiert oder prekär? In: Journal Netzwerk Frauen- und Geschlechterforschung NRW, 28, S. 41-48.

Möller, Christina (2013): Wie offen ist die Universitätsprofessur für soziale Aufsteigerinnen und Aufsteiger? Explorative Analysen zur sozialen Herkunft der Professorinnen und Professoren an den nordrhein-westfälischen Universitäten? In: Soziale Welt, 64/4, S. 341-360.

Möller, Christina (2015): Herkunft zählt (fast) immer. Soziale Ungleichheiten unter Universitätsprofessorinnen und -professoren. Weinheim/Basel: Beltz Juventa..

Morgenthal, Luise (1983): August Geil und Frieda Lüstlein. Der Autor und sein Tätertyp. In: Kritische Justiz, 16/1, S. 65-68.

Moser, Franziska/Hannover, Bettina/Becker, Judith (2013): Subtile und direkte Mechanismen der sozialen Konstruktion von Geschlecht in Schulbüchern: Vorstellung eines Kategoriensystems zur Analyse der Geschlechter(un)gerechtigkeit von Texten und Bildern. In: Gender, 5/3, S. 77-93.

Müller, Ingo (1987): Furchtbare Juristen. München: Kindler.

Müller, Ursula (1999): Soziologie und Geschlechtergerechtigkeit am Beispiel der Forschung zu Frauen an Hochschulen. In: Dausien, Bettina/Herrmann, Martina/Oechsle, Mechtild/Schmerl, Christiane/Stein-Hilbers, Marlene (Hrsg.): Erkenntnisprojekt Geschlecht: Feministische Perspektiven verwandeln Wissenschaft. Opladen: Leske + Budrich, S. 141-166.

Müller, Ursula (2013/1999): Zwischen Licht und Grauzone: Frauen in Führungspositionen. In: Müller, Ursula/Riegraf, Birgit/Wilz, Sylvia Marlene (Hrsg.): Geschlecht und Organisation. Wiesbaden: VS Verlag für Sozialwissenschaften, S. 469-494.

Müller, Ursula/Riegraf, Birgit/Wilz, Sylvia Marlene (Hrsg.) (2013): Geschlecht und Organisation. Wiesbaden: VS Verlag für Sozialwissenschaften.

Müller-Fohrbrodt, Gisela (1990): Theoretische Überlegungen zu geschlechtsspezifischen Formen wissenschaftlicher Erkenntnisgewinnung. Trier: Frauenbeauftragte der Universität Trier.

von Münch, Ingo (2000): Das Festschriftwesen und -unwesen. In: NJW, 44, S. 3253-3256.

Münch, Richard (2011): Akademischer Kapitalismus. Zur politischen Ökonomie der Hochschulreform. Berlin: Suhrkamp.

Multrus, Frank/Ramm, Michael/Bragel, Timo (2010): Studiensituation und studentische Orientierungen. 11. Studierendensurvey an Universitäten und Fachhochschulen. Berlin: BMBF. https://www.bmbf.de/pub/Studierendensurvey_Ausgabe_11_Langfassung.pdf

Multrus, Frank/Ramm, Michael/Bragel, Timo (2014): Studiensituation und studentische Orientierungen. 12. Studierendensurvey an Universitäten und Fachhochschulen. Berlin: BMBF. https://www.bmbf.de/pub/Studierendensurvey_Ausgabe_12_Kurzfassung.pdf

Nagelschmidt, Ilse (Hrsg.) (1995-2003): Frauenforscherinnen stellen sich vor: Ringvorlesung zur Frauen- und Geschlechterforschung an der Universität Leipzig. Teil I – VII. Leipzig: Universitätsverlag.

Nedelmann, Birgitta (1995): Gegensätze und Dynamik politischer Institutionen. In: Nedelmann, Birgitta (Hrsg.): Politische Institutionen im Wandel. Opladen: Westdeutscher Verlag, S. 15-40.

Nedelmann, Birgitta (1997): Die Entinstitutionalisierung des Wohlfahrtsstaates und Konfliktentstehung – der Fall des Lohnfortzahlungsgesetzes. In: Rieger, Elmar/König, Thomas/Schmitt, Hermann (Hrsg.): Europäische Institutionenpolitik. Frankfurt/Main: Campus, S. 99-119.

Nelson Espeland, Wendy/Halliday, Terence C. (1995): Death becomes them: Commemoration Biography and the Ritual Reconstruction of Professional and Organizational Identitiy, Working Paper, Department of Sociology, Northwestern University.

Nicolaysen, Rainer (2011): Konsequent widerstanden – die Juristin Magdalene Schoch. In: Nicolaysen, Rainer (Hrsg.): Das Hauptgebäude der Universität Hamburg als Gedächtnisort. Mit sieben Portraits in der NS-Zeit vertriebener Wissenschaftlerinnen und Wissenschaftler. Hamburg: Hamburg University Press, S. 171-198.

Nicolaysen, Rainer (2013): Magdalene Schoch – eine biographische Skizze. Festakt zu Ehren von Magdalene Schoch. In: djbZ, S. 29-33.

Niederle, Jan (2016): 500 Spezial-Tipps für Juristen – Wie man geschickt durchs Studium und das Examen kommt. 12. Aufl. Altenberge: Verlag Jan Niederle.

Nohr, Barbara (2000): Experiment Frauenhochschule. Feministisches Reformprojekt oder geschlechtsspezifische Elitebildung? Berlin: Rosa-Luxemburg-Stiftung.

Oevermann, Ulrich (1996): Theoretische Skizze einer revidierten Theorie professionalisierten Handelns. In: Combe, Arno/Helsper, Werner (Hrsg.): Pädagogische Professionalität. Untersuchungen zum Typus pädagogischen Handelns. Frankfurt/Main: Suhrkamp, S. 70-182.

Onnen-Isemann, Corinna/Osswald, Ursula (1991): Aufstiegsbarrieren für Frauen im Universitätsbereich. Bonn, Bad Honnef: Bundesminister für Bildung und Wissenschaft/K.H. Bock.

Opitz-Belakhal, Claudia (2010): Geschlechtergeschichte. Frankfurt/Main, New York: Campus.

Ortlieb, Renate/Sieben, Barbara (2012): Geschenkt wird einer nichts - oder doch? Festschrift für Gertraude Krell. Mering: Hampp.

Ortmann, Alexandra (2014): Machtvolle Verhandlungen: Zur Kulturgeschichte der deutschen Strafjustiz 1879 -1924. (Kritische Studien zur Geschichtswissenschaft, Bd. 215). Göttingen: Vandenhoek und Rupprecht.

Osborn, Mary (2001): Wissenschaftspolitik in der Europäischen Union. Förderung herausragender wissenschaftlicher Leistungen durch Gender Mainstreaming. Bericht der ETAN-Expertinnenarbeitsgruppe „Frauen und Wissenschaft". Luxemburg: Amt für Amtliche Veröff. der Europ. Gemeinschaften.

Ostendorf, Heribert (1986): Integration von Strafrechts- und Sozialwissenschaften. Festschrift für Lieselotte Pongratz. Köln: Luchterhand.

Ostler, Fritz (1971): Die deutschen Rechtsanwälte 1871-1971. Essen: Juristischer Verlag W. Ellinghaus.

Pabst, Franziska/Slupik, Vera (1977): Das Frauenbild im zivilrechtlichen Schulfall. In: Kritische Justiz, S. 242-256.

Paeffgen, Hans-Ullrich/Böse, Martin/Kindhäuser, Ulf/Stübinger, Stefan/Verrel, Thorsten/Zaczyk, Rainer (Hrsg.) (2011): Strafrechtswissenschaft als Analyse und Konstruktion. Festschrift für Ingeborg Puppe zum 70. Geburtstag. Berlin: Duncker und Humblot.

Peppmeier, Ilka (2016): Der ideale Professor – Männlichkeitsbilder und Professionsideale in Nachrufen auf Juraprofessoren. In: Berghahn, Sabine/Schultz, Ulrike (Hrsg.): Rechtshandbuch für Frauen- und Gleichstellungsbeauftragte. Hamburg: Dashöfer Verlag.

Petersen, Inken (2008): Die Unabhängige. In: ver.di Publik 05. https://publik.verdi.de/2008/ausgabe_05/leben/menschen/seite_24/A1

Petersen, Thomas (2017): Bürokratie an den Universitäten schadet der Lehre. Hochschullehrerumfrage zeigt große Unzufriedenheit mit Reformen. In: Forschung und Lehre, 1/17, S. 974-976.

Pfadenhauer, Michaela/Sander, Tobias (2010): Professionssoziologie. In: Schröer, Markus/Kneer, Georg (Hrsg.): Handbuch Spezielle Soziologien. Wiesbaden: Springer VS, S. 361-378.

Pfarr, Heide (1988): Quoten und Grundgesetz: Notwendigkeit und Verfassungsmäßigkeit von Frauenförderung. Baden-Baden: Nomos.

Pilniok, Arne/Brockmann, Judith (Hrsg.) (2017): Die juristische Profession und das Jurastudium. Baden-Baden: Nomos.

Plett, Konstanze (2002): Laudatio für Ute Gerhard zur Verleihung des Preises „Recht und Gesellschaft". In: Zeitschrift für Rechtssoziologie, 23/2, S. 131-135.

Plett, Konstanze (2009a): The Loss of Early Women Lawyers from Collective Memory in Germany: A Memoir of Magdalene Schoch. In: Karstedt, Suanne (Hrsg.): Legal Institutions and Collective Memories. Oxford: Hart, S. 354-372.

Plett, Konstanze (2009b): Laudatio für Jutta Limbach aus Anlass der feierlichen Verleihung der Ehrendoktorwürde des Fachbereichs Rechtswissenschaft der Universität Bremen. In: KritV, 92/1, S. 3-11.

Portele, Gerhard (1985): Habitus und Lernen. In: Neue Sammlung, 25/3, S. 289-313.

Portele, Gerhard/Schütte Wolfgang (1983): Juristenausbildung und Beruf, Berufswahl und Bildungsbiographie bei Absolventen der einstufigen und der zweistufigen Juristenausbildung in Hamburg. Interdisziplinäres Zentrum für Hochschuldidaktik der Universität Hamburg, Hochschuldidaktische Arbeitspapiere 16.

Prahl, Hans-Werner (1976): Hochschulprüfungen - Sinn oder Unsinn? Sozialgeschichte und Ideologiekritik der akademischen Initiationskultur. München: Kösel.

Proskauer, Erna (1996): Wege und Umwege: Erinnerungen einer Rechtsanwältin. Frankfurt a.M.: Fischer Taschenbuch Verlag.

Ramirez, Francisco O. (2001): Frauenrechte, Weltgesellschaft und die gesellschaftliche Integration von Frauen. In: Heintz, Bettina (Hrsg.): Geschlechtersoziologie. Kölner Zeitschrift für Soziologie und Sozialpsychologie, 53, Sonderheft 41, S. 356-374.

Ramm, Michael/Multrus, Frank/Bargel, Tino/Schmidt, Monika (2014): Studiensituation und studentische Orientierungen. 12. Studierendensurvey an Universitäten und Fachhochschulen. Berlin: BMBF. https://www.bmbf.de/de/der-studierendensurvey-1036.html

Ranieri, Filippo (1985): Vom Stand zum Beruf. Die Professionalisierung des Juristenstandes als Forschungsaufgabe der europäischen Rechtsgeschichte der Neuzeit. In: Ius Commune, 13, S. 83-105.

Ranieri, Filippo (1997): Juristen für Europa: Wahre und falsche Probleme in der derzeitigen Reformdiskussion zur deutschen Juristenausbildung. In: JZ, 52, S. 801-813.

Rappe-Giesecke, Kornelia (2008): Triadische Karriereberatung. Die Begleitung von Professionals, Führungskräften und Selbstständigen. Bergisch Gladbach: EHP Verlag Andreas Kohlhage.

Repgen, Tilman (2013): Magdalene Schoch hielt Abstand. Festakt zu Ehren von Magdalene Schoch. In: djbZ, 1, S. 25-26.

Reuter, Julia/Vedder, Günther (2016): Nachwuchssorgen? Wissenschaftliche Karriere mit Kind oder was die Wissenschaft von anderen Beschäftigungssystemen lernen kann. In: Reuter, Julia/Berli, Oliver/Tischler, Manuela (Hrsg.): Wissenschaftliche Karriere als Hasard. Eine Sondierung. Frankfurt und New York: Campus, S. 235-262.

Richardson, Virginia (1996): The role of attitudes and beliefs in learning to teach. In: Sikula, John P. (Hrsg.): Handbook of Research on Teacher Education. New York: Macmillan, S. 102-119.

Richter, Dagmar (2000): Die Berücksichtigung des Geschlechts bei der Vergabe und Schaffung öffentlicher Ämter in der Wissenschaft. Eine bereichsbezogene Theorie der Gegensteuerung im Einwirkungsbereich von deutschem und europäischem Recht. 14. Beiheft Wissenschaftsrecht. Tübingen: Mohr Siebeck.

Riegraf, Birgit/Weber, Lena (2014): Unternehmerische Hochschule. Veränderungen in der Gleichstellungspolitik und Auswirkungen auf die Gleichstellungsarbeit. In: Löther, Andrea/Vollmer, Lina (Hrsg.): Gleichstellungsarbeit an Hochschulen. Neue Strukturen – neue Kompetenzen. Opladen, Berlin, Toronto: Verlag Barbara Budrich, S. 74-86.

Röhl, Klaus F./Röhl, Hans Christian (2008): Allgemeine Rechtslehre. Ein Lehrbuch. 3. Aufl. München: Vahlen.

Röhl, Klaus F./Ulbrich, Stefan (2007): Recht anschaulich. Visualisierung der Juristenausbildung. Köln: Halem.

Röwekamp, Marion (2005): Juristinnen – Lexikon zu Leben und Werk. Hrsg. vom Deutschen Juristinnenbund. Baden-Baden: Nomos.

Röwekamp, Marion (2011): Die ersten deutschen Juristinnen. Eine Geschichte ihrer Professionalisierung und Emanzipation (1900-1945). Köln, Weimar, Wien: Böhlau.

Röwekamp, Marion (2014): Marie Munk Rechtsanwältin – Richterin – Rechtsreformerin. Berlin: Hentrich und Hentrich.

Roloff, Christine (2002): Personalentwicklung, Geschlechtergerechtigkeit und Qualitätsmanagement an der Hochschule. Bielefeld: Kleine Verlag.

Roloff, Christine (2003): Die Verbindung von Hochschulreform und Gender Mainstreaming. In: Roloff, Christine/Selent, Petra (Hrsg.): Hochschulreform und Gender Mainstreaming – Geschlechtergerechtigkeit als Querschnittaufgabe. Bielefeld: Kleine Verlag, S. 19-31.

Roloff, Christine/Selent, Petra (Hrsg.) (2003): Hochschulreform und Gender Mainstreaming – Geschlechtergerechtigkeit als Querschnittaufgabe. Bielefeld: Kleine Verlag.

Roloff, Juliane (2011): Frauen und Einkommen – Warum verdienen Frauen weniger als Männer? In: Berghahn, Sabine/Schultz, Ulrike (Hrsg.): Rechtshandbuch für Frauen- und Gleichstellungsbeauftragte. Hamburg: Dashöfer.

Roloff, Juliane/Schultz, Ulrike (2016a): Vom Studium zur Juraprofessorin – ein Werdegang aus statistischer Sicht. Hamburg: Dashöfer Verlag.

Roloff, Juliane/Schultz, Ulrike (2016b): Warum gibt es so wenige Juraprofessorinnen? Die „Leaky Pipeline" aus statistischer Sicht. In: Rechtswissenschaft, 1, S. 100-147.

Rosaldo, Michelle Z. (1980): The Use and Abuse of Anthropology: Reflections on Feminism and Cross-Cultural Understanding. In: Signs, 5/3, S. 389-417.

Rosenbusch, Ute (1997): Die Belagerung der männlichen Rechtsburg – zur Geschichte des Zugangs der Frauen zu den Berufen der Rechtspflege. In: JuS, S. 1062-1067.

Rosenthal, Gabriele (2011): Interpretative Sozialforschung. Eine Einführung. Weinheim/München: Juventa Verlag.

Roski, Melanie/Schacherl, Ingrid (2014): Die Professionalisierung der Gleichstellungsarbeit im Reformprozess – Ausbau von Gleichstellungswissen und Genderkompetenz in Hochschulen. In: Gender, 6/1, S. 44-64.

Rossiter, Margaret W. (2003): Der Matthäus Matilda-Effekt in der Wissenschaft. In: Wobbe, Theresa (Hrsg.): Zwischen Vorderbühne und Hinterbühne. Beiträge zum Wandel der Geschlechterbeziehungen in der Wissenschaft vom 17. Jahrhundert bis zur Gegenwart. Bielefeld: transcript Verlag, S. 191-210.

von Rotterdam, Erasmus (1966): Lob der Torheit. Bremen: Carl Schünemann Verlag.

Rudek, Anja (2012): Institution und Initiation: Soziologische Schlaglichter auf die Juristische Staatsprüfung. In: Kramer, Urs/ Kuhn, Thoma / Putzke, Holm (Hrsg.): Fehler im Jurastudium – Ausbildung und Prüfung. Stuttgart: Boorberg, S. 111-122.

Rüthers, Bernd (1995): Prof. Dr. Hans Brox zum 75. Geburtstag. In: NJW, S. 2066-2068.

Rüthers, Bernd/Stadler, Astrid (2014): Allgemeiner Teil des BGB (Grundrisse des Rechts). 18. Aufl. München: Beck.

Ruhr-Universität Bochum (Hrsg.) (2012): Studierendenmonitoring. Steckbrief der juristischen Fakultät. Studieneingangsbefragung WS 11/12, März 2012. http://www.z efir.ruhr-uni-bochum.de/mam/content/fakultaetsbericht_jura_ws_11_12.pdf

Rust, Ursula (1997): Juristinnen an den Hochschulen – Frauenrecht in Lehre und Forschung. Baden-Baden: Nomos.

Rust, Ursula (2000): 100 Jahre Frauen in der Rechtswissenschaft. In: Dickmann, Elisabeth/Schöck-Quinteros, Eva (Hrsg.): Barrieren und Karrieren. Die Anfände des Frauenstudiums in Deutschland. Berlin: trafo-Verlag, S. 343-362.

Sacksofsky, Ute (2014): Ilse Staff – Die erste deutsche Staatsrechtslehrerin. In: Fachbereich Rechtswissenschaft der Goethe-Universität Frankfurt am Main (Hrsg.): 100 Jahre Rechtswissenschaft in Frankfurt – Erfahrungen, Herausforderungen, Erwartungen. Frankfurt: Vittorio Klostermann, S. 185-200.

Schacherl, Ingrid/Roski, Melanie/Erbe, Ingrid (2014): Neue Hochschulsteuerung und Gleichstellung – die strategische Neuausrichtung und strukturelle Verankerung von Gleichstellungsarbeit an Hochschulen. In: Löther, Andrea/Vollmer, Lina (Hrsg.): Gleichstellungsarbeit an Hochschulen. Neue Strukturen – neue Kompetenzen. Opladen, Berlin, Toronto: Verlag Barbara Budrich, S. 57-73.

Schäfer, Sabine (2012): „und dann stellt sich die Frage anders." Erste Ergebnisse aus dem Projekt Gleichstellung im Fakultätsalltag – Die Praxis zählt. In: Journal Netzwerk Frauen- und Geschlechterforschung NRW, 30, S. 29-35.

Schaeper, Hildegard (1997): Lehrkulturen, Lehrhabitus und die Struktur der Universität. Eine empirische Untersuchung fach- und geschlechtsspezifischer Lehrkulturen. Weinheim: Deutscher Studien Verlag.

Schiek, Dagmar (2000): Ninon Colneric: Richterin am EuGH. In: STREIT, 4, S. 188-190.

Schlüter, Anne (2004): Bildung: Hat Bildung ein Geschlecht? In: Becker, Ruth/Kortendiek, Beate (Hrsg.) (2004): Handbuch Frauen- und Geschlechterforschung. Theorie, Methoden, Empirie. Wiesbaden: VS Verlag für Sozialwissenschaften, S. 577-581.

Schmeiser, Martin (1999): Akademischer Hasard. Das Berufsschicksal des Professors und das Schicksal der deutschen Universität 1870-1920: eine verstehend soziologische Untersuchung. Stuttgart: Klett-Cotta.

Schmidt-Biggemann, Wilhelm (1996): Die Modelle der Human- und Sozialwissenschaften in ihrer Entwicklung. In: Rüegg, Walter (Hrsg.): Geschichte der Universität in Europa. Bd. 2: Von der Reformation bis zur Französischen Revolution 1500-1800. München: Beck Verlag. S. 391-424.

Schneickert, Christian (2012): Studentische Hilfskräfte und MitarbeiterInnen. Soziale Herkunft, Geschlecht und Strategien auf dem wissenschaftlichen Feld. Konstanz: UVK.

Schnicke, Falko (2010): Obrigkeit ist männlich: zur Systematik kultureller Suspendierung von Frauen in Heinrich von Treitschkes Vorlesungen über Politik. In: Auga, Ulrike et al. (Hrsg.): Das Geschlecht der Wissenschaften. Zur Geschichte von Akademikerinnen im 19. und 20. Jahrhundert. Frankfurt/Main und New York: Campus, S. 219-236.

Schölling, Markus (2005): Soziale Herkunft, Lebensstil und Studienfachwahl: eine Typologie. Frankfurt: Peter Lang.

Schön, Wolfgang (1997): Gedächtnisschrift für Brigitte Knobbe-Keuk. Köln: Otto Schmidt.

Schomburg, Harald/Flöther, Choni/Wolf, Vera (2012): Wandel von Lehre und Studium an deutschen Hochschulen - Erfahrungen und Sichtweisen der Lehrenden. Projektbericht. Internationales Zentrum für Hochschulforschung (INCHER-Kassel), Universität Kassel.

Schramm, Gottfried/Studt, Birgit/Schnitzler, Günter (2013): Die Juristin Karin Nehlsen-von Stryk. In: Der Rektor der Albert-Ludwigs-Universität (Hrsg.): Freiburger Universitätsblätter, 200, S. 67-83.

Schröder, Rainer/Klopsch, Angela/Kleibert, Kristin (Hrsg.) (2010): Die Berliner Juristische Fakultät und ihre Wissenschaftsgeschichte von 1810 bis 2010. Dissertationen, Habilitationen und Lehre. Berlin: Berliner Wissenschafts-Verlag.

Schröder, Silke (2015): Wie können die Hochschulen (exzellente) Wissenschaftlerinnen gewinnen und halten? Gleichstellung als zentrales Steuerungsinstrument in der Organisationsentwicklung von Hochschulen – Bedeutung für den wissenschaftlichen Bereich. In: Personal- und Organisationsentwicklung in Einrichtungen der Lehre und Forschung, 2/3, S. 86-96.

Schröder, Silke (2016): Gleichstellung an Hochschulen – im Spiegel von Zitaten aus Interviews mit Hochschulgleichstellungsbeauftragten. In: Berghahn, Sabine/ Schultz, Ulrike (Hrsg.): Rechtshandbuch für Frauen- und Gleichstellungsbeauftragte. Hamburg: Dashöfer.

Schröder, Silke/Berghahn, Sabine (2014): Landesgleichstellungsgesetze und die Gleichstellung an Hochschulen – am Beispiel der Regelungen in NRW im Vergleich zu Bayern und Berlin. In: Berghahn, Sabine/Schultz, Ulrike (Hrsg.): Rechtshandbuch für Frauen- und Gleichstellungsbeauftragte. Hamburg: Dashöfer.

Schübel, Eva (2014): Chancengleichheit beim Zugang zu den obersten Bundesgerichten? In: NJW, S. 1355-1358.

Schüler-Springorum, Horst (2001): Die Staatsprüfung – ein Gewaltspiel? In: Online-Festschrift für Stephan Quensel. http://www.bisdro.uni-bremen.de/FSQUENSEL/fe stschrift_index.htm.

Schürmann, Ramona/Sembritzki, Thorben (2017): Wissenschaft und Familie? Analysen zur Vereinbarkeit von Familie und Beruf der Nachwuchswissenschaftler(innen). Hannover: DZHW.

Schultz, Dagmar (1992): Akkulturationsprozesse und die Entwicklung kultureller Zwischenwelten. In: Wetterer, Angelika (Hrsg.): Profession und Geschlecht: Über die Marginalität von Frauen in hochqualifizierten Berufen. Frankfurt/New York: Campus.

Schultz, Dagmar/Hagemann-White, Carol/Herwartz-Emden, Leonie/Reinberg, Brigitte (1994): Das Geschlecht läuft immer mit. Die Arbeitswelt von Professorinnen und Professoren. Pfaffenweiler.

Schultz, Ulrike (1990): Wie männlich ist die Juristenschaft? In: Battis, Ulrich/Schultz, Ulrike (Hrsg.): Frauen im Recht. Heidelberg: C. F. Müller, S. 319-359.

Schultz, Ulrike (1994): Vater Staat hat keine Muttersprache. Rezension zum gleichnamigen Buch von Marianne Grabrucker. Frankfurt: Fischer 1993. In: Info-Blatt des Deutschen Juristinnenbundes III.

Schultz, Ulrike (2002a): Der aufhaltsame Aufstieg der Juristinnen in Deutschland. In: Bewährungshilfe, S. 153-163.

Schultz, Ulrike (2002b): Interdisziplinäres universitäres Lehren und Lernen am Beispiel der „Virtual International Gender Studies". In: Perrig-Chiello, Pasqualina/ Arber, Werner (Hrsg.): Interdisziplinäres Lehren und Lernen. Zwischen akademischem Anspruch und gesellschaftlichem Bedürfnis. Lausanne: Editions Réalités sociales 2002, S. 115-137.

Schultz, Ulrike (2002c): Frauen im Recht. Aspekte der Kommunikation. In: Kruch, Peter/Rothe, Christine/Schäfer, Gudrun (Hrsg.): Kommunikation im Gespräch. Festschrift für Franz Stuke. Münster: Daedalus 2002, S. 137-143.

Schultz, Ulrike (2003a): Women in the World's Legal Professions. Overview and Synthesis. In: Schultz, Ulrike/Shaw, Gisela (Hrsg): Women in the World's Legal Professions. Oxford: Hart, S. XXV-LXII.

Schultz, Ulrike (2003b): The Status of Women Lawyers in Germany. In: Schultz, Ulrike /Shaw, Gisela (Hrsg.): Women in the World's Legal Professions. Oxford: Hart, S. 271-291.

Schultz, Ulrike (2003c): Women Lawyers in Germany: Perception and Construction of Femininity. In: Schultz, Ulrike/Shaw, Gisela (Hrsg.): Women in the World´s Legal Professions. Oxford: Hart, S. 295-321.

Schultz, Ulrike (2003d): Die deutsche Anwaltschaft zwischen staatlicher Gebundenheit und freiem Markt. In: Machura, Stefan/Ulbrich, Stefan (Hrsg.): Recht, Gesellschaft, Kommunikation. Festschrift für Prof. Dr. Klaus Röhl. Baden-Baden: Nomos, S. 103-117.

Schultz, Ulrike (2003e): Zur Konstruktion von Weiblichkeit in juristischen Lehrmaterialien – die staubwischende Hausfrau oder Diamonds are a Girl's Best Friends. In: Frauen und Recht. Reader für die Aktionswochen der kommunalen Gleichstellungsbeauftragten 2003. Zusammengestellt von Ulrike Schultz im Auftrag des Ministeriums für Gesundheit, Soziales, Frauen und Familie NRW. Düsseldorf, S. 113-115.

Schultz, Ulrike (2003f): Ein Quasi-Stürmlein und Waschkörbe voller Eingaben: Die Geschichte von Art. 3 Abs. 2 Grundgesetz. In: Frauen und Recht. Reader für die Aktionswochen der kommunalen Gleichstellungsbeauftragten 2003. Zusammengestellt von Ulrike Schultz im Auftrag des Ministeriums für Gesundheit, Soziales, Frauen und Familie NRW. Düsseldorf, S. 54-60

Schultz, Ulrike (2003g): Juristen und die visuelle Zeitenwende. Rezension zu Raphaela Henze: Bildmedien im juristischen Unterricht. Berlin: Tenea Verlag für Medien 2003. In: Zeitschrift für Rechtssoziologie, 2, S. 276-280.

Schultz, Ulrike (2004): Abschlussbericht zum Projekt VINGS. Teilprojekt an der Fern-Universität in Hagen. http://www.ulrikeschultz.de/downloads/g_vings_bericht.pdf

Schultz, Ulrike (2007): Legal Education in Germany – an ever (never?) ending story of resistance to change. In: Olgiati, Vittorio, (Hrsg.): Higher Legal Culture and Postgraduate Legal Education in Europa. Neapel, Rom: Edizioni Scientifiche Italiane, S. 125-149.

Schultz, Ulrike (2006/2012): Fachspezifische Lehrinhalte aus der Frauen- und Geschlechterforschung für das Fach Rechtswissenschaft. In: Becker, Ruth/Jansen-Schulz, Bettina/Kortendiek, Beate/Schäfer, Gudrun (Hrsg.): Gender-Aspekte bei der Einführung und Akkreditierung gestufter Studiengänge – Eine Handreichung. Studien Netzwerk Frauenforschung NRW Nr. 7, Dortmund, S. 151-155. http://www.gender-curricula.com/gender-curricula/

Schultz, Ulrike (2008a): Women and Gender in the Legal Profession. In: Cane, Peter/Conaghan, Joanne: The New Oxford Companion to Law. Oxford: Oxford University Press, S. 1253-1254.

Schultz, Ulrike (2008b): Eine Einführung in das Recht. In: Berghahn, Sabine/Schultz, Ulrike (Hrsg.): Rechtshandbuch für Frauen- und Gleichstellungsbeauftragte. Hamburg: Dashöfer, 1.5, S. 1-8.

Schultz, Ulrike (2011a): Recht und Gender – Portal der FernUniversität. In: Journal Netzwerk Frauen- und Geschlechterforschung, 29, S. 15 f.

Schultz, Ulrike (2011b) Legal Education in Germany - an ever (never?) ending story of resistance to change, RED, Revista de Educación y Derecho, 4, S. 1-24. http://revistes.ub.edu/index.php/RED

Schultz, Ulrike (2011c): Die fortschreitende europäische Integration und die Entwicklung der Rechtsstellung von Frauen in Deutschland. In: Berghahn, Sabine/Schultz, Ulrike (Hrsg.): Rechtshandbuch für Frauen- und Gleichstellungsbeauftragte. Hamburg: Dashöfer.

Schultz, Ulrike (2012a): Frauen in Führungspositionen der Justiz. In: Deutsche Richterzeitung, S. 264-272.

Schultz, Ulrike (2012b): Recht und Gender, Portal der FernUniversität. In: djbZ, 2, S. 66-68.

Schultz, Ulrike (2012c): Frauenvorträge an der FernUniversität in Hagen: „Frauen im Recht" und „Frauen im Gespräch". In: Rechtshandbuch für Frauen- und Gleichstellungsbeauftragte, hrsg. von Sabine Berghahn und Ulrike Schultz. Hamburg: Dashöfer.

Schultz, Ulrike (2013a): Von der Interessenvertreterin zur Gleichstellungsmanagerin. Recht und Rechte der Gleichstellungsbeauftragten – Diskrepanzen zur Praxis. In: MIFT (Hrsg.): Tagungsdokumentation Gender-Kongress „Gleichstellungsrecht – Gleichstellungspraxis", Düsseldorf, S. 45-51. http://www.wissenschaft.nrw.de/fileadmin/Medien/Dokumente/Hochschule/Gleichstellung/Tagungsdokumentation-GenderKongres-2012.pdf

Schultz, Ulrike (2013b): Von der Interessenvertreterin zur Gleichstellungsmanagerin. Recht und Rechte der Gleichstellungsbeauftragten – Diskrepanzen zur Praxis? Am Beispiel der Situation in NRW. In: Berghahn, Sabine/ Schultz, Ulrike (Hrsg.): Rechtshandbuch für Frauen- und Gleichstellungsbeauftragte. Hamburg: Dashöfer.

Schultz, Ulrike (2014a): Bisher wenig Wechsel im Genderregime an deutschen juristischen Fakultäten. Kommentar zum Artikel von Margaret Thornton: The Changing Gender Regime in the Neoliberal Legal Academy. In: Zeitschrift für Rechtssoziologie, 33/2, S. 253-264.

Schultz, Ulrike (2014b): Raising Gender Awareness of Judges – Elements for Judicial Education in Germany. In: Gender and Judicial Education, Special Issue des International Journal of the Legal Profession, 3, S. 345-355.

Schultz, Ulrike (2015): Portraits von Juraprofessorinnen. In: Journal Netzwerk Frauen- und Geschlechterforschung, 37, S. 25 f.

Schultz, Ulrike (2016a): Marie Luise Hilgers – Zum Leben und Werk einer Arbeitsrechtlerin im 20. Jahrhundert. Rezension des gleichnamigen Buches von Frederike Misselwitz. In: djbZ, 4, S. 185-187.

Schultz, Ulrike (2016b): Aus dem Leben einer jungen Wissenschaftlerin – Erkenntnisse aus einem Campusroman. In: Berghahn, Sabine/Schultz, Ulrike (Hrsg.): Rechtshandbuch für Frauen- und Gleichstellungsbeauftragte. Hamburg: Dashöfer.

Schultz, Ulrike (2017): Do Female Judges Judge Better? In: Sonneveld Nadia/Lindbekk, Monika (Hrsg.): Women Judges in the Muslim World. Leiden: Brill, S. 23-50.

Schultz, Ulrike/Böning, Anja/Peppmeier, Ilka (2018): Biographie und Recht, in: Lutz, Helma/Schiebel, Martina/ Tuider, Elisabeth (Hrsg.): Handbuch Biographieforschung. Wiesbaden: Springer VS, S. 339-351.

Schultz, Ulrike/Peppmeier, Ilka/Rudek, Anja (2011): Frauen in Führungspositionen der Justiz. Eine Untersuchung der Bedingungen von Frauenkarrieren in den Justizbehörden in Nordrhein-Westfalen Projektbericht. Hagen: Institut für Geschlechterforschung und Gleichstellungsrecht und -politik.

Schultz, Ulrike/Shaw, Gisela (2003): Women in the World's Legal Professions. Oxford: Hart.

Schultz, Ulrike/Shaw, Gisela, Hrsg. (2012): Women in the Judiciary. London, New York: Routledge. (Reprint des Special Issue "Gender and Judging" des International Journal of the Legal Profession. 2008, 15/1-2).

Schultz, Ulrike/Shaw, Gisela (2013a): Gender and Judging. Hart: Oxford: Hart.

Schultz, Ulrike/Shaw, Gisela (2013b): Introduction: Gender and Judging: Overview and Synthesis. In: Schultz, Ulrike/Shaw, Gisela (Hrsg.): Gender and Judging. Hart: Oxford, S. 3-47.

Schultz, Ulrike/Shaw, Gisela/Dawson, Brettel (Hrsg.) (2016): Gender and Judicial Education. London, New York: Routledge. (Reprint des Special Issue "Gender and Judicial Education" des International Journal of the Legal Profession, 2014, 21/3, mit Teilen aus 2015, 22/2).

Schultze, Fritz (1896): Der Dresdner Rechtsschutzverein für Frauen und meine öffentlichen Vorträge über das Seelenleben des Weibes. Eine Entgegnung. Dresden: Warnak und Lehmann. http://digital.slub-dresden.de/werkansicht/dlf/6463/1/

Schulze-Fielitz, Helmuth (1989): Die maskuline Rechtssprache als Verfassungsproblem. In: KritV, 3, S. 273-291.

Schulze-Fielitz, Helmuth (1996): Wissenschaftliche Publikationen ehrenhalber. Über Festschriften zum 65. Geburtstag, Symposien und Ausgewählte Abhandlungen. In: Die Verwaltung, 29, S. 565-574.

Schulze-Fielitz, Helmuth (2000): Festschriften im Dienst der Wissenschaft. In: DVBl, S. 1260-1266.

Schulze-Fielitz, Helmuth (2009): Die öffentlich-rechtliche Habilitationsschrift. In: Die Verwaltung, 42, S. 263-290.

Schulze-Fielitz, Helmuth (2013): Staatsrechtslehre als Mikrokosmos. Bausteine zu einer Soziologie und Theorie der Wissenschaft des Öffentlichen Rechts. Tübingen: Mohr Siebeck.

Schütte, Wolfgang (1982): Die Einübung des juristischen Denkens. Juristenausbildung als Sozialisationsprozeß. Frankfurt/Main, New York: Campus.

Schütze, Fritz (1983): Biographieforschung und narratives Interview. In: Neue Praxis, 13/3, S. 283-293.

Schütze, Fritz (1987): Das narrative Interview in Interaktionsfeldstudien I (Studienbrief der FernUniversität in Hagen). Hagen: FernUniversität.

Schweigler, Daniela (2014): Das Frauenbild in der bayerischen Juristenausbildung. In: Deutsche Richterzeitung, S. 52.

Schweizer, Urs (1997): In memoriam Brigitte Knobbe-Keuk. In: Schön, Wolfgang (Hrsg.): Gedächtnisschrift für Brigitte Knobbe-Keuk. Köln: Otto Schmidt Verlag, S. 3-6.

Schwenzer, Ingeborg (1987): Vom Status zur Realbeziehung – Familienrecht im Wandel, Baden-Baden: Nomos.

Shaw, Gisela (2003): Women Lawyers in the New Federal States of Germany, in Schultz, Ulrike / Shaw, Gisela (Hrsg.): Women in the World's Legal Professions. Oxford: Hart, S. 323-339.

Shaw, Gisela (2012): Notarinnen in der DDR. In: djbZ, 15, S. 3-9.

Simonnæs, Ingrid (2012): Rechtskommunikation national und international im Spannungsfeld von Hermeneutik, Kognition und Pragmatik. Berlin: Frank & Timme.

Singer, Mona (2008): Feministische Wissenschaftskritik und Epistemologie: Voraussetzungen, Positionen, Perspektiven. In: Becker, Ruth/Kortendiek, Beate (Hrsg.): Handbuch Frauen- und Geschlechterforschung. Theorie, Methoden, Empirie. 2. Aufl. Wiesbaden: VS Verlag für Sozialwissenschaften, S. 285-294.

Snow, Charles P. (1959/1987): Die zwei Kulturen. In: Kreuzer, Helmut (Hrsg.): Die zwei Kulturen. Literarische und naturwissenschaftliche Intelligenz. C.P. Snows These in der Diskussion. München: dtv.

Sobota, Katharina (1990): Reflexion und Imitation in der Rechtsmethodik. In: Schneider, Peter/Denninger, Erhard (Hrsg.): Kritik und Vertrauen. Festschrift für Peter Schneider zum 70. Geburtstag. Frankfurt/Main: A. Hain, S. 501-514.

Solga, Heike/Wimbauer, Christine (2005): „Wenn zwei das Gleiche tun" – Ideal und Realität sozialer (Un-)Gleichheit in Dual Career Couples. Opladen: Barbara Budrich.

Spies, Kordelia/Schute, Manuela (1999): Warum promovieren Frauen seltener als Männer? Psychologische Prädiktoren der Promotionsabsicht bei Männern und Frauen. In: Zeitschrift für Sozialpsychologie, 43/4, S. 229-245.

Staff, Ilse (Hrsg.) (1978): Justiz im Dritten Reich. Eine Dokumentation. 2. erweiterte Aufl. Frankfurt a.M.: Fischer Taschenbuch Verlag.

Staff, Ilse (1979): Rechtskunde für junge Menschen. Frankfurt: Diesterweg.

Staufenbiel, Joerg E./Handwerk, Edgar (1979): Die rechtswissenschaftlichen Fakultäten: Ausbildungsgänge und Berufsfelder für Volljuristen. Köln: Institut für Berufs- und Ausbildungsplanung.

Steffens, Caroline/Reichle, Barbara/Winter, Claudia (2004): Zum Einfluss der Frauenbeauftragten in Berufungsverfahren. In: Zeitschrift für Frauenforschung und Geschlechterstudien, 22/1, S. 73-91.

Stegmaier, Peter (2009): Wissen, was Recht ist. Richterliche Rechtspraxis aus wissenssoziologisch-ethnografischer Sicht. Wiesbaden: VS Verlag für Sozialwissenschaften.

Stegmann, Stefanie (2005): „got the look!" – Wissenschaft und ihr Outfit. Eine kulturwissenschaftliche Studie über Effekte von Habitus, Fachkultur und Geschlecht. Münster: Lit Verlag.

Stein, Ruth Heidi/Wetterer, Angelika (Hrsg.) (1994): Studierende und studierte Frauen: Ein Ost-West-Deutscher Vergleich. Kassel: Jenior und Preßler.

Steinke, Ines (2003): Gütekriterien qualitativer Forschung. In: Flick, Uwe/von Kardoff/Steinke, Ines (Hrsg.): Qualitative Forschung. Ein Handbuch. Reinbek bei Hamburg: Rowohlt, S. 319-331.

Steinweg, Nina/Pawlak, Natalie/Brodesser, David (2014): Es muss gehandelt werden. Wo liegen die Schlüssel zur Erhöhung des Frauenanteils an Professuren? In: Forschung & Lehre, 6/14, S. 466-467.

Stender-Vorwachs, Jutta (2009): Frauen in der Wissenschaft – Ihre Situation und die Grenzen des Rechts. In: Manssen, Gerrit/Jachmann, Monika/Gröpl, Christoph (Hrsg.): Nach geltendem Verfassungsrecht. Festschrift für Udo Steiner zum 70. Geburtstag. Stuttgart und München, S. 827-840.

Stengers, Isabelle (1998): Wem dient die Wissenschaft? München: Gerling-Akademie-Verlag.

Stichweh, Rudolf (1994): Wissenschaft, Universität, Professionen. Soziologische Analysen. Frankfurt/Main: Suhrkamp.

Strauss, Anselm L. (1984): Qualitative Analysis in Social Research: Grounded Theory Methodology, Studienbrief der FernUniversität in Hagen: Hagen.

Strauss, Anselm L. (1991) (Hrsg.): Creating Sociological Awareness: Collective Images and symbolic representations. Transaction Publishers: New Brunswick.

Strauss, Anselm L. (1994): Grundlagen qualitativer Sozialforschung. München: Wilhelm Fink Verlag.

Strauss, Anselm L. (1998): Grundlagen qualitativer Sozialforschung. UTB für Wissenschaft: München.

Strauss, Anselm L./Corbin, Juliet (1990): Basics of Qualitative Research: Grounded theory procedures and techniques. Thousand Oaks: Sage Publishing.

Strauss, Anselm L./Corbin, Juliet (1996): Grounded Theory: Grundlagen qualitativer Sozialforschung. Weinheim: Psychologie Verlags Union.

Strübing, Jörg (2002): Just do it? Zum Konzept der Herstellung und Sicherung von Qualität in grounded theory-basierten Forschungsarbeiten. In: Kölner Zeitschrift für Soziologie und Sozialpsychologie, 54/2, S. 318-342.

Strübing, Jörg (2004): Grounded Theory. Zur sozialtheoretischen und epistemologischen Fundierung des Verfahrens der empirisch begründeten Theoriebildung. Wiesbaden: VS Verlag für Sozialwissenschaften.

Tannen, Deborah (1991): Du kannst mich einfach nicht verstehen. Warum Männer und Frauen aneinander vorbeireden. Hamburg: Kabel.

Thorndike, Edward Lee (1920): A constant error in psychological rating. Journal of Applied Psychology, 4, S. 25-29.

Thornton, Margaret (2012): Privatising the Public University. The Case of Law. London and New York: Routledge.

Thornton, Margaret (2014): The Changing Gender Regime in the Neoliberal Academy. In: Zeitschrift für Rechtssoziologie, 33/2, S. 235-251.

Tichy, Marina (1990): Zur Geschichte des rechtswissenschaftlichen Studiums von Frauen. Die juristische Fakultät Wien bis zum Ende der Ersten Republik. In: Karady, Victor/Mitter, Wolfgang (Hrsg.): Bildungswesen und Sozialstruktur in Mitteleuropa im 19. und 20. Jahrhundert. Köln: Böhlau, S. 277-288.

Towfigh, Emanuel/Traxler, Christian/Glöckner, Andreas (2014): Zur Benotung in der Examensvorbereitung und im ersten Examen. Eine empirische Analyse. In: Zeitschrift für Didaktik der Rechtswissenschaft, 1, S. 8-27.

Trautmann, Matthias (2005): Überzeugungen vom Englischlernen (Beliefs about learning English language). In: Zeitschrift für Erziehungswissenschaft, 8/1, S. 38-52.

Tregenza, Tom (2002): Gender bias in the refereeing process? In: Trends in Ecology and Evaluation, 17, S. 349-350.

Treiber, Hubert (1976): Juristische Lebensläufe. In: Kritische Justiz, 12/1, S. 22-44.

von Treitschke, Heinrich (1987): Politik. Vorlesungen gehalten an der Universität zu Berlin. Bd. I, Leipzig: Verlag von S. Hirzel.

Unbekannter Verfasser (1791/1966): Die vorzüglichsten Rechte der deutschen Weibsbilder. Einführung und Erläuterung von Clausdieter Schott. Reprint der Ausgabe Wien. Frankfurt a.M.: Metzner.

Valentiner, Dana-Sophia/Bilawa, Carolin/Beeck, Giulia/Jacobs, Laura (2017): (Geschlechter)rollenstereotype in juristischen Ausbildungsfällen. Eine hamburgische Studie. Universität Hamburg. https://www.jura.uni-hamburg.de/media/ueber-die-fakultaet/gremien-und-beauftragte/broschuere-gleichstellung.pdf

Verger, Jacques (1993): Grundlagen. In: Rüegg, Walter (Hrsg.): Geschichte der Universität in Europa. Bd. I: Mittelalter. München: Beck Verlag, S. 49-80.

Vinck, Dominique (2010): The sociology of scientific work. The fundamental relationship between science and society. Cheltenham, Northampton, MA: Edward Elgar Pub.

Vogel, Ulrike/Hinz, Christiana (2004): Wissenschaftskarriere, Geschlecht und Fachkultur. Bewältigungsstrategien in Mathematik und Sozialwissenschaften. Bielefeld: Kleine Verlag.

Vollmer, Lina. (2013): Von der Frauenförderung zum Gleichstellungsmanagement. In: Zeitschrift für Innovation, 19/2, S. 34-37.

Weber, Lena (2017): Die unternehmerische Universität. Chancen und Risiken für Gleichstellungspolitiken in Deutschland, Großbritannien und Schweden. Weinheim/Basel: Beltz Juventa.

Weber, Max (1972): Wirtschaft und Gesellschaft. Grundriß der verstehenden Soziologie. 5. rev. Aufl. Tübingen: Mohr.

Weber, Max (1919/1975): Wissenschaft als Beruf. 6. Aufl. Berlin: Duncker & Humblot.

Wedgwood, Nikki/Connell, Robert W. (2010): Männlichkeitsforschung: Männer und Männlichkeiten im internationalen Forschungskontext. In: Becker, Ruth/Kortendiek, Beate (Hrsg.): Handbuch Frauen- und Geschlechterforschung. 3. erw. und durchges. Aufl. Wiesbaden: VS Verlag für Sozialwissenschaften, S. 116-125.

Weißler, Adolf (1967): Geschichte der Rechtsanwaltschaft. Leipzig: Pfeffer (Nachdruck: Frankfurt a.M.: Sauer und Auvermann).

Wells, Celia (2000): Exceptional Women or Honorary Men? In: Freeman, Michael (Hrsg.): Current Legal Problems, 53. Oxford: Oxford University Press.

Wells, Celia (2001a): Working out Women in Law Schools. In: Legal Studies, 21, S. 116-136.

Wells, Celia (2001b): Ladies in Waiting: The Women Law Professors' Story. In: Sydney Law Review, 3, S. 161-184.

Wells, Celia (2002): Women law professors – negotiating and transcending gender identities at work. In: Feminist Legal Studies, 10/1, S. 1-38.

Wells, Celia (2003): The Remains of the Day: The Women Law Professors Project. In: Schultz, Ulrike/Shaw Gisela (Hrsg.): Women in the World's Legal Professions. Oxford: Hart, S. 225-246.

Wernet, Andreas (1997): Professioneller Habitus im Recht. Untersuchungen zur Professionalisierungsbedürftigkeit der Strafrechtspflege und zum Professionshabitus von Strafverteidigern. Berlin: Edition Sigma.

Wesel, Uwe (1984): Juristische Weltkunde. Eine Einführung in das Recht. Frankfurt/Main: Suhrkamp.

West, Candace/Zimmerman, Don H. (1991): Doing Gender. In: Lorber, Judith/Farrell, Susan A. (Hrsg.): The Social Construction of Gender. Newbury Park, London, New Delhi: Sage, S. 13-37.

Wette, Karsten (2016): Wir trauern um Jutta Limbach. http://www.fu-berlin.de/presse/publikationen/tsp/2016/tsp-september-2016/nachruf-jutta-limbach/index.html#content

Wetterer, Angelika (1993): Professionalisierung und Geschlechterhierarchie. Kassel: Jenior und Pressler.

Wetterer, Angelika (1999): Integration und Marginalisierung. Das Verhältnis von Profession und Geschlecht am Beispiel von Ärztinnen und Juristinnen. Hagen. https://www.fernuni-hagen.de/imperia/md/content/gleichstellung/heft20wetterer.pdf

Wetterer, Angelika (2000): Noch einmal: Rhetorische Präsenz – faktische Marginalität. Die kontrafaktischen Wirkungen der bisherigen Frauenförderung im Hochschulbereich. In: Krais, Beate (Hrsg.): Wissenschaftskultur und Geschlechterordnung. Über die verborgenen Mechanismen männlicher Dominanz in der akademischen Welt. Frankfurt/Main und New York: Campus, S. 195-221.

Wetterer, Angelika (2004): Konstruktion von Geschlecht: Reproduktionsweisen der Zweigeschlechtlichkeit. In: Becker, Ruth/Kortendiek, Beate (Hrsg.): Handbuch Frauen- und Geschlechterforschung. Theorie, Methoden, Empirie. Wiesbaden: VS Verlag für Sozialwissenschaften, S. 122-131.

Wilke, Katja (2012): BVerfG zur Pflicht, eine Krawatte zu tragen. BRAK Magazin 04, S. 6.

Wilkesmann, Uwe/Schmid, Christian, Hrsg. (2012): Hochschule als Organisation. Wiesbaden: Spinger VS.

Wilz, Sylvia Marlene (Hrsg.) (2008): Geschlechterdifferenzen – Geschlechterdifferenzierungen. Ein Überblick über gesellschaftliche Entwicklungen und theoretische Positionen. Wiesbaden: VS Verlag für Sozialwissenschaften.

Winn, Peter A. (2013): Rechtsrituale. In: Belliger, Andrea/Krieger, David J. (Hrsg.): Ritualtheorien. Ein einführendes Handbuch. Wiesbaden: VS Verlag für Sozialwissenschaften, S. 445-466.

Wissenschaftliche Kommission Niedersachsen (2005): Empfehlungen zur Qualitätssicherung von Berufungsverfahren in Universitäten und Hochschulen. http://www.hmtm-hannover.de/fileadmin/mount/pdf/Hochschule/Empfehlungen_der_Wissenschaftlichen_Kommission_Nds.pdf

Wissenschaftsrat (2005): Empfehlungen zur Ausgestaltung von Berufungsverfahren, Drs. 6709-05, Hamburg. https://www.wissenschaftsrat.de/download/archiv/6709-05.pdf

Wissenschaftsrat (2007): Empfehlungen zu einer lehrorientierten Reform der Personalstruktur an Universitäten, Drs. 7721-07, Hamburg. http://www.wissenschaftsrat.de/download/archiv/7721-07.pdf

Wissenschaftsrat (2010): Prüfungsnoten an Hochschulen, Drs. 2627/12, Hamburg. https://www.wissenschaftsrat.de/download/archiv/2627-12.pdf

Wissenschaftsrat (2012a): Perspektiven der Rechtswissenschaft in Deutschland – Situation, Analysen, Empfehlungen, Drs. 2558-12, Hamburg. https://www.wissenschaftsrat.de/download/archiv/2558-12.pdf

Wissenschaftsrat (2012b): Fünf Jahre Offensive für Chancengleichheit von Wissenschaftlerinnen und Wissenschaftlern – Bestandsaufnahme und Empfehlungen. Bremen. https://www.wissenschaftsrat.de/download/archiv/2218-12.pdf

Wobbe, Theresa (Hrsg.) (2002): Frauen in Akademie und Wissenschaft. Arbeitsorte und Forschungspraktiken, 1700-2000. Berlin: Akademie Verlag.

Wobbe, Theresa (Hrsg.) (2003): Zwischen Vorderbühne und Hinterbühne. Beiträge zum Wandel der Geschlechterbeziehungen in der Wissenschaft vom 17. Jahrhundert bis zur Gegenwart. Bielefeld: transcript Verlag.

Wolff, Stephan (2003): Wege ins Feld und ihre Varianten. In: Flick, Uwe/von Kardoff, Ernst/Steinke, Ines (Hrsg.): Qualitative Forschung ein Handbuch. Reinbek bei Hamburg: Rowohlt, S. 334-349.

Wrobel, Hans (1982): Otto Palandt zum Gedächtnis. 1.5.1877-3.12.1951. In: Kritische Justiz, S. 1-17.

Zahidi, Saadia/Ibarra, Herminia (2010): Corporate Gender Gap Report 2010. World Economic Forum. http://www3.weforum.org/docs/WEF_GenderGap_CorporateReport_2010.pdf

Zehnthöfer, Jochen (2002): Die Karriere der SED-Juristin Rosemarie Will. Früher Propagandafunktionärin, heute Verfassungsrichterin. In: PM, 392, S. 28-30.

Zentrum Frau in Beruf und Technik (Hrsg.) (2005): Chancen gleich nutzen – Anregungen für die personalpolitische Praxis in Unternehmen. Castrop-Rauxel: Zentrum Frau in Beruf und Technik.

Zimmermann, Karin (2000): Spiele mit der Macht in der Wissenschaft. Paßfähigkeit und Geschlecht als Kriterien für Berufungen. Berlin: edition sigma.

Zuber, Stephanie (2013): Strukturfragen der Gleichstellungsarbeit am Beispiel der Exzellenzinitiative. In: femina politica, 22/1, S. 153-161.

Zumbansen, Peer (2003): Das soziale Gedächtnis des Rechts, oder: Juristische Dogmatik als Standeskunst. In: Joerges, Christian: Rechtsverfassungsrecht. Recht-Fertigung zwischen Privatrechtsdogmatik und Gesellschaftstheorie. Baden-Baden: Nomos. S. 151-179.

14. Anhang

Gendercurriculum Rechtswissenschaften (Ulrike Schultz)

In: Webportal Gendercurricula für Bachelor und Master des Netzwerks Frauen- und Geschlechterforschung NRW

http://www.gender-curricula.com/gender-curricula-startseite/

Lehrziele/Studienziele:

Die Studierenden sollen

- die Grundfragen der nationalen und europäischen Geschlechterpolitik kennenlernen und diskutieren.
- Geschlechterkonstruktionen in den Rechtsgebieten und einzelnen rechtlichen Regelungen identifizieren.
- Defizite und Fehlentwicklungen der Gesetzgebung im Hinblick auf das Gebot der Geschlechtergerechtigkeit analysieren.
- sich mit geschlechterstereotypen Wahrnehmungen, Vorverständnissen und Vorurteilen in der Rechtsfindung, Rechtsanwendung und Rechtsprechung auseinandersetzen.
- Kenntnisse über die für typische Lebenskonstellationen und das Zusammenleben der Geschlechter wichtigen Rechtsvorschriften erlangen.
- sich mit den Möglichkeiten und Grenzen der „Equality Machinery", staatlicher und überstaatlicher Institutionen und Mechanismen zur Herstellung von Geschlechtergerechtigkeit befassen.

Lehrinhalte/fachspezifische Inhalte der Geschlechterforschung:

Recht ist in Deutschland traditionell Männerrecht gewesen, das die Lebensrealitäten einer patriarchal gedachten Gesellschaft erfasst hat. Bis in die 70er Jahre des 20. Jahrhunderts spielten Frauen als Rechtssubjekte keine oder eine untergeordnete Rolle. Bis heute ist die Rechtswissenschaft fest in Männerhand, und es werden in der klassischen Lehre Genderaspekte negiert oder übersehen. Im letzten Jahrzehnt ist u. a. im Zuge einer Ausbildungsverkürzung die rechtsdogmatische Ausbildung in den Vordergrund getreten und ein deutlicher Hang zum Positivismus (eine Orientierung der Lehre am geltenden Recht und seiner Anwendung) festzustellen.

Die hier dargelegten Vorschläge zur Vermittlung von juristischer Geschlechterkompetenz folgen den Vorstellungen einer kritischen Rechtswissenschaft.

Die Darstellung orientiert sich an herkömmlichen Curricula. Im Zuge feministischer Wissenschaftskritik wäre eine grundlegende Curriculumrevision erforderlich, die zu einer anderen Strukturierung und Gewichtung der Studieninhalte führen würde. Abstrakt theoretische Gesetzesinterpretation würde zugunsten von praxisorientierter Wissens- und Anwendungsvermittlung in den Hintergrund treten. Damit wäre auch die Trennung von materiellem Recht und formalem Prozessrecht aufzuheben. Wichtig ist, die Rechtsdidaktik zu stärken und traditionelle Vorstellungen zu den Zielen des Jurastudiums und den Vermittlungsmethoden zu überdenken und letztlich umzudenken.

Grundlagenkenntnisse

Es ist in den Grundlagenfächern (Rechtsgeschichte, Rechtssoziologie, Rechtsphilosophie, Rechtsökonomie u. a.) Grundlagenwissen zur Frauenrechtsgeschichte zu vermitteln:

Wie sich die Rechtsstellung der Frau über die Jahrhunderte entwickelt hat, welche gesellschaftlichen Vorstellungen und politischen Konstellationen den Regelungen zugrunde lagen, aufgrund welcher gesellschaftlichen Bewegungen und Ereignisse Wandel möglich war. Dies ist in den allgemeinen Kontext der Diskussion von Bedingungen gesellschaftlichen und rechtlichen Wandels zu stellen. Wichtige Stichworte zur Beurteilung der gesellschaftlichen Prozesse sind: Aufgabenteilung, ökonomische Bedingungen, (Verteilungs-)Gerechtigkeit, Recht-Unrecht, Gewalt, Macht, Exklusion, Diskriminierung, Anpassung, Abhängigkeit, Unterordnung, soziale Kontrolle, Körperkontrolle.

Dabei sind die sich ändernden gesellschaftlichen Wertesysteme darzustellen – auch unter Berücksichtigung sich wandelnder religiöser Vorstellungen – und im Lichte des heutigen ethisch-moralischen Gleichheits- und Gerechtigkeitsdiskurses zu reflektieren. Den Hintergrund dafür bilden die rechtlichen Rahmenwerke, die den aktuellen rechtspolitischen Handlungsspielraum abstecken: völkerrechtliche Konventionen, insbesondere CEDAW (UN Convention on the Elimination of Discrimination against Women), die europäischen Verträge, Grundgesetz, Gleichstellungsgesetze des

Bundes und der Länder sowie das Allgemeine Gleichbehandlungsgesetz AGG.

Rechtspolitisch ist der in den letzten drei Jahrzehnten vollzogene Wandel der Zielvorstellungen zur Geschlechtergerechtigkeit nachzuvollziehen, der einen Paradigmenwechsel von Rechtsgleichheit über Chancengleichheit zur Gleichstellung und zum Gender Mainstreaming gebracht hat.

In Ausweitung der dichotomischen Mann-Frau-Perspektive ist aufgrund der Anerkennung unterschiedlicher geschlechtlicher Identitäten und im Zuge des Diversity-Diskurses bzw. umfassender Antidiskriminierungskonzepte der Fokus auf das Individuum und seine Identität zu richten.

In diesem Zusammenhang sind Grundlagen der feministischen Theorie darzustellen.

In den Grundlagenfächern und später den einzelnen Rechtsgebieten ist die Rolle von Institutionen und AkteurInnen zu beleuchten: Bundesverfassungsgericht, Europäischer Gerichtshof, Europäischer Gerichtshof der Menschenrechte, Gesetzgeber (Europäische Kommission, Bundestag, Landtage) einerseits und AnwältInnen, RichterInnen, PolitikerInnen, WissenschaftlerInnen andererseits.

Frauenrechtsgeschichte ist auch Juristinnengeschichte. Nur dem Jahrzehnte dauernden engagierten Einsatz einer begrenzten Zahl von kritischen Juristinnen ist eine allmähliche Anpassung des Rechts an die Erfordernisse einer modernen, auf Geschlechtergerechtigkeit ausgerichteten Gesellschaft zu verdanken. Dieser Kampf der Frauen um das Recht ist im Zusammenhang der Ersten und Zweiten Frauenbewegung darzustellen, ebenso wie die Institutionalisierungen der Frauenrechtsbewegung (Frauenrechtsberatungsstellen, Juristinnenbund, Feministischer Juristinnentag).

Im Übrigen zeigt die historische und gegenwärtige berufliche Situation der Juristinnen exemplarisch Ansatzpunkte und Mechanismen beruflicher Benachteiligung von Frauen, die unter Anwendung professions- und organisationssoziologischer Erkenntnisse erläutert werden können. Dies ist ein auch aktuell wichtiges Thema, da mehr als 50 % der Jurastudierenden mittlerweile Frauen sind.

In den Grundlagenbereich gehört auch die Reflexion und Einübung einer geschlechtergerechten (geschlechterinkludierenden) Rechtssprache.

Geschlechteraspekte in den einzelnen Rechtsgebieten

Im Verfassungsrecht ist, wie es üblicherweise auch schon geschieht, ausführlich auf den Gleichberechtigungsgrundsatz und die Antidiskriminierungsregel (Art. 3 Abs. 2 und 3 GG) einzugehen und auf die Fähigkeit hinzuarbeiten, einzelne Regelungen und Regelungssysteme daran zu messen. Hier ist eine Grundkompetenz zu schaffen.

Entsprechend ist im Europarecht in Verbindung mit dem nationalen Arbeits- und Sozialrecht der europäische Wertehorizont einer europäischen Geschlechterordnung zu bearbeiten.

In den einzelnen Rechtsgebieten ist jeweils genauer auf die historische Entwicklung der Rechtsnormen im Hinblick auf Geschlechteraspekte einzugehen und ihre Gegenwartstauglichkeit zu hinterfragen. Dabei sind ideologische Hintergründe aufzuzeigen. Die Studierenden müssen lernen, die Fragen zu stellen, die Geschlechterrelevanz und -disparitäten von Regelungen aufzudecken oder zu klären helfen.

Dies sind insbesondere die Fragen:

Werden Frauen und Männer in gleicher Weise berücksichtigt?

Nutzt die Regelung Frauen und Männern in gleicher Weise?

Sind Frauen und Männer in gleicher Weise betroffen?

Wenn nicht: Lässt sich dies rational und/oder mit Geschlechterspezifika begründen? (z. B. im Strafrecht)

Dieses Vorgehen kann und sollte bei allen juristischen Ausbildungsgängen angewendet werden, also auch bei wirtschaftsrechtlichen, die üblicherweise Schwerpunkte im Arbeitsrecht, Handelsrecht, Gesellschaftsrecht, Wettbewerbsrecht, Wertpapierrecht, Bankrecht u. a. haben. Hier ist die Verbindung von feministischer, rechtlicher mit ökonomischer Analyse von besonderer Bedeutung.

Bei der Wahl der Beispiele und Beispielsfälle ist darauf zu achten, dass sie nicht, wie es heute noch gang und gäbe ist, diskriminierend sind oder einseitig Vorstellungen von Geschlecht konstruieren.

Durch die Analyse geeigneter Urteile ist im Übrigen sowohl im Grundlagenbereich wie auch bei den einzelnen Fächern deutlich zu machen, wie geschlechterbedingtes Vorverständnis und Vorurteile Ergebnisse von juristischen Verfahren beeinflussen können.

Anhand von Ausschnitten aus Lehrbüchern, Aufsätzen und anderen juristischen Publikationen können Geschlechterprägungen im Fachdiskurs und die einseitige Konstruktion und Bewertung von Geschlecht in Fachliteratur verdeutlicht werden.

Strukturelle Kenntnisse und Praxisrelevanz

Da in der grundständigen JuristInnenausbildung die theoretische Vermittlung von Rechtsanwendungskompetenz im Vordergrund steht, trennt sie
die einzelnen Rechtsgebiete und befasst sich üblicherweise mit dem Recht
in den Büchern und nicht mit den in der Praxis besonders relevanten
Rechtsgebieten. Dadurch gehen wichtige Fragestellungen verloren.

Für die Bearbeitung von Problemen der Geschlechtergerechtigkeit im
Recht ist wichtig, Grundlagenkenntnisse auch in den Rechtsgebieten zu
vermitteln, die in der klassischen JuristInnenausbildung nur in Wahlfach-
gruppen angeboten werden, bzw. Kenntnisse rechtlicher Regelungen, die
generell im Hintergrund stehen, vernachlässigt werden oder schlicht „nicht
vorkommen", die aber zur rechtlichen Beurteilung des Geschlechterver-
hältnisses wichtig sind. Dies bezieht sich vor allem auf das Familienrecht,
Sozialrecht und Steuerrecht. Außerdem ist wichtig, strukturelle Verbindungen herzustellen. So lässt sich z. B. nur in der Gesamtschau der Regelungen zu finanziellen Transferleistungen (Rentenrecht, Krankenversiche-
rung, Arbeitslosengeld, Sozialleistungen) und der Ehegattenbesteuerung
die finanzielle Abhängigkeit oder Schwächung von Frauen in Ehen und
Partnerschaften systematisch erfassen und konstruktiv bearbeiten.

Daran lässt sich auch exemplarisch zeigen, wie Recht Geschlechterrol-
len konstruiert oder verfestigt.

Es ist zu diskutieren, wo und wie eine solche Lehreinheit am besten angebunden wird. In der Studieneingangsphase fehlt es den Studierenden an
den Vorkenntnissen zur sinnvollen Rezeption der Inhalte. Sie würde am
besten in eine Querschnittseinheit zur kritischen Rechtsbetrachtung für
fortgeschrittene Studierende passen (zur Integration der Geschlechterin-
halte in das Curriculum s. im Übrigen unten).

Geschlechteraspekte sind auch bei den Lehrveranstaltungen zur Vermittlung von Schlüsselkompetenzen zu berücksichtigen. Dabei ist z. B.
auf Geschlechteraspekte bei der Rechtsdurchsetzung hinzuweisen (Wahrnehmung von Weiblichkeit und Männlichkeit bei Verfahrensbeteiligten,
Rollenvorstellungen, Verhaltenserwartungen, Kommunikationsverhalten)
und auf geschlechtsgeprägte Erwartungen an Gerechtigkeit, an die Rolle
der Justiz bei Rechtsstreitigkeiten und außergerichtliche Streitschlichtung
einzugehen.

Formen der Integration der Inhalte der Geschlechterforschung in das Curriculum

Der Geschlechteraspekt ist ein Querschnittsthema. Er sollte – wie beschrieben – ein Studienschwerpunkt in den Grundlagenfächern (Einführung in das Recht, Rechtsgeschichte, Rechtssoziologie, Rechtsphilosophie und Methodenlehre) sein. Im Übrigen sollte die Geschlechterperspektive integraler Bestandteil aller Lehrveranstaltungen im Hinblick auf Gerechtigkeitsfragen und Rechtskritik sein. Dies gilt zuvorderst für Verfassungsrecht, Europarecht, Internationales Recht, Kriminologie, Familienrecht, Sozialrecht, Arbeitsrecht. In diesen Rechtsgebieten haben Genderaspekte eine besondere Relevanz. Eine spezifische Lehrveranstaltung zum Thema Frauen/Geschlecht und Recht findet in der klassischen JuristInnenausbildung erfahrungsgemäß wenig Akzeptanz. Sie wird gern als sektiererisch etikettiert. Eine solche Lehrveranstaltung beinhaltet auch die Gefahr, dass die selbstverständliche Berücksichtigung des Faktors Geschlecht in den üblichen juristischen dogmatischen Fächern vernachlässigt wird mit der Begründung, dass ihm durch die Sonderveranstaltung bereits Rechnung getragen sei. Soweit Geschlechteraspekte in der grundständigen Ausbildung hinreichend erfasst sind, kann auch darauf verzichtet werden. Als Wahl-(Pflicht-)Veranstaltung sollte eine solche Lehrveranstaltung dennoch angeboten werden. Insbesondere bei Bachelor und Master lässt sie sich gut in das Curriculum einbauen. So wird an der FernUniversität in Hagen im Master of Laws ein Gendermodul als Wahlpflichtfach mit Erfolg angeboten.

Die Frage ist allerdings, wie den Lehrenden die Kompetenz zur Behandlung der entsprechenden Fragestellungen und Themen vermittelt und ihre Bereitschaft, Genderaspekte in den Unterricht einzubeziehen, gefördert wird. Zur Ergänzung der Studieninhalte könnte – falls erforderlich – auf schriftlich oder online bereitgestellte Studienelemente anderer Institutionen zurückgegriffen werden.

Studienphase

Die Inhalte sind in jeder Studienphase relevant. In der Studieneingangsphase sollte in den Grundlagenfächern eine allgemeine fachbezogene Geschlechtersensibilität im Sinne der aufgeführten Lehrziele erarbeitet werden, im weiteren Verlauf des Studiums sind die besonderen Geschlechter-aspekte in den jeweiligen Fächern zu behandeln.

Bei der Konkretisierung der Inhalte für die neuen Bachelor und Master im Recht ist generell auf eine Berücksichtigung der Genderaspekte in allen Fächern zu achten. Ebenso sind die Genderaspekte in die klassische Ausbildung zum ersten juristischen Staatsexamen in jedem Fach zu integrieren und im Hinblick auf die Rechtsanwendung auch in der ReferendarInnenausbildung zu berücksichtigen.

Schlagworte

Rechtswissenschaft, Comparative and European Law, Staatswissenschaften, Öffentliches Recht, Zivilrecht, Europäische Studien, European Studies, Jura, Jurisprudenz, Wirtschaftsrecht